KB259916

마음의 숲을 거닐다

잭 콘필드 지음 | 이현철 옮김

HANEON.COM

마음의 숲을 거닐다

2006년 11월 10일 1판 1쇄
2021년 5월 1일 1판 8쇄

지은이 잭 콘필드
옮긴이 이현철
펴낸이 김철종

펴낸곳 (주)한언 등록번호 제1 128호 / 등록일자 1983. 9. 30
주   소 서울시 종로구 삼일대로 453(경운동) 2층
        TEL. 02)701-6911 / FAX. 02)701-4449
홈페이지 www.haneon.com
전자우편 haneon@haneon.com

ISBN   978-89-5596-382-3   03220

마음의 숲을 거닐다

A PATH WITH HEART

A PATH
WITH
HEART

유머와 통찰로 잘 버무린

우주적 가르침을 이 책에 담았습니다

to

from

이 책을 시작하며

이 책을 시작하면서 나의 개인적 수행 여
정을 상세히 소개한다. 우리의 영성생활
이 충만해지기 위해서는 이 우주와 개인
이 하나로 융합돼야 한다는 것이 내가 터
득한 가장 큰 깨우침이었기 때문이다.

　　　　　　　　　　　　　　　1972년 여름, 나는 워싱턴 D.C.에 있
는 부모님 집으로 돌아왔다. 아시아에서 첫 번째 5년간의 수행을 마치고 불
교 승려가 되어 머리를 박박 밀고 승복을 걸친 모습이었다. 당시 미국에는
상좌부불교(上座部佛敎 : Theravada Buddhism. 동남아시아를 중심으로 번성한 남
방불교로서 현재까지 남아 있는 유일한 초기 부파불교의 일파. 소승불교 Hinayana라고
도 함 - 옮긴이)의 사원(寺院)이 전혀 설립돼 있지 않았다. 하지만 나는 잠시
나마 미국에서 수도승으로 생활하는 것이 어떤 경험일지 시험해보고 싶었
다. 몇 주간 부모님과 함께 지낸 뒤 나는 뉴욕 롱아일랜드에 사는 내 쌍둥
이 동생 부부를 만나러 길을 나섰다. 나는 가사(袈裟 : 왼쪽 어깨에서 오른쪽 겨
드랑이 밑으로, 장삼 위에 걸쳐 입는 승려의 옷 - 옮긴이)를 걸치고 발우(鉢盂 : 나무로
대접처럼 만든 스님들의 밥그릇 - 옮긴이)를 든 모습으로 워싱턴에서 뉴욕 중앙역
으로 향하는 열차에 몸을 실었다. 어머니께서 사주신 승차권을 지니고 열

차를 탔다. 출가자인 나는 직접 돈을 사용할 수 없었기 때문이다.

그날 오후 목적지에 도착한 나는 제수씨를 만나기 위해 5번가를 걸어 올라가기 시작했다. 여러 해의 수행을 거친 터라 나의 마음은 지극히 평온했다. 나는 마치 명상하듯이 걸었다. 티파니(뉴욕의 유명한 보석상 - 옮긴이) 같은 상점들과 수많은 행인들은 내 마음속의 숲속 사원에서 이는 바람이나 나무들과 다름없었다. 엘리자베스 아덴(세계적으로 이름 난 화장품 브랜드 - 옮긴이) 매장 앞에서 제수씨를 만나기로 돼 있었다. 제수씨는 생일 우대권이 있기 때문에 그 매장에서 얼굴화장, 머리손질, 마사지, 매니큐어 등 온갖 서비스를 하루 종일 받을 수 있다고 했다. 약속 시간인 4시에 엘리자베스 아덴에 도착했지만 제수씨는 보이지 않았다. 잠시 기다리다가 매장 안으로 들어갔다. "뭘 도와드릴까요?" 들어서는 나를 보고 안내직원이 깜짝 놀란 목소리로 말했다. "예, 토리 콘필드 씨를 찾고 있는데요." "아, 그분 아직 화장 중이세요." 직원이 대답했다. "4층에 휴게실이 있습니다." 나는 엘리베이터를 타고 4층으로 올라갔다. 엘리베이터 문을 나서자 휴게실 안내원이 나타났다. 그녀 역시 약간 이상야릇한 어조로 물었다. "무얼 도와드릴까요?" 나는 제수씨를 만나러 왔다고 말했고 안내를 받아 자리에 앉았다.

나는 푹신한 소파에 앉았다. 몇 분간 기다린 뒤 나는 가부좌를 틀고 눈을 감은 채 명상에 들어갔다. 수도승인 내가 달리 할 일이 무엇이었겠나? 십 분쯤 지났을까? 낄낄거리고 수군대는 소리가 들리기 시작했다. 그냥 명상을 계속했다. 하지만 휴게실 건너편 홀에서 웅성대는 소리들과 함께 "진짜 사람이야?" 하는 커다란 외침이 들려오자 결국 감았던 눈을 떴다. 일고여덟 명쯤 되는 여인들이 엘리자베스 아덴의 나이트가운을 입은 채 나를 빤히 보고 있었다. 그중 여러 명은 파머용 롤러나 낚싯대 릴 모양의 묘한 기구로 머리털을 돌돌 말은 모습이었다. 나머지는 얼굴에 녹색 아보카도(주로 요리재료로 사용되는 남미 안데스 원산의 교목 - 옮긴이)를 바른 것 같았고, 다른 이들은 온통 진흙투성이었다. 나는 그들을 마주보았다. 그러면서 내가 태어난 세상이 과연 어떤 곳인지 의아한 표정으로 이렇게 대꾸했다. "그대들은 진짜요?"

그 순간부터 나는 굳게 다짐했다. 내가 불교 사원에서 얻은 고대의 경이로운 가르침과 우리 현대 세계의 생활을 조화시킬 방안을 찾아야겠다고. 21세기로 들어가는 시점에서, 수 년 동안 이 문제는 나를 포함해 진정한 영성(靈性)생활을 추구하는 많은 이들에게 가장 흥미롭고도 절실한 과제 중 하나였다. 대다수 사람들은 정식 성직자나 승려가 되길 원치 않으면서도 우리 세계의 일상생활에서 진정한 영성수련을 행하고 싶어 한다. 이 책은 이 문제의 가능성에 답하게 될 것이다.

나의 영성생활은 열네 살 때 선물 받은 한 권의 책에서 시작되었다. 롭상 람파*T. Lobsang Rampa*라는 사람이 쓴 《제 3의 눈*The Third Eye*》이라는 책인데, 티베트에서 겪은 신비스런 모험담으로 소설에 가까운 형식의 안내서였다. 이 책은 흥미진진하고 사색적이면서도 내가 태어난 세계보다 훨씬 훌륭해 보이는 또 다른 세계를 열어주었다. 나는 미국 동부의 교양 있는 과학자 집안에서 성장했다. 아버지는 인공 심장과 폐를 개발하는 생체물리학자였는데, 우주 관련 프로젝트의 의약품 개발에도 참여했고 의과대학 교수이기도 했다. 나는 '훌륭한 교육'을 받았고 아이비리그 대학(미국 북동부에 있는 최고의 명문 대학들–옮긴이)에 진학했다. 내 주위에는 명석하고 창의적인 사람들이 수두룩했다. 그런데 그들은 성공을 이루고 뛰어난 지적 성과를 거두었음에도 상당수가 불행한 삶을 살았다. 내 머릿속에는 이런 생각이 더욱 또렷해졌다. '지적 능력과 세상의 지위가 행복이나 건강한 인간관계와는 거의 상관이 없구나.' 너무나 고통스럽게도 나의 가족이 이 사실을 여실히 증명했다. 고독감과 혼란 속에서 헤매면서도 나는 어떤 다른 곳에서 행복을 추구해야 한다는 것을 깨달았다. 그래서 나는 아시아로 눈

길을 돌렸다.

　1963년 다트머스 대학(미국 뉴햄프셔 주에 있는 종합대학 - 옮긴이)에서 나는 운 좋게도 지혜로운 노교수 윙칫찬*Wing Tsit Chan* 박사를 만났다. 그분은 책상 위에 가부좌를 틀고 앉아 불교와 중국 고전을 강의하는 분이었다. 그 교수님에게서 자극받아 나는 동양학을 전공했고 졸업 뒤 곧장 아시아로 떠났다. 평화봉사단(Peace Corps : 1961년 J. F. 케네디 대통령의 뉴 프론티어 정책에 의해 창설된 미국 정부의 해외 자원봉사단 - 옮긴이)의 도움을 받아 불교 사원에서 깨달음을 얻고 계(戒)를 받고자 떠난 여정이었다. 나는 수행을 시작했고, 마침내 수계식을 올리고 태국의 왓바퐁*Wat Ba Pong*에 있는 숲속 사원에서 수행에 들어갔다. 당시에는 젊었지만 나중에 아주 유명한 선사가 된 아잔 차*Achaan Chah* 스님이 이끌던 사원이었다. 그곳의 수행은 나의 예상 밖이었다. 롭상 람파의 책에서처럼 수도승들이 꼭 공중부양 같은 것을 하리라고 기대하지는 않았지만 명상을 통해 특별한 효과가 나타나리라 믿고 있었다. 행복감, 기묘한 황홀경, 독특한 체험 같은 것들. 하지만 스승님이 내게 알려준 것은 그런 것들이 아니었다. 그분은 생활방식, 한평생 찾을 깨달음, 정신집중, 복종, 계율 등을 가르쳐주셨다. 세상의 일시적 상황에 좌우되는 행복이 아니라 자기 자신의 힘겹고 의식적인 내면의 전환을 통해 가능한 행복을 알려주셨다. 사원에 들어갔을 때 나는 내 가족의 고통과 세상의 괴로움들에서 모두 벗어나기를 바랐다. 하지만 그것들은 여전히 나를 따라다녔다. 오랜 세월이 지난 후에야 나는 그 괴로움들이 내 수행의 일부라는 사실을 깨달았다.

　나는 상당히 행운아였다. 지혜로운 가르침을 받았고 아직도 최고의 사원들에서 행해지는 고대의 전통수행을 익힐 수 있었기 때문이다. 전통수행은 지극히 단순한 생활의 연속이었다. 그저 가사 하나 걸치고 발우만 지닌 채, 매일 10km 가까이 걸으며 음식을 구해 한 끼 점심식사를 해결하곤 했다.

나는 오랫동안 전통적인 명상수행을 해나갔다. 밤새 숲속에 앉아 화장터에서 시신들이 불타는 장면을 지켜보기도 했다. 일 년간 방안에서 침묵수행을 하며 하루 스무 시간씩 좌선이나 행선에 몰두하기도 했다. 나는 마하시 사야도, 아사바 사야도, 아잔 붓다다사 같은 스승들이 이끄는 거대한 사원들에서 탁월한 가르침을 받았다. 나는 이 수행 기간 동안 훌륭한 배움을 얻었고 그 스님들께 무한한 감사를 드리고 있다. 하지만 이 색다른 환경에서의 집중수행은 내 수행생활의 시작일 뿐이었다. 그 이후로 나는 아주 평범한 장소에서도 그때 같은 명상수행을 해나갔는데, 그것은 오직 체계적 수행법을 맹렬히 실행한 결과였다. 그 초기 수행 시절 나는 내 앞에 무엇이 놓여 있는지 몰랐고 여전히 매우 이상주의적 기분에 젖어 아시아를 떠나왔다. 내가 얻은 특별한 명상 체험들이 내 모든 문제를 해결해줄 거라 기대하면서.

그 뒤 여러 해 동안 나는 더 깊은 수련을 위해 태국, 인도, 스리랑카의 사원들에 들어가 수행했고, 나중에는 티베트 라마, 불교 선사, 힌두교 구루 등과 수련했다. 19년간의 수행지도를 통해 나는 서구의 수많은 지도법사들과 협력할 기회를 가졌고, 미국에 불교의 마음챙김 수행법인 통찰명상(洞察瞑想 : Insight Meditation)을 확립시켰다. 나는 일일 수련부터 3개월 수련까지 각종 수련회를 이끌었고, 기독교도, 불교도, 초(超)개인 심리학자(의식 상태를 여러 층으로 가정하고 지각(知覺)되지 않는 외부로부터의 심리적 영향을 연구하는 심리학 －옮긴이) 등 여러 전문가들의 수행 센터와 협력하여 활동했다. 1976년 나는 임상심리학 박사학위를 받았고, 그 이후 심리치료사이자 수행지도사로서 활동해왔다. 그러면서 줄곧 나를 따라다니던 이 질문에 답하려 애썼다. 나는 어떻게 명상수행을 해나갈 수 있을까? 어떻게 그것을 일상생활 속에서 꽃피울 수 있을까?

수행지도를 시작한 이후 나는 이런 점들을 보게 되었다. 얼마나 많은 수련생들이 명상수행을 잘못 이해하고 있는지, 얼마나 많은 사람들이 그것을 자기 생활의 탈출구로 이용하려 하는지, 얼마나 많은 이들이 내가 그랬던 것처럼 영성수련의 그 자체를 인간 존재의 고통과 괴로움을 회피하는 수단으로 이용하는지, 그리고 얼마나 많은 이들이 특별한 효과를 구하고자 사찰, 교회, 사원들에 들어가는지….

　나의 명상수행은 영적 체험에 관한 일반적 생각과는 달리 아래로의 여행이었다. 오랜 세월에 걸쳐 나는 차크라(chakra : 신체의 여러 곳에 있는 정신적 에너지의 구심점)들을 따라 위가 아닌 아래로 수련해 내려왔다. 체계적인 영성수련을 시작한 지 10년 동안은 주로 정신을 통한 수련에 주력했다. 나는 공부와 독서, 명상을 병행하면서 수도승으로 살았으며, 항상 정신의 힘을 이용해 깨달음을 얻고자 했다. 나는 집중과 삼매(三昧 : 정신을 통일하는 깊은 단계의 몰입)능력을 개발했고 여러 통찰력을 얻었다. 나는 갖가지 환영과 황홀함과 심오한 각성들을 경험했다. 수행이 진전됨에 따라 이 세상에서 나 자신을 이해하는 모든 시각이 완전히 뒤집혔고 나는 사물들을 더 새롭고 현명한 눈으로 보게 되었다. 나는 이런 통찰이 수행의 핵심이라고 여겼고 그 새로운 깨달음에 만족감을 느꼈다.

　하지만 오, 세상에! 내가 승려가 되어 미국으로 돌아왔을 때 그 모든 성과들이 산산조각 나버렸다. 엘리자베스 아덴에 간 지 몇 주일 후 나는 승복을 벗고 대학원에 들어갔으며, 택시기사 자리를 얻고, 밤에는 보스턴에 있는 정신병원에 나가 일했다. 나는 사사로운 관계를 맺기도 했다. 내가 비록 사원에서 청정하고 대범하며 고매한 상태가 되어 돌아오기는 했지만, 이곳의 가정생활과 대학원 공부에 얽혀들면서 곧바로 나의 명상수행이 보통의 인간관계에 거의 도움을 주지 못함을 깨달았다. 나는 여전히 감정적으로 미숙했고, 불교 수행을 하기 전과 다름없는 비난과 두려움, 수용과 거부를 거듭하면서 고통스런 태도를 고스란히 드러내고 있었다. 무엇보다 괴로웠던 점은 그런 나의 반응들이 더욱 또렷이 보이기 시작한 것이었다. 다른 곳에서는 수천 명의 인간들을 향해 자애명상을 실행할 수 있던 내가 이제 여기서는 친밀한 관계의 한 사람 때문에 혹독한 괴로움에 시달렸다. 나는 정신력을 온통 명상에 집중시켜 고통스런 감정들을 억누르려 했지만, 오랜 시간이 지난 뒤까지도 내가 화나고 슬프고 비통하며 당혹스런 상태에 있었다는 사실조차 알아채지 못한 경우가 허다했다. 나는 온갖 관계 속에 담긴 내 불행의 뿌리를 찾아내지 못했다. 나는 감정을 다루는 기술이나 상대를 대할 때의 정서적 문제, 혹은 친구나 사랑하는 이들과 지혜롭게 어울리는 요령에 지극히 서툴렀다.

나는 내 모든 수행의 방향을 차크라를 따라서 정신에서 마음으로 옮기려 노력했다. 나는 길고 힘겨운 과정을 시작했다. 내 감정들을 교정하고, 대인관계를 알아차려 이해하며, 내가 감정을 느끼는 방식을 파악하고, 인간관계의 엄청난 힘들을 어떻게 다뤄야 할지 고민했다. 나는 이 과정을 집단치료와 개인요법, 마음집중 명상, 초개인 심리학, 그리고 성공과 실패로 얼룩진 갖가지 관계들을 통하여 진행해나갔다. 나는 또 우리 집안의 기원과 조상의 내력을 찾아보고 거기서 알아낸 사실을 현재 나의 여러 관계들에 적용해보았다. 나는 이런 노력을 통해 마침내 처음의 위태롭던 결혼생활을 관리했고 이제는 아내 리아나*Liana*와 어여쁜 딸 캐럴라인*Caroline*과 행복한 가정을 이루게 되었다. 점차 나는 이런 마음의 움직임을 내 전체 영성수련의 일부분으로 이해하게 되었다.

십 년간 감정의 작용과 마음의 발달에 관심을 집중하던 나는 내 몸을 소홀히 해왔다는 사실을 깨달았다. 나의 초기 명상수행에서는 감정과 마찬가지로 신체도 그저 피상적인 방식으로만 다루고 있었다. 나는 호흡법을 제대로 익혔고, 신체의 고통과 감각을 처리하는 방법도 알았지만, 대체로 내 몸을 운동기관으로만 이용하고 있었다. 나는 다행스럽게도 충분한 건강과 체력을 타고나서 높은 산을 무리 없이 오르기도 하고 인도 갠지스 강가의 요기(yogi : 요가 수행자 - 옮긴이)들처럼 맹렬한 고통을 견디며 열 시간이고 스무 시간이고 꼼짝 않고 좌선할 수도 있었다. 또 수도승으로서 하루 한 끼의 식사만으로 맨발로 먼 길을 걸을 수도 있었다. 하지만 나는 몸을 제대로 알기보다는 그저 이용만 해왔음을 깨달았다. 몸은 나의 정신적, 감정적, 영적 삶을 지탱하고 움직이며 실현시키는 수단일 뿐이었다.

　감정을 더욱 충실히 파악해감에 따라 나는 몸에도 애정 어린 관심이 필요하다는 사실을 깨달았다. 그저 보고 이해하거나 사랑과 연민으로 공감하는 것만으로는 부족했다. 나는 차크라를 따라 더 아래로 내려가야 했다. 만일 내가 영적인 삶을 살려 한다면, 모든 행동에 영성이 스며들어 있어야 한다고 생각했다. 서 있을 때나 걸을 때나 숨 쉴 때나 한 입 한 입 음식을 먹을 때에도 모든 행동에 영성생활이 녹아 있어야 했다. 이 세상에서 소중한 육신을 지니고 산다는 것이 그 무엇 못지않게 위대한 영성생활이었다. 내 몸을 제대로 이해하기 시작하면서 나는 자신을 '참 나(眞我)'에서 멀어지게 한 새로운 두려움과 고통의 영역들을 발견했다. 내가 정신을 열고 마음을 열었을 때 새로운 두려움과 고통의 영역들을 만났던 것과 꼭 같은 상황이었다.

　나의 수행은 차크라를 따라 아래로 진전되면서 더욱 깊이 있고 인간적인 성격을 띠어갔다. 한 발 한 발 나아갈 때마다 더 큰 정직과 조심성이 필요했고 더욱더 통합되어갔다. 내가 내 몸을 다루는 자세는 가족을 대하는 태도나 이 세상의 평화를 구하는 열망과 분리되지 않았다. 이런 식으로 아래로의 수행을 지속해나가자 내 수행의 통찰이 확대되면서 그저 내 몸과 마음만이 아니라 일체의 생명, 우리의 온갖 관계들, 그리고 우리를 지탱하는 모든 환경으로까지 뻗어나갔다.

　이같이 내 영성생활의 몰입이 깊어지고 넓어지는 과정에서, 나의 수행 동기와 노력 모두 엄청난 변화를 겪게 되었다. 처음에 나는 대단한 투쟁과 노력을 위주로 수행하고 가르쳤다. 나는 몸을 고요히 유지하고 마음을 집중하며 정신력을 명상에 쏟아붓기 위해 엄청난 노력을 기울였고, 그를 통해 고통, 감정, 번뇌들을 떨치려 했다. 나는 명상수행을 이용해 청정과 광명의 상태에 이르고 깨달음과 통찰을 얻고자 애썼고, 처음에는 남들도 그래야 한다고 가르쳤다. 하지만 차츰 대다수 사람들에게는 이런 투쟁 자체가 문제들을 더욱 증폭시킨다는 사실이 드러났다. 우리가 비판의 마음을 가질 때, 자기 수행에서 자신에 대한 비판 역시 더욱 신랄해진다. 우리가 자신에게서 분리되고 우리의 감정, 신체, 인간성을 부정할 때, 깨달음이나 정신적 목표를 향한 우리의 투쟁은 그 단절을 더욱 심화시킬 뿐이다. 자신의 감정이나 사고에 대한 비판이 두려워지고 무력감과 자기혐오가 똬리를 틀 때마다 영적 투쟁은 그 고통을 더욱 부풀려놓는다. 하지만 대단한 헌신, 에너지, 집념이 없다면 영성수련이 불가능하다는 사실도 알았다. 각고의 노력과 고매한 이상이 없다면 어떻게 영성수련을 진전시킬 수 있겠는가?

이런 발견은 내게 경이로운 깨달음이었다. 진정한 영성생활이 요구하는 대로 우리가 심오한 세계의 문을 열기 위해서는 어마어마한 용기와 강인함, 그리고 일종의 전사(戰士) 정신이 필요하다. 그런데 이 전사의 강인함이 머물러 있는 장소는 마음속이다. 우리에게는 자기 인생에서 결코 포기할 수 없는, 물질적인 혹은 정신적인 어떤 철학을 가지고 문제를 덮으려 하지 않는 에너지, 집념, 그리고 용기가 필요하다. 우리는 전사의 심장을 지니고 자신의 인생, 고통과 한계, 기쁨과 가능성을 정면으로 마주해야 한다. 이런 용기를 가질 때 우리의 영성수련에 일상의 모든 면이 통합될 수 있다. 우리 신체, 가족, 사회, 정치, 지구라는 생태환경, 예술, 교육 등등…. 오직 이럴 경우에만 정말로 영성이 우리 생활 속에 스며들 수 있다.

박사학위를 준비하면서 주립 정신병원에서 일하기 시작했을 때, 나는 순진하게도 환자들에게 명상수행을 가르칠 수 있으리라고 생각했다. 하지만 얼마 안 돼 그들에게 필요한 것은 명상이 아니라는 사실이 명확해졌다.

환자들은 생활 속에서 균형 잡힌 정신수행을 실행할 능력이 거의 없었고, 그들 대다수는 이미 제정신을 잃은 상태였다. 만일 그들에게 유용한 명상법이 있다면 그것은 현실적이고 실용적인 것들이어야 했다. 가령 요가, 정원 가꾸기, 태극권, 그리고 신체와 직접 연관된 적극적 운동들 말이다.

그렇기는 해도 나는 그 병원에 명상을 절실히 필요로 하는 사람들이 수두룩하다는 사실을 알게 되었다. 그들은 정신과 의사, 심리학자, 사회봉사자, 정신병동 간호사, 정신보건 조무사 등이었다. 이들은 두려움, 즉 환자들의 정신 에너지와 자신의 에너지에 대한 두려움에 시달리면서 대개 항정신성 치료제를 통해 환자들을 돌보고 통제해나갔다. 이 치료사들 중 환자들과 부딪치는 강렬한 에너지를 자신의 정신세계를 통해 직접 이해하는 사람은 별로 없는 것 같았다. 하지만 그런 이해야말로 명상의 가장 기본적인 교훈이다. 우리 자신의 탐욕, 무력감, 분노, 편집증, 과대망상 등을 마주보고, 그 에너지들을 넘어서는 담대함과 지혜의 문을 여는 것이 명상이다. 병원 직원들은 환자들이 쏟아내는 정신적 에너지를 자기 내부에서 마주하는 한 방법으로 명상을 이용했고, 모두 대단한 효과를 볼 수 있었다. 명상을 통해 그들은 자신의 업무와 환자들에 대한 새로운 이해와 연민을 느끼곤 했다.

환자 상대와 치료요법에 영성생활을 포함시켜야겠다는 인식이 정신건강 전문인들 사이에 생기기 시작했다. 영적 통찰을 도입해야 한다는 개념이 정치학, 경제학, 생태학 같은 분야에도 널리 퍼져갔다. 하지만 유익한 효과를 얻기 위해서는 이런 영성이 개인적 체험에서 우러나야 한다. 책을 통해 직접 배우고자 하는 독자들을 위해, 이 책은 곳곳에 갖가지 전통수행과 현대 명상법들을 소개하고 있다. 그 수련법들은 이 책이 들려주는 가르침들을 수련할 직접적인 방법이고, 당신을 영성수련의 매개체인 몸과 마음으로 깊숙이 안내하는 기법들이다. 여기서 제시하는 수행법들의 핵심은 동남아시아 상좌부불교 전통을 바탕으로 한 것이다. 그것들은 통찰명상(vipassana : 위빠사나)의 마음챙김(mindfulness : 正念. 항상 '깨어 있는 마음' 또는 '순수한 주의'을 뜻하는 불교 용어 - 옮긴이) 수행법들로서 불교 참선의 정수라 일컬어지는 것이다. 마음챙김은 몸과 마음과 정신을 깨어 있게 해서 우리를 주변의 세계와 융합시켜주는 체계적인 수련기법이다. 내가 수년 동안 실행하며 수련생들에게 가르친 수행법이 이것이고, 전 세계 거의 모든 불교 수행의 토대가 되는 것이 이 핵심적 가르침이다.

이 책은 불교 전통들에 관한 내 체험을 바탕으로 쓰였지만, 나는 여기서 다뤄지는 수행원칙들이 보편적인 것이라고 믿는다. 이 책의 전반부는 온전한 영성생활을 위한 토대를 소개한다. 수행방식, 흔히 나타나는 위험, 우리의 상처와 괴로움들을 다루는 기법, 그리고 인간 의식의 고매한 상태들을 해명한 불교 설명도(Buddhist map)와 그 특이한 체험들이 일상적 개념들과 어떻게 연결되는지 이야기한다. 후반부에서는 그러한 수행과 우리 현대생활의 관계를 더욱 직접적으로 살펴볼 것이다. 공의존(公依存)과 불필요한 동정, 칸막이 세우기, 심리치료와 명상, 스승들을 통한 이득과 난관 등의 문제들을 살펴본다. 그리고 마지막으로 영성의 성숙을 다루면서, 지혜와 자비심의 성장과 그것이 우리 인생에 가져오는 기쁨과 평온함을 보여줄 것이다.

이 책을 시작하면서 나는 내 개인적 수행 여정을 상세히 소개했다. 우리의 영성생활이 충만해지기 위해서는 이 우주와 우리 개인이 하나로 융합돼야 한다는 것이 내가 터득한 가장 큰 깨우침이었기 때문이다. 우리 모두는 인간이고, 신성(神性)으로 들어가는 인간의 문은 우리 자신의 몸, 마음, 정신, 우리가 지나온 내력, 그리고 우리 인생의 가장 밀접한 관계와 주위 상황들이다. 바로 이곳이 아니라면 과연 어디에서 자비, 정의, 자유를 구할 수 있겠는가?

성숙한 영성을 지닌 사람은 이 점을 이해한다. 우리가 광명이나 지혜나 자비심을 세상에 베풀려 한다면 먼저 우리 자신에게서 출발해야 한다는 것이다. 영성생활의 우주적 진리는 오직 각 개인의 구체적 상황 속에서만 솟아날 수 있다. 수행에 대한 이러한 개인적 접근법은 탄생과 죽음의 위대한 춤사위가 지니는 무한한 본질을 바탕으로 우리 인생의 독특함과 평범함 모두를 영예롭게 한다. 그러면서 하나하나의 몸, 개별 가족과 공동체, 개인적 내력, 그리고 우리에게 주어지는 기쁨과 슬픔들 역시 빛나게 한다. 이런 이유로 우리의 깨달음은 아주 개인적인 문제이면서 동시에 지구상의 모든 생명체에 영향을 미치는 우주적인 것이다.

CONTENTS

MEDITATION IN LIFE

1부
마음의 숲을 거닐기 전에

1. 나는 충분히 사랑하며 살았나?

우리가 가장 기본적이고 평범한 행복을 누릴 수 없다면, 지극히 고매한 의식 상태와 더없이 비상한 영적 성취도 별 의미가 없다.

영성생활을 시작할 때 중요한 점은 아주 단순하다. 우리의 명상 여정은 반드시 우리 마음과 이어져 있어야 한다는 것이다. 현대의 영성수련 관련 시장에는 온갖 수행법들이 난무하고 있다. 위대한 수행 전통들은 깨달음, 희열, 지혜, 신비한 황홀경 그리고 인간 정신의 가장 고고한 경지에 관한 온갖 이야기들을 들려준다. 흔히 우리는 서구 세계에 소개된 갖가지 명상수행법들 중에서 가장 화려하고 특이한 것에 끌리게 된다. 고매한 상태에 도달한다는 주장들이 사실일 때도 있고, 어떤 면에서는 그런 상태가 깊은 가르침을 줄 수도 있지만, 그것들은 대개 영성수련 업계의 광고 기법 중 하나일 뿐이다. 그런 특이한 경험들은 영성생활의 목표가 아니다. 무엇보다 영성수련은 어떤 비상한 상태나 특별한 능력을 얻으려는 과정이 아니다. 사실 그런 노력은 우리를 자기 자신에게서 멀어지게 만들 뿐이다. 주의하지 않으면 현대사회의 참담한 실패들을 우리의 영성생활에서 되풀이하기 십상이다. 헛된 욕망, 물질주의, 개별적 고립….

진정한 구도의 여정을 시작할 때, 우리는 훨씬 더 자기 집 가까이에 머물러야 한다. 바로 자기 앞에 있는 것을 똑바로 보면서, 그 여행길이 자신의 가장 깊은 사랑과 연결되도록 해야 한다. 돈 후안(Don Juan : 동양의 도교(道敎)적 정신을 지녔던 인디언 주술사 – 옮긴이)은 카를로스 카스타네다(Carlos Castaneda : 돈 후안을 주제로 10여 권의 책을 쓴 페루의 인류학자 – 옮긴이)에게 이렇게 말했다.

■ 모든 길을 찬찬히 깊이 있게 바라보라. 필요하다고 생각되는 만큼 몇 번이고 다시 보라. 그리고 자신에게 가만히 한 가지 질문을 던져라. 이 질문은 아주 나이든 사람만이 던지는 질문이다. 이것은 언젠가 내가 젊었을 때 내 은사가 해준 질문인데, 당시 너무나 혈기왕성했던 나는 그 뜻을 이해할 수 없었다. 이제 나는 그 의미를 이해한다. 자네에게 그 질문을 던지겠다. 이 길은 마음을 가지고 있는가? 만일 가지고 있다면 좋은 길이다. 그렇지 않다면 아무 쓸모없는 길이다.

마음에게 물어보길…

이 책의 가르침들은 그런 '마음과 함께하는 길'을 찾는 방법과 우리 존재의 중심에서 우리를 변환시키고 어루만져줄 여정에 관한 것이다. 이를 위해 우리는 전적으로 우리 마음과 어우러진 세계 속에서 살도록 이끄는 수행의 길을 찾아야 한다.

만약 '나는 마음과 함께하는 길을 따라가고 있는가?'라고 물을 때, 어느 누구도 우리의 길이 정확히 무엇인지 알려줄 수 없다는 사실을 발견하게 된다. 우리는 신비롭고 아름다운 이 질문이 우리 존재 안에서 울려 퍼지도록 해야 한다. 그러면 내면의 어딘가에서 대답이 들려오고 깨달음이 일어날 것이다. 만일 우리가 잠깐만이라도 고요한 상태에서 찬찬히 귀 기울인다면, 우리가 가고 있는 길이 마음과 함께하는 길인지 알게 될 것이다.

우리는 자기 마음과 직접 대화할 수 있다. 대부분의 고대 문명들이 이 사실을 알고 있었다. 우리는 마치 절친한 친구와 대화하듯 정말로 우리 마음과 이야기할 수 있다. 현대생활 속에서 우리는 하루하루의 활동과 상념에 너무나 매몰된 나머지 여유를 갖고 자기 마음과 대화하는 이 필수적인 기술을 잊고 지낸다. 자신이 현재 가는 길에 대해 마음에 물어볼 때, 우리는 스스로 선택한 삶의 가치를 바라봐야 한다. 나는 나의 시간, 능력, 창의성, 사랑을 어디에 쏟고 있나? 우리는 감상주의나 과장 혹은 이상주의를 벗어나서 자기 인생을 바라봐야 한다. 내가 선택한 길은 내가 가장 소중히 여기는 가치를 반영하고 있는가?

불교에서는 불제자들에게 모든 생명을 소중히 여기라고 가르친다. 지구를 떠나는 우주비행사 역시 이 진리를 재발견한다. 러시아의 우주비행사들은 생명의 소중함을 이런 식으로 표현했다. "우리는 연구에 쓸 목적으로 우주정거장에 작은 물고기들을 갖고 올라갔다. 거기에 3개월 동안 머물 예정이었다. 그런데 3주쯤 지났을 때 물고기들이 죽기 시작했다. 그것들이 얼마나 안쓰러웠던지…. 그것들을 살릴 수만 있다면 무슨 일이든 했을 것이다! 지상에 있을 때 우리는 낚시를 대단히 좋아했다. 하지만 지구상의 모든 것들과 멀리 떨어져 고독하게 있다 보면 생명을 가진 것은 무엇이라도 한없이 귀중해진다. 생명이 얼마나 소중한지 절감한다." 이와 똑같은 마음으로 어느 우주인은 우주선이 착륙했을 때 해치를 열고 지상의 축축한 공기를 들이마셨다. "나는 실제로 지상에 내려 볼에 흙을 대고 문질렀다. 나는 몸을 숙여 땅에 입을 맞췄다."

만물의 소중함을 보려면 생명에 우리의 온 관심을 기울여야 한다. 명상수행을 하면 우주여행의 도움을 받지 않고도 그 소중함을 절감할 수 있다. 우리 생활 속에 마음집중과 단순함이 더욱 깊이 스며들면, 지구와 모든 생명에 대한 내면의 사랑이 솟아나면서 우리의 명상 여정에 생기가 돌기 시작한다.

무엇이 이런 소중한 느낌을 일으키는지, 그것이 어떻게 마음과 함께하는 길에 의미를 부여하는지 더 깊숙이 이해하려면 다음의 명상법을 따라해보라. 불교 수행에서는 수도승이 자신의 죽음에 대해 숙고하도록 함으로써 제대로 사는 법을 깨닫게 한다. 이를 위한 전통 명상법은 조용히 앉아서 인생의 덧없음을 음미하는 것이다. 이 단락을 읽은 후에 눈을 지그시 감고 당신에게 주어진 이 몸뚱어리의 운명을 생각해보라. 우리에게 죽음은 필연적인 운명이다. 오직 언제 죽을지 모를 뿐이다. 당신이 생의 마지막 순간에 와 있다고 상상해보라. 다음 주 또는 다음 해, 어쩌면 10년 후나 미래의 어느 시점일지도 모른다. 죽음의 시점에서 과거를 더듬어 당신의 전 생애를 돌아보라. 그리고 당신이 행한 선행, 즉 훌륭한 행동 두 가지를 떠올려 보라. 거창한 것일 필요는 없다. 마음이 일으키는 것은 무엇이든 나타나도록 놔두라. 선행들을 마음속에 떠올릴 때 그 기억들이 당신의 의식에 어떤 영향을 미치는지, 당신이 그것들을 보면서 감정과 마음과 정신의 상태가 어떻게 변화하는지 바라보라.

당신이 이 회상을 마쳤을 때, 그 상황들이 어땠는지 세심하게 들여다보고, 평생토록 행한 말과 행동 중에서 그 특정한 선행의 순간에 포함된 것이 무엇인지 살펴보라. 이 명상 속에서 선행의 순간들을 기억해내는 사람들은 거의 모두 그것들이 놀랍도록 단순한 것임을 발견한다. 그것들은 대부분 이력서에 기재할 만큼 근사한 행동들이 아니다. 어떤 사람에게는 아버지가 돌아가시기 직전 그저 사랑한다고 말했을 때가 선행의 순간이었다. 또 어떤 이에게는 바쁜 시간을 쪼개 지구 반대편으로 날아가서 자동차 사고로 치료받는 동생을 위해 조카들을 돌봐준 일이 선행이었다. 어느 초등학교

교사는 몇 날 아침을 우는 아이들을 달래며 힘겹게 보냈던 단순한 사건을 떠올렸다. 한번은 이 명상을 하던 어떤 사람이 손을 번쩍 들더니 싱글거리며 이렇게 말하기도 했다. "나는 번잡한 도로에서 다른 차와 동시에 주차 공간을 찾고 있을 때 언제나 상대방에게 자리를 양보했어요." 그것이 그녀가 자기 인생에서 행한 선행이었다.

60대의 간호사로서 자식과 손자들을 모두 키우고 아주 풍요로운 인생을 산 어떤 여인이 있는데, 그녀는 이런 기억을 떠올렸다. 그녀가 여섯 살 때 자동차 한 대가 고장 나 자기 집 앞에 멈춰 섰다고 한다. 보닛에서 연기가 자욱이 피어오르고 있었다. 나이 지긋한 사람 둘이 내려 상태를 살펴보더니 한 사람이 길모퉁이 전화 부스로 가 정비소에 전화를 걸었다. 그들은 돌아와 차 안에 앉은 채 그날 아침 내내 견인차를 기다리고 있었다. 호기심에 찬 여섯 살짜리 소녀였던 그녀는 밖에 나가 그들과 이야기를 나누었다. 소녀는 후끈한 차 속에서 장시간 기다리고 있는 그들을 보고 집안으로 들어왔다. 소녀는 그들에게 묻지도 않고 얼음물과 샌드위치를 준비했다. 그리고는 그것들을 바깥 차안의 사람들에게 갖다 주었다.

우리 인생에서 가장 중요한 것들은 근사하고 거창한 것이 아니다. 우리가 서로를 어루만진 순간, 지극히 세심하고 애정 어린 태도로 함께 있던 순간들이다. 이런 단순하면서 심오한 친밀감이 우리 모두가 열망하는 사랑이다. 서로 만지고 만져지는 이런 순간들이 마음과 함께하는 길을 위한 디딤돌이 될 수 있다. 그 순간들은 가장 단순하고 직접적인 방식으로 다가온다. 테레사 수녀(Mother Teresa : 인도에서 빈민들을 위해 봉사와 선교활동을 펼친 가톨릭 수녀. 1979년 노벨 평화상 수상 – 옮긴이)의 말씀이다. "이 생에서 우리가 거대한 일들을 할 수는 없습니다. 그저 자그마한 일들을 거대한 사랑으로 할 수 있을 뿐이지요."

어떤 사람들은 이런 명상을 아주 어려워한다. 그들의 마음에는 어떠한 선행도 나타나지 않거나, 몇 가지가 일어났다가도 피상적이거나 하찮거나 불순하거나 불완전하게 느껴져 이내 사라지고 만다. 그렇다면 평생토록 행한 수백만 가지 행동들 가운데 선한 행동이 둘도 안 된다는 뜻일까? 그럴리는 없다! 우리 모두 수많은 선행들을 한다. 따라서 그 두 가지가 쉽게 떠오르지 않는다는 사실에는 더 깊고 다른 의미가 담겨 있다. 바로 그것은 우리가 자신에게 얼마나 엄격한지 보여주는 현상이다. 우리는 스스로를 너무 가혹하게 심판한다. 오직 이디 아민(Idi Amin : 아프리카 우간다의 대통령을 지낸 독재자 - 옮긴이)이나 스탈린 같은 독재자들만이 우리를 그 살벌한 법정에 세울 수 있을 것이다. 우리 중 많은 이들은 자신에 대한 자비심이 거의 없음을 발견한다. 우리는 진정한 사랑과 선량함이 우리 마음에서 넉넉히 솟아날 수 있음을 거의 인식하지 못한다. 하지만 정말로 그럴 수 있다.

마음과 함께하는 길을 따라간다는 것은 이런 명상 속에 나타나는 방향을 따라 살아가면서 자애로움이 우리 삶에 넘쳐흐르도록 하는 것을 뜻한다. 우리가 자기 행동에 충분한 주의를 기울일 때, 또 우리의 사랑을 표현하고 생명의 소중함을 느낄 때, 우리 안의 자애로운 성품은 점점 커져간다. 단순한 배려의 마음이 우리 생활의 더 많은 순간들에 스며들기 시작한다. 따라서 우리는 끊임없이 우리 마음에 대고 물어야 한다. 이렇게 산다는 것이 어떤 의미일까? 이 길, 우리가 인생을 살기 위해 선택한 지금의 길이 참된 길일까?

단순하게 질문하기

생활의 스트레스와 어수선함에 휩쓸려 우리는 흔히 자신의 가장 깊은 의미들을 잃어버린다. 그러나 사람들이 생의 막바지에 이르러 뒤를 돌아볼 때 과연 이런 질문들을 할까? "내 은행 계좌에 얼마나 들어 있지?" "내가 책을 몇 권이나 썼더라?”“내가 쌓아놓은 것이 무엇이지?” 만일 당신이 운 좋게도 임종에 이른 어떤 사람의 옆에 있게 된다면, 그들의 질문이 지극히 단순한 물음들임을 알게 될 것이다. “나는 충분히 사랑하며 살았나?”“내가 제대로 산 것인가?”“내가 놓아버리는 법을 배웠던가?”

이런 단순한 물음들은 영성생활의 핵심과 닿아 있다. 우리가 제대로 된 사랑과 충실한 삶을 생각할 때, 우리의 집착과 두려움이 얼마나 자신을 옭아맸는지 보게 되고, 우리 마음이 열어주는 수많은 기회들을 발견하게 된다. 우리는 주위 사람들, 우리 가족, 공동체, 우리가 사는 이 지구를 사랑했던가? 또 우리는 놓아버리는 법을 익혔던가? 인생의 변화들을 우아함과 지혜와 연민의 마음으로 맞이하며 살았나? 우리는 비판이 아닌 애정의 마음으로 남들을 용서하며 살았던가?

우리가 생명의 소중함과 그 덧없음을 바라볼 때, ‘놓아버리기’는 영성수련의 중심 주제가 된다. 만일 놓아버리기가 요구될 때 우리가 버릴 준비가 돼 있지 않다면 엄청난 고통을 겪게 되고, 인생의 끝자락에 이르렀을 때 이른바 ‘충돌과정’이라는 어려움에 처하게 된다. 조만간 우리는 놓아버리는 법을 배워야 하고, 신비로운 변화로 가득한 인생을 두려워하지도, 붙잡거나 매달리지도 않은 채 흘려보내는 법을 익혀야 한다.

내가 아는 어느 젊은 여인이 있었다. 그녀에게는 오랫동안 암으로 시달리던 어머니가 있었는데, 어머니는 수십 가지 튜브와 기계에 연결된 채 병실에 누워 지냈다. 어머니는 그런 식으로 죽는 것을 원치 않았고 딸도 같은 생각이었다. 병세가 더 심해졌을 때, 마침내 어머니는 모든 의료 장비를 떼어내고 집으로 가게 되었다. 암은 더욱 악화되었지만, 그런데도 어머니는 자신의 병을 받아들일 수 없었다. 어머니는 침대에 누워서도 집안일을 챙기고, 공과금을 관리하고, 일상의 온갖 잡일을 처리했다. 신체의 고통과 싸우면서도 어머니는 놓아버릴 줄을 몰랐으므로 안간힘을 쓰며 버텼다. 그 투쟁 속에 허덕이던 어느 날 더 심해진 병세로 약간 정신이 혼미해진 채 어머니는 딸을 불러 이렇게 말했다. "사랑하는 애야, 이제 플러그를 뽑아 주면 좋겠구나." 그러자 딸이 가만히 속삭였다. "엄마, 플러그는 이미 빠져 있었어요." 우리 중 일부는 놓아버리기에 너무나 서투르다.

과감히 놓아버리고 인생의 한 상태에서 다른 상태로 옮겨갈 때, 우리의 영적 존재가 성숙하게 된다. 결국 우리는 사랑하기와 놓아버리기가 똑같은 것임을 발견한다. 그 두 가지 모두 소유하기를 원치 않는다. 둘 다 우리들이 이 변화무쌍한 인생에 매 순간을 어루만지도록 하고 다음에 무슨 일이 일어나든 온전히 깨어 있게 한다.

유럽에 살던 어느 유명한 랍비에 관한 이야기가 있다. 어느 날 한 남자가 멀리 뉴욕에서 먼 항해 끝에 그를 찾아왔다. 남자는 근사한 랍비의 저택으로 들어섰다. 어느 유럽 도시의 거리에 자리 잡은 커다란 집이었다. 남자는 랍비의 방으로 안내되었다. 그곳은 다락방이었다. 그는 방으로 들어가 랍비를 만났는데 방에는 침대, 의자, 책 몇 권이 있을 뿐이었다. 남자는 훨씬 더 그럴 듯한 광경을 기대했었다. 인사를 나눈 후 남자가 물었다. "선생님, 선생님의 소유물은 어디 있습니까?" 랍비가 되물었다. "그럼 그대의 것은 어디 있소?" 방문객이 대꾸했다. "아, 저야 그저 여행 온 나그네 아닙니까." 랍비가 대답했다. "나도 그렇소. 나도 이 세상에 여행 온 것뿐이라오."

충분히 사랑하기와 제대로 살기는 우리가 결국 아무것도 소유하거나 가지지 못한다는 사실을 인식하도록 요구한다. 우리의 집도, 자동차도, 사랑하는 사람도, 심지어 자신의 몸까지도. 영적인 기쁨과 지혜는 소유물을 통해 얻어지는 것이 아니다. 마음을 열고 더 충실히 사랑하고 인생을 자유롭게 떠다니는 우리 능력에서 얻어지는 것이다.

이것은 뒤로 미뤄둘 교훈이 아니다. 어느 위대한 스승은 이렇게 표현했다. "그대의 문제는 자신이 충분한 시간을 가졌다고 믿는 것이오." 우리는 우리에게 시간이 얼마큼 있는지 알지 못한다. 이번이 나의 마지막 해, 마지막 주, 마지막 날일지도 모른다는 생각으로 사는 삶은 과연 어떤 모습일까? 이 물음을 바탕으로 우리는 마음과 함께하는 길을 선택할 수 있다.

가끔 우리를 일깨우고 참된 길로 들어서게 하는 데는 상당한 충격이 필요하다. 몇 해 전 나는 어느 여인의 요청으로 샌프란시스코의 한 병원을 찾아가 그녀의 오빠를 만난 일이 있다. 그는 30대 후반의 나이였는데 이미 엄청난 부자였다. 그에게는 건설회사, 요트, 목장, 대저택, 공장 등 없는 것이 없었다. 그런 그가 어느 날 자신의 BMW를 몰고 가던 중 갑자기 의식을 잃고 말았다. 검사결과 그는 흑색종(黑色腫)이라는 뇌종양에 걸려 있었다. 급속히 진행되는 암의 일종이었다. 의사가 말했다. "선생님께 수술을 받도록 권합니다. 하지만 미리 말씀드리는데 종양이 언어와 인지중추에 뻗쳐 있습니다. 종양을 제거하면 읽고 쓰고 말하고 이해하는 모든 능력을 잃게 될지 모릅니다. 만일 수술을 안 하면 아마 6주 정도밖에 살지 못할 겁니다. 잘 생각해보십시오. 수술은 내일 아침에 했으면 합니다. 그때까지 결정을 내려주십시오."

내가 이 남자를 만난 것은 그날 저녁이었다. 남자는 지극히 고요하고 사색적인 모습이었다. 예상대로 그는 초월적인 의식 상태에 놓여 있었다. 그런 각성의 상태는 때때로 명상수행을 통해서 얻어지는 것이었지만, 그에게는 아주 특이한 상황을 통해 나타나 있었다. 우리는 이야기를 나눴다. 남자의 말 중에 자기 목장이나 요트, 재산 같은 내용은 하나도 없었다. 그가 가려는 곳에는 은행 예금이나 BMW를 가져 갈 수 없었으니까. 엄청난 변화가 몰아치는 시기에 가치 있는 것이라고는 우리 마음의 저축뿐이다. 우리 안에서 성장한 마음의 능력과 깨달음뿐.

20여 년 전에 그 남자는 약간의 참선수행을 한 적이 있었고, 그때 앨런 와츠(Alan Watts : 동양의 선(禪)을 깊이 이해하여 서구에 소개한 영국의 현대 철학자 겸 명상가-옮긴이)의 책을 읽은 적이 있었다. 지금 이 순간에 남자가 의지한 것이 그것이었고, 남자는 그 이야기만을 하고 싶어 했다. 자신의 영성생활, 탄생과 죽음에 대한 깨달음 같은 것들…. 더없이 진심어린 대화가 오간 후, 남자는 말을 멈추고 한동안 침묵에 싸인 채 사색에 빠졌다. 그러다 나를 보며 이렇게 말했다. "나는 충분한 말을 했습니다. 어쩌면 너무 많이 했는지도 몰라요. 오늘 저녁은 그저 수돗물 한 잔을 마시거나 창문틀에 앉은 비둘기가 공중으로 날아가는 모습을 보는 것도 너무나 소중하게 느껴집니다. 내게는 너무도 아름답게 보여요. 하늘을 지나는 새 한 마리를 보는 것도 황홀합니다. 나의 이 인생은 끝나지 않았습니다. 어쩌면 그냥 더 고요하게 살아갈지도 모릅니다." 그러고 나서 그는 수술을 받겠다고 요청했다. 아주 훌륭한 외과의사의 집도로 열네 시간에 걸친 대수술이 이뤄졌다. 수술 뒤 여동생이 회복실로 남자를 찾아갔다. 남자는 동생을 쳐다보며 말했다. "좋은 아침." 종양이 제거됐으면서도 그의 언어능력은 온전히 살아 있었다.

그 남자가 퇴원해 암에서 회복됐을 때 그의 생활은 완전히 바뀌었다. 그는 여전히 자기 사업을 책임 있게 처리해나갔지만 더 이상 일중독자는 아니었다. 가족과 더 많은 시간을 보냈고, 암이나 여러 심각한 질병에 걸린 환자들의 상담자가 기꺼이 되어주었다. 자연 속에서 많은 시간을 보냈고 주위 사람들과 애정 어린 만남을 갖는 시간도 늘었다.

만일 내가 그날 이전에 그를 만났다면 그를 정신적 실패자로 여겼을지 모른다. 그가 약간의 명상수행을 경험했으면서도 완전히 중단한 채 사업가가 되었기 때문이다. 그는 모든 영적 가치를 잊은 듯이 살았다. 하지만 중대한 시점에 이르렀을 때, 생사의 순간에서 멈춰 서 삶을 돌아봤을 때, 과거에 경험한 그 약간의 영성수련이 그에게 지극히 귀중한 것이 되었다. 우리는 남들이 무엇을 배우는지 알 수 없고 누군가의 영성수련을 쉽사리 판단할 수도 없다. 우리가 할 수 있는 일이라고는 자신의 마음속을 들여다보고, 우리가 살아가는 과정에서 중요한 것이 무엇인지 묻는 것이다. 과연 무엇이 나를 더욱 거대한 마음열림, 정직, 그리고 더 깊은 사랑의 능력으로 이끌어줄까?

마음과 함께하는 길은 우리의 독특한 재능과 창조성을 발휘하는 길일 수도 있다. 우리 마음을 외부로 표출하는 방법은 책 쓰기, 건축물 짓기, 서로 봉사할 방법 찾기가 될지도 모른다. 남들 가르치기, 정원 가꾸기, 음식 내놓기, 음악 연주 등이 될 수도 있다. 무엇을 선택하든 우리 인생의 창조물은 마음에서 솟아나야 한다. 우리의 사랑은 모든 창조와 관계를 위한 에너지의 원천이다. 만일 우리가 마음과 분리된 채 행동한다면, 인생의 가장 위대한 것들마저도 메마르거나 무의미하거나 황량하게 변할 수 있다.

몇 년 전 신문에 노벨상 수상자를 대상으로 한 정자은행 설립에 관한 기사가 등장한 일이 있다. 그러자 어느 의식 있는 페미니스트가 〈보스턴 글로브 _Boston Globe_〉에 기고문을 올렸다. 그녀는 정자은행이 생긴다면 난자은행도 있어야 한다고 주장했다. 〈보스턴 글로브〉는 그 페미니스트의 주장에 답하는 조지 월드 _George Wald_의 글을 게재했다. 조지 월드 역시 노벨상을 받은 하버드 대학 출신 생물학자로서 신사이면서 지혜로운 사람이었다. 그는 이런 답변의 글을 올렸다.

■ 당신의 말이 전적으로 옳습니다. 노벨상 수상자를 탄생시키는 데는 정자뿐 아니라 난자도 필요하지요. 그들 모두에게 아버지뿐 아니라 어머니도 계십니다. 사람들은 아버지만 있으면 된다고 말할지 모르지만, 임신에서 아버지의 역할은 사실 대단치 않습니다. 하지만 나는 당신이 난자은행을 진심으로 제안하지 않았기를 바랍니다. 노벨상 수상자는 제쳐두고라도, 그것을 시작할 만한 기술이 아직 미흡합니다. 몇 가지 문제들이 있지만, 가장 심각한 문제는 특이한 종류의 속성반응기가 있어야 한다는 것인데….

그런데 어떤 허영심 많은 남자가 난자은행에서 최상급 난자를 얻어왔다고 생각해보세요. 그 다음은 수정을 시켜야겠지요? 일단 수정을 시켰다면 그것을 어디로 가져갈까요? 자기

아내에게? 그는 아마 이렇게 말할 겁니다. "이봐, 여보. 내가 이 최상급 난자를 난자은행에서 가져와 지금 막 수정시켰소. 이 난자를 돌봐주겠소?" 아내가 대꾸합니다. "나는 내 난자가 따로 있어요. 그 최상급 난자를 갖고 어떻게 해야 할지 잘 알잖아요. 가서 대리모를 찾아보세요. 그러는 김에 아주 딴살림을 차리는 편이 나을 거예요."

보다시피 이런 상황이 돼서는 안 되겠지요. 진실로 사람에게 필요한 것은 노벨상 수상자가 아니라 사랑입니다. 사람이 어떻게 노벨상 수상자가 된다고 생각하세요? 사랑에 대한 열망, 바로 그것입니다. 간절히 사랑을 열망하면서 온통 연구에 매달릴 때 결국 노벨상 수상자가 되는 겁니다. 노벨상은 바로 노력상인 셈이지요.

중요한 것은 사랑입니다. 정자은행이니 난자은행이니 하는 것들은 잊으세요. 은행과 사랑은 어울리지 않습니다. 혹시 당신이 그 사실을 모른다면 최근에 은행에 가보지 않은 겁니다. 그러니 그저 사랑을 실천하세요. 러시아인을 사랑해보세요. 그것이 얼마나 쉽고 얼마나 당신의 아침을 찬란하게 만들어 주는지 알면 놀랄 겁니다. 이란인이나 베트남인을 사랑하세요. 이곳만이 아니라 온 세상의 사람들을 사랑해보세요. 그런 뒤 당신이 정말 사랑에 노련해졌을 때, 우리나라 수도의 정치인들을 사랑하는 정말 힘겨운 일도 시도해보기 바랍니다.

모든 행위의 원동력은 사랑에 대한 열망과 사랑의 충동이다. 우리가 인생에서 발견하는 행복은 소유나 지배, 심지어 깨달음과도 별 관계가 없다. 그보다는 이 사랑의 능력, 모든 생명들과 사랑스럽고 자유롭고 지혜로운 관계를 맺는 능력에 있다. 그런 사랑은 소유욕이 아니라 우리 자신의 행복감과 모든 대상과의 유대감에서 솟아나는 것이다. 그러므로 그런 사랑은 너그럽고 지혜롭고 만물의 자유를 추구한다. 사랑의 길을 걸어갈 때, 우리는 우리 재능을 치유와 봉사에 사용하고, 주위에 평화를 창조하고, 생명 속의 신성을 존중하고, 우리가 마주치는 모든 것을 축복하면서 만물의 평안을 기원할 수 있다.

영성생활은 복잡하게 보일지도 모르지만 그 본질은 그렇지 않다. 가장 중요한 것은 우리가 어떤 마음으로 인생을 대하느냐 하는 것이다. 이 사실을 깨달을 때 우리는 이 어수선한 세상 한가운데서도 명료함과 단순성을 발견할 수 있다. 이 점을 유명한 선(禪)시인 료칸(Ryokan : 1758~1831, 일본 도쿠가와 막부 시대의 선승이자 시인 - 옮긴이)은 이런 말로 요약했다.

■ 비가 그치고 구름이 물러가고,

하늘이 다시 맑게 개었네.

그대의 마음이 청결하다면,

그대 세계의 모든 것들이 순수할지니…

그때는 달과 꽃들이 그대를 참된 길로 인도하리라.

우리가 사랑할 수 없다면 일체의 영적 가르침이 공허해진다. 우리가 가장 기본적이고 평범한 행복을 누릴 수 없다면 지극히 고매한 의식 상태와 더없이 비상한 영적 성취도 별 의미가 없다. 우리는 참된 마음으로 우리에게 주어진 생을 보듬고 서로를 어루만져야 한다. 중요한 것은 어떻게 사느냐이다. 그렇기 때문에 스스로에게 이 질문을 던지는 것이 그토록 어려우면서도 중요한 것이다. '나는 나의 길을 충실히 가고 있나? 후회 없는 삶을 살고 있을까?' 우리는 언제 어디서 인생의 마지막 순간과 마주치더라도 이렇게 말할 수 있어야 한다. "그래, 나는 내 마음과 함께하는 길을 따라 살았어!"

MEDITATION IN LIFE

자애명상

자애심은 충만한 영성생활을 가꿀 수 있는 비옥한 토양이다. 사랑의 마음을 바탕에 깔면 우리가 시도하는 모든 행동, 우리가 마주치는 모든 대상이 더욱 쉽게 열리고 유연해진다. 자애심은 여러 상황에서 자연스럽게 우리 안에 생겨날 수 있지만, 노력을 통해 길러낼 수도 있다.

다음에 소개하는 명상은 2500년의 역사를 가진 수행법이다. 반복적인 경구와 이미지와 감정들을 이용하여 자기 자신과 다른 대상들을 향한 자애심과 친밀감을 불러일으키는 수련법이다. 이 명상법이 자신에게 유용한지 시험 삼아 해보기 바란다. 처음 시작하는 가장 좋은 방법은 여러 달 동안 조용한 장소에서 매일 한두 번씩 15분이나 20분 정도 아래 경구를 반복적으로 읊조리는 것이다. 처음에는 이 명상법이 기계적이고 어색하게 느껴지거나 심지어 짜증과 분노 같은 정반대의 감정을 일으킬지도 모른다. 만일 그렇다면 자신을 향한 애정과 인내심을 갖는 것이 특히 중요하다. 마음속에 일어나는 모든 것을 선의와 자애의 감정으로 받아들이는 것이다. 적당한 시점이 되면, 심지어 내면의 괴로움에 직면했을 때에도 자애심이 일어날 것이다.

편한 자세로 정좌하라. 몸의 긴장을 풀고 마음을 가라앉히라. 최대한 정신을 평온하게 하고, 모든 생각과 잡념들을 내려놓으라. 그런 뒤 자신을 향해 다음 경구를 가만히 읊조리기 시작하라. 먼저 자신을 대상으로 삼으라. 자기 자신을 사랑하지 않고서 남들을 사랑하는 것은 거의 불가능하기 때문이다.

나에게 자애심이 충만하기를.
내가 정신적으로 평안하기를.
내가 육체적으로 평화롭기를.
내가 건강하고 행복하기를.

이 경구들을 되뇌면서 붓다의 설법에 나오는 이미지를 이용할 수도 있다. 자신을 사랑스런 어린 아이로 상상하는 것이다. 아니면 지금의 모습으로 느끼면서 자애의 마음을 불러낼 수도 있다. 말과 더불어 감정도 일어나게 하라. 말과 이미지들을 조절하여 자신의 자애로운 마음을 가장 쉽게 열어주는 정확한 경구를 찾아내라. 그 경구들을 자꾸만 되풀이하면서 그 느낌이 몸과 정신에 퍼져나가도록 하라. 이 명상을 몇 주일이고 반복해서 실행하라. 그러면 자신을 향한 자애로운 느낌이 자라날 것이다.

마음의 준비가 되면, 똑같은 명상 기간을 잡아 점차 자애의 대상을 다른 사람들로 확장할 수 있다. 자신 다음으로 어떤 은인을 선택하라. 당신 인생에서 당신을 진심으로 아껴준 사람을 생각하라. 그의 모습을 떠올리면서 똑같은 경구를 가만히 암송하라. "그 사람에게 자애심이 충만하기를…." 은인에 대한 자애심이 키워지고 나면, 당신이 사랑하는 다른 사람들을 명상 속에 포함시키기 시작하라. 그들을 떠올리며 똑같은 경구를 암송하면서 그들을 향한 자애심을 불러일으키라.

그런 다음 점점 더 많은 대상으로 자애명상을 확장할 수 있다. 가족과 친구들, 직장 동료, 이웃주민, 다른 지역 사람들, 동물들, 온 세상, 그리고 모든 존재들까지…. 그런 뒤에는 마침내 당신의 인생에서 가장 거북스런 사람들까지 포함시킬 수 있다. 그들에게도 역시 자애와 평화가 충만하길 비는 것이다. 어느 정도 수행하다 보면 견고한 자애심이 형성되고, 15분에서 20분 정도 만에 수많은 존재들을 명상 속에 떠올릴 수 있을 것이다. 자신에서 시작하여 은인, 사랑하는 이들, 다른 곳의 모든 존재들까지….

그렇게 되면 당신은 어느 곳에서나 이 명상을 수련할 수 있다. 교통 정체가 심할 때, 버스와 비행기 안에서, 병원 대기실에서, 그 외 온갖 상황들에서. 사람들 사이에서 조용히 이 자애명상을 수련하게 되면, 곧바로 주위 사람들과의 놀라운 유대감, 즉 자애심의 위력을 느끼게 될 것이다. 자애명상은 당신의 생활을 평온하게 하고 당신을 자기 마음과 연결해줄 것이다.

2. 전쟁 끝내기

우리가 치열한 전투에서 한 발 물러서면
새로운 시야가 열리게 된다. 노자(老子)
의 도덕경(道德經)에 쓰인 '간절히 바라면
눈앞의 구름이 걷히나니…'라는 말처럼.

무지몽매한 정신은 이 세상의 본래 모습을 상대로 전쟁을 일으킬 때가 많다. 마음과 함께하는 길을 따르려는 사람은 자신의 안팎에서 일어나는 전쟁의 전 과정과 그것이 어떻게 일어나고 끝나는지 이해해야만 한다. 전쟁의 뿌리는 무지(無智)에 있다. 지혜가 없으면 우리는 쉽사리 인생의 덧없는 변화, 필연적인 상실, 참담한 실망 그리고 늙음과 죽음의 불안정성 앞에서 두려워 떨게 된다. 우리가 오해에 빠지면 인생을 상대로 싸우거나, 고통을 피해 도망치거나, 본질상 결코 진정한 만족을 줄 수 없는 보호물이나 쾌락을 붙잡으려 버둥거리게 된다.

인생을 상대로 한 우리의 전쟁은 우리가 겪는 내면과 외면의 모든 경험들 속에서 이루어진다. 평균적으로 우리 아이들은 고등학교를 마칠 때까지 TV에서 1만 8천 번의 살인과 폭력 장면을 목격한다. 미국 여성들이 상해를 당하는 주된 원인은 같이 사는 남자들의 폭행이다. 우리는 전 세계의 수많은 인종, 국가들과 더불어 살면서 자기 자신, 가족 그리고 공동체를 상대로 전쟁을 계속한다. 사람들 사이의 전쟁은 우리 내면의 갈등과 두려움의 표출이다. 나의 스승 아잔 차 스님은 이 끊임없는 전투를 이렇게 설명했다.

■ 우리 인간은 끊임없이 싸우고 있다. 우리는 스스로 통제할 수 없는 너무 많은 상황들에 얽매인 채, 그 구속된 현실에서 벗어나려고 끝없는 전쟁을 벌인다. 하지만 벗어나기는커녕 계속 괴로움만 쌓일 뿐이다. 선(善)에 대한 전쟁, 악(惡)에 대한 전쟁, 너무 작다고 전쟁, 너무 크다고 전쟁, 너무 짧거나 너무 긴 것 혹은 옳은 것이나 틀린 것에 대한 전쟁…. 우리는 결코 치열한 전투를 멈추지 않고 있다.

현대사회는 우리의 현실 인식을 부정하거나 억누르는 정신적 경향을 부추긴다. 우리 사회는 스스로 어떠한 직접적 괴로움과 불안에서도 보호될 수 있다고 착각하게 만드는 현실부정의 사회이다. 우리는 자신의 불안정성을 부인하고, 고통, 죽음, 상실과 싸우고, 자연 세계와 우리 자신의 본질에 대한 근원적 진실로부터 숨으려 하면서 엄청난 에너지를 소모하고 있다.

자연 세계에서 스스로를 격리하기 위해, 우리는 에어컨, 난방차 그리고 의복 등을 사용하여 사계절로부터 자신을 보호한다. 늙음과 쇠퇴의 공포를 덮기 위해서, 광고에는 환하게 웃는 젊은이들을 등장시키고 늙은 사람들은 요양원이나 노인 시설에 집어넣는다. 또 빈민들은 슬럼가에 몰아넣고 그 구역을 에둘러 고속도로를 건설해서 그곳에 살지 않는 운 좋은 사람들이 빈민들의 실상을 보지 못하도록 해놓았다.

또 우리는 죽음을 거부한다. 96세의 할머니까지도 호스피스 시설에 새로 들어오면서 직원에게 이렇게 투덜댈 정도이다. "왜 내가 죽어야 하지?" 우리는 거의 자신의 죽음을 죽음이 아닌 듯이 꾸민다. 시신은 얼굴화장을 하고 근사한 옷을 입은 채 자신의 장례식에 참석한다. 마치 파티에 가는 사람들처럼. 우리는 스스로를 속이며 우리의 전쟁은 진짜 전쟁이 아니라고 주장한다. 미국은 '전쟁성(戰爭省 : War Department)'의 이름을 '국방성(國防省 : Defense Department)'으로 바꿨다. 최고급 전략 핵미사일은 무엇이라 부르는가? 역설적이게도 '피스키퍼*Peace Keeper*'다!

중독을 권하는 사회

우리는 얼마나 집요하게 우리 존재의 진실로부터 스스로를 격리시키고 있는가? 우리는 현실부정을 통하여 인생의 고통과 괴로움을 외면한다. 현실부정을 심화하기 위해 우리는 중독성 물질에 의존한다. 우리 사회는 이른바 '중독성 사회'가 되었다. 2천만 명 이상의 알코올 중독자, 천만 명의 마약 중독자, 그리고 도박, 음식, 섹스, 불건전한 관계 혹은 스피드나 일 중독증에 빠진 수백만의 중독자들이 우글거리는 사회다. 우리의 중독 대상은 우리가 인생의 괴로움을 부정하고 감정을 회피하기 위해 강박적으로 반복해서 사용하는 애착물들이다. 온갖 광고들은 우리에게 끊임없이 물건을 사고, 담배를 피우고, 술을 마시고, 음식, 돈, 섹스를 갈망하도록 부추긴다. 중독 대상들은 우리의 현실감을 마비시키고, 우리의 진정한 경험을 회피하도록 만든다. 우리 사회는 거창한 팡파르를 울리며 이런 중독 상태를 조장한다. 《사회가 중독됐을 때*When Society Becomes an Addict*》의 저자 앤 윌슨 셰이프*Ann Wilson Schaef*는 이렇게 말한다.

■ 우리 사회에 가장 잘 적응한 사람은 죽은 것도 아니고 산 것도 아닌, 그저 멍청이 같은 좀비이다. 우리가 죽으면 사회에 아무 일도 할 수 없다. 반면 우리가 온전히 살아 있으면 사회의 온갖 현실들에 끊임없이 "안 돼" 하고 외치게 된다. 인종차별, 환경오염, 핵 위협,

군비경쟁, 비위생적인 음료수, 발암물질이 든 음식…. 따라서 문제의식을 잠재우고, 우리를 뭔가에 빠지게 해서, 다소 멍청한 좀비 같은 인간으로 만드는 것이 이 사회에는 이롭다. 이런 식으로 우리의 현대 소비사회는 스스로 하나의 중독자로 전락했다.

우리 사회에 가장 널리 퍼진 중독증의 하나는 속도 중독증이다. 기술 중심 사회는 생산성의 속도와 우리 생활의 속도를 자꾸만 밀어 올린다. 얼마 전 파나소닉사(社)는 음질은 정상 수준을 유지하면서도 테이프를 보통 속도의 두 배로 작동시킨다는 신형 VHS 비디오를 출시했다. 광고 문구는 이렇게 자랑한다. "이제는 윈스턴 처칠이나 케네디 대통령의 위대한 연설, 또는 고전문학을 절반의 시간에 감상할 수 있답니다!" 나는 그들이 모차르트나 베토벤의 음악도 2배속으로 들으라고 권할지 궁금하다. 우디 앨런(Woody Allen : 미국의 영화감독이자 배우―옮긴이)이 이런 속도 강박증에 관해 언급한 일이 있다. 그가 어느 속독 강좌를 수강했는데, 톨스토이의《전쟁과 평화》를 20분 만에 다 읽었다고 한다. 그러고 나서 책을 읽은 소감을 이렇게 중얼거렸다고 한다. "음, 러시아에 관한 이야기군."

인생을 거의 2배속으로 살도록 요구하는 사회에서 속도와 중독은 우리를 마비시켜 자신의 경험에 무뎌지게 만든다. 이런 사회에서는 스스로 몸을 관찰하거나 자신의 마음과 연대감을 유지하기란 거의 불가능하다. 그러니 다른 사람이나 우리가 사는 세상과의 일체감은 말할 것도 없다. 오히려 우리는 점점 더 고립되고 외로워지면서, 서로의 관계와 자연스런 생명의 연결망을 잃어간다. 사람들은 차 안에, 커다란 집 안에, 휴대폰에, 귀를 틀어막은 MP3에 그리고 깊은 고독과 내면의 빈곤 속에 갇혀 있다. 이것이 우리 현대사회를 온통 뒤덮고 있는 슬픈 현실이다. 이런 고립은 개인들의 상호연대감을 상실하게 할 뿐 아니라 국가들에도 불행을 가져온다. 격리와 현실부정의 힘은 국가 간의 오해, 자연재난, 민족 국가들 사이의 끝없는 갈등을 빚어낸다.

내가 이 글을 쓰고 있는 오늘도 지구상에는 40건이 넘는 전쟁과 폭력적 혁명들이 진행되면서 수천 명의 사람들이 죽어가고 있다. 인류는 2차 세계대전 이후에만 115차례의 전쟁을 벌였다. 전 세계의 국가 수가 고작 165개뿐인 우리 인류에게 이 수치는 암울한 기록이 아닐 수 없다. 우리는 과연 어떻게 해야 할 것인가?

누가 당신을 괴롭히는가?

진정한 영성수련은 우리에게 전쟁 끝내기를 요구한다. 전쟁 끝내기는 첫 걸음이다. 사실 마음의 평화가 우리의 존재 방식이 될 때까지 반복해서 수행을 계속해야 한다. 진정으로 '평화로운' 사람의 내적 고요는 안팎으로 촘촘히 엮인 생명의 연결망에 평화를 가져온다. 우리가 전쟁을 끝내려면 자신에서부터 시작해야 한다. 마하트마 간디(Mahatma Gandhi : 1869~1948, 무저항 비폭력주의로 영국으로부터 인도의 독립을 이끌어낸 20세기의 위대한 지도자 - 옮긴이)의 말에 귀 기울여보자.

나에게는 오직 세 가지 적이 있습니다. 내게 가장 손쉬운 적은 어렵잖게 좋은 쪽으로 밀어붙일 수 있는 대영제국입니다. 두 번째 적은 인도 국민으로, 이는 훨씬 더 까다로운 상대입니다. 하지만 내게 가장 만만찮은 적은 모한다스 K. 간디(Mohandas K. Gandhi : 간디의 본명 - 옮긴이)라는 남자입니다. 나에게 그 사람은 참으로 벅찬 상대입니다.

간디처럼 우리도 의도적인 행위를 통해서는 자신을 더 좋은 쪽으로 변화시키기 어렵다. 이것은 마음이 스스로를 제거하려 하거나 자신의 신발 끈을 스스로 당기며 나가려는 행동과 다름없다. 새해를 시작하며 굳게 다진 결심이 얼마나 허무하게 끝나는지 생각해보라. 우리가 스스로 변화하려 애쓸 때, 사실상 자기비판과 공격적 행동양상을 지속하게 될 뿐이다. 우리는 자신과의 격렬한 싸움을 계속하게 된다. 대체로 의도적인 행위들은 역공을 일으키고, 결국에는 우리가 변화시키고자 하는 중독증이나 현실부정을 더 심화시켜놓는다.

권위에 대해 깊은 불신감을 가진 어느 젊은이가 명상센터를 찾아왔다. 그는 자기 가족에게 반감을 가졌는데, 어머니에게 심한 학대를 받아서 생긴 당연한 현상이었다. 그는 학교에서도 반항하다 퇴학당하고 반문화(反文化)적인 것들에 빠져들었다. 그는 여자친구하고도 싸웠는데, 그의 말에 따르면 자기를 옭아매려 했기 때문이라고 했다. 그래서 그 젊은이는 자유를 찾아 인도와 태국으로 떠났다. 처음 명상에서 긍정적 경험을 하자, 젊은이는 사원에 들어가 한동안 수행에 들어갔다. 그는 아주 맹렬한 수행을 통해 자신을 맑고 순수하고 평화롭게 만들기로 결심했다. 하지만 오래지 않아 그는 다시 갈등에 휩싸인 자신을 보았다. 사원의 잡다한 일과는 그에게 줄기차게 수행할 충분한 시간을 허락지 않았다. 방문객들과 때때로 들리는 차량의 소음들이 그의 명상을 방해했다. 그가 생각하기에 스승은 충분한 가르침을 주지 않았고, 그 때문에 그의 수행은 약해지고 정신은 혼탁해졌다. 젊은이는 평정을 찾으려 안간힘을 썼고 자기 나름의 방식으로 해보려 했지만 결국 자신과 싸우고 있을 뿐이었다. 마침내 집단 명상 기간이 끝났을 때 스승은 젊은이를 꾸짖었다. "너는 모든 것과 싸우고 있다. 어째서 음식이 너를 괴롭히느냐? 어째서 소음이, 허드렛일들이, 심지어 너의 마음이 너를 괴롭히는 것이냐? 이상하지 않느냐? 나는 알 수가 없구나. 네가 지나가는 차 소리를 들을 때, 그 소리가 정말 네게로 와서 너를 괴롭히느냐, 아니면 네가 밖으로 나가 그것을 괴롭히는 것이냐? 누가 누구를 괴롭히는 것이냐?" 바로 이 말씀에 젊은이는 웃음을 터뜨렸다. 그 순간에 그는 전쟁 끝내기를 터득하기 시작했다.

　　영성수련의 목적은 우리의 의지력을 통해서가 아니라 점진적인 수련과 깨우침을 통하여 체계적으로 전쟁을 그칠 방도를 얻는 것이다. 꾸준한 영성수련은 우리의 온갖 전투들을 놓아버리게 하여 새로운 삶의 길을 찾도록 도와준다.

　　우리가 치열한 전투에서 한 발 물러서면 새로운 시야가 열리게 된다. 노자(老子)의 《도덕경道德經》에 쓰인 이 말처럼. '간절히 바라면 눈앞의 구름이 걷히나니….' 우리는 저마다 갈등이 어떻게 일어나는지 보게 된다. 끊임없는 좋아함과 싫어함, 우리를 두렵게 하는 모든 것에 저항하는 몸부림을 본다. 우리 자신의 편견, 탐욕, 영역다툼을 본다. 이 모든 것들은 잘 드러나지 않더라도 항상 우리 곁에 있다. 우리는 그 끊임없는 전투 아래 곳곳에 산재한 불만과 공포를 본다. 그리고 인생에 대한 우리의 투쟁이 얼마나 우리 마음을 꼭꼭 닫아놓는지 보게 된다.

　　내면의 전투를 멈추고 있는 그대로의 대상에 마음을 열 때, 우리는 현재의 순간에 편안히 내려앉게 된다. 이것이 영적 수행의 시작이자 끝이다. 오직 이 순간에만 우리는 영원한 진실을 발견하게 된다. 오직 여기서만 우리가 구하는 사랑을 찾을 수 있다. 과거의 사랑은 한낱 추억이고 미래의 사랑은 환상일 뿐이다. 오직 오늘의 현실 속에서만 우리는 사랑하고, 깨어나며 평화와 깨우침을 얻고 우리 자신과 세계와의 일체감을 발견할 수 있다.

　　라스베가스의 어느 카지노 간판에 이런 오묘한 말이 쓰여 있다. "이기려면 참여해야 합니다." 전쟁 끝내기와 참여하기는 동전의 양면과 같다. 현재 속으로 들어가는 것이 전쟁을 끝내는 길이다. 현재 속으로 들어간다는 말은 지금 여기서 벌어지는 모든 일을 체험한다는 뜻이다. 우리 대다수는 미래를 위한 계획, 기대, 야망에 사로잡히고, 과거에 대한 후회, 죄책감, 부끄러움에 휩싸인 채 인생을 소모해왔다. 현재 속으로 들어올 때, 우리는 다시 우리 주변의 생활을 느끼기 시작하면서 과거에 회피해온 온갖 것들도 만나게 된다. 우리는 용기를 가지고 현재의 모든 것들과 대면해야 한다. 고통, 욕망, 슬픔, 상실, 은밀한 바람, 사랑 등 우리를 가장 깊숙이 뒤흔드는 모든 것과 맞서야 한다. 전쟁을 그칠 때 우리 모두는 과거에 회피했던 것들을 발견하게 될 것이다. 자신의 고독, 무력감, 권태감, 창피함, 성취되지 못한 욕망 등등. 우리는 자신의 이런 면들과도 마주서야 한다.

당신은 광채와 통찰로 가득한 '유체이탈(遺體離脫) 체험'에 관해 들어봤을 것이다. 진정한 영성의 길은 그보다 더욱 엄청난 것을 요구한다. 이른바 '유체 내의 체험'이 그것이다. 우리가 정녕 깨달음을 얻고자 한다면, 바로 지금 우리 몸, 우리 느낌, 우리의 생활과 연결돼야만 한다.

현재 속에 사는 삶은 꾸준하고 흔들림 없는 결의를 요구한다. 구도의 여정을 걸어가려면 한 번이 아니라 수없이 많은 전쟁을 멈춰야 한다. 수없이 반복해서 우리를 현재의 순간에서 멀어지게 하는 낯익은 상념과 반발들이 나타날 것이다. 멈춰 서서 가만히 들어보면, 우리가 두려워하거나 갈망하는 각각의 대상들(사실은 똑같은 욕구불만의 양면)이 어떻게 우리를 들쑤셔 참된 마음을 잃게 하고 인생의 잘못된 관념 속으로 빠져들게 하는지 느끼게 된다. 더욱 찬찬히 들어보면, 우리가 어떻게 스스로를 그런 두려움에 옭아매고 그런 갈망과 뒤얽히는지 느낄 수 있다. 자신에 대한 이런 편협한 관념 때문에 우리는 흔히 무언가를 소유해야만, 누군가의 희생이 있어야만 우리 행복이 얻어질 수 있다는 착각에 빠지게 된다.

전쟁 끝내기와 현실 속으로 들어오기는 우리 마음의 광대함을 발견하는 과정이다. 우리 마음은 자신과 분리될 수 없는 모든 존재의 행복을 포용할 수 있다. 우리가 두려움, 불만, 항상 피해왔던 괴로움 등을 있는 그대로 느낄 때 마음이 부드러워지기 시작한다. 그것은 우리가 항상 도망쳐왔던 그 모든 괴로움과 마주서는 용맹한 행위이면서, 동시에 연민의 행위이기도 하다. 불교 경전에 따르면 연민(憐愍)은 우리가 생명의 고통을 온몸으로 공감할 때 느끼는 '순수한 마음의 떨림'이다. 현실과 마주서는 행위가 가능하다는 확신이 우리에게 우리 마음의 광대함을 일깨워준다. 광대한 마음을 가지면, 우리는 인생의 괴로움 한복판에서도, 인생의 덧없는 공허감 속에서도 존재를 지탱해갈 수 있다. 우리는 이 세계, 만 가지 기쁨과 만 가지 슬픔으로 가득한 이 세상에 마음을 열 수 있다.

세계가 우리를 깊숙이 만지도록 둠으로써, 우리는 자신의 인생에 고통이 있듯이 다른 모든 이들의 인생에도 고통이 있음을 알게 된다. 이것이 지혜로운 깨우침의 첫걸음이다. 지혜로운 깨우침은 인생에서 고통은 필연적이며 태어난 모든 생명은 죽게 돼 있음을 간파한다. 지혜로운 깨우침은 인생을 전체로서 보고 온전히 받아들인다. 지혜로운 깨우침을 얻은 사람은 암흑이든 광명이든 만물을 껴안으면서 평화의 상태에 도달한다. 그것은 현실 부정이나 도피적인 평화가 아니라 아무것도 거부하지 않는, 만물을 연민으로 어루만지는 온화한 마음의 평화이다.

전쟁 끝내기를 통해서 우리는 자신의 개인적 슬픔과 비애, 기쁨과 환희를 모두 포용할 수 있다. 광대한 마음을 가지면 우리는 주위 사람들, 가족과 공동체, 세상의 사회 문제들, 그리고 인간의 역사에 열린 자세를 갖게 된다. 지혜로운 깨우침을 얻으면 우리 인생과 도(道)나 다르마(dharma : 法)라 불리는 영원한 진리와 조화로운 삶을 살 수 있다.

베트남전 참전 용사인 어느 불교 수련자가 있었다. 그가 어느 명상수련회에서 이야기를 들려주었는데, 그는 그때서야 군대 시절에 목격한 끔찍한 광경을 처음으로 마주 대했다고 한다. 오랜 세월 그는 자기 안에 베트남전을 간직하고 살았다. 자신이 겪은 참혹한 기억들을 도저히 마주할 수 없었기 때문이다. 그 수련회에서 마침내 그는 전쟁을 끝냈다.

■ 나는 전쟁 초기에 해병대의 야전 위생병으로 참전했습니다. 근무지는 당시 남·북 베

트남군이 대치하던 험준한 산악지대였어요. 아군 사상자 수는 엄청났습니다. 부상당한 주민들도 수두룩했는데, 우리는 상황이 허락하는 대로 그들을 치료해줬습니다.

내가 처음 명상수련에 참여한 때는 귀국한 지 8년이 지난 무렵이었습니다. 그 세월 내내 나는 적어도 일주일에 두 번 이상 수많은 참전 용사들에게 공통적으로 나타나는 악몽에 시달렸어요. 꿈을 꾸면 과거로 돌아가 똑같은 위험에 빠졌습니다. 당시의 참혹한 광경들이 사방에 펼쳐지고, 비명을 지르며 깨어나 보면, 온몸에 식은땀이 흐르고 공포에 떨고 있었어요. 수련회에 참여하자 잠자는 동안에는 악몽을 꾸지 않았습니다. 대신 그것들이 낮에 나타났어요. 좌선할 때나 행선(行禪 : 걸으면서 수행하는 명상법, '걷기명상'이라고도 함 - 옮긴이) 할 때 그리고 공양 중에도 눈앞에 아른거렸습니다. 몸서리쳐지는 전쟁터의 광경이 명상 센터의 고요한 삼나무 숲 위에 겹쳐 보이는 것이었어요. 숙소에서 잠에 빠진 수련생들이 DMZ의 임시 시체안치소에 널려 있는 잘려진 팔 다리들로 변했습니다. 차츰 나는 깨닫게 됐습니다. 서른 살의 구도자인 내가 이런 기억들을 되살림으로써 스무 살짜리 위생병으로서는 도저히 감당할 수 없었던 그 엄청난 감정의 충격파를 처음으로 견뎌내고 있었다는 사실을.

나는 내 정신이 점차 과거 기억들을 들춰내고 있음을 깨달았어요. 그것들은 너무나도 끔찍하고 무자비하며 정신을 황폐화시켰기 때문에 나는 여태껏 그것들을 지니고 있다는 사실조차 회피하려 했던 겁니다. 다시 말해 너무나 두려워서 죽도록 억눌렀던 기억들을 정면으로 마주함으로써 심오한 카타르시스를 경험하기 시작했던 거예요.

수련회에서 나는 더 흔한 공포에도 시달렸습니다. 내면에 도사린 전쟁 악마들이 풀려나오면서 그것들을 통제할 수 없었고, 그것들이 이제 밤 뿐 아니라 낮에도 활개치고 다녔으니까요. 하지만 대신 정반대의 것들도 경험했습니다. 죽은 전우들과 손발 잘린 아이들의 참혹한 광경이 조금씩 반쯤 잊혔던 당시 그곳의 다른 장면들로 바뀌어갔어요. 울창한 밀림의 황홀하게 아름다운 경치, 수천 가지 빛깔을 드러내는 녹음, 너무나 하얗고 매혹적이어서 마치 다이아몬드가 깔린 듯한 해변들과 그 위로 불어오던 감미로운 미풍….

수련회에서 처음으로 일어났던 또 다른 감정은 과거와 현재의 나에 대한 깊은 연민이었습니다. 자칭 의사이며 이상에 젖은 젊은이로서 인간이 도저히 감당할 수 없는 살벌한 광경을 목격해야 했던 나, 내 안에 있음을 인정할 수조차 없던 기억들을 떨쳐버릴 수 없었던 귀신들린 퇴역군인인 나에 대한 연민이었어요.

첫 수련회 이후 그 연민이 내 곁에 머물렀습니다. 명상수행과 지속적인 내면의 해방을 통해 그 연민은 점점 커졌고, 가끔 내 자의식이 방해하지 않을 때는 주위 사람들까지 감싸 안았습니다. 그 참혹한 기억들 역시 내게 머물렀지만 악몽은 사라졌어요. 식은땀과 비명은 차분하고 조용한 깨어남으로 바뀌었고, 그것도 10여 년 전 북(北)캘리포니아 어느 곳에서의 경험이 마지막이었습니다.

현재 한 가정의 아버지이자 교사인 로이드 버튼Lloyd Burton의 회상이었다. 그는 현실을 마주보는 단호한 용기를 발휘하여 자기 안의 전쟁을 끝냈다. 그리고 그 과정에서 자신과 주위 사람들을 위한 치유의 자비심이 솟아나왔다. 이것이 우리 모두의 과제이다. 개인이든 사회든 우리는 속도, 중독증, 현실부정의 고통에서 벗어나 전쟁을 끝내야 한다. 가장 거대한 변화는 이 단순한 행위에서 비롯된다. 과거 나폴레옹 1세도 이 점을 알고 있었다. 그는 생애 말년에 이렇게 말한 바 있다. "세상에서 나를 가장 놀라게 한 것이 무엇인지 아는가? 무력(武力)은 아무것도 창조할 수 없다는 사실이다. 결국 칼은 언제나 정신에 패배한다."

우리가 전쟁을 끝낼 때마다 자비와 광대한 마음이 일어난다. 인간의 마음을 위한 우리의 간절한 소망은 전쟁을 끝낼 방법을 발견하는 것이다. 우리 모두는 자신의 두려움이나 분노나 중독의 한계를 뛰어넘고 싶어 한다. '나'와 '나의 것'보다 더 위대한 것, 우리의 자잘한 이야기와 소(小)자아를 넘어선 무언가와 연결되고픈 열망을 갖고 있다. 전쟁을 끝내고 시간을 초월한 현재 속으로 들어와 만물을 포용하는 거대한 존재의 터전에 도달하는 것은 불가능한 일이 아니다. 이것이 바로 영성수련과 마음과 함께하는 길을 나서는 목적이다. 이것이 우리 안에서 평화와 일체감을 발견하고 우리와 우리 주위에서 전쟁을 끝내는 길이다.

내면의 전쟁 끝내기

몇 분간 편안히 앉아 몸을 평온하게 하라. 호흡을 부드럽고 자연스럽게 하라. 주의를 현재에 집중하고 차분히 앉아, 몸에 어떤 감각이 일어나더라도 그것에 주목하라. 특히 당신이 맞서 싸우고 있을 일체의 고통, 긴장, 감각들을 바라보라. 그것들을 변화시키려 하지 말고, 그저 관심이린 다정한 시선으로 바라보기만 하라. 각각의 투쟁 영역들을 발견할 때마다 몸을 느긋하게 하고 마음을 부드럽게 하라. 무엇을 경험하더라도 싸우려 말고 그것에 마음을 열라. 무기를 내려놓으라. 가만히 호흡하면서 그대로 놔두라.

한동안 그대로 있은 뒤, 당신의 관심을 마음과 정신으로 옮기라. 이제 어떤 감정과 상념들이 나타나는지 바라보라. 특히 지금 당신이 투쟁하거나 싸우거나 부정하거나 회피하고 있는 감정과 상념들을 알아차리라. 관심어린 다정한 시선으로 그것들을 바라보라. 마음을 부드럽게 하라. 무엇을 경험하더라도 싸우려 말고 그것에 마음을 열라. 무기를 내려놓으라. 가만히 호흡하면서 그대로 놔두라.

계속 고요히 앉아 있으라. 그러면서 아직도 당신의 생활에 존재하는 모든 전투들에 주의를 기울이라. 자신 안에서 그것들을 느껴보라. 만일 당신이 계속해서 자기 몸과 싸우고 있다면 그것을 알아차리라. 만일 당신이 감정을 상대로 내면의 전쟁을 치르면서 자신의 고독, 두려움, 혼란, 슬픔, 분노, 혹은 중독과 씨름하고 있다면, 당신이 행하고 있는 그 투쟁을 느껴보라. 상념 속의 투쟁도 바라보라. 자신이 어떻게 내면의 전투를 수행하고 있는지 알아차리라. 내면의 적들, 내면의 독재자들, 내면의 요새들을 바라보라. 자기 내부의 모든 싸움들을 보면서 당신이 그 갈등을 얼마나 오래 지속했는지 알아차리라.

가만히 열린 마음으로 이 경험들을 나타나게 하라. 그저 관심어린 다정한 시선으로 그 각각을 차례로 바라보라. 각 투쟁 영역에서 당신의 몸, 마음, 정신을 부드럽게 하라. 무엇을 경험하더라도 싸우려 말고 마음을 열라. 그냥 있는 그대로 나타나게 두라. 무기를 내려놓으라. 가만히 호흡하면서 그대로 놔두라. 당신의 모든 부분을 초대하여 마음속의 평화로운 평원에서 당신과 만나게 하라.

3. 자리 잡고 정좌하기

우리가 자리 하나를 차지하고 앉아 명상할 때 우리 자신이 하나의 사원이 된다. 우리는 온갖 것들이 솟아날 자애로운 공간을 창조한다. 슬픔, 외로움, 수치심, 욕망, 회한, 좌절감, 행복감….

영성의 전환은 우연히 일어날 수 없는 심오한 과정이다. 과거의 습관적인 마음을 놓아버리고 새로운 통찰의 길을 찾아내 따라가기 위해서는 반복적인 수행, 진정한 수련이 필요하다. 구도 여정에서 성숙하기 위해서는 어떤 체계적인 수행법에 전념할 필요가 있다. 아잔 차 스님은 이것을 일컬어 '자리 잡고 정좌하기(taking the one seat)'라고 불렀다. 그분이 말씀하셨다. "그냥 방 안에 들어가 가운데 의자 하나를 놓아라. 방 가운데 자리 하나 차지하고 앉아 문과 창문을 열어젖히고, 무엇이 찾아오는지 보아라. 온갖 광경과 대상들, 갖가지 유혹과 이야기들, 상상할 수 있는 모든 것들이 나타날 것이다. 네가 할 일은 그대로 앉아 있는 것뿐이다. 온갖 것들이 일어났다 사라지는 것을 보게 될 것이다. 그리고 그것으로부터 지혜와 깨달음이 일어날 것이다."

아잔 차 스님의 말씀은 말 그대로이기도 하고 은유적이기도 한데, '자리 잡고 정좌하기'의 이미지는 영적 활동의 두 가지 밀접한 측면을 표현한다. 외면적으로 그것은 온갖 수련방법들 중 하나의 수행법과 스승을 선택함을 의미한다. 내면적으로는 어떤 어려움과 의혹이 일더라도 그것을 뚫고 정진하여 진정한 명철함과 깨달음에 도달하겠다는 결연한 의지를 뜻한다.

수행법은 그저 수레일 뿐

각 시대의 위대한 수행 전통들은 저마다 깨달음에 이르는 갖가지 방법들을 제시한다. 신체 단련, 기도, 참선, 이타적 봉사, 종교의식과 경건한 기도, 심지어 현대식 치료요법들도 있다. 이 모든 수련법들은 우리를 성숙시키고, 우리가 인생을 마주보게 하고, 고요한 정신과 강건한 마음을 키워 새로운 시야를 얻도록 도와주는 수단들이다. 이것들 중 어느 것을 택하더라도 반드시 필요한 것은 전쟁을 끝내고 인생에서 도망치지 않겠다는 단호한 결의이다. 각 수행법들은 우리가 더욱 명료하고 너그러우며 정직한 의식 상태로 현재를 대하도록 돕는다. 하지만 우리는 어느 하나를 선택해야만 한다.

우리가 수행법들을 고르다 보면 우리를 잡아끄는 갖가지 전통들과 만나게 된다. 불교, 기독교, 수피교(Sufi : 신비주의를 신봉하는 이슬함교의 한 종파 - 옮긴이) 등등. 자신들만이 신(神)과 깨달음과 사랑으로 이끄는 진정한 길이라고 주장하는 온갖 신앙의 전도사들이 나타난다. 하지만 산에 오르는 길은 여러 가지라는 사실을 이해하는 것이 중요하다. 결코 하나의 길만 있는 것이 아니다.

한 스승 아래서 수련하는 두 수행승이 올바른 수행법을 놓고 실랑이를 벌였다. 그들은 서로 자신의 방식이 옳다고 우기면서 스승을 찾아갔다. 두 수행승은 다른 제자들과 함께 있던 스승 앞에 나아가 각자 자신의 주장을 펼쳤다. 첫 번째 수행승은 정진(精進)의 길을 강조하며 이렇게 말했다. "스승님, 우리가 과거의 습관과 무지몽매함을 버리기 위해 전심으로 정진해야 하지 않습니까? 온 노력을 기울여 참되게 말하고 마음을 챙기면서 집중해야 하잖아요. 영적 삶은 우연히 얻어지는 것이 아니고 오직 전심으로 정진할 때만 얻을 수 있지 않습니까?" 스승이 말했다. "네 말이 맞다."

그러자 두 번째 수행승이 발끈하며 말했다. "하지만 스승님, 진정한 수행의 길은 놓아버리고 포기하며 도(道)와 불성이 저절로 나타나도록 하는 것 아닙니까? 수행의 진전은 노력을 통해 이루는 것이 아니잖아요. 우리 노력은 오직 탐욕과 자만심에 근거한 것 아닌가요? 진정한 구도의 핵심은 이 경구대로 사는 것이잖아요. '내 의지가 아니라 너의 의지에 따라서.' 이것이 올바른 길 아닙니까?" 그러자 스승은 또 이렇게 말했다. "네 말도 맞다."

이를 지켜보던 다른 제자가 말했다. "그런데 스승님, 둘 다 맞을 수는 없잖아요." 스승은 빙그레 미소 지으며 이렇게 말했다. "그래, 네 말 역시 맞다."

산꼭대기에 오르는 길은 하나만 있는 것이 아니다. 우리는 저마다 자기 마음에 와 닿는 수행법을 택하면 된다. 남들이 택한 수행법이라고 우러러볼 필요가 없다. 명심하라. 수행법 그 자체는 당신이 자유를 향해 가는 길에서 자각과 자애와 연민을 얻기 위한 '수레'일 뿐이다. 그것이 전부다.

붓다가 말씀하셨다. "강물을 건넌 뒤에는 머리에 뗏목을 이고 갈 필요가 없느니라." 우리는 필요한 동안만 수행법을 받아들여 제대로 활용하는 법을 배우면 된다. 물론 그 기간은 대부분 아주 긴 세월이다. 하지만 수행법은 그저 '수레'로, 즉 우리가 미혹과 혼돈과 욕망과 두려움의 강물을 건널 때 사용할 뗏목으로 여기면 되는 것이다. 우리의 여행길을 받쳐주는 뗏목에 고마움을 느낄 수는 있지만, 우리에게 이로운 뗏목이라고 모든 사람이 그것만 이용할 필요는 없다.

페르시아 시인 루미(Rumi : 13세기에 활동했던 이슬람 수피교의 신비주의 시인 - 옮긴이)는 깨달음에 이르는 수많은 '수레'를 이렇게 표현했다.

어떤 이는 일을 해서 부자가 되지만,

어떤 이는 같은 일을 하고도 가난에 허덕이네.

누구는 결혼으로 융성해지지만,

누구는 결혼 때문에 거지가 되네.

삶의 길들을 믿지 말라. 그것들은 변할지니.

한 가지 수단도 당나귀 꼬리처럼 이리저리 찰싹거린다.

어떤 말에도 항상 이 감사의 표현을 더하라.

'신의 뜻이라면…'

그리고 나아가라.

우리가 각 수행법들이 뗏목, 즉 깨달음의 수단이라는 시각을 놓치지 않는다면, 위대한 수행 전통들의 위력을 발견할 수 있다. 우리는 그런 시각을 유지하면서 명확한 선택을 해야 한다. 명상수행이냐 헌신수행이냐, 기도냐 만트라(mantra : 단음절로 된 기도어로서 진언(眞言)이라고도 함 – 옮긴이)냐…. 그리고는 진심으로 그 수행에 전념하면서 그 길로 뛰어들어야 한다.

갖가지 수련 경험을 지닌 수련생들이 내가 이끄는 통찰명상수행원(IMS)에 찾아온다. 그런데 그들 대부분이 한 가지 수행법에 몰두하지 않은 채, 현재 서구에서 유행하는 수많은 수행 전통들을 조금씩 경험했을 뿐이다. 그들은 대개 티베트 라마(lama : 티베트 불교에서 정신적 스승을 지칭하는 말로 주로 존경받는 승려를 뜻함 – 옮긴이)를 통해 수련에 입문한 뒤, 산 속에서 수피 댄스도 해보고, 한두 곳의 선원에서 좌선도 하고, 샤머니즘(샤먼, 곧 무당이 죽은 이의 영혼을 불러내 예언 따위를 하는 원시 종교의 한 형태 – 옮긴이) 의식에도 참여해본 사람들이다. 그런데도 그들은 이렇게 묻는다. "왜 나는 아직도 불행하지요? 왜 과거와 똑같은 싸움에 휩싸여 있죠? 왜 여러 해 수행을 했는데도 아무것도 변한 것이 없나요? 왜 나의 영성수련은 진전이 없을까요?" 그러면 나는 그들에게 묻는다.

"당신이 행한 수행은 무엇입니까? 당신은 스승이나 특정 수행법을 확신하고 전념해보았습니까?" 그들은 대개 여러 방법을 시도했지만 특정한 수행법을 고르지는 못했다고 답한다. 하나의 수행법을 선택해 전념하지 않는다면 어떻게 자신과 주위 세계에 대한 깊은 깨달음을 얻을 수 있을까? 영적인 활동에는 지속적인 수행과 자기 자신과 주변 세계를 깊숙이 들여다보는 결의가 필요하다. 그래야 무엇이 인간의 고통을 일으키는지, 어떡해야 일체의 갈등에서 벗어날 수 있는지를 알아낼 수 있다. 우리는 수없이 되풀이해서 자신을 들여다봐야 한다. 그러면 사랑하는 법을 배우게 되고, 무엇이 우리 마음을 꼭꼭 닫아놓는지, 우리 마음을 연다는 것이 무엇을 뜻하는지 알게 된다.

만일 우리가 이 수행 저 수행 바꿔가며 약간씩만 해본다면, 대개 한 가지 수행에서 이룬 성과가 다른 수행으로 이어지지 못한다. 그것은 마치 한 우물을 깊이 파지 않고 여기저기 얕은 우물을 파보는 것과 같다. 하나에서 다른 것으로 끊임없이 수행법을 바꿀 때, 우리는 결코 자신의 나태함, 조급함, 두려움 등을 치열하게 상대할 수 없다. 절대로 자신과 정면으로 대면하지 못한다. 따라서 우리 마음과 연결되는 심오하고 전통 있는 수행법을 선택할 필요가 있다. 그런 다음 그것이 우리를 변화시키는 한 철저히 따르겠다는 결의를 다진다. 이것이 '자리 잡고 정좌하기'의 외부적 측면이다.

스스로 하나의 사원이 되려면

일단 우리가 여러 수련 방식 중 하나를 택해 체계적인 수행을 시작하면, 흔히 우리 내면에서 의혹과 두려움, 일찍이 경험하지 못한 온갖 감정들이 일어나 우리를 덮쳐온다. 결국에는 평생 억눌러왔던 수많은 고통들이 솟구쳐 일어날 것이다. 한번 어느 수행법을 정했으면 용기와 결단력을 가지고 어떠한 어려움도 무릅쓰고 그 길을 밀고 나가야 한다. 이것이 '자리 잡고 정좌하기'의 내면적 측면이다.

붓다의 수행법에 관한 이야기들이 있다. 붓다가 의혹과 유혹에 시달릴 때의 이야기다. 붓다가 온갖 시험을 당할 때 자신의 단호한 결의를 드러낸 말씀을 '사자후(師子吼)'라 부른다. 대각(大覺)을 얻으신 날 밤, 붓다는 가부 좌를 틀고 앉아 깨달음을 얻기 전에는 결코 그 자리에서 일어나지 않기로 맹세했다. 세상 만물의 한가운데에서 기어코 자유와 기쁨을 발견하리라 다짐한 것이다. 그러자 마라(Mara)가 나타나 붓다를 공격했다. 마라는 마음 속의 폭력성, 망상, 유혹 등 온갖 사악한 힘이 결집된 화신이다. 마라는 붓 다에게 수많은 미끼와 시련을 던지며 유혹했으나 모두 허사로 돌아갔다. 그 러자 마라는 붓다가 그 자리에 앉아 있을 자격을 문제 삼으며 도전했다. 그 때 붓다는 사자후를 터뜨리며 대지의 여신에게 자신이 그 자리를 차지할 자 격이 있음을 증언해달라고 요청했다. 그러자 붓다가 헤아릴 수 없는 전생을 거치며 행해온 그 엄청난 인욕(忍辱 : 온갖 모욕과 번뇌를 참고 원한을 일으키지 않 는 수행 - 옮긴이), 정진, 자비, 공덕, 고행 등이 훤히 드러났다. 결국 벌떼 같 던 마라의 무리들이 썰물처럼 빠져나갔다. 나중에 붓다가 설법을 펼치실 때, 다른 요기와 고행자들이 붓다가 고행을 중단한 점을 따지고 들었다. "당신은 매일 아침 제자들이 발우에 담아오는 근사한 음식을 먹고 그럴싸 한 옷으로 몸을 감싸 추위를 피하고 있소. 하지만 우리는 하루에 쌀 한 줌으 로 끼니를 때우고 벌거벗은 채 못 박힌 잠자리에 누워 자오. 당신이 무슨 놈 의 스승이고 요기요? 당신은 안이하고 나약하며 나태한 수도자요." 이 도 전에 붓다는 다시 사자후를 터뜨리셨다. "나 역시 못 위에서 잤느니라! 나 는 갠지스 강가 뜨거운 모래 속에서 태양을 바라보고 서 있었고, 매일 한 움 큼도 안 되는 음식을 먹으며 견디기도 했노라. 이 하늘 아래 인간이 해본 고 행치고 내가 안 해본 것이 없노라! 그 모든 수행을 통해 깨달은 것은 그런 고행을 통해 자신과 싸우는 것은 진정한 길이 아니라는 것이니라!"

붓다는 고행 대신 이른바 '중도(中道)'를 발견하셨다. 세상을 회피하지도 않고, 애착을 갖지도 않고, 포용과 자비를 바탕으로 나아가는 길이었다. 중도는 만물의 한가운데, 세계의 중심에 놓인 위대한 자리이다. 이 자리에 앉아 붓다는 눈을 열어 만물을 환하게 보고 마음을 열어 세상을 포용했다. 이를 통해 붓다는 자신의 구도 과정을 완성했다. 붓다는 소리쳤다. "나는 보이기 위해 존재하는 모든 것을 보고 알려지기 위해 존재하는 모든 것을 알았노라. 나는 일체의 미망(迷妄)과 고통에서 벗어나 완전한 자유를 얻었노라." 이 말씀 역시 붓다의 사자후였다.

우리도 저마다 자신의 '사자후'를 터뜨려야 한다. 온갖 의혹, 슬픔, 두려움과 마주할 때 철석같은 용기로 뚫고 나가 깨달음을 얻을 우리의 자격을 외치는 것이다. 우리도 붓다처럼 중도의 자리에 정좌한 채 이 인생의 진리와 맹렬히 씨름해야 한다. 절대 방심하지 말라. 쉽지 않은 길이다. 사자의 용기가 필요할 수도 있다. 특히 우리가 자신의 깊숙한 고통이나 두려움과 마주 앉아야 할 경우는 더욱 그렇다.

어느 명상수련회에 참가한 수련자가 있었다. 그 남자는 하나뿐인 네 살짜리 딸을 불과 몇 달 전에 사고로 잃은 사람이었다. 자기가 운전하던 차에서 일어난 사고였기에 그의 비통함과 죄책감은 이루 말할 수가 없었다. 그 수련자는 직장을 그만두고 온종일 영성수련에 매달리며 위안을 구했다. 그는 그곳에 오기 전 이미 다른 선원에서 수행하며 훌륭한 스와미(swami : 인도에서 특정 종단에 입문한 수행자로서 보통 라마크리슈나 선교회의 수도승을 말함 - 옮긴이)의 가르침을 받았고 남(南)인도에서 온 고매한 스님을 통해 수행을 시작한 사람이었다. 수행할 때 쓰는 그의 좌복(좌선 때 쓰는 방석 - 옮긴이)은 마치 새 둥지 같았다. 그 좌복은 수정, 깃털, 염주, 여러 위대한 구루들의 그림들로 오색찬란했다. 그 남자는 좌선할 때마다 각 구루에게 축원하고 신비한 만트라를 읊조렸다. 그는 그 모든 것이 자신의 치유방법이라고 말했다. 하지만 아마 그 모두는 자기 슬픔을 회피하는 방편이었을 것이다. 며칠 후 나는 그에게 모든 성물(聖物)들 없이, 축원이나 암송 같은 다른 수행을 하지 않은 채 단순히 좌선할 수 있겠느냐고 물었다. 그러자 그는 다음번에 들어와 그냥 좌선에 들어갔다. 5분이 지나자 그는 울음을 터뜨렸다. 10분 후 그는 흐느끼다가 엉엉 울고 있었다. 마침내 자기 슬픔의 한가운데 자리에 자신을 앉힌 것이었다. 그는 비로소 진정한 슬픔을 느끼기 시작했다. 우리 모두 올바른 자리를 잡고 정좌할 때 이런 용기를 발휘하게 된다.

불교 수행에서 '자리 잡고 정좌하기'의 외면과 내면적 측면이 만나는 곳이 바로 우리의 좌복이다. 좌복 위에 앉아 가부좌를 틀 때 우리는 자기 자신을 이 세상과 이 몸의 바로 이 순간과 연결시킨다. 우리는 하늘과 땅의 중간에서 이 육신으로 꼿꼿이 앉아 있다. 우리는 이 자세에서 제왕의 위세와 고귀함을 풍긴다. 그와 동시에 생명에 대한 느긋함, 열림, 자애로운 포용의 느낌 역시 갖춘다. 몸은 깨어 있고, 마음은 부드럽게 열리고, 정신은 모아진다. 가부좌를 틀고 좌선할 때 우리는 붓다와 다름없다. 우리는 마음을 열고 깨달음을 얻으려는 광대한 인간의 능력을 느낄 수 있다.

우리가 좌복 하나를 차지하고 정좌할 때 우리 자신은 하나의 사원이 된다. 우리는 온갖 것들이 솟아날 자애로운 공간을 창조한다. 슬픔, 외로움, 수치심, 욕망, 회한, 좌절감, 행복감…. 사원에서 비구와 비구니 스님들은 '놓아버리기' 과정의 하나로서 가사를 걸치고 머리를 삭발한다. 우리 자신의 좌선 속 사원에서 우리는 되풀이해 일어나는 온갖 것들을 체험하고, 그때마다 그것들을 놓아버리면서, "아, 이것이 또"라고 말한다. 이 간단한 말 "이것이 또, 이것이 또"는 나와 함께 수행했던 어느 위대한 여성 요가 수행자의 주요 명상 가르침이었다. 우리는 이 간단한 말을 통해 부드럽고 열린 상태가 되었고 우리가 마주치는 것은 무엇이든 바라보면서 지혜롭고 깨어 있는 마음으로 진리를 받아들였다.

마찬가지로 어느 열성적인 젊은 수도자가 기독교 '사막의 신부들(Desert Fathers : 3세기부터 이집트의 사막에서 금욕주의를 실천하며 수도원 제도의 토대를 이룩한 초기 기독교 수도사들 - 옮긴이)'의 수도사 한 명과 수행에 들어갔다. 며칠이 지났을 때 그는 이렇게 물었다. "저기, 수도사님, 만일 우리의 형제가 미사 중에 졸고 있을 경우 그를 꼬집어 깨워야 할까요?" 노(老)수도사는 지극히 온화하게 대답했다. "졸고 있는 형제를 보았을 때, 나는 그가 내 무릎을 베고 편히 쉬도록 도와준다오." 마음이 평온해진 뒤에는 자연스럽게 새로운 활력으로 수행에 임하게 된다.

'자리 잡고 정좌하기'에는 신념이 필요하다. 우리는 우리 내부에서 열려야 할 것이 틀림없이 제대로 열리리라는 신념을 가져야 한다. 사실 우리의 몸과 마음과 정신은 마치 꽃봉오리의 꽃잎들처럼 자연스럽게 자라나고 열리는 방법을 안다. 꽃잎을 억지로 벌릴 필요도 없고 꽃에 힘을 가할 필요도 없다. 우리는 그저 심어진 꽃처럼 그대로 있으면 된다.

어떤 수행법을 선택하든 우리는 이런 자세로 수련해야 한다. 자리 잡고 정좌할 때 우리는 모든 생명 한가운데에서 두려움 없이 깨어 있는 자신의 능력을 발견한다. 우리는 오랜 세월 쌓여온 분노나 슬픔이나 공포의 폭풍우를 우리 마음이 뚫고 나가지 못할까봐 걱정할지도 모른다. 모든 생명을 포용하는 두려움, 그리스인 조르바(그리스 작가 니코스 카잔차키스의 소설《그리스인 조르바Zorba the Greeks》의 주인공 - 옮긴이)가 '대재난'이라 부른 그 두려움이 일어날지도 모른다. 그러나 '자리 잡고 정좌하기'는 우리가 바위처럼 꿋꿋하다는 사실을 발견하는 일이다. 우리는 우리가 그 모든 고통과 기쁨과 더불어 인생을 온전히 대면할 수 있고, 우리 마음은 그 모두를 수용할 수 있을 만큼 거대하다는 사실을 발견하게 된다.

마틴 루터 킹(Martin Luther King Jr. : 미국의 흑인 민권운동 지도자 - 옮긴이)

목사는 이 정신을 이해했고 민권운동이 가장 암울하던 시기에 이 정신을 발휘했다. 킹 목사의 교회가 폭탄 테러를 당해 수많은 사람이 사망한 일이 있었다. 킹 목사는 이 고통과 맞서기 위해 마음의 힘을 불러냈고 그를 통하여 자유로워졌다. 킹 목사는 이렇게 말했다.

■ 우리는 고통을 가하는 당신의 능력에 고통을 견디는 우리의 능력으로 맞설 것입니다. 우리는 당신의 물리적 힘에 '정신의 힘'으로 대적할 것입니다. 우리는 당신을 증오하지 않습니다. 그러나 지극히 당당한 마음으로 당신의 부당한 법에는 굴복하지 않을 것입니다. 우리의 인내하는 능력은 머지않아 당신을 쇠약하게 만들 것입니다. 그리고 우리는 자유를 얻는 과정에서 당신의 마음과 양심에 호소하여 당신을 사로잡을 것입니다.

마틴 루터 킹 목사는 모든 투쟁과 슬픔 아래에 바위 같은 생명의 힘이 놓여 있음을 알았다. 자리 잡고 정좌할 때 우리는 저마다 이 힘을 일깨울 수 있다. 우리가 자기 존재의 힘, 자신의 고결함, 마음의 광대함을 발견할 때 자기 인생뿐 아니라 주변의 사람들에게도 자유를 불러일으킨다. 나는 명상에 참여한 수련생들을 지도하며 이 사실을 수없이 확인했다. 거대한 괴로움이나 견딜 수 없는 과거의 상실들이 도저히 맞설 수도 해결할 수도 없을 듯한 양상으로 떠오르곤 한다. 하지만 충분한 시간을 갖고 용기를 발휘하면 그 난관은 저절로 스러지고, 암흑 속에서 필연적으로 새로운 생명력, 신선한 생명의 정신이 솟아난다.

우리가 이 세상 위에 정좌하고 앉을 때 생명의 위대한 힘이 우리를 관통하기 시작한다. 나는 이 생명의 힘을 몇 년 전 거대한 폐허 한가운데에서 보았다. 그곳은 도움을 주기 위해 찾아간 캄보디아의 메마르고 황폐한 난민촌이었다. 킬링필드로 알려진 캄보디아 대학살 이후 모두가 가족을 잃고 가까스로 생존해 있었다. 온통 엄마와 여러 아이들, 늙은 삼촌과 조카들,

이런 상황이었다. 그들은 가로 1.2m, 세로 1.8m, 높이 1.5m 정도 되는 비좁은 대나무 오두막에서 지냈다. 각 오두막 앞에는 아마 1m2도 안 될 손바닥만한 땅덩이가 있었다. 난민촌이 형성된 지 몇 달이 지나자, 사람들은 거의 모든 오두막 옆 조그만 땅에 텃밭을 일궜다. 그들은 열매 두세 개가 매달린 호박을 가꾸거나 콩 또는 다른 작물들을 심었다. 사람들은 작은 대나무 말뚝을 세워 그 작물들을 아주 정성스레 키웠다. 콩 묘목에서 나온 덩굴손이 말뚝을 감고 올라가 오두막의 지붕 위까지 뒤덮곤 했다.

날마다 각 난민 가족들은 1.5km 정도를 걸어 난민촌의 한쪽 끝에 있는 우물가로 갔다. 거기서 그들은 기다란 줄에 서서 빈시간쯤 기다린 뒤 양동이에 물을 길러 와 작물들에 뿌렸다. 메마른 건기에 그 난민촌의 한가운데 가꿔진 텃밭들의 모습은 정말로 너무나 아름다운 장관이었다. 그 뜨겁고 황폐한 땅에서 이런 것들이 자라나다니. 거의 믿기 어려운 광경이었다.

전쟁으로 산산조각 난 상황에서도 그 난민들은 작은 텃밭을 가꾸고 물을 주면서 억누를 수 없는 생명의 힘을 일깨웠다. 그래, 우리도 할 수 있어! 우리가 경험하는 내면의 괴로움과 고통이 아무리 크더라도, 정좌하고 마음속에 떠오르는 모든 것을 자애로운 시선으로 어루만질 때, 우리는 바로 그 억누를 수 없는 생명의 힘을 발견하게 된다.

영성수련에 몰두하는 것은 이 생명의 힘을 일깨우는 것이고 우리가 그것을 절대적으로 신뢰할 수 있음을 터득하는 것이다. 우리는 개인적 난관뿐 아니라 붓다가 말씀한 '천국과 지옥'까지도 맞서 이겨낼 수 있음을 발견한다. 우리는 활짝 열려 만물을 포용하는 우리 마음의 능력을 발견한다. 우리는 인간 본연의 권리를 발견한다.

'자리 잡고 정좌하기'를 시작하면 우리 내면에 거대한 통일감과 충만함이 차오른다. 이것은 우리가 모든 것에 열려 있기 때문이다. 열림은 아무것도 거부하지 않는다. 토머스 머튼(Thomas Merton : 가톨릭 수도사이자 동양의 선(禪) 사상에 심취했던 저명한 작가—옮긴이)은 자신의 책 《아시안 저널 *The Asian Journal*》에서 그런 열림의 상태를 설명해놓았다. 머튼은 스리랑카의 폴로나루아*Polonarua*에 있는 고대 사원을 찾아갔다. 그곳의 대리석 절벽에는 거대한 불상(佛像)들이 조각돼 있었다. 머튼은 그 불상들이 거의 살아 있는 듯했고 일찍이 만나본 것 중에서 가장 경이로운 예술 작품이었다고 평했다. 평화롭고 자유로운 그 부처님들을 머튼은 이렇게 표현했다. "비상한 얼굴의 고요함. 위대한 미소. 거대하지만 섬세하고, 온갖 가능성으로 충만한 채 아무것도 묻지 않고 아무것도 거부하지 않는 표정. 그 오묘한 미소는 감정적 체념이 아니라, 누구도 그 무엇도 의심하려 하지 않고 모든 의문을 꿰뚫어 보는 평화의 미소다. 거부할 수 없는 절대적 미소다!" 붓다에게 온 세상은 '공(空)' 속에서 일어나고 그 안에서 만물은 자비심으로 하나가 된다. 이런 각성되고 자비로운 의식 속에서 온 세상은 우리의 좌복이 된다.

자리 잡고 정좌하기

의자나 방석 위에 편안하게 자리 잡고 앉으라. 안정되고 꼿꼿한 자세를 취하고 대지와 일체감을 형성하라. 대각(大覺)의 밤에 정진하시던 붓다처럼, 거대한 위엄과 집중감을 지니고 마음속에 일어나는 모든 것과 마주서는 자신의 능력을 느껴보라. 눈을 지그시 감고 정신을 호흡에 집중하라. 당신의 숨이 몸속을 자유롭게 흘러가게 하라. 호흡할 때마다 고요와 평온을 불러일으키라. 호흡하면서 몸, 마음, 정신을 활짝 여는 자신의 능력을 감지하라.

당신의 감각, 느낌, 상념 들을 열리게 하라. 당신의 몸, 마음, 정신 속에 갇혀 있는 듯한 것들을 알아차리라. 호흡을 하면서 공간을 만들라. 그 공간을 열어 어떤 것이든 일어나도록 하라. 감각의 창문들을 열라. 어떠한 감정, 이미지, 소리,

이야기들이 나타나더라도 모두 알아차리라. 관심을 가지고 편안하게 자신에게 나타나는 모든 것을 바라보라.

계속해서 자신의 확고함과 대지와의 일체감을 느끼라. 당신이 인생 한복판에 자리 잡고 정좌한 채 자신을 열어 생의 춤사위를 지켜보고 있다고 생각하라. 앉은 채로 당신 인생의 균형과 평화가 가져다주는 혜택을 숙고하라. 인생의 계절들이 변화하더라도 흔들림 없이 버텨나갈 자신의 능력을 느껴보라. 온갖 것들이 일어났다가 사라질 것이다. 기쁨과 슬픔, 행복한 사건과 불쾌한 사건, 개인들, 나라들, 심지어 문명들까지도 일어났다 사라질 것이다. 그 모습을 차분히 관조하라. 붓다처럼 자리 잡고 정좌한 채 만물의 한복판에 평정과 자비의 마음으로 놓여 있으라.

이런 식으로 위엄 있고 깨어 있는 상태로 원하는 시간만큼 앉아 있으라. 얼마만큼 시간이 지난 뒤, 여전히 집중감과 확고함을 느끼며 살포시 눈을 뜨라. 그리고 일어서서 몇 걸음 걸어보라. 아까와 똑같은 집중감과 위엄을 지니고 걸으라. 이런 식으로 좌선과 행선을 하면서, 이 세상에 일어나는 모든 것에 마음을 열고 깨어나며 마주서는 당신의 능력을 감지하라.

4. 치유는 어떻게 일어나는가?

구도의 여정에서 진정으로 성숙해지려면
우리 내면의 깊숙한 상처들을 찾아내야
만 한다. 아잔 차 스님은 이렇게 말했다.
"수없이 통곡의 눈물을 흘리지 않았다면,
너는 아직 명상을 시작도 못한 것이다."

진정한 구도의 여정을 시작한 사람은 거의 모두 심오한 개인적 치유가 자기 수행과정의 필수적 부분이라는 사실을 깨닫게 된다. 이 필요성을 인식해야만 영성수련이 우리의 몸, 마음 그리고 정신의 상처를 치유하는 쪽으로 향할 수 있다. 이것은 새로운 개념이 아니다. 먼 옛날부터 명상수행은 치유의 과정으로 일컬어졌다. 붓다와 예수 모두 정신의 위대한 의사일 뿐 아니라 신체의 치유자로도 알려져 있었다.

나는 베트남에서 이들 두 스승이 결합된 감동적인 이미지를 만났다. 당시는 한창 전쟁 중이었다. 목적지는 격렬한 교전 지역이었지만 나는 메콩 *Mekong* 강 삼각주의 어느 섬에 있는 사찰을 찾아갔다. 코코넛 스님 (Coconut Monk)이라는 유명한 선사가 지은 절이었다. 우리 일행의 배가 도착하자 스님들이 우리를 맞이해 여기저기 안내해주었다. 스님들은 자신들의 평화와 비폭력의 가르침을 설명했다. 그러면서 우리를 섬의 한쪽 끝으로 데려갔다. 그곳 언덕마루에는 18m에 달하는 거대한 붓다 입상이 있었다. 그런데 그 바로 옆에 같은 크기의 예수님 조상(彫像)이 서 있는 것이 아닌가! 두 조상은 서로 어깨에 손을 두른 채 미소 짓고 있었다. 무장 헬리콥터가 스쳐 날고 주위에는 치열한 전투가 수시로 벌어졌다. 하지만 그 한복판에 붓다와 예수는 형제처럼 함께 서서 자신의 길을 따르는 모든 인간들에게 자비와 치유의 빛을 던지고 계셨다.

지혜로운 영성수련은 우리가 인생의 갈등과 고통에 적극적으로 맞서 내면의 통합과 조화를 이루도록 요구한다. 노련한 스승의 지도를 받아 명상을 수련하면 그런 치유력을 끌어낼 수 있다. 이 핵심적인 치유의 단계를 거치지 못할 경우, 수행자들은 더 깊숙한 차원의 명상에 도달하지 못하거나 자기 삶에 명상을 통합시킬 수 없음을 느끼게 된다.

처음 명상수행을 시작하는 사람들은 대개 자신의 슬픔과 상처, 자기 인생의 괴로운 부분들을 건너뛰고 싶어 한다. 그들은 고통들 위로 떠올라 모든 갈등을 벗어난, 신비로운 은총으로 가득한 영적 세계로 들어가길 바란다. 일부 수행법들은 실제로 그런 경험을 부추기기도 한다. 거기서는 황홀경과 평화를 일으키는 강렬한 집중과 열정을 통하여 그런 상태에 도달하는 방법을 가르친다. 어떤 강력한 요기 수행법들은 정신을 변환시키기도 한다. 이런 수련들은 그 나름의 효과를 발휘하지만, 그 경험이 끝났을 때는 필연적으로 허탈감이 몰려온다. 수행자가 수련을 멈추자마자, 또다시 그토록 떨치고 싶었던 몸과 마음의 온갖 해묵은 난관들과 맞닥뜨리기 때문이다.

내가 아는 어느 남자는 인도에서 10년간 요기 수행을 했다. 그는 이혼한 뒤 인도에 갔는데, 영국의 집을 떠날 때 직장생활에도 실패하여 우울하고 불행한 상태였다. 그는 요기가 되어 여러 해 동안 깊이 있고 엄격한 호흡수행을 수련했다. 그 수행들은 그의 정신에 오랜 기간 평화와 광명을 주었다. 어떤 점에서는 치유의 효과도 발휘했다. 그러나 나중에 그는 다시 외로움에 휩싸였다. 고향으로 돌아간 그는 결혼생활을 파탄시키고 직장생활을 불행하게 만든 문제들이 그대로 남아 있음을 발견했다. 무엇보다 자신의 우울증을 일으킨 문제들이 고스란히 남아 있다가 떠나기 전처럼 강렬하게 다시 일어났다. 얼마 후 그는 자기 마음에 근본적인 치유가 필요함을 느꼈다. 자신에게서 도망칠 수 없음을 깨닫고 인생 한가운데에서 해결책을 찾기 시작했다. 그래서 남자는 지혜롭게 인도해줄 스승을 찾아 명상수행 속에 자신의 우울과 고독까지 포함시켰다. 그는 전 아내와 (재결합은 아니었지만) 화해하려 노력했다. 여러 자원봉사 모임에 참여해 자신의 어린 시절을 이해하려 애쓰기도 했다. 좋아하는 사람들과 취미활동을 함께 하기도 했다. 이런 행동들은 모두 마음을 치유하는 기나긴 과정의 일부가 되었다. 인도에서의 수행은 그 시작일 뿐이었다.

구도의 여정에서 진정한 성숙을 이루려면 우리 내면의 깊숙한 상처들을 찾아내야만 한다. 과거의 슬픔, 이루지 못한 열망, 인생길을 걸어오며 켜켜이 쌓인 고통들…. 아잔 차 스님은 이렇게 말했다. "수없이 통곡의 눈물을 흘리지 않았다면, 너는 아직 명상을 시작도 못한 것이다."

우리가 영성생활을 자애롭고 현명하게 가꿔가려면 이런 치유가 필수적이다. 치유되지 않은 고통과 분노, 어린 시절의 학대나 버림받음에서 비롯된 해묵은 충격들은 우리 인생에 강력한 무의식의 세력을 형성한다. 우리가 과거의 상처들을 인식하고 이해하기까지는 이루지 못한 욕망, 울화, 혼란 등이 수없이 반복해서 되살아날 것이다. 우리는 카리스마적인 부흥, 은총, 기도, 의식 등 다양한 영성생활을 통하여 온갖 종류의 치유력을 경험할 수 있다. 하지만 가장 중요한 두 가지 치유력은 체계적인 영성수련을 거쳐야 자연스럽게 생겨난다.

첫 번째 영적 치유력은 스승과의 신뢰 관계에서 생성된다. 베트남전의 한복판에 서 있던 예수와 붓다의 조각상들은 우리에게 엄청난 난관 속에서도 치유가 가능함을 일깨워준다. 그런데 그 이미지는 우리가 혼자서는 치유를 달성할 수 없음을 알려주기도 한다. 내면적 치유의 과정에는 필연적으로 스승이나 안내자와의 진실한 관계가 필요하다. 우리의 쓰라린 고통들 대부분이 과거의 관계들에서 비롯되었기 때문에, 그 고통들을 치유하려면 반드시 지혜롭고 온전한 관계를 체험해야만 한다. 이런 건강한 관계 자체가 정신의 자유와 자비심을 열어줄 토대가 된다. 과거의 고통과 좌절이 우리를 고립되고 폐쇄적으로 만드는 반면, 지혜로운 스승은 우리에게 다시 신뢰감을 심어준다. 우리의 가장 깊숙한 공포와 가장 음침한 그늘을 다른 사람이 찬찬히 지켜보며 자애롭게 받아들일 때, 우리 역시 자신을 받아들이게 된다.

영적 스승과의 건강한 관계는 다른 사람들, 우리 자신, 우리의 몸과 직관, 그리고 우리의 직접적 경험에 신뢰감을 형성할 모델이 된다. 그 관계는 우리에게 인생 자체에 대한 신뢰감을 심어준다. 스승과 그의 가르침은 우리의 깨달음을 받쳐주는 신성한 그릇이다(스승과의 관계에 대해서는 이 책 16장에서 자세히 다룬다).

두 번째의 영적 치유력은 우리가 체계적인 마음챙김 수행을 통하여 우리 인생의 각 영역에 애정 어린 관심과 '알아차림(awareness : '알아차림'은 마음챙김을 행했을 때 결과로서 나타나는 상태를 뜻한다. 마음챙김은 독특한 방식의 주의(attention)이고 알아차림은 그러한 주의에 따른 의식으로서 '분명한 앎'을 의미한다. 빨리어로는 sampajan~n~a라 하고 한문으로는 정지(正知), 영어로는 clear comprehension으로 번역되기도 한다 – 옮긴이)'의 힘을 불어넣기 시작할 때 생겨난다. 붓다는 생(生)의 근본적인 네 가지 측면에서 알아차림을 수련해야 한다고 설하면서, 그것을 '사념처(四念處)'라 칭하셨다. 사념처는 마음챙김 명상의 네 가지 관찰대상이다. 마음챙김 명상은 몸과 감각에 대한 알아차림(신 : 身), 느낌과 감정에 대한 알아차림(수 : 受), 마음과 정신에 대한 알아차림(심 : 心), 생을 지배하는 법칙들에 대한 알아차림(법 : 法)으로 이루어진다(산스크리트어에서는 생을 지배하는 법칙들을 다르마Dharma라 부른다).

이 네 가지 알아차림을 계발하는 것이 통찰과 깨달음에 관한 모든 불교 수행법의 기초이다. 지속적인 알아차림의 힘은 언제나 치유와 열림을 불러온다. 이 책은 생의 모든 영역으로 알아차림의 힘을 확장하는 방법을 펼쳐 보일 것이다. 여기서는 우선 생의 네 가지 측면 각각에 주의를 집중함으로써 어떻게 치유력이 생겨나는지 보고자 한다.

몸을 둘러싼 고통의 껍질 벗기기

흔히 명상수행은 우리가 자기 몸을 알아차리는 기법으로부터 시작된다. 이것은 현대사회 같이 신체적 직관의 삶을 소홀히 하는 문화에서는 특히 중요하다. 아일랜드 작가 제임스 조이스*James Joyce*는 자기 작품의 인물 하나를 이렇게 묘사했다. "더피 씨는 자기 몸에서 약간 떨어져 살았다." 우리 중 많은 이들이 정말 그렇게 산다. 우리는 명상을 통해 편안하게 고요히 앉아 내면에서 일어나는 모든 것과 머무를 수 있다. 알아차림을 이용하여 우리는 신체적 경험들과 맞서 싸우지 않으면서 그것들에 마음을 열고 정말로 우리 몸 안에서 사는 능력을 키울 수 있다. 그렇게 할 때 우리는 몸의 기쁨과 고통을 더욱 또렷이 느끼게 된다. 우리는 현대문화에 순응하는 과정에서 고통을 피하거나 도망치는 법을 익히기 때문에 고통에 관해 별로 알지 못한다. 몸을 치유하려면 고통을 연구해야 한다. 신체적 고통을 찬찬히 뜯어보면 고통도 여러 종류가 있음을 알게 된다. 우리는 가끔 생소한 좌선 자세에 적응하려 할 때 고통이 일어남을 느낀다. 혹은 몸이 아프거나 진짜 신체적 문제가 있음을 알리는 신호로 고통이 일어나기도 한다. 이런 고통들은 즉각적 반응과 치료행위를 요구하는 신호이다.

그러나 대부분의 경우 우리가 명상수행 중에 만나는 고통들은 신체적 문제를 알리는 신호가 아니다. 그것들은 우리의 감정적, 심리적 그리고 정신적인 응어리나 위축을 드러내는 고통스런 신체적 표시이다. 빌헬름 라이히(Wilhelm Reich : 인간의 신경증을 성격구조 전반에 기초한 정신분석체계로 분석한 빈학파의 심리학자-옮긴이)는 이런 고통들을 우리의 견고한 '갑옷'이라고 불렀다. 우리가 인생의 불가피한 난관들로부터 자신을 보호하는 방편으로써 고통스런 상황에 처할 때마다 반복적으로 견고하게 만든 몸의 일부분이라는 뜻이다. 웬만큼 편안하게 명상에 들어간 건강한 사람이라도 아마 몸 안에서 고통들을 느끼게 될 것이다. 고요히 좌선에 몰입할 때면 어깨, 등, 턱, 목 등이 아파올 수 있다. 우리가 열림을 경험함에 따라 전에는 몰랐던 신체 조직의 누적된 응어리들이 드러나기 시작한다. 그 응어리들의 고통을 의식하게 되면서 우리는 각각의 긴장 부위와 긴밀히 연결된 감정이나 기억, 혹은 이미지들도 바라볼 수 있다.

우리가 전에는 억누르고 무시했던 모든 것을 차츰 알아차림에 포함시킴에 따라 몸의 치유가 일어난다. 이런 영적 열림의 기술을 익히는 것이 명상 수행이다. 우리는 신체적 경험을 형성하는 감각들에 열린 자세로 충실한 주의를 기울일 수 있다. 이 과정에서 실제로 몸에서 진행되는 것에 대한 감각적 알아차림을 개발해야 한다. 우리는 주의를 기울여 호흡의 양상과 몸의 자세, 등, 가슴, 배, 골반을 유지하는 모양새를 바라볼 수 있다. 우리는 그 모든 부분에서 에너지의 자유로운 흐름이나 그것을 방해하는 위축과 응어리를 세심히 감지할 수 있다.

당신이 명상에 들어가면 일어나는 것은 무엇이든 그대로 당신을 지나가도록 놓아두라. 당신의 '주의(注意 : attention)'를 아주 부드럽게 유지하라. 여러 겹의 긴장이 점차 풀어지고 에너지가 움직이기 시작할 것이다. 과거의 아픔과 충격의 양상들을 간직한 신체 부위가 열릴 것이다. 그런 뒤 응어리가 풀리고 해체되면서 더욱 깊은 신체적 정화와 에너지 경로의 열림이 이뤄질 것이다. 가끔 이 열림이 이뤄질 때 격렬한 호흡곤란이나 자동적인 경련, 혹은 여러 신체적 흥분 현상이 나타나기도 한다.

당신의 주의를 표면적 차원 아래로 향하게 해 '쾌락'이나 '긴장', '고통' 등을 그냥 바라보라. 당신이 억눌렀던 고통이나 불쾌한 감각을 탐구하라. 세심하게 주의를 기울이면 '고통'이 여러 껍질에 쌓인 채 모습을 드러낼 것이다. 첫 단계로서 긴장을 더 만들어내지 않으면서 고통을 알아차리고, 고통을 압박감, 딱딱함, 따끔함, 찌름, 욱신거림, 화끈거림 등의 신체적 감각으로 체험하는 법을 익힐 수 있다. 그런 뒤 '고통'을 둘러싼 온갖 껍질들을 바라볼 수 있다. 그 안에 강렬한 불꽃, 진동, 압력 등이 도사리고 있다. 그것을 대개 신체적 긴장과 위축의 껍질이 덮고 있다. 그 위에 회피나 울화, 두려움 등의 감정적 껍질이 놓여 있고, 그 다음에 "이것들이 곧 사라졌으면 좋겠어", "만일 내가 고통을 느끼면, 잘못된 행동을 하고 있는 거야" 혹은 "인생은 언제나 고통스러워" 같은 생각과 태도들의 껍질이 자리 잡고 있다. 우리가 치유를 하려면 이 모든 껍질들을 알아차려야만 한다.

명상수행을 할 때 모든 사람이 한동안 신체적 고통을 경험한다. 어떤 이들에게는 고통이 주기적으로 나타나기도 한다. 나는 명상수행을 하면서 심오한 신체적 해방을 경험한 기간이 있었는데, 그 해방은 유기적이고 아주 평화로웠다. 한편 괴로우면서 강렬한 정화의 느낌이 일어난 때도 있었고, 그 경우는 몸이 떨리고, 호흡이 가빠지고, 불같이 뜨거운 흥분이 온몸을 관통하여 격렬한 감정과 이미지가 떠오르곤 했다. 나는 마치 고통에 짓눌리는 느낌을 받곤 했다. 이 과정을 버텨내면 틀림없이 내 몸이 거대하게 열리면서, 대개 엄청난 황홀함과 행복감이 따라왔다. 부드러우면서도 강렬한 그런 신체적 열림은 장기간의 명상에서 흔히 일어나는 일이다. 당신이 몸의 명상수행을 깊이 수련할 때, 일어나는 것은 무엇이든 존중하라. 자애롭고 열린 알아차림으로 주의를 유지하라. 그러면 몸 자체가 자기 나름의 방식으로 펼쳐질 것이다.

수행을 하다 보면 몸을 향한 다른 태도들도 만나게 된다. 혹독한 고행, 용맹스런 정진, 몸을 정복하고자 하는 내면적 요가 등등. 때때로 어떤 치유자들은 특정 질병을 치료하기 위해 의도적으로 공격적인 수행법을 권한다. 가령 어떤 수행에서 암 환자들 자신의 백혈구를 창으로 암세포를 찔러 죽이는 작은 백기사로 상상한다. 이런 수행법으로 효과를 보는 사람들도 있지만, 온갖 치유명상을 실행해본 스티븐 러빈과 나 같은 사람들은 상처와 질병을 혐오하여 공격하기보다는 자애심을 발휘할 때 더 깊은 치유력을 경험했다. 단순한 요통이든 심각한 질병이든 통증이나 증세를 대할 때 우리는 그것을 혐오하면서 우리 몸의 통증 부위 전체를 괴롭히는 경우가 많다. 마음챙김 치유법에서 우리는 자애롭고 애정 어린 주의를 기울여 상처의 가장 깊숙한 부분을 어루만짐으로써 치유를 경험한다. 오스카 와일드(Oscar Wilde : 19세기에 활동한 아일랜드의 시인이며 극작가-옮긴이)는 이렇게 말했다. "우리의 사랑을 필요로 하는 것은 완전한 것이 아니라 불완전한 것이다."

어느 여성 수련생이 암세포가 온몸에 퍼진 상태로 첫 명상수련회에 참여했다. 몇 주 후에 죽는다는 진단이 내려진 상태였지만, 그녀는 명상을 통해 병을 치료하겠다고 결심했다. 그래서 우수한 한약과 침술을 이용하고, 날마다 치유명상을 하며 투병을 시작했다. 암 때문에 언제나 그녀의 배는 불룩하게 부푼 채 후끈거렸다. 하지만 그녀는 한방과 명상으로 면역체계를 강화했고 그 결과 10년 이상 살 수 있었다. 그녀는 자기 암을 억제한 핵심을 치유명상이라고 여겼다.

우리 몸에 체계적인 주의를 기울이면 신체적 삶의 전체적 관계를 변화시킬 수 있다. 그리고 우리 몸의 리듬과 요구를 더욱 명확히 바라보게 된다. 몸에 대해 세심한 관심을 갖지 않으면, 우리는 바쁜 일상에 매몰되어 적절한 식사, 활동, 신체적 즐거움에 관한 감각을 잃어버리기 쉽다. 명상은 우리가 어떤 점에서 생활의 신체적 측면을 소홀히 하고 있는지, 우리 몸이 무엇을 요구하고 있는지 알아내도록 도와준다.

몸을 소홀히 하다 낭패 본 이야기가 수피교 현자이자 바보성자인 물라 나스루딘Mullah Nasrudin의 일화에 나온다. 나스루딘이 당나귀 한 마리를 샀다. 그런데 그 놈을 먹이기에 돈이 너무 많이 들자 한 가지 꾀를 냈다. 나스루딘은 몇 주에 걸쳐 당나귀의 음식량을 조금씩 줄여갔다. 그러다 마침내 당나귀에게 하루 종일 작은 컵 분량의 곡식만을 먹이게 되었다. 그 계획은 성공한 것 같았고, 나스루딘은 상당히 많은 돈을 아낄 수 있었다. 그런데 불행히도 당나귀가 죽고 말았다. 나스루딘은 찻집으로 친구들을 찾아갔다. 그리고는 그 경험담을 늘어놓으며 이렇게 말했다. "정말 아쉽게 됐어. 당나귀가 며칠만 더 살았다면 아무것도 안 먹이고 그놈을 부릴 수 있었을 텐데!"

신체를 무시하거나 학대하는 것은 잘못된 영적 관념에서 비롯된다. 우리가 주의를 기울여 신체를 존중할 때 우리의 감정, 직관, 인생이 바로잡히기 시작한다. 그러면 그 계발된 주의력을 통해 모든 감각의 치유가 이뤄질 수 있다. 시각, 미각, 청각, 촉각 등이 다시 생기를 얻는다. 많은 사람들이 명상 기간을 마친 후에 이 현상을 경험한다. 색채가 순수해 보이고, 맛이 생생히 살아나며, 땅 위에 내딛는 발걸음이 마치 어린 아이의 걸음처럼 느껴진다. 이런 오감(五感)의 정화(淨化)는 우리에게 살아 있는 기쁨을 경험하게 하고 지금 이곳의 인생에 대한 친밀감을 키워준다.

마음이 깨진 곳에서 더욱 강해지기

우리가 깊고 애정 어린 주의집중으로 몸의 리듬을 감지하고 어루만짐으로써 신체를 열고 치유하는 것처럼, 우리 존재의 다른 측면들도 열고 치유할 수 있다. 느낌과 감정 역시 그 리듬, 본질, 요구 등에 우리의 주의를 기울임으로써 유사한 치유의 과정을 겪게 된다. 대부분의 경우 마음 열기는 평생 쌓여온 억눌렸던 슬픔을 마주하면서 시작된다. 거기에는 개인적 슬픔뿐 아니라 전쟁, 기아, 노화(老化), 질병 그리고 죽음 같은 보편적인 슬픔도 포함된다. 때때로 이런 슬픔은 우리 심장을 둘러싼 장벽과 응어리로 느껴지면서 신체적 증상으로 나타날 수 있다. 그러나 대개의 경우 우리는 자신의 상처, 좌절, 고통의 깊이를 흘리지 못한 눈물로서 느낀다. 불가(佛家)에서는 이것을 가리켜 대양(大洋)보다 더 거대한 '중생(衆生)의 눈물의 바다'라 표현한다.

우리가 정좌하고 앉아 명상의 주의력을 계발하면 마음은 저절로 치유력을 발휘한다. 온갖 고통과 좌절된 기대와 절망에서 생겨나 오랫동안 밑바닥에 깔려 있던 슬픔이 떠오른다. 우리는 과거의 충격과 현재의 두려움에 통곡한다. 그 감정들을 전에는 도저히 의식적으로 맞서지 못했기 때문이다. 우리 내면에 간직된 온갖 수치심과 무력감이 올라온다. 우리 마음속에는 어린 시절의 기억과 가족의 고통, 엄마와 아빠가 준 상처, 고립감, 과거에 겪은 신체적, 성적 학대 등 온갖 앙금들이 켜켜이 쌓여 있다. 참선 지도사이자 하버드대 심리학자인 잭 엥글러*Jack Engler*는 명상수행을 일컬어 '주로 통곡 속에 놓아버리는 수행'이라고 했다. 내가 참여한 대부분의 명상수련회에서는 수련생의 거의 절반이 상당한 정도의 슬픔을 경험했다. 현실부정, 분노, 상실, 비애 같은 감정들이었다. 이런 슬픔을 통해 진정한 재생이 찾아온다.

많은 이들이 슬픔과 상실에 괴로워해선 안 된다고 교육받지만, 그럴 수 있는 사람은 아무도 없다. 미국의 가장 노련한 호스피스 지도사 중 하나가 명상수련에 참가해 일 년 전 사망한 어머니를 위해 통곡한 뒤 상당한 충격을 받았다고 한다. 그는 이렇게 말했다. "이 슬픔은 내가 상대한 다른 모든 감정들과 딴판이었다. 이것은 나의 어머니였다."

오스카 와일드는 "마음은 조각나게 되어 있다"고 썼다. 명상을 통한 치유를 경험할 때 우리 마음은 모든 느낌에 활짝 열린다. 강렬한 감정, 억눌린 깊은 부분이 드러난다. 그러면 우리의 과제는 첫째, 그 감정들이 우리를 통과해 지나가게 하는 것이고, 다음은 그것들을 인식하고 스스로 노래하도록 놔두는 것이다. 웬델 베리(Wendell Berry : 미국의 농부 시인이자 소설가이고 유명한 문명비평가 - 옮긴이)의 시는 이것을 아름답게 표현하고 있다.

■ 나는 나무 사이로 가 고요히 앉는다.
　나의 모든 흔들림이 잦아들고
　내 주위는 수면(水面) 위 동그라미처럼 평온하다.
　나의 고통들은 그 곳에 놓여 있다.
　내가 떠나온 그 곳에, 소들처럼 깊이 잠든 채…

　그러다 나의 두려움이 찾아온다.
　나는 잠시 그놈을 바라보며 머문다.
　그 속에 있는 나의 불안이 그놈을 떠나고,
　이윽고 그 두려움이 나를 떠난다.
　그놈이 노래한다. 나는 그 노래를 듣는다.

자신의 분노나 두려움, 고독이나 갈망의 노래를 가만히 들어보면 그것들이 영원히 머무르지 않는다는 점을 발견하게 된다. 분노는 슬픔으로 바뀐다. 슬픔은 눈물로 변한다. 눈물은 오래도록 줄줄 흐를지도 모르지만, 그런 뒤 태양이 얼굴을 내민다. 과거 상실의 기억이 우리에게 노래한다. 우리 몸이 떨리고 상실의 순간이 되살아난다. 그러다 그 상실을 감싼 갑옷이 차츰 녹아내리고, 그 엄청난 통곡의 노래 속에서 상실의 고통은 마침내 해방구를 찾는다.

내면의 가장 고통스런 노래에 귀 기울일 때 우리는 신비한 용서의 기술을 터득할 수 있다. 체계적으로 수련할 수 있는 용서 수행법이 따로 있지만

(19장 참조), 용서도 자비심도 마음의 열림과 함께 저절로 솟아나는 것이다. 우리 자신의 고통과 슬픔, '눈물의 바다'를 느낄 때, 우리는 그 괴로움이 우리만의 것이 아니고 인생에서 고통은 아름다움이나 신비와 다르지 않음을 느끼게 된다. 이 온 세상의 고통 역시 서로 뒤얽힌 우리들 관계의 일부이고, 그 앞에서 우리는 더 이상 자신의 사랑을 억누를 수 없다.

우리는 남들을, 우리 자신을, 그리고 육체적 고통에 신음하는 인생을 사랑하는 법을 배울 수 있다. 우리는 모든 대상에, 고통에, 우리가 두려워한 쾌락에 마음을 여는 법을 배울 수 있다. 그러면서 우리는 놀라운 진실을 발견한다. 영성생활의 상당 부분, 아니 어쩌면 전부가 '자아포용'이라는 사실이다. 정말로 우리 인생의 노래들을 받아들일 때, 우리는 저절로 훨씬 더 심오하고 위대한 정체성을 창조하기 시작한다. 그 정체성 속에서 우리 마음은 무량한 자비의 공간 안에 만물을 포용하게 된다. 그런데 대개 이 감정의 치유과정은 너무나 힘겨워서 함께 할 동료가 있어야 한다. 우리 손을 잡아주고 우리가 버텨내도록 용기를 심어줄 안내자가 필요하다. 그래야 기적이 일어난다.

나오미 레멘*Naomi Remen*은 암 환자의 치료에 예술, 명상, 그 외 여러 영적 수련법을 이용하는 의사이다. 나오미가 내게 감동적인 이야기를 들려주었다. 몸을 치료하면서 마음의 치유까지 함께 이루어진 사례이다. 스물네 살 먹은 젊은이가 있었다. 나오미에게 왔을 때 그 젊은이는 다리 하나를 엉덩이 아래서 절단한 상태였다. 골육종(骨肉腫)으로부터 생명을 구하기 위한 조치였다. 나오미가 그를 치료하기 시작했을 때 그는 모든 '건강한' 사람들에게 엄청난 반감과 증오심을 지니고 있었다. 그토록 젊은 나이에 그런 끔찍한 상실의 고통을 겪은 것이 그에게는 너무나 불공평한 일이었다. 그의 슬픔과 분노는 너무나 거대했기 때문에 여러 해에 걸쳐 지속적인 노력이 이뤄진 뒤에야 비로소 자신에게서 빠져나와 치유를 시작할 수 있었다. 그는 그저 몸만이 아니라 찢어진 마음과 상처 받은 영혼까지 치유해야 했다.

그 젊은이는 열심히 깊이 있게 수련했다. 자기 이야기를 알리고, 그것을 그림으로 그리고 명상하며 자신의 온 인생을 들여다보았다. 서서히 치유돼 가면서 그는 자기 같은 처지의 다른 사람들에게 깊은 연민을 느꼈다. 그래서 심각한 신체 손실을 겪은 환자들을 찾아다니기 시작했다. 그는 나오미에게 이런 이야기를 들려주었다. 한번은 그가 유방을 잘라낸 젊은 가수의 병실을 찾아갔다고 한다. 그녀는 너무나 깊은 절망에 빠져 그를 쳐다보지도 않았다. 간호사들이 라디오를 틀어놨는데, 아마 그녀의 기분을 북돋워주려고 한 모양이었다. 그날은 무더운 날씨였고 젊은이는 반바지 차림이었다. 아무리 애써도 자기를 거들떠보지 않자, 마침내 젊은이는 자기 의족(義足)을 떼어냈다. 그리고는 한 다리로 방을 빙빙 돌며 춤추기 시작했다. 음악에 손장단까지 맞춰가며. 여자는 휘둥그레진 눈으로 그를 바라보았다. 그러다 웃음을 터뜨리며 말했다. "이봐요. 당신이 춤출 수 있다면 나도 노래할 수 있겠네요."

이 젊은이가 처음 그림을 시작했을 때 자기 몸을 화병 형태로 표현한 크레용 스케치를 그렸다. 그 병에는 굵은 검정색 균열이 그려져 있었다. 그는 그 균열을 긋고 그으며 또 그었다. 분노로 이빨을 득득 갈며 그었다. 몇 해가 지난 후 그의 치료과정을 완료하기 위해, 나오미가 그에게 그때 그림을 보여주었다. 그 화병 그림을 보자 젊은이는 이렇게 말했다. "아, 이 그림은 미완성이에요." 나오미가 그림을 완성해보라고 하자 그는 손가락으로 균열을 가리키며 말했다. "이곳 있잖아요, 여기가 빛이 통과하는 지점이에요." 그러면서 그는 노랑 크레용으로 그 균열을 통해 화병 형태의 몸으로 흘러드는 빛을 그렸다. 그리고는 말했다. "우리 마음은 깨진 곳에서 강해질 수 있어요."

이 젊은이의 이야기는 슬픔이나 상처가 치유되는 과정을 여실히 보여준다. 이를 통해 우리의 가장 충실하고 자애로운 정체성, 우리의 광대한 마음이 성장한다. 우리가 진정으로 슬픔과 화해할 때 마음속에서 위대하고 흔들림 없는 기쁨이 태어난다.

정신 치유하기

알아차림을 통하여 몸과 감정을 치유한 것처럼, 정신도 치유할 수 있다. 우리가 감각과 느낌의 리듬과 본질에 관해 배우듯이, 생각의 본질도 알아낼 수 있다. 명상 속에서 사고(思考)작용을 바라볼 때 우리는 그것이 우리의 통제 밖에 있다는 사실을 발견한다. 우리는 제멋대로 끊임없이 일어나는 기억, 구상, 기대, 판단, 후회들의 홍수 속에서 헤엄친다. 정신은 어떻게 온갖 가능성들을 담아내는지 보이기 시작하면서, 자주 서로 충돌을 빚기도 한다. 성자의 아름다운 성품과 독재자나 살인자의 사악한 힘들이 충돌한다. 이 과정에서 정신은 계획하고 상상하면서 끊임없는 투쟁과 세계를 변화시킬 시나리오들을 창조한다.

그런데 이런 정신활동의 근본 뿌리는 '불만'이다. 우리는 끊임없는 홍분과 완벽한 평화를 모두 원하는 것 같다. 우리는 적절한 생각을 통해 움직이기보다는 불만에 의해 온통 무의식적이고 제멋대로 움직인다. 사고작용이 대단히 유용하고 창조적일 수도 있지만, 대부분의 경우 그것들은 좋음 대 싫음, 고상함 대 비천함, 자아 대 타인 같은 개념으로 우리 경험을 지배한다. 생각들은 우리의 성공과 실패에 관해 이야기하고, 우리의 안전을 도모하고, 습관적으로 우리 자신이 누구이고 어때야 하는지 일깨운다.

생각의 이러한 이중적 본질이 우리 고통의 한 가지 원인이다. 우리가 자신을 독립된 실체로 생각할 때마다 두려움과 집착이 생겨난다. 우리는 위축되고 방어적으로 되며 야심적이거나 욕심에 휩싸인다. 이 독립적 자아를 보호하고 지탱하기 위해 우리는 어떤 것들은 밀쳐내고 동시에 다른 것들에 집착하면서 그것들과 자아를 동일시한다.

스탠퍼드 의과대학의 정신과 의사 하나가 처음 10일간의 집중수행에 참여하고는 이 사실을 체험했다. 그는 정신분석을 연구했고 심리치료를 받은 적도 있었지만, 하루 열다섯 시간씩 쉼 없이 이어지는 좌선과 행선을 통해 그때까지 경험해본 적이 없는 정신 상태에 이르렀다. 나중에 그는 그 체험을 논문으로 작성했는데, 거기서 정신과 교수가 좌선을 어떻게 느꼈고 자신의 몰입을 어떻게 지켜봤는지 설명했다. 물밀듯이 덮쳐오는 상념의 홍수가 자신을 경악시켰고 갖가지 이야기들이 쏟아져나왔다고 했다. 특히 과대망상의 관념이 반복적으로 나타나면서, 자신이 위대한 스승이나 유명한 작가, 심지어는 세상의 구원자처럼 느껴졌다고 했다. 그는 이런 상념들의 근원을 제대로 바라보았는데, 그 모든 것의 뿌리가 '두려움'이었다는 것이다. 수행하는 동안 그는 자신과 자기 지식에 대해 불안감을 느꼈다. 그 거대한 관념들은 정신의 보상심리였다. 무지하다는 두려움을 가질 필요가 없다는 반작용이었다. 그 뒤 여러 해에 걸친 수련으로 그 교수는 아주 뛰어난 명상가가 되었지만, 야생마 같은 마음의 산만하고 겁에 질린 몸부림 속에서 평화를 유지하는 법부터 배워야 했다. 그후로 그는 자신의 생각을 너무 심각하게 여기지 않는 법도 터득했다.

정신의 치유는 두 가지 방식으로 이루어진다. 첫째는 우리 생각의 내용에 주의를 집중하고 지혜롭게 숙고하는 수행을 통해 그것을 더 능숙하게 다른 쪽으로 돌리는 것이다. 마음챙김 명상을 통하여 우리는 쓸데없는 걱정과 망상을 알아내고 그것들을 줄여나갈 수 있다. 또 혼돈을 걷어내고 파괴적인 의도와 사견(邪見)들을 떨칠 수 있다. 우리는 깨어 있는 사고를 이용하여 우리가 중시하는 가치를 더 깊이 숙고할 수도 있다. 1장에 나왔던 '나는 충분히 사랑하며 살았나?' 같은 질문을 던지는 것이 한 가지 예이다. 우리는 또 자기 생각을 자애, 존경, 마음의 평온 같은 바람직한 문제들로 향하게 할 수도 있다. 많은 불교 수행에서는 어떤 경구들을 반복해서 사용한다. 그것은 되풀이해 일어나는 과거의 파괴적인 상념들을 부숴버리고 변화를 일으키는 수단이다.

그러나 우리가 정신을 재교육시키려 아무리 애써도 결코 완전히 성공할 수 없다. 정신은 우리가 아무리 어떤 방향으로 가도록 밀어도 제 나름의 의지를 갖고 있는 것 같다. 그래서 정신의 갈등들을 더 깊이 치유하려면 정신과 우리와의 동일감을 떨쳐버릴 필요가 있다. 정신의 치유를 위해서는 사고의 온갖 이야기들로부터 뒤로 물러서는 법을 배워야 한다. 우리 생각들의 충돌과 아우성들은 절대로 그치는 법이 없기 때문이다. 붓다는 이렇게 말씀했다. "자기 주장이 강한 사람들은 서로를 끊임없이 괴롭힐 뿐이니라." 정신의 본질이 생각하고 갈라놓으며 궁리하는 것이라는 점을 알게 될 때, 우리는 분열을 조장하는 강철 같은 정신의 손아귀에서 탈출하여 몸과 마음 안에서 휴식을 취할 수 있다. 이런 방법으로 우리는 정신과의 동일시, 쓸데없는 기대와 사견, 판단 그리고 그것들이 일으키는 충돌들에서 벗어날 수 있다. 정신은 자아를 독립된 실체로 보지만, 마음은 달리 바라본다. 인도의 스리 니사르가닷따*Sri Nisargadatta*는 이렇게 말했다. "정신은 심연(深淵)을 창조한다. 그리고 마음은 그것을 건너간다."

세상의 엄청난 슬픔들 대부분이 정신이 마음에서 멀어질 때 생겨난다. 명상 속에서 우리는 마음과 다시 손잡고 온갖 사고의 갈등들 아래 놓인 내면의 광대함, 조화, 자비를 발견해야 한다. 마음은 정신이 만들어내는 이야기와 관념들, 환상과 두려움들을 믿거나 추종하거나 성취하려 애쓰지 않으면서도 모두 받아들인다. 어수선한 온갖 상념들 아래로 내려갈 때, 우리는 상쾌한 치유, 우리 각자의 고유한 평화, 마음의 선량함, 강건함, 그리고 우리 본래의 통일감을 발견하게 된다. 때때로 이 기본적인 선량함을 우리 타고난 본성, 즉 불성(佛性)이라고 부른다. 우리가 타고난 본성으로 돌아갈 때, 그리고 정신의 온갖 양상들을 보면서도 이 평화와 선량함에서 편안히 머무를 때, 정신의 치유를 이루게 된다.

법(法)을 통해 치유하기

마음챙김 치유의 마지막 측면은 생을 지배하는 보편적 법칙의 알아차림이다. 이 과정의 핵심은 공(空)을 이해하는 것이다. 이 내용은 말로 설명하기가 가장 어려운 부분이다. 사실 내가 여기서 설명을 시도해보겠지만, 열림과 공에 대한 이해는 영적 수행의 체험을 통해 직접적으로 이뤄져야 한다.

불교의 가르침에서 '공(空 : emptiness)은 우리가 자아(自我)에 대한 온갖 편협하고 헛된 관념을 꿰뚫어보고 떨어냈을 때 체험하게 되는 본질적인 열림과 통일의 상태를 말한다. 우리가 공을 체험하게 되는 때는 우리 존재의 덧없음을 느끼고, 우리의 몸, 감정, 마음이 아무것도 따로 떨어져 있지 않은 변화무쌍한 생명의 연결망 속에서 생겨났음을 깨달을 때이다. 명상 체험이 지극히 깊어지면 생의 근원적인 열림과 공, 끊임없이 변하고 소유할 수 없는 본질, 멈출 수 없는 과정일 뿐인 인생에 관해 심오한 깨우침이 일어난다.

붓다는 인간의 일생을 끊임없이 변화하는 일련의 과정들로 설명하셨다. 신체적 과정, 감정의 과정, 기억과 인식의 과정, 사고와 반응의 과정, 그리고 의식의 과정…. 이 과정들은 역동적이고 지속적이며, 거기에 우리가 불변의 자아(自我)라 부를 만한 요소는 단 하나도 없다. 우리 자신은 만물과 서로 뒤얽혀 있는 하나의 과정일 뿐이다. 우리는 인생이라는 대해(大海)에 일어난 잔물결과 다름없고, 우리의 일시적 형체는 그 대해의 한 방울일 뿐이다. 어떤 철학 전통에서는 이 대해를 도(道), 신(神), 풍요의 공(空), 미지의 근원 등으로 부른다. 이것에서부터 우리 생명들이 신의 그림자 혹은 의식의 활동이나 춤사위로서 태어난다. 가장 심오한 치유는 우리가 이 과정, 이 생명 탄생의 공(空)을 깨우칠 때 이루어진다.

명상수행이 깊어짐에 따라 우리는 자신의 지난 경험들을 바라보게 된다. 우리는 느낌들을 알아채고 그것들이 단지 몇 초간만 지속됨을 알게 된다.

또 생각을 지켜봄으로써 그것이 일시적이고 저절로 왔다가, 마치 구름처럼 사라진다는 사실을 발견한다. 우리는 몸을 알아차림으로써 몸의 경계가 구멍투성이라는 사실도 알게 된다. 이런 수행을 통해 개별 신체나 독립된 실체에 관한 확신은 해체되기 시작하고, 뜻밖에도 별안간 우리가 얼마나 자유로운지를 깨닫는다. 명상수행이 더욱 깊어지면, 광활함, 희열, 그리고 우리 인생의 신비와 모든 존재들과 서로 얽힌 상호연결망 속에서 거대한 자유를 경험한다.

어느 호스피스 간호사가 이런 상호연결망을 체험한 일이 있다. 죽음을 앞둔 어느 65세 노인의 자식들과 병실 밖에 앉아 있을 때였다. 자식들은 아버지의 동생이 자동차 사고로 사망했다는 소식을 방금 들은 터였다. 그들은 그 비보를 전해야 할지 말지 고민했다. 그들의 아버지도 임종이 가까운 상태였으므로. 결국 그들은 아버지의 충격을 우려해 말하지 않기로 결정했다. 그러고는 방으로 들어갔다. 그때 아버지가 그들을 쳐다보며 말했다. "나한테 무슨 할 얘기 없니?" 자식들은 무슨 말인지 어리둥절했다. "왜 동생이 죽었단 말을 안 해주는 거냐?" 화들짝 놀란 자식들은 아버지에게 어떻게 아셨냐고 물었다. "좀 전에 반시간 동안 그 애와 이야기했다." 그렇게 말하고서 아버지는 머리맡으로 자식들을 불렀다. 그는 자식들에게 유언을 남기고 10분 후에 머리를 떨구고 숨을 거뒀다.

티베트의 스승 칼루 린포체(Kalu Rinpoche : 1905~1989, 티베트 4대 종파 중 두 번째인 카규파의 큰 스승. 이 종파의 지도자를 카르마파라 하는데, 16대 카르마파와 현재의 달라이 라마를 가르친 스승이다 – 옮긴이)는 이런 현상을 이렇게 설명한다.

■ 당신은 미망과 사물의 허상 속에 산다. 본질이 존재하지만 당신은 그것을 알지 못한다. 그것을 이해하게 될 때, 당신은 자신이 무(無)임을, 무이면서도 전부임을 알게 될 것이다. 그것이 핵심이다.

영적 치유는 이런 비(非)분리성의 영역에 다다를 때 이루어진다. 우리는 우리의 두려움과 욕망, 자신을 방어하고 밀어올리려는 시도가 모두 망상(妄想)에서 비롯됐음을 발견한다. 개별적 실체에 대한 믿음은 헛된 망상일 뿐이다.

공(空)의 치유력을 발견할 때, 우리는 모든 것이 연속적인 활동 속에 서로 얽혀 있음을 느낀다. 만물은 우리가 몸이나 생각이나 감정으로 부르는 형태들로 나타난 다음 해체되거나 변환되어 새로운 형태가 된다. 이런 지혜를 바탕으로 우리는 매 순간 마음을 열면서 끝없이 변하는 도(道) 속에 머물 수 있다. 우리는 놓아버리기와 신뢰하기가 가능함을 발견하고, 호흡이 저절로 이뤄지게 하면서 인생의 자연스런 움직임이 우리를 편안히 인도하도록 할 수 있다.

우리 존재의 일면인 몸, 감정, 정신은 모두 다 자애로운 주의와 관심을 통해 치유된다. 명상수행의 주의(注意)는 우리 몸을 존중하고 우리에게 주어진 육체적 인생의 축복들을 발견하게 한다. 주의는 우리가 감정을 충실히 바라보게 하여 인간의 모든 느낌을 존중하게 한다. 또 주의는 정신을 치유하여 우리가 정신에 얽매이지 않은 채 생각을 존중하게 할 수도 있다. 그리고 주의는 우리를 인생의 위대한 신비, 우리의 본질인 공(空)과 통일성의 발견, 그리고 우리와 만물과의 근원적인 일체성을 향해 활짝 열어준다.

치유에 필요한 주의력 키우기

편안하고 고요하게 정좌하라. 몸을 느긋하게 하고 부드럽게 호흡하라. 과거든 미래든, 기억이든 구상이든 당신의 상념들을 놓아버리라. 그저 마음을 모으라. 당신의 소중한 몸이 치유가 절실히 필요한 부분들을 드러내도록 놔두라. 신체적 고통, 긴장, 질병, 상처 등이 저절로 드러나게 하라. 고통스런 지점들에 세심하고 애정 어린 주의를 기울이라. 서서히 조심조심 자기 몸의 에너지를 느껴보라. 그 속에 깊숙이 들어 있는 것, 맥박, 심장의 고동, 긴장, 쑤심, 후끈거림, 움찔함, 아픔 등 우리가 고통이라 부르는 것들을 주시하라. 이 모든 것들을 충실히 느끼면서 너그럽고 자애로운 관심으로 받아들이라. 그리고 자기 몸 주위의 영역을 알아차리라. 만일 위축감과 응어리가 있다면 그것을 가만히 바라보라. 부드럽게 호흡하면서 그것이 열리게 하라. 같은 식으로 마음속에 일어나는 온갖 반감과 저항을 알아차리라. 이것에도 저항하지 말고 부드럽게 주의를 기울이라. 있는 그대로 놔두고 저절로 열리도록 하라. 이제 당신이 탐구하는 고통을 따라다니는 상념과 두려움들에 주목하라. "그건 결코 사라지지 않을 거야." "나는 그것을 견딜 수 없어." "나는 이렇게 할 자격이 없어." "그건 너무 힘들고, 괴롭고, 너무나 극심해."….

이런 생각들을 한동안 당신의 애정 어린 주의로 바라보라. 그런 다음 가만히 당신의 몸으로 돌아오라. 이제 당신의 알아차림을 더욱 깊고 너그럽게 하라. 다시 고통의 지점들을 감싼 껍질들을 느끼면서 각 껍질이 저절로 열려 움직이든, 굳어지든, 풀어지든 그대로 놔두라. 마치 아이를 다정하게 달래듯 고통에 당신의 주의를 기울이면서, 자애롭고 포근한 관심으로 그 모두를 껴안으라. 가만히 호흡을 불어넣으며, 나타나는 모든 것을 치유의 애정으로 받아들이라. 이 명상을 몸이 요구하는 모든 것과 다시 연결됐다는 느낌이 들 때까지 계속하라. 평화를 느낄 때까지 계속하라.

이제 당신은, 몸에서 심각한 질병이나 고통이 일어나는 부분을 규칙적으로 관찰할 수 있다. 같은 식으로 당신이 지닌 깊숙한 감정의 상처에도 치유 주의력을 기울일 수 있다. 처음에는 몸에서 슬픔, 갈망, 분노, 고독, 비애 등이 느껴질 것이다. 세심하고 애정 어린 주의를 기울이면 그것들을 깊숙이 느낄 수 있다. 그것들과 머무르라. 얼마쯤 시간이 지난 뒤, 부드럽게 호흡하면서 주의력을 모아 그것들이 지닌 위축, 감정, 상념의 껍질들을 바라보라. 끝으로 그것들 역시 마치 아이를 다정히 달래듯 그대로 놓아 둘 수 있다. 평화를 느낄 때까지 나타나는 모든 것을 받아들이라. 이런 식으로 당신이 원할 때마다 마음을 수련할 수 있다. 명심하라. 우리 몸과 마음의 치유력은 항상 여기 있다. 그것은 그저 우리의 자애로운 주의를 기다릴 뿐이다.

치유의 사원으로 떠나는 명상여행

편안하게 정좌하고 눈을 지그시 감으라. 호흡에 주의를 기울이라. 명상하면서 호흡과 몸을 느끼되, 그것들을 변화시키려 하지 말라. 편한 것이든 불편한 것이든 모두 바라보라. 정신이 흐린지 맑게 깨어 있는지 바라보라. 마음이 소란스러운지 고요한지 바라보라. 그저 그대로 알아차리라. 자기 마음의 상태를 바라보라. 위축돼 있나? 부드럽고 열린 느낌인가? 아니면 그 중간의 어디쯤에 있나? 피곤한가, 즐거운가? 있는 그대로 바라보고 받아들이라.

그런 다음 마술처럼 아름다운 치유의 사원(寺院)이나 성지, 혹은 위대한 지혜와 사랑의 장소로 떠난다고 상상하라. 필요한 만큼 오랫동안 그렇게 느끼고 감지하고 상상하라. 무엇이든 마음에 드는 방식으로 해보라. 그곳에서 좌선하고 있다고 생각하라. 당신은 평온하게 명상에 몰입해 있다. 이 사원, 이 위대한 지혜의 장소에 정좌한 채, 자신의 영적 여행을 더 깊숙이 되돌아보기 시작하라. 차츰 영적 여정에서 치유해야 할 당신의 상처들을 알아차리도록 하라. 부드럽게 호흡하고, 떠오르는 것은 무엇이든 가만히 느껴보라.

 그렇게 명상하고 있으면, 이 치유의 사원에서 경이롭고 지혜로운 존재가 나타나 슬며시 다가올 것이다. 그 존재가 가까이 오면 그것이 누구인지 혹은 무엇인지 상상하거나 느껴보라. 그들은 가볍게 절하고 가까이 다가와 당신의 가장 쓰라린 상처 부위를 지극히 부드러운 손길로 만질 것이다. 그들의 한없이 애정 어린 손길이 당신의 아픈 부위를 쓰다듬게 하라. 그 치유의 손길을 보면서 배우라. 만일 그 손길이 느껴지지 않으면, 그 사원에 앉아 있는 당신 자신의 손을 들어, 상상 속에서 당신의 가장 쓰라린 상처 부위, 슬픔이나 괴로움의 위치를 만지라. 마치 자신이 그 아름다운 존재인 양 상처를 쓰다듬으라. 당신이 아무리 많이 그 슬픔을 묻어버리거나 부정했더라도, 아무리 많이 그것에 증오를 퍼부

었더라도, 마침내는 그것과 마주할 수 있음을 깨달으라.

 당신의 주의가 그 경이롭고 지혜로운 존재의 손길이 되게 하라. 살며시 부드럽게 슬픔의 부위를 어루만지라. 만지면서 그 느낌이 어떤지 조사하라. 그것은 뜨거운가, 차가운가? 딱딱한가, 뻣뻣한가, 아니면 말랑한가? 그것은 떨고 있나, 움직이나 아니면 고요한가? 당신의 알아차림이 붓다나 자비의 여신 혹은 성모 마리아나 예수의 자애로운 손길이 되게 하라. 그 슬픔의 온도와 감촉은 어떠한가? 거기서 어떤 색깔이 느껴지나? 어떤 감정이 느껴지는가? 지극히 다정하고 너그러운 마음으로 자신의 모든 감정들을 알아차리도록 하라. 그것들이 어떻게 되든 그대로 두라. 그런 뒤 마치 당신 자신이 자비의 여신인 양 지극히 온화하고 부드럽게 그것을 어루만지라. 고통에 자신을 열라. 그 오랜 세월 당신 안에 겹겹이 싸여 간직돼온 그 상처의 핵심은 무엇인가? 그것을 바라볼 때, 자신이 얼마나 그것을 밀어냈는지, 얼마나 그것을 억누르고 거부했는지 알아보라. 얼마나 떨쳐버리고 싶었는지, 얼마나 회피하고 싶었는지, 얼마나 그것을 두려움과 혐오감으로 대했는지 바라보라. 평화로이 앉아 마침내 이 고통에 당신의 마음을 활짝 열라.

이 사원에 머물면서 당신의 치유와 자비의 주의력이 모든 부분에 퍼지도록 하라. 원하는 만큼 그대로 머물라. 당신이 그곳을 떠날 준비가 되었을 때, 상상 속에서 감사의 절을 올려라. 그곳을 떠나면서 그 사원은 당신 안에 있음을 기억하라. 당신이 언제든 찾아갈 수 있는 그곳에….

5. 강아지 길들이기

주의집중은 결코 억지로 이뤄지는 것이
아니다. 그저 강아지를 집어 들고 바로
지금 이곳과 다시 연결돼는 것이다.

붓다에 관한 이런 이야기가 있다. 붓다는 깨달음을 얻은 직후 인도 곳곳을 돌아다니셨다. 그때 근사한 왕자였다가 이제는 수도승이 된 붓다를 아주 기묘하게 생각하는 사람들을 자주 만나셨다. 그들이 다가와서 물었다. "당신은 신인가요?" 붓다는 "아니오"라고 답했다. "그럼, 당신은 데바(deva : 인도의 다신교 관념에서 여러 신들을 지칭하는 말-옮긴이)나 천신입니까?" "아니오" "그렇다면 마술사나 요술쟁인가요?" "아니오" "그럼 보통 사람이요?" "아니오" 이러자 그들은 어리둥절해 하며 결국 이렇게 물었다. "도대체 당신은 누구요?" 붓다는 단순히 이렇게 답했다. "나는 깨달은 자요." 붓다*Buddha*라는 명칭 자체가 '깨달은 사람(覺者)'을 의미한다. 깨달음에 이르는 방법, 그것이 붓다 가르침의 전부이다.

명상은 깨달음의 기술

명상은 깨달음의 기술이라 할 수 있다. 이 기술을 터득함으로써 우리는 자신의 괴로움에 다가가는 새로운 방법을 얻고 자기 인생에 지혜와 기쁨을 일으킬 수 있다. 명상의 수단과 수련기법들을 개발함으로써, 우리는 자신의 영적, 인간적 능력의 최대치를 일깨울 수 있다. 이 기술의 열쇠는 우리의 주의력을 안정시키는 것이다. 온화하고 부드러운 마음과 더불어 충실한 주의력을 키워낼 때, 우리의 영적 삶은 저절로 성장하게 된다.

앞서 보았듯이 우리들 대다수는 먼저 몸과 마음의 적절한 치유를 마친 뒤에야 비로소 정좌하고 명상에 집중할 수 있다. 하지만 치유를 시작하려면, 또 우리 자신을 이해하려면 우선 기초적 수준의 주의력이 있어야 한다. 그리고 수행을 더욱 심화하려면 우리의 주의력을 계발하는 체계적인 길을 선택하여 그것에 철저히 전념해야 한다. 그렇지 않으면 우리는 키 없는 조각배처럼 정처 없이 표류하게 된다. 집중하는 법을 배우려면 기도나 명상 등 어떤 수행법을 택해 그 길을 단호하고 흔들림 없이 따라가야 한다. 무슨 일이 있어도 매일매일 그 수행을 밀고 나가야 한다. 대다수 사람들에게는 쉽지 않은 일이다. 대개 사람들은 자신의 영성생활에서 당장 탁월한 결과가 나타나길 기대한다. 하지만 훌륭한 기술치고 순식간에 터득되는 것이 있던가? 어떠한 수련이든 우리가 그것에 전념하는 정도에 정비례하여 발전하는 것이다.

다른 기술들을 생각해보라. 가령 음악을 보자. 피아노 연주법을 제대로 익히려면 얼마의 기간이 걸릴까? 몇 달 혹은 몇 년 동안 일주일에 한 번씩 레슨 받으며 날마다 열심히 연습했다고 하자. 누구나 처음에는 어느 건반을 어느 손가락으로 누를지, 악보는 어떻게 읽는지부터 어렵사리 배우게 된다. 몇 주나 몇 달이 지나면 간단한 곡조를 연주하고, 아마 1~2년쯤 지나면 일정한 음악을 연주할 수 있을 것이다. 하지만 독주든 합주든 음악을 근사하게 연주하며 밴드나 오케스트라와 협연할 정도의 피아니스트가 되려면 수없이 반복해서 피아노 연습에 몰두해야 한다. 우리가 컴퓨터 프로그래밍, 유화(油畫), 테니스, 건축 등 어떤 기술을 배우려 하더라도 훈련하고 실습하며 갈고 닦으며 오랜 세월 전심전력으로 몰두해야만 한다.

영적인 기술도 이에 못지않다. 아마 한층 더 힘겨울 것이다. 하지만 영적인 기술을 통하여 우리는 자기 자신과 인생을 지배하게 된다. 가장 인간적인 기술, 진정한 나와 연결되는 법을 익히는 것이다.

티베트 스승 트룽파 린포체(Trungpa Rinpoche : 티베트의 위대한 선승으로 《티베트 사자의 서》의 영문판 역자이기도 함 - 옮긴이)는 영적 수행을 육체노동이라 불렀다. 영적 수행은 자신의 상황에 수없이 되풀이해서 혼신의 노력으로 주의를 기울이는 사랑의 노동이다. 어떤 악조건 속에서도 흔들림 없이 기도, 명상, 수련에 몰두하면서 참되고 자애롭게 세상을 보는 법, 놓아버리는 법, 더욱 깊이 사랑하는 법을 배우는 것이다.

하지만 초심자인 우리는 이런 수행이 불가능하다. 우리가 일상생활의 한복판에서 혼자서 수행을 시작했다고 하자. 실제로 수행을 시도할 때 어떤 일이 일어날까? 처음에 겪는 가장 흔한 경험은(축원이든 암송이든, 명상이든 시각적 상상이든 간에) 단절되고 산만한 마음과 부딪치는 일이다. 불교 심리학에서는 훈련되지 않은 마음을 '미친 원숭이'에 비유한다. 생각에서 기억으로, 시각적 장면에서 소리로, 미래의 구상에서 과거의 회한으로 끊임없이 폴짝거리는 원숭이 말이다. 만일 우리가 한 시간 동안 차분히 앉아 우리 마음이 도달하는 모든 장소들을 찬찬히 관찰할 수 있다면, 아마 당장 위대한 성인이 탄생할 것이다.

우리가 처음 수행에 들어갈 때, 명상은 정말 당혹스런 경험이다. 필연적으로 우리 마음은 방황하고 우리 몸은 억눌렸던 긴장과 습관화된 속도 관념에 시달리게 된다. 그러면서 대개 우리의 내적 수양, 인내, 자비심이 얼마나 한심한 것인지 절감한다. 명상수행을 해보면 아무리 집중하고 몰입하려 해도 우리의 주의가 얼마나 산만하고 불안정한지 실감하게 된다. 그 주의를 우리는 흔히 '나의 정신'이라고 부르지만, 제대로 바라보면 그 '정신'이 제 나름의 속성, 조건, 법칙에 따라 움직인다는 사실을 알게 된다. 이를 보면서 점차 우리는 정신을 몸과 마음과 연결시키는 지혜로운 관계를 찾고 우리 내면의 안정과 평온을 발견해야 함을 느낀다.

이런 연결 작업의 핵심은 우리가 선택한 수행에 주의를 반복적으로 집중하는 것이다. 축원, 명상, 신비한 경구 암송, 시각적 상상 등은 우리의 주의 집중을 강화하고 유지시키는 체계적 수단들이다. 전 세계의 신비주의나 영성 문헌에 묘사된 의식의 상태와 고매한 경지는 모두 주의집중을 통하여 도달된 것이다. 현재의 문제로 되돌아오는 이런 주의집중 기술은 우리가 추구하는 명철함, 마음의 힘, 평화로움, 심오한 상호연결 등을 불러온다. 그러면 이 안정감과 상호연결이 한층 더 깊은 수준의 깨달음과 통찰을 일으킨다.

시각적 상상, 질문, 축원, 성스러운 경구 등을 이용한 수련이든, 감정이나 호흡에 관한 단순한 명상이든 간에, 수행은 항상 균형을 유지하며 어떤 초점을 향해 수없이 되돌아가는 과정이다. 우리가 더욱더 심오하고 충실한 주의력을 키워나가는 일은 격랑이 이는 강물에서 카누를 타는 것과 다름없다. 명상을 반복하면서 우리는 편안하게 지금 이 순간 속으로 잠겨들어 앞에 떠오르는 모든 것과 깊숙이 연결된다. 우리는 자신을 신성한 대지에 정착시킨다. 우리는 반복해서 이 순간으로 되돌아온다. 이것은 인내의 과정이다. 성 프란치스코 살레시오(St. Francis de Sales : 17세기 이탈리아 제노바의 주교이자 가톨릭 성인 – 옮긴이)는 이렇게 말했다. "우리에게 필요한 것은 한 컵 정도의 이해, 한 통만큼의 사랑, 그리고 바다 같은 인내심이다."

어떤 이들에게는 명상 속에서 이렇게 수천 수만 번 되돌아오는 일이 따분하고 심지어 쓸데없는 일로 생각될지도 모른다. 그러나 우리가 인생의 현실에서 도망친 것이 몇 번이었겠는가? 어쩌면 백만 번, 아니 천만 번일지도 모른다! 만일 깨달음을 원한다면 우리는 온전한 존재로, 충실한 주의력을 지니고 지금 이곳으로 되돌아오는 길을 찾아야만 한다. 이어지는 성 프란치스코 살레시오의 말이다.

■ 아주 조심스레 그 지점으로 되돌아가라. 비록 그 기간 내내 아무것도 않고 그저 당신의 마음만 수천 번 불러냈다 해도, 비록 그것을 불러낼 때마다 달아나버렸다 해도, 당신의 그 기간은 아주 귀중한 시간이 될 것이다.

명상은 강아지 길들이기와 같다

이렇기 때문에 명상은 '강아지 길들이기'와 거의 비슷하다. 강아지를 땅에 내려놓고 이렇게 말해보라. "가만있어." 강아지가 가만있는가? 발딱 일어나 달아날 것이다. 강아지를 잡아 앉히고 다시 명한다. "가만있어." 강아지는 다시 그리고 또다시 도망칠 것이다. 가끔은 껑충 뛰고, 훌쩍 넘고, 구석에다 오줌을 싸거나 갖가지 난리법석을 피우기도 한다. 우리 마음은 이 강아지와 아주 흡사하다. 다른 점이라면 더 엄청난 난장판을 벌인다는 것이다. 마음 또는 강아지를 길들일 때는 자꾸자꾸 반복하는 길밖에 없다.

우리가 영성수련을 시작하면 곧바로 좌절감을 맛보게 된다. 우리 문화나 교육 그 무엇도 주의를 평온히 유지하는 법을 가르쳐주지 않았다. 어느 심리학자는 우리 사회를 '주의력이 산만한 환자들의 사회'라 불렀다. 집중의 어려움을 발견할 때, 많은 사람들은 심한 초조감과 자기비판 같은 그릇된 감정에 휩싸인 채 억지로 호흡이나 만트라 또는 축원에 집중하려 한다. 이것이 강아지를 길들이는 방법일까? 이런 식이 정말 도움이 될까? 주의집중은 결코 억지로 이뤄지는 것이 아니다. 그것은 그저 강아지를 다시 집어들고 바로 지금 이곳과 연결돼는 것이다.

명상수행에서 주의집중 기술의 핵심 중 하나는 진지한 관심을 계발하는 것이다. 안정된 집중력은 우리를 명상에 몰입하게 하는 관심의 정도에 좌우된다. 그런데 초보 수행자에게는 많은 명상 주제들이 따분하고 흥미 없게 느껴진다. 선(禪) 수도승에 관한 오래된 이야기가 있다. 호흡법을 수련하다가 스승에게 너무 따분하다고 투덜거린 수도승이 있었다. 그러자 스승은 그 제자를 와락 붙잡아 물속에 처넣었다. 그리고는 꽤 오랫동안 머리를 짓누르고 있었다. 제자는 물 위로 나오려고 버둥거렸다. 마침내 제자를 물에서 꺼내주며 스승이 이렇게 물었다. "그 아래서도 숨쉬기가 따분하더냐?"

충분한 관심과 세심한 주의가 결합되어 주의집중이 이루어진다. 이 주의는 제거나 분리와는 반대되는 개념이다. '순수한 주의'에 의해 얻어지는 '알아차림'은 우리 자신을 경험에서 분리시키는 것이 아니라, 경험을 받아들여 충실히 느끼는 것을 뜻한다. 알아차림은 줌 렌즈처럼 다양할 수 있다. 어떤 경우 우리는 자기 경험의 한복판에서 바라본다. 어떤 때는 마치 자기 어깨에 올라탄 듯이 앞에 나타나는 광경을 관찰하기도 하고, 또 어떤 때는 광대한 공간을 주시하기도 한다. 이 모든 것이 알아차림의 갖가지 측면들이다. 이 알아차림들은 매 순간 우리 인생을 더욱 명료하게 느끼고 만지고 바라보도록 해준다. 우리가 안정된 주의력을 키워갈수록, 더욱 깊고 심오한(균형 있고 섬세하며 오묘한) 고요함이 나타난다.

세심한 주의가 무엇인지 체험하게 된 어느 수행자의 사례가 있다. 그녀는 남편과 함께 캐나다 브리티시컬럼비아 주의 산악지대에 있는 외딴 공동체에서 살고 있었다. 인도에서 요가 수행을 했던 그녀는 몇 년 후 의사나 산파 없이 남편의 도움만으로 아들을 낳게 되었다. 그런데 그 출산은 힘겨운 난산이었다. 아기가 거꾸로 서서 탯줄이 목에 감긴 채 발부터 나오는 것이었다. 아기는 새파랗게 질린 채 태어났고 스스로 숨을 쉬지 못했다. 부모는 필사적으로 영아 인공호흡을 실시했다. 그들은 아기의 폐에 숨을 불어넣은 뒤 혼자 숨 쉬는지 보려고 잠시 동작을 멈췄다. 이 결정적인 순간에 그들은 아기의 생사를 판가름할 미세한 숨결을 간절히 찾았다. 마침내 아기는 가냘픈 숨을 토해냈다. 아기 엄마는 이 장면을 말하면서 환한 미소를 지었다. "바로 그 순간에 나는 호흡을 알아차린다는 것이 진실로 무슨 뜻인지 알았어요. 나 자신의 호흡도 아니었는데!"

호흡에 대한 주의집중은 아마 전 세계에서 행해지는 수백 가지 명상 주제 중 가장 일반적인 주제일 것이다. 호흡의 움직임에 주의를 기울이는 것은 요가, 불교와 힌두교 수행들, 이슬람 수피교, 기독교, 그리고 유대교 전통들의 핵심 주제이다. 다른 명상 주제들 역시 유익하고 저마다 독특한 이점을 지니고 있지만, 우리는 여러 수행법 중 하나를 계발하는 실례로서 계속 호흡수행을 다룰 것이다. 호흡명상은 마음을 가라앉히고, 몸을 열고, 엄청난 집중력을 키워줄 수 있다. 호흡은 하루 중 어느 때나 어떤 상황에서나 우리와 함께 있다. 우리가 활용법을 익히면 호흡은 우리 일생을 통해 알아차림을 이어갈 버팀목이 되어준다.

그러나 호흡의 알아차림은 쉽사리 이뤄지지 않는다. 처음에 우리는 고요히 앉아, 몸의 긴장을 풀고 깨어 있는 상태로, 그저 몸의 호흡을 찾아야 한다. 실제로 어디에서 호흡을 느끼는가? 콧속의 차가움이나 목구멍 뒤편의 얼얼함으로 느끼는가? 아니면 가슴의 움직임, 또는 배의 오르내림으로 느끼나? 가장 강한 느낌이 오는 지점이 처음으로 주의를 기울일 위치이다. 만일 호흡이 여러 지점에서 나타난다면 몸 전체의 호흡을 느끼도록 하라. 만일 호흡이 너무 가늘어 찾아내기 어렵다면 손바닥을 배에 대고 손으로 팽창과 수축을 느껴볼 수도 있다. 우리는 세심한 주의집중 기술을 터득해야 한다. 각 호흡을 느낄 때, 호흡이 몸속에서 어떻게 돌아다니는지 감지하라. 이때 호흡을 통제하려 하지 말라. 문지기가 지나가는 행인들을 바라보듯, 그저 자연스런 움직임을 바라보기만 하라. 그 리듬이 어떤가? 얕은가, 아니면 길고 깊은가? 빠른가, 느린가? 호흡에 열기가 있는가? 호흡은 항상 움직이고 변화하기 때문에 대단한 스승이 돼줄 수 있다. 이 간단한 호흡관법으로 우리는 몸의 수축과 저항, 열림과 놓아버림에 대해 배울 수 있다. 호흡 속에서 우리는 우아하게 사는 것이 어떤 것인지 느끼고, 변화와 에너지의 강물인 우리 자신의 실상을 실감할 수 있다.

하지만 주의를 안정시키려는 강한 바람과 충실한 관심이 있다 해도 잡념이 일어날 것이다. 잡념은 마음의 자연스런 움직임이다. 잡념이 일어나는 것은 우리 정신과 마음이 원래부터 맑거나 순수하지 않기 때문이다. 마음은 흙탕물이나 격류(激流)와 다름없다. 매 순간 유혹적 이미지나 흥미로운 기억들이 흘러가는데, 그것에 반발하거나 얽히거나 빠져드는 것이 우리의 습관이다. 고통스런 이미지나 감정이 일어날 때, 우리는 습관적으로 그것을 피하거나 자신도 모르게 산만해진다. 우리는 욕구, 산만함, 공포와 반발을 일으키는 습관의 힘들을 느낄 수 있다. 우리 대다수에게는 이런 힘들이 워낙 막강해서 낯선 평온의 순간들을 몇 차례 경험한 후에는 마음이 반발해버린다. 또다시 불안정, 부산함, 상념, 억눌린 감정 등 온갖 잡념들이 우리의 초점을 흐린다. 이런 잡념들을 처리하고 카누의 균형을 유지하면서 강물을 흘려보내고, 다시 또다시 차분하고 정돈된 길로 되돌아오는 것, 이것이 명상의 핵심이다.

놓아버리기와 되돌아오기

처음 명상을 시도한 후, 당신은 어떤 외부 조건들이 집중력 계발에 특히 유용한지 알게 될 것이다. 명상수행에 적합한 조용하고 차분한 장소를 찾거나 만들 필요가 있다. 자신의 성격과 하루일정에 가장 적합한 시간을 택하라. 실험을 통해 당신의 고요한 내면생활을 가장 잘 지탱해줄 수행이 아침 명상인지 저녁 명상인지 알아보라. 잠깐 동안 영감을 일깨우는 독서를 한 후 수행에 들어갈 수도 있다. 혹은 먼저 스트레칭이나 요가를 할 수도 있다. 정기적으로 여럿이 모여 수행하거나 명상센터에 들어가는 것이 아주 효과적이라고 말하는 이들도 있다. 이런 외부 요인들도 적용해보고 자신의 내적 평화에 가장 유용한 방식을 찾아내라. 그런 뒤 그 수련방식을 당신 생활의 일부로 만들라. 적합한 수행환경을 창조해야 우리의 영적 마음이 풍요롭게 성장할 최고의 토양이 형성돼 지혜로운 삶을 살 수 있다.

몇 주 몇 달에 걸쳐 주의집중에 전념하다 보면, 우리의 주의집중이 서서히 자리 잡기 시작함을 느끼게 된다. 처음에는 집중하려 안간힘을 쓰면서 명상 주제에 간신히 매달릴 것이다. 그러다 점차 정신과 마음이 잡념에서 풀려나면서, 주기적으로 그것들이 더 순수하고 고분고분하고 유순하게 느껴질 것이다. 자신의 호흡을 더 자주 더 또렷하게 느끼거나, 자신이 암송하는 축원이나 만트라에 더욱 거대한 통일감이 실릴 것이다. 이 과정은 책읽기를 시작할 때와 비슷하다. 처음 읽기 시작할 때 우리는 흔히 주변의 온갖 상황에 산만해진다. 하지만 책이 미스터리 소설 같이 흥미진진할 경우, 마지막 장에 이르면 줄거리에 완전히 빠져들어 우리 옆에 사람들이 지나가도 알아채지 못한다. 명상에서도 처음에는 온갖 상념들이 우리를 어지럽혀 한동안 그것들이 머릿속을 차지한다. 그러다 주의집중이 성장하면 생각의 도중에도 자신의 호흡을 기억하게 된다. 나중에는 그저 상념이 떠오르는 대로 바라보거나 배경 속으로 사라지도록 놔둘 수 있다. 온통 호흡에 몰입하여 생각의 움직임에 방해받지 않게 되는 것이다.

수행을 계속하면 주의집중이 계발되면서 생의 본질에 더욱 가까워지는데, 그것은 마치 현미경 렌즈의 초점 맞추기와 비슷하다. 컵에 담긴 연못의 물을 바라보면 매우 맑고 고요해 보인다. 그러나 현미경으로 들여다보면 미생물과 온갖 변화들로 생동하는 모습을 발견한다. 마찬가지로 우리가 더 깊이 주의를 기울일수록 우리 호흡과 몸은 견고함을 상실한다. 우리 몸에서 호흡을 느끼는 지점마다 미묘한 진동, 활동, 떨림, 흐름 등으로 살아 움직인다. 안정된 주의집중의 힘은 우리 생명의 각 부분이 마치 거대한 강물 같은 변화와 흐름 속에 놓여 있음을 보여준다.

우리가 지금 이 순간 속으로 들어가는 법을 익힘에 따라 호흡은 저절로 이루어지고, 몸 속 감각들이 열리면서 흐름이 생겨난다. 그러면 마음의 열림과 평온이 나타날 수 있다. 우리는 노련한 무용수처럼 호흡과 몸이 막힘없이 움직이고 떠다니게 하면서도 깨어 있는 상태로 그 열림을 즐기게 된다.

더욱 노련해짐에 따라 우리는 주의집중에 그 나름의 활동기가 있음을 발견할 수 있다. 어떤 때에 우리는 정좌하자마자 쉽게 몰입한다. 하지만 어떤 때는 마음과 몸의 상태가 사납고 뻣뻣하다. 우리는 그 모든 격랑을 헤쳐나가는 법을 터득할 수 있다. 마음이 경직될 때는 부드럽게 풀고 주의집중에 열어놓는 법을 배울 수 있다. 마음이 흐릿하고 늘어질 때는 정좌한 뒤 더 많은 에너지로 몰입하는 법을 익힐 수 있다. 붓다는 이것을 류트(기타 비슷한 옛날 악기 —옮긴이)의 조율에 비유했다. 우리 상태가 조화롭지 않을 때 우리 에너지를 살며시 높이거나 낮추어서 균형을 이루도록 하는 것이다.

주의집중을 익힐 때, 우리는 항상 엉뚱한 데로 빠지고 초점을 잃는 것처럼 느껴진다. 하지만 실제로 우리가 어디로 갔겠는가? 그저 기분이나 상념이나 의혹이 우리 마음을 휘젓고 지나간 것뿐이다. 이 점을 인식하자마자 우리는 놓아버리기와 그 다음 순간으로 되돌아오기를 할 수 있게 된다. 우리는 언제나 다시 시작할 수 있다. 점차 우리의 관심이 커지고 감지 능력이 심화됨에 따라 명상의 새로운 차원들이 열린다. 우리는 이랬다저랬다 하며, 곤히 잠든 아기 같은 깊은 평화로운 시기도 거치고 올바른 항로를 전진하는 거대한 함선 같은 위용도 발견할 것이다. 한동안은 아무것도 그 상태를 흐트러뜨릴 수 없을 것이다. 우리가 자꾸자꾸 명상 주제로 돌아옴에 따라 주의집중이 깊숙이 소용돌이치며 성장하고, 그때마다 내면의 소리를 알아듣는 기술도 향상

된다. 세심히 들어보면 우리 호흡의 양상이 항상 다름을 느끼게 된다. 미얀마의 어느 스님은 수도승들에게 날마다 호흡에서 느낀 새로운 점을 말하라고 했다고 한다. 몇 년간의 명상 동안 하루도 빠짐없이 말이다.

당신도 할 수 있다면 알아내보라. 호흡들 사이에 끊김이 있는가? 호흡을 막 시작할 때 어떤 느낌이 드는가? 호흡의 끝은 어떤가? 호흡이 멈췄을 때 어떤 공간이 나타나나? 호흡을 시작하기 전에 호흡하려는 충동은 어떤 느낌인가? 당신의 기분이 호흡에 어떻게 반영되나?

우리가 처음 호흡을 느낄 때는 그저 하나의 작은 움직임으로 여긴다. 그러나 우리가 주의집중 기술을 계발해감에 따라 호흡 속의 수백 가지 요소들을 느끼게 된다. 아주 미묘한 감각, 감각 길이의 변화, 열기, 소용돌이, 팽창과 수축, 그에 따른 떨림, 우리 몸 곳곳에 나타나는 호흡의 메아리, 그 외의 온갖 느낌들….

영성수련을 지속하려면 바다 같은 인내심이 필요하다. 다른 곳으로 달아나려는 우리의 습성이 너무 강렬하기 때문이다. 우리는 너무 많은 순간들에서, 너무 많은 세월 동안, 심지어 평생토록 현재를 벗어나 다른 데로 도망쳤다. 여기 〈기네스 북〉에 오른 사례들을 소개한다. 명상수행에 수련생들이 좌절감을 느낄 때마다 내가 해주고픈 이야기다. 그 책에 보면 운전면허 시험의 최다 응시 기록을 가진 사람으로 영국 웨이크필드에 사는 미리엄 하그레이브 부인이 나온다. 하그레이브 부인은 1970년 4월 서른아홉 번째 운전면허 시험을 봤지만 또 떨어졌다. 빨간 신호등을 무시하고 돌진해 충돌사고를 낸 것이다. 다음 해 8월 그 부인은 마침내 마흔 번째 시험에서 합격했다. 하지만 안타깝게도 그때는 차를 살 수가 없었다. 운전교습에 너무 많은 돈을 쓴 탓이었다. 비슷한 경우로 미국 아칸소 주의 리틀록에 사는 패니 터너 부인의 사례가 있다. 1978년 10월 터너 부인은 104번째 시도 끝에 운전면허 필기시험에 합격했다. 우리가 이같은 끈기를 가지고 운전면허 시험을 통과하거나 스케이트보드 같은 각종 기술들을 익힐 수 있다면, 분명히 자기 자신을 찾는 기술 역시 통달할 수 있다. 인간인 우리는 거의 어떤 일에나 전념할 수 있고, 이런 불굴의 집념과 헌신이 영성수련에 생기를 불어넣는다.

이 점을 항상 기억하라. 강아지를 길들일 때 우리는 결국 강아지를 우리 친구로 만들려 한다는 사실이다. 마찬가지로 우리는 명상수행을 할 때 자신의 마음과 몸을 '친구'로 바라봐야 한다. 그것들의 방황조차도 애정 어린 관심과 호기심으로 명상 속에 포함시킬 수 있다. 지금 당장 우리는 마음이 어떻게 움직이는지 바라볼 수 있다. 마음은 파도를 만든다. 우리 호흡은 하나의 잔물결이다. 우리 몸의 감각들도 잔물결이다. 우리는 그 물결들과 싸울 필요가 없다. 그냥 인정하면 된다. "파도가 이는구나." "3년 된 기억의 파도가 밀려오는군." "이번에는 미래에 대한 걱정의 파도구나." 그런 뒤 다시 호흡의 물결을 바라보는 것이다. 주의집중을 심화하는 데는 너그러움과 다정스런 이해가 필요하다. 정말로 부드럽게 우리 몸에 내려앉아 편히 쉬지 않고는 오랜 기간 집중할 수 없다. 힘이나 긴장에 의한 주의집중은 어떤 경우든 단기간으로 끝날 뿐이다. 우리의 과제는 강아지를 평생의 친구로 길들이는 것이다.

어쩌면 우리가 명상에 임하는 태도나 마음가짐이 다른 어떤 면보다 더 중요할 수 있다. 우리에게 필요한 것은 온화함을 바탕으로 한 인내와 헌신의 자세이다. 우리는 적극성을 가지고 자꾸자꾸 반복해서 실제로 지금 있는 것과 관계를 맺어야 한다. 이때 경쾌한 마음과 유머 감각도 필요하다. '강아지 길들이기'를 너무 심각한 문제로 만들 필요는 없다.

기독교 '사막의 신부들'에서 전해지는 이야기다. 그 수도회의 어느 신부가 새로 들어온 수사에게 3년 동안 자신을 욕하는 모든 사람에게 돈을 주도록 명했다 한다. 그 시험 기간이 끝나자 신부는 이렇게 말했다. "이제 그대는 알렉산드리아로 가도 좋다. 거기서 진정한 지혜를 얻으라." 그 수사가 알렉산드리아로 들어가다 현자(賢者) 하나를 만났다. 그 현자가 가르침을 주는 방식은 성문에 앉아 그곳을 오가는 모든 사람에게 욕설을 퍼붓는 것이었다. 당연히 현자는 그 수사에게도 험한 욕을 쏟아냈다. 그런데 수사는 곧바로 웃음을 터뜨리는 것이었다. "내가 욕을 하는데 그대는 왜 웃는가?" 현자의 그 물음에 수사는 이렇게 말했다. "그건 말이죠, 몇 년 동안 나는 욕을 들으면 돈을 내야 했거든요. 이제는 공짜로 욕먹으니 얼마나 기쁩니까!" 그러자 현자가 말했다. "성으로 들어가라. 이제 이곳의 현자는 그대다."

　명상은 우리가 매 순간을 지혜, 경쾌함, 그리고 유머 감각으로 맞이하도록 가르치는 수행이다. 명상은 쌓기나 다투기가 아닌 열기와 놓아버리기의 기술이다. 우리는 좌절과 괴로움 속에서도 탁월한 시야와 내면의 지지력을 키울 수 있다. 숨을 들이마신다. "와, 이거 흥미로운 경험인데? 다른 호흡을 해볼까. 어, 이번에는 어렵네. 겁까지 나잖아!" 숨을 내쉰다. "아하!" 명상은 놀라운 과정이다. 우리는 마음과 정신을 수련하여 모든 경험에서 열리고 안정되고 깨어 있는 상태로 들어갈 수 있다.

일일 호흡명상

먼저 규칙적인 명상수행에 알맞은 장소를 고르라. 가급적 방해받지 않으면서 쉽게 수행할 수 있는 곳이라면 어디든 상관없다. 침실 구석이든 집안의 다른 조용한 장소든 다 좋다. 거기에 좌복이나 의자를 갖다 놓으라. 주위를 정돈하라. 그래야 자신의 명상 목적이 뚜렷해지고 그곳이 성스럽고 평화로운 장소로 느껴지게 된다. 꽃이나 신선한 그림으로 장식한 간단한 제단을 만들 수도 있고, 수행 전에 잠깐씩 읽고 영감을 얻을 명상 서적을 놔두는 것도 좋다. 이 장소를 자신만의 소중한 공간으로 가꾸라.

그런 다음 자신의 성격과 하루 일정에 맞는 고정된 수행 시간을 고른다. 당신이 아침형 인간이면 아침식사 전에 수행을 해보라. 만일 저녁 시간이 자신의 기질이나 일정에 적합하다면 먼저 저녁 수행을 시도하라. 한번에 10분이나 20분 정도의 명상으로 시작하라. 점차 수행 시간과 횟수를 늘려가라. 일일 명상이 목욕이나 양치질 같은 하루 일과가 되게 하라. 일일 명상은 당신의 마음과 정신에 규칙적인 청정과 평온을 가져다줄 것이다.

의자나 좌복 위에서 편안한 자세를 잡으라. 뻣뻣하지 않으면서도 꼿꼿한 자세로 앉으라. 몸을 대지에 뿌리박고, 손은 가볍게 내려놓고, 마음은 누그러뜨리고, 눈은 지그시 감으라. 먼저 자신의 몸을 느끼면서 의식적으로 모든 긴장을 풀어놓으라. 일체의 습관적 생각이나 상념들을 놓아버리라. 주의를 기울여 호흡의 감각을 느껴보라. 몇 번 숨을 깊숙이 들이마시며 그 호흡이 어디서 가장 또렷이 느껴지는지 알아보라. 콧속이나 목구멍의 차가움이나 얼얼함인가? 가슴의 움직임인가? 배의 오르내림인가? 그리고는 호흡을 자연스럽게 유지하라. 자연스런 호흡의 감각을 아주 세심히 느껴보라. 편안하게 각각의 호흡을 느끼면서, 호흡 변화에 따라 호흡의 부드러운 감각이 어떻게 오고가는지 바라보라.

아마 몇 차례 호흡 뒤에는 당신의 정신이 산란해질 것이다. 그것을 알아차리고는 산만했던 시간이 길건 짧건 간에 그냥 다음 호흡으로 돌아오라. 돌아오기 전에 당신은 정신의 뒤편에서 자신이 갔던 곳을 알아차리면서 이런 가벼운 말로 확인할 수 있다. '생각', '방황', '듣기', '갈망'…. 이렇게 자신의 주의가 향했던 곳을 살며시 불러본 뒤, 곧바로 가만히 돌아와 다음 호흡을 느껴보라. 나중에 명상이 깊어지면 자기 마음이 방황했던 장소를 파고들 수 있겠지만, 처음 수련에서는 한마디의 확인 뒤 그냥 호흡으로 돌아오는 것이 최선이다.

수행할 때 호흡 리듬이 자연스럽게 변하도록 두라. 짧든, 길든, 빠르든, 느리든, 거칠든, 편안하든 그대로 두라. 호흡 속에 녹아들어 평온에 잠기라. 호흡이 부드러워지면, 당신의 주의를 호흡 자체처럼 부드러우면서 온화하고 세심하게 유지하라.

강아지 길들이기처럼 수천 번이라도 자신을 가만히 데려오라. 몇 주 몇 달에 걸쳐 수행하다 보면 점차 호흡을 이용해 평온과 집중에 이르는 법을 터득하게 될 것이다. 이 과정에는 수많은 주기가 있어서, 폭풍과 청명한 햇살이 번갈아 나타날 것이다. 그냥 그것과 함께 머물라. 그런 식으로 깊숙이 귀 기울이고 있으면 호흡이 당신의 온 몸과 마음을 연결시키고 가라앉히는 것을 느낄 것이다.

호흡명상은 이 책에 소개된 다른 명상법들의 훌륭한 밑바탕이다. 평온함과 수행 기술이 향상되고 호흡법이 익숙해진 뒤에는, 당신의 명상 범위를 확장하여 몸과 정신의 모든 차원들을 치유와 알아차림에 포함시킬 수 있다. 당신은 호흡의 알아차림이 모든 행위에서 얼마나 중요한 토대가 되는지 보게 될 것이다.

걷기명상

 호흡명상처럼 걷기명상은 평온, 일체감, 그리고 알아차림을 발전시킬 간단하고도 보편적인 수행법이다. 행선(行禪)이라고도 하는 걷기명상은 좌선의 전이나 후, 혹은 바쁜 일과 후나 나른한 일요일 아침 등 어느 때나 규칙적으로 수련할 수 있다. 걷기명상은 걸으면서 알아차림 하는 수행으로서, 자연스런 걷기 동작을 통해 마음챙김과 깨어 있는 능력을 키워가는 수련법이다.

편안하게 왔다 갔다 할 수 있는 조용한 장소를 고르라. 실내든 집밖이든 열 보에서 삼십 보쯤 걸을 수 있는 공간이면 된다. 발로 대지를 견고히 디딘 채 이 '보행로'의 한쪽 끝에 서라. 손은 아무데나 편하게 내려놓으라. 잠시 눈을 감고 자신을 가다듬으면서 대지 위에 곧추선 자기 몸을 느껴보라. 발바닥에서 전해지는 압력과 선 자세에서 오는 다른 자연스런 감각들을 느끼라. 그런 뒤 눈을 뜨고 자신을 깨어 있고 모아진 상태로 유지하라.

천천히 걷기 시작하라. 평온하고 위엄 있게 걸으라. 몸에 주의를 기울이라. 한 발 한 발 옮길 때마다 자신의 발과 다리를 대지에서 들어올리는 감각을 느껴보라. 발을 대지에 내려놓는 느낌도 알아차리라. 긴장을 풀고 편안히 자연스럽게 걸으

라. 걸으면서 각각의 발걸음을 마음챙김으로 느끼라. 보행로의 끝에 이르렀을 때 잠시 멈추라. 자신을 가다듬고, 조심스레 뒤로 돌아 다시 잠시 멈추라. 그리고 돌아오는 첫 걸음을 알아차리라. 걷기 속도를 달리하면서 자신을 가장 몰입시키는 걸음걸이를 골라 걷도록 하라.

10분이나 20분 혹은 그 이상 왔다 갔다 계속 걸으라. 정좌하고 호흡명상을 할 때처럼 마음이 자꾸자꾸 달아날 것이다. 그것을 알아챌 때마다 마음이 가 있는 곳을 가만히 불러 보라. 방황, 생각, 듣기, 상념…. 그런 뒤 돌아와 다음 걸음을 느끼라. 강아지 길들이기처럼 수천 번 되돌아와야 할 것이다. 1초간 떠났든 10분간 떠났든 그저 당신이 갔던 곳을 확인하고는 다음 걸음을 옮기면서 바로 지금 이곳으로 되돌아오라.

웬만큼 걷기명상을 행하다 보면 그 수행을 통해 자신을 가라앉히고 가다듬는 법과 더 깨어 있는 몸으로 사는 법을 터득하게 된다. 그러면 걷기명상을 아무 때나 수련할 수 있게 된다. 쇼핑하러 갈 때, 거리를 걸을 때, 차 타러 들어가고 나올 때 모두. 평범한 생각이나 상념 대신에 걷기 자체를 즐길 수 있다. 이 간단한 수행법을 통해 당신은 진정으로 몰입하기 시작하고, 인생을 살아가며 당신의 몸, 마음, 정신을 한데 모을 수 있다.

2부
마주치는 가능성과 위험들

6. 지푸라기를 황금으로

진정한 구도의 여정은 괴로움을 회피하는 길이 아니다. 실수를 지혜롭게 하는 법을 배우고, 우리 마음의 변환능력을 불러일으키는 길이다.

모든 영성생활은 수많은 난관의 연속인데 그것은 모든 일상생활 역시 난관의 연속이기 때문이다. 이것을 일컬어 붓다는 '필연적인 존재의 고통'이라 표현하셨다. 그러나 영적으로 깨어 있는 삶에서는 그 필연적인 난관들이 우리의 깨달음, 깊은 지혜, 인욕(忍辱), 평정 그리고 자비의 근원이 될 수 있다. 이런 안목이 없다면 우리는 마치 무거운 짐을 짊어진 보병(步兵)이나 황소처럼 고통을 그저 떠안고 가야할 것이다.

그림 형제의 동화에 《못된 꼬마요정 *Rumpelstiltskin*》이야기가 있다. 그 동화에서 주인공인 어린 소녀는 짚으로 가득한 방에 갇히는데, 나중에 그 지푸라기들을 황금으로 변화시키게 된다. 그 소녀처럼 흔히 우리도 주변에 널려 있는 지푸라기들이 사실은 금덩이임을 깨닫지 못한다. 영성생활의 기본원칙은 우리가 안고 있는 문제들이 바로 지혜와 사랑을 발견할 원천이라는 것이다.

야간의 영성수련만을 하고서도 우리는 벌써 영적인 치유, 전쟁 끝내기,

몰입하는 훈련 등이 필요함을 알게 되었다. 이제 우리가 더욱 맑게 깨어남에 따라 인생의 필연적인 모순, 고통과 몸부림, 기쁨과 아름다움, 피할 길 없는 괴로움, 갈망, 그리고 인간 경험을 형성하는 파란만장한 즐거움과 슬픔 등을 한층 더 또렷이 보게 될 것이다.

진정한 수행의 길을 걷다 보면 괴로움들이 더욱 커다랗게 보일 것이다. 우리가 더 이상 괴로움이나 자신으로부터 도망치기 않기 때문이다. 우리가 공상이나 도피 같은 과거 습관들을 내버릴 경우 인생의 현실적 문제와 모순들과 맞서지 않을 수 없다.

지혜롭게 괴로움 맞이하기

참된 구도의 여정은 괴로움이나 실수를 회피하는 길이 아니다. 우리가 실수를 지혜롭게 하는 법을 배우고 마음의 변환능력을 불러일으키는 길이다. 우리가 사랑하고 깨우치며 자유로워지기 시작하면 필연적으로 자신의 한계들과 부딪치게 된다. 스스로를 들여다보면 미처 몰랐던 자신의 갈등과 두려움, 나약함과 혼란이 또렷이 드러난다. 이것들과 마주서는 것은 고통스러운 일이다. 라마 트룽파 린포체는 자아의 관점을 떨쳐내고 나아가는 구도의 길을 이렇게 표현했다. "그것은 줄줄이 이어지는 모욕이다."

이런 식으로 우리 인생은 실수의 연속으로 드러날 것이다. 어떤 이들은 그것들을 가리켜 '문제'나 '도전'이라 부르지만, 아무래도 '실수'가 더 낫다. 실제로 어느 유명한 선사(禪師)는 영성수련을 '끝없이 계속되는 실수'라 표현했다. 이 말은 줄줄이 이어지는 배움의 기회를 뜻한다. 사실 우리에게 가르침을 주는 것은 '괴로움, 실수, 과오들'이다. 인생의 길은 끊임없는 과오의 연속이다. 우리가 이 점을 이해하면 자신과 남들에 대한 거대한 평안과 용서의 마음을 얻을 수 있다. 인생의 괴로움 앞에 평온해지는 것이다. 하지만 우리는 흔히 어떻게 반응하나? 인생의 괴로움에 부딪칠 때 불평이나 좌절, 패배감 등으로 대응하고, 그런 뒤 그 감정들을 이기려고, 가급적 그것들을 떨쳐내려고, 더 유쾌한 어떤 것으로 돌아가려고 안달한다.

고요한 명상에 잠겨 있으면, 괴로움들에 대한 우리의 반응과정이 한층 또렷이 드러날 것이다. 하지만 이제는 무턱대고 투덜대는 것이 아니라 자신의 괴로움과 그것이 일어나는 양상을 찬찬히 보게 될 것이다. 괴로움에는 두 종류가 있다. 어떤 괴로움들은 말끔히 해결될 문제들로서, 자애로운 행동으로 직접 대응하면 처리되는 것들이다. 하지만 더 많은 괴로움들은 우리 스스로 자초한 문제들이다. 인생을 현재와 다르게 바꾸려 안달하거나 자신의 관점에 완전히 사로잡혀 더 크고 지혜로운 시야를 잃으면서 생기는 난관들이다.

대개 우리는 자신의 괴로움들이 외부의 문제라고 생각한다. 이 점에 관해 벤저민 플랭클린(Benjamin Franklin : 미국 독립 당시의 과학자이자 외교관 겸 정치가-옮긴이)은 이렇게 말했다.

■ 우리의 편협한 시각, 헛된 기대, 그리고 두려움들이 우리 인생의 기준이 된다. 상황이 우리 생각대로 되지 않을 때, 그것들은 우리의 괴로움이 된다.

내가 아는 어느 불교도 작가는 몇 년 전 저명한 티베트 선사 밑에서 수행을 시작했다. 처음에 명상에 관해 별로 알지 못했던 그는 얼마쯤 수행지도를 받고나자 깨달음을 얻어야겠다는 생각이 들었다. 그는 미국 북동부 버몬트 주의 산 속에 있는 오두막으로 들어갔다. 명상 서적 몇 권과 6개월 치의 넉넉한 식량을 갖고서. 그는 아마도 6개월 정도면 깨달음의 경지를 맛볼 수 있으려니 생각했다. 수련을 시작했을 때 그는 아름다운 숲과 고독이 즐거웠다. 하지만 고작 며칠이 지났을 때 그는 미칠 듯한 기분에 빠지기 시작했다. 하루 종일 앉아 명상에 잠겼지만 도무지 마음이 멈추질 않았기 때문이다. 마음은 끊임없이 생각하고 계획하며 기억할 뿐 아니라 심지어 줄기차게 노래까지 불러댔다.

이 남자는 '깨달음'을 얻으려고 경치 좋은 장소를 골랐다. 오두막은 졸졸거리는 시냇물 바로 옆에 있었다. 첫날은 시냇물 소리가 감미롭게 들렸다. 그러나 얼마 뒤 상황이 돌변했다. 그가 정좌하고 눈을 감을 때마다 시냇물 소리가 귓가를 어지럽혔다. 그의 마음은 물소리에 맞춰 '성조기여 영원하라(미국 국가-옮긴이)' 같은 행진곡을 연주하기 시작했다. 어느 시점에 이르자 계곡물 소리가 너무나 우렁차서 도저히 명상을 지속할 수 없었다. 그는 시냇가로 내려가 주변의 바위들을 치우기 시작했다. 시냇물 소리를 바꿔보기 위해서였다.

인생에서 우리가 하는 행동도 이와 다르지 않다. 괴로움이 일어날 때 우리는 자신의 좌절감을 그것에 투사한다. 괴로움을 일으키는 원인이 마치 쏟아지는 비, 성가신 아이들, 바깥 세계인 듯이 생각한다. 우리는 세계를 바꿀 수 있고 그러면 행복해질 거라고 믿는다. 그러나 우리가 행복과 깨달음을 얻는 길은 바위 치우기에 있지 않다. 바위들과 우리의 관계를 변화시키는 데 있다.

티베트 불교에서는 모든 초심 수행자들에게 '앞길에 괴로움 만들기'라 불리는 수련을 시킨다. 일부러 불필요한 고생, 인생의 슬픔, 자기 내면과 바깥 세계의 투쟁을 시작하고, 그것을 이용해 자신의 인욕과 자비를 기를 토대, 더욱 큰 자유와 진정한 불성을 키울 공간을 만드는 것이다. 티베트 불교에서는 괴로움을 지극히 소중하게 여긴다. 실제로 각 수행 단계를 시작하기 전에 괴로움을 청하는 축원을 암송할 정도로.

■ 이 여행길에서 내게 합당한 괴로움과 수고가 주어지길 바라나이다.

내 마음이 진정으로 깨어나고 자유와 광대한 자비를 얻으려는

나의 수행이 진실로 성취되기를 원하나이다.

마찬가지로 페르시아 시인 루미는 도둑과 거리의 강도들을 위해 기도하는 성직자를 노래했다. 이유가 무얼까?

■ 그들은 내게 더없이 고마운 은혜를 베푸네.

내가 그들이 원하는 것에 등 돌릴 때마다

그들은 앞에 나타나 나를 때리고 길바닥에 버려두지.

그러면 나는 다시 깨우침을 얻는다네.

그들이 원하는 것은 내가 바라는 것이 아니었어.

당신을 되돌리는 사람, 어떤 이유든 정신을 일깨우는

그들에게 감사하라.

달콤한 안락을 주는 사람, 당신을 기도에서 멀어지게 하는

이들을 경계하라.

대개 우리의 정신을 성장시키는 것은 우리에게 극도의 한계와 괴로움을 안겨주는 것이다. 밀라레빠(Milarepa : 1040∼1123, 티베트 밀교의 성자로서 혹독한 수행을 통해 단 한 생을 통하여 최고의 깨달음을 얻은 구도자–옮긴이)는 티베트의 유명한 성자이다. 밀라레빠는 젊은 시절 흑마술을 익혀 자기 가족을 구박한 친척들 수십 명을 살해한 사람이었다. 하지만 나중에 진정한 스승이 되었을 때 그는 수년 동안 혹독한 고행을 했다. 자신의 초능력을 사용하지 않은 채 손으로 한 번에 하나씩 거대한 바위를 옮겨 집 세 채를 지었다가 허물었다. 이런 투쟁 속에서 그는 인내, 겸손, 감사를 배웠다. 바로 이 괴로움들이 그가 가장 고매한 깨달음을 이해하고 얻는 밑거름이 되었다.

나의 스승 아잔 차 스님은 이를 두고 '자신을 거스르는 수행' 또는 '괴로움과 부딪치기'라 불렀다. 아잔 차 스님은 적당한 시기라고 느꼈을 때 수도승들에게 괴로움을 부과했다. 겁이 많은 수도승들은 공동묘지로 보내 거기

서 밤새 명상하도록 시켰다. 잠이 많은 수도승들에게는 예외 없이 사원 전체를 깨우는 새벽 3시의 타종 임무가 맡겨지곤 했다.

하지만 일부러 구하거나 특별한 임무를 부여받지 않더라도 우리에게 괴로움은 넘쳐난다! 괴로움을 떠안는 수행은 정신과 마음의 엄청난 용기를 요구한다. 인디언 주술사 돈 후안은 이를 '영혼의 전사'가 되는 과정이라 부르며 이렇게 말했다.

■ 사람은 오직 (영혼의) 전사가 돼야만 지혜의 길을 버텨낼 수 있다. 전사는 아무것도 불평하거나 후회하지 않는다. 전사의 인생은 끊임없는 도전이며, 도전에는 좋고 나쁨이 있을 수 없다. 도전은 그저 도전일 뿐이다. 보통 사람과 전사의 가장 큰 차이는 전사는 모든 것을 도전으로 여기는 반면, 보통 사람은 매사에 일희일비한다는 점이다.

모든 인생에는 일정한 주기가 있고 우리의 정신을 일깨우는 엄청난 괴로움의 시기가 있다. 때때로 우리는 너무나 소중한 아이나 부모님의 고통이나 질병과 마주해야 한다. 우리가 대면하는 괴로움이 직업이나 가족 또는 사업에서의 상실일 때도 있다. 또 가끔은 우리 자신의 고독이나 혼란, 중독 혹은 두려움일 때도 있고, 고통스런 상황이나 싫은 사람들과 같이 지내야 하는 일일 때도 있다.

어느 대학원생이 있었다. 그녀는 5년 동안 수련한 수행자였는데, 자신의 수행, 인간관계, 그리고 학업 문제에 항상 번민하고 있었다. 명상 속에서 얼마쯤 평정의 순간을 맛보고 어떤 통찰이 생기기도 했지만, 결코 깊은 고요를 발견하지는 못했다. 그녀는 어떠한 자애명상에도 강하게 반발하며 그것들을 실망스럽고 작위적인 행위라고 보았다. 그러다 그녀의 동생이 차 사고를 당했다. 그녀는 도움을 주려고 집에 갔다가 이혼한 부모의 엄청난 싸움에 말려들게 되었다. 이 사고가 있기 전까지 8년 동안 거의 말도 않고 지내던 부모였다. 동생이 사경을 헤매는 상황에서도 부모 사이의 갈등은 도무지 나아지지를 않았다. 매일 병실을 다녀온 뒤, 그녀는 예전에 살던 자신의 방에서 명상에 잠기려 애썼다. 명상 중에 자기 동생, 부모 그리고 자신의 고통을 생각하며 흐느꼈다. 어느 날 저녁 그녀는 울어 벌개진 눈으로 방에서 나왔고, 부모는 의아해하며 무슨 일이냐고 물었다. 그녀는 왈칵 울음을 터뜨리며 자기 가족의 상황이 얼마나 비참한지, 그 상황이 모두에게 얼마나 고통스러운지 아냐며 울분을 쏟아냈다. 그녀의 울부짖음이 별 효과는 없었지만, 그래도 부모는 부끄러운 마음에 싸움의 강도를 누그러뜨렸다. 점차 동생의 상태가 좋아졌다. 안도감을 얻은 그녀는 대학원으로 돌아와 학업, 여러 관계, 집에서 하던 명상을 다시 시작했다. 다시 명상하던 첫째 날 그녀는 또 울음을 터뜨렸다. 이번에는 자신이 얼마나 고독한지, 얼마나 자신의 마음이 굳어졌는지 생각하며 흐느꼈다. 그녀는 자애와 용서의 수행을 시도했다. 그러자 마음에서 자기 인생의 모든 사람들에 대한 연민이 차올랐다. 이 마음열림 뒤에 그녀의 명상, 학업, 인간관계 등 모든 것이 한결 좋아졌다.

괴로움 속에서 우리는 수행의 진정한 위력을 배울 수 있다. 고난의 시기에 우리가 키워낸 지혜와 깊은 사랑과 용서는 우리의 커다란 자산이다. 그런 시기의 명상, 기도, 수행은 우리 마음의 상처 위에 바르는 치료약과 다름없다. 우리가 마주치는 탐욕, 증오, 공포, 무지의 막강한 세력에 맞설 힘은 그에 못지않게 거대한 우리 마음의 용기이다.

그런 마음의 힘은 우리가 저마다 견뎌야 하는 고통이, 세상의 모든 생명이 걸머진 더 거대한 고통의 일부라는 사실을 깨달을 때 솟아난다. 그 고통은 그저 '우리만'의 고통이 아니라 모두의 고통이다. 이런 식으로 고난은 우리 마음을 열어준다. 테레사 수녀는 이를 두고 '고통으로 나타나신 예수님을 만나는 일'이라 했다. 테레사 수녀는 가장 극심한 괴로움들 속에서 신의 섭리를 보았고, 죽어가는 빈민들을 돌보면서 예수의 자비를 발견했다. 중국 감옥에서 18년 동안 갇혀 지낸 고령의 티베트 라마가 있었는데, 그는 간수와 자신을 고문한 사람들을 가장 위대한 스승으로 여겼다. 그는 붓다의 자비를 거기서 배웠다고 말했다. 달라이 라마(Dalai Lama : 티베트 불교에서 가장 지배적인 종파인 게룩파의 교주를 일컫는 칭호. 15세기에 1대 달라이 라마가 탄생하여 14대째 이어지고 있다. 현재 중국의 지배에 놓인 티베트를 탈출해 인도에 망명한 상태이다 - 옮긴이)는 티베트를 점령하고 파괴한 공산주의 중국을 일컬어 '나의 친구이자 적'이라고 부르는데, 이 말은 역시 이런 정신에서 비롯된 것이다.

이런 태도가 보여주는 놀라운 자유를 보라. 어떠한 괴로운 상황을 만나도 그것을 황금 같은 기회로 바꿔놓는 것이 이 마음의 힘이다. 이것이 진정한 수행의 결실이다. 이같은 자유와 사랑은 영성생활의 성취물이고 그 진정한 목표이다. 붓다는 이렇게 말씀하셨다.

■ 거대한 바다의 맛은 오직 하나, 소금 맛뿐이다. 그렇듯 구도의 길에 놓인 모든 진실한 가르침에는 오직 하나의 맛이 있을 뿐이다. 그것은 자유의 맛이다.

이 자유는 우리 앞에 일어나는 어떠한 에너지나 괴로움도 처리해내는 우리의 능력에서 생겨난다. 그것은 아름다운 영역과 고통스런 영역, 전쟁의 영역과 평화의 영역 등 이 세상의 모든 영역 속으로 지혜롭게 들어가는 자유이다. 이런 자유는 다른 장소, 다른 시대에서 발견되는 것이 아니다. 지금 여기 이 인생에서 찾는 것이다. 또 이 자유를 체험하기 위해 극도로 괴로운 순간을 기다릴 필요도 없다. 사실 이 자유는 살아가면서 날마다 조금씩 키워가는 것이다.

우리가 일상의 공간을 수행의 장소로 여긴다면 주위 상황에서 이 자유를 찾아나갈 수 있다. 우리는 날마다 괴로운 일들에 부딪칠 때 스스로에게 물어야 한다. 우리는 그것들을 저주로, 짓궂은 운명의 장난으로 보나? 그것들을 비난하나? 그것들에서 도망치나? 두려움이나 의혹이 우리를 압도하나?

우리는 우리 내면에서 찾은 반응들을 어떻게 상대하나?

흔히 우리는 자신의 문제를 다룰 때 오직 둘 중 하나만을 선택한다. 첫째는 문제들을 억누르고 부정하면서 우리 삶을 온통 빛, 아름다움, 이상적인 감정들로 채우려는 방식이다. 이런 방식은 결국 헛수고일 뿐이다. 우리가 한 손이나 몸의 한 부분으로 문제들을 억누르면 다른 쪽에서 솟아나 울부짖기 때문이다. 만일 우리가 마음속의 상념들을 억누르면 몸의 질병으로 나타나고, 몸의 문제들을 짓누르면 나중에 우리 마음이 동요하거나 경직되면서 외면했던 두려움들로 가득 차게 된다. 두 번째 선택은 이와 정반대이다. 우리의 모든 반응들을 드러내 각 상황마다 우리 감정들을 마음껏 분출하는 것이다. 이 방법 역시 바람직하지 않은데, 만일 우리가 일어나는 모든 감정들, 즉 혐오감, 자만심, 심적 동요 등을 죄다 표출하면, 우리의 습관적 반응들이 따분하고 괴롭고 혼란스러우며 모순되고 까다롭게 되어, 결국은 우리를 압도해버리기 때문이다.

그럼 어떤 방법이 있을까? 세 번째 선택은 깨어 있고 자각된 우리 마음의 힘이다. 우리는 온갖 괴로움들을 마주 대하고 그것들을 우리의 영성생활을 위한 명상 속에 끌어들일 수 있다.

어느 심리학 교수가 평화와 깨달음을 얻고자 명상을 시작했다. 그녀는 심리학 이론을 배웠고 서양철학을 공부한 사람이었는데, 정신의 작용을 탐구하고 의식의 활동을 이해하고 싶어 했다. 하지만 몸이 제대로 따라주지 못했다. 그녀에게는 평생을 괴롭히는 퇴행성 질환이 있어서 주기적으로 엄청난 고통이 찾아와 몸을 쇠약하게 만들었다. 마음속으로 그 교수는 명상이 고통을 완화시키고 나아가 불교 심리학의 오묘한 깊이를 발견할 수 있기를 바랐다. 하지만 명상에 들어갈 때마다 통증과 고통이 그녀의 좌선과 행선을 끊임없이 방해했다. 그녀는 고통을 이겨낼 수 없었고, 여러 차례의 수련 기간이 지난 뒤 좌절감은 커지고 통증은 더 악화됐다. 그녀는 갖가지 체험을 원했지만, 그 고질병의 고통만은 원치 않았다.

그녀는 정기적으로 자신과 고통의 관계가 어떠냐는 질문을 받았다. "아, 저는 고통을 그저 알아차리고 있어요." 그녀는 그렇게 주장했지만 속으로는 여전히 고통이 사라지길 바라고 있었다. 그러던 어느 날 그녀는 고통 속에 몇 시간 동안 무익한 좌선을 행한 뒤, 마침내 그 저항의 끈을 놓아버렸다. 그녀는 한평생 철저히 자기 몸에서 벗어나려 발버둥치며 살았음을 깨달았다. 그녀는 자신의 고통을 증오하고 자기 몸을 혐오했다. 그녀에게 명상은 자신으로부터 벗어나기 위한 한 가지 방편일 뿐이었다. 마침내 이 사실을 보았을 때 그녀는 눈물을 펑펑 쏟았다. 자기가 자신의 몸을 얼마나 박대했는지 절실히 깨달았다. 이것이 그녀의 명상수행에서 전환점이었다. 그녀는 자신에게 주어진 길이 고통스런 몸으로 좌선하는 것이라면 가능한 한 가장 부드럽고 자애로운 마음으로 수행하기로 결심했다. 자기 몸을 존중하고 고통을 껴안고 좌선하면서 그녀의 몸은 부드러워지기 시작했다. 그뿐 아니라 그녀의 인생 전부가 변하기 시작했다. 그녀의 눈 안에 거대한 사랑과 연민이 차올랐고, 그녀 자신이 한때 자기가 추구했던 영적 가치의 스승이 되었다. 시인 루미는 이렇게 말했다.

■ 정신과 육체는 자꾸만 다른 짐을 짊어지고 각기 다른 관심을 요구한다. 너무나 자주 우리는 예수 위에 안장을 얹어놓은 채 당나귀는 목장을 떠돌게 놔둔다.

괴로움과 상실이 우리 삶을 이끈다

괴로움들은 우리의 가장 자애로운 관심을 기다린다. 연금술에서 납을 황금으로 바꿀 수 있듯이, 몸, 마음, 정신 어느 쪽이든 그 묵직한 괴로움들을 수행의 중심에 갖다놓으면, 그것들은 우리를 위해 반짝거리고 광채를 뿜어 낸다. 대개 이 과제는 우리의 희망사항이 아니라 필수사항이다. 명상, 요 가, 식이요법, 반성 등을 아무리 많이 하더라도 우리의 모든 문제를 떨쳐버 릴 수는 없다. 우리는 그저 괴로움들을 우리 수행 속에 끌어들여 그것들이 조금씩 우리 앞길을 인도하게 할 뿐이다.

우리가 괴로움에 다가갈 때, 영적 성숙이 이뤄짐을 보여주는 이야기가 있 다. 옛날에 독을 품은 나무가 있었다. 처음 그 나무를 발견한 사람들은 오직 그 위험성만을 보았다. 그들은 보자마자 이렇게 말했다. "누가 다치기 전에 잘라버립시다. 사람들이 독이 든 과일을 먹으면 위험하잖아요. 어서 자릅시 다." 이런 반응은 인생의 괴로움들을 대하는 우리의 최초 반응과 비슷하다. 우리가 폭력성, 충동, 탐욕, 공포 등과 마주칠 때, 또 자기 자신과 남들에 관 한 스트레스, 상실, 갈등, 침울, 슬픔 등과 마주설 때, 우리의 최초 반응은 그것들을 회피하는 것이다. 그러면서 이렇게 말한다. "이 독들이 우리를 괴 롭혀. 그것들을 뽑아버리자. 독에서 벗어나야 해. 그것들을 잘라버리자."

다른 사람들이 이 나무를 발견했다. 구도 여정을 따라 꽤 먼 길을 여행했 던 그들은 독을 품은 나무를 혐오감으로 대하지 않았다. 그들은 생을 마주 하려면 주위의 모든 것에 대한 깊고 진심어린 연민이 필요함을 알고 있었 다. 어찌됐건 독을 품은 나무도 우리의 일부임을 알았던 그들은 이렇게 말 했다. "자르지 맙시다. 이 나무도 불쌍히 여깁시다." 그래서 그들은 애정 어린 마음으로 나무 주위에 울타리를 쳤다. 다른 사람들을 보호하고 나무 역시 제 수명을 다하도록 하기 위함이었다. 이 두 번째 접근법은 서로의 관 계가 비판과 두려움에서 연민으로 바뀐 심오한 변화를 보여준다.

세 번째로 이 나무를 본 사람이 있었다. 그는 더욱 깊은 영적 경지에 이 른 사람이었다. 뛰어난 통찰을 지닌 그는 나무를 보고 이렇게 말했다. "오, 독을 품은 나무군. 좋았어! 내가 찾던 바로 그 나무야." 그 사람은 독이 든 과일을 따서 그 성분을 조사하고, 그것을 다른 재료와 섞은 다음 그 독으로 훌륭한 약을 만들었다. 그는 그것으로 병자들을 치료하고 세상의 질병들을 치유했다. 이 사람은 존중과 이해를 바탕으로 대다수 사람과는 정반대의 길을 보았고 가장 괴로운 상황에서 소중한 가치를 찾아냈다.

그런데 우리는 인생의 장애물과 좌절 앞에서 어떻게 행동해왔나? 괴로움과 상실에 어떤 방식으로 대응했나? 앞으로 괴로움들의 한가운데에서 어떤 자유, 자비 혹은 깨달음을 발견해야 할까? 인생의 모든 상황에서 지푸라기를 황금으로 바꾸는 비결은 우리 마음속에 있다. 우리에게 필요한 것이라고는 세심한 주의, 괴로움에서 지혜를 얻으려는 적극적 자세뿐이다. 싸우려 하지 않고 지혜의 눈으로 바라볼 때, 괴로움들은 행운이 될 수 있다.

우리는 몸이 아플 때 질병과 싸우려 하는 대신 통증이 전해주는 신호를 알아듣고 그것을 치료에 이용할 수 있다. 아이들이 투덜대거나 반항할 때 무턱대고 억누르는 대신 그들의 절실한 요구를 경청할 수 있다. 우리가 연인이나 배우자의 어떤 모습에 괴로움을 느낄 때, 우리 안에서 그 부분을 어떻게 처리하는지 살펴볼 수 있다. 흔히 괴로움이나 나약함은 우리가 배워야 할 핵심적 사실들을 알려준다.

명상에서 이런 자세는 필수적인 것이다. 명상 중에 쏟아지는 졸음 때문에 고생하던 어느 수련생이 있었다. 그는 아주 적극적으로 생활했다. 그 수련생은 성격상 항상 열심히 일하고, 뭔가 만들고, 바삐 움직였다. 명상을 시작했을 때 그는 졸음과 싸우고 잠을 쫓기 위해 쇠꼬챙이처럼 뻣뻣이 앉아 있었다. 몇 달간 졸음과의 전투를 벌인 끝에 그는 자신과 싸우고 있음을 깨달았다. 그래서 밀려드는 졸음을 어느 정도 허용하며 수행했다. 하지만 그래도 명상 때마다 쏟아지는 졸음을 감당할 수 없었다. 마침내 그는 원인을 찾으면서, 자신의 상황을 지혜와 자비심으로 바라보기 시작했다. 이것은 기나긴 과정의 시작이었다. 그는 자기 몸이 너무 피곤해서 졸리다는 사실을 알게 됐다. 그는 너무 바쁘게 생활했고 결코 충분히 쉬지 못했다. 이 사실과 더불어 그는 자신이 휴식을 두려워하고 있음도 알게 되었다. 그는 고요함이 불안했다. 활동하지 않을 때는 무엇을 해야 할지 몰랐다. 한가해지면 어떤 목소리가 들려왔다. 과거에는 아버지, 지금은 자신의 목소리가 들려와 자신을 게으르다고 꾸짖었다. 그 목소리는 수시로 들려왔고 너무나 진짜 같아서 그는 결코 쉴 수가 없었다. 그는 끊임없는 활동에 지쳐 있었고 멈춰 서기가 절실히 필요함을 느꼈다.

이 수련생은 단순히 명상할 때 졸리는 원인을 캐다가 생활에 관한 새로운 통찰을 얻게 되었다. 일 년에 걸쳐 그는 생활의 속도를 줄이기 시작했다. 그의 전체 생활과 일정이 바뀌었다. 활동하지 않는다고 해서 게으른 것은 아니라는 사실을 알았다. 음악 듣기, 산책, 친구와 잡담하기에서 평화와 만족을 발견했다. 끊임없이 바쁠 때에는 자기 밖에서 성취감과 행복을 추구했지만, 그가 찾던 행복은 줄곧 자기 안에 있었다. 행복은 황금처럼 반짝이며 그의 변화만을 기다리고 있었다. 지혜롭고 넉넉한 마음이 그의 인생으로 불러내주기만을 바라며.

흔히 우리는 외관상 취약한 것에서 새로운 길을 발견할 수 있다. 우리가 잘하는 일, 그래서 우리에게 크나큰 자부심을 안겨주는 것들은 습관화되기 쉽고 우리에게 그릇된 안정감을 주기 쉽다. 그것들에서는 우리의 영성생활이 제대로 열리지 않는다. 만일 상황을 세심하게 숙고하는 것이 우리의 강점이라면, 사고 능력은 우리의 가장 뛰어난 수행 스승이 아닐 것이다. 만일 우리가 이미 자신의 강렬한 감정들을 따라가고 있다면, 감정은 우리에게 최고의 가르침을 줄 선생이 아닐 것이다. 우리가 인생의 신비로 가장 쉽게 들어갈 수 있는 장소는 우리가 제대로 못하는 것, 우리가 힘겨워하고 취약한 지점 안에 있다. 이 지점들은 언제나 복종과 놓아버리기를 요구한다. 우리가 자신을 취약한 상태로 놔둘 때, 새로운 것들이 우리 안에서 태어난다.

미지의 것들을 대담하게 시도할 때, 우리는 인생 자체에 대한 감각을 얻는다. 가장 중요한 것은 흔히 우리가 추구하는 것이 바로 여기에, 문제점과 취약함 바로 밑에 숨어 있다는 사실이다.

가령 명상은 자기 삶의 상당 부분을 움직이는 갈망을 정면으로 마주보게 한다. 처음에 갈망은 할 수만 있다면 제거해야 할 독(毒)처럼 보일 것이다. 하지만 자세히 뜯어보면, 그 갈망 속에서 정반대의 열망, 우리가 추구하던 통일성과 일체감을 향한 열망을 발견할 것이다. 어떤 식으로든 우리는 이미 우리 안에서 이 완전성을 느끼고 있음에 틀림없다. 따라서 우리의 갈망은 이 완전성의 표현이다. 우리가 마음을 열고 우리의 갈망들을 받아들일 때, 갈망과 공허함까지도 더 커다란 사랑 속에 포함시킬 수 있다.

마찬가지로 우리는 자기 안의 판단과 분노에서도 황금을 발견할 수 있다. 그것들 안에 정의와 고결함을 추구하는 마음이 들어 있기 때문이다. 우리가 분노를 상대할 때, 그것은 귀중한 약으로 바뀔 수 있다. 우리의 분노와 판단은 우리에게 고매한 목표, 해야 할 일, 정해야 할 한계 등을 볼 수 있는 총명함을 선사한다. 그것들은 분별 있는 지혜와 질서 있고 조화로운 지식의 씨앗이다.

현실부정과 혼란도 마찬가지다. 이것들 역시 우리가 갈등을 피하고 평화를 추구하다가 실패하는 바람에 생긴 감정들이다. 우리가 의식적으로 인정할 때 그것들은 바람직한 것으로 변환된다. 그것들은 광대한 포용성, 즉 갈등하는 모든 목소리들을 조화롭게 수용하겠다는 결의를 일으킬 수 있다. 직접적인 노력으로 그것들의 에너지를 변환시킴으로써 우리는 진정한 평화를 얻을 수 있다.

지혜, 평화, 통일감의 씨앗은 괴로움들 속에 있다. 우리의 깨달음은 어떤 행위에서도 솟아날 수 있다. 처음에는 이 진실이 그저 잠깐씩만 감지될 것이다. 하지만 수행이 깊어지면 그 진실은 생생한 현실로 나타난다. 우리의 영성생활은 만나는 사람마다 붓다 같은 스승이 되고 만지는 것마다 황금으로 바뀌는 우리 존재의 새로운 차원을 열어줄 수 있다. 이렇게 하려면 우리는 자신의 괴로움을 수행의 장소로 만들어야 한다. 그때 우리 인생은 성공과 실패의 싸움판이 아닌 마음의 춤사위가 된다. 모두 우리 자신에게 달렸다.

옛날 어느 젊고 야심찬 랍비가 유명한 노(老)현자가 사는 마을로 들어왔다. 그런데 그는 자기를 따르는 제자를 구할 수가 없었다. 그러자 사람들 앞에서 현자에게 도전해 추종자를 얻어야겠다고 결심했다. 그는 새 한 마리를 잡아 옷소매에 숨기고 현자에게 성큼성큼 다가갔다. 그는 제자들에 둘러싸여 있는 현자 앞에서 이런 질문을 던졌다. "만일 당신이 그토록 위대하다면 이 새가 죽었는지 살았는지 맞춰보시오." 그의 속셈은 이런 것이었다. 만일 현자가 새가 죽었다고 하면 새를 날려 보내고, 살았다고 하면 얼른 눌러 죽인 뒤 죽은 새를 내보이려는 것이었다. 어느 쪽이든 현자는 곤경에 빠지고 제자들을 잃게 될 판이었다. 그렇게 젊은 랍비는 떡 버티고 선 채 모든 제자들의 앞에서 노현자에게 도전했다. "내 손에 있는 새가 죽었소, 살았소?" 현자는 고요히 앉아 있다가 이윽고 입을 열었다. "벗이여, 사실 그것은 그대에게 달렸소."

괴로움을 되돌아보기

조용히 앉아 자기 호흡의 리듬을 느껴보라. 자신을 평온하고 너그럽게 만들라. 그런 뒤 자신의 영성수련이나 인생의 어딘가에서 마주친 어떤 괴로움을 떠올리라. 그 괴로움을 느끼면서 그것이 자신의 몸, 마음, 정신에 어떤 영향을 주는지 바라보라. 그것을 세심하게 느끼면서, 자신에게 몇 가지 물음을 던지기 시작하라. 그리고 자기 내면의 대답에 귀 기울이라.

여태껏 나는 이 괴로움을 어떻게 다루었나?

그에 대한 나의 반응과 반발 때문에 얼마나 고생해왔나?

이 문제는 나에게 무엇을 놓아버리라고 하나?

피할 수 없는 고통은 무엇이며, 그것을 수용하는 나의 기준은 무엇인가?

그것은 나에게 어떤 위대한 교훈을 줄 수 있을까?

이 상황에 숨겨진 황금, 즉 소중한 가치는 무엇인가?

자신의 괴로움들을 되돌아보는 이 명상법을 이용하면 깨달음과 열림이 서서히 일어날 것이다. 느긋하게 수련하라. 모든 명상 속에서 이 되돌아보기(返照法)를 수없이 되풀이해보라. 그때마다 자신의 몸, 마음 그리고 정신에서 들려오는 더욱 진실한 대답에 귀 기울이라.

만물을 붓다로 보기

옛날부터 전해지는 기발한 (가끔은 우스꽝스러운) 수행법이 있다. 우리와 괴로움과의 관계를 뒤바꿔놓는 명상법이다. 이 명상법은 쉽게 우리 일상생활에 적용될 수 있다. 이 세상이 온통 붓다로 가득하다고 한번 상상해보라. 당신이 만나는 모든 존재가 '깨우친 자'들이다. 오직 한 사람, 당신만 빼고! 그들이 모두 당신을 가르치기 위해 여기 있다고 상상하라. 당신이 만난 모든 이들이 오직 당신을 도우려는 목적 하나로 행동하고 있다. 그저 당신이 깨달음을 얻는 데 필요한 가르침과 괴로움을 주기 위해서.

그들이 당신에게 주는 교훈이 무엇인지 음미하라. 마음 깊이 그들에게 감사하라. 하루나 일주일 내내 당신 주변의 온갖 깨달은 스승들의 이미지를 만들어라. 이 수행이 인생을 보는 당신의 시선을 어떻게 변화시키는지 바라보라.

7. 악마에 이름 붙이기

매일 점심을 먹고 나면 게으름과 졸음을 몰고 오는 한낮의 악마가 나타난다. 또 우리가 다른 악마들을 물리쳤을 때만 슬그머니 나타나는 악마도 있다. 바로 자만심의 악마이다.

고대 무당들은 두려움을 일으키는 대상을 지배하는 효과적인 방법을 알고 있었다. 그것은 대상에 이름을 붙이는 것이다. 우리는 중대한 외부 사건들, 가령 탄생과 죽음, 전쟁과 평화, 결혼, 질병 등 수많은 사건들에 온갖 명칭을 붙이고 기념의식을 갖는다. 그러나 흔히 우리의 마음과 인생을 온통 뒤흔들어놓는 내면의 힘들을 부르는 이름에는 무관심하다.

지난 장에서 우리는 괴로움들을 수행의 스승으로 바꿔놓는 일반 원칙을 이야기했다. 그 괴로움의 힘들을 인식하고 거기에 명칭을 붙이는 것이 그것들을 상대하고 제대로 이해하는 지극히 효과적인 방법이다. 우선 우리 인생을 행복하게 하는 갖가지 아름다운 상태들을 인식하고 이름을 붙여보라. 기쁨, 행복, 평화, 사랑, 열의, 애정…. 이것이 그것들을 존중하고 키워가는 방법이다. 마찬가지로 우리가 마주치는 괴로움들에 이름을 붙이면 그것들을 명확히 이해하게 되고 그 속에 묶여 있던 소중한 에너지를 자유롭게 끌어낼 수 있다.

　모든 수행 전통들에는 우리의 공통적인 괴로움을 표현하는 단어가 있다. 이슬람 수피교에서는 그것들을 '나프*Naf*'라 부른다. 거의 2000년 전 이집트와 시리아 사막에서 수도생활을 했던 기독교 '사막의 신부들'은 그것들을 '데몬(demon : 악마)'이라 불렀다. 그들 위대한 수도사 중 하나인 에바그리우스(Evagrius : 346~399. 명상기도와 금욕생활을 발전시켜 영성 전통을 세운 기독교 신비주의의 대가 - 옮긴이)는 라틴어 경전을 통해 광야에서 고행하는 수도자들에게 가르침을 남겼다. 그는 이렇게 경계했다. "항상 탐식(貪食)과 욕망을 멀리하라. 초조와 두려움의 악마들도 주의하라. 매일 점심을 먹고 나면 게으름과 졸음을 몰고 오는 한낮의 악마가 나타난다. 또 우리가 다른 악마들을 물리쳤을 때만 슬그머니 나타나는 악마도 있다. 바로 자만심의 악마이다."

　불교 수도승들은 예로부터 이런 악의 힘들을 의인화해 '마라(Mara : 암흑의 화신)'라 표현했고, 수련 중에는 자주 '청정의 장애'라 지칭했다. 초심 수행자들은 필연적으로 탐욕, 두려움, 의혹, 판단, 혼돈 등과 마주친다. 노련한 수행자들 역시 계속 이 악마들과 씨름하지만 훨씬 명료하고 능숙한 방식으로 대처한다.

　괴로움이든 쾌락이든 우리의 경험을 명명(命名)하는 일은 그것들에 깨어 있는 순수한 주의를 기울이는 첫걸음이다. 자기 경험을 마음챙김으로 명명하고 인식할 때 우리는 인생을 들여다보면서 우리 앞에 나타나는 인생의 어떤 모습이나 문제도 상대할 수 있다. 문제든 경험이든 그 각각에 간단한 이름을 붙이라. 붓다도 자신 앞에 괴로움이 나타날 때마다 그렇게 하셨다. 붓다는 "나는 너를 안다, 마라야"라고 말씀하곤 했다. 붓다는 수행자들에게 마음챙김을 지도하시면서 "이것은 기쁨에 찬 마음이다" 혹은 "이것은 분노로 가득 찬 마음이다"라고 알아차리며 각 상태를 일어나고 사라지는 대로 그냥 인식하라고 가르치셨다. 그런 알아차림의 공간에서 자연스레 깨달음이 성장한다. 우리가 자신의 경험을 더욱 명료하게 감지하고 명명하면, 무엇이 그것을 일으키는지 우리가 그것에 더욱 충실하고 능숙하게 대응하는 방법이 무엇인지 알게 된다.

악마를 제압하는 이름 붙이기

먼저 편안하게 정좌한 채 자기 호흡의 알아차림에 집중하라. 매번 호흡할 때마다 그것에 간단한 이름을 붙여 부르며 세심하게 인식하라. '들숨, 날숨.' 이 단어들을 당신의 정신 뒤편에서 조용하고 부드럽게 되뇌라. 이러면 당신이 호흡을 따라가는 데 도움이 되고, 당신의 정신이 엉뚱한 곳에서 헤매지 않으면서 알아차림을 지탱할 수 있게 된다. 그런 뒤 당신이 평온해지고 능숙해짐에 따라 더욱 구체적인 이름을 붙일 수 있다. '긴 숨', '짧은 숨' 또는 '긴장된 숨', '느긋한 숨'…. 어떤 종류의 호흡이든 당신에게 저절로 드러나게 놔두라.

명상의 깊이가 더해감에 따라 이 명명 과정을 당신의 알아차림에서 일어나는 다른 경험들로 확대할 수 있다. 일어나는 몸의 에너지와 감각들에 '얼얼함', '간지러움', '뜨거움', '차가움' 같은 이름을 붙이는 것이다. 감정들에는 '두려움', '즐거움' 같은 식으로 명명할 수 있다. 그런 뒤 명명하기를 소리와 장면, 사고 등에까지 확대해 '계획하기'나 '기억하기' 등을 붙일 수 있다.

이 명명하기 수행을 계발할 때, 계속 자신의 호흡을 관찰하다가 더 강한 경험이 일어나 주의를 방해하면 그것에 주목하라. 명상 속에 그 강한 경험을 끌어들여 충실히 느끼면서 그것이 지속되는 동안 가만히 그 이름을 되뇐다. '듣기, 듣기, 듣기' 혹은 '슬픔, 슬픔, 슬픔'…. 그것이 지나가면 호흡의 명명하기로 돌아와 또 다른 강한 경험이 일어날 때까지 기다린다. 명상을 단순하게 유지하며 한 번에 한 가지에만 집중하라. 각 순간에 가장 뚜렷이 일어나는 것은 무엇이든 이름을 붙이면서, 끊임없이 변하는 자기 인생의 흐름을 알아차리라.

처음에는 고요히 앉아 이름 붙이는 수련이 마치 알아차림을 방해하는 것처럼 거북하고 성가시게 느껴질지 모른다. 명명하기를 아주 부드럽게 행해야 한다. 에너지의 95%는 각각의 경험을 느끼는 데 쏟고, 나머지 5%만 기울여 마음 뒤편에서 가만히 이름을 붙인다. 명명하기를 잘못할 경우는 그것이 마치 불쾌한 경험을 구별하여 밀쳐내는 수단처럼 느껴질 것이다. 마치 '생각'이나 '고통'을 향해 고함치며 그들을 내쫓는 몽둥이처럼. 가끔 처음에는 어떤 이름을 붙일지 혼란스러울지도 모른다. 실제로 나타나는 경험을 알아차리는 것이 아니라 마음속 이름 목록을 여기저기 뒤적거리는 것이다. 명심하라. 명명하기 수행은 상당히 단순한 것이다. 그저 떠오르는 것을 인식하기만 하면 된다.

얼마 안 가 당신은 명명하고 탐구하는 수행을 자기 인생에서 일어나는 괴로움과 장애들에 곧바로 적용하게 될 것이다. 붓다는 알아차림과 청정을 방해하는 걸림돌로 가장 흔한 괴로움 다섯 가지를 들고 그것을 '오개(五蓋 : 다섯 덮개)'라 부르셨다. 탐욕, 분노, 혼침(昏沈 : 정신이 혼미하고 흐리멍덩한 상태 – 옮긴이), 들뜸 그리고 의혹이 그것이다. 물론 당신은 필연적으로 이외에도 수많은 장애와 악마들과 마주칠 것이고 자신만의 또 다른 강적들도 만들어낼 것이다. 때로는 그것들이 당신에게 한꺼번에 달려들기도 할 것이다. 어느 수행자는 그들을 가리켜 '벌떼 같은 마귀들의 공격'이라 했다. 그것들이 무엇이든 당신은 우선 명료한 눈으로 바라보기 시작해야 한다.

탐욕과 갈망

'탐욕'과 '갈망'은 욕망의 가장 고통스런 얼굴의 두 이름이다. '욕망'이라는 단어는 우리가 너무 혼란스럽게 사용하기 때문에 그 의미를 구별할 필요가 있다. 욕망에는 바람직한 욕망이 있는데, 남들의 행복을 바라는 욕망, 깨달음을 얻으려는 욕망, 열정과 아름다움의 긍정적 면을 표현하고자 하는 창조적 욕망 등이 그런 것이다. 반면 고통스런 욕망들도 있다. 중독, 탐착 (貪着 : 만족할 줄 모르고 탐하는 마음을 버리지 못함 - 옮긴이), 맹목적 야심, 끝없는 내면의 허기 등이 그런 욕망들이다. 명상 속의 알아차림을 통하여 우리는 이런 갖가지 욕망들을 구별하고 알아낼 수 있다. 윌리엄 블레이크(William Blake : 1757~1827, 영국의 위대한 낭만주의 시인이자 신비주의자 - 옮긴이)는 이렇게 말했다.

■ 천국의 문으로 들어가는 사람들은 열정이 없거나 열정을 억누른 이들이 아니다. 열정에 대한 이해심을 기른 사람들이다.

악마들에 명명하기를 시작할 때, 우리는 특히 어두운 쪽 욕망들을 바라봐야 한다. 바로 탐욕과 갈망이다. 처음 갈망이 일어날 때는 우리가 그것을 악마로 인식하지 못할 수 있다. 그 유혹에 홀리기 쉽기 때문이다. 갈망은 허기진 귀신을 뜻하는 '아귀(餓鬼)'로 상징되는데, 아귀는 집채만 한 배에 바늘구멍만 한 입을 가진 귀신으로 아무리 먹어도 배고픔을 채울 수 없는 놈이다. 이 악마 혹은 괴로움이 나타나면, 그저 그것을 '갈망'이나 '탐욕'이라 명명하고 그것이 자기 인생에 미친 영향을 살펴보기 시작하라. 갈망을 볼 때, 우리는 결코 만족을 모르는 자신의 한 부분을 만난다. 갈망은 항상 이렇게 소곤댄다. "조금만 더 가지면 정말 행복할 텐데." 다른 관계, 다른 직업, 좀 더 안락한 쿠션, 조금 덜 시끄러움, 더 시원한 공기, 더 따뜻한 온도, 더 많은 돈, 어젯밤에 좀 더 많은 수면…. "그것들이 있었으면 정말 만족할 텐데." 명상 속 갈망의 목소리는 우리에게 이렇게 소리친다. "지금 먹을 것이 있으면 좋을 텐데. 그것을 먹고 배가 부르면 금방 깨달음을 얻을 텐데.” 갈망이라는 욕망은 무의식의 외침이다. 근사한 명상가가 옆에 앉은 것을 보면, 그놈은 그럴듯한 관계, 결혼, 이혼 등으로 이루어진 온갖 공상을 부추긴다. 그러다 명상가는 한참 뒤에야 자신이 명상 중임을 깨닫는다. 갈망의 목소리에는 지금 이곳의 만족이란 존재하지 않는다.

탐욕과 갈망에 명명하기

맞싸우지 않고 갈망과 탐욕을 관찰하는 과정에서, 우리는 우리 본성의 그 어두운 면에 얽매이지 않은 채 그것을 알아차리는 법을 터득한다. 그 경험이 일어날 때 그것이 무엇이든 충실히 느끼면서 ‘굶주림’, ‘결핍’, ‘열망’ 등으로 명명하는 것이다. 그것이 나타나는 내내 가만히 이름을 붙이라. 매 순간 이름을 반복하라. 다섯 번, 열 번, 스무 번, 그것이 사라질 때까지…. 당신이 그것을 알아차릴 때 무슨 일이 일어나는지 살펴보라. 그런 부류의 욕망이 얼마나 지속되나? 점점 더 강해지나, 아니면 그냥 사라지나? 몸에서 그것이 어떻게 느껴지나? 그 욕망이 몸의 어느 부분에 영향을 미치나? 배, 호흡, 눈? 마음에서, 정신에서 그것이 어떻게 느껴지나? 그 욕망이 나타날 때, 당신은 행복하거나 흥분되는가? 마음이 열리나, 닫히나? 이름을 붙이면서 그 욕망이 어떻게 움직이고 변하는지 지켜보라. 만일 갈망이 굶주림의 악마로 나타나면 그 이름을 붙이라. 당신은 굶주림을 어디에서 느끼는가? 뱃속인가, 아니면 혀 혹은 목구멍?

우리가 갈망을 바라볼 때, 그것이 긴장을 일으키고 실제로 고통을 줌을 알게 된다. 우리는 어떻게 갈망이 일어나는지 본다. 갈망은 우리의 결핍과 동경심, 우리가 단편적이고 부족하다는 느낌에서 일어난다. 더 찬찬히 지켜보면 갈망이 실체 없이 떠도는 감정이라는 사실도 알게 된다. 사실 이 갈망이라는 놈은 우리 몸과 마음에 왔다가 사라지는 부수적인 감정과 상상의 한 형태일 뿐이다. 물론 어떤 때는 갈망이 아주 절실하게 느껴진다. 오스카 와일드는 이렇게 말했다. "나는 유혹에는 결코 저항할 수 없다." 우리가 갈망에 사로잡히면 술 취한 듯 몽롱해지면서 대상을 또렷이 볼 수 없다. 인도 속담에 이런 말이 있다. "소매치기는 성자의 호주머니만 노린다." 우리의 갈망과 탐욕은 우리 시야를 흐리는 컴컴한 눈가리개가 될 수 있다.

욕망과 쾌락을 혼동하지 말라. 유쾌한 경험을 즐기는 일은 절대 나쁜 일이 아니다. 우리가 인생에서 허구한 날 마주치는 온갖 괴로움들을 생각할 때, 즐거움은 마땅히 누려야 할 경험이다. 그러나 갈망의 마음이 그 쾌락을 움켜쥔다. 현대문명 속에 사는 우리는 줄줄이 바로바로 즐거운 경험을 만끽할 수 있다면 인생이 행복할 거라고 믿는다. 멋진 테니스 게임을 하고, 근사한 저녁을 먹은 뒤, 재미난 영화를 보고, 달콤한 섹스를 즐긴 다음 잠에 떨어지고, 상쾌하게 아침 조깅을 하고, 그럴 듯하게 명상하고 나서, 훌륭한 아침을 먹고, 회사에 가서 신나게 일하는 것, 이것이 우리가 믿는 끝없는 행복이다. 우리 사회는 이런 행복관을 주입시키는 데 기막힌 솜씨를 지녔다. 그러나 이런 생활이 정말 우리 마음을 채워줄 수 있을까?

갈망을 충족시키고 나면 어떻게 될까? 대개 또 다른 갈망이 생겨난다. 이 욕망의 충족과정은 아주 따분하고 공허해지기 쉽다. "다음에는 무얼 하지? 음, 더 근사한 것을 해야겠는데." 조지 버나드 쇼(George Bernard Shaw : 아일랜드의 극작가이자 문학비평가 ─ 옮긴이)는 이렇게 말한다. "인생에는 두 가지 커다란 실망이 있다. 하나는 원하는 것을 얻지 못하는 것이고 다른 하나는 얻는 것이다." 그런 미숙한 욕망의 충족과정은 끝이 없다. 평화는 우리의 결핍을 채우는 데서 오는 것이 아니라 불만을 끝내는 순간에 찾아오기 때문이다. 갈망이 사라질 때 오는 만족의 순간은 쾌락의 충족이 아니라 탐욕의 멈춤에서 오는 것이다.

갈망의 마음에 이름을 붙이고 그것을 세심히 느끼면서 그 직후에 어떻게 되는지, 어떤 상태가 따라오는지 바라보라. 갈망과 욕망의 문제는 심오한 문제다. 우리는 자주 우리 욕망이 엉뚱한 곳을 향하는 것을 보게 된다. 대표적 사례가 간절한 사랑을 얻지 못할 때 음식을 먹어대는 현상이다. 이런 현상을 설명하고자 제닌 로스*Geneen Roth*라는 참선 지도사는 섭식장애를 다룬 책을 쓰기도 했다. 그 책은 《굶주린 마음 채우기*Feeding the Hungry Heart*》이다. 명명하기 수행을 통하여 우리는 표면적 욕망이 얼마나 우리 존재의 깊은 갈망, 저 아래에 깔린 고독이나 두려움 혹은 공허감에서 일어나는지 실감할 수 있다.

흔히 영성수련을 시작하면 갈망이 더욱 강렬해지곤 한다. 우리가 잡념의 껍질들을 벗겨냄에 따라, 그 아래에서 음식이나 섹스, 남들과의 접촉이나 거대한 야망을 향한 강렬한 충동이 드러난다. 그럴 경우 어떤 사람들은 자신의 영성수련이 잘못됐다고 생각하기도 하지만 그것은 탐욕의 가면을 벗겨내는 올바른 과정이다. 우리는 탐욕과 마주서서 온갖 가면으로 위장한 그놈을 바라봐야 한다. 그래야 그놈과 적절한 관계를 형성할 수 있다. 미숙한 욕망은 전쟁을 일으킨다. 그런 욕망이 우리 현대사회의 상당 부분을 움직이고 있는데, 어수룩한 추종자인 우리들은 그놈의 노예가 된다. 아쉽게도 발걸음을 멈추고 욕망을 뜯어보면서, 그놈을 제대로 느껴보고, 그것과 지혜로운 관계를 발견하려는 사람은 극히 드물다.

불교 심리학을 연구해보면 욕망이 여러 범주로 나눠져 있음을 알게 된다. 가장 기본적으로 욕망들은 고통스런 욕망과 성숙한 욕망으로 분류되는데, 둘 다 '적극적 의욕'이라 불리는 중립적 에너지에서 생겨난다. 고통스런 욕망에는 욕심, 탐욕, 불충분, 갈망 등이 해당된다. 성숙한 욕망도 똑같이 '적극적 의욕'에서 태어나지만 사랑, 생명력, 자비, 창조성, 지혜 등에 의해 이끌리는 욕망이다. 알아차림이 계발되면서 우리는 병적인 욕구와 성숙한 열의를 구별하기 시작한다. 우리는 어떤 상태가 미숙한 욕망을 떨쳐낸 것인지 느끼고 투쟁이나 야심 없이 더욱 자연스런 존재의 길을 따라갈 수 있다. 우리가 더 이상 미숙한 욕망에 얽매이지 않을 때, 우리의 깨달음은 성장하고, 건강한 열정과 자비심이 더욱 자연스레 우리 인생을 안내할 것이다.

깨달음, 자유, 기쁨 등은 욕망이라는 악마에 명명하기를 통해 얻어지는 보물들이다. 우리는 미숙한 욕망 밑에서 아름다움, 충만함 그리고 완전성을 향한 깊은 영적 열망을 발견한다. 욕망에 명명하기를 하면 이 지극히 참된 열망들을 찾아낼 수 있다. 내 옛 스승 중 한 분은 이렇게 말했다. "욕망이 지닌 문제는 욕망의 깊이가 끝이 없다는 것이다! 우리는 모든 것을 바랄 수 없다. 사람은 자기가 가진 것은 좋아하지 않고 못 가진 것만 원한다. 이것을 완전히 뒤집어야 한다. 자신이 가진 것을 원하고 못 가진 것은 원하지 말라. 이러면 진정한 성취감을 발견할 것이다." 욕망을 탐구함으로써 우리는 욕망의 모든 가능성들을 우리 영성생활에 포함시키기 시작한다.

분노

우리가 항상 마주치는 두 번째 악마는 확실히 욕망보다 더 고통스런 놈이다. 탐욕과 갈망의 마음이 유혹적인데 반해, '분노'와 '혐오'라는 적대적 에너지는 더욱 노골적으로 불쾌한 악마다. 가끔 우리가 잠깐 동안 분노 속에서 어떤 쾌감을 발견할 때도 있지만, 그 경우에도 분노는 우리 마음을 닫아버린다. 분노에는 우리가 벗어날 수 없는 강렬하고 경직된 속성이 있다. 분노는 갈망과는 반대로 우리 인생의 무언가를 밀쳐내고 비난하며 심판하고 증오하는 힘이다. 분노와 혐오의 악마는 수많은 얼굴과 가면을 갖고 있어서, 두려움, 염증, 악의, 판단, 불평 같은 다양한 형태로 나타난다.

욕망처럼 분노는 지극히 막강한 힘이다. 우리는 쉽사리 분노에 사로잡힐 수 있고, 분노를 너무 겁내다가 무의식적으로 그 파괴력을 방출할 수도 있다. 안타깝게도 우리 중 분노를 제대로 처리하는 방법을 익힌 사람은 거의 없다. 분노의 힘은 불쾌감에서 생겨나 깊은 두려움과 증오, 그리고 격분으로 자라날 수 있다. 분노는 지금 우리와 함께 있는 어떤 사람이나 사물에서 일어날 수도 있고 시간이나 공간상 멀리 떨어진 대상을 향할 수도 있다. 때때로 우리는 오래 전에 끝났고 우리가 어쩔 수 없는 과거의 사건들에 화가 치솟기도 한다. 심지어 일어나지도 않은 일, 그지 상상만 해본 어떤 일에 화가 끓어오를 때도 있다. 마음속 분노가 강렬할 때, 그것은 우리 인생의 경험 전체를 얼룩지게 한다. 기분이 상했을 때, 우리는 그 방에서 누구와 함께 있든 그날 어디를 가든 모든 일이 꼬이기만 한다. 분노는 우리 마음, 남들과의 관계, 나아가 온 세상에 엄청난 고통을 일으키는 근원이 될 수 있다.

분노에 명명하기

분노가 일어날 때 우리가 그놈의 갖가지 얼굴에 이름을 붙이기 시작하면 분노의 모든 것을 이해할 수 있다. 우리는 두려움, 판단, 염증 등이 모두 혐오감의 일종이라는 사실을 스스로 느낄 수 있다. 찬찬히 살펴보면 그것들이 어떤 경험에 대한 반감에서 생겨남을 알게 된다. 분노의 갖가지 얼굴들에 명명하기를 하면 그 과정에서 자유를 찾을 기회가 나타난다.

우선 어떤 상태가 떠오르면 그것이 지속되는 동안 가만히 이름을 붙인다. '화, 화' 또는 '증오, 증오….' 그렇게 명명하면서 그것이 얼마나 오래가는지, 무엇으로 바뀌는지, 어떻게 다시 일어나는지 지켜보라. 명명하고 나서 분노가 어떻게 느껴지는지 바라보라. 당신 몸의 어디에서 그것이 느껴지는가? 당신의 몸은 분노와 함께 경직되는가, 풀어지는가? 다른 종류의 분노도 느껴지는가? 분노가 일어날 때 그것의 열기, 호흡에 미치는 영향, 고통의 정도는 어떤가? 마음에 주는 영향은 어떠한가? 마음이 움츠러드는가, 아니면 뻣뻣하게 굳어지는가? 긴장이나 위축감을 느끼는가? 분노에 따라오는 목소리에 귀 기울이라. 그것들이 무엇이라 소리치는가? 이러는가? "나는 이것이 무서워." "저것을 증오해." "나는 그것을 경험하고 싶지 않아." 당신은 악마에 이름을 붙이고 자기 마음을 널찍이 부풀려 분노와 그것의 대상들이 펼쳐내는 춤사위를 그냥 구경할 수 있는가?

여기 쓰인 내용만 보면, 경험에 이름을 붙이고 균형 잡힌 주의력으로 그것을 느끼는 일이 수월하게 보일지 모른다. 하지만 물론 만만치 않은 일이다. 몇 년 전 내가 어느 캘리포니아의 명상센터에서 수행지도를 할 때의 일이다. 주로 절규(絶叫)요법(억압된 근원적인 감정이나 욕구불만을 비명이나 히스테리로 발산하는 심리요법 - 옮긴이)을 훈련받은 심리치료사들이 수련회에 참여했다. 그들의 수련 방식은 일종의 방출과 카타르시스로서, 비명을 질러 응어리진 감정을 발산하는 것이었다. 며칠 간 명상을 하고 나더니 그들이 내게 말했다. "이 수련은 효과가 없습니다." "왜 그렇죠?" 내가 묻자 그들은 이렇게 대답했다. "(우리의 내적 에너지와 분노를) 강화시킬 뿐이에요. 우리는 그것을 방출할 장소가 필요합니다. 하루 중 일정 시간에 명상 홀을 소리 지르고 감정을 발산하는 데 이용할 수 없을까요? 분노를 억누르고 있다가는 심각한 문제가 생기거든요."

내가 내놓은 해결책은 돌아가서 명명하면서, 그저 알아차림을 하라는 것이었다. 아마 큰일은 나지 않을 거라고 말했다. 새로운 것을 배우려고 여기 왔으니까, 계속 명상하면서 무슨 일이 일어나는지 보라고 설득했다. 그들은 내 말을 따랐다. 며칠 뒤 그들이 다시 와서 말했다. "놀라웠어요." "무엇이 놀라웠나요?" 하고 묻자 그들은 이렇게 말했다. "한동안 명명하기를 하자 그것이 바뀌었어요." 우리는 화, 두려움, 욕망, 이 모든 힘들의 진행과정을 살펴볼 수 있다. 그것들은 어떤 조건에 따라 일어난다. 그것들이 우리 곁에 머물 때는 어떤 식으로든 몸과 마음에 영향을 미친다. 그것들에 사로잡히지 않으면, 우리는 그것들을 마치 지나가는 폭풍처럼 지켜볼 수 있다.

그것들은 폭풍처럼 한동안 여기 머문 뒤 그냥 빠져나가버린다.

가만히 들어보면 분노의 근원을 느낄 수도 있다. 거의 언제나 분노의 뿌리는 분노가 나타나기 직전에 생겨나는 두 가지 괴로운 상태 중 하나이다. 우리는 상처받고 고통스러울 때, 아니면 두려움을 느낄 때 화가 난다. 자신의 인생을 돌아보고 이 말이 맞는지 살펴보라. 다음번에 화나 노여움이 치밀어오를 때, 그 직전에 마음의 상처나 두려움이 느껴졌는지 확인해보라. 먼저 고통이나 공포에 주의를 기울여보라. 과연 분노가 일어나는가?

분노는 우리가 매달리는 것, 우리의 한계, 우리의 믿음이나 두려움이 자리 잡은 바로 그곳을 드러낸다. 혐오는 불을 밝히고 이렇게 말하는 경고 신호와 다름없다. "집착이야, 집착." 분노의 세기는 우리 집착의 크기를 나타낸다. 하지만 우리는 집착이 선택적인 것임을 안다. 우리는 더 지혜로운 관계를 맺을 수 있다. 특정한 날의 편협한 시각에 사로잡힌 우리의 분노는 일시적인 것이다. 그것은 왔다가 사라지는 연쇄적인 상념과 감각들의 느낌이다. 우리는 그것에 얽매이거나 휘둘릴 필요가 없다. 대개 우리의 분노는 상황이 어때야 한다는 우리의 편협한 관념에서 비롯된다. 우리는 신이 이 세계를 창조한 섭리, 남들이 우리를 대해야 하는 태도, 우리가 받을 당연한 대접 등이 어떤 것인지 안다고 생각한다. 그러나 실제로 무엇을 알고 있을까? 우리는 신이 계획해놓은 우리의 슬픔과 괴로움, 아름다움과 경이에 대해 이해하고 있을까? 신의 이야기가 어떻게 쓰여야 할지 신경 쓰는 대신 분노를 일으키는 힘들을 마주하고 이해하기 시작해보라. 욕망을 상대할 때처럼, 분노를 연구하고 그것을 노련하게 다룰 수 있는지 알아보라. 분노는 과연 쓸모 있는 것일까? 그것은 보호할 가치, 혹은 힘의 원천으로서의 가치를 지닌 것일까? 분노는 우리가 강해지거나, 적절한 한계를 정하거나, 성장하기 위해 필요한 것일까? 우리가 추구하는 강인함을 얻는 데 분노 말고 다른 힘의 원천은 없을까?

우리 중 상당수는 자신의 분노를 미워하도록 길들여져 있다. 분노를 지켜보려 할 때, 우리는 그것을 판단하고 억누르며 제거하려는 경향을 발견할 것이다. 분노는 '나쁘고' 고통스럽거나, 창피하고 '반(反)영적인' 것이기 때문이다. 우리는 아주 세심하게 수행에 열린 마음과 정신을 끌어들여 충실히 느껴봐야 한다. 그것이 우리 안의 가장 깊숙한 슬픔, 비애, 격분의 우물을 건드리는 것일지라도 말이다. 이 힘들은 우리 인생을 움직이는 동력이다. 우리는 그것들과 화해하기 위해서 그들을 느껴야만 한다. 명상은 무언가를 제거하는 과정이 아니다. 마음을 열고 이해하는 과정이다.

우리가 명상 속에서 분노를 상대할 때 그 상황은 아주 격해질 수 있다. 처음에는 그저 약간의 화만 느껴질지 모르지만, 화를 누르고 억제하는 데 익숙했던 사람들에게는 화가 격분으로 변할 것이다. 몸에 갇혀 있던 모든 분노가 드러나면서 팔이나 등 또는 목이 뻣뻣해지고 후끈거릴 것이다. 속으로 삼켰던 온갖 말들이 튀어나오고, 강렬한 이미지, 폭발적인 격노, 끊임없는 욕설 등이 우리 의식 속으로 쏟아져 들어올 것이다. 이런 열림의 과정은 몇 날, 몇 주, 심지어 여러 달 동안 계속될 수도 있다. 이런 감정들은 잘못된 것이 아니고 심지어 필요한 것이기도 하다. 하지만 그것에 대처하는 방법을 알아두는 것이 중요하다. 악마들이 가면을 벗을 때, 당신은 미칠 것 같고 뭔가 잘못된 느낌을 받을지 모른다. 하지만 사실은 당신이 마침내 자신의 충실하고 온전한 생활을 방해했던 힘들과 마주서기 시작한 것이다. 우리는 수없이 반복해서 그 힘들과 대면한다. 아마 수행 중에 수천 번은 분노를 상대하고 나서야 균형 있고 깨어 있는 상태에 도달할 것이다. 본래의 상태에 이르는 것이다.

두려움

명명하고 찾아내는 이런 방식을 혐오의 또 다른 형태인 두려움을 이해하는 데도 적용할 수 있다. 해마다 미국인들은 보안과 경호 시스템에 500억 달러를 쏟아 붓는다. 우리는 온통 우리 삶 속의 두려움에 사로잡혀 벌벌 떨고 있지만, 두려운 마음 그 자체의 악마는 거의 살펴보지도 상대하지도 않고 있다. 물론 우리가 두려운 마음을 상대할 때, 처음에는 겁이 날 것이다. 우리는 이 악마와 수없이 다시 마주칠 것이다. 어느 시점이 됐을 때, 그 두려운 마음에 우리의 눈과 마음을 열고 가만히 "두려움, 두려움, 두려움…" 하고 되뇌면서 자신을 관통해가는 에너지를 경험해보라. 그 두려운 감정이 모두 변화되고, 나중에는 그것을 단순히 인식하게만 될 것이다. "오, 두려움, 다시 찾아왔군. 흥미로운데."

두려움에 명명하기

두려움이 일어날 때, 그것을 가만히 명명하면서 호흡과 몸에 어떤 변화가 이는지, 마음에는 어떤 영향을 주는지 살펴보라. 얼마나 오래 가는지도 알아보고 그 이미지들도 알아차리라. 두려움과 함께 일어나는 관념과 감각, 떨림, 서늘함, 그것이 들려주는 으스스한 이야기에도 주목하라. 항상 두려움은 미래에 대한 쓸데없는 예상, 즉 망상이다. 당신의 신뢰감과 행복감, 세계에 대한 당신의 믿음에 어떤 변화가 있는지 바라보라.

젊은 수도승이었을 때, 나는 스승이신 아잔 차 스님과 함께 우리 사원에서 130km쯤 떨어진 캄보디아 국경 근처의 어느 말사(末寺 : 본사(本寺)에서 갈라져 나온 작은 절 – 옮긴이)를 찾아간 일이 있었다. 우리는 문도 제대로 닫히지 않는 털털대는 고물 도요타 자동차에 올라 길을 떠났다. 그런데 그 날 우리 차의 시골 운전사는 정말 무시무시한 속도로 달렸다. 물소 떼, 버스들, 자전거 무리, 자동차들을 쌩쌩 지나쳤다. 산악지대의 흙길로 된 급경사 커브 길을 돌 때도 마구 내달렸다. 나는 틀림없이 그날 죽는 줄 알았다. 그래서 가는 내내 좌석 등받이를 움켜잡고 조용히 마음의 준비를 했다. 나는 호흡을 따라가며 수도승의 축원을 암송했다. 그러다 어느 순간 주위를 둘러봤다. 스승님의 손 역시 하얗게 질린 채 좌석을 움켜잡고 있었다. 왠지 그 모습이 내게 위안을 주었다. 물론 스승님은 죽음 따위는 전혀 겁내지 않는 분이라고 믿었지만. 마침내 무사히 목적지에 도착했을 때, 스승님은 껄껄 웃으며 그저 이렇게 말했다. "무서웠지, 그렇지?" 그 순간 스승님은 그 악마에 이름을 붙였고 내가 그것과 친구가 되게 해주셨다.

권태

우리가 마음챙김을 익혀야 할 또 다른 혐오의 형태는 '권태(倦怠)'이다. 대개 우리는 따분함을 싫어하고 그것을 피하기 위해서는 무엇이든 한다. 냉장고로 달려가고, 전화기를 집어 들고, TV를 켜고, 소설을 읽는 등 우리는 외로움, 공허함, 지루함에서 벗어나기 위해 끊임없이 자신을 바쁘게 만든다. 우리에게 알아차림이 없을 때 권태는 엄청난 위력을 발휘하고 우리는 결코 평온을 누리지 못한다. 이런 식으로 권태가 우리 생활을 장악하도록 놔둘 수 없다. 제대로 경험했을 때 권태는 과연 무엇일까? 우리는 멈춰 서서 권태를 똑바로 바라본 적이 있었나? 권태는 주의가 부족할 때 생겨난다. 권태 때문에 불안, 실망감, 그리고 판단의 마음까지 생겨난다. 우리는 지금 일어나고 있는 일이 싫거나 공허하고 쓸데없이 생각되기 때문에 따분함을 느낀다. 권태에 명명할 때, 우리는 그것을 인식하고 탐구의 대상으로 만들 수 있다.

권태에 명명하기

권태가 일어날 때 그것을 몸에서 느껴보라. 권태와 함께 머물라. 자신을 정말로 권태롭게 놔두라. 그것이 지속되는 내내 가만히 이름을 붙이라. 그

놈이 어떤 악마인지 보라. 그놈을 바라보고, 그 성질과 에너지, 그 안의 고통과 긴장, 그리고 그놈에 대한 거부감까지 느껴보라. 몸과 마음 안에서 이 권태의 작용을 똑바로 바라보라. 그놈이 무슨 이야기를 하는지 들어보고 그때 당신에게 무엇이 열리는지 살펴보라. 마침내 우리가 도망치거나 그놈에 반발하기를 멈추면, 그때는 우리가 어디에 있든 정말로 흥미진진해진다! 알아차림이 또렷하고 주의력이 모아질 때, 들숨과 날숨의 반복적 동작까지도 더없이 경이로운 경험이 될 수 있다.

판단

이와 똑같은 명명하기를 우리가 '판단'이라 부르는 혐오의 형태에도 적용할 수 있다. 우리들 대다수는 자신과 남들을 가혹하게 비판하면서도 그 판단의 전 과정은 거의 이해 못하고 있다. 명상의 주의집중을 통하여 우리는 판단이 어떻게 하나의 사고로, 마음속의 연속적인 말들로 형성되는지 관찰할 수 있다. 우리가 판단의 이야기 흐름에 사로잡히지 않으면, 판단으로부터 우리 인생의 고통과 자유에 대해 상당히 많은 것을 배울 수 있다. 많은 이들에게 판단은 자기 삶의 주요 근원이면서 고통스런 감정이다. 대부분의 경우 그들의 반응은 상황의 나쁜 면을 보는 것이고, 그런 이들의 수행에서는 판단의 악마가 계속해서 위력을 떨친다.

판단에 명명하기

우리는 판단의 고통을 어떻게 다뤄야 할까? 만일 우리가 "오, 나는 판단해서는 안 돼"라 말하며 판단을 제거하려 하면 어떻게 될까? 그 역시 또 하나의 판단이 될 수 있다. 그보다 판단이 일어나는 대로 그냥 인식하라. 왔다가 사라지도록 놔두라. 때때로 그것에 이름을 붙이는 것이 좋다. 만일 당신의 판단이 과거의 누군가를 생각나게 한다면 이렇게 말해보라. "고마워요, 아빠." "그것에 대한 당신의 견해 고마워요, 캐럴." "의견 감사해요, 존." 판단들은 마음속에서 수없이 되풀이 되는 미리 녹음된 테이프이다. 자신의 판단에 대해 유머감각을 갖도록 노력하라. 그러면 당신의 나머지 인생에서 그것들이 균형 있게 유지될 것이다.

판단의 마음을 이해하기 위해서는 용서의 마음으로 어루만질 필요가 있다. 만일 판단의 마음과 상대하기가 정말로 어렵다면 다음 수련을 시도해보라. 한 시간 동안 조용히 앉아 얼마나 많은 판단들이 일어나는지 바라보라. 하나하나 번호를 붙여라. 어떤 놈이 문으로 들어온다. "나는 저놈들이 싫어. 판단 스물둘. 나는 저놈들이 갖고 있는 것도 싫어. 판단 스물셋. 와! 나는 이 모든 판단들을 찾아내는 데 도사가 되고 있네. 오, 판단 스물넷. 그래, 친구들한테 이 이야기 해줘야지. 이거 정말 멋진 수련이군. 아이쿠, 생각을 너무 많이 하고 있네. 오, 판단 스물다섯." 그러다 갑자기 무릎이 아파온다. "이 무릎 통증이 사라졌으면 좋겠는데. 판단 스물여섯. 아니, 나는 판단하지 말아야 해. 판단 스물일곱."…. 우리는 그저 판단의 마음을 이해하면서 아주 유익한 명상의 시간을 보낼 수 있다.

우리가 깨어나기 위해서는 전에 거부했던 여러 괴로운 상태들, 즉 판단의 마음, 욕망의 마음, 두려운 마음 등이 우리에게 다가와 자기 이야기를 속시원히 털어놓도록 허용해야 한다. 우리가 그 모두를 알아들은 뒤 마음속으로 돌려보낼 수 있을 때까지 놔둬야 한다. 이 악마들을 다루는 과정에서 우리에게 필요한 것은 지혜, 알아차림, 그리고 자비의 그릇인데, 그것이 마음의 움직임 한가운데 있는 고정점이다. 우리가 그 악마들의 무생물적이고 습관적인 본질을 받아들일 때 그들이 숨겨놓은 황금을 보게 된다. 우리는 혐오와 판단이 어떻게 정당성이나 힘을 얻으려는 깊은 열망에서 생겨나는지,

어떻게 이 세상의 무지몽매함을 베어내는 분별의 지혜와 명석함으로부터 생겨나는지 똑똑히 보게 될 것이다. 우리가 그 악마들을 있는 그대로 이해할 때 그들은 자기 힘을 내놓는다. 우리는 판단 없는 명철함과 증오 없는 정의감을 발견하게 된다. 우리가 진심어린 주의를 기울일 때, 분노와 증오의 고통은 자비와 용서의 심오한 자각으로 우리를 이끌 수 있다. 우리가 누군가에게 분노를 느낄 때, 그 사람도 우리와 똑같은 존재이고 그 역시 인생에서 엄청난 고통을 마주한 인간임을 생각할 수 있다. 만일 우리가 상대방과 똑같은 처지가 되어 같은 고통의 과정을 겪었다면 같은 방식으로 행동하지 않겠는가? 그러니 우리는 자비심을 가지고 남들의 고통을 느껴야 한다. 이 것은 그저 분노를 얼버무리는 것이 아니다. 마음의 깊숙한 움직임, 어떤 하나의 시각에 얽매이지 않는 적극적 자세이다. 이렇게 할 때 분노와 판단은 우리가 추구하는 사랑과 지혜의 진정한 힘으로 우리를 이끌 수 있다.

졸음

다음으로 명명하기를 익혀야 할 악마는 가장 흔한 교활한 놈이다. 그놈은 오개 중 세 번째 장애로서 '혼침(昏沈)' 또는 '나태'라고도 불리는 '졸음'이다. 이놈은 게으름, 피로, 활력 부족, 흐리멍덩함 등으로 나타난다. 마음이 졸음에 짓눌릴 때 우리의 맑은 총기는 사라지고 인생이나 수행은 버겁고 안개처럼 흐릿해진다. 인생살이 속에서 우리는 피곤에 지쳐 있다. 그것은 우리 문화의 엄청난 속도 때문이거나 우리가 자기 몸을 소홀히 하기 때문이다. 우리는 힘겨운 과제에 부딪칠 때 나른함이나 의욕상실을 경험한다.

대개 졸음은 우리에게 살금살금 다가온다. 수행에 들어갈 때 우리는 졸음이 다가옴을 느낀다. 마치 몰려오는 안개처럼 졸음은 우리 몸을 휘감은 뒤 귀에 대고 속삭인다. "이봐, 잠깐만 자지 그래." 그러면 마음은 산란해지고 맥이 풀리면서 수행을 계속할 의욕이 사라진다. 이런 상황은 명상 중에 수없이 벌어진다. 우리 생활의 많은 일들이 반쯤만 깨인 의식 상태에서 이루어진다. 그리고 인생의 상당 부분이 수면과 몽유병 속에서 소모된다. 하지만 명상은 '깨어 있기'이다. 따라서 우리는 졸음의 마음챙김부터 시작해야 한다.

졸음에 명명하기

피곤할 때 몸이 어떻게 느끼는지 바라보라. 노곤함, 자세의 흐트러짐, 눈꺼풀의 무거운 느낌…. 물론 우리가 졸음을 못 이겨 꾸벅꾸벅 존다면 바라보기 어려울 것이다. 그래도 최대한 관찰해보라. 졸음의 시작, 진행과정, 마지막 단계 그리고 그 경험의 여러 요소들에 주의를 기울이라. 졸음을 일으키는 객관적 조건들을 바라보라. 그것은 피곤함일까, 아니면 저항의 신호일까? 가끔은 졸음 그 자체에 세심한 알아차림만 이루어져도 졸음을 쫓아내고 명철함과 깨달음을 일으킬 것이다. 하지만 그렇지 못할 경우는 졸음이 한층 더 거대하게 몰려올 것이다.

우리가 졸음과 마주치고 이 악마에 이름을 붙이다 보면, 졸음에 세 가지 원인이 있음을 알게 된다. 하나는 정말 수면이 필요하다고 알리는 피곤함이다. 이런 졸음은 긴 하루를 보내고 집에 왔을 때, 한동안 대단히 바쁜 일이나 스트레스에 시달린 뒤 앉았을 때, 아니면 수행에 들어간 첫날에 흔히 몰려온다. 이 졸음은 우리가 자기 몸의 요구를 존중해야 한다고 알리는 신호이다. 이때는 우리 생활이 균형을 잃었거나 일하기를 줄이고 야외에서 더 많은 시간을 보내야 할 상황일 수 있다. 이런 졸음은 우리가 웬만큼 휴식을 취하고 나면 사라진다. 두 번째 유형의 졸음은 몸이나 마음의 어떤 불쾌하거나 두려운 상태에 대한 저항으로서 일어나는 졸음이다. 가끔 우리는 어떤 일을 감당하기 어려울 때, 무언가를 기억하거나 경험하고 싶지 않을 때 졸음을 느낀다. 세 번째 유형의 졸음은 사방이 평온하고 고요할 때 몰려오는 졸음이다. 명료한 주의집중에 충분한 에너지가 모이지 않은 경우이다.

저항으로서 나타나는 졸음을 게으름과 혼동해서는 안 된다. 우리가 게으른 경우는 드물다. 그저 두려울 뿐이다. 나태와 혼침의 악마는 이렇게 속삭이며 '타조(駝鳥)의 전략(타조는 위험이 다가올 때 머리만 감추고는 현실을 회피한다고 함 - 옮긴이)'을 구사한다. "내가 보지 않는 것은 나를 해치지 않을 거야." 우리 몸이 정말로 피곤하지 않은데도 졸음이 몰려올 때, 그것은 대개 저항의 신호이다. 이때는 자신에게 물어보라. "여기서 무슨 일이 벌어지고 있지? 잠에 떨어짐으로써 내가 무엇을 피하게 되나?" 많은 경우 졸음 바로 아래서 심각한 공포나 괴로움이 발견될 것이다. 외로움, 비애, 공허함, 그리고 우리 인생의 어떤 부분에 대한 통제력 상실 등이 우리가 잠에 떨어져 회피하고자 하는 흔한 심리 상태들이다. 우리가 이 점을 인식할 때 수행이 새로운 수준으로 올라서게 된다.

마음의 깊은 고요와 정적에 다가갈 때 몰려오는 졸음도 있다. 활동적이고 고도로 자극적인 서구식 문화는 우리를 조용하고 평온한 시간에 익숙지 않게 만들었다. 고요한 시간이 찾아오면 우리 마음은 취침시간으로 착각해 버린다! 우리가 집중은 시작했지만 같은 양의 에너지를 동원하고도 마음의 균형을 이루지 못할 때는 평온하면서도 몽롱한 상태에 빠지기 쉽다. 이때는 몽롱함에 대한 명명하기와 에너지 모으기가 필요하다. 이런 졸음과 맞설 때는 명명을 하고 꼿꼿이 앉은 뒤, 몇 차례 깊숙한 호흡을 하라. 졸음이 몰려올 때는 눈을 크게 뜨고 명상하라. 몇 분 동안 그 자리에 서 있거나 걷기명상을 하는 것도 좋다. 만일 정말 잠이 쏟아진다면 활발히 걷기나 뒤로 걷기, 얼굴에 물 적시기도 해보라. 졸음은 우리가 창조적으로 대응할 수 있는 악마이다.

내가 수행하다 오랫동안 몽롱한 상태에서 헤매고 있을 때였다. 아잔 차 스님은 나를 아주 깊은 우물로 데려가 그 가장자리에 앉아 명상하게 하셨

다. 그러자 나는 떨어질까 봐 온 신경이 곤두섰다! 졸음 따위는 문제가 아
니었다. 우물가에 앉자 나의 정신은 바짝 깨어나 '바로 이 호흡', '바로 이
단계'에 집중했고 주의가 흐트러지지 않았다. 만일 우리가 각 순간마다 '바
로 이 호흡'을 주시한다면, 마음이 광대해지고 상쾌해지면서 졸음은 사라질
것이다. 졸음의 밑에는 진정한 평화와 평온이 자리 잡고 있다. 그렇지만 이
런 온갖 노력을 했음에도 졸음이 마구 쏟아진다면? 그때는 잠깐 자야 한다.

불안

흔히 '들뜸'이라고도 하는 '불안'은 졸음의 정반대로서 '어슬렁대는 호랑
이'라 불리는 네 번째의 막강한 악마이다. 불안에 휩싸이면 우리는 동요,
초조함, 근심, 걱정 등을 느끼게 된다. 마음은 빙빙 맴돌거나 물 밖에 떨어
진 물고기처럼 팔딱거린다. 몸은 불안정한 에너지로 가득 차고 부들부들
떨며 실룩거리고 안절부절못한다. 불안할 때 우리는 벌떡 일어나 서성대거
나 TV를 켜거나 마구 먹어대는 등 가만있는 것 말고는 무엇이든 하려는 기
분에 휩싸인다. 졸음처럼 불안 역시 우리가 느끼고 싶지 않은 고통과 슬픔
에 대한 반응으로 나타난다. 불안은 근심의 악마로도 나타날 수 있다. 우리
가 정좌하고 명상에 잠길 때 마음이 두려움과 회한에 휩싸이면 몇 시간이
고 온갖 이야기들에 시달린다. 어떤 종류든 불안에 빠져들면 우리의 명상
은 산만해지고 깨어 있기는 어려워진다.

불안에 명명하기

불안한 마음이 일어날 때, 판단이나 꾸짖음 없이 거기에 명명하기를 하
라. 가만히 "불안, 불안"이라 말하며 몸과 마음을 열어 지혜롭게 인생의 이

괴로운 면을 경험하라. 불안을 온몸으로 느껴보라. 이 에너지는 무엇이지? 이것은 얼마나 강하게 진동하지? 뜨거운가, 차가운가? 몸과 마음을 팽창시키나, 수축시키나? 마음을 열고 명명할 때 이것은 어떻게 반응하나? 얼마나 오래 가나? 이것이 어떤 이야기를 털어놓나?

불안이 쏟아내는 이야기에 사로잡히지 않은 채 그것을 경험해보라. 몹시 불쾌한 기분일 수 있다. 몸은 초조한 에너지로 가득 차고, 마음은 걱정에 휩싸일 것이다. 그것은 '나의 불안'이 아니라 그저 '불안'일 뿐이다. 변할 수밖에 없는 온갖 상황들 속에서 생겨난 일시적 상태일 뿐이다. 만일 불안이 너무 강렬해지면 자신에게 이렇게 말하라. "좋아, 준비됐어. 내가 불안 때문에 죽는 최초의 명상가가 되겠어." 불안에 몸을 내맡기고 무슨 일이 벌어지는지 보라. 다른 모든 것처럼 불안 역시 연속적인 상념, 감정, 감각 들이 뒤섞인 하나의 과정일 뿐이다. 하지만 우리가 불안을 견고한 실체로 보기 때문에 우리에게 엄청난 위력을 행사하는 것이다. 불안에 대한 저항을 멈추고 마음챙김의 주의를 기울여 그것이 우리를 그냥 지나가도록 놔두라. 그러면 불안이 실제로 얼마나 일시적이고 헛된 상태인지 보게 될 것이다.

불안이 아주 강렬할 때는 명명하기와 더불어 호흡 세기 수행을 시도해보라. 하나에서 열까지, 그리고 다시 하나, 둘, 셋…. 마음이 균형을 되찾을 때까지 계속 세라. 만일 효과가 있으면, 숨을 평소보다 더 깊숙이 쉬면서 몸과 마음을 가다듬고 부드럽게 하라. 불안은 정상적인 수행과정의 일부라는 사실을 이해하라. 불안을 받아들이라. 그러면 당신의 통찰과 깨달음 그리고 내면의 평온이나 안정감이 성장할 것이다. 불안 앞에서 평화를 유지할 때 그것의 깊숙한 에너지가 당신의 것으로 변할 것이다. 불안은 우리 안의 아름다운 에너지의 샘물, 무한한 창조의 강물이 드러난 수면(水面)일 뿐이다. 우리가 깔끔한 수로가 될 때, 그리고 만물에 대해 광대한 마음을 터득할 때, 불안의 창조력은 경이로운 모습으로 우리를 통과해 지나갈 수 있다.

의혹

　수행을 방해하는 다섯 가지 악마 중 마지막은 '의혹'이다. 의혹은 가장 상대하기 버거운 악마이다. 우리가 의혹의 희생물이 되면 수행이 중단되고 옴짝달싹 못하게 되기 때문이다. 온갖 의혹들이 우리를 공격한다. 우리 자신과 자신의 능력에 대한 의혹, 스승에 대한 의혹, 수행 그 자체에 대한 의혹 등등. "이게 효과가 있을까? 나는 명상을 했지만 얻은 것이라고는 무릎 통증과 불안한 마음뿐이야. 어쩌면 붓다 자신도 자기가 한 말을 몰랐을지 몰라." 우리는 자신이 선택한 길이 올바른 수련법인지 의심할지 모른다. "이건 너무 힘들고 너무 진지해. 어쩌면 수피 댄스가 더 나을지 몰라." 혹은 수행법은 옳은데 시기가 나쁘다고 생각할 수도 있다. 또는 수행법도 옳고 시기도 적절하지만 자기 몸 상태가 충분치 않다고 여길지도 모른다. 무엇이든 간에 회의적이고 의심하는 마음이 덮쳐오면 우리는 옴짝달싹 못한다.

의혹에 명명하기

　의혹이 일어나면 그것에 명명하면서 찬찬히 객관적으로 바라보라. 당신은 의혹이 소곤대는 목소리를 들어본 적이 있는가? "나는 할 수 없어. 너무 힘들어. 지금은 적당한 때가 아니야. 이거 해서 대체 무슨 소용이 있겠어? 그만두는 게 좋을 거야." 당신이 본 것은 무엇인가? 의혹은 두려움과 저항의 감정에 휩싸인 마음의 연속적인 속삭임이다. 우리는 하나의 사고 과정으로서 의혹을 알아차리고 거기에 명명하기를 할 수 있다. "의혹, 의혹…" 우리가 그 이야기에 얽매이지 않을 때 놀라운 변환이 일어난다. 의혹 자체가 알아차림의 근원이 되는 것이다. 우리는 의혹을 통하여 끊임없이 변해가는 마음의 본질에 관해 엄청나게 많은 것을 배울 수 있다. 또 기분이나 마음상태에 휩싸이는 것이 무엇을 뜻하는지도 알게 된다. 의혹에 사로잡힐 때 우리는 엄청난 고통을 겪게 되지만, 그것에 휘둘리지 않고 느끼게 되는 순간 우리 온 마음이 자유롭고 가벼워진다.

조심스레 의혹에 명명하기를 하면 어떤 일이 일어날까? 의혹은 얼마나 지속될까? 그것은 우리의 몸과 에너지에 얼마나 오래 영향을 미칠까? 우리는 의혹의 이야기를 마치 "날씨 참 좋군"이라 말하는 듯이 무덤덤하게 들을 수 있을까? 우리가 의혹을 상대하려면 자신을 가다듬고 꾸준함, 확고함, 마음의 안정감을 지닌 채 현재의 순간으로 온전히 되돌아와야 한다. 그렇게 하면 차츰 혼돈의 구름이 걷힌다.

명명하기와 더불어 믿음의 발전도 의혹을 녹여줄 수 있다. 우리는 궁금한 것을 묻거나 훌륭한 책들을 읽을 수 있다. 우리보다 앞서 내면의 깨달음과 구도의 길을 걸어간 수많은 수행자들을 보며 영감을 얻을 수 있다. 모든 위대한 문명은 영성수련을 소중히 여겼다. 마음과 정신의 진정한 수련을 시작한 사람이면 누구나 뛰어난 지혜와 자비의 삶을 살 수 있다. 우리 인생에 이보다 더 소중한 일이 있을까? 의심은 마음의 자연스런 속성이다. 우리의 의혹은 우리를 더 깊은 주의와 더욱 철저한 진리 추구로 이끌 수 있다.

처음에 의혹은 저항의 악마로 나타날 수 있다. "오늘은 효과가 없어." "나는 준비가 안 됐어." "이건 너무 힘들어." 이런 저항을 '소(小)의혹'이라 부르는데, 우리가 얼마간 수행을 하면 이런 소의혹들은 능숙하게 처리하게 된다. 이것들 뒤에 또 다른 차원의 의혹이 일어난다. 그것들은 우리에게 정말 유용한 의혹들이다. 그것을 '대(大)의혹'이라 부르는데, 우리의 진짜 본성 또는 사랑이나 자유의 의미를 알고자 하는 깊은 욕망을 뜻한다. 대의혹은 묻는다. "나는 누구인가?" "자유란 무엇이지?" "고통의 끝은 무엇일까?" 이 엄청난 질문은 에너지와 영감의 원천이다. 진지한 의문의 자세는 우리의 영적 수행을 활기차고 깊이 있게 하면서 흉내내기에 그치지 않게 하는 필수요소이다. 이런 자세로 수행할 때, 우리는 의혹 밑에 묻혀 있던 숨겨진 보물을 발견한다. 소의혹의 악마는 우리가 대의혹을 발견하도록 돕고 우리의 온 삶을 일깨우는 명료한 상태로 이끌 수 있다.

악마들에 명명하기를 할 때, 우리는 악마들이 더욱 거대하게 나타나는 모습을 보게 될지 모른다. 수행을 하다 보면 온통 욕망이나 분노로 부글거리는 단계가 나타난다. 우리는 자신을 의심하며 이렇게 생각할 것이다. "오 세상에! 나는 완전히 욕망과 분노에 파묻혔어." "의혹이 너무나 많아." "불안해 죽겠어." "두려움이 사방에 깔려 있어." …. 2년 가까운 명상 속에서 내가 본 것이라고는 나 자신의 분노, 증오 그리고 불같은 격정이었다. 내가 진실로 그것을 건드렸을 때, 그것은 폭발하여 나를 휘감았다. 어느 시점에 나는 거의 일주일간 한숨도 안 자고 수행했다. 그 중 4~5일은 동료들을 가까이 오지 못하게 한 채 숲속에서 바위를 내던지며 날뛰기도 했다. 하지만 점차 격정은 가라앉았고 분노는 그 힘을 잃었다.

이름 붙이기에 익숙해져라

영성생활이 깊어지면서 우리는 자기 안의 가장 견고한 지점을 인식하고 어루만지는 능력을 발견한다. 우리는 사방에서 탐욕, 공포, 편견, 증오, 무지의 세력들과 마주친다. 자유와 지혜를 추구하는 우리들은 우리 자신의 마음과 정신 속에 도사린 이런 세력들의 본질을 알아야 한다. 우리는 그것들에 사로잡힌 자기 자신을 경험하겠지만, 결국은 이 근본적이고 원시적인 에너지들 속에서 자유를 발견할 것이다.

가끔 이 악마들이 너무 막강할 때는 그것들을 물리치기 위한 임시 퇴치법으로서 갖가지 방어막을 사용할 수 있다. 악마가 욕망일 때는 예로부터 인생의 덧없음, 외적 만족의 헛된 속성, 필연적인 죽음에 대한 숙고를 방어막으로 사용하였다. 분노에 대한 방어막은 자애와 기본적인 용서를 떠올리는 것이었다. 졸음이 몰려올 때는 꿋꿋한 수행 자세, 시각적 상상, 영감 일으키기, 호흡관법 등을 이용하였다. 불안의 악마에 대해서는 내면의 평온과 긴장이완 기법들을 통하여 집중력을 모으는 방어막을 사용했다. 그리고 의혹의 경우에는 독서와 지혜로운 사람과의 대화를 통해 믿음과 영감을 얻는 방법이 방어막으로 사용되었다. 하지만 가장 중요한 수행은 이들 악마들을 인식하고 명명하면서 그 속에서 자유로워지는 우리 능력을 확대하는 것이다. 방어막은 일회용 반창고와 같은 반면, 알아차림은 상처 자체를 열고 그 근원을 치유해준다.

우리가 경험의 명명하기에 능숙해지면 놀라운 사실을 발견하게 된다. 어떤 마음 상태, 어떤 느낌, 어떤 감정도 사실은 15초에서 30초 이상 지속되지 못하고 곧바로 다른 것으로 바뀐다는 사실을 알게 된다. 즐거운 상태든 고통스런 상태든 마찬가지다. 우리는 대개 기분은 상당 기간, 분노는 하루 종일, 슬픔은 일주일 정도 지속된다고 생각한다. 그러나 우리가 정말 제대로 바라보면서 분노의 상태에 "분노, 분노…"처럼 명명하면, 어느새 그것이 더 이상 분노가 아님을 발견하게 된다. 열 번에서 스무 번 정도 가만히 명명하다 보면 분노는 온데간데없이 사라진다. 아마 그 분노는 원망 같은 다른 상태로 바뀔 것이다. 우리가 원망에 명명하기를 하면서 한동안 그것을 바라보면, 원망은 다시 자기연민으로 바뀌고, 그것은 또 우울로 변한다. 그때 또 잠시 그 우울을 지켜보면 우울은 상념으로 바뀌고, 상념은 다시 화로 변하거나 아니면 안도감, 심지어 너털웃음으로 바뀔 것이다. 괴로움들에 명명하기를 하다 보면 즐거운 상태에 명명하기도 쉬어진다. 청정, 행복, 여유, 환희, 평온 등 지나가는 모든 감정들에 이름을 붙일 수 있다. 우리가 더 크게 열릴수록, 이 감정 흐름의 변화무쌍한 속성을 실감하고 모든 일시적 조건들 너머에 있는 진정한 자유를 발견할 수 있다.

영성생활의 목적은 어떤 특별한 마음상태를 창조하는 것이 아니다. 마음의 상태는 항상 가변적이다. 수행의 목적은 우리 몸과 마음의 가장 근원적인 요소들과 직접 상대하여, 우리가 자신의 두려움, 욕망, 분노 등에 얽매여 있는 모습을 바라보고, 자유를 향한 우리의 능력을 제대로 깨우치는 데 있다. 우리가 악마들과 친숙해질 때, 그놈들은 우리 인생을 풍요롭게 할 것이다. 악마들은 '깨달음의 거름' 혹은 '마음의 잡초'라 불린다. 뽑아버리기도 하고 나무 옆에 파묻어 자양분이 되게도 하는 잡초인 것이다.

영성수련이란 우리 안에서 일어나는 모든 것을 이용하여 우리의 깨달음, 자비 그리고 자유를 성장시키는 과정이다. 토머스 머튼은 이렇게 말했다. "진정한 사랑과 기도는 사랑이 불가능하고 마음이 돌처럼 굳어지는 순간에 배우게 된다." 이 말을 기억할 때, 우리가 수행 중에 마주치는 괴로움들은 충만한 명상의 일부, 우리 마음을 열고 배움을 얻을 공간이 될 수 있다.

악마를 수행 동료로 만들기

자신의 수행에서 가장 자주 나타나는 까다로운 악마 하나를 택하라. 가령 초조함, 두려움, 권태, 갈망, 의혹, 불안… 당신의 일일 명상 속에서 일주일간 그 감정이 일어날 때마다 특히 주의를 기울이라. 조심스레 명명하라. 그놈이 어떻게 시작되는지, 그 앞에 무엇이 일어나는지 바라보라. 그 상태를 일으키는 특별한 생각이나 심상이 있는지 관찰하라. 그놈이 얼마나 오래가며 언제 끝나는지 바라보라. 대체로 그 뒤에 어떤 상태가 따라오는지 주시하라. 그놈이 아주 미세하거나 부드럽게 일어나는지 지켜보라. 당신은 그놈을 그저 마음의 속삭임으로 생각할 수 있는가? 그놈이 얼마나 시끄럽고 강렬해지는지 살펴보라. 자기 몸에서 어떤 에너지나 긴장의 움직임이 이 감정 상태를 유발하는지 바라보라. 부드러운 마음으로 저항까지도 받아들이라. 끝으로 제대로 앉아 자신의 호흡을 알아차리면서, 이 악마를 관찰하고 기다리라. 그놈이 왔다 가도록 놔두면서, 마치 오랜 친구처럼 인사를 건네라.

인생의 충동을 다스리기

인생의 내면적 힘들, 지혜와 반응의 힘들은 당신의 몸속을 흐르면서 모든 행동을 일으키는 근원으로 작용한다. 우리 몸의 모든 행동이나 움직임은 먼저 마음에서 일어나는 충동이나 지시를 통해 생각이 형성된 뒤에 이루어진다. 흔히 이 충동은 인식의 차원 아래의 잠재의식에서 생겨난다. 당신은 자신 안의 이 힘과 충동을 관찰함으로써 그것에 대응하는 법을 익힐 수 있다. 이 과정을 지켜보면 자기 몸과 마음의 상호작용이 명확히 드러날 것이다. 이를 통해 당신은 괴로움들 앞에서 자유롭고 평안해지는 완전히 새로운 능력을 발견할 것이다.

충동들의 작용과정을 이해하는 간단한 한 가지 방법은 자신의 좌선을 중단시키려는 충동에 주목하는 것이다. 당신의 일일 명상 속에서 이런 결심을 해보라. 일주일 동안 자리에서 일어나고픈 강렬한 충동이 세 번 일어난 뒤에야 일어나겠다는 결심이다. 평소처럼 정좌하고 앉아 자신의 호흡, 몸, 마음에 마음챙김하라. 그러나 명상 종료 시간을 정하지 말라. 그리고는 강렬한 충동이 당신에게 일어나라고 소리칠 때까지 앉아 있으라. 충동의 성질을 바라보라. 그 충동은 불안, 배고픔, 무릎 통증, 이만큼 했으면 됐다는 생각, 화장실에 가고픈 욕구 등에서 생겨날 것이다. 나타나는 에너지를 가만히 명명하고, 그와 함께 움직이고픈 충동을 느껴보라. 몸속에서 그것을 세심히 느끼면서 이렇게 명명하라. "일어나고픈 욕구, 일어나고픈 욕구…" 충동이 지속되는 동안 줄곧 함께 머물라(지속 시간은 거의 1분을 넘지 않는다). 충동이 사라지고 나면, 이제 어떤 느낌인지,

그 충동의 과정을 버텨냄으로써 자신의 수행이 더 깊어졌는지 바라보라. 계속 앉아 있으면 두 번째 충동이 일어나 당신을 와락 잡아당길 것이다. 그러면 똑같이 그 전 과정을 바라보라. 마침내 세 번째 충동이 일어나면 조심스레 그 전 과정을 견뎌낸 뒤에 가만히 몸을 일으키라. 이 수행을 통하여 당신의 주의와 집중의 깊이가 서서히 심화될 것이다.

원한다면 당신의 관찰을 다른 강렬한 충동들로 확대할 수도 있다. 간지러워 긁고 싶은 충동, 좌선 중에 움직이고픈 충동, 먹고 싶은 충동, 다른 일을 하고픈 충동 등을 골라 그 전 과정을 바라보는 것이다. 당신이 이런 알아차림을 하다 보면, 점차 집중력이 향상되고, 인생의 온갖 상황들에 곧바로 반응하기보다는 몇 차례 호흡과 함께 그 일시적 반응들을 감지하는 능력을 얻게 될 것이다. 당신 인생의 갖가지 힘들 앞에서 평정과 깨달음의 구심점을 발견하기 시작할 것이다.

8. 괴로움의 파도와
집요한 방문객

몸이나 마음, 정신의 어떤 경험이 반복해서 의식 속에 나타날 때, 그것은 그 방문객이 더 깊고 충실한 주의를 요구하고 있다는 신호이다.

자주 나타나는 악마와 장애들에 명명하기 수행을 하다 보면, 그것들을 반복해서 일으키는 근원적인 힘들과 마주치게 될 것이다. 흔히 두려움, 혼란, 분노, 야망 등이 우리 명상에 집요하게 찾아오는 방문객들이다. 우리가 더욱 분별심을 가져야겠다고 느낀 뒤에도 그것들은 어떡하든 다시 나타나곤 한다. 이제 우리는 영성생활에 반복적으로 일어나는 괴로움들을 상대할 방법을 더 깊숙이 살펴봐야 한다.

몇 년 전 일이다. 10일간의 명상수련을 끝낼 무렵, 내가 자애명상의 마무리 수행을 이끄는 지도법사로 지정되었다. 자애명상은 자신과 남들을 향한 용서와 자비의 마음을 일으키는 유서 깊은 명상법이다. 그런데 수행에 들어가기 15분 전에 전화가 걸려왔고, 나는 당시의 여자 친구와 격앙된 전화 통화를 하기 시작했다. 여자 친구는 내게 몹시 화가 나 있었다. 내가 자기한테 황당한 요구를 했다고 따지고 들었다. 나도 그녀의 태도에 똑같이 화가 치밀었다. 우리는 명상 시작을 알리는 종이 울릴 때까지 말싸움을 계속했다.

내가 들어가 수많은 수련생들 앞에 앉았을 때에도 계속 대화 내용이 귓전을 맴돌았다. 그렇지만 나는 근엄하게 최대한 차분하고 자애로운 목소리로 명상을 지도하기 시작했다. "내 마음이 자애심으로 가득 차기를" 혹은 "내가 평화로워지길"과 같은 경구를 선창하고는 잠시 멈춰 수행자들이 그 참뜻을 깊이 느끼도록 기다리곤 했다. 하지만 멈춰 있는 동안 전화 내용이 다시 밀려들었고, 나는 이런 생각을 하고 있었다. "끝나자마자 다시 전화해서 한두 가지 더 따져야겠어." 그런 뒤 또 큰 소리로 말했다. "자신이 사랑하는 다른 사람을 생각하고 그들을 향해 자애심을 넓히세요." 그리고는 다음번을 기다리는 동안에 또 이런 생각이 들었다. "그 유치하고 신경질적인 여자, 전화해서 그냥…." 내가 그녀에게 지적해주곤 했던 온갖 짜증나는 지난 일들이 떠오르기 시작했다. 그러면서도 나는 이렇게 말하고 있었다. "자비로운 마음을 한층 더 넓히고…." 계속 그런 식이었다. 그것은 마치 내 마음의 우스꽝스런 테니스 게임 같았다. 내 바로 앞의 수련생들만 눈치 챘으면 다행인데….

분노와 상처를 곱씹는 일은 고통스러웠지만, 내 스스로 기가 막힌 너털웃음을 터뜨리지 않으려면 어쩔 수 없는 일이기도 했다. 한 구석에서는 분별심이 일어나면서도 내 마음은 계속 그 상처와 두려움들에 매달려 있었다. 막무가내로 움직이고 자긍심도 잃어버린 그런 마음상태였다. 다행한 것은 내가 분노를 다루는 충분한 수련을 쌓았다는 점이었다. 두 목소리가 왱왱대는 와중에도 나는 얼마쯤 떨어져 차분한 눈으로 전 과정을 지켜봤다. 적어도 명상이 끝날 무렵에는 그녀, 나 자신, 그리고 마음 자체의 모순된 속성에 대해 약간의 평화와 용서에 이르렀다. 그런 마음을 갖고서 나는 그녀에게 전화를 걸었다.

위대한 신비주의 시인 카비르(Kabir : 1440~1518, 인도의 신비주의 시인. 힌두 사상과 이슬람 사상을 통합하여 시크교를 비롯한 여러 종교를 일으켰음 - 옮긴이)는 이렇게 묻는다.

▨ 친구여, 말해다오. 내가 이 세상에서 무엇을 할 수 있는지.

나는 여전히 매달리고, 계속해서 꾸물대고 있다네!

나는 바느질된 옷을 벗고, 법복을 입었네.

하지만 어느 날 그 옷 역시 사치스러움을 알았지.

그래서 삼베옷을 샀다네. 그래도 아직 그것을

왼쪽 어깨에 우아하게 걸치고 있네.

나는 성적 욕망을 물리쳤건만,

내 안에서 엄청난 분노를 발견하네.

나는 불같은 분노를 몰아냈건만,

하루 종일 탐욕에 시달리네.

나는 탐욕을 씻어내려 험난한 길을 걸은 끝에,

이제야 가까스로 자부심을 얻었네.

하지만 마음이 세상과의 고리를 끊으려하건만,

아직도 한 가지 끈은 놓지를 못하네.

우리가 마주치는 끊임없는 괴로움들의 근원을 어떻게 이해할 수 있을까? 일단 우리가 다가왔다 사라지는 악마들에 명명하기를 할 수 있으면, 우리 마음은 그놈들을 상당히 가볍게 처리하게 된다. 판단하는 마음을 없애면 우리는 람 다스(Ram Das : 잭 콘필드와 함께 위빠사나 수행을 지도한 명상지도사. 하버드 대학 심리학 교수였고 환각제 LSD의 연구로도 유명함 – 옮긴이)가 '신경증의 감정가'라 부른 상태가 된다. 그러면 우리는 악마들의 근원적 뿌리를 이해할 더 깊은 열림에 다가가게 된다.

더 세심한 주의를 기울이면 각 악마와 장애들이 정서적 혹은 정신적 응어리이고, 저마다 두려움의 자식들임을 알게 된다. 붓다가 일체 중생의 고통의 근원이라 말씀한 것이 이 응어리와 탐욕이다. 여느 수행자들처럼 나역시 수행과 지도를 시작한 처음 몇 년간은 불안, 갈망, 의혹, 분노 등을 안고 씨름해야 했다. 나는 내 고통의 근원이 대충 이런 힘들이라고 믿었다. 하지만 더 찬찬히 들여다보았을 때, 나는 자신에게서, 나중에는 다른 수행자들에게서 모든 싸움의 밑바닥에 깔린 것이 두려움임을 알게 됐다.

두려움은 자아의 위축감과 그릇된 자아 관념을 형성시킨다. 이 그릇되거나 '쪼그라든' 자아는 우리의 편협한 몸, 느낌, 생각 등에 집착한 채 그것들을 유지하고 보호하려 애쓴다. 이 편협한 자아 관념으로부터 결핍과 빈곤, 방어적 분노, 그리고 자기 보호를 위한 장벽들이 생겨난다. 우리는 겁이 나서 마음을 열거나 변화하거나 충만하게 살거나 인생 전체를 느끼지 못한다. 우리는 이 '두려움의 몸'과 동일시된 쪼그라든 자아에 길들여진다. 이 두려움으로부터 탐욕, 증오, 망상 등 온갖 악마들이 일어난다. 하지만 그 아래에서 우리는 참 본성(true nature), 본래의 상태 또는 불성(佛性)이라 일컫는 열림과 통일성을 발견할 수 있다. 우리가 참 본성에 도달하려면 지극히 개인적인 방식으로 이 '두려움의 몸'을 관찰하고 그 실타래를 풀어내야 한다.

인생의 위축과정을 지켜보기에 가장 좋은 장소 중 하나가 명상 속이다. 우리는 수행 중의 집요한 방문객처럼 수없이 찾아오는 특정 괴로움에 반응하면서 그것을 중심으로 위축된 자기 자신을 자주 경험할 것이다. 이런 생각, 기분, 감각의 반복적 변화양상들은 묘하게 고착돼 있거나 미해결된 상태로서 감지될 것이다. 나는 지금 '악마에 이름 붙이기' 장에서 소개한 졸음, 비판, 초조함 같은 일반적 문제들을 말하는 것이 아니다. 우리 의식 속에 반복해 일어나는, 대체로 아주 구체적이고 고통스러운 감각, 생각, 느낌, 그리고 이야기들을 말하는 것이다. 이것들을 산스크리트어(Sanskrit : 고대 인도의 귀족 언어로서 불경을 기록한 언어 – 옮긴이)로 상카라*Sankara*(의도를 중심으로 일어나는 능동적 정신현상을 말함 – 옮긴이)라 부른다. 반복적인 괴로움들이 일어날 때, 명상수행에서 맨 처음 할 일은 나타나는 것들을 인식하고 가만히 명명하는 것이다. "슬픔, 슬픔" 혹은 "기억, 기억"…. 물론 반복되는 어떤 사고양상들은 반응이나 우리 몸에 대한 현명한 행위를 요구할 것이다. 우리는 이런 상황들을 인식해야 한다. 어느 선사(禪師)의 말처럼, "그냥 천치같이 앉아만 있어선 안 된다." 그러나 많은 집요한 방문객들은 우리가 명명하면서 그것들에 반응할 때에도 줄기차게 또다시 모습을 드러낼 것이다.

몸이나 마음이나 정신의 어떤 경험이 반복해서 의식 속에 나타날 때, 그것은 그 방문객이 더 깊고 충분한 주의를 요구하고 있다는 신호이다. 명상의 기본원칙은 우리가 집요한 방문객과 마주칠 때 무엇이 나타나든 그것의 흐름에 마음을 열어두는 것이다. 하지만 그와 동시에 그 흐름이 더욱 세심한 주의와 명료한 이해를 요청하는 방문객의 신호라는 점을 인식해야 한다. 이 과정에는 탐구, 수용, 이해 그리고 용서가 필요하다.

주의 범위 확대하기

우리의 고착된 지점들을 열고 '두려움의 몸'이 지닌 모순들을 해소하는 방법을 배우는 데는 몇 가지 기본원칙들이 있다. 첫 번째 원칙이 '주의(注意)의 범위 확대하기'이다. 반복적인 괴로움들은 ㅁ마음챙김의 네 가지 기본 영역 중 하나에서 두드러지게 느껴질 것이다. 그것들은 몸(身)의 영역, 느낌(受)의 영역, 마음(心)의 영역(생각과 이미지) 그리고 우리의 기본자세(탐욕, 두려움, 혐오 등)의 영역 중 하나에서 나타날 것이다. 주의의 범위를 확대하려면 그저 집요한 방문객의 드러난 얼굴만을 바라보는 것이 아니라 그것의 또 다른 일면을 알아차려야 한다. 그것은 항상 우리가 당시에 바라보거나 명명하고 있는 뚜렷한 대상과는 다른 차원에 고착돼 있기 때문이다. 정신적 해방은 우리가 뚜렷하게 드러난 대상에서 다른 차원으로 알아차림을 변화시킬 수 있을 때에만 가능해진다.

수행 중에 나타나는 이 집요한 방문객, 즉 괴로움의 반복적 사고양상들을 우리는 '가요 톱 텐'이라 부른다. 대개 생각이 일어날 때 우리가 그저 "생각, 생각"이라 명명하고 알아차림 하면 그것이 구름 걷히듯 사라지곤 한다. 그러나 단어든, 심상이든, 이야기든 '가요 톱 텐'은 그대로 남아서 아무리 자주 바라보더라도 다시 돌아온다. 그것들은 녹음기처럼 한 가지 곡조를 수없이 반복해서 틀어댄다. 처음에는 전체적 파악을 위해 하나에서 열까지 번호를 붙여보라. "오, 너는 이번 주 히트곡 3번이군." 이런 식으로 그들을 바라볼 때, 우리는 매번 같은 곡만 줄곧 틀어댈 필요가 없어지고 그들을 더 수월하게 내보낼 수 있다. 또 이 기법을 살짝 바꿔 유머러스한 이름이나 호칭을 붙일 수도 있다. 나는 많은 놈들에게 이름을 붙여 이제는 내 친숙한 일부로 만들었다. 가령 이런 것들이다. "허기진 생존자", "내 성취자", "아틸라 대왕", "아기 재키", "어둠의 공포", "조급한 연인"…. 이렇게 하면 두려움, 슬픔, 조급함, 외로움 등의 반복적 사고양상들이 친숙해지고, 그들의 이야기를 더 친근하고 열린 마음으로 듣게 된다. "안녕, 다시 만나서 반가워! 오늘은 무슨 이야기를 들려줄 거지?"

하지만 이것만으로는 부족하다. 우리가 부모님의 이혼에 관한 이야기와 반복적으로 마주친다고 하자. 그 이야기는 어느 아이가 어떤 소지품을 가져가고, 누가 누구에게 어떤 말을 하는지와 같은 상황을 되풀이해서 들려준다. 그런 이야기들은 수없이 반복될 수 있다. 그럴 경우 우리는 주의의 범위를 확대해야 한다. '이 생각이 우리 몸에서 어떻게 느껴지지? 오, 가슴과 횡격막이 긴장되는군.' 우리는 그것에 "긴장, 긴장" 하고 명명하며 한동안 세심하게 주의를 기울여야 한다. 이러면 그것이 다른 감각들로 열리고, 많은 새 이미지들과 느낌들이 풀려나올 것이다. 이런 식으로 우리는 먼저 우리가 갖고 있던 신체적 응어리와 몸의 두려움을 풀어놓기 시작할 수 있다. 그 다음 우리의 주의를 새로운 느낌으로 더욱 확대할 수 있다. '이런 생각과 긴장에는 어떤 감정들이 따라오나?' 처음에는 그 감정들이 반쯤 감춰지거나 인식되지 않을지도 모른다. 그러나 주의 깊게 느껴보면 그 감정들이 모습을 드러내기 시작할 것이다. 가슴의 긴장은 슬픔이 되고, 그 슬픔은 비통함이 될 것이다. 우리가 마침내 비통함을 느끼기 시작할 때 그 사고양상은 해방될 것이다.

마찬가지로 우리가 반복적인 신체적 고통이나 괴로운 기분과 마주칠 때는 알아차림을 생각과 그 이야기, 그것과 따라오는 믿음 등으로 확대할 수 있다. 세심한 주의를 기울임으로써 우리는 계속해서 그 고통이나 기분을 일으키는 자신에 관한 미묘한 믿음을 발견할 수 있다. 어쩌면 그것은 "나는 언제나 이런 식이야" 같은 자기 무력감에 관한 이야기일 수도 있다. 우리가 그런 이야기나 믿음을 알아차리고, 있는 그대로 바라보게 되면 그 사고양상은 해방된다.

반복적인 생각과 이야기들은 거의 언제나 밑바탕에 깔린 인정되지 못한 감정이나 느낌에서 비롯된다. 이런 감지되지 않은 감정들이 몇 번이고 반복해서 그 생각을 불러낸다. 대개 미래의 계획은 근심에서 비롯된다. 과거에 대한 기억은 흔히 회한이나 죄책감, 혹은 슬픔 때문에 일어난다. 그리고 많은 환상들은 고통이나 공허감에 대한 반응으로 나타난다. 명상에서 할 일은 반복적으로 기록된 메시지의 수면 아래로 내려가 그것을 일으키는 에너지를 느끼고 감지하는 것이다. 우리가 이렇게 할 수 있을 때, 그리고 진정으로 그 감정과 화해할 때, 그 생각은 더 이상 일어날 필요가 없고 그 사고양상은 자연히 스러질 것이다.

감정의 충실한 알아차림

반복적인 사고양상을 해방시키는 두 번째 원칙은 '감정의 충실한 알아차림'이다. 우리의 내면생활 대부분을 통제하는 것은 감정의 차원이지만 흔히 우리는 자기 감정을 제대로 의식하지 못한다. 우리 문화는 우리에게 위축과 억압을 가르쳐왔다. '감정 드러내기'는 남자들에게 어울리지 않는 행동이고, 여자들에게도 특정한 감정표출만 허용된다. 우리의 양면성을 보여주는 어느 만화가 있었다. 어떤 여성이 점쟁이를 만나 왜 남편이 자기 감정을 이야기하지 않는지 물어보는 그림이었다. 점쟁이는 수정 구슬을 들여다보다 이렇게 알려준다. "내년 1월부터 모든 남자들이 자기 감정을 털어놓기 시작할 것이다. 하지만 온 나라 여성들은 몇 분 안에 후회할 것이다." 이것이 우리가 만나는 갈등이다.

우리가 감정을 털어놓는 법을 모르고 심지어 감정을 인식하지도 못할 때, 인생은 엉클어진 채로 남게 된다. 감정의 알아차림을 교정하는 일은 수많은 명상가들에게 지루하고 힘겨운 과정이다. 하지만 불교 심리학에서는 감정을 인식하는 일이 각성에 이르는 필수요소이다. '인과적 일어남의 순환'을 뜻하는 연기론(緣起論)의 가르침에서 붓다는 인간들이 어떻게 혼란에 휘말리는지 설명하셨다. 우리를 구속하거나 자유롭게 하는 곳은 감정의 공간이다. 즐거운 감정이 일어날 때 우리는 저절로 그것에 집착하고, 불쾌한 감정이 생길 때는 그것을 피하려 한다. 이럴 때 우리는 실타래 같은 고통의 연쇄 고리를 만들게 된다. 이 경우 '두려움의 몸'은 영원히 지속된다. 그러나 우리가 붙잡거나 회피함 없이 감정들을 알아차리게 되면, 그것들은 마치 일시적인 날씨처럼 우리를 지나쳐갈 수 있다. 우리는 그것들을 자유롭게 느끼면서 그저 바람처럼 흘려보낼 수 있다. 여러 날 동안 특히 자신의 감정에만 집중하는 수련은 아주 흥미로운 명상수행이 될 수 있다. 우리는 각각에 명명하고, 자신이 두려워하는 것이 어느 것인지, 무엇이 자신을 얽어매는지, 어느 것이 이야기를 쏟아내는지, 그리고 우리가 어떻게 자유로워지는지 바라볼 수 있다. '자유'는 감정에서 벗어나는 것이 아니다. 우리가 자유롭게 각각의 감정들을 느끼고, 그것을 흐르게 하고, 인생의 움직임을 겁내지 않는 것이다. 우리는 자신에게 일어나는 괴로운 사고양상들을 그렇게 상대할 수 있다. 우리는 각 경험의 한복판에 어떤 감정이 웅크리고 있는지 느끼고 그것에 마음을 활짝 열 수 있다. 바로 이것이 자유를 향한 진전이다.

수용 대상 발견하기

이것은 아주 까다롭고 복잡한 수련 방법처럼 보일지 모르지만 실제로는 아주 간단하다. 기본원칙은 그냥 앉아서 떠오르는 것을 알아차리는 것이다. 만일 반복적 사고양상이 있으면, 알아차림의 범위를 확대하라. 그리고 무엇이 수용(受容)을 요청하는지 느껴보라. 이것이 집요한 방문객을 다루는 세 번째 원칙이다. 반복적 사고양상은 어떤 저항 때문에 지속된다. 혐오나 두려움, 혹은 비판 등이 그것을 가두고 있는 것이다. 이런 위축현상은 두려움에서 비롯된다. 이것을 해방시키려면 나타나는 것을 인정하고 우리 마음에 이렇게 물어야 한다. "내가 이것을 어떻게 받아들이고 있지?" 나는 그것이 변화되기를 바라나? 넘겨버리고 싶고 사라졌으면 하는 괴로운 감정, 믿음, 움츠러든 감각 같은 것이 있나? 어떤 집착이나 두려움이 있는가?

달라이 라마는 전 세계의 공산주의가 실패할 것이라고 단언했다. 공산주의는 자비와 사랑에 기초한 것이 아니라 계급투쟁과 인민독재에 근거하고 있기 때문이라는 것이다. 투쟁과 독재는 우리의 내면생활에도 효과가 없다. 따라서 우리는 그 반복적 사고양상의 어떤 면이 수용과 자비를 요청하는지 살펴봐야 한다. 자신에게 물어라. "내가 마음의 문을 닫은 모든 것을 사랑으로 어루만질 수 있는가?" 당장 해결하거나 해답을 찾으라는 것이 아니다. 그저 "수용을 원하는 게 무엇이지?" 하고 물으라는 것이다. 생각이나 감정, 혹은 감각들의 괴로운 양상들이 아무리 강렬하게 나타난다 해도 우리는 마음을 열고 우리 몸, 마음, 정신의 온 에너지를 느껴야 한다. 이 경우 그 경험에 대한 우리의 반응에도 마음을 열고, 일어나는 두려움, 혐오, 위축감 등을 바라보면서 그 모두를 수용해야 한다. 오직 이럴 경우에만 그들을 해방시킬 수 있다.

내가 수행 초기에 수도승으로서 독신생활을 할 때, 한동안 성적(性的) 환상과 이미지들에 시달렸다. 스승님이 명명하기를 하라고 해서 나는 그렇게 했다. 그래도 그것들은 사라질 줄 몰랐다. 나는 생각했다. '이것을 수용할까? 그렇게 해도 결코 사라지지 않을 텐데.' 그래도 시도했다. 몇 날 몇 주에 걸쳐 그 잡념들은 한층 더 강해졌다. 마침내 나는 알아차림을 확대해 어떤 다른 감정들이 나타나는지 보기로 작정했다. 놀랍게도 성적 환상들이 일어날 때마다 거의 예외 없이 깊숙한 외로움의 우물이 있었다. 그 환상들은 순전히 욕정만이 아니라 외로움이었고, 성적 이미지들은 위안과 친밀감을 구하는 수단이었다. 하지만 그것들은 줄기차게 일어났다. 그래서 나는 그 욕망이 얼마나 강한지 바라보면서 자신이 외로움을 느끼도록 놔뒀다. 나는 욕망을 증오하고 그것에 저항했었다. 하지만 내가 바로 그 저항을 수용하고 모든 것을 자비속에 가만히 포용했을 때에 비로소 욕망이 가라앉기 시작했다. 주의를 확대함으로써 나는 내 성욕의 상당 부분이 욕망과는 별 상관이 없음을 알았고, 외로움의 감정을 수용했을 때 충동적인 성적 환상들이 서서히 누그러졌다.

중심으로 열고 들어가기

위에 소개한 수용이 이뤄지면 기본적으로 상당한 효과가 나타날 것이다. 치유, 자비 그리고 자유는 여유롭고 열린 알아차림에서 생겨난다. 그러나 때때로 우리의 반복적 사고양상과 가장 깊숙한 마디를 열어놓기 위해서는 한층 더 세심하고 집중적인 주의가 필요하다. 이것이 집요한 방문객을 다루는 네 번째 원칙으로, '중심으로 열고 들어가기'라 부른다. 우리 몸과 마음에서 응어리가 생기는 양상은 몸의 위축, 감정, 기억 그리고 심상들을 한데 뒤엉키게 하는 에너지의 마디와 비슷하다. 이 네 번째 기법에서 우리는 자신의 알아차림을 각 차원의 마디에 세심하게 집중하여 그 사고양상의 한가운데로 파고들게 된다. 그렇게 함으로써 그것과 우리의 동일시에서 풀려나 위축감을 넘어선 근본적인 열림과 평안을 발견할 수 있다.

이 과정이 실제 수행에서는 어떻게 이뤄질까? 내게 성적 환상들을 일으킨 외로움이 하나의 사례가 될 수 있다. 내가 명명하기를 하고 세심하게 느껴보았을 때도 그것들은 수시로 돌아와 나를 괴롭혔다. 내 기억 속의 외로움은 가장 깊숙한 고통의 근원 중 하나였다. 쌍둥이로 태어난 나는 가끔 내가 어머니 뱃속에 있을 때 혼자 있기 싫어서 내 형제를 불러냈다고 생각했다. 앞서 각 수행법들을 다루며 소개했듯이 몸에 관한 알아차림부터 시작하는 것이 최선이므로 나 역시 그렇게 했다. 외로움이 끊임없이 몰려옴에 따라, 나는 외로움이 모이는 지점에 더 세심한 주의를 기울였다. 대체로 외로움은 내 배에 모이는 것 같았다. 그래서 나는 그 속에서 '물질의 사대(四大)요소'라 불리는 것들을 느껴보려 했다. 흙(地, 딱딱한가 부드러운가), 공기(風, 정지했나 떨리나), 불(火, 열기), 물(水, 고여 있나 흘러가나), 그리고 때때로 그 색깔과 조직까지. 그것은 단단한 공 같았다. 중심은 팔딱거리고 뜨거우면서 새빨갰다. 다음으로 나는 그 속에 얽혀 있는 모든 감정들을 깊숙이 느껴봤다. 두려움, 고통, 슬픔, 동경, 갈망 등이 모두 나타났고, 아울러 그런 심리상태에 대한 일상적인 혐오감도 느껴졌다. 나는 그 각각을 가만히 명명했다. 그리고는 불, 고통, 갈망의 한복판을 느끼면서 원하는 심상은 무엇이든 떠오르도록 놔뒀다. 버려두고 거부했던 온갖 기억과 영상들이 나타났다. 대개 그 이미지들은 아주 어린 시절이나 심지어 전생(前生)(믿고 받아들이는 사람일 경우)의 광경을 보여준다. 이 중심을 느끼면서 나는 스스로에게 그것에 대한 나의 믿음이나 자세가 무엇인지 물었다. 들려온 소리는 이렇게 말하는 어린아이의 목소리 같았다. "나한테 부족하고 잘못된 어떤 것이 있어. 그러니 나는 항상 거부당하는 거야." 내가 움츠러들어 나 자신과 동일시했던 것이 바로 이 믿음과 그에 따른 감정들이었다.

알아차림 속에서 이런 껍질들이 벗겨짐에 따라 서서히 고통은 완화되고, 감정은 누그러지고, 불길은 잦아들었다. 계속해서 외로움의 중심으로 들어감에 따라, 나는 뱃속에서 고통이 응축된 구멍이나 공간이 느껴지는 것 같았다. 나는 이 한가운데 구멍을 가만히 명명하면서 그것의 깊은 갈망, 동경 그리고 공허감을 느껴보았다. 그런 다음 그것이 원하는 만큼 활짝 열었다. 그토록 오랜 세월 꼭꼭 닫아두었던 그것을 열어젖힌 것이다. 그러자 그 구멍은 더 크고 부드러워지면서 주위의 모든 것들이 아주 미세하게 진동했다. 그 구멍은 널찍한 공간으로 바뀌었고, 그것의 굶주린 속성이 변화했다. 그것은 비어 있었지만 더욱 널따란 빈 공간 같아졌다. 점차 그 공간이 내 몸을 채워나갔고, 그러면서 밝고 충만한 느낌이 차올랐다. 나는 평온과 심오한 만족 그리고 평화로 가득 찼다. 이 널찍한 공간에 들어앉자 온갖 거부와 결핍의 관념이 완전히 사그라졌다. 나는 그 모든 것들(외로움, 고통, 슬픔, 거부의 상념들)이 몸과 마음의 위축감이었고, 그것은 내가 오랫동안 지녔던 두려움과 아주 편협한 자아 관념에서 비롯됐음을 볼 수 있었다. 나는 그 위축감을 만들어낸 장면과 조건들까지도 자비롭게 바라볼 수 있었다. 여기, 광활함과 통일감 속에 놓여 있으면서, 나는 그 위축감이 진실이 아님을 알았다. 외로움의 고통은 분명히 내 인생에 다시 나타났지만, 이제 나는 그것이 지금의 내가 아니라는 것을 확실히 안다. 그 그릇된 믿음과 위축감들은 두려움에서 생긴 것이고, 그 모든 것 아래에는 우리의 참 본성인 진정한 통일성과 행복감이 놓여 있음을 알게 되었다.

더 단순한 사례가 있다. 세 달간의 통찰명상수련회에 참가한 남자가 있었다. 그는 처음 6주 동안 조용히 맹렬한 수련에 몰두했다. 그러다 별안간 그의 어깨에 통증이 일어나더니, 정신이 산만해지면서, 졸음이 밀려오고, 집중할 수 없는 상태가 되었다. 그는 그 상태로 몇 주간 더 수행하다 나를 찾아왔다. 그가 고통과 졸음이 반복되는 상황을 설명하기에 나는 그에게 몸에서 일어나는 감각들의 중심에 주의를 집중해보라고 했다. 그는 눈을 감고 세심한 알아차림을 시도하며 물질의 요소들, 감정들 그리고 통증 한가운데의 심상들을 설명하기 시작했다. 그러자 갑자기 그의 얼굴이 일그러지면서 열여섯 살 때의 기억을 생생히 떠올리는 것이었다. 당시 그는 미식축구를 하다 사고로 다른 소년의 팔을 부러뜨린 적이 있었다. 그가 말했다. "나는 괴력의 축구선수 같았어요. 맹렬히 돌진해서 그 애를 가로막았는데 그의 팔이 부러지고 말았어요. 그 직후 공포, 슬픔, 후회가 밀려왔어요. 나는 나 자신의 엄청난 힘이 두려웠어요." "그 일이 당신의 명상과 어떤 연관이 있지요?" 내가 묻자, 그에게 강렬한 인식이 떠올랐다. "내가 가장 맹렬한 명상 속에 빠져들었다고 느끼는 순간, 어깨가 아파오고 몽롱하고 무기력해지면서 움츠러들었어요. 무의식적으로 이 새로운 힘이 두려웠던 것 같아요. 이 힘으로 남을 해칠지 모른다는 두려움이요."

그가 근원을 또렷이 바라보고 깊숙한 두려움을 어루만지자마자 그의 어깨 통증이 가라앉았다. 마음은 맑아지고 두려움, 혼미, 졸음 대신에 근원적인 자신감이 솟아났다. 그의 명상이 다시 열리면서 평화롭고 엄청나게 몰입된 상태에 이르렀다. 이제는 몰입의 과정에 머물며 편안함을 유지할 수 있었다. 우리가 자신의 괴로운 사고양상을 이해하고 해방시킬 때, 의식이 맑아지면서 명상이 더욱 순조롭고 자연스럽게 이루어진다. 우리가 자신의 참 본성과 연결되는 것이다.

알아차림을 통해 응어리들을 제대로 파고들 때, 우리는 열림을 경험한다. 우리는 각 응어리의 밑에서 편안한 공간을 발견한다. 이 공간은 신체적으로 선명히 느껴질 수 있다. 감각의 열림이 진전됨에 따라 견고한 신체의 관념은 해체될 것이다. 이 열림은 마음에서는 넉넉하고 자애로운 포용심으로, 정신에서는 만물을 담아내는 널찍한 알아차림의 공간으로 느껴질 수 있다. 이 공간 속에서 우리는 우리의 참 본성을 발견한다.

우리가 위축되지 않을 때, 우리 몸과 정신의 공간은 자연히 본연의 통일성을 드러내는 성질들로 가득 찬다. 우리는 행복, 기쁨, 청정, 지혜, 자신감 등을 경험한다. 명료한 의식의 보석 같은 특성들이다. 우리가 위축과 두려움의 상태를 뛰어넘어 활짝 열릴 때마다 이 상태에 도달한다. 매번 우리가 만나게 될 특성들은 전에 우리가 간직한 것들을 더욱 보완해 완성시킨다. 이를 통해 그 미식축구 선수는 자기 두려움으로부터 자신감을 발견했다. 그리고 나는 외로움에서 풀려나 줄곧 찾아 헤맸던 만족과 통일감 속으로 들어갔다. 칼 융(Carl Jung : 1875~1961, 스위스의 심리학자. 분석심리학의 체계를 세웠고 원형(原型), 집단무의식 등의 개념을 개발했다-옮긴이)도 이 점을 이해하고 있었다. 융은 금주동맹(Alcoholics Anonymous : AA, 알코올 중독자들이 서로 도우며 중독에서 벗어나고자 결성한 단체-옮긴이) 창설자들과의 대화에서 그들이 술병 속에서 진짜로 찾는 것은 우리의 고향인 마음의 진정한 치유라고 말했다.

영적 열림을 경험할 때, 우리는 자신이 얼마나 쪼그라든 정체성과 두려운 믿음들을 자신의 참 본성으로 착각하는지, 그것이 얼마나 우리를 구속하는지 보게 된다. 우리는 자신과 남들이 이 세상에 만들어낸 위축된 정체성과 거기서 나온 고통을 거대한 자비심으로 어루만질 수 있다. 광대하고 무한한 열림의 시야를 바탕으로 우리는 태어나고 죽어가는 온 인간의 현란한 춤사위를 붓다의 자애로운 눈과 이해심으로 바라보기 시작한다. 우리는 정체성 확인과정이 어떻게 우리 인생을 관통하여 우리를 깨달음의 길로 이끄는지 보게 된다.

인간이 열망하는 보물은 위축된 심리상태, 갈망의 마음, 발버둥치는 옹색한 자아에서는 찾을 수 없다. 알아차림을 통하여 우리는 빈곤하거나 두렵거나 충동적인 정체성에서 풀려나 통일감과 평안, 자유로움 그리고 우리 존재의 자연스런 흐름을 발견할 수 있다.

　이런 차원의 명상수행은 혁명적인 탐구와 발견의 과정이다. 우리의 반복적 괴로움들은 이 새로운 열림의 상태로 우리를 이끌 수 있다. 우리가 지닌 그 갈등과 고통이 우리를 새로운 차원의 자유로 인도하는 것이다. 각각의 괴로운 상황들은 그 나름의 특별한 깨달음에 이르는 교훈을 담고 있다. 우리에게 필요한 것은 담대하게 우리 존재의 중심으로 들어가는 것이다.

　우리의 반복적 사고양상과 마주서고 우리 정체성을 탐구하는 일은 심오한 작업이라는 사실을 명심하라. 이 작업에는 흔히 스승이나 안내자의 도움이 필요하다. 이 문제는 16장에서 더 자세히 다룰 것이다. 거기서 스승을 찾고 도움을 얻는 방법을 상세히 살펴볼 것이다.

괴로움을 상대하는 다섯 가지 방법

■ 이 생(生)은 하나의 시험이다. 오직 시험일 뿐이다.
　만일 이것이 실제 인생이었다면, 우리가 어디로 가야할지, 무엇을 해야 할지
　더 뚜렷한 지시가 있었을 것이다.
　명심하라. 이 생은 오직 시험일 뿐이다.

　이제까지와 같은 모험과 발견의 정신으로, 괴로운 경험들을 상대하는 다섯 가지 원칙을 더 살펴보도록 하자. 이것들은 불교 수행의 전통적인 원칙들로서 우리 괴로움의 양상들을 느끼면서, 그것들을 자꾸 더 의식적으로 떠올리고, 깊이 탐구하거나 그것들에 얽힌 우리의 실타래를 풀어내는 수련법이다. 이 다섯 가지 수단은 가장 기본적인 '놓아버리기'부터 시작하여, 더욱 과감하고 도전적인 기법들로 나아간다.

1) 놓아버리기

  '놓아버리기'는 다섯 가지 수난 중 가장 핵심적인 기법이다. 괴로움들이
일어날 때 우리는 가능한 한 그것들을 그냥 놓아버려야 한다. 하지만 조심
하라! 놓아버리기는 말처럼 쉬운 일이 아니다. 흔히 우리는 어떤 행동을 하
려는 감정이나 이야기에 너무 집착하고 얽매이는 자신을 발견한다. 가끔은
우리가 무언가를 싫어하기 때문에 '놓아버리기'를 시도하기도 한다. 하지
만 이것은 놓아버리기가 아니다. 혐오일 뿐이다. 명상수행의 초기 단계에
서 괴로움을 놓아버리고자 하는 많은 수행자들의 시도가 이런 식으로 잘못
행해지고 있다. 사실 그들의 시도는 비판과 회피의 몸짓들이다.

  균형 잡힌 정신과 자비로운 마음에 이르렀을 때에만 진정한 놓아버리기
가 가능해진다. 명상수행이 깊어지면 어떤 괴로운 상태가 일어날 때 곧장 놓
아버릴 수 있게 된다. 이런 놓아버리기에는 혐오감이 들어 있지 않다. 하나
의 마음상태를 포기하고 다음 순간 더 노련한 방식으로 평온하게 주의를 집
중하는 것이다. 이 능력은 수행을 쌓으면서 얻어지고, 우리의 평정심이 성장
하면서 생겨난다. 물론 길러낼 수는 있지만 결코 억지로 되지는 않는다.

  놓아버리기가 불가능할 경우에는 약간 완화된 수단을 사용할 수도 있다.
이른바 '그대로 두기'가 그것이다. 무엇이 일어나든, 그것이 고통이든 두려움
이든 격한 투쟁이든 놓아버리기 대신 그냥 알아차리면서 왔다 가도록 두는 것
이 '그대로 두기'이다. 비틀즈의 노래 〈Let It Be〉의 가사를 떠올려보라.
"There will be an answer. Let it be, let it be…." '그대로 두기'는 제거
하기나 회피하기가 아니라 그냥 풀어놓기를 뜻한다. 무엇이 나타나든 마치 바
다의 파도처럼 띠올랐다 사라지도록 그냥 놔두라. 만일 울음이 복받치면 울게
놔두라. 슬픔이나 분노가 올라오면 슬퍼하고 분개하게 두라. 이것이 온갖 형
태의 붓다이다. 태양의 붓다, 달의 붓다, 행복의 붓다, 슬픔의 붓다 등등…. 바

로 이것이 우리의 마음을 열고 일깨우기 위해 만물을 베풀어주는 우주이다. 몇 년 전 나는 그대로 두기의 참뜻을 멋지게 표현한 광고를 본 적이 있다. 명상과 요가를 선전하는 포스터였다. 백발이 성성하고 기다란 수염을 기른 어느 유명한 힌두 구루가 '나무 자세'로 알려진 요가 동작을 하고 있었다. 허리싸개만 걸친 채 한 발로 절묘하게 균형 잡은 자세였다. 그런데 놀라운 점은 그 자세로 밀려오는 거대한 파도 위의 미끄러지는 서핑보드 위에 서 있는 것이었다. 포스터 아래에는 큼지막한 글씨로 이렇게 쓰여 있었다. "당신이 파도를 멈출 수는 없습니다. 그러나 파도타기는 배울 수 있지요." 이런 식으로 우리는 자기 인생의 모순들을 맞이하고 그것들을 놓아버리거나 그대로 둘 수 있다.

2) 에너지 전환하기

그러나 가끔 놓아버리기와 그대로 두기는 너무 힘들 때가 있다. 어쩌면 당신은 이미 어떤 괴로움을 받아들이려 했을지도 모른다. 그것을 허용하고, 깊숙이 느껴보려고까지 했는데도 여전히 그것과 힘겨운 씨름을 하고 있을지 모른다. 되풀이해서 일어나는 괴로움을 상대하는 또 다른 방법이 있다. 그 중 하나가 '에너지 전환하기'로서 괴로움의 에너지를 유용한 감정이나 행동으로 바꾸는 방법이다. 이 수단은 내면과 외면의 어느 쪽으로도 행할 수 있다. 가령 우리 몸과 마음에 깊숙이 뿌리박힌 분노와 폭력의 힘들을 상대할 때 우리는 가끔 아주 난폭해진다. 이때 그 분노를 변형시켜 장작패기 같은 외부적 행위에 쏟아 붓는 것이다. 이렇게 분노를 방출하고 노련하게 다른 방향으로 돌릴 수 있다. 그 에너지를 겨울 준비 작업에 사용하거나, 신체활동을 통해 창조적이고 유익한 목적에 이용하는 것이다. 우리는 분노를 전환할 때 그것이 방출되는 과정을 명확히 볼 수 있다. 분노를 직접 표출하는 법을 배우는 것도 유익하다. 감정표출은 우리 문명인들에게 특히 필요하다. 현대인들은 감정을 철저히 억누르도록 훈련되어 감정의 표출을 두려워한다. 만일 당신이 평생 분노를 두려워해왔다면, 그것을 탐구하고 시험해볼 필요가 있다. 남들에게 상처주고 해치는 방법이 아니라 에너지 전환의 방식으로 할 수 있다. 다른 괴로움들도 마찬가지다. 괴로움들을 내보내면서 유용한 곳에 사용할 방법을 찾아보라.

에너지 전환은 내면적으로도 이뤄질 수 있다. 내면적 에너지 전환의 사례로서 충동적인 성적 욕구를 생각해보자. 성적 갈망이 반복적으로 너무나 강렬하게 일어나 도저히 그것에 마음챙김을 할 수 없다고 가정하자. 내면적 에너지 전환을 통하여 우리는 이 에너지를 몸으로 느끼면서 그것을 생식기에서 심장으로 옮길 수 있다. 내면의 주의집중을 통해 성적 에너지를 유도하여 성기에서만이 아니라 심장과도 연결하여 느끼는 것이다. 분노를 이용해 장작을 팰 때와 똑같이, 사실은 연결되고픈 욕구인 이 강렬한 욕망의 에너지를 집착의 장소에서 사랑의 장소로 옮겨놓을 수 있다. 이런 과정을 통해 우리의 성욕이 표출될 때, 그것은 두려움, 충동, 욕구가 아니라 고결한 사랑으로 이어질 것이다.

3) 치워두기

괴로움을 상대하는 세 번째의 전통 수련법은 '치워두기'라는 것이다. 이 수단은 괴로움을 일시적으로 억누르는 것이다. 의식적인 억압은 상당히 유용하다. 우리의 괴로움을 처리하기에 좋은 시기도 있고 나쁜 시기도 있으며, 적절한 경우도 있고 부적절한 경우도 있다. 한 가지 사례가 있다. 집에서 주말을 보내던 외과의사가 있었는데, 전화 통화 때문에 남편과 대판 싸움을 벌였다. 그런데 갑자기 호출명령이 내려와 그 여의사는 당장 병원으로 들어가야 했다. 그녀는 차에 올라 병원으로 달렸고, 곧장 손을 씻고 수

술복을 입은 뒤 수술에 임했다. 그때는 마음속으로 남편과의 싸움을 계속할 시기가 아니었다. 문제를 잠시 치워두고 수술에 마음을 쏟을 때였다.

이 사례는 극단적인 경우지만, 우리가 가족, 아이들, 사랑하는 이, 직장 동료들과 함께 생활할 때, 우리의 괴로움들을 제대로 상대하기 어렵거나 적절하지 않은 상황에 놓일 경우가 많다. 내면의 활동을 위한 적당한 시간과 장소를 찾는 것이 중요하다. 괴로움을 잠시 밀쳐둘 수 있음을 이해하면 엄청난 도움이 된다. 우리는 괴로움들을 죄다 한꺼번에 상대할 필요도 없고, 모든 상황에서 처리할 필요도 없다. 모든 자연의 이치가 그렇듯이 우리의 마음과 정신을 성장시키는 데도 적절한 시기가 있다.

우리가 명상여행을 하다 보면, 필연적으로 내면의 갈등이 너무 거대해서 괴로움들을 쉽게 처리할 수 없는 시기를 만난다. 우리가 인생의 위기 한복판에 있을 수도 있고, 매몰찬 사람들에 둘러싸일 수도 있다. 적절한 도움의 손길이 없거나 지쳐 쓰러질 때도 있을 것이다. 이때가 바로 괴로움들을 뒤로 미뤄두고, 그것들을 상대할 적절한 상황을 기다릴 때이다. '치워두기'에서는 의식적으로 괴로움들을 밀쳐놓은 채 나중에 온전한 주의를 기울여 다시 상대하겠다고 다짐한다. 우리의 나약함을 인정하고 우리에게는 저마다 내면의 가장 심각한 감정들을 처리할 합당한 여건이 필요함을 인식하는 것이 중요하다. 우리는 인간으로서 상처 받았고, 그래서 자신의 수많은 괴로움들의 주위에 장벽을 쌓았다. 영적 열림의 열쇠는 신뢰와 사랑이다. 우리는 사랑으로 괴로움들을 녹여내야 한다. 그것들을 두들겨 부술 수는 없다. 다만 녹여 열 수 있을 뿐이다.

4) 마음챙김으로 상상하기

우리는 인생을 살면서 항상 충동이 일어날 때마다 곧바로 대응하곤 한다. 이런 행동을 수행으로 변화시키려면, 아주 노련한 마음챙김으로 행동하는 법을 익혀야 한다. 마음챙김이 없으면 우리는 그저 길들여진 습관과 욕망만을 강화하게 된다. 우리는 틀에 박힌 습관에 얽매인 채 무의식의 힘을 탐욕과 분노의 세력에 넘겨주게 된다. 마음챙김이 이뤄져야만 우리 행동이 우리를 자유로 인도할 수 있다.

괴로움들을 상대하는 네 번째의 노련한 수단은 '마음챙김으로 상상하기'라 불리는 수련법이다. 우리가 강렬한 두려움, 욕망, 의혹 혹은 난폭성과 마주쳤다고 가정하자. 이 수행에서는 그 감정을 상상 속에서 더욱 부풀려 그대로 표출하게 내버려둔다. 욕망의 경우, 우리는 그것을 온갖 형태로 변형하고 수없이 반복해서, 수백 수천 번이라도 최대한까지 충족하는 상상을 한다. 우리는 욕망을 느끼고 떠올리며 마음에 그린다. 그러나 마음챙김 상태에서 하기 때문에 단순히 욕망을 강화시키지는 않는다. 자신의 폭력성을 상대할 경우는, 상대방을 물어뜯고 걷어차는 등 온갖 폭력행위를 상상해볼 수 있다. 이 수련법은 우리가 자기 안의 에너지를 보면서 마치 이렇게 말하는 것과 같다. "음, 이 욕망이 얼마나 강한지, 이 분노가 얼마나 거대한지 어디 한번 지켜보겠어." 그 괴로운 문제들을 상상하면서 한번 그 극한까지 느껴보라. 극한까지 치닫도록 놔둘 때, 우리는 그 강렬한 힘들을 통제하고 다스릴 수 있음을 발견한다. 그러면 그들은 우리를 짓누르던 힘을 잃는다. 우리는 그들을 무덤덤하게 바라보기 시작한다. 인간이라면 누구나 지닌 '고통', '두려움', '열망' 등으로.

내면의 주의력이 지닌 힘은 대단하다. 내면의 괴로움들을 상상하고 떠올림으로써 우리는 과거의 상처, 몸부림, 갈등 등을 매만질 수 있다. 그것들을 우리 의식 속에 담고 몸으로 느낌으로써, 우리는 마침내 그 에너지의 영향을 충실히 느낄 수 있다. 이를 통해 우리의 의식이 열리게 된다. 우리는 그림의 어느 한 면에만 완전히 빠져들지 않고 다른 경치를 바라보게 된다.

다른 사람들의 시점, 인생의 다른 단계의 관점으로 바라볼 수도 있다. 심오한 근원적 치유는 우리 안에 있는 갈등, 괴로움, 욕망들의 적극적 상상을 통하여 이루어진다. 그것들을 상상하고 충실히 받아들일 때, 우리는 자신의 한계를 보면서 우리 의식의 더욱 깊숙한 자유에 이르게 된다.

어느 수련생이 있었다. 그는 여러 해 동안 이 수련법을 행하면서 어마어마한 분노와 좌절감에 끊임없이 시달리고 있었다. 나는 그와 함께 앉아 그의 분노가 얼마나 거대한지 떠올려보라고 했다. 그는 그것이 폭탄 같고, 나중엔 핵폭발처럼 느껴진다고 했다. 나는 그 분노를 원하는 만큼 폭발시키라고 했다. 그러자 그는 온 우주를 태워버렸다고 말했다. 온 우주가 칠흑같이 컴컴하고 완전히 죽어 온통 잿더미로 변했다. 그의 안에서 거대한 두려움이 일어났다. 그는 오랜 세월 자기 인생의 상당 부분이 죽어 있었다고 느꼈다. 이제 그 죽음은 더욱 강렬하게 느껴졌다. 마치 자기 생명이 영원히 죽어버린 것처럼. 나는 그에게 그 죽음과 잿더미가 온 우주를 끝없이 덮어버리도록 두라고, 그리고 무슨 일이 벌어지는지 보라고 했다. 그는 한참 동안 그대로 앉아 있었다. 그의 상상 속에서 천만, 5천만, 5억 년이 흘러갔다.

그러자 놀랍게도 아득히 먼 곳에서 푸른빛이 반짝이기 시작했다. 그는 흠칫 놀랐다. 그래서 그 죽음의 상태를 또다시 일억 년 연장시켰다. 하지만 마침내 그 푸른빛이 너무 강렬해져 더는 무시할 수 없을 정도가 되었다. 그것은 새로운 행성의 탄생이었다. 태양이 나타나고, 푸르른 초목에 어린 아이들이 보였다. 그 광경을 보면서 그는 자기 자신의 거대한 고통도 마침내 끝났음을 깨달았다. 그토록 오랜 세월 들러붙던 분노와 좌절이 드디어 힘을 잃기 시작했다. 그리고 필연적으로 재생의 과정이 펼쳐지기 시작했다.

인도 시인 갈리브(Ghalib : 1797~1869, 인도의 위대한 시인. 무굴 제국의 마지막 황제 바하두르 샤 2세에 의해 계관시인으로 임명되었음 – 옮긴이)는 이렇게 노래했다.

■ 저 빗방울은 강물로 들어가며 기쁨에 넘치누나…

　　머나먼 여행길을 지나 슬픔에 다다르며, 눈물은 탄식으로 변하는데,

　　억수 같은 빗물을 쏟고 나면, 광포한 먹구름도 흩어지나니,

　　이는 마음껏 흐느끼고 마침내 맑아지려는 하늘의 마음이 아닐까?

　이처럼 우리는 시각적 상상을 통해 우리 괴로움들을 탐구할 수 있다. 이와 마찬가지로 시각적 상상을 이용하여 우리 각자의 마음속에 있는 우주적 지혜와 자비의 거대한 힘들을 불러낼 수도 있다. 고도의 불교 수행법들인 삼매(三昧 : samadhi, 힌두교와 불교에서 인간이 육체에 얽매여 있는 동안 도달할 수 있는 최고의 정신집중 상태를 말함 – 옮긴이)와 탄트라*tantra*의 상당 부분이 이 원리에 근거하고 있다. 그 수행들 속에서 우리는 내면적으로 붓다나 예수 같은 위대한 깨달음의 상징들을 체험하기도 하고, 우리 마음속의 자비를 모든 생명체로 확대하는 상상을 펼치기도 한다. 이처럼 마음과 정신의 노련한 시각화 수행을 이용하면 우리는 이 세계에 엄청난 변화를 일으킬 수 있다.

5) 마음챙김으로 실행하기

　괴로움들을 상대하는 다섯 번째의 노련한 수련법은 '마음챙김으로 실행하기'라는 것이다. 이것은 현실을 대면하여 우리 욕구의 대부분을 어떻게든 진짜로 행하는 것이다. 이 다섯 번째 수련법에서는 자꾸만 나타나는 욕구를 고스란히 충족시키되, 그 전 과정에 걸쳐 일어나는 상황을 충실히 '알아차림' 한다. 이 수련법을 행할 때는 명심할 점이 두 가지 있다. 첫째는 자신이나 다른 누구에게도 절대로 해를 끼쳐서는 안 된다는 것이다. 둘째는 마음챙김으로 행해야 한다는 것이다. 만일 대상이 욕망이라면, 그것에 관한 행위를 하면서 전 과정에 세심한 주의를 기울인다. 만일 그것이 표출될

필요가 있는 어떤 것이라면, 그것을 표출하면서 우리의 주의, 마음 상태, 몸의 느낌, 그 과정에서 생기는 마음의 위축이나 열림을 관찰한다. 전 과정을 지켜보면서 그 경험, 몸의 느낌, 그 결과들을 우리의 스승으로 삼는 것이다. 이것은 우리가 깨달음을 얻을 탁월한 기회이다. 하지만 명심하라. 이 과정에서 자신이나 다른 어떤 존재에게도 해악을 끼쳐서는 안 된다.

이 수련법의 첫 단계로서 단순히 자신의 괴로움을 확대시키는 방법이 있다. 내가 태국에 있을 때 걸핏하면 화를 내는 수도승이 있었다. 그러자 아잔 차 스님이 어느 찌는 듯이 무더운 날 그를 조그만 양철 오두막에 집어넣고는 이 수련법을 행하라고 명하셨다. 거기다 그에게 두꺼운 겨울 승복까지 입히셨다. 스승님은 그에게 마음껏 화를 쏟아내면서, 분노를 온몸으로 느껴보라고 하셨다.

마음챙김으로 실행하기에는 또 다른 단계가 있다. 인도에서 나와 함께 수련한 어느 스승이 있었는데 그분은 사탕에 흠뻑 빠져 있었다. 그 스승은 굴라브 자만*gulab jaman*을 미치도록 좋아했다. 굴라브 자만은 너무나 달아서 바클라바(터키, 그리스, 중동에서 즐겨 먹는 달콤한 도넛 과자 - 옮긴이)가 담백하게 느껴질 정도였다. 내적인 수양과 명상을 시도했지만 실패하고만 그 스승은 그 욕구를 실행하기 수련법으로 상대하기로 작정했다. 어느 날 그분은 시장에 가서 30루피어치의 굴라브 자만을 샀다. 그 모양이 꼭 설탕 시럽의 바다 위에 떠있는 사탕들의 산처럼 보였다. 그 스승은 정좌하고 앉아 마음챙김 상태에서 그것을 마음껏 먹었다. 그러면서 자신에게 일어나는 모든 일을 바라보았다. 그분은 그 욕구가 충족되는 순간(첫 번째 한 입)에 일어나는 평화로움을 보았다. 그 욕구의 고통도 느꼈다. 단맛의 쾌락도 느꼈다. 그분은 자신이 그 욕구의 대상, 즉 산더미 같은 굴라브 자만을 계속해서 먹어대는 동안 쾌락이 압박감으로 변하는 것을 느꼈다. 결국 그 스승은 다시는 굴라브 자만을 향한 불타는 욕구에 시달리지 않게 되었다.

이것은 다소 고도의 수행법이다. 이 수련의 의미는 우리의 충동을 자꾸만 불러내거나 실행하라는 것이 아니다. 한 차례 욕구를 실행하면서 지극히 깨어 있고 순수한 알아차림으로 첫 행동에서 마지막 결과까지 충실히 바라보고 거기서 교훈을 얻으라는 것이다.

이렇듯 우리의 괴로움들을 껴안고 춤추는 방법은 한두 가지가 아니다. 그 각각의 수련법은 무의식에서 깨어나 열림의 상태로 옮겨가는 것이다. 우리는 괴로움들을 찬찬히 뜯어볼 수도 있고, 그냥 놓아버릴 수도 있다. 괴로움들을 변환시켜 그 에너지를 우리 수행의 유용한 일부로 만들 수도 있다. 우리가 이렇게 할 수 없을 때는 괴로움들을 치워뒀다가 나중에 안전하고 적절한 상황이 됐을 때 상대할 수도 있다. 더 나아가 괴로움들을 상상 속에서 확대하여 그것들과 화해할 수도 있고, 마음챙김 상태에서 그것들을 실행할 수도 있다. 이 모든 수련법들은 우리의 수행을 성장시키고 충실하게 하며 살아나게 한다.

인도의 성자 라마크리슈나(Ramakrishna : 1836~1886, 모든 종교는 본질적으로 같으며 모두가 옳다고 말한 힌두교 지도자 - 옮긴이)는 세상에 왜 악(惡)이 존재하느냐는 물음에 이렇게 답했다. "세상사를 흥미롭게 하려고." 세상사를 흥미롭게 하려는 그것들, 흔히 가장 괴롭고 집요한 그 방문객들이 우리의 몸, 마음, 정신이 열리도록 이끄는 안내자가 된다. 영적 열림의 과정에서 우리는 그 방문객들이 우리의 진정한 정체가 아님을 발견한다. 우리를 위축되게 만든 그 온갖 눈물, 고통, 두려움, 분노 바로 밑에서 우리는 자유, 기쁨 그리고 온 생명 앞의 평안을 발견할 수 있다.

9. 정신의 롤러코스터

번쩍거리는 광채와 환영들, 황홀경과 에너지의 강렬한 방출. 이 모두는 우리의 존재, 몸, 마음의 낡은 구조를 부숴버리는 경이로운 신호이다. 그러나 그것들 자체가 지혜를 갖다주는 것은 아니다.

위대한 신비주의 전통들의 문헌에 수없이 등장하는 휘황찬란하고 신기한 영적 체험들은 어떻게 이해해야 할까? 현대를 사는 우리들도 그런 경험을 할 수 있을까? 그런 체험들은 어떤 가치를 지니는 것일까? 앞 장(章)에서 우리는 비교적 평범한 의식 상태 속의 신체적 에너지, 감정 그리고 사고양상들을 다뤘다. 그것들이 풀려나면서 새로운 차원의 평온과 청정함이 찾아오고, 계속되는 수행을 통하여 가끔은 우리의 온 의식 상태 자체가 변화된다. 더욱 체계적인 영성수련을 해나가면 몸, 마음, 정신이 초월적 상태에 이르는 강렬한 경험을 할 수 있다. 이 장에서는 본질적으로 설명이 불가능한 이 경험들을 설명하려 시도하면서 그것들을 우리 구도 여정의 일부로서 균형 있게 바라보고자 한다.

초월적 상태에 대한 두 가지 시각

우리가 정신의 비상한 상태들을 이해하려면 먼저 수행 전통에는 우리 의식을 변환하고 해방시키는 경험들의 가치에 대해 판이하게 다른 두 가지 시각이 있음을 알아야한다. 어떤 수행 종파들은 우리가 심오한 의식의 변환 상태에 도달해야 인생의 '초월적인' 시야를 발견하면서 몸과 마음이 열려 신비한 해방의 참맛을 느낄 수 있다고 주장한다. 이런 종파들은 산꼭대기에 올라 광대한 시야로 내려다보며, 소(小)자아를 초월하여 깨달음을 체험해야 한다고 가르친다. 많은 수행 전통들이 그런 환상적이고 초월적인 체험을 강조한다. 선(禪)불교의 한 종파인 임제종(臨濟宗 : 중국 당나라 때의 선사 임제의 현(臨濟義玄)이 창시한 종파로 간화선을 중시함 – 옮긴이)에서는 맹렬한 공안(公案 : '도를 깨치게 하기 위한 과제'를 이르는 말로 흔히 '화두'라고 함 – 옮긴이) 수련과 엄격한 안거 수행을 강조한다. 거기서는 평범한 의식 상태를 뛰어넘어 사토리(satori : 득도(得道)를 뜻하는 일본어 – 옮긴이)나 켄쇼*kensho*라 부르는 심오한 깨달음의 순간에 이르고자 한다. 통찰명상(vipassana : 위빠사나)의 수행 전통들은 대개 강렬한 몰입 기법과 오랜 집중 수련을 통하여 수행자들이 일상의 의식을 넘어 깨달음을 얻도록 가르치고 있다. 라자 요가와 쿤달리니 요가들, 일부 샤머니즘 의식들, '암흑의 밤(dark night)'이라는 기독교의 집중적인 기도 수행 등도 모두 이런 정신을 따르는 수행 전통들이다. 이들이 사용하는 기법들은 반복, 강화, 고통, 강렬한 호흡, 집중적인 몰입, 공안, 불면 수행 그리고 수행자들이 일상적 의식을 초월하도록 돕는 환상 등이다.

그러나 다른 수많은 수행 전통들은 초월의 산을 기어오르려 하지 않는다. 그보다 산꼭대기의 신을 데려와 인생의 매 순간 바로 여기에 살아 있게 만든다. 그들의 가르침에 따르면 해방과 초월은 지금 이곳에서 발견해야 한다. 현재의 이곳이 아니라면 달리 어디에서 찾을 수 있단 말인가? '우주내재론(宇宙內在論 : 신이 우주와 시간 속에 내재한다는 신학 이론 – 옮긴이)’ 교파들의 가르침은 초월의 추구보다 현실의 깨달음을 중시한다. 신은 모든 순간에 빛을 비춰야지 그렇지 않으면 진짜 신이 아니라는 믿음이다.

‘지금 여기’의 깨우침에 초점을 맞추는 교파들은 신과 깨달음이 항상 옆에 있다고 가르친다. 단지 초월을 향한 욕구를 포함한 우리의 욕망과 탐욕의 마음 때문에 이 실체를 체험하지 못할 뿐이다. 선불교의 묵조선(默照禪 : 화두 같은 보조 수단 없이 침묵 속에 몰입하는 선풍. 이 종파를 조동종(曹洞宗)이라 함 – 옮긴이) 종파에서는 ‘그냥 앉아 있기(只管打坐 : just sitting)’라 부르는 명상을 중시하면서, 지금 이곳에 있는 진리를 향한 깊은 열림을 강조한다. 이 수행에서는 사토리, 즉 깨달음을 얻고자 하거나 다른 곳에 이르고자 하는 바로 그 관념마저 포기한다. 미국의 가장 위대한 묵조선 선사 중 하나인 스즈키 *Suzuki* 선사는 자기 가르침에서 한 번도 사토리를 언급한 적이 없었다. 그의 아내의 농담 섞인 말에 따르면 스즈키 선사가 사토리를 경험한 적이 없기 때문이란다. 묵조선 전통에서는 변화하는 모든 지각 대상이나 광경들을 마쿄makyo 혹은 망상(妄想)이라 해서 무시한다. 통찰명상에도 이와 유사한 시각을 지닌 많은 선사들이 있다. 이들에게 변화하는 상태들은 단순히 또 하나의 경험, 일시적인 현상일 뿐이다. 아잔 차 스님은 그것들을 이렇게 말하셨다. “그저 버려야 할 또 다른 것.” 아드봐이타 베단타(Advaita Vedanta : 불이일원론(不二一元論)을 주장하는 힌두교 베단타 교파 중 하나 – 옮긴이), 크리슈나무르티*Krishnamurti*, 까르마 요가(karma yoga : 자신의 의무(dharma)를 아무런 욕망 없이 순수한 마음으로 행하면서 깨달음을 구하는 요가. 일명 ‘행위요가’ – 옮긴이), 그리고 신을 숭배하는 교파들이 모두 이 길을 따르고 있다.

초월론과 우주내재론 전통들은 모두 ‘위대한 길’을 펼쳐놓는다. 이들은 저마다 심오한 놓아버리기와 진정한 자유로 이르는 수행법들을 제시한다. 전심으로 영성수련을 추구하는 구도자들 대다수가 한동안은 두 전통의 시각들을 모두 경험하게 될 것이다. 둘 다 그 나름의 가치와 위험을 지니고 있다.

초월적 상태의 가치는 그것이 우리 인생에 가져다주는 거대한 영감과 대단한 통찰에 있다. 초월적 상태는 우리에게 일상적 의식 너머의 실체에 대한 고도의 통찰을 일으키고 우리를 가장 고매한 진리 속에 살도록 인도한다. 우리가 거기서 얻는 경험들은 때때로 심오한 치유와 영성 변환으로 나타날 수 있다. 그러나 초월적 상태의 위험과 부작용 역시 심각하다. 초월적 상태를 경험한 사람은 자신을 특별한 존재로 느끼기 쉽다. 초월적 상태에 집착하게 되는 경우도 많다. 극적 효과, 몸의 흥분, 황홀경, 환상 들은 모두 중독증을 일으켜 오히려 우리 인생의 갈망과 고통을 심화시킬 수 있다. 가장 흔한 위험은 초월적 경험이 우리를 완전히 변환시키고, '깨달음' 혹은 초월적 순간부터 우리 인생이 통째로 상승할 것이라는 '신화'이다. 이런 믿음은 거의 착각일 뿐이고, 초월적 경험들에 대한 집착은 우리를 자기만족, 과대망상, 자기도취에 빠지게 하기 쉽다.

우주내재론 수행의 가치는 그 엄청나게 통합적인 접근법에 있다. 우주내재론은 신을 우리 곁에 살아나게 하고, 우리의 온 인생에 성스러운 의미를 부여한다. 하지만 우주내재론의 위험 역시 착각과 자기만족이다. 우주내재론에 빠지면 우리는 '현재에 산다'고 믿으면서도 반쯤 잠에 빠진 채 과거의 안락한 습성을 쫓아가기 쉽다. 사랑과 광명을 추구하던 우리의 원래 열정은 온데간데없고 만물은 이미 신성하거나 완벽하다고 주장하며 어떠한 갈등이나 괴로움도 대충 얼버무리고 넘어가게 된다. 이런 믿음으로 오랜 수행을 거쳤지만 아무런 지혜도 얻지 못한 수행자들이 수두룩하다. 제대로 알지도 못한 채 맹신하는 사람들은 상당한 평화로움을 느낄지는 몰라도, 자기 삶에는 변한 것이 없고, 구도 여정은 성취되지 못하며, 세상 한복판에서의 진정한 자유도 결코 얻지 못할 것이다.

초월적 의식 상태에 대한 이 두 가지 시각을 염두에 두고 우리 앞에 펼쳐질 광경들을 바라보면서 그것들을 상대할 최선의 방법을 찾아보라. 그런데 반드시 기억해야 하는 것이 있다. 이 장과 다음 장에서 소개되는 정신적, 정서적, 영적인 영역들은 대개 우리의 일상적 의식에 생소한 세계이다. 따라서 이 영역을 항해하는 동안 균형을 유지하려면 스승이나 안내자의 적절한 도움이 필수적이라는 사실이다. 이것은 정말로 중요하다. 히말라야 산맥 속을 지름길에 정통한 안내자 없이 무턱대고 여행할 사람이 있겠는가?

초월적 상태와 신비한 구심점 차크라

영성수련을 시작할 때, 우리는 몸의 통증과 오랜 세월 몸에 덧씌운 갑옷들 때문에 고생하고, 감정의 폭풍에 부딪치고, 벌떼같이 덤벼오는 다섯 가지 수행의 장애들과 대적하게 된다. 그러나 우리가 영성수련을 지속하면서 자신의 고질적 괴로움들을 친숙하고 자애롭게 대하게 되면, 가장 뿌리 깊은 응어리와 두려움까지도 점차 위력을 잃을 것이다. 어떤 수행법을 사용하든 우리는 고요와 안정을 얻게 될 것이다.

이 고요의 상태는 수행의 끝이 아니라 시작일 뿐이다. 마음과 정신의 이런 집중과 안정은 경험의 다른 영역들로 들어가는 관문이다. 반복적 명상이나 기도를 통하여, 깊이 있고 일관된 요가 수행이나 정신집중을 통하여, 그리고 특별한 호흡 단련(또는 사고를 당했거나 환각제를 사용했을 때 같은 극한 상황)을 통하여 우리는 어떠한 내면의 잡념에도 방해받지 않는 고도의 몰입을 경험한다. 이 새롭고 충실한 집중에 의하여 우리의 의식은 사실상 전혀 다르고 근본적으로 새로운 지각 상태로 들어간다.

각양각색의 황홀경

영성수련에서 강렬한 집중과 에너지가 일어날 때마다 각양각색의 새롭고 흥분된 감각적 경험들이 나타날 수 있다. 이런 경험은 누구나 하는 것도 아니고 수행과정에 반드시 필요한 것도 아니다. 이런 격앙된 상태들은 명상의 부작용에 가까운 것으로서, 우리가 그것들을 제대로 이해할수록 그것들에 집착하거나 그것들을 영성생활의 목표와 혼동하는 실수를 줄일 수 있다.

많은 수행자들에게 처음 찾아오는 경험은 한꺼번에 덮쳐오는 신체적 지각들이다. 그 지각들 중 상당수는 불교 경전에서 다섯 가지 깊은 차원의 황홀경이라 부르며 부작용으로 분류한 것들이다. 황홀경(恍惚境 : rapture)이라는 말은 명상 중에 나타나는 엄청난 쾌락뿐 아니라 온갖 종류의 서늘함, 움직임, 광채, 떠다님, 떨림, 환희 그리고 몰입이 깊어지면서 나타나는 갖가지 느낌들을 아우르는 폭넓은 뜻의 용어이다.

황홀경은 집중적인 명상이나 수련 기간 중에 나타날 경우가 많지만, 강렬한 종교의식이나 탁월한 스승의 자극으로 유도될 수도 있다. 가끔 황홀경은 몸 전체의 미세하고 유쾌한 진동의 물결이나 미묘한 냉기로 시작된다. 몰입이나 여러 수행 기법들을 통하여 수행자들은 흔히 몸에 축적되는 거대한 에너지를 경험한다. 이 에너지가 움직일 때 갖가지 쾌감을 생성하고, 그것이 긴장이나 응어리진 영역과 부딪칠 때는 더욱 축적됐다가 진동이나 격한 몸동작으로 방출된다. 따라서 황홀경은 격렬한 떨림이나 신체 에너지의 무의식적 방출을 일으킬 수 있는데, 이 현상을 일컬어 일부 요가 전통에서는 끄리야*kriya*라 부른다. 이것은 갖가지 양상으로 나타나는 자동적인 몸동작이다. 어떤 경우 이 현상은 몸속의 마디나 긴장이 풀어지면서 무심결에 일어나는 하나의 움직임으로 나타난다. 또 어떤 때는 장시간의 격렬한 몸동작이 며칠씩 계속되기도 한다.

예전에 내가 일 년간의 장기 수련에 들어갔을 때 아주 강력한 에너지 방출을 경험한 적이 있다. 당시 몇 시간 동안 내 머리가 앞뒤로 격렬히 요동치기 시작하더니, 며칠 뒤에는 내 팔들이 마치 새의 날개처럼 저절로 퍼덕이는 것이었다. 내가 동작을 멈추려고 노력한 뒤에야 가까스로 진정시킬 수 있었다. 그대로 놔뒀다면 팔들은 계속해서 퍼덕였을 것이다. 그런 상태가 며칠간이나 지속됐다. 내가 왜 그런지 묻자, 스승님은 내가 충실히 알아차리고 있었는지 되물었다. 나는 그랬다고 답했지만 나중에 스승님은 이렇게 말했다. "너는 정말로 알아차리고 있지 않았다. 더 찬찬히 바라봐라. 네가 그것을 싫어하고 있음이 보일 것이다. 너는 내심 그것을 떨쳐버리고 싶었다." 다시 생각해보니 스승님의 말이 옳았다. 스승님은 "당장 돌아가서 그것을 지켜보라"고 하셨다. 그 뒤 이틀이 지나자 심한 몸동작이 잦아들었다. 나는 그대로 앉아 양팔의 떨림을 느끼면서, 몇 시간 동안 강렬한 신체적 해방을 경험했다.

이런 자동적인 신체적 해방은 깨달음의 과정도 아니고 해로운 것도 아니다. 그것은 그저 우리 수행 중에 생겨난 에너지가 장애물이나 긴장에 막혀 계속 흐를 수 없을 때 일어나는 현상일 뿐이다. 이 현상은 앞서 4장에서 소개한 몸의 열림에 해당한다. 이런 무의식적 몸동작이 나타날 때, 우리는 신체의 에너지 응축현상이 얼마나 심각한지 느끼기 시작한다. 많은 수행자들에게 신체적 해방과 열림은 몇 달이나 몇 년에 걸친 영성수련의 과정 속에서 나타난다. 그런 현상들이 나타날 때는 몸을 부드럽게, 특히 등과 척추 아랫부분을 편하게 하는 것이 중요하다. 만일 에너지 방출이 견딜 만한 정도로 이뤄지면, 대체로 긴장을 풀고 그 앞에 몸을 내맡긴 채 그 에너지가 몸의 다른 통로를 열도록 두는 것이 좋다. 에너지 방출이 너무 강렬할 때는 이런 대응이 불가능하지만, 에너지의 축적과 흐름을 조절하고 부드럽게 하는 것은 가능하다. 우리가 몰입되었을 때, 신체의 에너지는 열림과 균형의 자연스런 과정을 따라간다. 우리는 그 열기(熱氣), 맥동, 떨림 등이 어떻게 척추를 타고 올라와 자연스럽게 막혔던 에너지 통로를 연 뒤 우리 몸의 온갖 신경과 세포 속으로 뻗어나가는지 느끼게 된다. 고요히 앉아 명상할 때 우리는 가장 깊숙한 치유와 신체적 변화가 일어남을 발견할 수 있다. 이 과정에는 오랜 시간이 걸릴 수 있음을 명심하라. 그러니 끈기 있게 자기 몸을 상대하라.

황홀경에 이르렀을 때 끄리야 같은 무의식적 몸동작 외에도 갖가지 현상들이 나타날 수 있다. 몸 전체의 유쾌한 전율, 얼얼함, 쿡쿡 쑤심, 쾌감의 물결, 찬란한 불꽃 등이 그런 것들이다. 어떤 단계에서는 피부의 떨림을 느끼기도 하고, 마치 개미나 작은 벌레들이 온몸을 기어 다니거나, 피부를 침으로 콕콕 찌르는 느낌이 들기도 한다. 다른 단계에서는 꼭 등뼈가 불타는 듯한 후끈거림을 느낄 수도 있다. 일부 티베트 요기들은 이런 현상을 아주 오묘한 열(火)명상법으로 발전시켰다. 그들이 눈 속에 앉아 수행할 때는 몸의 열기로 인해 주위의 눈이 동그랗게 녹아내렸다고 한다. 이런 열기는 차가운 느낌과 교대로 나타날 수도 있다. 가벼운 오싹함으로 시작한 느낌이 엄청난 한기와 함께 강렬한 황홀경으로 변할 수 있다. 가끔 이런 체온의 변화는 너무 극심하게 나타나 찌는 듯한 한여름에 덜덜 떨게 되는 경우도 있다.

이런 운동성 황홀경과 더불어 갖가지 빛깔의 광채를 보게 될 때도 있다. 처음에는 푸른색, 녹색, 자주색이던 것이 몰입이 깊어감에 따라 황금빛과 하얀색 광채로 변해간다. 끝에 가서 수많은 수행자들이 흔히 보는 광경은 마치 다가오는 기차의 전조등 같기도 하고 온 하늘을 번쩍이게 하는 찬란한 태양 같기도 한 아주 강렬한 백색광이다. 흔히 갖가지 빛깔의 광채들은 특정한 마음상태와 연결돼 나타난다. 녹색은 자비, 붉은색은 사랑, 푸른색은 지혜와 연관된다. 여러 수행 종파들의 가르침에 이 내면의 빛깔들이 등장하는데, 그들의 설명이 항상 일관된 것은 아니지만, 빛깔들의 목격이 심오하고 순수한 의식의 열림에 따른 효과라는 데는 대체로 의견이 일치한다.

더욱 깊은 몰입 상태로 들어가면, 온몸이 해체되어 빛으로 변하는 느낌이 들 수 있다. 떨림과 진동이 너무나 섬세하여 우리가 그저 허공 속의 빛줄기이거나, 아주 강렬한 빛의 색채 속으로 녹아드는 느낌이 드는 것이다. 이런 광채와 감각들은 몰입된 정신이 일으키는 강렬한 효과이다. 그것들은 순수하고 광활하게 느껴지고, 어느 단계에서는 몸과 정신 그리고 의식 전체가 빛 그 자체로 이루어진 듯이 보일 수도 있다.

이런 빛과 색채의 현란한 경험과 더불어 특이한 지각 현상들이 연이어 나타날 수도 있다. 이들 중 상당수는 전통적인 물질의 4대 요소, 즉 흙(地, 단단함과 부드러움), 공기(風, 진동), 불(火, 열기), 물(水, 응집)의 변화와 관련된다. 우리는 아주 무겁거나 돌처럼 단단하고 견고한 물체로 느껴질지도 모른다. 아니면 육중한 물건이나 차바퀴 아래 깔려 으스러진 느낌이 들 수도 있다. 무게 감각이 사라지고 자신이 마치 둥둥 떠다니는 기분일 수도 있다. 그래서 눈을 뜨고 자신이 아직도 명상 중인지 확인해야 할 경우도 있다. 이와 비슷한 경험이 걷기명상 중에도 이뤄질 수 있다. 걷기에 몰입돼 있을 때, 자신이 마치 배 위에서 폭풍우를 만난 듯이 방 전체가 흔들흔들하거나, 걸음을 내디딜 때 꼭 술에 취한 듯 휘청거리는 느낌을 받을 수 있다. 어떤 때는 모든 것이 번쩍거리기 시작하면서 우리가 꼭 바닥이나 벽을 통과할 수 있을 것 같고, 눈앞의 광경이 빙빙 돌아 주위에 묘한 무늬와 색채들이 보일 때도 있다. 몸의 형체가 변한 듯이 보일 수도 있고, 온도, 견고성, 진동이 동시에 변하면서, 열기, 녹아내림, 격한 몸동작이 한꺼번에 일어날 수도 있다.

몸이 늘어나 거인처럼 커지거나 아주 작게 쪼그라들어 보일 수도 있다. 가끔은 우리 머리가 몸에서 떨어져 다른 곳에 놓인 것도 같고, 기묘한 호흡 리듬을 느끼거나 우리 몸의 모든 세포가 숨 쉬는 경험을 할 수도 있다. 아니면 우리가 발바닥을 통해 호흡하는 느낌이 들지도 모른다. 수행 중에는 수백 가지에 달하는 이런 변환된 지각 현상이 나타날 수 있다.

마찬가지로 다른 감각들도 새로운 경험에 열릴 수 있다. 청각이 아주 예민해지면서, 지극히 미세한 소리까지 듣거나, 벨이나 노래 혹은 합창 소리 같은 웅장한 내면의 소리들을 들을 수도 있다. 많은 이들이 내면의 음악을 듣는다. 어떤 때는 목소리들이 또렷이 들려오기도 한다. 갖가지 말이나 특별한 가르침을 들을 때도 있다. 우리의 미각과 후각도 전에는 경험한 적 없는 묘한 열림을 경험할지 모른다. 어느 날 아침 나는 탁발(托鉢 : 승려가 마을을 다니면서 음식을 구하는 일 – 옮긴이)하며 음식을 구하러 다니고 있었다. 그때 내 코가 마치 지극히 예민한 개의 후각처럼 민감해졌다. 작은 마을의 거리를 따라 내려가고 있었는데, 두 걸음마다 한 번씩 다른 냄새를 느꼈다. 무언가 씻는 냄새, 안뜰의 거름 냄새, 건물에 새로 칠한 페인트 냄새, 화덕에 연탄불 붙이는 냄새, 그리고 다음 집 창문에서 풍기는 요리 냄새…. 온갖 냄새에 활짝 열린 채 세계 속을 지나가는 것은 아주 색다른 경험이었다. 마찬가지로 우리의 시각, 청각, 미각 그리고 촉각도 모두 심오한 감수성을 새롭게 얻을 수 있다.

깊숙한 몰입은 온갖 환상과 시각적 경험으로 우리를 이끌 수 있다. 밀려드는 기억들, 전생의 이미지들, 이국땅의 경치들, 천국과 지옥의 영상들, 온갖 위대한 원형(原型)들의 에너지가 우리 눈앞에 펼쳐질 수 있다. 우리는 자신을 다른 생물로서, 다른 신체 속에서, 다른 시대나 다른 세계 안에서 느낄 수도 있다. 동물, 천사, 악마, 신들을 보거나 만날 수도 있다. 그런 환상들이 지극히 강렬하게 나타날 경우, 그것들은 꼭 일상의 현실처럼 생생히 느껴진다. 흔히 그런 환상들은 저절로 나타나지만, 특정한 영역의 유용한 에너지를 일깨우는 수단으로서 특이한 명상수행을 통해 계발될 수도 있다.

시각, 청각, 갖가지 신체 감각들의 열림과 더불어 우리는 슬픔과 절망부터 환희와 무아지경까지 가장 강렬한 감정들의 방출도 경험할 수 있다. 우리가 무의식의 감정들 속으로 자신을 내던질 때, 명상은 마치 감정의 롤러코스터 같이 느껴질 수 있다. 생생하고 심원한 꿈들과 가지각색의 두려움들이 번갈아 등장한다. 이것들은 그저 우리의 개인적 문제에서 비롯된 감정들일 뿐 아니라, 감정의 몸 전체가 열리는 현상이다. 수행자들은 솟구치는 환희에 휩싸였다가 이내 칠흑 같은 고립과 외로움에 빠지기도 한다. 각각의 느낌은 지극히 생생하게 우리의 의식을 가득 채운다. 이런 갖가지 열림 현상에는 우리가 균형감을 유지한 채 그것을 견디도록 도와줄 노련한 스승의 지도가 필수적이다.

신비한 힘의 구심점 차크라

또 우리는 몸에 있는 에너지 구심점들의 열림을 통하여 엄청난 변화를 겪을 수도 있는데, 그 구심점들을 차크라*chakra*라 부른다. 차크라의 열림은 모든 사람에게 나타나지도 않고, 충만한 영성생활을 위해 반드시 필요한 과정도 아니다. 사실 에너지 방출과 차크라의 열림은 그저 수행자의 특정 부분이 막혀 에너지가 뭉쳐 있기 때문에 일어나는 현상이다. 이 경험은 우리의 내면 에너지가 움직여 몸속에서 자유롭게 흐르려는 과정에서 일어난다. 불교와 힌두교 전통들에서는 때때로 의도적으로 이런 경험을 일으키거나 유도하는 수행법들이 있지만, 대개 차크라의 열림은 자연스럽게 일어난다. 여기 수많은 차크라들 중에서 가장 핵심적인 일곱 차크라를 소개한다.

첫째 차크라는 등뼈 맨 아래쪽에 자리 잡고 있는 '기저 차크라(Base Chakra)'인데, 안정과 토대의 에너지와 관련된 차크라이다. 명상 중에 우리는 골반 밑의 강렬한 감각들을 통해 첫째 차크라를 신체적으로 경험할 수 있다. 차크라가 열리면 강력한 신체적 발산이 일어나고, 흔히 우리의 안전과 생존, 안도감과 관련된 감정과 심상들이 솟아나온다. 이런 심상과 두려움들은 이 세상에 있는 우리 몸과 생명의 소중함과 연관될 수도 있고, 정반대로 죽음의 공포, 통제력 상실, 우리가 집착하는 무언가의 상실감을 일으킬 수도 있다. 첫째 차크라가 열릴 때, 우리는 이 세상의 우리 몸에 편안함을 느끼면서 우리 존재의 진정한 안정감 속에 놓일 수 있다.

둘째 차크라는 첫째 차크라 바로 위, 성기(性器) 근방에 놓여 있는 '천골(薦骨) 차크라(Sacral Chakra)'이다. 둘째 차크라의 에너지는 대개 성욕, 생식, 출산과 관련된 상황에서 열린다. 이 구심점에서 성적 에너지가 방출될 때, 우리는 몇 시간, 며칠, 심지어 몇 주 동안 성적인 이미지나 흥분감 속에 휩싸일 수 있다. 어떤 이들에게는 이런 현상이 쾌감을 줄 수 있지만, 성적 학대나 고통스런 성적 경험을 지닌 사람들에게는 성 에너지의 두렵고 파괴적인 얼굴과 대면해야 할지도 모른다.

둘째 차크라는 거대한 욕정과 황홀감의 파도를 일으키며 온갖 종류의 성적 환상들을 불러일으킬 수 있다. 최근에 명상수련에 참여한 어느 여인이 있었다. 그 여인은 둘째 차크라가 열리면서 몇 시간 동안 강렬한 성적 환상과 오르가슴의 진동을 경험했다. 그녀 앞에 온 세상의 인간과 동물들이 성교하는 환상이 펼쳐졌다. 그녀 눈에는 마치 사방의 나무들도 하늘과 성교하고 있는 것처럼 보였다. 앉아서 명상하는 동안, 그녀는 마치 온 세계가 자신의 음문으로 쏟아져 들어왔다 나가기를 반복하며 거대한 성적 행위를 하는 것처럼 느꼈다. 처음에 이 환상은 압도적으로 밀려왔지만 며칠에 걸쳐 차츰 누그러졌다. 그러면서 섬세하고 평온한 상태가 찾아와 모든 존재와 어우러지는 오묘한 느낌이 차올랐다. 이 둘째 차크라는 우리를 이 세계의 무한한 생식력과 연결시키는 차크라이다.

셋째 차크라는 태양신경총(太陽神經叢 : 위(胃) 뒤쪽에 있는 신경마디의 중심으로 흔히 명치라고 하는 부분 - 옮긴이)에 있는 '태양신경총 차크라(Solar Plexus Chakra)'이다. 이 차크라의 열림은 긴장과 두려움, 고통과 경직, 위축 또는 호흡곤란 같은 경험들로 시작될 수 있다. 우리가 행동을 못하고 주저하던 모습이나 두려움으로 헐떡이던 상황들을 다시 경험하게 될지도 모른다. 이 차크라가 열리면 분노와 욕구불만이 폭포처럼 쏟아져 나올 수 있다. 그 결과 어마어마한 에너지가 풀려나오고, 우리 존재에 내재된 거대한 힘이 느껴질 수 있다. 그리고 우리의 호흡과 행위들이 새로운 청정함과 자연스러움을 찾을지도 모른다.

넷째 차크라는 심장에 있는 '심장 차크라(Heart Chakra)'이다. 이 차크라는 신체적 차원, 감정적 차원 모두에서 열릴 수 있다. 처음 신체적 열림이 일어날 때는 오랜 세월 뭉쳐 있던 심장 주위의 고통, 긴장, 응어리들을 경험할 수 있다. 많은 수행자들의 말로는 심장 열림의 느낌이 꼭 심장마비 같았다고 한다. 구급차를 부르려 했을 정도라는 것이다. 심장의 감정적 수문이 열릴 때는 깊은 슬픔, 밀물 같은 자비심, 깔깔대는 웃음과 기쁨 등이 솟아나올 수 있다. 이때는 사랑, 연대감, 외로움 그리고 우리 마음의 거대한 심리양상들이 표면으로 떠오를 수 있다. 그리고 마침내는 달콤함과 사랑이 우리 존재를 채울 것이다. 심장의 열림은 느릴 때도 빠를 때도 있어서, 한 번에 한 겹씩 벌어질 수도, 감정의 대폭발로 나타날 수도 있다. 결국에는 심장이 사랑과 자비로 온 우주를 감싸 안을 것이다. 심장은 만물을 움직이는 중심이 될 수 있다.

다섯째 차크라는 '목 차크라(Throat Chakra)'인데, 흔히 창조력과 연관된 차크라이다. 처음 이 차크라가 열릴 때, 사람들은 억눌렀던 모든 것, 자기 인생에서 말하지 않고 인정하지 않던 모든 것들의 에너지와 심상들이 일어남을 보게 된다. 신체적 차원에서는 이 열림이 몇 시간이나 몇 날 동안 기침이나 꿀꺽거림으로 나타날 수 있고, 자기도 모르게 묘한 소리를 질러댈 수도 있다. 목 차크라가 열릴 때, 우리는 자신의 말과 진정한 목소리를 발견하게 되고, 자신의 창조적 충동을 표출할 깔끔한 통로가 생겼음을 실감할 수 있다.

여섯째 차크라는 양미간에 자리 잡은 '이마 차크라(Brow Chakra)'인데, 시각과 이해력과 관련된 차크라이다. 이 차크라가 열릴 때 우리는 또다시 신체적 고통을 느낀다. 화끈거림, 눈 주위의 긴장, 광채 등이 나타나고, 심지어 일시적으로 눈이 안 보일 수도 있다. 환상이 나타날 때도 있고, 지극한 순수함이나 초능력적 감각의 열림을 경험할 수도 있다. 영롱한 빛깔, 영기(靈氣) 그리고 우리 주위의 온갖 생명들의 미묘한 에너지들을 보기도 한다. 이 차크라가 맑아질 때, 우리의 상념들은 멈추고 집착이 사라지며 헛된 자아 관념이 없어지거나, 인생에서의 자기 고집이나 그릇된 역할이 소멸한다. 이런 투명한 마음 공간이 생겨나면, 우리는 남들의 마음에 무엇이 들어 있는지 볼 수 있게 된다. 또 마치 다른 모든 감각이 열린 것처럼 자기 자신과 주위의 세계에 대한 심오한 직관과 이해력을 얻을 수 있다.

일곱째 차크라는 머리 꼭대기에 있는 '크라운 차크라crown chakra'이다. 크라운 차크라가 열릴 때, 우리는 머리 정수리에 구멍이 뚫린 듯한 느낌을 받을 수 있다. 처음에 이 차크라가 열릴 때는 머리가 지끈거리고 뻣뻣해지면서 어지럼증을 느끼기도 하지만, 나중에는 명료한 의식 속에 놓이는 법을 익히게 된다. 에너지가 머릿속으로 물밀듯 드나들고, 심오한 집중감, 평안함, 온 세계와의 일체감 등이 일어날 수 있다. 우리는 이 차크라를 통해 쏟아져 나오는 강렬하고 투명한 빛줄기를 느낄 수 있고, 머리 정수리가 세상 한복판에 놓인 만다라나 꽃잎이 무성한 연꽃처럼 느껴지기도 한다. 이 구심점을 통해 만물의 조화로운 춤사위를 경험하게 된다.

이 핵심 차크라들 외에도 우리의 영성수련이 깊어짐에 따라 열릴 수 있는 다른 통로와 에너지 구심점들이 몸 곳곳에 산재해 있다. 차크라의 열림과 에너지 방출에는 기본적인 양상이 있지만 갖가지 다른 방식으로 일어날 수도 있다. 이 열림과 발산의 과정은 모든 위대한 수행 전통들에 포함되어 있다. 유대교의 신비주의 교파 카발라(Kabbalah : 12세기에 나타나 수세기 동안 유행한 유대교의 비의적(秘儀的) 신비주의 분파-옮긴이), 수피교 데르비시(dervish : 이슬람교의 신비주의 종파 수피교의 탁발 수도승-옮긴이)의 전통, 기독교의 신비주의 경서 그리고 불교의 수행 경전…. 그런데 이런 에너지 방출을 가장 완벽하게 설명하는 내용은 힌두교의 쿤달리니 요가 가르침 속에 들어 있다. 쿤달리니Kundalini는 척추 맨 아래에 똬리를 틀고 있다는 근원 적인 힘으로서 모든 생명을 움직이는 영적 에너지나 의식을 뜻하는 명칭이 다. 또 이 용어는 특별히 척추와 차크라 그리고 앞서 소개한 몸의 온갖 미 세한 통로들의 강렬한 에너지 방출을 지칭할 수도 있다.

이런 역동적인 과정들은 몇 시간이나 몇 주, 혹은 몇 달간에 걸쳐 일어날 수도 있고, 많은 수행자들에게는 심지어 몇 년간 지속적 현상으로 나타나 기도 한다. 그것들은 모두 깊숙한 영성수련의 자연스런 결과인 열림과 정 화의 일부분이다.

에너지와 감정의 열림에 대처하는 기법

이러한 에너지와 감정과 시각적인 열림 현상들은 혼란과 두려움 또는 자 아도취와 집착 같은 심각한 반작용을 일으킬 수 있다. 이런 현상이 일어날 때, 우리는 특별한 정신적 도움을 받아야 한다. 오랜 세월 축적된 지혜, 전 통, 수행법, 그리고 무엇보다 그런 차원의 정신세계를 개인적으로 경험한 뒤 이해하고 있는 스승이 필요하다. 우리는 자신이 믿고 의지하면서 도움 을 구할 탁월한 안내자를 반드시 찾아야 한다.

모든 경험에는 부작용이 따른다

우리가 영성생활의 이 생소한 영역을 상대할 때는 설사 스승과 함께 있 더라도 반드시 명심해야 할 세 가지 원칙이 있다. 첫째 원칙은 '모든 영적 현상에는 부작용이 따른다'는 것이다. 불교 전통에서 붓다가 자주 제자들에게 강조하신 점이 있다. 자기 설법의 목적이 특별한 선행이나 좋은 까르마(karma : 業, 각 행위의 의도에 따라 장래에 좋거나 나쁜 결과를 일으키는 우주적인 인과의 법칙 — 옮긴이)를 쌓거나, 황홀경 혹은 신통력이나 희열을 얻는 데 있지 않다는 사실이다. 오직 확실한 마음의 해방, 모든 영역에서 우리 존재의 진정한 해탈을 이루는 것이 목적이라 하셨다. 이 자유와 깨달음, 이것만이 진정한 구도 여정의 목적이다.

번쩍거리는 광채와 환영들, 황홀경과 에너지의 강렬한 방출, 이 모두는 우리의 존재, 몸, 마음의 낡은 구조를 부숴버리는 경이로운 신호이다. 그러나 그것들 자체가 지혜를 갖다주는 것은 아니다. 이런 경험을 수없이 하고도 거의 아무것도 얻지 못한 사람들도 있다. 심지어 마음의 거대한 열림, 쿤달리니 수련, 초월적 환상들 역시 고작 영적 자부심이나 한낱 과거의 추억으로만 남을 수 있다. 임사체험(臨死體驗)이나 자동차 사고 같은 극한 경험을 할 경우에도 어떤 사람들은 엄청난 변화를 겪지만 어떤 이들은 곧바로 과거의 편협한 습관으로 되돌아간다. 영적 체험 그 자체는 큰 의미가 없다. 중요한 것은 우리가 그 과정을 탐구하고 거기서 깨우침을 얻는 것이다.

'경이로운 경험들'은 우리의 구도 여정에 반복해서 고통스런 함정과 장애물들을 설치할 수 있다. 그리고 그것들에 대한 우리의 반응은 우리 수행을 오염시킬 수 있다. 우리는 그 경험들에 집착하거나, 그것들을 반복하려 하거나, 그것을 간직한 채 깨달음을 얻었다고 착각하기 쉽다. 이런 착각을 일컬어 '꼴찌상에 만족하기'라 부른다. 또 그것들이 혼란스럽다고 밀쳐낼지도 모른다. 이 모든 반응들이 영적 올가미이다.

인도에서 수련한 어느 명상수행자가 있었다. 그는 여러 해에 걸친 험난하고 집중적인 수련 끝에 자기 몸의 놀라운 열림을 경험하게 되었다. 명상에 들 때마다 그의 몸은 짜릿한 황홀경과 현란한 광채 속에 녹아들었고, 그의 마음은 활짝 열려 심오한 평화에 이르곤 했다. 그는 기쁨에 넘쳤다. 그러던 중 가족에게 응급상황이 벌어졌다는 연락을 받고 영국에 돌아가 몇 달을 지냈다. 그는 인도에 돌아가고 싶어 안달했다. 마침내 인도에 돌아왔을 때, 그의 몸과 마음은 긴장되고 굳어 있었다. 온통 위축, 고통, 상실 등이 들어차 있었다. 그래서 그는 맹렬히 집중적인 수련에 몰두하며 광채와 황홀경의 경지로 돌아가고자 했다. 그러나 헛수고였다. 몇 주, 몇 달이 지나갔다. 좌절감은 커져갔고 후회만이 밀려왔다. 영국에 돌아가지 말았어야 했는데! 이제 그는 자신을 맑게 하고자 한층 더 혹독하게 수련했다. 이 투쟁은 2년 동안 이어졌다. 그러던 어느 날 그는 문득 깨달았다. 그 장벽, 좌절, 괴로움으로 점철된 2년간의 투쟁이 사실은 과거 경험을 되살리려는 자기 욕망의 결과였다는 사실을. 과거 상태에 대한 집착과 현재의 자신에 대한 실망이 모든 진전을 가로막고 있었다. 그가 이 사실을 깨닫고 현 상태를 받아들였을 때 모든 상황이 달라졌다. 그가 자신의 긴장과 고통을 받아들이자 그 주위에 광대한 평정심이 일어났고 그의 명상은 다시 새로운 영역으로 흘러들기 시작했다.

브레이크 밟기

초월적 상태들에 대처하는 두 번째 원칙은 '브레이크 밟기'라는 것이다. 가끔 집중적인 영성수련을 할 때나 극한적이거나 위급한 상황에 처했을 때 강렬한 초월적 상태와 에너지 방출 현상이 나타나는데, 그 과정이 너무 급속히 진행돼 우리가 제대로 대처할 수 없는 경우가 많다. 이런 경우 에너지의 강도, 경험의 세기, 에너지 방출 정도가 그것을 균형 있고 지혜롭게 관리할 우리의 능력을 넘어서기 쉽다. 우리는 스승의 도움을 받아 그 한계들을 인식하면서 그 상황에 지혜롭게 대응할 수 있어야 한다. 하지만 우선은 그 과정의 속도를 늦추고 자신을 연착시키며 브레이크를 밟을 방법을 찾아야 한다. 우리는 여러 수행법으로 자신을 열어놓을 때와 마찬가지로 몇몇 영적 기술과 수련법들을 이용해 자신을 가라앉힐 수 있다.

수행자들에게 너무 급속도로 일어나는 열림의 과정들은 극단적인 에너지 방출 현상으로 나타날 수 있다. 이때 몸속의 에너지 흐름이 너무나 극심해져 갖가지 이상증세가 나타나곤 한다. 며칠 혹은 몇 주씩 계속되는 격심한 요동, 수면장애, 과대망상, 정신혼미 그리고 괴성 지르기나 펄펄 끓는 체온, 일시적 시각장애 같은 신체현상 등(영적 과정이 신체에 미치는 영향이 믿기지 않는 사람들은 성흔(聖痕 : 기독교 신비주의에서 십자가에 달린 예수의 것과 비슷하게 나타나는 상처 자국 - 옮긴이) 같은 신비한 현상들을 문헌에서 찾아보기 바란다). 엄청난 괴로움에 대한 더욱 명확한 증거는 '경계선(境界線) 상실'로 나타날 수 있다. 이것은 자신과 남들 간의 구별 감각이 소멸되어 당사자가 남들의 감정을 느끼고, 상대의 생각 흐름을 마치 자기 내부의 것인 양 경험하는 놀라운 현상이다. 또 일상생활이 뒤죽박죽되면서 어떤 확고한 자아 관념도 찾아보기 어렵게 된다. 이때의 경험은 극도의 나약함, 통제력 상실 그리고 자신을 산산조각 낼 정도로 위험스런 몸의 열림 등이다. 게다가 또 다른 괴로움의 영역이 일어난다. 정상적 의식에서 떨어져 나온 자신의 격렬한 일부분들이 솟구치면서 환청, 끝없는 환상, 환각 등이 나타나는 것이다. 과거에 정신이상 증세를 겪은 사람들은 이전의 '정신병' 경험들까지 반복해서 나타난다.

내가 지도한 3개월간의 명상수련에 참여한 수련생이 있었다. 그는 열성이 지나쳐 극단적인 영성수련을 추구하는 가라테(태권도와 비슷한 일본 호신술 - 옮긴이) 무도인이었다. 그는 수행원칙을 따르지 않고 자기 방식으로 가능한 한 신속히 깨달음을 얻기로 작정했다. 수련을 해나가던 어느 날 그는 하루 밤낮을 꼼짝 않고 앉아 있기로 결심했다. 처음 몇 시간이 지나자 불꽃같은 감각과 격한 통증이 일어나기 시작했다. 그는 그것들을 견디며 오후 내내, 밤새, 다음날 아침까지 꼬박 그대로 있었다. 사람이 이렇게 오래 버티다 보면, 고통과 내적 불길이 너무 극심해져 의식이 몸에서 분리돼 튕겨져 나오게 된다. 유체이탈(遺體離脫)을 체험하는 더 온건한 방법들이 여럿 있었지만, 그에게는 그 경험이 아주 격렬하게 찾아왔다. 그는 계속 좌선하는 과정에서 온갖 종류의 초월적 상태들을 경험하기 시작했다. 24시간이 지나 자리에서 일어났을 때, 그는 폭발적인 에너지로 가득 차 있었다. 그 무도인은 조용한 수련생 백여 명이 들어찬 식당 한가운데로 성큼성큼 들어갔다. 그러더니 별안간 "얍!" 하는 고함과 함께 평소의 세 배 속도로 가라테 동작을 펼치는 것이었다. 식당 전체가 그의 에너지로 터져나갈 것 같았다. 잠시 고요한 순간에 그는 주위에 둘러 선 수많은 사람들이 발산하는 두려움을 느낄 수 있었다. 두 달 동안 침묵 속에 생활해온 수련생들은 극도로 예민해져 있었다. 그는 그렇게 난리법석을 피웠다. 그의 에너지는 셋째와 여섯째 차크라를 통해 분출되는 것 같았다. 그러더니 그는 이렇게 외쳤다. "내가 당신들을 보니까, 당신들 전생이 보여. 뒤쪽에 전생의 온갖 형체들이 줄줄이 늘어서 있어." 그는 완전히 다른 차원의 의식 상태 속에 놓여 있었다. 자기 몸을 극한까지 몰아붙여 그 지경에 이른 것이었다. 그는 조용히 앉을 수도 잠깐 동안 집중할 수도 없었다. 그는 온통 두려움과 흥분에 휩싸여 있었고, 난폭하고 광적인 상태로 돌아다녔다. 꼭 미치광이 같았다.

　우리가 그를 어떻게 처리했을까? 그는 무도인이었으므로 우리는 그에게 조깅을 시켰다. 아침저녁으로 15km를 뛰게 했다. 그의 식사도 바꾸었다. 다른 수련생들은 채식을 하고 있었지만 그에게는 고기와 햄버거를 내주었다. 그에게 자주 따뜻한 물로 목욕과 샤워를 하게 했고, 몸을 놀리게 하려고 정원의 상당 부분을 파보도록 시켰다. 그리고 항상 적어도 한 사람을 그 사람 옆에 붙여놓았다. 3일쯤 지나자 그는 다시 잠들 수 있게 되었다. 그러자 우리는 천천히 조심조심 그를 다시 명상의 길로 이끌었다. 그의 경험이 확실한 영적, 정신적 열림이었을지는 모르지만 자연스럽고 균형 있는 방식으로 이뤄지지는 않았다. 따라서 그가 그 경험을 자신에게 통합시킬 방법은 전혀 없었다.

강력한 에너지 방출을 늦추거나 경계선을 회복하거나 균형감을 되찾기 위해서는 브레이크를 밟아야 한다. 그때는 우선 명상을 멈추라. 그런 다음 자신을 자기 몸과 다시 연결시키는 신체적 활동을 찾아 그것에 집중하라. 과잉 에너지를 발산시키는 활동이면 무엇이든 상관없다. 땅 파기, 태극권, 달리기와 걷기, 의식적으로 몸의 주의력 끌어내리기, 발 운동…. 가끔은 성적 오르가슴도 도움이 된다. 안마나 마사지도 좋을 수 있다. 침술이나 지압 요법도 균형감 회복에 대단히 유익하다. 먹는 음식도 바꾸라. 몸을 연착시키려면 풍성한 음식, 곡물과 고기들을 먹으라. 하이킹이나 정원가꾸기 같은 육체활동으로 하루를 보낸 뒤 목욕과 마사지, 은은한 허브 등을 이용해 긴장을 풀고 평소 같이 편안히 잠들도록 노력하라. 이 모든 노력은 적절한 환경 속에서 이뤄져야 한다. 당신을 편안하게 하고 연대감을 일으키는 사람들과 같이 있는 것이 좋다.

이런 과정에 관해 설명한 수백 년 전의 유명한 이야기가 있다. 일본의 위대한 선사 하쿠인(白隱 : 1686 1769. 일본에 선종을 되살리는 데 이바지한 승려이자 문필가-옮긴이)이 《호랑이 동굴 The Tiger's Cave》이라는 책에서 소개한 내용이다. 몇 년 동안의 치열한 수행 끝에 하쿠인은 세상의 모든 사물이 찬란히 빛나고 맑아진 심오한 깨달음의 경지를 경험했다. 하지만 수행을 계속해나가자 점점 조화로움을 잃어갔다. 활동할 때나 참선할 때나 그는 자유롭지도 만족스럽지도 못했다. 그는 더욱 맹렬히 정진했다. 이를 악물고 밀려드는 상념과 장애와 혼미함에서 벗어나려 발버둥쳤다. 그러나 상황은 더 나빠져만 갔다. 입술은 바싹바싹 타고, 다리는 뻣뻣해지고, 귀에서는 콸콸 쏟아지는 격류가 아우성쳤다. 땀이 비오듯 쏟아지고 아무리 애써도 평온을 얻지 못했다. 그는 당시의 가장 유명한 선사들에게 도움을 구했지만 소용없었다. 그러다 산 속에 지혜로운 도사가 있다는 소문을 들었다. 하쿠인은 산을 올라가 간절히 도움을 청했다. 도사가 자신의 곤경과 진심을 바라볼 때까지 기다렸다. 그러자 도사는 하쿠인에게 내면의 에너지를 다스리고 균형을 얻는 두 가지 비법을 일러주었다. 하나는 크라운 차크라에서 배쪽으로 에너지를 끌어내리는 방법으로서, 배의 움직임과 특별한 호흡법을 이용하여 몸의 에너지를 가라앉히는 기법이었다. 도사가 내려준 두 번째 가르침은 몇 가지의 에너지 균형 수련법으로서 몸속의 에너지를 순환시키는 방법이었다. 그 모두가 《호랑이 동굴》에 자세히 소개돼 있다.

어느 시대나 어떤 수행법을 막론하고 구도자나 요기들은 영적 체험의 과정에서 반드시 난관에 부딪친다. 그럴 경우 그들은 해당 분야에서 탁월한 지혜를 지닌 누군가의 도움이 필요함을 절감한다. 수행과정은 오랜 세월에 걸친 여정이므로 장애를 만났을 때는 안내자를 찾는 일이 필수적이다. 자기 자신의 광기, 슬픔, 경계선 상실 등을 처리한 바 있는 사람, 우리를 서서히 담대하게 이끌어 자신의 참 본성으로 되돌려줄 수 있는 스승이 반드시 필요하다.

현란한 춤사위의 알아차림

초월적 상태를 다루는 세 번째 원칙은 '춤사위 알아차리기'라 일컫는 방법이다. 초월적 경험이 일어날 때 수행자들이 할 일은 충실한 알아차림으로 그 경험에 임하면서 그것을 우리 인생의 무용의 하나로 느끼고 지켜보는 것이다.

우리는 초월적 상태를 만나면 흠칫 놀라기 쉽다. 그런 상태들이 나타날 때 우리는 저항하면서 판단한다. "내 몸이 해체되고 있어." "온 몸이 따끔

거려." "활활 타오르고 있어." "너무 추워." "이 소리는 너무 시끄러워." "감각이 너무나 예민해." "이 수많은 내면의 고통과 밀려드는 에너지를 감당할 수가 없어." 두려움, 혐오, 오해 때문에 우리는 오랫동안 그 경험들과 씨름하면서 그것들을 회피하고 변화시키며 지나치고 치워버리려 안달한다. 그런데 바로 그런 저항이 우리를 계속 거기에 얽혀들게 한다.

명상을 시작할 때 우리는 저항이나 욕심 없는 치유와 자비의 주의력을 통하여 몸의 고통과 긴장을 어루만질 수 있었다. 마찬가지로 두렵고 괴로운 초월적 상태들이 나타날 때도 그와 똑같은 자애롭고 균형 잡힌 주의력을 가지고 상대할 수 있다. 또 수행을 시작할 때 우리는 갈망의 마음이 속삭이는 매혹적인 목소리를 초연하게 바라보는 법을 익혔다. 그와 마찬가지로 황홀경, 광채, 환상적인 경험들의 달콤하고 강렬한 유혹 역시 균형 있는 알아차림으로 상대해야 한다.

명상 중 경험에 대한 어떠한 욕심이나 저항도 바로 그 지점에서 우리 수행을 정지시키고 진리에 대한 열림을 가로막는다. 명상 중에 나타나는 텅 빈 공간에 엄청난 공포심을 느끼는 수련생이 있었다. 그녀는 꼭 자신을 잃어버리고 미쳐버리고 몸이 마비될 것만 같았다. 그녀는 2년 동안 그 공포와 씨름했다. 그러다 어느 안내자와 함께 한 명상에서 드디어 그 공간과 공포에 자신을 열어놓게 되었다. 경이로운 일이었다. 정신이 가라앉고, 마음이 누그러지고, 그녀의 명상수행이 새로운 차원의 평화와 안정으로 들어섰다.

우리가 마음챙김과 지혜로운 주의를 통하여 새로운 경험을 맞이할 때, 그 경험에 다음 세 가지 중 하나가 일어남을 보게 된다. 그냥 사라지거나 그대로 머물거나 한층 더 강렬해지는 것이다. 어느 쪽이든 그다지 중요하지 않다. 우리가 수행을 확대하여 일어나는 모든 상태와 그에 따른 우리의 반응을 낱낱이 바라볼 때, 우리는 그 모든 것을 현란한 춤사위의 일부로 만들 수 있다. 수행에서 이런 자세를 갖게 하는 버팀대는 악마 명명하기에서 다룬 기법들이다. 이제 우리는 의식적으로 초월적 상태에도 "황홀경, 황홀경" 혹은 "환영, 환영" 등으로 명명할 수 있다. 나타나는 현상들을 인식하고, 그것을 바라보며, 그 진짜 이름으로 부르는 것이다. 우리가 이름을 부르면서 그 경험이 일어났다 사라질 공간을 마련해주는 순간, 그 과정에 대한 신뢰감이 생겨난다. 우리는 어떤 경험을 붙잡으려 안달하지 않는 이해력을 되찾게 되고, 언젠가 명상가 앨런 와츠가 '불안정의 지혜'라 부른, 시대를 초월한 지혜를 향해 열리게 된다.

마음과 함께하는 길은 그 무한한 풍요로움 속에서 우리가 경이로운 세계를 경험하도록 이끈다. 우리가 만물의 한가운데에서 마음의 광대함과 자유를 보고 듣고 냄새 맡고 맛보고 만지고 생각하고 발견하도록 해준다. 인간이라는 꽃으로 태어난 우리는 자신의 특정한 순환과정 속에서 저마다 자기만의 독특한 방식으로 활짝 피어날 것이다. 때문에 구태여 자기 몸과 마음의 특별한 에너지들을 추구할 필요가 없다. 우리의 길은 그것들을 동경하지도 두려워하지도 않는 길이다. 진정한 길은 '놓아버리기'의 길이다.

광대함, 믿음, 드넓은 시야를 키워낼 때, 우리는 모든 영적 상태들을 유유히 통과하여 그 속에서 영원한 지혜와 심오하고 자애로운 마음을 발견할 수 있다.

초월적 상태에 대한 자세

명상 중에 나타나는 특이하고 초월적인 상태들과 당신의 관계는 어떠한가? 그 경험들을 관찰하면서, 어느 것이 당신을 건드리는지, 당신의 마음이 어디에 쏠리는지, 무엇이 당신에게 과거의 기억들을 일깨우는지 바라보라. 그 경험들이 일어날 때 당신은 어떻게 맞이하는가? 그것들에 집착하고 자부심을 느끼는가? 자기 수행의 진전이나 성공의 표시로 보고 계속 되풀이하려 하는가? 그것들이 반복해서 다시 나타나게 하려고 매달리지는 않는가? 그것들을 얼마나 지혜롭게 상대했는가? 당신에게 그 경험들은 혼돈의 씨앗인가, 자유의 원천인가? 그것들의 이로움과 치유력을 느끼는가, 아니면 두려움이 느껴지는가? 초월적 상태들에 대한 집착이 잘못인 것과 마찬가지로, 그것들을 회피하고 멈추려는 것 역시 잘못이다. 그렇다면 당신이 그것들과 마주 섰을 때 어떻게 명상을 심화할 수 있을까? 그들이 갖다 주는 선물을 그대로 느껴보라. 영감의 선물, 새로운 시야, 통찰, 치유, 엄청난 믿음…. 당신이 어떤 시야와 가르침을 따라야 할지 알아차리고 그 문제들에 안내자의 도움을 구하라. 만일 지혜로운 시야가 부족하다고 느낀다면 어디서 그것을 찾을 수 있을까? 이떡해야 이 영석 영역들을 제대로 존중하고 이롭게 활용할 수 있을까?

10. 자아의 확대와 해체

마침내 우리가 공포와 기쁨, 탄생과 죽음, 얼음과 상실 그리고 온갖 사물들을 한결같은 마음과 열린 정신으로 바라볼 때, 지극히 아름답고 심오한 평정심이 일어난다.

생활을 하다 보면 지난 장(章)에서 다룬 에너지와 감정의 특이한 현상들을 넘어서 의식의 또 다른 비상한 차원들이 열릴 때가 있다. 심리학자 윌리엄 제임스(William James : 19세기 말 실용주의 철학과 기능주의 심리학을 주도한 미국의 심리학자 – 옮긴이)는 그런 순간들을 이렇게 기록했다. "우리의 일상적인 의식은 단지 의식의 한 형태일 뿐이다. 우리 주위에는 무한한 세계가 펼쳐진 채 그저 얇디얇은 베일로 가려져 있다."

힌두교 요가와 여러 수행 전통들에서는 이런 영역들을 다양한 차원의 삼매(三昧)라고 표현한다. 기독교, 수피교, 유대교의 신비주의 전통들에는 특정한 경전이나 설명도(map : 이론적이거나 실용적인 해설 또는 청사진)가 있어 기도, 헌신, 몰입, 침묵 등을 통해 일어나는 갖가지 의식의 상태들을 해설해주고 있다. 이런 상태들에 대한 안내서로는 《무지의 구름The Cloud of Unknowing》,《영혼 속 암흑의 밤Dark Night of Soul》, 유대교 카발라의 신비적 교리 그리고 이슬람 수피교의 일곱 계곡 여행을 설명한《새들의 회의*Conference of the Birds*》등이 있다. 불교에서도 의식의 열림을 위한 수백 가지의 수련법들이 내려온다. 가령 호흡과 몸에 대한 집중, 시각적 상상이나 소리의 이용, 반복적인 만트라 암송, 공안(公案)의 활용 등이 그런 방법들이다. 흔히 화두(話頭)라고 하는 공안은 쓸데없는 상념을 멈추고 무념(無念)과 정적의 영역들이 나타날 때까지 반복해서 묻는 '해답 없는' 질문이다.

새로운 의식의 영역들은 은혜라 부르는 경험을 통해 자연스레 열릴 수도 있고, 임사체험 같은 극한 상황에서 나타날 수도 있다. 또 신성한 성지, 탁월한 스승의 능력, 환각물질 등을 통해 열릴 수도 있다. 그리고 체계적이고 직접적인 영성수련을 통해 도달할 수도 있는데, 이를 위해서는 치열한 정진, 끊임없이 이어지는 명상이나 기도, 오묘하고 고요한 환경 등이 필요하다. 이런 수행에 전념하여 우리의 온 존재가 그 속에 빨려들 정도로 깊이 몰두하면 마음과 몸이 전에는 몰랐던 새로운 차원으로 들어갈 수 있다. 이슬람 수피교 시인 루미는 이런 말로 우리를 거기로 초대한다. "옳건 그르건 우리의 모든 행위를 넘어선 저 바깥에 찬란한 의식의 터전이 있다. 나는 거기서 당신을 기다리겠다."

이런 영역들을 항해할 때, 우리는 앞서 그곳을 여행한 많은 사람들의 지식이 담긴 설명도나 스승들에게서 도움을 얻을 수 있다. 불교 명상의 가장 포괄적인 설명도 중 하나는 고도의 몰입 경지를 보여주는 상좌부(上座部)의 의식(意識)지도이다. 상좌부는 초기 불교인 부파불교들 중 현재까지 남아 있는 유일한 분파이고, 상좌부불교의 가르침은 아직도 인도와 동남아시아 불교의 주축을 이루고 있다. 상좌부의 의식지도는 상좌부 장로들의 가르침과 경전들의 정수를 뽑아 명상의 고매한 의식 상태를 해설한 길잡이이다.

몰입과 통찰에 관한 상좌부 의식지도

상좌부 장로들의 의식지도는 신비한 의식의 상태들을 크게 두 영역으로 나눈다. 자아의 확대를 통해 도달되는 영역과 자아의 해체를 통해 드러나는 영역이 그것이다. 자아 확대의 경우, 장로들은 의식을 여덟 가지의 세부 단계로 나누고 그것을 '몰입(沒入)의 경지'를 뜻하는 삼매(三昧) 혹은 '선정(禪定)'이라 불렀다. 또 장로들은 이 몰입의 영역 아래 존재의 여섯 영역을 뜻하는 '육도(六道)' 혹은 '육계(六界)'를 설정하고 모든 생명들이 경험하는 사바세계를 설명했다. 이 여덟 가지 고도의 몰입 영역들과 육도는 확대된 자아가 명상집중의 힘을 통하여 직접 경험할 수 있는 영역들이다. 이 영역들은 우리에게 천상의 광채와 광활한 상태들을 펼쳐주는데, 우리는 거기서 비상한 느낌, 휘황찬란한 광경, 지고한 정적(靜寂)의 상태를 경험하게 된다.

이들 상태를 넘어서면, 또 다른 신비의 영역들이 펼쳐진다고 한다. 장로들의 의식지도에서는 이 영역들을 '자아 해체의 영역'이라 부른다. 이 영역들은 우리가 자기 의식을 더욱 깊숙이 몰입시켜 자기 존재의 근원으로 파고들 때 나타난다. 여기에 이르면 죽음과 재탄생의 과정을 거치면서 점차 모든 주체와 개별적인 자아 관념이 해체된다. 이 영역들에서 명상은 의식이 개별적인 정체성을 창조하는 신비로운 과정 전체를 풀어헤치고, 만물의 한복판에서 무아(無我)와 자유의 경지에 도달한다.

이 상좌부 의식지도는 통찰명상에서 사용되는 것이다. 당신이 이 설명도를 세심히 살펴볼 때 이런 지도들이 유용성과 한계를 모두 지녔음을 명심해야 한다. 적용된 수행 형태와 개인에 따라서 명상의 진전은 아주 다른 양상으로 나타날 수 있다. 불교 외부의 신비주의 문헌들도 각성의 과정들을 설명하는데, 모두 공통된 요소들을 지니고는 있지만 수백 가지 어법과 갖가지 광경으로 묘사돼 있다. 따라서 나는 이 의식지도를 상당히 조심스럽게 소개한다. 이 설명도는 우리가 구도의 여정에서 마주칠 수 있는 수많은 약속과 위험들의 한 가지 예일 뿐이다.

고매한 의식으로의 진입 – 접근정

몰입의 영역과 해체의 영역 모두의 관문이 되는 것은 '근접삼매(近接三昧)'라고도 하는 접근정(接近定 : access concentration, 정(定 : concentration)이란 균형 있고 평정하게 대상을 취하는 것이다. 마음(心)과 마음에 수반되는 모든 것(心所)에 대한 올바른 집중 상태로서, 수행의 목적을 실현하는 데 가장 기초적인 상태이다 – 옮긴이)이다. 접근정은 축원이나 명상에 임할 때 마음과 정신이 고도로 모아지고 안정되는 첫 번째 단계이다. 우리가 접근정에 이르면 한동안 수행에 흔들림 없는 집중이 이뤄지면서 내면의 장애나 인생의 세속적인 흥망성쇠에 초연한 상태가 된다. 우리는 접근정 상태에서 명상 속으로 빠져들게 되고, 의식의 강력한 변화가 일어나면서 명료함, 평안함, 주의집중이 모두 우리 수행 속으로 흘러들기 시작한다.

접근정에 도달하려면 꾸준한 수련과 인내를 바탕으로 자연스런 집중 능력을 길러야 한다. 어떤 수행자들은 탁월한 스승 아래서 집중적인 수련을 통해 몇 달 혹은 몇 주 만에 접근정 단계에 도달하기도 한다. 접근정에 도달하는 수행원칙은 한결같다. 반복, 집중 그리고 전념이다. 수행자는 축원이나 만트라, 찬란한 광채나 시각적 상상, 호흡이나 몸 또는 자애나 연민 같은 감정에 주의를 집중한다. 수없이 되풀이하여 다시 집중하고 반복하면서 모든 저항과 괴로움의 단계들을 돌파한다. 그러면 마음과 정신이 고요하고 통일되면서, 정말로 그 상태 속으로 빠져들어간다.

우리가 처음 접근정에 도달할 때는 흔들림을 느끼기 쉽다. 깊숙이 집중해 있을지라도 마치 처음 자전거를 타는 사람처럼 때때로 불안정하고 배경에 깔린 상황들에 마음이 산란해질 수 있다. 꾸준한 반복과 인내의 과정을 거쳐야 이 상태에서 균형을 이룰 수 있다. 이 경험에 반복해서 뛰어듦으로써, 우리는 집중적인 몰입의 수준을 달성하고 유지하는 법을 익힐 수 있다.

접근정이라는 말은 상좌부 장로들이 붙인 명칭이다. 우리가 마음과 정신의 충분한 안정을 계발하고 더 높은 영역으로 들어갈 수 있는 입구가 되기 때문이다. 이 접근정으로부터 우리는 자아를 확대하고, 차례차례 의식을 정화하여, 몰입의 여덟 단계인 선정(禪定)으로 들어갈 수 있다. 선정은 명료한 의식이 비상한 통일성의 경지에 이른 상태이다. 자아가 고도로 정화된 몰입의 영역들로 확대되면 우리는 환상적인 상태로 들어가게 된다. 거기에는 존재의 여섯 영역, 천상의 광명과 느낌이 가득한 상태, 그리고 이들마저 넘어서는 고매한 의식 상태들이 펼쳐진다.

또 우리는 접근정으로부터 완전히 다른 차원의 의식 상태로 들어갈 수도 있다. '자아 해체의 영역'이 그것이다. 여기에 이르면 우리는 자아를 확대하지도 정화하지도 않는다. 대신 지극히 깊숙이 자아와 의식의 본질을 들여다본다. 결국 가장 정화되고 고매한 자아 관념과 개별성의 개념마저 소멸하게 된다.

심오한 몰입의 상태 – 선정

자아를 확대하고 고매한 몰입의 여덟 단계로 들어가려면 의식적으로 자신을 명상의 주제에 더욱 충실히 빠져들도록 해야 한다. 우리는 접근정으로부터 계속 집중해 들어가 명상의 몰입 정도를 한층 심화시켜나가야 한다. 그렇게 하면 평온하고 깨어 있는 여러 긍정적 특성들이 저절로 우리 마음과 정신에 차오르기 시작할 것이다. 이런 특성들을 일컬어 장로들은 '선정(禪定)의 5요소'라 했는데, 그것들은 '겨낭된 주의, 지속적 관찰, 희열, 행복감, 마음모임'이다. 이 요소들은 마음과 정신이 집중되고 순수하며 흐트러지지 않을 때마다 나타난다.

반복해서 명상 주제에 전념하고 선정의 5요소에 가만히 집중함으로써 우리는 그 선정의 특성들이 우리 의식에 가득 차도록 할 수 있다. 그리고 세심한 주의를 기울이면 그것들이 우리 마음에서 균형을 이루게 된다. 그런 뒤 내면의 결의를 다잡고 완전한 몰입의 처음 네 단계인 '사선정(四禪定)'을 향해 집중함으로써 우리는 강렬한 의식의 변화를 일으킬 수 있다. 그리고는 새롭고 안정된 두 번째 몰입의 단계인 '사무색정(四無色定)'에 도달할 수 있다. 이 상태들은 경이로운 경지이다. 이 상태들에 제대로 머무를 경우 우리는 마치 점차 감각이 사라지고 전혀 새로운, 철저히 고요하고 통일된 우주 속으로 빨려드는 경험을 할 수 있다. 이때 각 몰입의 상태들은 희열, 행복, 광채, 평온으로 충만해진다. 우리 몸의 모든 세포가 넘치는 환희를 경험한다. 거대한 평화와 행복감이 일어나고 바다 같은 통일과 안정의 느낌이 우리 의식을 뒤덮을 것이다. 선정(禪定)은 지극히 안정된 상태다. 그 속에서 명상은 저절로 흘러가고, 우리의 의식은 강렬하고 명료하며 견실하고 균형적이다. '사선정'에 놓였을 때, 우리 마음은 끊임없이 새롭고 확대되면서 기쁨과 희열로 가득 찬다.

수행을 통하여 우리는 짧게 혹은 오랫동안 '사선정'의 첫 단계인 초선정(初禪定)에 머무는 법을 익힐 수 있다. 원한다면 우리는 주의를 안정시키고 집중을 심화시켜 모든 몰입의 요소들을 더욱 강화시킬 수 있다. 그러면 우리 의식이 더욱 확대되고 광명과 행복감으로 넘쳐난다. 상좌부 장로들의 수행법을 따라가면 이 초선정은 더욱 높고 오묘한 몰입 상태로 올라가는 관문이 된다. 사선정 내의 둘째 단계(二禪定)로 들어가려면 '선정의 5요소' 중에서 의도적으로 '겨낭된 주의'와 '지속적 관찰'을 버리고, 희열, 행복감, 마음모임만을 남겨둬야 한다. 그리고 그 다음 단계의 오묘한 몰입 상태(三禪定)에 들어가려면 희열을 버려야 하고, 또 그 다음 단계(四禪定)에서는 행복감을 버려야 한다. 매 순간 우리의 명상은 각 단계의 몰입이 일으키는 더욱 고매하고 오묘한 평정과 투명한 의식 상태에 놓이게 된다. 더욱더 올라가면, 각 단계의 몰입은 더욱 고요하고 광대하고 평화로워진다. 처음에 이 과정은 며칠이나 몇 주가 걸릴 수도 있지만, 숙련되면 정좌한 뒤 곧바로 이뤄질 수도 있다.

이 사선정은 수십 가지 명상 주제에 대한 집중을 통하여 도달할 수 있다. 시각적 상상, 붓다와 신들의 이미지, 사랑의 감정, 그리고 호흡, 몸, 차크라, 심지어 빛 그 자체에 대한 집중으로도 이뤄진다. 각 명상 주제들은 그것을 통해 도달한 몰입 상태들에 독특한 성격을 부여하지만, 통일되고 확대된 의식이 겪는 기본 경험은 동일하다.

이런 일정한 명상 주제들을 통해 도달하는 사선정에 숙달된 뒤에는, 한층 더 오묘한 상태로 나아갈 수 있게 된다. 사선정 다음의 네 단계를 상좌들은 '무색(無色)의 몰입 단계'를 뜻하는 '사무색정(四無色定)'이라 부른다. 이 단계에서는 의식이 어떠한 명상 주제도 내버린 채 확대되어 오묘한 고요와 순수한 알아차림의 무한한 공간을 경험한다. 이 상태들의 경험은 참으로 경이롭다. 이것은 예로부터 신들과 하나되는 경지라 일컬어진다.

사선정에 도달한 뒤 더욱 높은 사무색정으로 들어가기 위해서는 의식적으로 이전의 모든 행복감과 평정을 내보내고 우리 의식을 무한한 공간 속에 몰입시켜야 한다. 이 무한한 공간은 사무색정의 처음 단계이다. 거기서부터 우리는 차례차례 알아차림을 더욱 정화시켜, 온 우주에 퍼져 있는 광대한 의식 속으로 녹아들어간다. 그러면서 완전한 공(空)의 상태에 빠져들거나 지각을 철저히 넘어선 상태에 도달할 수 있다. 각 단계를 열고 올라갈 때 우리의 자아 관념은 한층 오묘하고 확대된 의식 속으로 흡수된다. 이 무색(無色)의 몰입 단계들은 요가의 최고 경지에 해당하는데, 이 단계에 능숙하게 드나

들려면 엄청난 기술이 필요하다. 다양한 몰입 상태들에 능통한 수행자들은 온갖 초능력을 계발해내기도 한다. 그런 능력으로는 텔레파시(정신감응, 감각 기관에 자극을 미치지 않고 다른 생명체로 관념을 전달하는 능력 - 옮긴이), 텔레키네시스(염력(念力), 정신력으로 물체를 움직이는 능력 - 옮긴이), 전생(前生)투시 등 여러 가지가 있다. 때때로 이런 능력들은 자연스럽게 생겨나기도 하지만, 불교 장로들은 그 신통력들을 집중적 몰입을 통한 체계적 수련으로 계발했다.

불교 문헌들에는 몰입의 요소, 몰입 단계, 신통력의 계발 등에 관한 상세한 설명이 나와 있다. 가장 뛰어난 문헌은 붓다고사(Buddhagosa : 5세기에 살았던 유명한 불경 주석가 - 옮긴이)가 쓴 《청정도론(淸淨道論) *The Path of Purification*》이다. 천 페이지에 달하는 이 수행서는 특히 40가지의 집중 수련법과 그 각각을 통해 완전한 몰입에 이르는 방법을 상세히 소개하고 있다. 아울러 이 책은 의식의 여덟 단계로 이르는 길을 자세히 다루면서, 그 과정에서 나타나는 많은 이점과 초능력들에 관해서도 설명하고 있다. 붓다고사는 또 자아 해체와 통찰의 전 과정도 정확히 묘사해놓았다.

이 몰입의 상태들에서 통일된 의식이 나타나고 그로부터 심오한 평화, 치유, 행복감 같은 수많은 이점을 얻을 수 있다. 하지만 위험 또한 도사리고 있음을 잊어선 안 된다. 우리가 그런 상태들을 맛보기 시작할 때 더 높고 한층 비상한 상태에 이르고자 하는 갈망이 일어나기 쉽다. 앞서 말했다시피 때때로 우리는 자신의 통찰과 경험을 움켜쥐고 자만심, 고집, 자기망상 등을 일으킨다. 우리는 이 고매한 상태들에 완전히 도취될 수도 있다. 너무나 강렬하고 황홀하여 자꾸만 그곳으로 돌아가고 싶고, 그 상태들이 우리 구도 여정의 끝이고 내면생활의 완성이라 생각할 수도 있다. 하지만 사실 그것들은 그저 심오한 통일성과 평온의 상태일 뿐, 흔히 우리의 여생과는 동떨어진 것이다. 앞으로 살펴보겠지만, 우리는 이 경험들을 깨달음과 지혜로 이끌어야 한다. 그렇지 않으면 그 가치는 미미할 것이다.

존재의 여섯 영역 – 육도

　　불교의 의식지도에는 자아 확대의 과정으로서, 몰입의 여덟 단계인 사선정과 사무색정뿐 아니라 존재의 여섯 영역인 ‘육도(六道)’도 포함되어 있다. 대체로 의식을 가다듬어 몰입의 영역으로 들어가는 것은 황홀하고 천국 같은 경험이다. 하지만 그 집중의 힘이 일부 수행자들을 생명의 근본 세계를 이루는 거대한 여섯 영역으로 이끌 수도 있다. 자연스런 과정으로 또는 집중을 통해서 의식이 이런 영역으로 확대되면 위대한 신과 여신, 전생(前生), 사원이나 종교의식, 싸움이나 전쟁, 과거의 탄생과 죽음 등 온갖 광경들이 펼쳐진다. 불교뿐 아니라 힌두교, 도교, 기독교, 유대교, 이슬람 전통들에도 이런 시각적 경험들이 등장하는데, 그 속에는 아름다움과 공포의 영역, 천국과 지옥의 세계를 이 우주의 진정한 일부로 이해해야 한다고 설명돼 있다.

　　불교적 관념과 장로들의 설명도에는 의식을 통하여 중생(衆生)의 여섯 영역, 즉 육도(六道)를 경험할 수 있다고 나와 있다. ‘육계’라고도 하는 육도 중 가장 고통스런 영역은 끝없는 괴로움의 세계인 ‘지옥계(地獄界)’이다. 이곳은 찢어지는 절규, 타오르는 불길, 얼음 같은 냉기, 극한 고문 등으로 아비규환을 이룬 영역이다. 육계 중 가장 높은 영역은 ‘천상계(天上界)’인데, 쾌락, 선녀 같은 존재들, 희열, 천상의 음악, 환희 그리고 평화가 가득한 곳이다. 이 양 극단 사이에 동물과 인간의 두 현실 세계가 자리 잡고 있다. 짐승들의 영역인 ‘축생계(畜生界)’는 흔히 아둔함과 공포(먹고 먹히는 비극)를 특징으로 하고, 인간 세계인 ‘인간계(人間界)’는 충분한 쾌락과 고통이 균형을 이룬 곳으로 영적인 깨달음을 얻기에 가장 좋은 세계라고 한다. 마지막 두 영역은 귀신들의 세계이다. 하나는 시기심 많고 싸우기 좋아하는 잡신들의 영역인 ‘아수라계(阿修羅界)’인데, 세력다툼과 치열한 전투가 끊이지 않는 세계이다. 다른 하나는 욕망으로 가득 찬 ‘아귀계(餓鬼界)’인데, 아귀는 바늘구멍만 한 입에 집채만 한 배를 가진 괴물로 아무리 먹어도 굶주림에 허덕이는 귀신이다. 간단히 말해, 이 여섯 영역들은 이 생(生)에서 겪는 인간의 경험을 신화적이고 시직으로 묘사한 것이라 할 수 있다. 거대한 분노와 격정은 우리를 지옥계로 떨어뜨리고, 강렬한 중독물질은 우리를 아귀로 만들어버리며, 황홀한 즐거움과 아름다운 생각들은 우리를 천상계로 끌어올린다. 이들 영역들을 우리는 실제로 이 지구상에서 만나볼 수도 있다. 어쩌면 남태평양의 천국 같은 섬들은 천상계이고, 기근과 전쟁이 끊이지 않는 아프리카 사하라 이남 지역은 지옥계일지 모른다. 마찬가지로 워싱턴 D.C.에서는 난폭하고 탐욕스런 잡신들이 우글대는 아수라계를 만나고, 라스베가스에서는 굶주린 욕망이 판치는 아귀계를 만날 수 있다.

이것들은 단순한 비유가 아니다. 이 육계는 영성생활 속에서 적나라하게 나타나 우리가 일상이라 부르는 세계의 어떤 경험에 못지않게 사실적이고 생생하게 경험할 수 있음을 알아야 한다. 수행 중에 의식이 확대되면서 우리는 지옥계에도 내려가고 천상계에서 희열을 맛볼 수도 있다. 실제로 우리는 축생들의 의식을 경험할 수도 있고 배고픈 아귀들의 끝없는 욕망을 느껴볼 수도 있다. 어떤 영성수련에서는 우리를 일부러 이 영역들에 집어던져 영적 진전의 필수과정으로 그 속을 통과하도록 요구하기도 한다.

어느 젊은 친구가 있었다. 스리랑카에 사는 미국인 불교 승려였던 그는 우스꽝스럽고 묘한 상황에서 몰입 상태의 한계를 발견하게 되었다. 몇 년 동안 외로이 몰입수행에 전념하고 난 그는 다른 스승 아래서 더 큰 배움을 얻고자 인도 여행을 하기로 작정했다. 승복 하나 걸치고 발우만 지닌 채 탁발로 끼니를 해결하는 간단한 여행이었다. 그 친구는 곳곳의 아슈람(ashram : '은둔자의 암자'라는 뜻으로 힌두교의 요가 수행 공동체를 말함 - 옮긴이)들을 찾아다니다가, 마침내 어느 유명한 힌두 구루가 있던 거대한 사원에 이르렀다. 그는 서구인 수행자인지라 환영 받았고 그 사원의 구루도 환대해줬다. 그런데 얼마쯤 의례적인 인사말이 오간 후, 그 구루가 갑자기 그를 나무라는 것이었다. 왜 남들에게 동냥하며 지내는 중이 되었냐는 것이다. 그 구루의 전통에서는 균형 잡힌 영성생활의 일부로서 모든 사람은 땀 흘려 일해서 먹고 살도록 돼 있었다. 젊은 승려는 답하길 탁발은 인도 출가자들의 명예로운 전통으로 그 유래가 붓다 시대까지 거슬러 올라간다고 대꾸했다. 두 사람은 그 문제를 놓고 한참을 옥신각신했지만 결론을 낼 수 없었다.

마침내 그 미국인 승려는 구루에게 자신의 명상수행법을 가르쳐줄 마음이 있는지 따져 물었다. 구루는 그래도 가르침을 주겠다고 했다. 구루는 젊은 승려에게 시각적 상상과 성스런 만트라 암송을 이용한 수행법을 알려줬다. 그러면서 그 수행법을 제대로 수련하면, 이 인간 존재의 슬픔을 벗어나 저 위 신성한 영역으로 올라갈 수 있을 거라고 했다.

그 친구는 작은 오두막에 들어가 그 요가 수행법을 맹렬히 수련하기 시작했다. 자신의 숙련된 몰입 기술을 이용해, 그는 고작 4일 만에 몸과 마음이 희열과 고요함으로 충만한 초선정의 단계에 도달했다. 그는 더욱 깊이 파고들었다. 그러자 그의 의식이 열리면서 광채로 가득한 오묘하고 천국 같은 영역이 펼쳐졌다. 구루가 예상했던 그대로였다. 그런데 바라보니 얼마쯤 떨어진 곳에 그 구루가 앉아 있는 것이 아닌가? 젊은 승려는 정중하게 구루에게 다가갔다. 구루도 미소를 보내며 그를 알아보았다. 마치 '거봐, 이것이 내가 말한 그 세계일세'라고 말하는 듯했다. "그런데 말이야." 그 구루가 입을 열었다. "출가 생활에 대한 내 생각 역시 옳지 않은가? 불제자가 된다는 건 낡고 잘못된 수행방식이야. 그 승복을 당장 벗어버리게." 이 말을 듣자 젊은 승려는 발끈해서 맞받아쳤다. 바로 거기, 그 광채로 가득한 황홀한 영역에서 말이다. 한참 동안 두 수행자는 그 위에서 실랑이를 벌였다고 한다.

이 이야기는 고매한 영적 차원일지라도 그 자체로는 결코 지혜의 근원이 아니라는 사실을 보여준다. 그런 상태에 도달했더라도 여전히 우리 안의 많은 부분들은 그대로 남는다. 최고 상태의 의식이라도 지혜롭게 쓰일 수도 잘못 쓰일 수도 있다. 몰입수행을 잘못 실행하면 두려움과 욕망을 일시적으로 정지시킴으로써 우리 문제들을 억누르는 결과만 가져온다. 그러다 몰입 상태에서 빠져나왔을 때는 아래 깔려 있던 괴로움들이 다시 일어나곤 한다.

몰입의 경지와 환상의 세계들로 들어가려면 적절한 이해와 안내가 필요하다. 그것들이 엄청나게 매혹적이든 살벌하게 공포스럽든 우리는 그 상태들을 제대로 알아차리고 의식 그 자체의 활동으로 보는 지혜를 가져야 한다. 선(禪)불교의 묵조선에서는 초월적 상태와 모든 환상적 경험들을 마쿄 *mayko*, 즉 망상으로 본다. 최상의 천상계와 최하의 지옥게 모두 계절의 변화와 별들의 위치처럼 일시적이라는 것이다. 우리가 고매한 상태에서 어떤 수행의 성취를 이뤘든 간에, 그것은 순간적인 것일 뿐 생의 모든 영역에서의 자유를 가져다주지 못한다. 이 때문에 불교에서는 몰입의 경지를 주로 더 깊은 깨달음을 얻기 위한 준비 단계로 여긴다. 선정의 상태들은 모든 수행자들에게 반드시 필요한 것이 아니다. 거기에 도달한 이들에게 몸과 마음을 정화시키고 조화롭게 하면서, 의식을 고요하고 순수하며 통일되게 해줄 뿐이다. 그러므로 진정한 해탈을 위해서는 명상의 방향을 자아의 확대와 평온으로부터 의식이 자아와 그 모든 경험들을 어떻게 창조하는지 탐구하는 쪽으로 변화시켜야 한다. 우리는 고요한 선정의 상태에서 접근정으로 돌아와 우리의 주의를 호흡, 몸, 감각적 경험 그리고 마음을 향해 겨냥해야 한다. 이렇게 하여 우리는 자아의 본질을 꿰뚫는 통찰의 길인 자아 해체의 길을 걷게 된다.

경이로운 자아 해체의 영역

자아의 해체는 상좌부 장로들의 의식지도에 설명된 명상 의식의 또 다른 영역이자, 여러 통찰명상수행법들의 핵심이다. 이 또 다른 차원의 명상수행에서는 자아를 극히 오묘한 몰입의 상태로 확대하거나 육계를 통과해 여행하는 것이 아니라, 의식이 자아와 개별 주체의 본질 그 자체를 바라보도록 유도한다. 우리가 무한한 광채와 평화를 경험하면서 신들의 영역에 도달하더라도, 일정 기간이 지나면 해탈보다는 무의미하게 느껴질 것이다. 그런 상태들은 아무리 경이롭다 하더라도 결국 끝나버리기 때문이다. 각각의 몰입 상태에 들어갔다 나올 때 의문이 일어나기 시작한다. "이 현란한 무용은 대체 누구에게 일어나고 있는가?" 그러면 우리는 자신의 온갖 경험을 투영해 보여주는 화면(우리에게 천상에서 지옥까지 파란만장한 광경을 펼쳐 보여준 그것)에서 눈길을 돌려 이 경험들이 꼭 영화 같다는 사실을 깨닫기 시작한다. 우리는 영사기, 필름과 발광체, 즉 우리 앞에 그 모든 광경을 펼쳐 보인 근원을 발견하고자 한다.

붓다에게서 전해지는 우화가 하나 있다. 모든 형태의 미몽(迷夢)에서 깨어나 우리 마음이 창조의 과정 그 자체로 향하도록 하는 이야기다.

■ 아이들 몇 명이 강가에서 놀고 있었다. 그들은 모래성을 쌓았다. 아이들은 저마다 자기 성을 지키면서 이렇게 말했다. "이 성은 내꺼야." 그들은 따로따로 자기 성을 쌓았고, 어느 성이 누구 것인지 일말의 의심도 하지 않았다. 그런데 모래성이 모두 완성됐을 때, 한 아이가 다른 아이의 성을 발로 차 완전히 뭉개버리고 말았다. 그 성 주인은 미칠 듯이 화가 났다. 그래서 성을 부순 아이의 머리채를 움켜잡고 주먹으로 후려치며 고함을 질러댔다. "이놈이 내 성을 망쳐버렸어. 전부 이리 와. 다 같이 이놈을 혼내주자." 모두 우르르 몰려왔다. 그들은 못된 아이를 두들겨 팼고 그 아이는 바닥에 나뒹굴었다. …그러고 나서 아이들은 계속 자기 모래성을 갖고 놀았다. 저마다 소리쳤다. "이건 내 성이야. 아무도 가질 수 없어! 저리 가! 내 성 건드리지 마!" 그러다 날이 저물었다. 사방이 컴컴해졌다. 아이들은 모두 집에 가야겠다는 생각이 들었다. 이제 그들은 아무도 모래성이 어찌 되든 상관

하지 않았다. 어느 아이는 자기 성을 발로 뭉갰다. 다른 아이는 양손으로 밀어버렸다. 그리고 그들은 미련 없이 떠나갔다. 각자 자기 집으로.

이와 마찬가지로 어느 시점이 되면 우리는 명상 속의 모든 형상들이 본질상 유한한 것임을 보게 된다. 이런 인식은 명상의 중대한 갈림길이다. 이 시점부터 우리는 의식을 어떤 경험의 영역으로 확대하려 하기보다 우리 주의를 핵심적 본질의 문제를 푸는 쪽으로 향하게 된다. 여기서부터 자아 해체의 길이 시작된다.

여러 수행 전통들이 우리의 자아(自我), 즉 개별적 실체로서의 관념을 해체하거나 초월하는 수많은 방법을 제시한다. 그런 수행법 중 하나는 반복해서 이렇게 묻는 것이다. "나는 누구인가?" 또 기도나 헌신적 수도를 통해 초월적 몰입을 추구하거나 심오한 종교의식과 환상을 이용해 자아의 해체를 시도하는 수행 전통들도 있다. 통찰명상에서 자아 해체를 추구하는 길은 자아 확대 때와 마찬가지로 접근정에서 출발한다. 이 말은 대다수 수행자들의 경우 앞서 소개한 접근정 단계를 꾸준히 계발해야 한다는 뜻이다. 그리고 더 높은 선정 상태에 다다른 수행자들은 접근정 단계로 되돌아와야 할 것이다. 그래서 자신의 집중력을 의식적으로 세심하게 생(生)의 과정 그 자체에 겨냥해야 한다.

접근정에서 출발하여 우리는 이제 다른 모든 명상 주제들은 내보내고 차분하게 현재 순간의 감각적 경험을 관찰하기 시작해야 한다. 우리가 이렇게 할 때, 경안(經安), 집중, 희열, 평정(平靜)이라는 네 가지 요소가 생겨나고 그것들이 자연스럽게 마음챙김(正念), 정진(精進)의 에너지 그리고 법의 고찰(擇法)과 합쳐진다. 이 요소들을 모두 합쳐 '깨달음의 일곱 요소'라 하고 '칠각지(七覺地)'라 일컫는다. 이 칠각지의 고요하고 명료한 힘은 명상수행이 진전됨에 따라 점점 성장하게 된다. 이 요소들을 계발하는 내용은 나의 다른 책 《지혜의 마음을 찾아서 *Seeking the Heart of Wisdom*》에 자세히 소개돼 있다. 자아 해체의 과정에서 중요한 점은 엄청난 마음의 안정을 가져오는 경안과 집중의 힘이 이제는 그에 버금가는 탐구의 에너지와 결합된다는 것이다.

우리가 집중의 힘을 자아 탐구에 기울이기 시작하면, 우리의 명상과 주의집중은 마치 망원경 같던 의식의 확대와는 달리 현미경과 비슷해진다. 우리는 주의력을 모아 우리의 호흡, 몸, 감각 경험, 마음 그리고 정신을 관찰한다. 그것은 마치 조용히 이렇게 묻는 것과 같다. '이 인생 전 과정의 본질은 무엇인가? 어떻게 움직이지?' 이렇게 할 때, 우리의 순수한 주의가 어디를 향하건 우리 몸과 마음은 자신의 덧없는 본질을 드러내기 시작한다. 우리의 주의가 고도의 집중과 결합돼 있으므로 우리가 몸에서 무엇을 느끼든 더 이상 견고하게 느껴지지 않는다. 그것은 마치 갑자기 우리 몸의 지속적 변화들을 세포나 분자 수준에서 감지하는 것과 같다. 동시에 우리 감각들의 지각 현상도 차분해진다. 우리는 생의 본질, 감각, 소리, 맛, 감정의 인상들을 순간순간 의도적인 사고작용이나 허울뿐인 일상적 실체 관념 없이 곧바로 느끼게 된다.

이런 몸과 마음의 열림은 상좌부 장로들이 설명하는 통찰명상 자아 해체과정의 시작이다. 상좌부 의식지도에는 십여 개의 단계들이 나와 있는데, 그것들은 우리 주의력이 꾸준히 심화됨에 따라 자연스레 나타난다. 그 단계들이 나타나면서 우리 몸과 마음에 대한 통찰력이 향상되고, 각각의 의식상태들은 각기 독특한 광경을 펼쳐놓는다. 대개 이 단계들은 한 단계씩 차례차례 드러나게 되지만, 가끔은 번쩍이는 통찰과 함께 나타나기도 한다.

집중정 이후 첫 번째 통찰지(洞察智)의 단계가 나타나는데, 이 통찰지를 물질과 정신을 식별하는 지혜라 부른다. 주의력의 현미경이 초점을 제대로 맞춰 몸과 마음의 개별 과정들을 낱낱이 분석하는 단계이다. 이때 우리는 자신의 온 생명을 단순한 물질적 요소와 정신적 요소들의 복합체로 경험하게 된다. 거기에는 오직 소리와 그것을 알아듣는 순간, 감각과 사고들 및 그들과 함께 일어나는 이미지의 순간, 맛의 순간 그리고 기억의 순간들이 있을 뿐이다. 오직 단순한 감각 경험들과 그들에 대한 우리의 순간적인 반응들만이 있다. 오직 그것뿐이다.

이 설명이 평범한 이야기로 들릴지 모르지만 이 상태의 경험만도 실로 놀라운 것이다. 그 속에서 우리는 계획, 기억, 행위 등으로 구성된 우리의 일상적이고 연속적인 생의 관념이 여러 층의 사고(思考)로 이뤄져 있음을 보기 때문이다. 사고가 없다면 존재하는 모든 것이 순간순간의 감각 경험일 뿐이고, 그 각각의 감각 경험들과 함께 모든 것은 의식적 지각의 순간적 과정일 뿐이다. 그뿐이다.

주의가 더욱 깊어짐에 따라 두 번째 통찰지의 단계가 나타나는데, 그것을 원인과 조건을 식별하는 지혜라 한다. 이 통찰지는 각각의 정신적, 육체적 요소들이 원인과 결과의 연속선상에서 어떻게 일어나는지, 어떻게 한 순간의 사고, 심상, 소리들이 다음 순간이 일어날 조건을 형성하는지 보여준다. 이 새로운 단계에서 몸과 마음은 마치 기계처럼 보이고, 우리가 어디를 바라보든 이 우주는 마치 이 순간에 심어진 씨앗이 다음 순간에 싹이 돼 솟아나는 듯한 연속적 조건들의 과정을 보여준다. 그 뒤 더욱 세밀한 현미경 렌즈처럼 한층 더 주의가 깊어지면, 우리는 마치 점묘법(點描法) 화가 쇠라(Seurat : 19세기 프랑스의 신인상파 화가. 점묘법은 대비색을 작은 점들로 병치하여 빛의 움직임을 묘사한 회화 기법임-옮긴이)의 그림들처럼 인생이 더욱 미세한 경험의 순간들로 해체되는 의식의 차원으로 들어간다. 우리의 확고한 실체로 여겨졌던 것(감정, 대상, 자아 그리고 타인들)이 이제는 우리가 주의를 겨냥하는 곳마다 더욱 확연히 허물어져간다. 우리 몸은 그저 감각들의 강물로 변한다. 우리의 감각, 감정 그리고 사고는 모두 가장 근원적인 세 가지 특성을 드러내기 시작한다.

첫째 특성은 마치 흘러가는 모래알 같은 그들의 '무상(無常)함'이다. 둘째는 그것들의 믿을 수 없고 불만족스런 본질인 '고(苦)'이다. 우리의 경험은 변해가고, 그것이 한순간 아무리 즐겁고 놀라울지라도 어떠한 안정과 지속적 성취도 갖다주지 못하기 때문이다. 셋째는 그들 실체의 헛됨, 즉 '무아(無我)'이다. 모든 현상은 그 스스로 움직이고 변해간다. 그대로 남아 있거나 우리가 소유하고 통제할 수 있는 것, 우리가 '나' 또는 '나의 것'이나 '너의 것'이라 지칭할 만한 것은 아무것도 없다.

다음으로 더욱 깊고 한층 안정된 알아차림의 단계가 나타나는데, 상좌부 장로들은 이 단계를 '일어남과 사라짐의 영역'이라 부른다. 여기서는 우리의 주의가 지극한 균형을 이루고, 우리는 인생을 순간적 경험들의 춤사위, 가령 떨어지는 빗방울 같은 것으로 경험한다. 이 영역은 여러 가지 특성을 지닌다. 첫째, 이 속에서 우리는 인생을 매 순간 일어남과 사라짐, 새로 태어남과 소멸함으로만 느낀다. 둘째, 이 단계에서는 주의와 집중이 너무나 강렬해져 마음과 정신이 형언할 수 없이 명료하고 투명해진다. 이때 깨달음의 모든 힘과 요소들이 저절로 일어난다. 희열, 정진의 에너지, 명료한 택법(擇法), 경안(經眼 :불경을 읽을 만한 능력 – 옮긴이) 집중, 마음챙김, 그리고 평정…. 이 상태에서는 알아차림이 너무나 자연스럽고 부드럽게 이뤄져 무엇이 나타나든 마치 마음이 자유롭고 막힘없이 둥둥 떠다니는 듯이 느껴진다. 어마어마한 환희가 밀려온다. 경이로운 자유와 균형감이 느껴진다. 생의 본질이 더욱 또렷이 보이면서, 이 행복감과 더불어 놀라운 확신과 명료함이 나타난다. 마음과 몸의 열림이 워낙 광대해져 수면은 밤에 한두 시간으로 충분해진다. 이 단계에서 가끔 저절로 초능력도 생겨난다. 흔히 꿈은 너무나 생생하고 또렷하게 나타나고, 자주 유체이탈 현상도 경험한다. 이 단계부터는 의식적으로 꿈속에서도 명상을 진행할 수 있게 된다.

이 단계에 다다르면 수행자들은 흔히 자기가 깨달음을 얻었다고 믿는다. 이것이 이른바 일시각성(一時覺醒 : tentative awakening) 또는 가열반(假涅槃 : pseudo – nirvana)이다. 이를 가열반이라 부르는 이유는 우리가 그 경이로운 명상 단계에 이르렀을 때 일상의 자기 실체에서 벗어난 듯이 느끼지만, 동시에 자기도 모르게 그 상태에 집착하고 새로운 영적 자아 관념을 형성하기 때문이다. 가열반은 자유처럼 느껴지지만, 수행자들이 오랫동안 얽매일 수도 있는 명상의 고착점이기도 하다. 이 가열반 상태에서는 진정한 깨달음의 요소들인 희열, 명료함, 믿음, 집중, 마음챙김 등은 쉽사리 통찰오염(洞察汚染 : corruptions of insight)으로 변질돼버린다.

통찰오염은 수행 중에 일어나는 바람직한 현상을 너무 집착하거나 잘못 이용하는 것을 말한다. 인디언 주술사 돈 후안은 모든 지식인들에게 나타나는 능력과 총명함의 위험성을 지적한 바 있다. 가열반 상태의 수행자들 역시 그 고매한 상태들에 매달리면서 명료함, 힘, 평화 등을 유지하고 움켜쥐려고 한다. 그 상태들을 이용하여 깨어나고 성취를 얻고, 자유로운 존재가 되고픈 자신의 미묘한 관념을 강화한다. 이 집착의 상태에서 벗어나는 유일한 탈출구는 과감한 '놓아버리기'이다. 이 점을 깨닫는 것이 구도 여정의 가장 위대한 통찰 중 하나이다. 어떠한 경이로운 상태가 펼쳐지더라도 우리는 그것이 자유롭게 밀려왔다가 빠져나가도록 나둬야 한다. 그 상태는 명상의 목표가 아님을 알아야 한다. 그럴 경우 우리 자신의 깨우침과 스승의 지도를 통하여 우리는 희열, 평정, 명료함의 상태들까지 그저 또 다른 마음챙김의 일부로 포함시키면서 그것들이 떠올랐다 스러지는 모습을 담담히 바라보게 된다. 이 시점에 이르면 우리는 심오한 깨달음에 다다른다. 진정한 해탈의 길은 모든 것의 놓아버리기이다. 심지어 수행 자체의 결실과 고매한 상태들까지도 내버리는 것, 그리고 모든 실체 관념을 넘어선 곳으로 들어가는 것, 그것이 해탈이다.

암흑의 밤

상좌부 장로들의 통찰 단계 설명도에 따르면, 우리가 통찰오염에서 벗어날 때 우리 수행 전반이 변화를 겪는다. 우리 의식은 이제 일시적으로 영적 정체성의 집착에서 벗어나는데, 그것은 앞서 접근정의 단계에서 일시적으로 자신을 세속적 사고나 정체성에서 분리시킨 것과 비슷하다. 이런 열림은 자연스럽고 심오한 죽음–재탄생 과정의 출발점이 된다. 모든 수행 전통들의 영성 수련 과정에 갖가지 형태의 죽음과 재탄생이 등장한다. 이 책 전반에 걸쳐 다뤄지는 모든 과정들도 그런 시각에서 바라볼 수 있다. 치유, 응어리 한복판을 통한 자아 확대, 에너지의 일깨움, 통찰 그리고 차크라 열림…. 그 모두에 우리 과거의 정체성 버리기와 새로운 자아 관념의 탄생이 포함돼 있을 수 있다. 그러나 가열반을 넘어선 통찰명상 단계에 들어가면 죽음–재탄생의 과정이 모든 것을 포괄하여 우리 존재 전부를 아우르게 된다. 우리가 자신의 영적 정체성을 포기할 때 명상은 우리를 완전한 자아 관념의 해체로 유도한다. 이 해체의 길이 죽음 그 자체와 다름없는 암흑의 밤(dark night)이다. 이 길로 들어서는 것은 자기 정체성에 관한 우리의 모든 관념에 의도적으로 도전하는 것이다. 하지만 이 길은 자유에 이르는 길이다. 유럽의 명상가 칼프리트 폰 뒤르크하임*Karlfried von Durkheim*은 이 과정의 필요성을 이렇게 표현했다.

■ 진정한 진리의 길로 들어서 세상의 혹독한 고난 속에 뛰어든 사람은 결코 자신에게 위안과 안식처를 주고 자신의 과거 자아가 생존하도록 돕는 편안한 친구에 의지하려 하지 않는다. 오히려 그는 자신을 위험에 맞서도록 가차 없이 밀어대는 누군가를 찾으려 한다. 그래야 그 사람은 괴로움을 견뎌내고 담대히 돌파해나갈 수 있다. 오직 수없이 반복해서 자신이 소멸될 정도가 되어야만 자기 안에 파괴되지 않는 무언가가 생겨날 수 있다. 고결함과 진정한 깨달음의 정신은 이런 용맹함 속에 놓여 있는 것이다.

영적인 죽음과 재탄생을 '암흑의 밤'으로 표현한 기록은 위대한 신비주의 수도사 '십자가의 성 요한(St. John of the Cross : 1542~1591, 교단 개혁에 몸 바쳐 희생과 봉사의 생을 산 스페인의 신비주의 수도사이자 성인 – 옮긴이)'의 문헌에 등장한다. 성 요한은 설득력 있는 논리로 암흑의 밤을 무지, 상실, 절망이 뒤섞인 오랜 기간으로 설명했다. 이 기간은 구도자가 신성한 영감을 얻기에 충분할 정도로 자신을 비우고 낮추기 위해 반드시 지나야 할 과정이라고 한다. 그는 이렇게 말했다. "무언가에 얽매인 영혼은 그 속에 아무리 훌륭한 것이 담겨 있더라도 신(神)의 자유에 다다를 수 없다."

예로부터 암흑의 밤은 우리가 얼마쯤의 영적 열림을 경험하기 시작한 뒤에만 나타난다. 처음 수행에 깊이 빠져들 때 기쁨, 명료함, 사랑, 신성한 느낌 등이 일어날 수 있다. 그와 함께 수행자는 영성의 진전을 통한 커다란 흥분을 경험한다. 그러나 이런 상태들은 얼마 후 필연적으로 사라진다. 그 경험은 마치 첫 만남의 선물처럼 주어지지만, 그 뒤 우리는 그 영역을 지탱하고 거기 머무르려면 얼마나 치열한 수련과 정진이 필요한지 깨닫게 된다. 우리는 내면에서 가끔 그 빛을 만졌다 놓치면서 다시 단절감, 절망, 무의식 속으로 떨어진다. 이런 현상은 열림과 놓아버리기, 죽음과 재탄생을 반복하는 과정에서 수없이 되풀이될 수 있고, 이런 반복이 우리 구도 여정의 특징이다. 하지만 우리를 자유로 인도하는 것이 바로 이 죽음과 재탄생의 과정이다.

통찰명상에서 우리가 일단 휘황찬란한 생멸(生滅)의 상태를 포기하면, 그때부터 우리 앞에 해체, 죽음 그리고 재탄생의 심오한 순환이 펼쳐진다. 알아차림을 통해 통찰오염의 덫에서 풀려나오면 그 순환은 더욱 정교하고 섬세하게 나타난다. 그것은 마치 우리 주의집중의 현미경이 모든 생명 경험의 해체를 지극히 명료하게 바라보기 시작하는 것과 같다. 우리는 곧바로 각 순간의 끝, 각 경험의 마지막을 느낀다. 인생이 마치 흘러내리는 모래 구덩이처럼 느껴지기 시작한다. 우리가 보고 느끼는 모든 것이 녹아내린다. 이 단계에서는 주위의 어떤 것도 확실하거나 가치 있게 보이지 않는다. 모든 차원에서 우리의 의식은 종말과 죽음에 맞춰진다. 우리는 세포 하나하나의 차원에서 몸 안의 대화, 음악, 만남, 하루, 감각들의 종말을 바라본다. 우리는 매 순간 생(生)의 해체를 절감한다.

이제 암흑의 밤이 깊어진다. 내면과 외면의 세계들이 해체되면서 우리는 자신의 존재감을 상실한다. 그러면 엄청난 불안과 두려움이 일어나면서 수행자는 공포와 당혹감에 빠진다. "대체 견고한 실체는 어디 있지?" "보는 것마다 해체되고 있어." 이 단계에서 우리는 자기 몸 안에서 해체와 죽음을 경험하게 된다. 내려다보면 자기 몸이 조각조각 녹아내리고 마치 시체처럼 썩어가는 광경이 보일 것이다. 우리는 질병, 전쟁, 사고 등 수천 가지 상황으로 죽어가는, 혹은 이미 죽어버린 자기 자신을 볼 수도 있다. 이 단계에 이르면 갖가지 선명한 환상들이 나타날 수도 있다. 다른 사람들의 죽음, 전쟁의 참상, 죽어가는 병사들, 장례용 장작더미, 화장터 등등…. 의식은 마치 죽음의 세계를 열고 모든 생명이 어떻게 순환하는지, 모든 존재의 종말이 어떤지 보여주려는 것 같다. 우리는 세상의 온갖 군상들이 어떻게 존재를 드러냈다가 가차 없이 소멸해가는지 생생히 경험한다.

이 공포와 죽음의 영역으로부터 인생의 근원적 고통에 대한 심오한 깨달음이 일어나기 시작한다. 통증의 고통, 즐거운 것들을 상실하는 고통, 그리고 온 세상에 드리워진, 우리가 창조하고 사랑했던 모든 것들의 종말에 대한 거대한 고통들…. 이 고통으로부터 우리는 세상의 슬픔에 대한 절절한 공감을 느끼게 된다. 우리 공동체, 가족과 연인들, 나 자신과 내 몸 그리고 세상 어디를 돌아봐도 온통 연약하고, 금방 소멸될 가련한 존재들뿐이다.

공포의 영역이 깊어지면서 편집증의 시기가 나타날 수 있다. 이 단계에서는 우리가 무엇을 보든 무서워 벌벌 떨게 된다. 우리가 밖에 나가면 무언가가 우리를 덮쳐버릴 것 같다. 만일 물을 마시면 그 속의 미생물이 우리를 죽일 것 같다. 암흑의 밤의 이 단계에서는 모든 것이 잠재적 죽음이나 파괴의 근원이 된다. 사람들은 이 느낌을 아주 다양한 형태로 경험한다. 압박감, 밀실공포증, 무기력증, 긴장, 불안, 몸부림 등이 나타날 수도 있고, 죽음의 경험들이 차례차례 나타나 너무나 괴롭게 끝없이 반복되기도 한다. 우리는 마치 무의미한 인생의 순환 속에 갇힌 죄수 같다. 존재는 단조롭고 메마르고 생기 없게 느껴진다. 아무런 탈출구도 보이지 않는다.

예상하겠지만 명상 중에 이 단계들을 통과하는 일은 참으로 어렵다. 하지만 명료하고 수용적인 자세로 끊임없이 이 새로운 의식의 차원들을 맞이해야 한다. 그것이 이 암흑을 통과하는 유일한 길이다. 각각을 명명하면서 일어났다 사라지도록 그냥 놔두라. 일체의 다른 반응들은 우리를 얽매이게 할 뿐이다. 각 상태를 인식하고 각각을 명명하며 마음챙김으로 맞이할 때, 우리는 자신이 수없이 되풀이해서 죽어가고 있음을 발견한다. 우리가 해야 할 일은 이 죽음에 마음을 열고 죽음의 영역 속으로 들어가 죽음 앞에서 깨달음을 얻는 것이다.

이 고통스런 단계들을 지나고 나면 자유를 향한 지극히 간절한 욕망이 일어난다. 이 단계에서 우리는 끊임없는 탄생과 죽음의 공포와 압박에서 해방되기를 열망한다. 우리는 우리의 시각, 청각, 후각, 미각, 촉각에 얽매이지 않는 자유가 있음을 느낀다. 우리의 상념과 기억, 몸과 마음, 우리가 자기 자신으로 생각하는 바로 그 주체를 넘어선 어떤 것이 틀림없이 있음을 느낀다. 사실 '암흑의 밤'의 각 단계에서 점점 커지는 알아차림의 힘은 서서히 우리 정체를 벗겨내면서, 우리가 인생에서 껴안았던 모든 것에 대한 애착의 끈을 끊어버린다.

우리가 비록 자유를 열망하더라도 자꾸만 그것은 불가능하리란 느낌이 일어난다. 더 이상 전진할 수 없을 듯한, 더는 아무것도 놓아버릴 수 없을 듯한 생각이 든다. 우리는 거대한 의혹의 단계로 들어간다. 우리는 멈추고 싶다. 불안에 휩싸인다. 어느 수행서에는 이 지점을 '매트를 둘둘 마는' 단계라고 표현한다. 이 단계에서 세계는 너무나 괴롭다. 영성수련은 우리에게 너무나 벅찬 것을 요구한다. 우리는 그만 멈추고 집에 돌아가 침대나 엄마 옆에 눕고 싶다.

이 강렬한 공포와 해체의 단계들이 우리 안의 너무나 고통스런 부분을 건드리기 때문에, 우리는 그것들에 얽매이거나 그 속에서 방향을 잃고 헤매기 쉽다. 이 과정에서 스승의 도움이 절실해진다. 스승이 없으면 우리는 길을 잃고 이 상태들에 압도당해 거기서 멈추고 만다. 만일 우리가 상실, 죽음, 해체 그리고 공포의 단계들을 지나다 수행을 중단해버리면, 그것들은 끊임없이 우리를 따라다닌다. 그것들은 쉽사리 우리 일상생활의 개인적 상실과 두려움에 달라붙는다. 이럴 경우 그것들은 우리 의식의 밑바닥에 깔릴 수 있다. 미진한 느낌들이 몇 달 또는 몇 년이라도 지속될 수 있다. 그것들은 우리가 다시 돌아와 수행과정을 끝마치기 전에는 사라지지 않을 것이다.

샤머니즘 의식이나 아주 강렬한 심리치료를 받는 사람들도 똑같은 상황을 만날 수 있다. 만일 그런 과정을 중간에서 그만두면, 그 불완전한 효과가 밑바닥에 깔렸다가 수면에 떠오르면서 장기적인 우울증, 두려움, 분노를 일으킬 수 있다. 그럴 때는 반드시 가장 깊은 차원으로 내려가 결말을 지어야 한다. 결말을 짓는다는 것은 그것들에 곧바로 들어가야 함을 뜻한다. 우리는 그것들의 눈을 똑바로 마주보고 이렇게 말해야 한다. "좋아, 나도 네 앞에 활짝 열릴 수 있어." 그러면서 그것들을 움켜잡지도 저항하지도 않는 열린 마음으로 상대해야 한다.

마침내 우리가 공포와 기쁨, 우리의 탄생과 죽음, 만물의 생성과 소멸을 한결같은 열린 마음으로 바라볼 수 있을 때, 지극히 아름답고 심오한 평정의 상태가 일어난다. 우리는 의식이 완전히 열리고 깨어난, 완벽하게 균형 잡힌 영역으로 들어간다. 이곳은 경이로운 평화의 차원이다. 거기서 몇 시간 동안 평온히 머물 수 있다. 일어나는 어떤 것도 그 의식의 공간에 아무런 물결을 일으키지 않는다. 의식은 가열반의 단계를 넘어선 뒤에도 지극히 투명하다. 이제 모든 것이 풀어지고 자유롭고, 우리가 아무것도 집착하지 않기 때문이다. 《금강경金剛經》의 말씀을 보면, 이때 세계는 빛과 색채의 오묘한 어우러짐으로 나타나는데, 마치 새벽 별 같고, 무지개 같고, 뭉게구름 같고, 신기루 같다고 한다. 나타나는 모든 것이 하나의 노래를 부르는데, 그것은 공(空)과 충만의 노래이다. 우리는 현상과 의식, 빛과 어둠이 한데 어우러져 조화로운 춤사위를 펼치는 경이로운 세계를 경험한다.

이 지고(至高)한 평정의 경지를 상좌부 장로들은 멸진정(滅盡定 : high equanimity)이라 불렀다. 우리 마음은 수정 그릇 같고, 모든 구름이 걷힌 청명한 하늘 같다. 우리는 완전히 투명해져 마치 모든 현상이 우리 몸과 마음을 꿰뚫고 지나는 것 같다. 우리는 그저 빈 공간이고, 우리의 온 존재는 광활하게 열려 우리가 몸과 마음으로 합쳐지기 전 의식의 참 본성을 드러낸다.

수많은 수행 전통들에 이 지고의 경지가 등장한다. 선(禪)불교와 티베트 불교의 일부 수행 전통에서는 지관타좌(只管打坐 : shikan-taza), 마하 무드라maha mudra, 그 외 여러 만트라 수행들을 이용해 이 우주적인 경지에 곧바로 오르려 한다. 힌두교의 아드봐이타 베단타에서는 이 경지를 모든 것을 포함하면서도 전부(全部)와 무(無)를 포괄하는 불이일원론(不二一元論)으로 설명하면서 '진아(眞我 : Higher Self)'라 부른다. 기독교 신비주의 교파에서는 이런 상태를 '성스러운 고요(Divine Apathy)'로 표현하면서, 이때의 의식을 '신(神)의 눈'에 비유한다. 세계의 창조와 파괴, 빛과 어둠, 그 모두를 포용하고 그것과 하나 되는 마음으로 지그시 바라보는 신의 눈이라는 것이다. 이 경지에서 바라 볼 때, 우리는 자신이 무(無)이면서 동시에 전부임을 알게 된다. 이 평정의 경지에서 우리는 세상에 머무는 존재의 참맛을 느끼면서도 그 안의 어느 것에도 얽매이지 않는 대(大)자유를 얻는다.

지고한 평정의 경지 – 멸진정

명상을 통해서건 다른 심원한 영적 과정을 통해서건 우리가 이 완벽한 평정의 경지에 놓이게 되면 그때마다 한층 더 비상한 의식 상태, 자연스런 각성, 심오한 깨달음을 만나게 된다. 이것들은 신의 은총처럼, 번쩍이는 번개처럼 우리의 열린 마음과 평온한 정신에 불현듯 나타난다. 때때로 우리는 멸진정으로부터, 만물을 탄생시킨 고요한 공(空)의 세계로 들어간다. 온 우주가 소멸됐다가 저절로 다시 나타난다. 이 같이 모든 자아와 물질의 관념에서 해방되면서 우리는 광대한 평화를 얻고 모든 물질과 유한한 존재를 뛰어넘는 자유를 만난다. 때때로 이런 공(空)의 체험은 지극히 평안하고 고요하게 다가온다. 또 어떤 때는 번개처럼 내리꽂힐 수도 있다. 어떤 수행자들은 심오한 공의 경지를 체험한 뒤에 몇 주 동안 몽롱한 상태 속을 헤매면서 일상생활로 돌아오지 못하기도 한다. 절대적 공(空)의 상태는 의식의 정지와 공허감으로 나타날 수도 있고, 신비로운 충만함으로 느껴질 수도 있다. 공을 체험하는 데는 여러 가지 양상이 있을 수 있다.

이 절대적 평정의 경지에 이른 수행자들은 모든 현상, 모든 존재 속에 내재된 고통과 괴로움을 이해하게 된다. 이전의 단계에서도 고통들을 경험하고 바라봤지만 진정으로 이해하지는 못했다. 평정 속의 깨달음과 포용을 통해 우리는 모든 존재, 모든 물질과 한계 너머에 있는 불멸과 자유를 직관적으로 이해한다. 이런 직관이 떠오를 때마다 억누를 길 없는 희열이 솟아난다. 영겁(永劫)의 세월 동안 방황하며 인생의 고해(苦海)에서 허우적대던 우리가 이제 탐욕을 내던지고 마침내 자유를 맛본 환희인 것이다.

마찬가지로 다른 명철한 깨달음들도 일어나면서, 우리에게 인생 한복판에서 발견된 완전한 자유와 해방을 보여준다. 우리 마음이 만물에 내재한 완전성과 완벽함을 깨우치면서 찬란한 통찰이 떠오른다. 엘리엇(T. S. Eliot

: 미국 태생의 시인이자 극작가. 〈황무지〉라는 시로 유명함—옮긴이)이 말한 '회전하는 세계의 고정점'처럼 우리는 자아와 타자를 넘는, 모든 안간힘을 넘어선 통일감, 완전성, 초월성 그리고 사랑의 경이로운 경지에 다다를 수 있다. 신비주의자들의 말처럼 우리는 바로 여기서 붓다의 몸으로, 예수의 몸으로 다시 깨어났다. 이제 이 세상의 온갖 유한한 존재들도 한량없는 청량감과 순수로 충만하다.

이 지고(至高)의 차원에 이르면 심오한 사토리와 신비스런 각성들이 연이어 펼쳐진다. 생의 본질이 변화무쌍한 파노라마를 펼치며 어떻게 의식 그 자체가 모든 존재의 그릇이자 창조자로 등장할 수 있는지 보여준다. 우리는 그토록 찾던 '실체'가 바로 우리 자신임을 발견한다. 의식은 투명한 광선 같고 경험이라는 풍요의 뿔이 쏟아내는 보석 같이 느껴질 것이다. 마치 무수한 은하계의 성운들이 뿜어내는 찬연한 빛과 같다. 우리의 투명한 마음이 시간과 공간의 창조물들을 환하게 비출 수 있다. 우리는 바로 이 순간 삼라만상의 존재 양상을 직관할 수 있다. 시간과 창조의 모든 관념이 단지 의식의 장난일 뿐이고, 그 속에서 개별적 실체는 거울 속의 허상이며, "시간은 단지 신이 모든 것을 한꺼번에 드러내지 않으려고 만든 도구일 뿐"이라는 사실을 깨닫는다. 우리는 매 순간 일어나는 개별 존재가 망상임을 절감하고 그 모든 현상 아래 깔린 거대한 평화 속에 머무를 수 있다.

이 모든 경험 속에서 우리가 지녔던 과거의 허울은 소멸하고 놀랍도록 새로운 생의 통찰이 일어난다. 이 죽음—재탄생의 과정은 어떤 순간에나 나타날 수 있다. 이 과정은 몇 주, 몇 달 혹은 몇 년의 명상과 기도를 거친 뒤에 다가올 수도 있고, 일하던 작업대 위에서, 격렬한 무속의식 중에, 혹은 어떤 예외적 상황 속에서 불현듯 나타날 수도 있다. 어떤 이들은 일상생활의 한가운데에서 이 과정을 경험하고 인간의 마음이 얻을 수 있는 최고의 평정과 위대함을 발견하기도 한다. 어느 때건 어떤 상황에서건 이 경지의 체험은 우리를 변화시키기 시작한다. 우리가 항상 그 고매한 상태에 머물 수는 없지만, 우리는 마치 산꼭대기에 올라갔던 사람처럼 내면의 자유를 맛보았고 그 자유는 그때부터 우리의 온 삶을 바꿔놓을 수 있다. 다시는 우리 자신을 개별적 주체로 생각할 수 없다. 이미 죽음을 경험했던 우리는 과거처럼 죽음을 두려워하지 않는다. 이를 가리켜 죽음 전의 죽음(dying before death)이라 부른다. 이 과정은 우리 인생에 경이로운 통일감과 평정심을 가져온다.

결국 이 과정의 선물은 다르마(Dharma : 法), 도(道)의 가장 근원적인 가르침에 대한 깨달음이다. 우리는 붓다의 가르침을 본다. 인생의 모든 고통은 탐욕, 두려움 그리고 편협한 자아 관념에서 비롯된다는 진리다. 이 가르침 속에서 우리는 진정한 자유, 개별적 자아의 혼돈에서 벗어난 해방을 발견한다. 이 해방은 우리를 텅 비게 하면서도 모든 존재와 연결시킨다. 우리는 해방이 모든 인간의 마음속에서 이뤄질 수 있음을, 그 과정은 옛날에도 일어났고 오늘날도 진행되고 있음을 발견한다.

그리고 마침내 우리는 영성수련이 사실은 아주 단순함을 알게 된다. 수행의 전 과정은 열림과 놓아버리기의 길이고, 명료히 알아차리면서 일체의 집착을 끊어내는 길이다. 이 가르침은 우리가 모든 유혹과 악마들을 담담히 지나쳐 죽음 – 재탄생의 전 과정을 통과하도록 이끈다. 아잔 차 스님은 이렇게 말씀하셨다.

만일 그대가 조금만 버리면, 얻는 평화도 조금뿐일 것이다. 만일 그대가 많이 버리면, 훨씬 큰 평화를 얻을 것이다. 그러니 그대의 집착이 어디에 머무르든 그것을 놓아버리고 중심으로 돌아오라. 평정과 열림의 마음으로 생의 모든 움직임을 바라보도록 하라.

자아의 확대와 해체를 다룬 이 장을 마치면서 나는 한 가지 사실을 일깨우고 싶다. 이 상좌부 장로들의 의식지도는 영적 열림을 위한 수많은 길 중 하나일 뿐이라는 것이다. 고매한 영역들로 들어가는 천부적 능력을 지닌 사람들조차 영적 체험들이 이점과 한계를 동시에 지녔음을 발견한다. 아무리 영적 열림이 엄청나고, 깨달음의 여행이 심오하게 진행됐다 해도 수행자는 필연적으로 아래로 내려온다. 도로 내려왔을 때 대부분의 수행자는 또다시 차례차례 구도 여정의 온갖 난관들과 마주치게 된다.

우리가 일상의 의식으로 돌아온 뒤, 대개는 그 고매한 상태들로 인해 깊은 변화를 겪지만 그렇지 못할 경우도 있다! 기껏해야 상당한 균형감과 담대함, 마음과 정신의 평온과 부드러움 정도만 남을 수도 있다. 하지만 마침내는 그것들마저 놓아버려야 한다. 만일 우리가 거기서 진정 깨달음을 얻었다면 바로 이 점을 터득했을 것이다.

이 점을 보여주는 중국의 옛날이야기가 있다. 어느 수도승이 몇 년 동안 평화로이 참선수행에 몰두했다. 그러나 자신이 진정한 깨달음에 이르지 못했음을 알았다. 수도승은 스승을 찾아가 이렇게 말했다. "스승님, 산꼭대기로 가도 되겠습니까? 거기에 오두막을 짓고 도를 깨칠 때까지 정진하고 싶습니다." 제자가 원숙한 단계에 이르렀음을 알았던 스승은 그러라고 허락했다. 산을 오르던 수도승은 무거운 짐을 짊어지고 산에서 내려오는 노인 하나를 만났다. 그 노인이 물었다. "어디 가십니까, 스님?" 수도승이 대답했다. "산꼭대기에 올라갑니다. 거기서 수행하다 깨달음을 얻든지 죽든지 할 작정입니다." 그런데 노인이 아주 지혜로워 보였으므로 수도승은 왠지 물어보고 싶었다. "저기, 어르신. 혹시 깨달음을 얻는 길을 아십니까?" 그노인은 사실 문수보살(文殊菩薩)이었다. 문수보살은 거의 깨달음에 다가간 사람에게 나타난다는 지혜의 상징이다. 노인은 갑자기 짊어진 짐을 내던졌다. 짐은 땅바닥에 나뒹굴었다. 모든 탁월한 선(禪) 이야기가 그렇듯, 수도승은 그 순간 깨달음을 얻었다. "어르신 말씀은 이렇게 단순하다는 뜻이군요. 그냥 놓아버리고 아무것도 움켜잡지 말라는!"새로 깨달음을 얻은 그 수도승은 노인을 돌아보며 다시 물었다. "그런 다음 어떻게 합니까?"노인은 말없이 손을 뻗어 땅바닥의 짐을 다시 들었다. 그리고는 마을을 향해 내려갔다.

이 이야기는 구도 여정의 두 가지 측면을 보여준다. 먼저 가진 것을 놓아버리고, 우리의 욕심과 모든 사물과의 인연을 끊으라는 가르침이다. 우리는 그저 잠시 이곳에 머무는 손님일 뿐임을 깨닫게 한다. 다음으로 우리가 일단 이 지혜를 얻은 뒤에는 자애로운 마음으로 다시 세상으로 들어가야 한다는 가르침이다. 우리는 무거운 짐을 집어들고 인간 세상으로 돌아가야 한다. 하지만 이번에는 보살(菩薩, 궁극적 목표인 열반을 연기하고 일체 중생을 고통에서 구하는 여정을 걷는 사람. 대각을 얻기 전의 고타마 싯다르타 역시 보살이었다 - 옮긴이)이 되어 들어간다. 생과 사의 영역을 가로질러 새로이 자유를 얻은 사람으로서 세상을 여행한다. 이 자유로부터 우리는 지혜를 갈망하는 이 세상에 깨달음과 자비의 빛을 던질 수 있다.

죽음 - 재탄생의 명상

시야가 맑아지고 마음이 열릴 때, 당신은 자신이 끝없이 이어지는 시작과 종말의 과정 속에 놓여 있음을 발견할 것이다. 아이들은 어젠가 집을 떠나고, 결혼 생활에도 시작과 끝이 있고, 집도 언젠가는 남의 것이 되고, 새 직장을 얻어도 머지않아 은퇴하여 일터를 떠날 것이다. 매년, 매일, 매 순간이 옛날 것을 놓아버리고 새것을 탄생시키는 과정이다. 영성수련은 당신이 이 신비로운 과정을 지극히 깊숙이 접하게 한다. 고요히 앉아 끊임없이 일어났다 사라지는 자신의 호흡, 감정, 사고 그리고 머릿속 심상들을 마주하라. 더욱 깊숙이 들어가면, 당신의 의식 자체가 변화하면서, 수천 가지의 온갖 모습과 광경들이 펼쳐질 것이다. 마침내 당신이 자기 자신이라고 생각한 모든 것(개별적인 몸, 마음, 개별적 실체)이 당신 앞에서 녹아내리고, 자신의 유한한 존재가 참 본성이 아님을 깨닫게 될 것이다.

위대한 불교 수행서 《티벳 사자의 서 *The Tibetan Book of the Dead*》는 죽음, 재탄생, 그리고 우리 참 본성의 각성의 과정을 인도하는 탁월한 길잡이이다. 이 책은 막 사망한 사람에게 읽어주기 위한 안내서이다. 하지만 탄생과 죽음에는 아무런 본질적 차이가 없으므로, 하나의 물질적 생에서 다음 생으로 옮겨가도록 안내하는 이 책의 가르침들은 현생(現生)에서 하루, 한 순간, 한 호흡을 살아가는 우리에게도 한결같은 깨우침을 전한다. 나는 《티벳 사자의 서》를 죽어가는 친구, 이혼으로 고통 받는 동료, 지혜를 구하는 구도자 그리고 수련 중의 수행자들에게 읽어주었다.

당신은 차분히 앉아 이 책을 자신에게 들려줄 수 있다. 녹음을 해서 들을 수도 있고, 친구에게 천천히 읽어 달라고 할 수도 있다. 그 내용이 들려오면 자신의 의식 속으로 빠져 들어가라. 가만히 들으면서 포용적 자세로 자신의 온 존재를 활짝 열라. 그러면 이 가르침들이 당신을 자신의 참 본성으로 이끌 것이다.

투명한 빛을 떠올리라. 우주의 삼라만상이 거기서 탄생했다가 그리로 되돌아가는 맑고 순수한 빛을 생각하라. 그것은 당신 정신의 원래 본성, 감춰진 우주의 근원적 상태이다. 그 투명한 빛 속으로 들어가라. 마음 놓고 빨려들라. 그것이 당신의 참 본성이고 진정한 고향이다. 당신이 경험하는 광경들은 당신 의식 속에 존재한다. 그것들이 그려내는 모습들은 당신이 지닌 과거의 집착, 욕망, 두려움 그리고 과거의 업(業)에서 생겨난 것들이다. 그 광경들은 당신의 의식 밖에서는 아무런 실체가 없다. 그것들이 아무리 무시무시하게 보일지라도 당신을 해칠 수 없다. 그것들이 당신의 의식을 통과하도록 놔두라. 그들은 모두 금방 지나갈 것이다. 그것들에 휩쓸릴 필요도 없고, 그 황홀한 광경에 홀릴 것도 없고, 으스스한 장면에 움찔할 것도 없고, 그 어느 것에도 집착할 필요가 없다. 그냥 지나가게 놔두라. 만일 당신이 그것들에 휘말리면, 오랫동안 혼돈 속에 방황할 것이다. 그러니 마치 텅 빈 하늘에 구름이 흘러가듯 그것들이 당신의 의식을 통과하도록 놔두라. 근본적으로 그것들은 아무런 실체가 없다. 만일 두려움과 혼란이 일어나면, 언제라도 자신이 신뢰하는 어떤 지혜로운 존재를 찾아 보호와 안내를 구하라.

이 가르침들을 기억하고, 찬란한 광명, 자신의 본성에서 뿜어나는 순수하고 찬연한 빛을 떠올리라. 그것은 영원하다. 자신이 경험하는 광경들을 들여다보고 그것들이 이 우주의 삼라만상과 똑같은 맑고 순수한 빛으로 이뤄졌음을 느끼라. 그것을 깨달을 때 당신은 자유를 얻을 것이다. 당신이 아무리 먼 길을 헤매다녔다 해도, 그 빛은 한 찰라, 반 호흡 옆에서 기다리고 있다. 그 순수한 빛은 언제든 당신 옆에 있다.

11. 붓다를 찾아서

우리는 갖가지 영적 가르침과 수행법들을 만날 때 진정한 의구심을 지녀야 한다. 이 가르침과 수행법이 나와 남들에게 어떤 영향을 미칠까? 붓다는 열반 전 마지막 말씀에서 스스로 자신을 비추는 등불이 돼야 한다고 하셨다.

우리 시대는 구도자에게 아주 특이한 시기이다. 서점의 종교 코너에 가보면 기독교, 유대교, 수피교, 힌두교 등의 신비주의 수행서들이 서가를 빼곡히 채우고 있다. 이 책의 9장과 10장에 소개된 내용들은 수백 가지 영성 이야기들 중의 한 가지일 뿐이다. 게다가 수많은 영적 체험담들이 서로 모순된다. 우리는 이미 불교의 여러 전통들 간에도 구도의 시각이 얼마나 다른지 살펴보았다. 어떤 교파에서는 의식의 정화와 초월적 상태들을 통해 깨달음을 추구하는 반면, 어떤 교파는 지금 여기에 있는 진정한 깨달음을 방해하는 것이 깨달음의 욕망 그 자체라고 말한다. 우리가 마주치는 수많은 모순된 시각들은 우리의 영성생활에 커다란 딜레마를 던진다. '과연 어느 길을 믿어야 할까?'

우리가 처음 수행에 열정을 쏟을 때는 우리가 듣고 읽는 모든 것을 마치 복음서의 진리처럼 온전히 믿기 쉽다. 흔히 이런 태도는 우리가 수행 공동체에 들어가고, 스승을 섬기고, 수련을 시작하게 되면 더욱 심화된다. 그러나 수행서, 의식지도, 신앙 등의 가르침들은 진정한 지혜나 자비와는 별 상관이 없다. 그것들은 기껏해야 표지판일 뿐이다. 달을 가리키는 손가락이거나, 누군가 진정한 영적 진수성찬을 만끽한 뒤에 남겨놓은 찌꺼기들일 뿐이다. 우리가 진정한 영성수련을 해나가려면 자기 안에서 깨어 있는 참된 삶을 살아갈 방법을 발견해야 한다.

몇 년 전에 내가 매사추세츠 주에 있을 때의 일이다. 명상수련에 참여한 진*Jean*이라는 여성이 엄청나게 혼란스런 상태로 나를 찾아왔다. 그녀는 의사와 결혼해 두 아이를 둔 엄마였다. 그런데 남편이 심각한 우울증에 시달리다가 한 해 전 우울증 발작을 일으켜 자살하고 말았다. 이 사건은 그녀에게 너무도 슬프고 고통스런 상처였고 아이들의 충격은 한층 더 심했다. 그 가족은 매사추세츠 주 애머스트 시 외곽에서 살았는데, 그 지역의 여러 영성수련단체들에 참여하고 있었다. 진은 티베트 승려와 수피교 수행자들과 함께 수련했고, 남편이 자살한 후 수많은 수행 동료들이 그 가족을 찾아와 도와주었다. 여러 주 동안 매일 동료들이 찾아와 요리도 해주고 아이들도 돌보며 위로하고 보살펴주었다. 그들 중 여럿은 그 가족과 죽은 남편을 위해 영혼 천도(遷度) 의식을 치러주기도 했다.

어느 날 티베트 수련단체의 절친한 수련생 하나가 진을 찾아와 흥분에 들떠 말했다. "내가 지난 40일 동안 죽은 이를 위한 티베트 축원과 영성 몰입을 했거든요. 그런데 어젯밤 댁의 남편을 보았어요. 그분은 잘 계세요. 정말 생생하게 봤어요. 아미타불(阿彌陀佛)과 함께 휘황찬란한 빛 속에서 서방정토(西方淨土)로 들어가셨어요. 제가 또렷이 봤다니까요. 정말이지 행복해 보였어요." 이 말에 진은 커다란 위안을 얻었다. 그러데 그 며칠 후였다. 진은 시내에서 역시 자기가 다녔던 기독교 신비주의 공동체의 한 동료와 마주쳤다. 그런데 그 친구가 또 들뜬 목소리로 이러는 것이었다. "그분은 괜찮아요. 봤어요. 묵상 기도를 드리다가 바로 어젯밤에 심오한 광경을 봤어요. 남편께서는 새하얀 빛에 휩싸여 거룩한 성인들과 함께 천국에 계셨어요." 이 말에 진은 약간 당황스럽고 혼란을 느꼈다.

집에 돌아온 진은 자신을 지도한 존경스런 수피교 노(老)수도승을 찾아가 보기로 했다. 진은 그 수도승의 집에 도착했다. 그런데 그 혼란스런 이야기를 꺼내기도 전에 수도승이 대뜸 이렇게 말하는 것이었다. "그대 남편은 잘 있소. 그는 이미 어느 자궁 속으로 들어갔소. 머지잖아 워싱턴 D.C.에 사는 부모를 통해 여성의 몸으로 태어날 것이요. 내가 명상 속에서 그의 의식을 따라가 보았소." 이제 진의 머릿속은 온통 뒤죽박죽이었다. 그래서 무엇이 진실인지 알고 싶어 나를 찾아온 것이었다.

나는 진에게 정말로 자신이 아는 것이 무엇인지 찬찬히 생각해보라고 했다. 티베트 불교, 수피교, 기독교 신비주의의 가르침들을 밀쳐놓고 자기 자신의 존재와 마음을 들여다보라고 했다. 예수와 붓다가 한 방에 앉아 "아니, 그렇지 않아"라고 말한다 해도 그분들의 눈을 똑바로 마주보며 "맞아요, 그렇습니다"라고 말할 수 있을 정도로 확실히 알고 있는 것이 무엇인지 물었다. 나는 진에게 자신의 모든 철학, 믿음, 과거와 미래의 삶에 관한 상념들을 치워두라고 하면서, 그녀가 알고 있는 것은 아주 단순할 수 있음을 일깨웠다. 진은 한동안 조용히 있다가 마침내 이렇게 말했다. "나는 모든 것이 변한다는 것은 알지만 그 이상은 잘 몰라요. 태어난 모든 생명은 죽고, 인생의 모든 것은 변화의 과정 속에 있어요." 그래서 나는 그것으로 충분치 않은지 물었다. 그 단순한 진리를 바탕으로 충실하고 참되게 자기 인생을 살아갈 수 없는지, 필연적으로 버려야 하는 것들에 매달리지 않을 수 없는지 물었다. 어쩌면 이 단순한 깨달음만으로도 지혜로운 영적 삶을 살아가기에 충분할지 모른다.

내가 진에게 요구한 것, 즉 여태껏 들은 모든 가르침들을 치워놓고 자신이 진실로 아는 바를 찾으라는 요구는 우리 모두의 과제이다. 흔히 우리가 아는 것들은 아주 단순하다. 하지만 그 단순함 속에 생의 참뜻이 담겨 있다. 그 단순함을 한국 선사 숭산(崇山) 스님(1927~2004, 한국 불교의 해외포교에 선구적 역할을 한 큰스님 - 옮긴이)은 "오직 모를 뿐"이라고 표현했다. 우리는 이 몸으로 태어난 신비, 이 색깔과 소리의 현란한 춤사위로 여기 존재하는 자신의 신비를 느낄 수 있다. 이 단순함 속에 새로운 무언가가 있고, 사실은 이미 완전한 것을 더욱 완전하게 하는 오묘함이 있다. 아름다운 것은 침묵 속에서도 저절로 드러날 수 있다. 엘리자베스 퀴블러 로스(Elisabeth Ku..bler - Ross : 스위스 태생의 정신병리학자. 불치병 환자들의 심리를 연구한 '죽음의 5단계'로 유명함 - 옮긴이)는 그런 아름다움을 죽음의 순간에 발견할 수 있다고 했다. 강인함과 사랑을 지니고 말을 넘어선 침묵 속에서 죽어가는 사람과 함께하는 사람들은 임종의 순간이 두렵거나 고통스런 순간이 아님을 안다. 그 순간은 몸의 기능이 평화롭게 멈추는 순간이다. 평화로운 죽음을 지켜볼 때, 우리는 떨어지는 별똥별을 보며 느끼는 지극한 평화를 볼 수 있다.

아무튼 진은 만물이 변한다는 사실을 깨달은 순간 다시 자신의 길을 찾았다. 종교와 철학은 그 나름의 가치를 지녔다. 하지만 결국 우리가 할 수 있는 일은 생의 신비를 맞이하고 마음과 함께하는 길을 따라가는 것이다. 헛된 관념에 빠지지 않고, 괴로움을 피하지도 않고, 붓다께서 그랬던 것처럼 이 지구상에 인간으로 태어난 우리 생의 한복판에 머무는 것이다. 자신에게 이런 물음을 던져보라. '우리가 스스로 보고 직접 알아낸 것은 무엇이지?' 이 간단한 진리만으로 충분치 않은가? 나는 수많은 명상수련생들에게 이 질문을 던졌고, 대개 그들은 이런 단순한 진리들로 답했다. "내가 가진 생각이 무엇이든, 다른 시각도 있음을 알았어요." "이 세상은 낮과 밤, 빛과 어둠, 쾌락과 고통이 있어요. 그런 정반대의 것들로 이뤄졌어요." 또는 "내가 무언가에 집착할 때 괴로움이 일어나요." 또 "사랑은 이 인생에서 내게 정말로 행복을 갖다주는 것이에요."….

우리의 자유와 행복은 자기 자신의 깊은 깨우침에서 일어난다. 남들이 어떤 말로 반박하더라도 그것은 중요치 않다. 우리의 영적 삶은 우리가 자신의 진리에 대한 깨달음에 확고히 연결되었을 때만 바위처럼 굳건해진다.

현대의 정신세계 풍토는 고대 인도와 상당히 비슷하다. 붓다가 활동하시던 시기의 역사 자료들을 보면 수많은 고행자, 요기, 현인, 성자들이 나타나 갖가지 영적 수행법들을 주장하고 있었다. 우리 시대처럼 붓다 당시의 사람들도 그런 온갖 수행자들을 만나고 나서 혼란에 빠졌다. 붓다 생전의 가장 유명한 가르침 중 하나는 칼라마*Kalamas*족(族) 마을에서 펼치신 설법이다. 그곳 사람들은 줄줄이 나타나는 스승들을 영접했지만 그들의 모순된 이야기를 듣고 혼란 속에 빠졌다. 붓다는 그곳에 이르러 그 소문을 들으시고는 이렇게 말씀했다.

■ 오, 칼라마족이여, 그대들은 혼란스럽고 의혹에 빠져 있을 것이다. 그대들의 의혹은 의심해야 마땅한 것에서 일어났느니라. 내 말 역시 믿지 말라. 만일 그대들이 참된 진리를 알고 싶다면 이런 길로 나아가야 하느니라. 오, 칼라마 족이여, 절대로 풍문이나 전통을 그대로 믿지 말라. 전설이나 위대한 경전의 내용도, 어림짐작이나 그럴 듯한 언설도, 무엇은 옳고 무엇은 그르다는 주장도, "이건 위대한 현인이나 성자의 말이야"라는 소리도 절대로 그냥 믿지 말라. 대신 자신을 들여다보라. 자기 생각에 어떤 가르침이 무익하고 미덥지 않고 현자들의 비난을 받으며, 그것을 따라 행했을 때 해악과 고통이 일어난다고 여겨진다면, 그 가르침을 버려야 하느니라. 만일 그것이 거짓과 탐욕, 도심(盜心)이나 망상, 증오나 미혹(迷惑)을 일으킨다면 그 역시 버려야 하느니라. 다시 말하느니, 오, 칼라마족이여, 풍문이건 전통이건 어떤 가르침이건, 그것들이 그대들에게 어떻게 다가오더라도 그대로 믿지 말라. 스스로 판단하여 그것이 온전하고 흠 없고 현자들의 칭송을 받고, 그것을 따라 수행해서 평안과 행복이 일어난다고 믿을 때, 오로지 그때에만 그 가르침을 따라야 하느

니라. 그리고 그 가르침이 덕행, 정직, 자애, 청정, 자유의 길로 이끌 경우에는, 그대들이여, 반드시 따라야 하느니라.

그러니 이렇게 생각하라. 만일 다른 생(生)이 있다면 이 생에서 쌓은 선행의 결실은 내세의 선업(善業)이 될 것이요, 만일 다른 생이 없다면 그 선행의 결실은 지금 여기서 자신에게 돌아올 것이니라.

갖가지 영적 가르침과 수행법들을 만날 때, 우리는 진정한 의구심을 지녀야 한다. 이 가르침과 수행법이 나와 남들에게 어떤 영향을 미칠까? 이것이 어떤 역할을 할까? 이것과 나는 어떤 관계일까? 나는 이것에 사로잡히고, 무서워 떨고, 혼란 속에 헤매고 있나? 아니면 더 커다란 자애와 깨달음, 더 거대한 평화와 자유로 다가가고 있나? 오직 우리 자신만이 그 길이 우리를 지극히 높은 삼매(三昧)의 경지로 이끄는지, 우리 마음의 상처를 치유하는 참된 길인지 판단할 수 있다. 붓다는 열반 전 마지막 말씀에서 우리가 자신을 비추는 등불이 돼야 한다고 하셨다. 우리는 자신의 진정한 길을 스스로 찾아야 한다.

구도의 수행은 외면적인 완벽함을 흉내내는 식으로는 결코 성취될 수 없다. 그런 흉내는 우리를 오직 '영적인 연기(演技)'로 이끌 뿐이다. 우리는 지혜로운 스승과 수행 전통들의 일화에서 깊은 영감을 받을 수 있지만, 한편으로는 그 영감 자체가 우리에게 문제를 일으킬 수도 있다. 흔히 우리는 자신에게 정직하고 충실해지기보다 스승들을 모방하려 한다. 일부러 혹은 무의식적으로, 우리는 그들처럼 걷고, 그들처럼 말하고, 그들처럼 행동한다. 우리가 깨달음을 얻은 위대한 성인들, 가령 붓다, 예수, 간디, 혹은 테레사 수녀 같은 분들의 이미지와 자신의 모습을 비교하게 되면 우리의 영성생활에 엄청난 어려움이 생겨난다. 우리 마음은 자연스레 통일감, 아름다움, 완전성 등을 열망한다. 하지만 우리가 그 위대한 성인들처럼 행동하려 애쓸 때, 우리는 그분들의 완벽한 이미지를 자신에게 덧씌운다. 이것은 엄청난 좌절감을 안길 수 있으니, 우리는 그분들이 아니기 때문이다.

사실 우리가 처음 영성수련을 시작하면 성인들과는 더욱 멀어지는 느낌이 들 것이다. 마음이 깨어나면서, 우리는 자신의 결점과 두려움, 한계와 이기심 등을 과거보다 더욱 또렷이 보게 된다. 수행의 길에서 만나는 첫 번째 난관은 얼마쯤의 미숙한 깨달음이다. 우리는 자신이 마음과 함께하는 길을 가고 있는지, 올바른 길을 찾기는 한 건지 궁금해진다. 의혹이 일어날 것이다. 수행이 사랑의 여정이 아니라 고된 노동처럼 느껴질지 모른다. 우리가 자신의 한계들과 정면으로 부딪치기 시작할 때, 다른 수행 형태, 더 빠른 지름길을 찾으려 할지 모른다. 아니면 우리 인생을 급격하게 변화시키려 할 수도 있다. 이를테면, 주거지를 옮기거나 이혼을 하거나 사원에 들어가는 식으로.

수행 초기의 좌절감에 빠지면 우리는 자기 수행법이나 주위 환경을 탓하기도 하고 스승에게 책임을 돌리기도 한다. 내가 수도승이 된 첫 해에 겪은 상황이 바로 이것이었다. 나는 맹렬히 수행했지만 얼마 뒤 엄청난 당혹감에 빠졌다. 내가 마주치는 불안, 의혹, 반발, 비판의 마음은 내게 너무나 고통스러웠다. 그 상황이 얼마쯤은 나의 결점 때문임을 알면서도, 상당 부분은 나를 둘러싼 환경 때문으로 느꼈다. 나는 고명한 명상 스승의 지도 아래 숲속 사원에서 수련했지만, 매일 일과에는 다섯 시간의 명상수행 외에 잡다한 일들이 수두룩했다. 독경하기, 우물에서 물 길어오기, 승복 빨기, 사원 행사 참여하기, 아침에 다 함께 걸으며 보시 음식 모으기 등등. 이 모든 일이 우리 명상수행의 일부였다. 그러나 나는 다른 형태의 사원 이야기를 들은 바 있었다. 방 하나에 들어앉아 방해받지 않고 하루 스무 시간씩 조용히 수행만 하는 곳이었다. 만일 내가 그런 곳에서 수행했다면 내 명상이 상당히 깊어지고 금방 깨달음을 얻을 텐데 하고 생각하기 시작했다.

좌절감이 커질수록, 그곳 사원이 엉성해 보이고 깨달음에 이르기도 어려울 것 같았다. 스승님의 이미지까지도 나의 그런 마음상태와 뒤엉키기 시작했다. 스승님은 어떻게 사원을 이런 식으로 관리하는 거야? 줄곧 명상수행에 전념해서 더 나은 경지에 도달할 생각은 않고, 왜 하루 종일 수도승들에 둘러싸여 앉아 있거나 찾아오는 마을 주민들을 일일이 상대하고 있는 거야? 그래서 나는 따지려고 스승님을 찾아갔다. 나는 절을 올리고 예를 갖춘 뒤 다른 사원을 찾아 떠나겠다고 말했다. 여기서는 명상에 전념할 시간이 충분치 않다고 했다. "아, 깨달음을 얻을 시간이 부족했느냐?" 스승님의 그 물음에 나는 약간 움찔하면서도 "예"라고 답했다. 내 실망감이 상당히 컸으므로 나는 계속해서 따지고 들었다. "그뿐 아니라 수도승들은 너무 나태하고 스승님조차도 충분한 수행을 안 하십니다. 스승님은 일관성 없고 모순되게 행동하십니다. 이것은 붓다께서 가르쳐주신 말씀과 다른 것 같습니다." 오직 서구인만이 할 수 있는 당돌한 말이었다. 그러자 스승님은 껄껄 웃으셨다. "내가 붓다처럼 보이지 않는다니 다행이구나." 스승님의 이 말씀에 나는 약간 발끈해서 이렇게 대들었다. "오, 그래요? 왜 그렇죠?" "너는 아직도 너 자신을 잃은 채 붓다처럼 보이려는 생각에 사로잡혀 있느냐? 붓다는 여기 계시지 않아!" 그리 말씀하며 스승님은 내게 돌아가 계속 수행하라고 꾸짖으셨다.

붓다는 이렇게 말씀하셨다. "우리의 고통을 일으키는 것은 자기 바깥에서 완전함을 찾으려는 우리의 헛된 노력이니라." 변화무쌍한 현상의 세계, 그것을 붓다는 '끝없는 윤회(輪廻 : samsara)'라 하셨다. 이 세계는 그 본질상 우리가 부여하는 어떠한 '완전함'의 이미지에도 좌절감을 안겨준다. 지극히 완벽한 순간이나 사물도 바로 다음 순간 변하고 만다. 우리가 추구하는 것은 완전함이 아니다. 마음의 자유이다. 붓다는 또 이렇게 말씀하셨다. "거대한 바다의 물맛은 오직 하나, 소금 맛뿐이다. 그와 같이 모든 가르침에도 오직 한 가지 맛만 있으니, 그것은 자유의 맛이다."

중국 선종(禪宗)의 3대 조사 승찬(僧璨, 645~667)은 말하길, 우리가 '불완전성에 대한 근심을 떨칠 때' 자유가 찾아온다고 했다. 세계는 결코 우리의 관념대로 완전해지지 않는다. 우리는 그토록 오랫동안 이 세계를 변화시키려 노력했지만, 자유는 세계를 바꾸거나 세계 또는 나를 완전하게 함으로써 얻어지는 것이 아니다. 우리가 초월적 상태, 공동체 수련, 일상 속의 수행 등 어느 것을 통해 깨달음을 구하든, 완전성을 추구해서는 결코 깨달음에 도달할 수 없다. 그렇다면 우리는 어디에서 붓다를 찾아야 할까? 붓다는 우리가 정직과 자비의 마음으로 자신과 이 세계를 바라볼 수 있을 때 나타난다. 수많은 수행 전통들에 담긴 가장 중요한 물음은 오직 하나이다. 바로 '나는 누구인가?'이다. 이 물음에 답하기 시작할 때, 우리는 온갖 이미지와 이상들로 가득 차게 된다. 변화시켜서 완벽해지고 싶은 자신에 대한 부정적 이미지들과 어떤 장래의 위대한 영성을 향한 긍정적 이미지들로. 하지만 구도의 여정은 자신을 변화시키는 길이 아니다. 자기 존재의 근원을 두드리는 길이다.

현대의 수피교 스승이자 바보 성자인 물라 나스루딘*Mullah Nasrudin*의 일화가 있다. 나스루딘이 은행에 들어가 수표를 현금으로 바꾸려 했다. 직원이 나스루딘에게 신원 확인을 요구했다. 그러자 나스루딘은 주머니에 손을 넣었다가 작은 거울 하나를 꺼냈다. 거울을 들여다보며 나스루딘은 이렇게 말했다. "예, 내가 틀림없습니다."

명상과 영성수련은 이같은 것이다. 거울 속을 들여다보는 것. 처음에 우리는 자기 자신과 세계를 우리가 오랫동안 간직했던 이미지와 모델을 기준으로 바라보려 한다. "이것이 나야", "나는 영리해" 혹은 "평범해", "나는 사랑스러워" 또는 "엉망이야", "나는 현명하고 너그러워" 혹은 "겁 많고 소심해"…. 그러면서 우리는 자기 이미지를 고정하거나 손질하려 한다. 그러나 이렇게 기계적인 접근 역시 별 효과가 없다. 나는 엄격한 명상만이 진정한 길이라 말하며 일 년간 맹렬히 수행한 사람들을 알고 있다. 그런데 다음

해 그들은 마음을 바꿔 신앙심만이 진리의 길이라고 노래 부르고 다녔다. 헨리 밀러(Henry Miller : 성(性)을 솔직하게 표현한 자전적 소설로 20세기 중반 문학에 자유의 물결을 일으킨 미국 작가 – 옮긴이)는 고정된 관념들이 얼마나 우스꽝스런 것인지 깨닫고 이렇게 말했다. "나는 인간에 관한 온갖 이야기를 썼는데, 나중에 가서 그 정반대로 쓸 수도 있음을 깨달았다."

우리가 자신, 영성생활 그리고 남들에 대해 갖고 있는 이미지는 무엇일까? 그 모든 이미지와 관념들이 정말 우리 자신일까? 그것이 우리의 참 본성일까? 자유는 자기계발 혹은 신체나 성격의 완성과정에서 얻어지는 것이 아니다. 영성생활을 할 때, 우리는 자신의 일상적인 이미지, 관념, 희망을 기준으로 볼 때와는 전혀 다른 시선을 발견하게 된다. 우리는 비교하고 판단하는 정신이 아니라 열린 마음과 사랑을 가지고 대상을 바라보게 된다. 이것이 우리를 완전성 이상의 경지로 이끄는 근원적인 존재의 길이다. 그것은 마치 우리의 들쑥날쑥한 영성수련이 붓다의 마음속에 자리 잡는 것과 같다. 이런 시야를 가질 때 모든 것이 우리 수행 속에 통합될 수 있다.

매년 진행되는 3개월간의 집중수련회 중에 친구 하나가 나를 찾아왔다. 그는 같이 수련했던 많은 수련생들의 근황을 물었다. "질은 어때?" 그의 물음에 나는 "잘하고 있어"라고 답했다. "샘은 어때?" "샘도 잘하고 있어." "클로디어는?" "음, 클로디어는 꽤 어려운 시기를 거쳤지만 지금은 괜찮아." 나는 한 여섯 사람에 대해 대답해주었다. 모두 잘하고 있다는 말이었다. 그러자 그 친구가 이렇게 묻는 것이었다. "넌 그들이 잘하고 있다고 했는데, 그게 무슨 뜻이지?" 나는 잠시 생각하다가 이렇게 말했다. "그건 그들이 아직 안 떠났다는 뜻이야." 우리 둘 다 폭소를 터뜨렸다. 하지만 이 말은 내 진심이었다. 구도의 길에서 중요한 것은 특별한 체험을 하는 것이 아니다. 그런 체험까지 우리 수행의 일부로 만들 수 있느냐, 나타나는 모든 것에 열린 마음을 유지할 수 있느냐, 지금 그곳에서도 사랑을 배울 수 있느냐이다.

우리가 처음 수행에 들어가면 필연적으로 치유의 과정을 겪게 된다. 그런 다음 차츰 새롭고 생소한 영역으로 들어간다. 초월적 상태를 만날 수도 있고 못 만날 수도 있지만, 결국에는 우리가 줄곧 추구해왔던 것을 거기서 찾게 된다. 그 발견의 순간은 우리가 평온에 다다르고, 우리의 본질적 자아, 불성(佛性)이나 근원적인 선(善)에 도달하는 순간이다. 그것은 충실히 깨어 있으면서도 어떤 것도 추구하지 않는 순간, 고요 속에 머물러 있는 순간에 발견된다. 그러면 통일감과 고귀함, 거대한 힘과 아름다움이 나타난다. 우리가 온 세상을 찾아 헤맸던 그것이 바로 여기 문 앞에 있다. 수없이 반복해서 우리는 이 단순함을 배운다.

만일 당신이 자신과 남들을 지배함으로써 힘을 얻고자 했다면, 그 힘은 오직 그릇된 힘일 뿐임을 알게 된다. 진리와 근원적 힘은 우리가 깊은 침묵과 통일성 속에서 흔들림 없이 만물을 있는 그대로 바라보는 순간에 나타나는 것이다. 만일 당신이 남들을 통해서 혹은 자기 정신의 완전함 속에서 아름다움과 사랑을 찾고자 했다면, 이 역시 그릇된 생각이다. 그것들은 욕망과 열망 그 자체를 가라앉힐 때 불현듯 온전한 모습을 드러내기 때문이다. 이것이 우리 불성의 자각이다.

우리가 찾는 것은 '진정한 나'이다. 우리 수행이 성취될 때 우리는 깨달음이 줄곧 우리 곁에 있었음을 발견한다. 교황 요한 23세(John XXIII)는 교황인 자신에게도 그것이 어떤 것인지 이런 식으로 설명했다.

■ 나는 자주 이런 일을 겪는다. 한밤중에 잠에서 깨어 심각한 문제를 고민하기 시작한다. 그리고 그 문제를 교황께 말씀드려야겠다고 생각한다. 그러다 온전히 정신이 들고나면 나 자신이 교황임을 깨닫는다.

이것이 명상이다. 우리의 참 본성을 되찾고 생의 한가운데에서 마음의 광활함과 거대한 안정과 평화를 발견하는 것, 우리 자신을 항상 반짝이는 광명 앞에 투명하게 열어놓는 것이다. 어느 선사의 말이다. "그것은 멀리 있지 않아. 가까이, 너무나 가까이 있어." 명상의 길은 무언가를 변화시키는 길이 아니다. 움켜쥔 모든 것을 놓아버리고 우리 눈과 마음을 열어놓는 길이다.

이 길이 너무 단순해 보일지 모르니 한 걸음 더 나아가보자. 우리 인생에서 괴로운 상황을 떠올리고 우리가 그 상황에서도 어떻게 불성을 발견할 수 있는지 살펴보자. 우리는 간단한 명상을 실행하여 우주의 원형(原型)들을 불러일으킬 수 있다. 그것들은 우리가 그 목소리에 마음을 열 때마다 우리 안에서 나타나는 자비와 지혜의 에너지들이다. 아래 나오는 세 문단을 다 읽은 뒤, 눈을 지그시 감고 자신이 인생에서 가장 고통스런 순간의 한복판에 있다고 상상해보라. 그것은 직장에서의 사건일 수도 있고 인간관계의 문제일 수도 있다. 그 상황을 기억하고 떠올리고 상상하며 생각하고 느껴보라. 어떤 식이든 당신의 마음과 몸이 가장 절절히 느끼도록 해보라. 그 장면, 그때 있던 사람들, 괴로움, 그에 대한 당신의 반응을 다시 생생히 경험하라. 가장 고통스런 지점까지 파고들어가라. 그리고는 그 와중에 자신의 몸이 어떻게 느끼는지, 자기 행동은 어떤지, 마음은 어떤 상태에 놓여 있는지 바라보라.

그런 다음 당신의 마음속 문에 노크 소리가 들린다고 상상하라. 몸을 움직여 문 밖으로 나가라. 이제 당신은 자신을 기다리고 있는 붓다, 예수, 성모 마리아 혹은 온 우주의 위대한 자비의 여신을 만난다. 이들 중 한 사람이 당신을 찾아왔다. 그는 다정하게 당신을 바라보며 묻는다. "힘든 하루였지요? 자, 우리 자리를 바꿉시다. 나에게 당신 몸을 빌려주세요. 내가 이 상황을 어떻게 다루는지 보여줄게요. 내가 대처하는 방법을 알려주는 동안 당신은 보이지 않을 거예요." 그래서 당신은 자기 몸을 여신이나 붓다, 예수 등에게 빌려주고 투명해진 몸으로 그들을 따라간다. 자신의 괴로움이 절정에 이른 상황으로 돌아간다. 아까와 같은 대화와 장면이 진행되도록 두고, 눈 앞에 펼쳐지는 광경을 그냥 바라만 보라. 예수, 붓다, 성모 마리아는 그 상황을 어떻게 대처하는가? 침묵으로? 어떤 에너지로? 그들은 어떤 말을 사용하나? 그 상황에서 그들의 마음상태는 어떤가? 그들의 몸 상태는? 그들의 대처 방법을 지켜보라. 그들이 행동하는 동안 줄곧 옆에서 관찰하라.

그리고 이제 그들이 잠시 비켜나 있다가 당신을 만난 자리로 돌아온다. 그들은 가만히 당신의 몸을 돌려준다. 떠나기 전에 그들은 당신을 지극히 감미롭게 어루만지며 귀에다 몇 마디 충고의 말을 속삭인다. 이 진심어린 지혜와 애정의 말을 귀담아 들으라. 그 말을 듣고 상상하며 느껴보고 가능한 무엇이든 알아내고, 그리고 당신의 지혜로운 삶에 꼭 필요한 것이 되게 하라.

이런 '인도자 명상'은 아무나 하는 것이 아니다. 하지만 대다수 사람들이 수행을 통하여 자신의 괴로움들을 기억해내고 그것들을 완전히 새로운 방식으로 마주하거나 상대할 수 있음을 발견한다. 이런 지혜의 단계에 이르려면 상당 기간 침묵수행을 해야 할지도 모르고, 어쩌면 아주 쉽고 빠르게 거기에 다다를지도 모른다. 어떤 식이든 그 지혜는 당신 안에서 당신을 기다리고 있다.

이 수련을 마친 뒤 스스로에게 물어보라. 붓다, 예수, 성모 마리아, 자비의 여신은 어디에서 왔지? 이 명상 속에서 당신이 배운 비상한 지혜, 자비 혹은 그 모든 것이 어디 있었나? 그것은 바로 당신 안에 있었다! 이미 여기 있었다. 당신은 그것을 창조하거나 흉내낼 필요 없이 그냥 귀 기울여 자기 안에서 발견하기만 하면 된다. 흔히 우리 내면의 성자들이 소곤대는 충고는 아주 단순한 것들이다. "모든 이를 사랑해." "자애를 기억해." "너 자신과 진리를 지켜내." 하지만 이 단순한 말들이 자기 마음속에서 들려올 때는 새로운 의미를 지닌다. 모든 문제들은 우리가 자기 몸을 지탱하는 새로운 길을 찾을 때, 우리가 가장 거대한 괴로움의 한복판에서 강인함과 지혜, 자비와 순수가 어떤 것인지 떠올리고 실감했을 때 새로운 의미를 얻게 된다.

내가 지도한 수련생들도 이 '인도자 명상'을 행했는데 여기 간단한 사례 몇 가지를 소개한다. 어떤 수련생은 붓다가 다가오는 것을 보았다. 붓다는 그를 대신해 프로젝트가 지체됐다며 노발대발하는 사장을 상대해주었다. 붓다는 차분하고 당당히 맞서면서도 줄곧 부드러운 태도를 유지했다. 붓다가 한 말은 이 것뿐이었다. "사장인 당신에게 가장 큰 책임이 있는 것 아닙니까? 모든 상황을 제대로 관리했어야지요." 즉시 사장의 태도가 누그러졌고, 그 직원과 사장은 대화를 나눌 수 있었다. 다른 여성 수련생은 아주 성질 고약한 부모를 만나러 가고 있었다. 자비의 여신이 그녀의 몸을 하고 대신 집에 들어갔다. 여신은 부모와 싸우려 하지 않고 그냥 같이 앉아서 TV를 봤다. 그러면서 어떡하든 그들을 사랑하려 애썼다. 여신은 떠나면서 심란해하는 그 여성의 귀에 대고 속삭였다. "부모님 집에 너무 자주 가지 말아요." 또 다른 수련생에게는 성모 마리아의 이미지가 나타났다. 그녀는 골치 아픈 세 아이에게 시달리는 엄마였다. 그녀는 아침마다 정신없이 허둥대고, 자기 시간은 조금도 없고, 어수선한 상황 속에 아등바등하는 자기 모습을 상상했다. 성모 마리아가 살며시 들어와 바닥에 앉아서 아이들과 놀아주기 시작했다. 아이들에게 주의를 주고, 그녀를 보살피고, 학교 갈 시간이 되자 아이들을 내보냈다. 하지만 대개는 아이들이 원하는 대로 그냥 나뒀다. 성모님은 떠나면서 피곤한 그 엄마의 귀에 이렇게 속삭였다. "그저 크나큰 사랑을 베풀어요. 집안일은 너무 신경 쓰지 말고."

영적인 성취는 특별한 비법의 결과물이 아니다. 위대한 문헌과 경전을 연구하거나, 위대한 종교활동의 체계적 학습에서 생기는 것도 아니고, 지배나 권위 속에서 발견되는 것도 아니다. 어느 특이한 길에 놓여 있는 것도 아니고, 어떤 책임이 따르는 것도 아니다. 그것은 다른 사람의 지배, 심지어는 자신에 대한 지배와도 상관이 없다. 영적 성취는 풍성한 마음의 지혜에서 솟아나는 것이다.

몇 년 전 나는 동남아시아의 어느 밀림 속 사원에서 늙은 수도승을 만났다. 우리는 숲속 공터에서 밤을 보냈다. 그때 별들 사이를 누비고 지나가는 인공위성 하나가 보였다. 수도승이 그것을 가리키며, 저런 별들은 밤하늘의 새 손님이라고 말했다. 나는 로켓과 위성에 관해 설명해주려 했다. 그런데 놀랍게도 그는 지구가 둥글다는 사실조차 믿지 않았다. 그에게는 항상 지구가 평평한 땅이었다. 1920년대에 받은 초등학교 2, 3학년 교육이 학업의 전부였던 그는 아주 색다른 신념을 갖게 된 모양이었다. 그러나 그는 많은 이들의 숭상을 받는 현자였다. 그의 마음은 자비와 지혜로 충만했으므로 많은 사람들이 그를 찾아와 괴로움을 털어놓고 도움을 구했다. 그 수도승은 지구가 둥근 것조차 몰랐지만, 인간의 본성과 인생에 대한 그의 깨달음은 심오하고 경이로운 것이었다.

마음의 지혜는 어떤 상황에서든, 어느 행성에서든 발견될 수 있다. 둥글든 평평하든 상관없이. 마음의 지혜는 지식이나 완전성의 이미지, 또는 비교나 비판에 의해 생겨나는 것이 아니다. 세심한 사랑과 총명한 눈으로 바라볼 때, 자애로움으로 이 세상의 모든 존재들을 어루만질 때 일어나는 것이다.

마음의 지혜는 여기, 바로 지금, 이 순간에 함께 있다. 그것은 항상 여기 있었고, 언제든 발견되기만을 기다리고 있다. 우리가 추구하는 자유와 통일성이 우리의 진짜 모습인 참 본성이다. 영성수련을 시작하거나 명상 서적을 읽거나 올바른 삶이 무엇인지 고민할 때마다, 우리는 필연적으로 이 진리, 즉 인생 그 자체의 진리를 향한 열림의 과정을 시작한다.

힘을 북돋는 이야기 하나로 이 장을 마감하고자 한다. 어느 젊은이 하나가 내 옛날 힌두 스승인 니사르가닷따(Sri Nisargadatta Maharaj : 20세기 인도의 걸출한 현인. 37세에 완전한 깨달음을 얻은 뒤 오랫동안 봄베이 뒷골목에 있는 자기 집에서 가르침을 베풀었다 - 옮긴이) 구루를 만나러 어렵사리 인도 봄베이의 작은 아파트를 찾아 왔다. 젊은이는 구루에게 영적인 질문 하나를 던졌고 잠시 뒤 그곳을 떠났다. 젊은이가 나간 뒤 구루의 제자 하나가 물었다. "저 사람은 어떻게 될까요? 깨달음을 얻게 될까요, 아니면 구도의 길에서 떨어져 도로 잠들어버릴까요?" 그러자 니사르가닷따 구루는 이렇게 말했다. "저 사람은 너무 늦었다! 이미 시작해버렸거든. 여기까지 찾아와 자신의 참 본성이 뭔지 물었다는 사실만으로도 진정한 자신을 아는 자기 안의 그 공간이 깨어나기 시작했다는 뜻이니라. 오랜, 아주 오랜 시간이 걸릴지는 모르지. 하지만 절대 돌아올 수는 없느니라."

단순함과 순수함을 위한 명상

자신의 영성생활을 돌아보면서 스스로에게 이런 질문을 던져보라. 나는 생의 진리에 대해 마음속으로 무엇을 알고 있나? 나에게 정말로 이보다 더 많은 지식이 필요한가? 단순하고 근본적인 지혜로 충분하지 않나? 내가 아는 단순한 진리를 가지고 살아가지 못하게 막는 것이 무엇이지? 그렇게 살기 위해 내가 놓아버려야 할 것이 무엇일까? 나의 자비를 방해하는 혼란과 두려움은 무엇이지? 지혜롭고 올바르게 살기 위해서는 어떤 힘과 믿음이 필요할까? 나의 몸, 마음, 정신이 이 내면의 빛에 더욱 순수하고 투명해지기 위해서 내 인생을 어떻게 바꿀까? 나의 지식은 줄이면서도 더욱 현명해지는 모습을 상상할 수 있나?

당신이 매 순간 불러올 수 있는 단순한 사랑의 존재를 느껴보라. 당신의 영성생활이 당신을 어떻게 그 존재로 인도하는지 바라보라.

3부
마음의 숲을 깊고 넓게

12. 계절과 순환 맞이하기

만일 우리가 자신의 수행이 어떻게 진행돼야 한다는 관념을 갖고 있다면 대개는 그것이 장애물이 될 것이다. 그 관념은 우리가 실제로 우리 앞에 놓인 단계를 존중하지 못하게 만드니까.

　　　　　　　　　예로부터 모든 지혜의 가르침들은 인간의 일생이 순차적인 여러 단계들로 이루어져 있다고 지적했다. 어린 시절, 교육과 학습의 시기, 가정생활과 활발한 직장생활, 그리고 차분한 명상의 시기 등등. 미국 인디언 전통에서는 이런 인생의 각 단계마다 통과의례를 두고 공동체의 일원들이 주위의 충분한 인정과 지원 속에서 새로운 단계로 접어들도록 했다. 에릭 에릭슨(Erik Erikson : 독일 태생의 미국 정신분석학자. 주로 인간심리와 문화의 상호작용을 연구했음 – 옮긴이) 같은 현대 심리학자들도 지혜롭고 의미 있는 인생을 살기 위해서는 반드시 연속적인 여러 단계들이 필요하다고 주장했다.

　이 세상 사계절의 변화에는 아름다움이 있고 인생의 순환을 존중하는 자세에도 내면의 우아함이 깃들어 있다. 마찬가지로 우리가 물러날 시기와 여행을 떠날 시기, 정착하고 뿌리를 내릴 시기, 가족을 이루고 아이를 얻을 시기 등을 제대로 알 때, 우리의 영성수련은 균형을 이루게 된다. 이런 순환을 존중함으로써, 우리는 도(道)에 담긴 자연스런 우주의 법칙이나 우리 자신의 인생에 담긴 다르마(法)를 받아들이게 된다. 미국의 시인 웬델 베리는 자신의 시 〈만물과 하나 된 법칙〉에서 이렇게 노래했다.

구름의 자유는
오직 바람 따라 흐름에 있고,

빗물의 자유는
오직 떨어져 내림에 있네.

강물의 자유는
오직 함께 모임에 있지.

마음껏 쏟아져 내리는 자유,
하늘 위로 피어오르는 자유.

자연의 법칙 속에 평온이 있으니,
우리 그 법칙을 사랑하세.
아래로만 흐르는 물처럼
그 속으로 노래하며 들어가세.

인생의 단계마다 영적 성장의 씨앗을 뿌리고

영성생활을 시작할 때 우리는 명상수행을 직신적인 여행, 머나먼 깨달음의 종착지를 향해 가는 미지의 여행길로 상상하기 쉽다. 하지만 구도의 여정은 우리의 마음을 열고 차츰 의식을 넓혀 모든 생명을 영적인 통일체로 포용하는 '범위 넓히기' 혹은 '나선형 확장'에 더 가깝다. 앞에서 우리는 수행이 새로운 단계로 접어들 때마다 똑같은 문제가 반복해서 일어날 것이라고 말한 바 있다. 필연적으로 우리는 인생의 갖가지 상황과 우리 수행에서 일어나는 변화들을 어떻게 헤쳐나가야 할지 몰라 헤맬 것이다. 30여 년 전 나의 수행 동료 람 다스는 《지금 여기에서 *Be Here Now*》라는 책에서 영성생활의 순환을 이렇게 표현했다.

■ 수행은 마치 롤러코스터 같다. 대개 새로운 오르막에 올라설 때마다 곧바로 내리막이 나타난다. 이 점을 이해하면 오르내리는 파도를 타넘기가 약간 수월해진다. … 상승과 하강의 순환뿐 아니라 안팎의 순환도 있다. 가령 내면의 수련에 빠져들어 온통 조용한 장소에서 명상에만 전념하는 단계도 있고, 그러다 마음이 외부로 향해 어수선한 시장바닥을 어슬렁거릴 때도 있다. 순환과정의 이 두 가지 측면 모두 우리 수행의 일부이다. 시장에 나갔다 겪은 일이 명상에 도움을 주고, 명상 속에서 겪은 체험이 시장에서 초연하게 돌아다니도록 돕기 때문이다. … 처음에 당신은 영성수련을 자기 인생의 작은 한 부분으로 생각할 것이다. 하지만 머지않아 당신이 하는 모든 행동이 수행 그 자체임을 깨달을 것이다.

우리의 내면적 요구뿐 아니라 외부 상황에도 변동이 생기면서 우리 인생에 커다란 변화가 찾아온다. 붓다는 끊임없는 변화가 존재의 본질이라고 하셨다. 이 자연스런 인생의 순환을 영성수련에 어떤 식으로 수용할 수 있을까? 먼저 우리는 인생이 펼치는 끊임없는 순환들을 존중하고 그에 따른 내면의 과제들을 받아들여야 한다. 이 과정에서 우리의 영적 성장이 자연스럽게 이뤄질 수 있다. 만물의 변화는 자명한 이치인데도, 우리 사회는 자연의 흐름을 놓쳐버린 채 온갖 방법으로 변화를 무시하도록 가르친다. 어린 아이들은 자유롭게 뛰어놀며 건강한 배움을 얻는 것이 아니라 강압적 훈육과 때 이른 제도 교육에 시달린다. 수많은 중년 남성들은 계속해서 청년으로 살려 하고, 여성들은 마치 영원히 늙지 않겠다는 듯이 젊음을 유지하려 발버둥친다. 늙는다는 것이 패배라도 되는 양 그것에 저항하고 두려워한다. 우리 사회에는 인생의 어떤 단계에도 지혜로운 스승으로 삼을 역할 모델이 없고, 적절한 입문식이나 통과의례 같은 것도 거의 없다.

인생의 자연스런 순환을 존중할 때, 우리는 인생의 각 단계마다 영적인 면이 담겨 있음을 발견한다. 각 단계는 우리의 영적 성장을 가져오는 지혜와 경험을 담고 있다. 이를테면 우리 의식세계의 주요 근원 중 하나는 아주 어린 시절, 즉 어머니 뱃속에 있을 때의 포근한 조화로움이다. 우리 의식은 그 기억과 조화로움을 깊숙이 간직하고 있고, 우리는 명상을 통해 그 속으로 다가간다. 그 다음 유아기 때 우리는 이 세상을 처음으로 보고 느끼고 만지는 생생한 경험을 하면서, 우리 감각과 욕구의 직접적인 존재감을 얻는다. 이런 직접적 존재감을 다시 일깨우면서 우리가 느껴 아는 것에 대한 자연스럽고 확고한 신뢰감을 되찾는 일이 나중의 수행에서 영성의 토대를 발견하는 핵심과제가 된다.

많은 사람들에게 최초의 영적 경험은 어린 시절에 이뤄진다. 그 경험은 신비하고 성스런 대상과의 근원적이고 자연스런 일체감으로 다가온다. 어린 시절의 장난스러움, 재미, 호기심 등은 우리 수행에서 그런 일체감을 다시 발견하게 하는 토대가 될 수 있다. 만일 우리가 부모님과 존경과 사랑의 관계를 맺고 있다면, 그 역시 다른 모든 관계의 존경과 신뢰에 토대와 모델이 될 수 있다. 물론 우리의 태아·유아·어린이 시절의 경험이 고통스런 것이었다면, 우리는 본래의 행복감을 되찾기 위해 엄청난 치유의 과정을 거쳐야 한다. 하지만 그 고통스런 경험들은 자신의 진정한 행복을 향한 열망을 자극하고, 어린 시절의 모든 순간들은 필연적으로 깨달음의 씨앗을 품게 될 것이다.

청년기의 독립과 반항은 영성수련에 또 다른 핵심적 특성을 부여한다.

이때 우리는 자신에 대한 진실을 찾겠다는 고집, 자기 경험 외에는 누구의 말도 받아들이지 않는 태도를 보인다. 우리가 어린 성인으로서 책임감을 인식하게 되면서 비로소 자신 이외의 타인에 대한 자애로운 관심이 생겨난다. 이런 성숙은 우리에게 서로간의 신뢰감, 상호존중과 사회정의의 필요성을 일깨우면서, 우주적 자비의 길을 향한 자각의 원천이 된다.

성인 시기에는 그 나름의 자연스런 영적 과제와 열림이 나타난다. 성인이 된 우리는 우리 가족, 우리 공동체, 우리 세계에 대해 더 큰 관심과 책임감을 느낀다. 우리는 통찰력의 필요성을 발견하고 자신만의 독특한 인생을 성취하려는 강한 열망을 지닌다. 성숙해가면서 우리 인생에 자연스런 성찰의 시기가 찾아온다. 우리는 반성의 시간을 갖고 밝은 시야를 얻고자 하는 내면의 충동을 느끼면서 자기 마음을 향해 손을 내민다. 늙어가면서 수많은 탄생과 죽음의 순환을 목격하는 우리는 내면에 지혜와 초연함을 길러낸다.

우리 인생의 각 단계는 저마다 영적 성장을 위한 씨앗을 품고 있다. 영성 생활은 우리가 자신에게 적합한 인생의 과제를 기꺼이 받아들일 때 성숙한다. 그런데 안타깝게도 많은 수행 공동체에는 이런 과제들을 회피하고자 하는 사람들이 수두룩하다. 이런 사람들은 스물다섯 나이에 수행을 시작해 여러 해 동안 자신의 몸이나 개성을 무시하며 살다가 40대에 이르러 별안간 자신이 가족이나 직장을 원하고 있음을 깨닫고 괴로워할지 모른다. 또 이들은 수행 공동체에 참여하면서 평생을 붓다처럼 방랑자와 은둔자로 고고하게 살아가겠다고 생각했을지도 모른다. 만일 그렇다면 붓다의 생애를 까맣게 모르는 것이다. 붓다도 방랑의 시기를 거친 뒤, 한 사원에 정착해 25년을 지내면서 수행 공동체의 지도자로서 설법을 펼치셨다. 출가해 사원에서 생활하는 수도승들에게도 필수적인 순환과정이 있다. 출가자들은 처음에 고독한 수련 기간을 거친 뒤, 후에는 보다 큰 책임을 지고 제자 교육, 지도, 행정 등의 활동을 하게 된다.

사원에서 수도하든 직장에 다니든 가정에서 생활하든 간에, 우리는 각 순환의 단계가 우리의 성장을 위해 요구하는 바를 알아내 그에 맞는 영적 과제를 수용해야 한다. 자연스런 '성장의 순환', 즉 직장생활, 새로운 가정 형성, 아이의 탄생, 수행 공동체 참여 등은 헌신, 담대함, 인내, 관심 속에서 성장시켜야 할 영적 과제를 우리 마음에 부여한다. '쇠퇴의 순환', 즉 자녀들의 독립, 늙어감, 부모님의 죽음, 직장 은퇴, 결혼생활이나 공동체 활동의 마감 등은 슬픔 가라앉히기, 우아하게 놓아버리기, 포기하기 그리고 상실 앞에서 평정과 진심어린 자비심 발견하기 등의 영적 과제를 던져준다.

때때로 우리는 앞으로 겪을 순환의 방향을 선택하게 된다. 결혼이나 직장 결정이 그런 경우이다. 이런 시기에 놓였을 때 명상을 통하여 어느 방향이 마음과 함께하는 길에 더 가까운지, 어느 길이 우리 인생의 그 시기에 맞는 정신적 교훈을 가져올지 숙고할 필요가 있다.

하지만 대개의 경우는 우리에게 선택권이 없다. 인생의 거대한 순환은 파도처럼 밀어닥쳐, 우리가 어디로 가는지 생각할 겨를도 없이 생소한 통과의례와 엄청난 난관을 던져놓는다. 중년의 위기, 이혼의 위험, 개인적 질병, 아이들의 질환, 금전 문제 그리고 또다시 마주치는 자신의 불안감이나 이루지 못한 야망…. 이런 난관들은 괴롭기 그지없지만 평화로운 영성수련을 위해서는 그냥 보듬고 가야 할 인생의 세속적인 일부분으로 여겨질 수 있다. 그러나 우리가 주의와 관심을 기울이면 그 각각의 난관들에 담겨 있는 영적 교훈의 가치가 드러난다. 그것은 거대한 혼란 속에서도 중심을 잡는 방법이나 관용이어서, 우리에게 고통을 준 누군가에 대한 용서의 마음을 길러줄 수도 있다. 아니면 포용이나 용기여서, 자기 의지를 지키고 가장 소중한 가치에 따라 살아가는 강인한 마음을 키워줄 수도 있다.

영적 지도자나 구루 역시 이런 뜻밖의 순환들에 부딪친다. 그들 안에 이루지 못한 열망이 일어날 때도 있고, 자신의 수행 공동체가 곤란에 부딪칠 때도 있다. 인도의 어느 존경받던 구루는 제자들 사이에서 일어나는 극렬한 시기와 경쟁심을 발견하고는 자신의 모든 가르침을 되짚어봐야만 했다. 어느 수도자는 여러 해 동안 산 속에서 치열한 수행을 마친 뒤여서 안식 휴가를 간절히 원했지만, 자신의 스승이 세상을 뜨자 어느 유명한 절의 주지스님 자리를 맡아야만 했다. 자신이 주위에 형성시킨 추종자들 때문에 옴짝달싹 못하는 스승도 있고, 수행 중 어느 시기에 남들을 가르치고픈 욕구에 얽매이는 수도자도 있다. 괴로움의 순환은 어느 누구에게도 예외가 없다.

매번 영적인 교훈을 던지며 끊임없이 순환하는 세속적 인생과 다름없이 우리 영성수련의 기법과 형태들 역시 자연스런 순환과정을 거친다. 대개 사람들은 각기 다른 수행 전통들은 각각 별개의 수행법을 따른다고 생각한다. 어디는 빈민 봉사, 어디는 기도와 헌신, 또 어디는 신체적 요가, 은둔 수행, 경전 연구…. 하지만 아마 우리는 영적 성숙 과정에서 이런 수행법들 대부분을 경험하게 될 것이다. 우리가 수행 중 어느 기간에는 스승을 따르는 데 온 열성을 쏟다가도, 나중에는 혼자서 자기 탐구에 몰두할지 모른다. 수행의 어떤 단계에는 초연과 고독에 초점을 맞추다가도, 다음 단계에는 타인에 대한 봉사를 통해 자애심을 확대하려 할지도 모른다. 우리는 자기 몸에 고도로 집중하는 시기, 기도와 헌신의 시기, 연구와 숙고의 시기 등을 골고루 거칠 수 있다.

앞서 6장에서 말한 대로, 나의 스승 아잔 차 스님은 제자들에게 이런 순환들을 경험하게 하셨다. 제자들의 수행에 일부러 힘겨운 장애를 만들어 그것들과 맞서게 한 것이다. 스승님은 적당한 시기로 여겨질 때 제자들에게 임무를 맡기셨다. 고독과 외로움을 겁내는 제자들은 마을에서 멀리 떨어진 외딴 동굴 암자로 보내셨다. 혼자 있기를 좋아하고 인간관계에 서투른 수도승들은, 방콕 고속도로 근처에 있어 날마다 수백 명의 참배객들이 몰려드는 어수선한 사원으로 보내셨다. 음식 다루기를 꺼려하는 제자들에겐 주방 일을 시키고, 자만심이 강한 수도승들은 결국 욕실이나 화장실 청소를 하며 마음을 닦아야 했다.

어떤 사원들에서는 이런 임무들을 공식 수련과정에 포함시켜 수행승들에게 1~2년간 특정한 소임을 맡기기도 한다. 여러 직책 중에는 우선 스승을 보좌하는 시자(侍者)스님이 있다. 시자스님은 예불의식이나 여러 예법도 익혀야 하지만 스승을 가까이 모시면서 얻는 이득이 크다. 다른 직책으로 찰중(察衆)스님이 있는데, 찰중스님은 죽비(竹)를 들고 다니다가 좌선 중에 잠에 빠지는 수행자가 있으면 사정없이 내리친다. 이 스님은 계율을 낭독하고, 엇나가는 수행자들을 바로잡으며, 불성실하거나 게으른 수행 태도를 엄히 다스린다. 이와 반대로 사찰에는 수행승들을 보살피는 별좌(別座)스님도 있다. 별좌스님은 좌복이 더 필요한 수행자에게 좌복을 내주고, 병든 이를 돌보고, 수행 도량(道場)을 전반적으로 살피면서 온갖 지원 업무를 담당한다. 수행승마다 각 소임을 맡아 그 일을 완수해야 하는데, 소임은 자신의 희망과는 전혀 상관없이 주어진다. 이런 수련의 더욱 흥미로운 점은 소임이 순환된다는 것이다. 일 년 동안 엄격하고 인정사정없는 찰중스님이었던 수행승이 하룻밤 사이에 별좌스님이 되어 동료들을 다정히 돌보기도 한다. 수행승은 영성수련의 일환으로 모든 소임을 익히도록 되어 있다. 때마다 장작을 패거나 물도 길러오고, 태산 같이 앉아 좌선도 하며, 푸근한 할머니처럼 요리도 하고, 붓다처럼 해맑은 미소도 지어야 한다.

우리의 의식은 이 모든 역할을 다 담고 있다. 영웅, 연인, 은둔자, 독재자, 지혜로운 여인 그리고 바보까지. 우리는 스승이나 수행 공동체 없이 혼자서 갖가지 수련을 해나갈 때도 명상 속에서 자연스레 이 역할들을 만나게 된다. 우리의 몸과 마음과 정신은 온갖 순환들에 열려 있는 듯하다. 우리에게는 이해와 수용이 절실히 필요한 모든 것에 다가가는 천부적 재능이 있는 것 같다. 명상은 한동안 어수선한 인생사에서 벗어난, 엄청난 고요와 평화로운 해방을 우리에게 선사할 것이다. 그러다 가족의 상처와 어린 시절의 고통에 대한 새로운 인식이 생겨나고, 뒤이어 장기간에 걸친 슬픔과 용서의 과정이 따라올 것이다. 그런 뒤 우리는 깊은 몰입과 광대한 통찰의 단계로 들어선다. 그러면 우리 몸이 새롭게 열리면서 신체적 고통과 에너지 방출 현상을 겪게 된다. 그리고 치유의 과정이 계속되면서, 세상의 고통에 대한 통찰을 만나고 그 고통을 우리 수행 속에 끌어와 대응해야겠다는 생각이 들 것이다. 이런 순환에서는 일정한 순서도, 우선순위도 없다. 이런 내면의 순환과정이 시작될 때 우리가 할 일은 그것들을 알아차림에 포함시키고 그 각각을 언제나 소중한 사랑, 지혜, 용서로 맞이하는 것이다.

지극히 소중한 어떤 영성수련의 가르침들은 우리의 계획이 좌절됐을 때 나타난다. 10일간의 명상수련에 참여한 수행자가 있었다. 그는 명상 중 깊은 감명을 받고 장기간의 집중수행을 해보기로 작정했다. 2년 동안 돈을 모은 그는 시간을 마련해서 3개월의 침묵수행과, 장기간의 태국과 미얀마 여행을 계획했다. 그런데 수련에 들어간 첫 주에 다급한 전화가 걸려왔다. 아버지가 심한 심장발작을 일으켜 병원에 입원했다는 소식이었다. 어머니와 가족들은 그가 와주기를 바라고 있었다. 그 수행자는 아버지를 무척 사랑했고, 집으로 돌아가 아버지 곁에 있고 싶은 생각이 간절했다. 하지만 참으로 난감한 상황이었다. 그는 오랜 준비 끝에 명상수련과 아시아 여행을 막 시작한 차였다. 지금 그 노력이 수포로 돌아가려 하고 있었고, 다음에 또 기회가 있을지는 장담할 수 없는 처지였다. 하지만 분명히 독자들도 이 이야기의 결말을 짐작할 것이다. 그 수행자는 아홉 달 동안 집에 머물며 아버지를 간호하고 시름에 싸인 가족들을 보살폈다. 그는 아버지의 임종을 지켜보며 죽음의 신비를 체험했다. 그 시기는 그의 인생에서 다시없는 심오하고 뜻 깊으며 자유로운 영적 수행 기간이 되었다.

지극히 소중한 어떤 영성수련의 가르침들은 우리의 계획이 좌절됐을 때 나타난다. 10일간의 명상수련에 참여한 수행자가 있었다. 그는 명상 중 깊은 감명을 받고 장기간의 집중수행을 해보기로 작정했다. 2년 동안 돈을 모은 그는 시간을 마련해서 3개월의 침묵수행과, 장기간의 태국과 미얀마 여행을 계획했다. 그런데 수련에 들어간 첫 주에 다급한 전화가 걸려왔다. 아버지가 심한 심장발작을 일으켜 병원에 입원했다는 소식이었다. 어머니와 가족들은 그가 와주기를 바라고 있었다. 그 수행자는 아버지를 무척 사랑했고, 집으로 돌아가 아버지 곁에 있고 싶은 생각이 간절했다. 하지만 참으로 난감한 상황이었다. 그는 오랜 준비 끝에 명상수련과 아시아 여행을 막 시작한 차였다. 지금 그 노력이 수포로 돌아가려 하고 있었고, 다음에 또 기회가 있을지는 장담할 수 없는 처지였다. 하지만 분명히 독자들도 이 이야기의 결말을 짐작할 것이다. 그 수행자는 아홉 달 동안 집에 머물며 아버지를 간호하고 시름에 싸인 가족들을 보살폈다. 그는 아버지의 임종을 지켜보며 죽음의 신비를 체험했다. 그 시기는 그의 인생에서 다시없는 심오하고 뜻 깊으며 자유로운 영적 수행 기간이 되었다.

이와 상반되는 상황도 있었다. 수련회에 참여한 어느 나이 지긋한 수련자가 있었는데, 그는 자기 힘으로 기업을 일으켰고, 십대가 된 세 아이의 아버지였다. 그는 자신의 불우한 어린 시절과 알코올 중독자였던 부모 때문에 슬픔을 치유하는 집중적인 수련을 행했다. 게다가 한창 사춘기를 지나던 반항적인 자식들과의 갈등으로 무척 상심한 상태였다. 그의 명상 목적은 자신과 아이들을 제대로 이해하는 것이었다. 하지만 그의 명상 체험은 애초 의도와는 영 다른 방향으로 나아갔다. 고작 며칠간 수행했을 뿐인데도 그의 의식은 깊고 심오한 고요 속으로 빠져들었다. 그는 헌신적 사랑으로 가득 찼고, 자기 몸이 광채로 충만한 채 주위 나무들이 흐릿해지는 광경을 보았으며, 의식 속으로 심오하고 신비한 통찰이 밀려들었다. 그는 시와 노래를 쓰고 싶어 했고, 놀랍게도 수행 공동체에서 생활하고픈 열망에 빠졌다. 결국 아이들을 다 키운 뒤에 그렇게 하기로 결정했다. 그는 또 자기 인생에서 완전히 새로운 방향과 가치들을 발견했다. 이를 통해 그는 정돈되고 평온한 새로운 마음으로 집에 돌아가 자녀들을 대하게 되었다.

몇 년 동안 숲속에서만 생활하던 어느 젊은 여인이 우리 불교 명상센터를 찾아왔다. 그녀는 여러 해에 걸친 집중적인 명상으로 상당한 성과를 얻은 상태였다. 평온함에 이르는 타고난 능력을 지녔던 그녀는 자유, 기쁨, 충만한 공(空)의 심오한 단계에 이르러 있었다. 그런 뒤 그녀는 친밀한 인간관계를 형성하고 다시 일상의 세계와 연결되면서 명상 체험을 이용해 활기찬 생활을 해나갔다. 세상으로 돌아와 1~2년을 보낸 뒤, 그녀는 어느 객원 지도법사 아래서 두 달간의 명상수련에 들어갔다. 그런데 이번에는 그 고매하고 찬란한 상태가 사라지고 어린 시절의 끔찍한 환영들에 사로잡혔다. 학대, 버림받음, 부모의 알코올 중독, 임신 시절의 엄청난 고통이 줄줄이 이어지면서 그녀는 거의 질식할 지경이 되었다. 과거 5년간의 황홀한 명상 시기가 끝나고 새로이 고통스런 5년의 과정이 시작되었다. 이 과정은 그때까지 이어진 환희의 상태만큼이나 강렬하게 진행되면서 그녀에게 과거의 개인적 슬픔을 마주하며 싸우고 그것과 뒤엉켜 지내도록 요구했다. 이 두 번째 5년 동안 그녀는 자애명상, 심리요법, 그림 그리기, 깊은 내면의 치유 등에 집중했다. 마침내 이 두 번째 순환과정을 마쳤을 때 그녀는 새로운 순환으로 들어가 결혼을 하고 가정을 꾸렸다. 이 각각의 순환은 저절로 나타났고, 그녀가 할 수 있는 일이라고는 그저 받아들이고 존중하는 것뿐이었다.

만일 우리가 자신의 수행이 어떻게 진행돼야 한다는 관념을 갖고 있다면 대개는 그것이 장애물이 될 것이다. 그 관념은 우리가 실제로 우리 앞에 놓인 단계를 존중하지 못하게 만드니까. 흔히 우리는 감정이 고양되어 고매한 차원으로 들어가기를 기대한다. 수련회에서 수많은 수련생들이 나를 찾아와 하는 말이 이것이다. "나는 왜 아직도 슬프지요? 나는 이번 실패 때문에 몇 달 동안 슬픔에 빠져 있어요. 이제는 끝나야 되는 거 아닌가요?" 그러나 슬픔에도 파도처럼 순환이 있다. 적절한 때가 돼야 물러간다. 슬픔은 우리가 충분히 받아들여 그것이 다시 일든 말든 개의치 않을 때 사그라진다. 또 수련생들은 이렇게 투덜대기도 한다. "나는 내 성욕을 다스렸어요. 그런데 왜 이 문제가 다시 일어나는 거죠?" 혹은 "나는 고통과 화해했다고 생각했어요. 그런데 지금 수행하다 보니 인생에는 여러 겹의 고통이 있다는 걸 발견했어요. 이제 겨우 그걸 상대하며 이해하기 시작했어요."

수행은 우리의 생각을 따르지 않는다. 오직 생의 법칙을 따를 뿐이다. 순진하게도 우리는 우리 마음이 거대한 해바라기처럼 열려 날마다 변함없이 자애, 연민, 공감 등으로 가득 차리라 상상할지 모른다. 그러나 마음과 감정에도 그 나름의 흐름과 순환이 있다. 마음도 우리의 다른 부분처럼 숨을 쉰다. 어떤 때는 활짝 열렸다가 어떤 때는 만개한 꽃이 서늘한 밤공기에 꽃잎을 오므리듯 문을 잠근다.

우리 몸은 별들의 운행과 순환을 닮았다. 우리는 깨어났다 잠들고, 지구는 회전하고, 태양은 떴다 지고, 여성들에게는 달의 주기와 유사한 월경(月經)이 있고, 심장은 박동하고, 호흡은 들락날락거리고, 뇌척수액은 뇌와 척추를 씻어 내린다. 이 모두가 자연의 순환 속에서 흐른다.

마음처럼 우리 몸도 그 나름의 순환을 따른다. 아무리 우리가 그것을 '초월하려' 해도 소용없다. 우리가 그 순환을 존중할 때 우리의 수행이 열린다. 수년간의 명상수행 동안 자기 몸을 무시하려 한 수련생이 있었는데, 그녀는 계속해서 질병에 시달렸다. 그녀의 몸을 자꾸 아프게 한 것 중 하나는 지나친 영적 강박감이었다. 몸 상태가 너무 나빠지자 마침내 그녀는 운동요법, 식이요법, 요가 등을 명상과 병행해야 했다. 그녀가 자기 몸을 인정하고 존중하게 되자마자 인생의 다른 모든 면에도 평안이 찾아오기 시작했다. 이를 통해 그녀의 고요한 명상도 깊고 충만하며 더욱 심오해져갔다.

반대의 경우도 있다. 자기 몸에 지나치게 집착하는 수련자가 있었다. 그는 체조, 웨이트 트레이닝, 피트니스, 외모 관리 등에 열중했는데, 명상 중 계속 신체단련에 관한 강박관념에 시달렸다. 이 상태가 몇 년 간이나 지속되었다. 마침내 그는 그 강박감을 털어내고 자신이 지탱하려 애쓰던 근사한 이미지를 버려야 했다. 자기 몸을 풀어주자, 이제 그는 그토록 오랫동안 그의 수행 아래 깔려 있던 자신의 두려움과 마음에 집중할 수 있었다. 그러자 자욱한 안개 속에서나마 새로운 자비심과 행복감이 명상과 인생에 차올랐다. 그 느낌은 점점 심오하고 신선하게 퍼져나갔다.

명상이 끝나고 나면

우리가 뜻밖의 외부적 순환에 부딪치든 자연스런 내면의 순환을 만나든 간에, 우리는 그 다양한 상황들을 깨인 마음으로 존중하고 우리 수행의 순환에 맞춰 우아하게 들이마시고 내쉬어야 한다. 이 방법을 배울 가장 좋은 기회 중 하나가 수련회, 영성 세미나, 은둔 수행 등을 끝마친 변화의 순간이다. 흔히 현대의 명상수련 방식은 사람들이 일시적으로 수행 공동체에 들어가 고작 며칠이나 몇 주 수련하다 집으로 돌아가는 형태로 진행된다. 수련회와 수행 공동체의 열리고 평온한 환경에서 어수선한 일상생활로 돌아가서의 급격한 변화는 상당히 힘겨울 수 있다. 특히 우리가 어떤 환경이 다른 환경보다 더 영적으로 우수하다는 관념에 매여 있을 때는 더욱 그렇다. 하지만 주의를 기울이면, 내면적이든 외부적이든 그 급격한 변화들을 마음챙김의 대상으로 삼고 우리 수행의 일부로 만들 수 있다.

수련회를 떠날 때, 우리는 급격한 상황 변화에 따른 자연스런 상실감을 경험한다. 만일 그 수련회가 정신의 안정, 마음의 열림, 단순한 생활의 소중함을 키워줬다면, 우리는 복잡한 일상으로 돌아갈 때 그런 소득을 상실할까봐 근심할 수 있다. 평온한 수련 환경에서 깨어난 영적 감수성들이 죄다 사라져버릴 듯한 걱정에 싸이는 것이다. 우리의 감각과 정서가 열리고, 허약하며 거칠고 예민하게 느껴질 수 있다. 그래서 도시로 돌아가 가족에게 시달리거나, 직장의 부산한 업무에 빠지거나, 혼잡한 도로에서 운전하다 보면 일상생활에 압도돼버릴 듯한 생각이 든다. 이런 두려움은 수련의 체험이 강렬할수록 더 커질 것이다. 또 우리는 아무도 우리를 이해 못할 거라고 걱정할지도 모른다. 우리는 수련회를 마쳤을 때의 상태가 그대로 지속되기를 바란다. 수련 중에 만난 그 황홀한 느낌들을 고스란히 간직하려 할지 모른다. 우리는 심오한 각성 뒤에도 집착과 자만심에 부딪칠 수 있다. 그것을 일러 선(禪)에서는 깨달음의 악취(惡臭)라 부른다. 이 모든 두려움, 욕심, 자만심의 힘들이 우리 수행이 다음 순환으로 열리는 것을 방해한다. 하지만 이런 변화의 시점은 우리가 수행의 순환을 헤쳐나가는 법을 익힐 절호의 기회이기도 하다.

이를 위해서는 첫째 인내가 필요하다. 확고한 변화에는 오랜 시간이 필요함을 알아야 한다. 만일 명상 체험이 강렬했거나 한동안 황홀경에 빠졌었다면, 다시 일상에 제대로 적응하기까지 몇 주 혹은 몇 달씩 어려움과 혼란에 시달릴 수 있다. 가장 중요한 점은 의식적으로 우리의 상실을 인정하는 것이다. 수행생활의 한쪽에서 다른 쪽으로 옮겨갈 때, 우리는 상실과 놓아버리기를 그대로 느껴야 한다. 그럼으로써 우리 마음이 상실의 슬픔과 우리가 얻은 성취에 대한 필연적인 집착을 느끼도록 할 수 있다. 상실의 감정을 존중하고 자신의 집착을 담담히 바라봄으로써, 우리는 자신의 놓아버리기 과정을 제대로 알아차리게 된다.

마찬가지로 우리는 자신의 허약함 역시 존중해야 한다. 흔히 명상수련은 우리를 아주 예민하게 만들어, 정신없는 일상생활이 거슬리고 충격적으로 느껴지게 한다. 가끔 우리는 이제 막 세상에 던져져 관심과 보호가 필요한 갓난아기 같은 느낌이 들기도 한다. 때때로 그 아기에게는 따끈한 목욕과 은

은한 음악이 필요하다. 그것들은 지난 주 티베트 사원에서의 고요한 명상과 다음 주에 돌아갈 부산한 직장생활 사이의 다리가 된다. 이런 영적 감수성을 존중하려면 변화를 맞는 방법에 주의해야 한다. 대개 그 방법은 차분한 시간 갖기, 일정을 조정해 여분의 명상 시간 만들기, 아주 분주하거나 까다로운 만남은 연기하기, 충분한 시간을 갖고 침묵에서 분주한 생활로 부드럽게 이행하기 등이다. 수행 공동체의 동료들과 자주 연락하는 것도 도움이 된다. 우리는 함께 웃고 슬퍼하고 서로 도우면서 변화의 순환을 헤쳐나갈 수 있다.

고요한 명상 기간을 끝내고 돌아오면, 흔히 이 세상, 우리 자신, 그리고 남들의 고통이 더욱 선명하고 거대하게 보일 것이다. 사실 이런 현상은 구도 여정의 일부로서, 우리 마음이 열리면서 모든 대상을 더 명료히 보는 과정이다. 하지만 그 현상은 엄청난 무게로 다가올 수 있다. 우리는 과거의 무의식적인 행동을 반복하거나 해결 안 된 힘겨운 과업과 마주하면서 자신의 온갖 쓰라린 상처들에 간절한 자비를 원할지 모른다. 새로운 눈으로 바라볼 때, 우리 주변의 세계가 매우 무의식적이고 충동적으로 보일 수도 있다. 우리는 스쳐 지나가는 수많은 얼굴들에 어린 피곤함, 외로움, 초조함, 두려움을 더욱 선명하게 보게 된다. 그 표정들은 정신없이 복잡한 일상생활과 그 밑에 깔린 어리석음, 그리고 거대한 고통을 드러낸다. 우리가 의식적으로 이 고통에 우리 마음을 갖다 델 때 그 역시 거대한 자비의 원천이 될 수 있다.

별 어려움 없이 수련회를 떠날 때에도 우리는 새로운 순환으로 들어서게 된다. 우리 앞에 변화무쌍한 빛의 조화가 펼쳐질지 모른다. 그 조화 속에서 우리는 인생의 신비에 담긴 기쁨과 환희로 충만해 둥둥 떠다니게 된다. 우리는 인생의 덧없는 아름다움에 다시금 경이를 느끼거나, 만물에 대한 사랑으로 활짝 열린 자신의 마음을 만날지도 모른다. 그럴 경우 우리의 과제는 그런 마음을 일상 속으로 확대하는 것이다.

어떤 면에서 보면 우리는 그 어느 곳으로도 가는 것이 아니다. 붓다의 구도 이야기는 경이롭고 위대하다. 그 이야기는 붓다가 어떻게 수만 수억 년, 아니 영겁(永劫)의 세월 동안 자비와 인내, 고요와 평정의 수행을 거쳐 대각을 얻으셨는지 말해준다. 그 오랜 정진 끝에 결국 붓다는 해탈에 이르신 것이다. 1겁(劫 : kalpa)의 세월을 가늠해보려면 에베레스트 산보다 더 높은 산을 상상해보라. 백년마다 까마귀 한 마리가 비단 천을 물고 산 위로 날아오른다. 까마귀가 그 천으로 산꼭대기를 문지르고 지나간다. 그렇게 해서 그 산이 다 닳아져 없어지는 시간이 바로 1겁이다.

우리는 붓다가 참으로 장구한 세월을 수행하셨다고 말할 수도 있다. 하지만 이 말의 더 깊은 뜻은 수행의 무한성에 있다. 우리는 내년이나 20년 후, 심지어 다음 생(生)에도 더 나은 어떤 곳으로 가고자 하지 않는다. 우리는 시간을 초월한 생의 파노라마 속으로 들어가려 하고 있다. 지금 이곳의 존재들과 더욱 크나큰 조화를 이루며, 더욱 거대한 포용의 마음으로 우리 인생의 모든 계절들을 맞이하려 하고 있다.

■ 붓다의 우주에는

모두 열 가지 방향이 있건만

진정한 길은 오직 하나뿐이네.

맑은 눈으로 바라볼 때

도(道)에는 차이가 없느니.

잃는 것이 무엇이고, 얻는 것이 무엇인가?

행여 무언가 얻는다면

원래부터 거기 있었음이요,

어쩌다 무엇을 잃는다면

바로 옆에 숨었을 뿐인 것을.

　　　　－ 료칸 Roykan

영성생활의 순환을 되돌아보기

편안하고 자연스런 자세로 앉아 집중과 평온함을 느껴보라. 어떠한 상념도 놓아버리고 호흡의 자연스런 리듬을 느끼라. 그런 뒤 마음이 차분해지면 자신의 영성생활 전체를 돌아보라. 먼저 자신이 어떻게 마음과 정신의 삶에 눈 뜨게 되었는지 기억하라. 가능성의 시기, 신비의 시기, 신성의 시기에 자신이 지녔던 관념을 생각하라. 그 뒤의 시기를 떠올리면서 초기의 수행 스승과 자신에게 영감을 주었던 성소들도 기억해보라. 그 다음 자신이 따랐던 체계적 수행법, 자기가 겪었던 순환들, 가장 큰 가르침을 준 상황, 뜻밖의 교훈, 홀로 수행하던 때, 공동체 시기, 자신의 시련, 은인, 안내자, 최근 수행 등을 떠올려보라. 또한 자신이 마주친 난관, 그 괴로움, 거기서 얻은 배움 등도 알아차려보라.

이것을 하나의 이야기이자 모험담으로 보고, 경이와 감사의 마음으로 그 순환과 전환점들을 살펴보라. 그런 뒤 당신 인생의 앞날을 향해, 열린 자세로 오늘 이 순간에 놓인 자신을 느껴보라. 자신의 앞에 펼쳐질 일들을 느껴보라. 인생의 자연스런 다음 단계들, 삶의 불완전한 문제들, 포함시켜야 할 영성수련의 과제들…. 스스로 자신의 영성 안내자가 되어 어떤 상황이 이로울지 알아차려보라. 만일 현실 상황이 허락한다면, 당신은 독거수행 기간을 가지겠는가, 수행 공동체에 들어가겠는가? 당신의 영성수련은 당신에게 일정 기간 남들을 위한 봉사생활을 요구하는가, 아니면 지금은 자신의 직장생활과 가족에 전념할 때라고 말하는가? 당신은 스승이 필요한가, 아니면 지금은 혼자 힘으로 수련하는 것이 최선인가? 만일 현실 상황이 이런 선택을 허락지 않는다면, 당신은 지금 어떤 순환과정을 거치고 있는가? 선택과 현실 상황을 모두 존중하면서 마음을 열고 수행의 순환을 따라갈 최선의 방법은 무엇인가? 당신이 어떡하면 자기 자신, 다르마(法) 그리고 인생에 펼쳐진 도(道)에 충실한 삶을 살 수 있을지 음미해보라.

13. 칸막이 허물어뜨리기

두렵고 보기 싫고 혐오스런 것을 피하려
고 칸막이를 세우면 나중에 인생을 살며
그 대가를 치르게 된다.

영성생활을 충만하게 하려면 인생에 '칸막이 세우기'를 멈춰야 한다. 우리는 직장, 휴가, 오락 등에 시간을 할애한다. 그러면서 사업적인 삶, 사랑의 삶, 영적인 삶을 따로 떼어내 스포츠, 신체단련, 오락 등을 즐기기 위한 시간에서 분리해놓았다. 우리가 사는 사회는 이런 '칸막이 세우기'를 여실히 보여준다. 우리 사회에서 신성한 것들은 교회에 모여 있고, 천박하고 속된 것들은 유흥가에 몰려 있다. 우리는 가정생활에서 교육을 떼어냈고, 상업과 이윤추구 활동을 그 근본이었던 땅과 환경에서 분리시켰다. 인생을 분할하는 우리의 습성은 너무나 강해서 시야에 들어오는 것은 무엇이나 조각조각 나누어놓았다.

만일 우리가 신성한 것과 속된 것의 경계를 만든다면 영성수련은 쉽사리 우리 인생에도 그런 분할의 경계선을 그을 것이다. 만일 우리가 어떤 자세, 수행법, 기법, 장소, 축원, 경문 등을 '영적'이라 칭하고, 나머지를 그 범위에서 제외한다면 견고한 칸막이가 형성될 것이다. 심지어 우리는 자신의 가장 깊숙한 내면에도 칸막이를 세울 수 있다.

잘못된 칸막이가 세워질 때마다

태국을 여행하던 중 스님 한 분을 만났다. 나는 그 스님을 통해 영성생활의 칸막이가 얼마나 견고해질 수 있는지 실감하게 되었다. 그분은 44세의 미얀마 승려였는데, 미얀마 수도 랑군에서 일어난 대규모 민주화 시위에 가담한 적이 있었다. 몇 년 동안 고초를 겪던 스님은 생명의 위협 때문에 마침내 그 폭압적인 독재국가를 탈출하게 되었다. 스님은 미얀마와 태국 국경지대에 형성된 난민촌에 정착했다. 그러고는 여러 난민촌에서 불법(佛法)을 가르치며 엄청난 고난을 무릅쓰고 정의, 자비, 영성을 베풀고자 맹렬히 활동했다. 대개 스님 주위의 제자와 난민들은 거의 기아 상태거나 열대 질병에 시달리고 있었지만 의약품을 비롯한 외부 지원은 거의 없었다. 게다가 미얀마 군이 수시로 공격해오기까지 했다. 그러나 이런 극한 상황에서도 스님의 영적 횃불은 굳건히 타올랐다. 이 무렵 스님은 20대 초반의 시골 처녀 하나를 만나 도움을 받게 되었다. 태국 여성인 그녀는 처음에 음식이나 물품 등을 전해주려고 찾아왔다. 하지만 차츰 그들 사이에 사랑이 싹텄다. 하지만 스님은 자신이 그저 그 젊은 타이 여성의 좋은 스승일 뿐이라고 생각했다. 그런데 몇 달 후 나는 충격적인 소식을 듣게 되었다. 그 스님이 난민촌과 고국 미얀마의 끔찍한 현실에 항거하는 표시로 방콕 주재 미얀마 대사관 계단에서 분신하기로 결심했다는 것이었다.

나는 그 스님을 만나러 갔고, 우리는 함께 앉아 오랜 대화를 나눴다. 그런데 나는 대화 도중 놀라운 사실을 알게 되었다. 비록 스님이 오랜 세월 맞서 싸운 거대한 불의에 항거하기 위해 생명을 바치려 하지만, 그 결정의 진짜 이유는 따로 있었던 것이다. 진짜 이유는 자신이 그 젊은 여인과 사랑에 빠졌기 때문이었다. 그분은 열네 살에 출가한 뒤 29년 동안 불문(佛門)에 온 인생을 바쳤다. 그분은 불교 외에는 아는 것이 없었고, 결혼을 하고 가정을 꾸리는 일은 상상도 해본 적이 없었다. 그런 그가 여인을 사랑하고 있었다. 스님은 어찌할 바를 몰랐다. 그래서 정치적 이유를 내걸고 자신을 불사르는 것만이 최선의 탈출구로 보였던 것이다.

나는 귀를 의심했다. 엄청난 참상에 맞서 거대한 인간의 고통, 자신과 이웃들의 위험 앞에서 분연히 일어나 싸운 그가 자신의 개인적 딜레마에 부딪치자, 즉 한 여인과의 친밀한 관계와 그로 인한 강렬한 감정들 때문에 자신을 불태우려 하다니! 그 스님이 자신의 영성수련에 세운 칸막이는 그 강렬한 감정들과 그것이 일으키는 갈등 앞에서 자신을 허물어뜨려버렸다. 자기 마음속의 투쟁에 비할 때 국가를 상대로 한 투쟁은 아무것도 아니었다.

우리는 상당히 오랜 시간 이야기를 나누며 그분이 승려의 본분을 지키면서 그 사랑과 갈망의 감정들을 다스릴 방법을 고민했다. 그 스님은 수행으로 그 불길을 상대했고, 젊은 여인은 현명하게 뒤로 물러서 냉각기를 갖도록 배려했다. 그것은 두 사람 모두에게 힘겨운 일이었다. 하지만 스님은 그 관계를 끝맺었고 여인은 먼 곳으로 떠났다. 스님은 새로운 깨우침을 얻은 채 다시 불도에 전념했다. 이제 그분의 수행에는 다르마를 향한 열정뿐 아니라 자기 개인의 열정까지 수용되기 시작했다. 몇 년이 지난 뒤, 그 스님은 탁월한 스승이 되었다.

아마 이 이야기는 우리가 칸막이를 세울 때 얼마나 강력한 힘을 상대해야 하는지, 그리고 '영적'이라는 논리가 얼마나 쉽게 그 힘을 강화시키는지 보여주는 사례임이 분명하다.

잘못된 칸막이가 세워질 때마다 필연적으로 괴로움이 생겨난다. 현대 생태학은 생명에 대한 협소하고 단절된 시야가 얼마나 고통스런 결과를 가져오는지 보여주었다. 우리가 사용하는 막대한 양의 석유와 그로 인해 방출되는 탄화수소는 우리가 숨 쉬는 공기와 지구 전체의 기후에까지 영향을 미친다. 우리의 농업이 생산량 극대화만을 목표로 할 때, 막대한 양의 살충제와 화학비료가 우리 생명을 지탱하는 물과 토양 속으로 쏟아져 들어간다. 열대우림과 극지방에서 벌어지는 일이 우리 몸의 세포에까지 변화를 일으킨다. 너무 오랫동안 우리는 이같은 상호연관성을 잊고 지냈다. 그 결과 우리의 마음, 우리의 삶, 그리고 영성수련이 따로따로 조각나버렸다.

몇 년 전 나는 아내와 함께 인도를 여행했다. 우리는 아부*Abu* 산의 아슈람에 기거하는 비말라 타카*Vimala Thakar*라는 유명한 요기니(여성 요가 수도자-옮긴이)를 찾아갔다. 비말라는 여러 해 동안 인도의 농촌개발 사업을 벌였고 비노바 바베*Vinoba Bhave*를 비롯한 마하트마 간디의 여러 후계자들과 함께 전국 곳곳을 걸어 다니며 농촌활동을 펼친 개혁가였다. 그러다 크리슈나무르티(Krishnamurti : 20세기 인도의 위대한 현인. 인간이 일체의 종교나 전통 없이 내적 탐구만으로 진리에 도달할 수 있다고 가르쳤음-옮긴이)를 만났고, 그것이 그녀의 영성생활에 전환점이 되었다. 비말라는 크리슈나무르티를 가깝게 모셨고 그의 가르침에 깊은 감명을 받았다. 크리슈나무르티의 축복을 통해 비말라는 그분만큼 탁월한 정신을 지닌 명상 스승이 되었다. 그후로 비말라는 세계 곳곳에서 명상수련회와 영성 세미나를 이끌어왔다.

하지만 우리가 그 요기니를 찾았을 때, 그녀가 다시 시골에서 농촌개발 사업에 열중하고 있다는 이야기를 들었다. 나는 비말라에게 명상수행에서 부족함을 느꼈냐고 물었다. 그리고 이제 명상수행을 중단하고 빈민봉사 수행에서 진정한 영성생활을 발견한 것인지 물어봤다. 그 물음에 놀라는 기색을 보이며 비말라 요기니는 이렇게 답했다.

■ 나는 생명의 연인이요, 선생, 생명의 연인이니까 생명의 어떤 영역도 멀리할 수 없지요. 그러니 내가 인도의 가난한 마을을 지날 때, 주민들이 굶주림에 시달리고 깨끗한 식수가 없어 병에 걸리는 모습을 보고 어떻게 그냥 지나칠 수 있겠소? 우리는 새 우물을 파고, 깨끗한 물이 흐르는 수로를 만들고, 더 풍성한 수확을 얻는 법을 익힌다오.

런던이나 시카고나 샌디에이고에 가면 거기서도 고통을 만나게 되지요. 하지만 그 고통은 맑은 물이 없어서가 아니라 외로움과 고립, 영적인 자양분이나 깨달음의 부족에서 오는 고통이지요. 우리는 시골 마을들에 맑은 물이 부족한 것을 보고 자연스레 응답하는 것입니다. 그것은 서구인의 깨달음 부족과 마음의 불안에 응답하는 것과 다를 바 없지요. 생명의 연인인 내가 어떻게 한 부분이라도 전체에서 떼어놓을 수 있겠소?

비말라의 목소리에는 성숙한 영적 존재만이 지닌 모든 생명과의 일체감과 통일성이 담겨 있다. 하지만 가끔 어떤 영성의 언어와 비유들은 이런 통일성을 잃고 영적인 것과 속된 것을 가르는 우리의 칸막이와 오해를 강화시키기도 한다. 우리는 자아의 초월에 대한 이야기를 듣기도 하고, 욕망과 우리 몸을 넘어서 신성과 순수의 상태로 올라가려 하기도 한다. 또 출가(出家)를 해야 깨달음을 얻는다는 말도 듣는다. 우리는 깨달음이 자기 자신을 넘은 바깥쪽 어딘가에 있다고 믿는다. 안타깝게도 순수하고 신성한 경지에 도달한다는 관념은 우리가 지닌 온갖 신경증, 두려움, 비현실적 상태들과 상당히 비슷하다. 자신을 불결하고 수치스럽고 쓸모없게 바라볼수록, 우리는 영성수련과 순수의 관념을 이용해 자신에게서 도망치려 하기 쉽다. 게다가 수행 계율과 형식들을 엄격히 따름으로써 순결한 영적 정체성을 창조하려 할지 모른다. 인도에서는 이를 일컬어 '황금 사슬'이라 한다. 그것이 쇠사슬은 아니지만, 그래도 역시 사슬은 사슬이다.

티베트 스승 초 트룽파 린포체는 이것을 일컬어 '정신적 물질숭배주의'라 하며 경계했다. 우리가 영성수련의 겉모습, 수도승의 복장, 신앙, 수행

문화 그리고 명상 등을 흉내내면서 세상에서 도피하거나 자기만족을 꾀하는 행태를 꾸짖은 것이다.

저마다 인생의 커다란 고통과 상처를 간직한 우리들 대부분에게 영성수련은 탈출구처럼 보일지 모른다. 이 몸과 정신에서 무거운 짐을 털어내는 길, 과거의 고통과 존재의 외로움에서 벗어나는 길 말이다. 영적인 환상이 휘황찬란할수록, 어떡하든 이곳에 있고 싶지 않은 사람들에게는 더욱 안성맞춤이다. 많은 명상수행자들은 저 밑바닥의 고요한 외침을 듣는다. 어린 시절부터 삶이 너무나 고통스러운 나머지 차라리 태어나지 말았으면, 차라리 인간의 몸으로 이 세상에 존재하지 않았으면 하는 절규를 듣는다. 이런 이들이 영적 세계에서 탈출구를 찾는다. 하지만 순수라는 것, 우리 몸을 뛰어넘는다는 것, 우리의 세속적 욕망과 불결함을 초월한다는 것이 우리를 어디로 이끌고 갈까? 그것이 진정 자유로 향한 길일까? 그저 혐오, 두려움, 우리의 한계를 강화시키는 길은 아닐까?

진정한 해탈은 어디에 있을까? 붓다는 인간의 고통과 인간의 깨달음 모두 온갖 감각과 마음의 덩어리인 이 육체의 심연(深淵) 안에 있다고 하셨다. 그것은 지금 여기에 있다. 아니면 과연 어디서 찾을 수 있겠는가?

인도의 신비주의 시인 카비르의 속삭임이다.

■ 친구여, 그대가 살아 있는 동안 진리를 구하게.

그대가 숨 쉬는 지금 경험 속으로 뛰어들게!…

그대가 '구원'이라 하는 것은 죽음 전의 시간 속에 있다네.

살아 있는 동안 그대가 자신의 밧줄을 끊지 않는데,

나중에 귀신들이 대신해줄 거라 보는가?

육신은 썩어질 헛된 것이니

영혼이 황홀경과 하나 되리라는 생각,

그것이 바로 헛된 환상이네.

친구여, 지금 찾아야만 그때에도 찾을 수 있다네.

만일 지금 아무것도 못 찾으면,

그대는 결국 죽음의 도시 속 텅 빈 아파트로 들어가게 되리.

만일 지금 신성(神性)과 사랑에 빠지면, 다음 생(生)에 그대는

만족에 싸인 환한 웃음을 짓고 있으리.

우리가 가진 것은 지금뿐이다. 영원한 시간 속에 오직 이 순간만이 낮과 밤으로 열려 우리 앞에 펼쳐져 있다. 이 진실을 보면 신성한 것과 속된 것을 분리할 수 없음을 깨닫게 된다. 아무리 초월적인 영적 통찰이라도 바로 지금 이곳을 통해 빛을 쏟아내야 한다. 우리가 걷고 먹고 서로 사랑하는 일상 속에서 반짝여야 한다.

이것은 쉽지 않은 일이다. 우리 두려움의 위력, 내면에 있는 비판의 습관은 자꾸만 우리가 신성과 접촉하지 못하게 막는다. 흔히 우리는 무의식적으로 우리의 영성을 좋음과 나쁨, 신성함과 속됨의 양극으로 나누려 한다. 우리 중 상당수는 자기도 모르게 고통, 고질적 상처, 어릴 적의 기능장애 등을 해결하도록 도와준 어린 시절의 행동방식을 재창조한다. 만일 우리의 목표가 두려움을 피해 숨는 것이라면, 우리는 영성수련을 도피 수단으로 삼아 인생을 포기하려 할지도 모른다. 만일 어린 시절의 고통을 회피하는 수단이 환상에 빠지는 것이었다면, 우리는 영성생활 속에서 환영을 쫓아다닐지도 모른다. 만일 우리가 선한 모습으로 비난을 모면하려 하고 있다면, 반복해서 영적으로 순수하고 거룩해지려 할지 모른다. 만일 우리가 격정과 충동을 통해 외로움과 열등감을 보상받으려 한다면, 우리 영성 역시 격정과 충동을 드러낼 것이다. 이럴 경우 우리는 자신의 영성을 이용하여 계속해서 인생을 조각낼 것이다.

불우한 가정에서 자란 한 수련자가 있었다. 그의 아버지는 시도 때도 없이 폭력을 휘두르는 난폭한 사람이었다. 그는 그런 상황을 겪으면서 모든

위험 요인들에 지극히 예민해졌고 심각한 편집증을 지니게 되었다. 명상수행을 하면서도 이런 태도를 드러냈다. 그는 지도사와 수행 동료들을 선인과 악인, 위험한 적과 자기 편, 싫은 사람과 믿고 모방해야 할 사람 등으로 구분했다. 자신의 참혹한 어린 시절과 비슷한 행동을 하는 사람은 누구나 이상하게 판단하고 무시하거나 무서워했다. 자신의 그런 일면들이 두려웠기 때문이다. 이런 식으로 주변 세계를 구분함으로써, 그는 자신의 편집증과 두려움을 근거로 수많은 사람들을 적대시하게 되었다. 당연히 많은 이들이 실제로 그에게 화를 냈다. 이어서 그는 어릴 적 가정의 위험한 선인－악인 상황을 재창조했다. 그는 수행 서적들에서 읽은 내용을 자신의 이분법을 강화하는 데 이용하면서 어떤 사람, 어떤 행동, 수행법이 성스러운 것인지, 무엇이 욕망과 증오, 망상에 근거한 것이므로 버려야 할 것인지 판단했다.

안내자가 없을 경우 이런 수련자는 몇 년이고 어린 시절의 상처를 다시 들춰내며 자기 영성수련을 낭비하게 된다. 이 사람에게 필요한 수행법은 세심한 주의를 기울여 자신이 어떻게 한쪽에는 그토록 강렬한 선과 악, 편집증과 불신감을 형성하고 다른 쪽에는 이상적 관념을 창조해냈는지, 그리고 그 뿌리에는 어떤 두려움이 깔려 있는지 바라보는 것이었다. 일단 이렇게 방향을 잡자, 그는 수행의 초점을 외부 세계의 문제들에서 자기 내면에 만들어놓은 슬픔과 불안 쪽으로 옮겼다. 그는 그 두려움, 편집증, 이분법 그리고 인생의 고통들을 창조해낸 사람이 바로 자신임을 느끼기 시작했다. 그러자 자신에 대한 모든 해묵은 관념이 떨어져나가면서 새로운 가능성이 깨어나기 시작했다.

또 다른 수행자가 있었다. 젊은 여성이었는데 엄청난 불안과 공포감을 지닌 채 명상센터를 찾아왔다. 아주 어린 시절의 커다란 고통을 안고 있던 그녀는 침묵과 백일몽으로 후퇴하여 안정을 구했다. 조용해지는 방법으로 주변 세계와의 다툼과 갈등을 피하고자 한 것이다. 명상수행에 들어갔을 때 그녀는 커다란 위안을 얻었다. 명상센터는 그녀의 침묵과 내향성을 공

공연히 인정하고 세상으로부터의 도피를 후원하는 안식처였다. 처음에 수행지도사들에게 그녀는 아주 훌륭한 수련자였다. 침묵과 수행규칙을 따르는 데 아무런 어려움도 없어 보였다. 그녀는 쉽게 평온해졌고 인생의 덧없는 본질과 집착의 위험을 피하는 방법에 대해 깊은 안목을 보였다. 그녀는 수련회마다 빠짐없이 참여했다. 그런데 어느 시점이 되자, 그녀가 수행을 이용하여 세상에서 도망치고 있음이 드러났다. 그녀의 명상은 그저 어린 시절 가족생활의 두려움을 재현하고 있을 뿐이었다. 그녀의 인생은 앞서 소개한 수행자처럼 어떤 칸막이에 갇혀 있었다. 자신의 주의집중이 여기에 이르자 그녀는 격렬히 반발했다. "붓다께서는 은둔 생활을 하면서 고독과 숲속 나무 아래서의 수행을 말씀하지 않았던가요? 다른 수행법을 권하는 당신들은 도대체 어떤 스승이죠?"

그녀의 현실 부정은 너무나 완강했다. 그래서 그곳을 떠나 여러 해 동안 다른 수행 공동체들을 찾아다녔다. 10년이 지난 뒤, 자신의 좌절과 불만이 너무나 버거워진 후에야 비로소 그녀는 자기 인생을 변화시키기 시작했다. 바위 같던 칸막이들을 부수고 나온 것이다.

마음속 칸막이의 장벽들은 두려움과 습관, 무엇은 되고 무엇은 안 된다는 관념, 영적인 것과 속된 것의 구분 속에서 생겨난다. 인생의 어떤 부분들은 너무나 육중하게 우리를 덮쳐오기 때문에 우리는 그것을 장벽으로 에워싼다. 우리가 에워싸는 것은 대부분 거대하고 우주적인 온 세계의 고통, 불의, 전쟁, 편견 같은 것들이 아니다. 그보다는 자신의 직접적이고 개인적인 고통들이다. 우리는 개인적 고통을 두려워하는데, 그것이 우리를 가장 깊숙이 건드리고 상처를 줬기 때문이다. 마음속 칸막이들을 이해하기 위해 반드시 탐구해야 할 것이 바로 이 개인적 고통이다. 우리는 자신의 마음속에 있는 이런 장벽들을 알아차려야 한다. 그래야만 영성수련을 심화시켜 자신을 모든 생명을 향해 열어젖힐 수 있다.

교활한 적들이 숨어 있다

불교에는 특별한 가르침이 있다. 우리 안의 칸막이 세우기와 분리하기가 영성생활에서 얼마나 빈번히 이뤄지는지 알려주는 가르침이다. '숨은 적(Near Enemy)'이라는 것이 있는데, 숨은 적들은 마음속에서 진정한 영적 상태처럼 위장하고 나타나는 그릇된 감정들이다. 사실 그것들은 우리를 참된 감정들과 연결시키는 것이 아니라 오히려 분리시키는 교활한 훼방꾼일 뿐이다.

숨은 적의 예는 붓다가 설명하신 네 가지 신성한 상태, 즉 자애, 연민, 공감의 기쁨, 무심(無心)과 관련하여 확인할 수 있다. 이 상태들은 마음의 깨어남과 열림의 표시지만, 그 안에는 각기 진정한 상태를 흉내 내는 숨은 적들이 웅크리고 있다. 그 숨은 적들은 진심어린 마음연결보다는 사실 두려움과 분리하기에서 일어난다.

'자애'의 숨은 적은 '집착'이다. 우리는 집착이 사랑 속에 얼마나 쉽사리 스며드는지 잘 알고 있다. 진정한 사랑은 열린 마음의 표현이다. "나는 어떠한 기대나 요구도 없이 당신을 있는 그대로 사랑하오." 그러나 집착에는 분리의 의미가 들어 있다. "당신이 나로부터 떨어져 있으니까 나는 당신이 필요해." 처음에는 집착이 사랑처럼 느껴질 수 있지만 점점 커가면서 집착은 정반대의 정체를 여실히 드러낸다. 집착의 특징은 매달리기, 지배하기, 그리고 두려움이다.

'연민'의 숨은 적은 '동정'이다. 동정 또한 우리를 분리시킨다. 동정은 '저 바깥의 불쌍한 사람'을 어떤 식으로든 우리와 다른 사람들로 보면서 측은해 하는 감정이다. 그러나 앞서 설명했듯이 진정한 연민은 우리 마음이 남의 고통에 진심으로 공명하는 감정이다. "그래요, 나 역시 당신과 똑같이 인생의 슬픔을 느껴요."

'공감의 기쁨(남의 행복에서 느끼는 기쁨)'의 숨은 적은 '비교'이다. 비교는 우리가 남들보다 더 나은지 같은지, 아니면 못한지를 저울질하는 마음이다. 비교의 마음이 일어날 때 우리 안의 은근한 목소리는 이렇게 속삭인다. "내 것이 저것만큼 좋나?" "내 차례는 언제지?" 또다시 분리하기가 시작된다.

'무심'의 숨은 적은 '무관심'이다. 진정한 무심은 경험의 한가운데서 균형을 이룬 상태인 반면, 무관심은 두려움을 바탕으로 한 포기와 냉담이다. 무관심은 인생에서 도망치는 것이다. 무심한 마음은 기쁠 때나 슬플 때나 활짝 열린 채 모든 대상을 어루만진다. 하지만 무관심의 목소리는 움츠러들며 이렇게 속삭인다. "아무려면 어때. 저것 따위는 신경 쓰지 않을 거야."

이 숨은 적들은 저마다 신성한 감정인 양 위장하고 나타나지만, 우리가 무관심을 영적인 감정으로 착각하거나 타인의 고통을 동정심으로 대하면 우리의 분리하기를 정당화하거나 '영성'을 요새처럼 만들게 된다. 우리 문화는 이런 현상을 부추긴다. 흔히 우리 문화는 우리가 자신의 감정을 거부해야 강하고 독립적 인간이 될 수 있다고 하면서, 고고한 이상과 강인한 마음을 이용해 자기 안전을 도모하라고 가르친다. 하지만 만일 우리가 숨은 적들을 제대로 이해하지 못하면 그것들이 우리 영성수련을 마비시킬 것이다. 그것들이 만드는 칸막이는 인생의 고통과 뜻밖의 난관들로부터 우리를 그리 오래 지켜주지 못한다. 그것들은 틀림없이 진실한 관계들에서 생기는 열린 일체감과 기쁨을 질식시킬 것이다.

숨은 적들과 마찬가지로 칸막이 세우기의 위력은 우리의 몸을 마음에서, 정신을 감정에서, 영성생활을 진정한 관계들에서 분리시킨다. 이런 분리 현상을 탐구하지 않는다면 우리의 영성수련은 정체되고 알아차림은 더 이상 성장하지 못한다.

이 점을 보여주는 사례가 있다. 결연한 각오를 가지고 몇 년간 일본 사찰과 스리랑카의 불교 사원에서 수행한 젊은이가 있었다. 그는 결손가정에서 자랐는데, 어릴 적에 아버지를 잃었고, 의붓아버지는 알코올 중독자였으며, 누나는 마약중독자가 되었다. 그는 아주 강인한 의지와 치열한 노력을 통해 정신을 가라앉히고 깊이 몰입해 들어갔다. 일본에서 그는 수많은 공안(公案)을 가지고 수행했고 공(空)과 만물의 일체성에 대한 강렬한 깨달음을 얻었다. 스리랑카의 사원에서는 자기 몸을 빛으로 해체할 정도의 단계에 이르렀다. 그러다 누나가 사망했고, 그는 고국으로 돌아가 남은 가족들과 마주하게 되었다. 그는 그 힘겨운 시기에 모든 가족에게 도움을 주었다. 그러나 오래지 않아 질병과 두려움에 빠지고 말았다.

자신의 상태를 이해하기 위해, 젊은이는 심리상담사를 찾아갔다. 상담사는 그에게 지난 이야기를 모두 털어놓으라고 했다. 젊은이가 이야기하는 동안 상담사는 자주 말을 끊고 당시의 느낌을 물었다. 그때마다 젊은이는 자기 몸의 감각을 설명하면서 또렷이 대답했다. "그때 호흡이 잠시 멈추면서 손이 차가워졌어요." 혹은 "배가 조여드는 느낌이었어요." 등이었다. 다음번 상담 때 또 어떤 느낌이었는지 묻자 젊은이는 이렇게 묘사했다. "목에서 맥박이 뛰었어요." "온 몸이 후끈 달아올랐어요." 이런 상담이 여러 차례 진행된 뒤, 또다시 "그런데 그 느낌이 어땠나요?"라는 질문을 받은 때였다. 젊은이는 왈칵 울음을 터뜨리며 억눌렀던 슬픔과 격한 감정을 폭포처럼 쏟아내기 시작했다. 그는 자기 몸을 알아차리고 마음을 알아차렸지만 명상수행의 그 알아차림들을 장벽을 쌓는 데 이용했다. 자기 인생의 상당 기간을 지배해온 고통스런 감정들은 알아차림에서 제외시켰던 것이다. 이 시점부터 그는 수행방식을 바꿔 감정까지 포함시키기 시작했다. 그 결과 과거의 많은 상처들이 치유되었고, 전에는 몰랐던 기쁨이 차올랐다.

영성생활 중에는 집단적인 '칸막이 세우기'가 이뤄질 때도 있다. 한 수도회에서 24년간 활동한 어느 가톨릭 수녀가 들려준 이야기가 있다. 처음 14년 동안 그 수녀와 동료 자매들은 엄격한 침묵 수도를 지속했다. 표면적으로 그 수녀원은 매우 잘 돌아갔다. 하지만 제2차 바티칸 공의회(Vatican

Council II : 1962~65, 교황 요한네스 23세가 교회를 쇄신하고 로마 가톨릭 교회와 여러 기독교 분파의 통합을 모색하고자 소집한 공의회—옮긴이) 이후 수도원 규율이 완화되면서, 그 수녀의 수도회도 침묵 수도를 멈추고 서로 말을 하기 시작했다. 그런데 다시 말을 시작한 해부터 전체 공동체에 끔찍한 상황이 벌어졌다고 한다. 수십 년간 쌓여온 불만, 소소한 혐오, 반감 그리고 온갖 억눌렸던 문제들이 대화의 기술을 거의 익히지 못한 사람들의 입에서 마구 쏟아져나왔다. 그들이 적절한 의사표현으로 올바른 수도생활을 지속하게 되기까지는 길고도 힘겨운 기간이 필요했고, 그 과정에서 영성 공동체는 거의 와해돼버렸다. 수녀들 상당수가 수녀원을 떠났고, 서로간의 진실된 관계들을 외면해서 인생의 일부만 낭비했다고 후회했다. 다행히 수녀원에 남은 사람들은 진리를 향한 새로운 서약과 자매의 사랑으로 공동체를 다시 일으킬 수 있었다. 그들은 현명한 수도사들을 모셔다 도움을 얻고 서로의 갈등과 언어 표현을 수도생활과 융화시키는 법을 배웠다. 그러자 충만한 영성과 은총이 다시 공동체에 차올랐다.

두렵고 보기 싫고 혐오스런 것을 우리가 피하려고 칸막이를 세우면 나중에 그 대가를 치르게 된다. 경건함과 영적 열정의 시기가 지난 뒤 정반대의 극단적 시기가 찾아올 수 있다. 음식이나 섹스 같은 것에 빠지면서 일종의 영적 폭식증에 걸리는 것이다. 사회 전체도 이런 양상을 보일 수 있다. 사람들이 올바르며 의식 있고 깨어 있는 '영적'인 지역도 있고, 반대로 지나친 음주, 올바르지 못한 성(性)문화, 온갖 혼탁한 행위들이 판치는 타락한 지역도 있을 수 있다.

칸막이 세우기는 항상 반대편에 '그늘'을 만든다. 우리가 다른 곳에 너무 집중하기 때문에 더욱 감추어지는 컴컴한 영역이 생기는 것이다. 경건한 신앙의 그늘은 열정과 세속적인 갈망일 수 있다. 극렬한 무신론의 그늘은 신을 향한 은밀한 동경일 수 있다. 우리는 저마다 그늘을 갖고 있고, 그것은 겉으로는 무시하고 부정하는 욕구와 감정들로 이루어져 있다. 우리가 무언가를 더 강하게 믿고 그 반대를 부정할수록, 더 많은 에너지가 그늘 속으로 흘러든다. 이런 말이 있지 않은가. '앞면이 클수록 뒷면도 크다.' 우리가 영성을 인생의 괴로움과 갈등에서 자신을 보호하는 수단으로 이용할 경우 그 그늘은 더욱 커져간다.

영성수련은 우리를 고통과 혼란의 늪에서 건져주지 않는다. 다만 고통의 회피가 이롭지 않음을 이해하도록 도와줄 뿐이다. 오직 우리가 진정한 현실을 마주할 때에만 영성수련은 고통을 돌파할 길을 열어준다. 이 점을 보여주는 사례가 있다. 탁월한 티베트 선사 라마 예세*Lama Yeshe*의 고통스런 경험담이 그것인데. 그는 명상가이자 깨달음을 얻은 자비로운 스승으로 크게 존경받는 스님이었다. 어느 날 라마 예세가 심장발작을 일으켜 병원에 입원했다. 얼마 뒤 그 스님은 형제처럼 가까운 다른 라마에게 친밀한 편지 한 통을 보냈다.

■ 내가 중환자실에 있으면서 겪은 경험과 고통들은 전에는 상상도 못했던 것이었네. 독한 약물, 끝없이 이어지는 주사, 호흡유지용 산소 튜브 때문에 내 정신은 고통과 혼돈 속에 허우적댔네. 사경을 헤매는 동안은 온통 혼란스러울 뿐, 알아차림을 유지하기가 극히 어렵게 느껴졌어. 급기야 입원 41일째가 되자, 내 몸은 마치 공동묘지의 시체 같고, 마음은 무신론자의 그것과 같고, 꼭 늙은 미친개가 짖어대는 것처럼 말하는 지경이 되었네. 축원을 암송하고 명상하는 능력도 자꾸만 약해졌지. 며칠이 지난 뒤 어떻게 할지 고민했네. 나는 엄청난 노력으로 강렬한 마음챙김과 함께 명상에 들어갔고, 그러자 상당한 효과가 나타났다네. 다시 조금씩 마음속에 크나큰 기쁨과 행복이 자라났지. 내 정신의 힘이 커가면서 내 문제들도 잦아들고 사라져갔다네.

위대한 스승들도 자기 몸의 괴로움을 피할 수 없고, 질병, 늙음 그리고 죽음을 비껴갈 수 없다. 마찬가지로 우리도 어지러운 인간관계나 어수선한 감정들을 회피할 수 없다. 심지어 붓다에게도 해결하기 곤란한 인간관계들이 있었다. 가장 성가신 문제들은 자신을 죽이려 하는 적들, 골치 아픈 제자들, 그리고 집에 찾아갔을 때 일어난 부모님과의 갈등이었다. 이런 문제가 마음에 얹힌다면 우리는 어떻게 수행할 수 있을까?

영성생활은 끊임없이 칸막이 세우기와 분리하기에서 벗어나 모든 생명을 껴안으려 다가가는 것임을 알아야 한다. 우리는 마음챙김을 통해 우리 인생의 폐쇄된 영역으로 들어가는 법을 익혀야만 한다. 그럴 경우 우리는 지난날의 행동양상, 과거의 고통으로부터 자신을 지켜준 칸막이와 마주칠 것이다. 자유를 얻으려면 그 행동양상을 건너뛰려 해선 안 된다. 그러면 오직 또 다른 칸막이가 생길 뿐이다. 그 안으로 들어가 돌파하고 그것을 우리 마음속으로 끌어당겨야 한다. 우리는 자기 안에서 어둠 속으로 들어가려는 열망을 찾아내야 한다. 자기가 스스로 장벽으로 에워싼 구멍과 결함, 나약함, 분노, 불안들을 느껴야 한다. 우리는 이 그늘들에 관한 자신의 이야기에 깊은 주의를 기울여 밑바닥에 깔린 진실을 보아야 한다. 기꺼이 그 두려움의 공간, 결함과 불안의 공간들로 들어갈 때, 우리는 그 장벽들이 거짓, 자신에 대한 낡은 이미지, 해묵은 공포, 순수함과 불결함에 관한 그릇된 관념 등으로 이루어졌음을 알게 될 것이다. 그 모두가 자기 자신과 마음, 세계에 대한 신뢰감 상실에서 비롯됐음을 보게 될 것이다. 그것들을 꿰뚫어 볼 때, 비로소 우리의 세계가 확대된다. 알아차림의 빛이 그런 이야기와 관념들, 고통, 두려움, 혹은 그것들 밑에 깔린 공허를 훤히 비출 때, 저 아래의 진실이 모습을 드러낸다. 이 공간들을 하나하나 느끼고 수용함으로써 진정한 통일성, 행복감 그리고 강인함을 발견할 수 있다.

우리 인생에 장벽들을 쌓아놓은 자기보호와 두려움의 힘이 아무리 막강하다 해도, 우리는 그것을 꺾을 거대하고 거침없는 또 다른 힘을 발견한다. 그것은 통일성을 향한 깊은 열망이다. 우리 안에는 온전하고 통합되고 만물과 연결된 느낌이 무엇인지 아는 무언가가 있다. 그 힘은 우리가 괴로움을 껴안고 수행에 정진하는 사이 우리 안에서 성장한다. 그 힘은 우리의 영성을 단순한 침묵 기도 이상으로 확대시키고 우리가 거리의 노숙자에게 손을 내밀도록 만든다. 그러다 지나친 봉사의 삶이 우리의 갈 길을 어지럽히면 그 힘은 우리를 다시 고요한 수행으로 이끈다. 이 힘은 삶의 고통 앞에 무너진 우리의 실패들을 용서한다.

진정한 영성은 불확실, 고통, 인생의 위험에 대항하는 요새가 아니다. 조셉 캠벨(Joseph Campbell : 미국의 작가 겸 비교신화학자 – 옮긴이)이 말한 '예방접종'도 아니다. 캠벨은 대중적 종교를 일컬어 미지의 것을 회피하기 위한 '예방접종'이라 한 바 있다. 진정한 영성은 신비로운 인생의 전 과정을 향한 마음의 열림이다. 라마 예세의 영성수련과 지혜는 사경을 헤매던 그의 몸과 정신을 온전히 보존하지는 못했지만, 마음을 모아 자신의 모든 경험을 수행의 일부로 포함시킬 수는 있었다.

완전함이라는 관념에 매달릴 때 우리는 자기 인생을 조각내고 인생에서 자신을 분리시킨다. 중국 선종 3대 조사 승찬(僧璨)은 이렇게 가르쳤다. "진정한 깨달음과 통일성의 경지는 불완전함을 근심하지 않을 때 나타나느니라." 우리 몸은 완전치 않고, 마음도 완전치 않으며, 우리 감정과 온갖 관계들 역시 결코 완전치 않다. 하지만 불완전함의 근심을 떨치는 것, 달리 말해 엘리자베스 퀴블러 로스의 이 말을 이해하는 것이 중요하다. "나는 괜찮지 않고, 당신도 괜찮지 않다. 하지만 그것이 괜찮은 것이다." 이 점을 이해할 때 통일성과 진정한 기쁨이 일어나고, 우리가 인생의 모든 칸막이 안으로 들어가 온갖 감정을 느끼고, 우리 몸에 머물고, 진정한 자유를 얻을 능력이 생겨난다. 우리의 '칸막이 세우기'를 끝내는 데는 특별한 지식이 필요치 않다. 그저 인생이 어떠해야 한다는 '지식'은 줄이고 인생의 신비에 더 열린 마음을 가지면 된다.

우리가 열망하는 순수는 세계를 완전히 만드는 데 있지 않다. 진정한 순수는 만물을 어루만지고 펼쳐놓으며, 만물을 자비로 감싸 안는 마음에 있다. 우리의 위대한 사랑은 우리가 아는 것이나 우리가 되는 것, 우리가 자기 안에 고착시킨 것에 의해 키워지는 것이 아니다. 모든 생명의 한복판에서 사랑하고 자유로워지는 우리의 능력에서 키워지는 것이다.

이런 맥락에서 스즈키 선사는 암으로 죽어갈 때 제자들을 모아놓고 이렇게 말했다.

▓ 내가 죽을 때, 내 숨이 멎는 순간, 혹시 내가 고통을 겪더라도 아무 상관없다. 알다시피 그것은 붓다를 만나는 과정이다. 거기엔 아무런 의혹도 없다. 어쩌면 모두가 신체적 고통과 영적인 괴로움에 힘겨워할지도 모르지만, 다 괜찮다. 아무 상관없다. 우리는 유한한 육신을 가진 것을 감사해야 하느니라. … 나도 너희도 모두 마찬가지다. 만일 너희가 영원한 생명을 가졌다면 그야말로 정말 큰 문제일 것이다.

비록 우리의 육신이 유한할지라도, 우리의 참 본성은 무한한 본질, 탄생과 죽음을 넘어선 진리, 만물과의 통일과 일체성을 향해 우리를 열어준다. 중국의 사상가 장자(莊子)는 이처럼 시간을 초월한 깨달음을 찬양하면서 옛날의 진정한 도인들을 이렇게 표현했다. "그들은 꿈 없이 잠자고 근심 없이 깨어난다. 유유히 오고 유유히 간다. 생명이 즐거이 왔듯이 그들은 기꺼이 생명을 내준다." 왜냐면 도(道)는 만물을 포용하기 때문이다.

▓ 그대의 마음을 평화롭게 하라.
존재들의 분망함을 지켜보되
그들의 돌아감을 관조하라.

그대가 근원을 깨닫지 못하면

혼돈과 슬픔 속에 헤맬 것이고,

그대가 자신의 근원을 깨달으면

관대하고 초연하고

즐거움이 넘치리라.

할머니처럼 다정하고,

군왕 같은 위엄을 얻으리라.

경이로운 도(道)의 세계로 빠져들라.

그러면 인생이 일으키는 무엇에도 거침이 없고

죽음이 언제 오든 동요하지 않으리라.

칸막이와 통일성에 대한 명상

편안하면서도 맑은 정신으로 정좌하라. 눈을 감고 호흡의 자연스런 리듬을 느끼면서 자신을 평온하고 모아지게 하라. 자신의 호흡이 어떻게 움직이는지, 그 움직임이 몸 전체에 어떻게 나타나는지 가만히 느껴보라. 충분히 열리고 평온해졌다고 느낄 때, 자기 인생의 영적이고 신성한 것들을 반조하기 시작하라. 당신의 인생에서 신성한 느낌이 어떻게 그리고 어디에서 가장 뚜렷하게 일어나는가? 어떤 수행활동(명상, 기도, 자연 속 걷기, 음악 등)이 그 신성함을 가장 살아나게 하는가? 어떤 장소가 가장 신성하게 여겨지는가? 어떤 사람, 어떤 상황들이 당신에게 그 느낌을 가장 강하게 일으키는가? 자신이 신성한 느낌으로 산다면 어떨지 생각해보라.

이제 당신의 주의를 반대편 경험들로 향하게 하라. 인생의 어떤 시기가 가장 성스럽지 않게 여겨지는가? 당신의 정신과 마음이 통과하기 어려운 칸막이들이 어디에서 감지되는가? 좀처럼 마음챙김이 되지 않고 자비심도 일지 않는 과거의 부분들이야말로 당신이 신성함을 잃어버린 영역들이다. 그 영역들은 당신의 몸과 인생의 어떤 부분, 당신의 감정과 마음의 어떤 측면이라도 될 수 있다. 직장, 사업, 금전, 정치, 혹은 공동체 등과 관련된 행동일 수도 있다. 가정생활의 문제일 수도 있고, 특정한 사람, 가족의 일원, 동료, 혹은 아는 사람과의 관계일 수도 있다. 그것들은 특별한 활동이나 장소(당신의 창조적 삶, 예술 생활, 사랑, 쇼핑, 운전, 도시나 병원, 혹은 학교 등)일 수도 있고, 당신이 신성함에서 제외시킨 어떠한 지점이나 대상도 될 수 있다.

 당신의 영성생활에서 제외시킨 칸막이들을 하나씩 마음속에 떠올리라. 각 영역을 느끼면서 그것을 마음에 가볍게 끌어당기고 당신의 수행에 그것까지 포함하는 것이 어떤 의미를 지닐지 생각해보라. 충실한 주의와 자비심으로 그것을 당신의 수행에 포함시키고 그 사람, 장소, 행동들을 받아들이면서 당신의 신성한 느낌이 어떻게 성장하는지 바라보라. 하나씩 그것들을 떠올리면서 커져가는 관심과 통일감을 느껴보라. 그 각각이 어떤 교훈을 주는지, 어떻게 당신의 주의를 깊게 하고 자비심을 열어주는지 느껴보라. 하나도 남지 않을 때까지 계속하라. 하나씩 하나씩 당신의 정신과 사랑의 관심이 존재의 구석구석에 다시 깃드는 과정을 실감하라. 그런 다음 자신을 편안히 가라앉히고 이 순간 당신의 호흡과 통일감을 느끼라. 이렇게 충실한 주의와 자비심으로 순간순간을 살아갈 때, 당신은 자기 인생의 모든 부분에서 신성을 느끼게 된다.

14. 무아냐, 진아냐

영성생활에는 똑같이 중요한 두 가지 과제가 있다. 하나는 무아(無我)를 발견하는 것이고, 다른 하나는 긴강한 자아 관념을 키워내는 것이다. 우리가 깨달음을 얻으려면 역설적으로 보이는 이 양쪽 과제를 모두 성취해야만 한다.

영성수련을 하다 보면 필연적으로 자기 존재의 심오한 신비와 정면으로 마주서게 된다. 우리는 인간의 몸으로 태어났다. 우리에게 생명을 준 힘, 우리와 이 세계에 형체를 부여한 이 힘은 대체 무엇일까? 온 세상의 가장 위대한 영적 가르침들은 하나같이 우리가 자신이 생각해온 그런 존재는 아니라고 말한다.

페르시아 신비주의자들은 우리가 신의 불꽃이라고 말한다. 기독교 신비주의자들은 우리는 하느님으로 가득 차 있다고 한다. 어떤 이들은 우리가 만물과 일체라고 하고, 다른 이들은 이 세계가 모두 허상이라고 한다. 어떤 가르침들은 의식이 어떻게 생명을 창조하여 온갖 현상을 가능케 하고, 사랑하게 만들고, 스스로를 인식하는지 설명한다. 반면 다른 가르침들은 의식이 얼마나 갈팡질팡하고, 길을 잃고 헤매고, 무지 속에서 태어났는지 아느냐고 외친다. 힌두교 요가에서는 이 세상을 릴라*lila*, 즉 '신의 춤'이라고 부른다. 이

탈리아 시인 단테가 쓴 기념비적 서사시의 제목인 '신곡(The divine comedy)'
이라는 표현과 상당히 유사하다. 불교 경전에서는 어떻게 의식 그 자체가 이
세계를 마치 꿈이나 신기루처럼 창조해내는지 설명한다. 임사체험에 관한
현대 과학의 설명들은 육신에서 벗어난 뒤의 놀라운 평안, 황금빛 광채와 휘
황찬란한 존재들의 이야기로 가득하다. 어쩌면 이런 설명들 역시 우리가 얼
마나 우리의 진정한 실체를 모르고 있는지 확인시켜주는 것일지 모른다.

우리가 영성수련으로 자아와 주체의 문제를 들여다볼 때, 자아의 두 가
지 다른 측면을 이해해야 한다. '무아(無我)'와 '진아(眞我)'가 그것이다. 먼
저 무아부터 살펴보기로 하자.

내가 없으면 문제도 없어―무아의 본질

붓다가 대각(大覺)을 얻으신 날 밤 주체의 문제와 부딪쳤을 때, 붓다는 우리가
별개의 개체로 존재하지 않는다는 근원적인 발견에 도달하셨다. 붓다는 편협한
존재 관념에 얽매이는 인간의 습성을 간파하고, 이런 개별적 소(小)자아에 대한
믿음이 근본적인 망상이며 그 착각이 고통을 일으키고 우리를 생(生)의 자유와
신비에서 멀어지게 한다는 사실을 발견하셨다. 붓다는 그런 현상을 일컬어 연기
(緣起 : interdependent arising)라 하셨다. 연기는 주체 관념을 창조하는 의식의 순환
과정으로서, 색(色 : form)이 일어나고, 감각이 색과 접하면서 반응하고, 그러면 어
떤 '물상(物相 : forms)'에 대한 집착이 생기고, 이어서 감정, 욕망, 심상(心象), 그리
고 행동이 일어나면서 자아 관념이 형성되는 '인과적 일어남과 사라짐'을 말한다.

붓다는 설법을 펼치실 때 한 번도 인간을 어떤 고정되거나 정(靜)적인 존
재로 말씀한 적이 없다. 대신 우리를 다섯 가지 변화과정의 집합체로 표현
하셨는데, 그것들은 육신(肉身), 감정, 지각, 반응, 그리고 그 모두를 경험하

는 의식의 과정들이다. 우리가 이런 변화양상들에 집착하거나 그것과 동일 감을 지닐 때마다 자아 관념이 생겨난다. 이 동일화의 과정, 즉 어떤 변화 양상을 선택해서 '나' 혹은 '나 자신'이라 부르는 과정은 대개 우리의 인식 아래 감춰진 채 미묘하게 일어난다. 우리는 자신의 몸, 감정, 사고와 동일 감을 느낄 수 있다. 심상, 행동양상, 역할, 원형 등과도 동일감을 느낄 수 있 다. 현대 문화 속의 우리는 여성이나 남성, 부모나 자식의 역할을 고정하고 거기에 동일감을 형성하곤 한다. 우리는 가족 내력, 유전적 특질, 집안 전 통 등을 가지고 우리의 정체성을 형성하기도 한다. 가끔은 자신의 성적 욕 망, 금욕적 의지, 혹은 영적인 열망을 가지고 정체성을 만들기도 한다. 마 찬가지로 우리는 자기 지성에 초점을 맞추거나 점성술 별자리를 이용해 자 신을 하나의 주체로 인식하기도 한다. 우리는 영웅, 연인, 어머니, 건달, 모 험가, 광대, 혹은 도둑을 자신의 모델로 선택하고 그것을 기준으로 일 년 혹은 평생을 살아가기도 한다. 우리가 이런 거짓 주체들에 집착할수록 끊 임없이 자신을 지키거나 방어하게 되고, 자기 안의 유한하거나 부족한 것 을 채우려 안달하면서 그것을 잃을까봐 근심하게 된다.

이것들은 우리의 진정한 실체가 아니다. 나와 함께 수행했던 어느 스승은 우리 인간들이 얼마나 쉽사리 새로운 모델에 집착하는지 말하며 껄껄 웃곤 했다. 그는 자기 자신에 관해서 이렇게 말했다. "나는 아무것도 아니요. 나는 이 몸이 아니고, 그래서 태어난 적도 없고 당연히 죽지도 않을 것이요. 나는 아무것도 아니면서 동시에 모든 것이요. 당신의 주체들이 당신의 온갖 문제 들을 만들지요. 그것들을 넘어서, 무한과 불멸에서 오는 환희를 발견하시오."

주체와 무아의 문제는 혼동과 오해를 일으키기 쉬우므로 좀 더 자세히 살 펴보기로 하자. 기독교 교리에서 하느님 속에서 자아를 잃는다고 말할 때, 또 도교(道教)와 힌두교에서 모든 주체를 넘어 진아(眞我 : true self)와 융합된다고 말할 때, 그리고 불교에서 공(空)과 무아(無我 : no self)를 말할 때, 이 말들은 대체 무슨 뜻일까? 공(空)은 사물이 존재하지 않는다는 뜻이 아니고, '무아' 역시 우리가 존재하지 않는다는 말이 아니다. 공(空)은 생명의 근원이 되는 비(非)개별성과 모든 생명체를 탄생시키는 비옥한 에너지의 터전을 의미한다. 우리 세계와 자아 관념은 온갖 변화양상들의 장난이다. 우리가 집착하는 어떤 주체도 일시적이고 순간적이다. 이것을 무아나 아공(我空 : emptiness of self)같은 용어를 가지고 이해하기는 쉽지 않다. 사실 아잔 차 스님도 이렇게 말씀하셨다. "네가 머리로 그것을 이해하려 하다가는 아마 머리가 터져버릴 것이다." 하지만 수행 중 무아의 경험은 우리에게 엄청난 자유를 안겨준다.

자아 해체를 다룬 장에서 우리는 깊은 명상이 어떻게 주체 관념을 해체할 수 있는지 살펴보았다. 사실 우리가 자아의 공(空)을 깨달을 방법은 수없이 많다. 차분히 주의를 기울여보면, 우리가 이 세상에서 진정으로 소유한 것이 아무것도 없음을 곧바로 느낄 수 있다. 확실히 우리는 세상 어떤 것도 소유하지 못한다. 우리는 자신의 자동차, 집, 가족, 직장 등과 일정한 관계를 맺고 있지만, 그 관계가 어떤 것이든 그것은 단지 잠시 동안만 '우리 것'이다. 물건이든 사람이든 일이든 결국은 모두 죽거나 변하거나 잃어버리게 된다. 그 어떤 예외도 없다.

우리가 경험의 순간들에 주의를 기울여봐도 소유한 것이 하나도 없음을 발견한다. 찬찬히 바라보면 우리가 자기 생각을 불러오거나 소유하는 것조차 불가능함을 알게 된다. 우리가 혹시 사고가 멈추기를 바랄지라도, 그것들은 마치 스스로 생각하는 것처럼 자기 나름의 법칙에 따라 일어나고 사라진다.

감정도 마찬가지다. 우리 중 자기 감정을 통제한다고 믿는 사람이 얼마나 될까? 주의를 모아 바라보면 감정들이 꼭 날씨 같음을 알게 된다. 기분과 느낌이 조건에 따라 수시로 바뀌고, 우리가 소유할 수도, 의식이나 욕구를 통해 방향을 바꿀 수도 없기 때문이다. 우리는 행복, 슬픔, 초조, 흥분, 불안 등을 나타나도록 명령할 수 있나? 호흡이 저절로 이뤄지고 소리가 저절로 들리듯이 감정도 저 혼자 일어난다.

우리 몸 역시 자기 나름의 법칙을 따른다. 우리의 몸은 우리가 소유할 수 없는 뼈와 액체의 주머니이다. 몸은 늙고 병들어 우리가 바라지 않는 방향으로 변해간다. 모두 자기 나름의 법칙에 따라 변한다. 사실 더 자세히 바라볼수록 우리는 안이건 밖이건 가진 것이 하나도 없음을 더욱 절절히 느끼게 된다.

모든 것은 무(無)에서 일어나 공(空)에서 나왔다가 공(空)으로 돌아가고, 다시 무(無)로 변하는데, 우리가 이 변화를 바라볼 때 아공(我空), 즉 '자아의 공(空)'에 대한 또 다른 측면을 만나게 된다. 지난날에 우리가 뱉은 모든 말들은 사라지고 없다. 마찬가지로 지난 주, 지난 달, 혹은 어린 시절은 어디로 갔을까? 그것들은 일어났다 잠시 춤을 나풀거리고는, 이제는 모두 없어졌다. 1980년대도, 19세기도, 18세기도, 고대 로마와 그리스도, 이집트 파라오의 시대도 모두⋯. 모든 경험은 현재에 일어나고 자기 무용을 펼치고는 사라져 버린다. 경험은 오직 일시적으로, 잠시 동안만 특정한 형태로 존재할 뿐이다. 그러고 나서 그 형태는 소멸하고 새로운 형태가 일어나 시시각각 이어진다.

이 덧없는 현상을 셰익스피어는 〈템페스트 *The Tempest*〉에서 이렇게 표현했다.

선생, 기운 내시오.
이제 우리의 축제는 끝났소.
내가 미리 말했듯 여기 우리의 연기자들,
당신들은 모두 영(靈)이었소.
대기 속으로, 저 엷은 대기 속으로 녹아들 영.
그리고 이 형체 없이 흩어질 환영처럼
구름을 머리에 인 종탑들, 으리으리한 궁전들,
장엄한 교회들, 이 거대한 지구까지도⋯.

그래요, 물려받은 모든 것들이 사라질 것이오.

그리고 이들처럼 그 호화로운 볼거리도 말끔히 사라졌다오.

구름 한 점 남기지 않은 채….

우리는 다 그런 거라오.

한없이 이어지는 꿈일 뿐,

이 짤막한 인생은

잠 속에 피어난 한낱 꿈일 뿐.

명상 속에서 우리는 세심하고 깊숙한 주의가 어떻게 사방에 널린 공(空)을 드러내주는지 살펴보았다. 우리가 어떠한 감각과 생각, 몸과 마음의 어떠한 면에 주의를 기울이더라도, 거기서 더욱 광대한 공간과 더 흐릿한 형체를 경험하게 된다. 경험은 현대 물리학에서 말하는 미립자 파동과 같아서 아무런 확고한 실체도 없이 무한히 변해간다. 지켜보는 사람의 감각마저도 그와 똑같이 변해간다. 우리 자신의 감각이 어린 시절에서 청년을 거쳐 노년의 단계로 변해가듯이 우리의 시야 역시 시시각각 변한다. 우리가 어디에 주의를 집중하든, 눈에 보이는 것은 우리 눈길 아래서 녹아내리는 흐릿한 형체들뿐이다.

스리 니사르가닷따 구루는 이렇게 말했다.

■ 실제 세계는 우리의 사고와 관념 너머에 있다. 우리는 쾌락과 고통, 옳음과 그름, 안과 밖으로 나누어진 우리 욕망의 그물을 통해 세계를 내다본다. 우주를 있는 그대로 보려면 그 촘촘한 그물을 넘어가야 한다. 그리 어렵지 않은 일이다. 그 그물은 구멍투성이이기 때문이다.

우리가 자신을 열고 비울 때 만물의 상호연관성을 경험하게 된다. 모든 존재가 연결되어 인과(因果)적으로 뒤얽혀 있음을 깨닫는 것이다. 개개의 경험과 사건들에 다른 모든 것들이 담겨 있다. 스승은 제자가 있어 존재하고, 비행기는 하늘이 있어 그 안을 난다.

어떤 종이 울릴 때 우리가 듣는 소리는 그 종일까, 공기일까, 우리 귀의 떨림일까, 아니면 우리 뇌가 울리는 것일까? 소리는 그 모든 것의 울림이다. 도교 식으로 말하면, "그 사이가 울리고 있다." 종소리는 여기 있지만 사방에서 들린다. 우리가 만나는 모든 이의 눈 속에서, 온갖 나무와 곤충 속에서, 그리고 우리가 들이쉬는 낱낱의 숨결 속에서.

틱낫한 스님은 종이 한 장을 들고 이렇게 말씀한다.

■ 만일 당신이 시인이라면, 분명히 이 종이 위에 떠다니는 구름이 보일 것이요. 구름이 없다면 비가 없고, 비가 없으면 나무가 자랄 수 없소. 나무가 없으면, 우리는 종이를 만들 수 없지요. 그러니 구름이 여기 있는 거지요. 이 종이의 존재는 구름의 존재에 매여 있소. 종이와 구름은 아주 가까운 사이지. 다른 걸 생각해봅시다. 햇빛을 볼까요? 햇빛은 지극히 중요하지요. 햇빛이 없으면 숲이 자랄 수 없고, 햇빛 없이는 우리 인간도 살 수 없지요. 나무꾼도 벨 나무를 얻으려면 햇빛이 필요하고, 나무도 나무가 되려면 햇빛이 필요하지. 그러니 당신은 이 종이에서 햇빛이 보일 것이요. 만일 당신이 보살의 눈으로, 깨어난 자의 눈으로 더 자세히 들여다보면, 이 종이 속에서 구름과 햇빛만이 아니라 모든 것이 보일 것이요. 나무꾼이 먹은 빵, 그 빵이 돼준 밀, 나무꾼을 키어준 아버지 등. 이 종이 한 장에 그 모든 것이 들어 있지요….
이 종이는 개별적 자아 없이 비어 있지요. 여기서 비어 있다는 말은 이 종이가 모든 것, 천지만물로 가득하다는 뜻이라오. 이 얇은 종이 한 장의 존재가 온 우주의 존재를 증명하는 거지요.

우리가 진정으로 이런 상호연관과 만물을 일으키는 공(空)을 느낄 때 자유와 광대한 기쁨을 발견한다. 공의 발견은 마음의 온화함, 유연성, 만물에 깃든 평온함을 불러온다. 우리가 자기 주체를 붙잡으려 안달할수록, 우리 문제들은 더욱 깊어만 간다. 언젠가 나는 스리랑카의 어느 행복한 노(老)명상가에게 불교의 정수를 가르쳐 달라고 한 적이 있다. 그는 웃으면서 그저 이 말을 세 번 되풀이했다. "내가 없으면 문제도 없어."

제거해야 할 자아는 여기 없다

무아와 공(空)에 관한 오해가 널리 퍼져 있고, 그런 혼란이 진정한 영적 성장을 가로막고 있다. 어떤 이들은 자신의 자기중심적 자아를 제거하면 무아에 다다를 수 있을 거라고 믿는다. 다른 이들은 공(空)의 개념을 냉담, 무가치, 혹은 무의미한 감정들과 혼동하고 그것들을 고통스런 과거로부터 가져와 영성수련에 끌어들인다. 우리는 이미 일부 수련생들이 어떻게 공(空)을 핑계로 인생에서 도피하는지 보았다. 그들은 모든 것이 허상이라 말하며, 자기 인생의 문제들에 '영적 우회로'를 만들려 한다. 하지만 이런 변질된 공(空)들은 공의 진정한 의미와 그 해방의 자유를 놓치고 있다.

자아의 제거, 정화하기, 모든 욕망과 분노와 이기심을 뿌리 뽑거나 초월하기, '나쁜' 자아 무찌르기 등은 해묵은 종교적 관념이다. 이 관념은 많은 종교에서 행해지는 고행의 밑바탕을 이루어 수도복을 입고, 극단적 단식을 하고, 금욕을 실천하는 혹독한 수행으로 이끈다. 가끔 이런 수행들이 적절히 실행되어 초월적 상태에 이를 경우도 있지만, 대개의 경우 고행은 혐오감을 강화시킬 뿐이다. 더욱이 고행에는 우리 몸, 우리 마음, 우리 '자아'가 죄스럽고 더럽고 어리석은 것이라는 관념이 들어 있다. "나(자신의 좋은 부분)는 이 방법을 이용해서 반드시 자아(자신의 나쁜 부분)를 제거하고 말 거야." 하지만 이것은 불가능하다. 절대로 성공할 수 없다. 제거해야 할 자아가 없기 때문이다! 우리는 하나의 변화과정이지 고정된 존재가 아니다. 그러므로 제거해야 할 자아란 없다. 오직 우리의 헛된 동일감이 그런 생각을 일으킬 뿐이다. 따라서 순수함, 애정, 배려 등은 분명히 우리 성품을 개선시키지만 어떠한 자기부정이나 자기고문도 결코 자아를 제거할 수 없다. 도무지 자아가 여기 없으니까.

많은 수련생들은 공(空)을 결핍이나 감정적 빈곤으로 혼동하고 그것들을 영성수련에 끌어들인다. 이럴 경우 괴로움들이 다른 방향으로 끝없이 지속될 수 있다. 앞서 보았듯이, 영성수련은 상처받은 수많은 사람들을 끌어당기는데, 그들은 자기 고통의 치유를 위해 수행에 참여한다. 이런 사람들이 자꾸만 늘고 있다. 현대 문명의 정신적 빈곤은 깊어지고, 정상적이고 포근한 가정에서 자라지 못하는 아이들도 갈수록 늘고 있다. 이혼, 알코올 중독, 불우한 환경, 무자비한 자녀양육, 그리고 텔레비전 등 이 모든 것들이 내적인 안정이나 행복감을 잃은 사람들을 키워내고 있다. 이런 환경에서 자란 아이들은 나중에 몸은 성인이 되더라도 속은 여전히 위축된 어린 아이로 남는다. 우리 사회에 이런 '덩치 큰 어린이'가 수두룩하다. 그들의 고통은 우리 문화에 널리 퍼진 감정 거부와 고립에 의해 더욱 깊어진다.

명상센터를 찾아오는 많은 사람들이 이런 문제를 안고 있다. 이 경우를 가리켜 일부 심리학자들은 '자아의 무력감' 혹은 '빈곤한 자아'라 부르는데, 정신과 마음에 구멍이 숭숭 뚫린 상태라 한다. 이런 빈약한 자아 관념은 오랜 세월에 걸쳐 우리 습관과 신체적 위축에 스며들고, 우리가 자신에게 심어주는 이미지나 이야기에 달라붙는다. 만일 우리가 빈약한 자아 관념을 지니고 끊임없이 자신을 부정하게 되면, 쉽사리 내적 빈곤을 무아와 혼동하여 그것이 마치 깨달음의 길로서 허용된 것인 양 착각하게 된다.

무아와 내면적 빈곤의 혼동은 특히 여성들에게 심각할 수 있다. 남성지배 문화에서, 여성들은 흔히 자신이 중요하지 않다는 느낌을 받으며 자란다. 자신은 이 남자들의 세계에서 큰 역할을 못할 것이다, 여성의 운명과 활동은 그저 그런 것이라는 관념을 갖게 된다. 이런 심각한 길들이기는 우울, 두려움, 그리고 깊은 열등감으로 가득 찬 정체성을 형성시킬 수 있다.

이런 감정을 지닌 채 명상센터를 찾아온 여성이 있었다. 그 여성은 자신이 공(空)을 깊이 이해하고 있다고 믿었다. 5년 동안 그녀는 어느 젊은 수행지도사와 함께 수련했는데, 그 지도사 역시 공(空)을 잘못 이해하고 있었다. 그녀는 나를 찾아와 자신이 얼마나 무아의 가르침과 일시적이고 덧없는 인생의 본질을 깊이 이해했는지 말했다. 그녀는 걷기명상이나 좌선을 할 때마다 무아를 아주 뚜렷이 체험한다고 했다. 하지만 내 눈에는 그녀가 왠지 어수선하고 우울해 보이기에 더 깊이 물어보았다. 나는 그녀에게 공(空)을 체험할 때의 느낌이 정확히 어떤지 설명해보라고 했다. 그리고 내 앞에서 걷기명상을 하면서 자신이 바라보는 것을 정확히 말해달라고 했다. 나는 그녀의 행선을 보면서 무거운 걸음걸이와 위축된 몸 상태를 지적했다. 그녀도 이내 그 점을 알게 되었다. 그녀가 자기 경험을 탐구하자, 그것이 전혀 공(空)의 체험이 아니고 오히려 무감각과 죽음에 가까운 상태임이 드러났다. 우리가 대화를 나눌수록 그녀의 몸과 감정이 오랜 세월 꼭꼭 닫혀 있었음이 분명해졌다. 그녀의 자부심은 미미했고, 자신을 이 세상에서 별 볼일 없는 인간이라고 생각했다. 그녀는 이런 내면의 감정들과 심오한 비실재성(非實在性)의 가르침을 혼동하고 있었다. 이 혼동을 바로잡아주자 그녀에게 생기가 살아났다.

'공(空)'을 '무의미함'으로 오해할 경우에도 이와 유사한 혼동이 일어난다. 이 오해는 세상에 대한 우리의 두려움과 우울증을 심화시키면서, 아름다움에 둔감한 무능력이나 삶에 대한 적극성 결여를 정당화시킬 수 있다.

진정한 공(空)과 우울한 공허감과의 차이는 이 두 인사말에서 확연히 드러난다. 깨어 있는 사람은 "좋은 아침이에요, 하느님"이라 말하는 반면, 우울증이나 혼란에 휩싸인 사람은 이렇게 말하기 쉽다. "오 하느님, 또 아침이

네요." 이 둘을 혼동하면 일종의 염세주의에 빠질 수 있다. "모두 망상이야. 앞에 펼쳐진 것이 죄다 한낱 꿈일 뿐이야. 아무것도 할 필요 없어. 무엇이든 해봤자 아무 소용도 없어." 이같은 염세주의는 '무관심'과 다름없는데, 앞서 나왔듯이 무관심은 '무심(無心)'의 숨은 적이다. 신비로운 만물의 공(空)에 대한 이해는 결코 염세주의가 아니다. '진공(眞空 : true emptiness, 일체의 색상(色相)을 초월한 참으로 공허한 현상 – 옮긴이)'의 특징은 희열이다. 공이 우리에게 나타나면 우리는 매 순간 생(生)의 신비를 생생히 느끼게 된다.

공(空)에 관한 마지막 혼동은, 공을 느낄 때 우리가 세계와 분리되거나 만물 위로 떠오른다고 상상하는 경우에 생겨난다. 이런 믿음을 가진 어느 일본 사무라이가 있었다. 그는 어느 선사를 찾아가 자랑스레 말했다. "온 세계가 공허하고, 모두가 공(空)일 뿐이요." 그러자 선사가 대꾸했다. "아, 그래? 그럼 이건 어찌 생각하나? 자네는 더럽고 늙은 사무라이일 뿐이야." 그러면서 선사는 뭔가를 휙 집어던졌다. 순간 사무라이는 칼을 뽑았다. 그는 모욕감에 치를 떨었다. 사무라이에게 모욕은 생명을 걸어야 할 문제다. 선사는 물끄러미 사무라이를 쳐다보며 말했다. "공은 그렇게 성깔이 사나운 거군, 그런가?" 사무라이는 그 뜻을 이해하고 칼을 칼집에 도로 넣었다.

무아에서 진아로

자아 관념의 해체나 생의 무아적 본질을 경험하는 일은 영성생활에서 동전의 한쪽 면에 해당할 뿐이다. 이 장 첫머리에서 말했듯이, 영성생활에는 똑같이 중요한 두 가지 과제가 있다. 하나는 무아를 발견하는 것이고, 다른 하나는 건강한 자아 관념을 키워내는 것, 즉 진아(眞我)를 발견하는 것이다. 우리가 깨달음을 얻으려면 얼핏 역설적으로 보이는 이 두 과제를 모두 성취해야만 한다.

아잔 차 스님은 어느 날 저녁 사원에서 이 역설에 관해 설명하면서, 불교 선사로서는 아주 놀라운 말씀을 하셨다. "그런데 말이야, 사실 '무아'에 관한 이 모든 가르침은 진실이 아니니라." 이어서 스승님은 "물론 '자아'에 관한 모든 가르침 역시 진실이 아니지" 하시고는 껄껄 웃으셨다. 그런 뒤 자아와 무아라는 두 용어는 아주 두루뭉술하게 사용되는 개념이나 관념일 뿐이라 하시며, 자아도 무아도 아닌 신비로운 과정을 말씀하셨다.

수행지도사면서 하버드 대학 심리학자인 잭 엥글러는 이 역설에 접근하는 방법을 보여주고자 이런 식으로 설명했다. "사람이 '아무도 아닌 자'가 되려면 먼저 '누군가'가 돼야만 한다." 이 말은 명상 속 자아 해체의 과정을 견뎌내고 심오한 공(空)의 깨달음에 이르려면 먼저 강인하고 건강한 자아 관념이 필요하다는 뜻이다. 이 말이 옳기는 하지만 그렇게 일정한 순서가 있는 것은 아니다. 자아의 계발과 자아의 공(空)에 관한 깨달음은 사실 어떤 순서로든 일어날 수 있다. 영성생활의 모든 면이 그렇듯이 수행 속에서 자아와 공(空)은 소용돌이처럼 함께 펼쳐진다. 그 둘은 새롭고 더욱 깊은 깨달음과 더불어 서로 맞물려 나타난다.

이 과정의 양면을 잘 이해하고 있던 어느 선사가 있었다. 매년 미국을 방문하던 그 선사는 어느 고참 수련자가 수행 중에 거의 무아의 '공'에 빠져 있는 것을 발견했다. 그 수련자는 몇 시간이고 명료하면서도 깊은 침묵에 빠질 줄 알았고, 대다수 선(禪) 공안을 어렵잖게 풀어냈다. 그런데 현실 세계에서도 수동적이고 조용했던 그는 가족생활을 소홀히 했다. 그의 집안은 너무나 조용하고 심각해서, 아이들은 쥐죽은 듯 살아야 했고, 결혼생활은 엉망이 되고 있었다. 그의 아내는 선사와 그 수련자에게 불만을 터뜨렸다. "영성수련이란 것의 결과가 이런 것인가요?" 선사는 지혜로운 사람이었다.

선사는 그 수련자에게 다음 수련회에는 아내와 함께 참여하라고 했다. 그러고는 다른 수련자들이 "한 손으로 박수칠 때 무슨 소리가 날까?" 같은 전통적인 공안을 갖고 명상하는 동안 그 부부에게는 이런 화두를 주었다. "사랑을 나눌 때 붓다가 어떻게 나타나지?" 선사는 다른 이들이 좌선과 행선을 하는 중에도 그 부부에게는 하루에도 서너 번씩 계속해서 그런 화두를 던졌다. 그리고 아침과 저녁 면담을 통해 그 대답을 물었다.

　수련회가 진행되면서 집중과 침묵이 더욱 깊어갔다. 여느 수련회처럼 대다수 수련생들은 고요하고 맑고 비어 있는 상태가 되었다. 다만 선방 끝에 자리 잡은 그 부부만 예외였다. 비록 좌선은 많이 못했지만 매일같이 수련에 참여하면서 그 부부는 상당히 충만하고 고양된 에너지에 휩싸여 있었다. 선사는 매일 그들에게 통일성의 상태를 들려주면서, 생전의 붓다처럼 진정한 성취를 구하도록 이끌었다. 그 수련회는 그들의 결혼을 지켜줬고, 가정생활을 돌려줬으며, 그 수련자들에게 자아의 공(空)뿐 아니라 자아의 충만까지 가르쳐주었다.

　수행이 어떻게 우리에게 건강하고 충만한 자아 관념을 키워줄 수 있을까? 우리는 어떻게 '진아'에 도달할 수 있을까? 진아에 이르는 과정에는 이해해야 할 여러 측면이 있다. 서구 심리학에서 설명하는 대로 우리의 초기 자아 관념이나 건전한 자아의 힘은 어릴 적에서 비롯된다. 우리의 태생적 기질이나 숙명적 성향은 어린 시절 주위와의 상호반응과 자기 반사를 통해 자신을　어떻게 여기느냐에 따라 형성된다. 부모님의 존중을 받으며 온화한 환경 속에서 성장하면 건강한 자아 관념이 형성되고, 그렇지 못할 경우는 결핍되고 부정적인 자아 관념이 자리 잡는다. 그런 뒤 이 초기 자아 관념은 교사, 학교, 주변 사회, 그리고 지속적인 가족생활을 통해 강화된다. 이 반복적인 조건형성(條件形成, 자극과 반응을 통해 특정 행동이 학습되는 과정을 뜻하는 심리학 용어―옮긴이)을 통하여 습관적인 자아 관념이 형성되고, 그 관념은 어린 시절 행동양상으로 쌓여가고, 계속 성장함에 따라 건강한 혹은 불건전한 방식으로 재창조된다. 만일 우리의 자아 관념이 불건전하다면 영적 수행은 자아의 교정과 치유 작업으로 시작되어야 한다. 이것은 결핍되거나 상처 입은 자아 관념을 이해하고 해방시켜 잃어버린 에너지와 자신과의 신뢰관계를 일깨워야 함을 의미한다. 자신에 대한 교정 작업이 상당히 이뤄지면 그 다음 할 일은 우리의 인격, 지혜, 강인함, 수행법, 자비심 등을 더욱 계발하는 것이다. 이 과정은 붓다의 가르침 속에 아량, 인내, 마음챙김, 자애 같은 훌륭한 품성을 키우는 것으로 설명돼 있다.

그 다음 자아 발달은 더 근본적 차원, 즉 진아(眞我)의 발견으로 나아간다. 이것은 영성생활이 그토록 열심히 키워왔던 인격의 바람직한 품성이 사실은 우리의 '참 본성'으로 이미 드러나 있음을 발견하는 과정이다. 이 '참 본성'을 만나면서 우리는 자신의 개인적 운명, 이 생(生)의 우리 자아, 우리의 각성이 일어나는 오묘한 양상들 역시 발견하고 수용할 수 있다. '진아'에 대한 깨달음은 우리 자아의 발견과 계발이 아공(我空)의 깨우침과 결합될 때에만 완성될 수 있다.

붓다가 수행하시던 무렵에 이 역설에 빛을 던진 경이로운 순간이 있었다. 수행 초기 붓다는 당시의 두 위대한 요기의 수행법을 따르셨다. 하지만 이내 그 한계가 드러났다. 그러자 붓다는 5년간 자기부정과 혹독한 고행 수련으로 들어갔다. 그 과정에서 붓다는 인격의 힘을 이용해 자신 안의 모든 미숙한 것들을 몰아내려 싸우셨다. 이 상황은 앞서 붓다의 '사자후'를 소개할 때 살펴본 바 있다. 이 혹독한 5년의 수행 동안 붓다는 자신의 몸, 마음, 욕망, 두려움을 억누르고 굴복시켜 자유를 발견하고자 하셨다. 하지만 이 5년의 고행길이 성과 없이 끝나자, 붓다는 차분히 앉아 숙고에 들어가셨다. 바로 이때 깨달음의 길을 열어준 경이로운 기억이 떠올랐다. 붓다는 어릴 적 부왕(父王)의 정원에 있던 갯복숭아 나무 아래 앉아 명상하던 때가 있었다. 그때는 어렸음에도 얼마나 자연스런 통일감과 충만함이 넘쳐흘렀던가! 어릴 적 명상 속에서 붓다는 이미 자신이 찾던 고요, 명료함, 몸과 마음의 자연스런 합일을 경험한 바 있었다. 그 심오한 통일감을 기억해낸 붓다는 수행법을 완전히 바꾸셨다. 붓다는 몸과 정신을 돌보고 존중하기 시작했다. 붓다는 우주와 맞서 싸우기보다 그 안에 들어앉을 수 있음을 기억해냈다. 깨달음은 결코 강요의 산물이 아니고 마음의 평온과 정신의 열림을 통해 일어나는 것임을 깨달으셨다.

이 결정적 순간에 붓다는 건강한 어린 시절을 떠올려 본래의 지혜로 돌아올 수 있었다. 또한 붓다는 수많은 전생의 능력을 일으켜 인내, 용기, 자비 등을 계발하셨다고 전해진다. 붓다와는 달리 우리 중 많은 수련생들은 건강한 어린 시절이나 되돌아갈 건전한 자아 관념을 갖고 있지 않다. 자아 관념이 나약하고 위태로우면, 우리가 일시적으로 자신의 결함 위로 떠올라 무아와 열림의 상태에 도달한다 해도, 그 경험을 우리 인생에 통합하고 깨달음을 완성할 수 없다.

따라서 많은 수련생들에게 자아 발달의 첫 단계는 '자아 계발'이다. 우리는 명상을 치유의 과정으로 설명한 바 있다. 우리는 자기 교정을 통하여 자신의 나약하고 빈곤하며 고립된 자아 관념을 창조한 고통스런 조건들을 이해하기 시작한다. 그러면 자신의 방어본능과 남들의 그릇된 요구가 얼마나 우리의 가장 깊숙한 정신의 토대를 무너뜨렸는지 보게 된다. 차츰 우리는 과거 습관들과의 관계를 끊고 보다 건강한 자아 관념을 창조해나갈 수 있다. 빈곤하고 겁에 질린 자아를 내보낼 때 우리는 어린 아이처럼 새로 출발해야 한다. 자신이 학대받거나 고립된 모든 지점에서 자신의 몸과 마음을 되찾고 교정해야 한다. 우리는 그릇된 감정, 편향된 시각, 자신에게 진실이라고 속삭이는 내면의 목소리를 교정해야 한다. 대개 이 과정에는 노련한 안내자의 도움이 필요하다. 스승과의 온화한 관계를 모델로 삼아 우리는 건강한 자아를 창조해주는 사랑, 정직, 그리고 포용을 배울 수 있다.

이같은 잃어버린 자아의 교정 작업은 서구인의 모든 영성 여행에서 핵심

과정이 된다. 서구 심리학과 페미니즘 문헌의 상당 부분을 차지하는 것이 이런 내용들이다. 메이 사턴(May Sarton : 벨기에 태생의 미국 시인이자 소설가. 사회 정의와 노인문제 등 여러 각도에서 인간을 탐구했다 - 옮긴이)은 자신의 시 〈이제야 나 자신이 되네 *Now I Become Myself*〉에서 이렇게 노래하고 있다.

■ 이제야 나는 나 자신이 되네. 오랜 시간,

긴 세월과 수많은 피난처가 필요했지.

나는 허물어지고 비틀거렸네.

다른 사람의 얼굴을 하고 있었어.

미친 듯이 내달리며, 마치 폭삭 늙어버린 시간이

옆에 있는 양, 목 터져라 외쳐댔지.

"서둘러, 안 그러면 그 전에 죽고 말거야!"

(무엇 전에? 아침이 오기도 전에?

 이 시가 말끔히 끝나기도 전에?

 아니면 장벽에 싸인 도시 안에서 안전한 사랑을 찾기도 전에?)

이제 고요히 멈춰, 여기 섰네.

나 자신의 무게와 운명을 느끼면서!…

이제 여기 시간이 있고, 그놈은 아직 어리네.

오, 이 한 시간 동안 나는

내 온 생을 살고 나서 꼼짝도 않네.

나, 애타게 찾던 존재, 미친 듯이 내달리던 자,

고요히 섰네, 고요히 섰네. 태양도 멈춰 섰네!

달리기를 멈추고, 억눌렸던 자신의 목소리, 자기 안의 진실을 되찾는 데는 오랜 세월의 치열한 작업이 필요할 것이다. 하지만 통일성과 '진아'에 도달하기 위해서는 반드시 거쳐야 할 과정이다.

자아 계발의 다음 단계는 '인격 계발'이다. 붓다는 기회가 있을 때마다 영성수련을 가리켜 마음과 인격의 훌륭한 품성을 길러내는 일이라고 하셨다. 훌륭한 품성으로는 자제(해악을 일으키는 충동적 행위를 삼가는 것), 자애, 인내, 자각, 연민 등이 있다. 붓다는 제자들에게 깨달음의 요소인 '칠각지(七覺支)'를 키우라 하시며, 끊임없는 노력으로 에너지, 안정, 지혜, 신념, 그리고 마음챙김 등의 영적 능력을 강화하라 이르셨다. 붓다가 생각하신 깨달은 존재의 전형은 불굴의 수련을 통해 지혜와 고결한 인격을 길러낸 탁월한 장인이나 고귀한 용사였다. 우리 역시 자신을 계발할 수 있다. 우리 정신과 마음의 움직임을 끈기 있게 상대하면서, 서서히 의식의 방향을 가다듬어가면 된다.

거의 모든 영성수련의 기본원칙은 반복적 수양이다. 앞서 우리는 어떻게 주의집중을 수련하고 '강아지'를 길들이는지 살펴보았다. 가끔은 축원을 암송하는 방법으로도 우리의 신념을 강화할 수 있다. 반복적인 명상 속에서 우리는 위축되거나 겁에 질린 주체들을 노련하게 내보내는 법, 마음을 다스리는 법, 반발보다는 경청하는 법을 배울 수 있다. 그렇게 하면 체계적으로 주의력을 가다듬어 자비의 마음을 일깨우고, 행동 하나하나마다 순수한 동기를 일으킬 수 있다. 그러면 서서히 자신이 변화할 것이다. "화살을 가지런히 똑바로 펴는 장인처럼, 지혜로운 사람은 자신의 인격을 올바르고 참되게 만드느니라." 붓다의 말씀이다. 맹렬히 수행하면 우리는 무엇이든 이룰 수 있다. 이렇게 우리는 자신을 믿어야 한다. "자아는 자아의 진정한 피난처니라." 역시 붓다의 말씀이다. 이 점을 이해할 때 우리는 우리 내면에 용기, 자애, 연민을 불러일으킬 수 있고, 반조, 명상, 주의집중, 반복적 수양을 통해 그것들을 한층 강화시킬 수 있다. 또 자만심, 분개, 두려움, 위축감 등이 일어날 때 그것들을 떨쳐내고, 유연성과 열림의 자세로 건강한 자아 계발의 토대를 굳건히 할 수 있다.

우리의 자아 계발이 더욱 진전되고 마음의 실타래가 풀려가면서, 자아에 관한 더 깊은 진실이 드러나기 시작한다. 우리는 자신을 개선할 필요조차 없고, 그저 마음을 가로막는 장애물을 내버리기만 하면 된다는 사실이다. 우리 마음이 두려움, 분노, 탐욕, 혼돈 등의 응어리들에서 벗어날 때, 우리가 키워내고자 하는 영적인 품성들은 자연스럽게 우리 안에 나타난다. 그것들이 우리의 참 본성이다. 참 본성은 우리가 우리 주체라고 생각한 뻣뻣한 장애들을 내버릴 때마다 우리 의식 속에서 저절로 빛을 발한다.

일단 신념과 알아차림 같은 영적 능력들이 깨어나면, 그것들은 저절로 생명력을 얻는다. 그것들은 구태여 불러내지 않아도 우리를 채우고 관통하는 영적 힘이 된다. 자연히 의식의 순수하고 맑은 공간은 평화, 청정, 일체감으로 가득 찬다. 우리의 겁먹은 자아 관념이 풀려날 때 위대한 영적 품성들이 광채를 발한다. 그 품성들은 근원적인 선(禪)과 진정한 고향을 보여준다.

어느 우락부락한 늙은 엔지니어가 있었다. 그는 수년 동안 긴장된 호흡으로 살다가 뻣뻣해진 몸으로 통찰명상센터를 찾아왔다. 명상 속에서 그는 응어리와 두려움을 점점 더 강하게 경험했고 결국 자신이 줄곧 지니고 살았던 고통스런 좌절감과 옛날의 이미지들을 만나기 시작했다. 그는 자신이 인생의 아픔 앞에서 강해지려고 얼마나 웅크렸는지, 그 방어벽의 견고한 껍질 아래 얼마나 무르고 연약한 감각이 들어 있는지 느낄 수 있었다. 여러 날 동안 자신의 나약함과 열등감을 온 몸으로 경험한 뒤 마침내 그의 온 존재가 활짝 열려 광활하고 고요한 공간으로 들어섰다.

처음에 그는 이 생소한 감각에 다소 두려움을 느꼈다. 하지만 호흡을 통해 그 감각을 더 깊고 편안히 경험하면서 그 속에서 거대한 평화와 안식을 발견했다. 이 공간에 머물면서 그는 근원적인 완성감과 거대한 힘을 지닌 통일성을 발견했다. 그는 그 행복감과 힘이 자신의 참 본성임을 제대로 알아봤다. 그것은 그가 참으로 오랫동안 찾아 헤매던 것이었다. 일단 그가 거기에 이르자 알아차림과 놓아버리기 과정을 통해 그것이 그의 안에서 커지기 시작했다. 이로부터 그의 인생관이 바뀌었다. 그는 이제 자신의 나약함과 결함을 메우려는 발버둥을 버리고 친밀감과 통일감을 즐기고 거기에 머무는 쪽으로 나아갔다.

페르시아 시인 루미는 우리에게 이런 발견의 가능성을 일깨워준다. 다음과 같이 대단히 사랑스럽고 익살스런 노래로.

■ 갑작스런 위험이 닥쳤을 때 사람들은 너나없이 소리치지.
"오, 하느님!"
효과가 없다면 왜 계속 외쳐대겠어?
오직 바보만이 아무 일도 없는 곳으로 돌아가려 안달하네.

세상 만물은 보호망 속에서 살아가지.
바닷속 물고기, 창공을 나는 새, 코끼리,
늑대, 먹이를 노리는 사자, 용, 개미, 숨죽인 뱀,
심지어 흙, 공기, 물, 그리고 불길 위를 떠도는 미미한 불꽃까지…
그 모든 것이 살아가는 터전은 오직 하나, 신(神)의 품안이라네.
단 한 순간도 혼자서는 존재할 수 없다네.

모든 은혜는 그곳에서 오네.
그대가 누구를 향해 빈손을 내민다고 여기든
베푸는 이는 오직 그분뿐이네.

우리의 발버둥 아래서, 그리고 자아를 키우려는 일체의 욕망 너머에서 우리는 자신의 불성(佛性), 타고난 담대함과 일체성, 고결함, 그리고 친밀감을 발견할 수 있다. 저 밑바닥 지하수와 같은 이 핵심적 품성들이 우리의 참 본성이다. 이것들은 우리가 자신의 편협한 관념, 무력감, 결핍감, 그리고 갈망을 놓아버릴 때마다 모습을 드러낸다. 우리의 '진아' 체험은 찬란하고 성스럽고 황홀하다. 참 본성의 평화와 완전성은 의식의 가장 신비로운 현상 중 하나이다. 그것은 선불교와 도교, 미국 인디언과 서구 신비주의, 그 외 수많은 수행 전통들에 오묘하게 등장하고 있다.

저마다 뿜어내는 진아의 광채

자신의 불성을 일깨울 때, 우리는 이해해야 할 자아의 또 다른 면이 있음을 발견하고 자신의 개인적 운명을 존중해야 함을 알게 된다. 이 발견은 핵심적 과제인데, 서양인들에게는 더욱 그렇다. 옛날 불교 설화들을 보면, 구도자는 수많은 생을 거치며 성취할 거대한 서원(誓願 : 수행자가 중생을 구하고자 하는 원망의 성취를 맹세하는 일 - 옮긴이)을 세우도록 가르치고 있다. 붓다를 따르는 구도자가 되든지, 탁월한 신통력을 지닌 요기가 되든지, 아니면 무량한 자비의 보살이 되겠다는 서원들이다. 수많은 생(生)은 우리의 의도에서 생겨난 업(業)에 따라 각자의 인성과 저마다의 운명을 창조한다.

마사 그레이엄(Martha Grahm : 모던댄스의 발전에 크게 공헌한 20세기 최고의 독창적 무용가 - 옮긴이)은 이렇게 말했다.

■ 하나의 생명력이 있다. 당신을 통해 행동으로 변하는 생명의 힘이다. 온 시간을 통틀어 당신의 생명력은 오직 하나뿐이다. 따라서 그것의 표출은 독특한 것이다. 만일 당신이 그 생명력을 막으면, 그것은 다른 어떤 매개체를 통해서도 나타날 수 없다. 그저 소멸될 뿐이다.

지극히 광대한 우리의 불성은 각 개인의 개별적인 변화양상에서 발전하여 우리 하나하나를 통해 빛을 발해야 한다. 우리는 이런 독특한 변화양상들을 우리의 인성, 운명, 개별적 인생여정 등으로 부를 수 있다. 운명을 발견하는 일은 우리 개별적 인생의 가능성과 그것을 성취하기 위해 필요한 과제들을 지혜롭게 알아내는 일이다. 또 그것은 우리 개별 존재의 신비 속으로 들어가는 일이다.

우리가 전생의 업(業)을 알 수는 없지만, 각자의 개성을 형성하는 깊은 사고양상과 원형(元型, 인간의 정신 내부에 존재하는 조상이 겪은 경험의 흔적 - 옮긴이)들은 알 수 있다. 이런 독특한 사고양상과 성격유형들을 발견할 때, 우리는 그것들을 존중하면서 수행을 통하여 경직된 동일시에서 벗어나 투명한 보석으로 변환시킬 수 있다. 이럴 경우 깨달음의 특성들이 우리 나름의 특별한 모습으로 빛을 발한다. 우리의 삐딱한 지성은 분별력 있는 지혜로 바뀌고, 아름다움을 향한 욕망은 주위 환경을 조화롭게 하는 힘으로 변하며, 직관력은 넉넉한 포용과 위대한 치유력으로 바뀔 수 있다. 우리에게 주어진 사고양상과 재능들을 감지하고 그것들을 온전히 하는 것이 하나의 훌륭한 자아 계발이다. 그것은 우리의 가능성과 독특한 운명을 존중하는 것이다. 이 과정에서 우리는 가족과 공동체의 특정한 과제들을 우리 수행에 통합시킬 수 있고, 한 개인으로서 우리 능력과 재능과 마음을 충실히 계발할 수 있다. 이때 비로소 하나하나의 본성이 온 우주를 나타내게 된다.

이런 불성의 특성들과 개인적 자아가 아공(我空)에 대한 깊은 깨우침과 결합될 때, 우리는 자아의 본성, 즉 '진아'를 충실히 발견했다고 말할 수 있다. 이 진아는 독특하면서도 우주적이고, 공(空)하면서도 충만하다.

옛날 중국의 천자(天子)가 어느 고명한 고승을 불러 자아의 본성을 눈앞에 보여줄 수 있는지 물었다. 그러자 고승은 16면으로 된 방을 하나 만들어 달라고 했다. 각 면은 물론 바닥에서 천장까지 거울들을 정확히 마주보도록 붙이게 했다. 그리고 고승은 방 한가운데에 촛불 하나를 켰다. 천자가 그 방에 들어서자 촛불이 수천 개로 보이고 거울에 비친 각각의 모습은 아득히 먼 곳으로 뻗어나갔다. 그러자 고승은 촛불 자리에 작은 수정(水晶)을 갖다놓았다. 이번에는 천자의 눈앞에 작은 수정의 형체들이 사방팔방에 가득 들어찼다. 고승이 가만히 수정을 가리켰다. 천자가 들여다보니 한가운데 놓인 수정의 작은 표면들에 방을 가득 메운 수천 개의 수정이 반사돼 나타났다. 고승은 그런 식으로 가장 미세한 조각에 온 우주가 담겨 있음을 보였던 것이다.

진정한 공(空)은 텅 빈 것이 아니다. 만물을 담고 있다. 신비롭고 충만한 '공'은 모든 가능성을 창조하고 그것을 드러낸다. 우리의 개별적 존재는 '공'에서 일어나고, 우리는 그 존재를 비록 소유하거나 고정시킬 수는 없지만 발견하고 계발할 수는 있다. 자아는 '무아'속에 놓여 있고, 그것은 마치 커다란 방안에 촛불이 놓인 것과 같다. 위대한 사랑의 능력, 각자의 운명, 인생, 그리고 '공'이 한데 어우러지면서 생(生)의 '참 본성'을 드러내고 그 빛을 뿜어낸다.

중국 승려 의정(義淨 : 635~713. 당나라 고종 때 바닷길로 인도에 들어가 불법을 구하고 중국에 돌아와 수많은 경전을 번역한 스님 - 옮긴이)은 돌을 가지런히 쌓아 정교하게 만든 우물 이야기를 들려준다. 이 우물에선 맑고 깊고 순수한 물이 항상 솟아난다. 이 순수함이 우리의 '참 본성'이고, 그것은 자아와 '공'의 모든 이미지들 아래, 우리 존재의 거대한 고요 속에 놓여 있다. 우리가 계발하는 품성들은 이름을 붙일 수도 소유할 수도 없다. 우리가 어떻게든 고정시키려는 순간 그것들은 일그러져버린다. 대신 우리 마음의 계발과 마음의 해방이 함께 어우러져 '색(色 : form)'과 '무색(無色 : formless)'의 신비를 드러낸다. 그러면 세상 만물이 마치 깊은 우물의 물처럼 깨끗하고 순수해진다. 그 맑은 물은 사방팔방으로 퍼져나간다. 땅 속과 하늘 위까지 가득히.

나를 찾는 명상 – 나는 누구인가?

수많은 수행 전통들에서, 깨달음을 얻기 위한 핵심 수련으로 반복해서 던지는 물음이 이것이다. "나는 누구인가?" 혹은 "이 몸에 담긴 사람은 누구인가?" 라마나 마하르시 (Ramana Maharshi : 1879~1950, 인도 힌두교 상카라계 베단타학파의 요기. 17세 때 초월적 경험을 한 뒤 평생 성산 아르나찰라에서 수도한 각자(覺者) – 옮긴이) 같은 스승이나 중국과 일본의 위대한 선사들은 수행자들에게 이처럼 간단하고 심오한 물음들을 끊임없이 던져 자신의 참 본성을 발견하도록 이끌었다. 결국 이 물음은 우리 모두가 자신에게 던져야 할 질문이다. 이 물음을 떠올리지 못할 때 우리는 수많은 대상을 자기 주체로 착각한다. 자기 몸, 자기 집안, 자기 믿음, 혹은 자기 생각 등을. 하지만 당신이 진지한 물음을 던지기 시작하면 그 즉시 더 깊은 차원의 진리가 다가올 것이다.

'나는 누구인가?'라는 물음은 혼자서 명상을 통해 파고들 수도 있지만 동료와 함께 탐구할 수도 있다. 이 물음을 파고드는 가장 효과적인 방법 중 하나는 다른 사람과 함께 앉아 되풀이해 이 질문을 던지면서 더욱 깊숙이 해답을 찾아가는 것이다.

방법은 이렇다. 30분간 함께 명상하기로 하고 동료를 마주보고 편안히 앉는다. 먼저 15분간 질문할 사람을 정한다. 긴장을 풀고 상대방을 보면서 상대가 이 질문을 시작하게 하라. "당신은 누구요?" 질문 받은 사람은 자연스레 대답이 떠오르도록 하고, 생각나는 것은 무엇이든 말하라. 일단 대답한 뒤에 잠시 멈췄다가 질문자가 또다시 묻는다. "당신은 누구요?" 15분 내내 이 질문을 되풀이해서 던진다. 그 다음은 역할을 바꿔 당신이 상대에게 질문을 던진다.

반복해서 이 질문을 받으면 온갖 대답이 떠오를 것이다. 처음에는 흔히 이런 대답이 나온다. "나는 남자요", "나는 여자요", "아버지요", "간호사지", "나는 교사요”, “나는 명상가다” 등. 그러다 대답이 더 흥미로워질 수 있다. “나는 거울이야”, “나는 사랑이지”, “나는 바보다”, “나는 생명체다” 등등. 대답 자체가 중요한 것은 아니고, 대답을 찾는 행위 자체가 마음의 심화과정이 된다. 질문이 올 때마다 그저 가만히 대답에 귀를 기울이라. 만일 대답이 떠오르지 않으면 나타날 때까지 그 빈 공간에 머무르라. 만일 혼란, 두려움, 웃음, 눈물 등이 솟아나면 그것들과도 그대로 머무르라. 어떻든 계속 대답을 찾으라. 그 과정을 꾸준히 지속하라. 이 수행을 즐겁게 실행하라.

이 짧막한 명상 속에서도 당신의 시야 전체가 변하고 자신이 진정 누구인지에 대한 커다란 발견에 이를 수 있다.

15. 숭고한 베풀기와 경계선 긋기

자기존재감이 낮을 때는 일정한 한계를
정하거나 경계선을 긋거나 자신의 욕구
를 존중할 수 없다.

인도의 부다가야(Bodh Gaya : 인도 북
동부 갠지스 강가의 마을. 가장 신성한 불교성지로서 고타마 싯다르타가 대각을 얻은 보
리수나무가 있는 곳 - 옮긴이)는 붓다가 깨달음을 얻은 곳이다. 그런데 그곳의
거대한 사원 근방에는 걸인들이 길게 늘어서 날마다 몰려드는 참배객들에
게 돈을 구걸한다. 몇 년 전 한 달간 머물 생각으로 처음 부다가야를 찾았을
때 나는 순진하게도 그 걸인들한테 돈을 건넸다. 그랬더니 그 후 매일 내가
시장에서 사원으로 걸어올 때면 걸인들이 벌떼같이 몰려들었다. 그들은 내
가 돈을 준 사람임을 알아보고 고함치고 옷을 잡아끌고 심지어 울부짖기까
지 했다. 때문에 그 한 달이 무척 괴로웠고 상당히 서글픈 생각이 들었다.
나는 정말로 그들을 돕고 싶었지만 그런 식으로는 안 되겠다고 생각했다.

다음에 그곳을 찾았을 때 나는 다른 계획을 세웠다. 나는 떠나기 직전까
지 참았다가 출발하는 날 내가 가진 돈 전부를 걸인들에게 나눠주기로 작

정했다. 떠나는 날 아침 나는 40달러를 1, 2루피 동전으로 바꿨다. 모든 걸 인들에게 4루피씩 정중하게 나눠줄 생각이었다. 나는 사원 앞에 늘어선 백 오십 명쯤 되는 걸인들의 행렬을 따라 걷기 시작했다. 차례차례 그들의 손에 돈을 건넸다. 이 얼마나 뜻 깊은 일일까 하는 흐뭇한 기분에 싸였다. 하지만 내가 행렬 중간쯤에 이르렀을 때 난장판이 벌어졌다. 행렬 끝 쪽에 있던 걸인들이 내가 거기 이르기 전에 돈이 떨어지면 어쩌나 하는 불안감에 나를 향해 우르르 몰려들었다. 손을 길게 뻗어 내 몸, 옷, 돈 등 닿는 것은 무엇이든 닥치는 대로 움켜잡았다. 나는 재빨리 돌아 뛰어 그들의 손아귀에서 벗어났다. 그리고 남은 돈을 그들의 벌린 손을 향해 하늘로 내던졌다.

나는 안전한 지점에 이르러 뒤를 돌아보았다. 그런데 이 웬 참상인가! 원래 의도와는 달리 비참한 광경이 펼쳐져 있었다. 걸인들이 죄다 흙바닥을 기며 땅에 떨어진 돈을 집으려 아귀다툼을 벌이는 것이었다. 나는 내 부족함을 깨달았다. 내가 능숙한 아량과 자선의 요령에 너무나 무지함을 절감했다.

숭고한 베풀기

우리가 세상의 종교들을 바라보면 그것들이 숭고한 행위와 지극히 고결한 희생들로 가득함을 알게 된다. 예수는 제자들에게 가진 것을 모두 버리고 "나를 따르라"고 하셨다. 테레사 수녀는 가장 가난한 빈민들에 봉사하는 자매들에게 "그대가 그들의 음식이 되어주세요"라고 했다. 붓다의 전생 설화 중에 이런 이야기가 있다. 어느 날 전생의 붓다가 병들고 굶주린 암호랑이를 만났는데, 어린 새끼들이 거의 굶어죽을 판이었다. 붓다의 마음속에 깊은 연민의 정이 솟아났다. 그래서 낭떠러지에 올라 몸을 던지셨다. 자기 몸이 먹이가 되어 호랑이 새끼들을 살려내신 것이다.

티베트 불교의 지도자 중 한 분인 카르마파(Karmapa : 티베트 불교는 크게 4대 종파로 이루어져 있는데, 달라이 라마가 이끄는 게룩파 다음으로 큰 종파인 카규파의 지도자가 카르마파이다. 현재 17대를 이어오고 있다 – 옮긴이)가 축복과 불법을 전하기 위해 미국을 방문한 일이 있었다. 카르마파는 관세음보살(觀世音菩薩)의 환생으로 여겨지는 영적 지도자이다. 카르마파가 수천 명의 참가자들이 모인 어느 법회에서 자비심을 기르는 전통 수행법을 가르칠 때의 일이다. 어느 수행자가 세상의 고통을 빨아들이고 나서 자비를 내뿜는 수행을 해보였다. 그때 어느 나이 든 심리학자가 일어나 이렇게 물었다. "우리가 세상 모든 고통을 빨아들여야 한다고요? 당신 앞에 있는 사람이 암환자면 어떡하죠?" 그러자 카르마파는 한없이 자애로운 눈빛으로 그를 보며 그저 이렇게 말했다. "모든 것을 빨아들이세요. 세상의 고통을 그대의 마음으로 어루만지고 그것을 자비심으로 바꾸세요." 그곳에 있던 사람 누구도 몰랐다. 카르마파 자신이 얼마 전 암환자로 진단받았다는 사실을. 그럼에도 그분의 가르침은 단호했다. '세상의 모든 고통을 빨아들이고 그것을 자비심으로 바꾸세요.' 카르마파는 일 년 뒤 세상을 떠났다.

우리는 이런 극단적인 아량과 자비의 경이로운 가르침을 어떻게 이해해야 할까? 자비로운 아량은 진정한 영성생활의 주춧돌이다. 놓아버리기의 행위이기 때문이다. 아량의 행위는 우리의 몸, 마음, 정신을 열고 우리를 자유로 다가가도록 이끈다. 아량의 행위는 불성의 표현이고 상호의존성에 대한 인정이다. 하지만 대다수에게 아량은 애써 길러야 하는 품성이다. 우리는 아량을 기르는 데 오랜 수련이 필요함을 인정해야 한다. 그렇지 않을 경우 우리의 영성은 이상과 모방에 치우쳐 진정한 아량을 키우기도 전에 그 겉모습만 흉내 낼 것이다. 아낌없이 베풀기는 훌륭한 행위일 수 있으나, 무의식적으로 반복해서 이뤄진다면 바람직하지 못할 수도 있다. 베푸는 것이 우리의 시간이든, 소유물이나 돈이든, 아니면 사랑이든 간에 원칙은 한

결같다. 진정한 아량은 마음이 열릴 때 우리 안에서 커지고, 내면생활의 건강과 고결함과 함께 성장한다는 것이다.

예로부터 아량은 세 가지 차원에서 열릴 수 있다. 첫째는 마지못한 베풀기이다. 이 최초 아량의 행위는 망설임 속에 이뤄진다. 우리는 자신이 내주는 것이 나중에 다시 필요하지 않을까 걱정한다. 다락방에 숨겨놓을까 고민하다가 내주는 게 낫겠다고 결심한다. 이 처음 저항을 통과한 뒤에는 행복과 자유를 느끼게 된다. 최초의 베푸는 기쁨이다.

베풀기의 두 번째 차원은 우정의 베풀기이다. 이 베풀기는 마치 연인에게 주듯이 자신의 에너지와 물질적 도움을 모두 내주는 넉넉하고 대등한 나눔의 행위이다. "내게 이것이 있어. 그러니 모두 함께 나누자." 이 베풀기에는 망설임이 없다. 너그러운 마음이 이 아량의 행위를 일으키고, 그와 더불어 우리 안에서 기쁨, 우정, 열림의 마음이 성장한다.

베풀기의 가장 높은 차원은 숭고한 베풀기이다. 이 베풀기에서는 우리가 남들의 행복과 안락에 너무나 커다란 기쁨을 느끼는 나머지 아량의 행위가 그냥 저절로 흘러나온다. 이 베풀기는 대등한 나눔을 넘어선다. 우리는 남들의 행복을 진심으로 기뻐하며 자기가 가진 최고의 것을 남들에게 기꺼이 내준다. 이런 아량을 베풀 때 기쁨은 한없이 커진다. 그것은 마치 우리가 주위 모든 사람에게 행복을 전하는 통로가 되는 것과 같다. 우리는 마음속에서 왕이나 여왕의 풍요로움을 발견한다.

이 각각의 베풀기를 실행할 때 우리는 인생에 크나큰 기쁨과 광채가 차오름을 느끼게 된다. 하지만 대개 진정한 아량을 베푸는 능력은 앞 장에서 소개한 건강한 자아가 제대로 성장해야만 생겨날 수 있다. 거대한 아량은 우리 존재의 통일감과 건강한 자아 관념에서 자연스레 솟아난다. 훌륭한 전통 문화들 속에서는 사람들이 신체적 혹은 정신적으로 원만하고 풍요롭게 자라면서 내면과 외면의 풍부한 만족감을 키워낼 수 있다. 그럴 경우 아량, 나눔, 상호의존 등이 자연스런 삶의 방식이 된다. 대부분의 문화에서는 문 앞을 찾아온 이방인을 내쫓는 법이 없다. 손님은 항상 안으로 안내돼 식사를 대접 받는다. 어느 미국 인디언 의식에서는 어린애들한테 음식, 음료수, 의복 등을 듬뿍 갖다준다. 그러고는 다른 사람들이 이렇게 외쳐댄다. "배고파. 목말라. 추워 죽겠어." 그러면 아이들은 그 넉넉한 물건들을 어려운 처지의 사람들에게 나눠주며 아량을 배운다.

하지만 앞서 보았듯이 많은 명상수련자들이 자기존재감이나 강인한 내면의 자아 관념을 갖고 있지 못하다. 결핍과 상처에 시달린 마음이 치유되지 못했을 때에는 진심어린 베풀기가 어떤 것인지 깨닫기 어렵다. 우리 내면의 경험이 아직 빈곤에 허덕이기 때문에 베푸는 행위 아래에 되돌려 받겠다는 미묘한 기대가 깔리기 쉽다. 우리가 자신을 교정하기 전에는 고귀한 아량의 행위를 한다 해도 대개는 병적인 의존성을 가린 겉포장일 뿐이다.

자비와 아량을 잘못 이해할 때에는 위축되고 겁먹은 자아 관념을 바탕으로 의존과 집착을 강화하게 된다. 이럴 경우 우리는 자비와 아량을 오용하면서 자기 자신을 지나치게 혹사하거나 어설프게 남들을 도우려 한다. 금주동맹(AA)과 '열두 단계(Twelve Step : AA처럼 알코올이나 여러 약물의 중독에서 벗어나려는 사람들을 돕는 친목단체 – 옮긴이)' 같은 단체들은 잘못된 아량 베풀기를 가리켜 '공의존(共依存 : codependance)'이라 부른다. 공의존은 주위의 어설픈 도움이 환자로 하여금 자기 인생의 진짜 괴로움을 회피하게 만드는 경우를 말한다. 가장 대표적인 예는 알코올 중독자의 배우자가 '그를 보호하기' 위해서 중독자의 음주를 감싸고 덮어주는 경우이다. 이런 식의 '도움'은 중독자의 음주를 지속시키고 그 행동의 고통스런 결과에서 교훈을 얻을 기회를 뺏을 뿐이다. 이런 '공의존적 도움'은 항상 우리 자신의 두려움이나 의존성 때문에 생겨난다. 우리는 배우자의 음주로 인한 고통과 마주서기를 두려워하거나 진실의 폭로가 기존 관계를 깨뜨릴까봐 무서워하는 것이다.

뒤에서 살펴보겠지만, 알코올 중독의 경우와 같은 공의존이 수행 공동체의 수련자들에게도 심심찮게 나타난다. 안전과 친밀함의 '신화'를 유지하기 위해 수행자가 자기 지도법사의 불건전한 행위를 감싸주는 경우가 그런 예이다. 지도법사의 행위가 폭로될 경우에 일어날 갈등을 겁내는 것이다.

많은 인간관계에서 우리는 두려움과 의존심 때문에 진실을 말하지 못하기 쉽다. 우리는 한계선을 긋거나 '안 돼'라고 말하기를 두려워할지 모른다. 처음에는 건강했던 아량이 강박증으로 변질될 수도 있다. 이를테면 오랜 세월 장시간에 걸쳐 자원봉사 기관이나 비영리 단체 등에서 지원활동을 벌이면서도, 한편으로 자신의 몸, 건강, 자부심 등은 소홀히 다루는 사람들이 그런 경우다. 또 어떤 요구를 받든 거절하기를 어려워하는 사람들도 있다. 이런 상태들이 오래 지속되면 자신이 어쩌다 그렇게 됐는지 이해하지도 못한 채 마음이 분노로 가득 차게 된다.

우리가 수행에서 맞서야 하는 문제는 우리 행동이 어느 때 자비로운 행동이고 어느 때 공의존적 행위인지 알아내는 것이다. 한 가지 해답이 붓다의 곡예사 가족 이야기에 등장한다. 어느 할아버지와 손녀가 여기저기 떠돌며 균형 잡기 묘기로 생계를 꾸려가고 있었다. 그들이 붓다를 찾아와 서로를 지키고 보살피는 최선의 방법에 관해 이야기했다. 할아버지는 서로 상대방을 돌봐줘야 한다고 말했다. 묘기를 펼칠 때 자기는 손녀를 돌보고 손녀는 자기를 보살핌으로써 그들이 서로를 보호하게 된다는 것이었다. 그러자 손녀가 붓다께 그 반대가 옳지 않느냐고 물었다. "우리 각자 스스로를 돌보는 것이 낫지 않나요? 그런 식으로 상대방을 보호하다 보면 우리 곡예가 제대로 될까요?" 어린 소녀의 말을 들으신 후 붓다가 말하셨다. "소녀야, 비록 어리지만 네가 현명하구나. 만일 할아버지가 자신을 세심히 돌보며 자기가 하는 묘기에 주의를 기울이면 손녀의 안전도 지키게 될 것이요, 만일 소녀, 네가 정신을 차리고 세심하게 조심해서 자신을 돌보면, 너와 주변 사람 모두를 지키는 것이니라."

공의존과 병적인 자비는 우리가 인간관계의 균형잡기 묘기에서 자신의 역할을 잊었을 때, 혹은 우리가 우리 주변 사람들의 행동에서 오는 진짜 결과를 소홀히 했을 때 생겨난다. 공의존의 뿌리는 지난 장에서 이야기했던 내면의 상처, 낮은 자부심, 무력감 등이다. 또 공의존은 우리가 자신의 직관과 정서를(낮은 자부심 때문에) 무시할 때, 또는 남들에게 거부당할까봐 두려워할 때 생겨난다.

우리 중 많은 이들은 자신을 너무 소홀히 한 나머지 어떤 상황에 능숙하게 대처하는 감각을 잃어버린 경우가 많다. 우리는 남들을 돌보거나 즐겁게 하거나 위로하거나 그들과의 갈등을 피하는 데 급급하다가 자신의 욕구, 자기 자신의 상황은 제대로 상대하지 못하기 쉽다. 이런 현상에 대한 유명한 농담이 하나 있다. 두 과학자가 있었다. 그들은 주관을 배제시키는 '객관적 관찰'에 아주 익숙한 사람들이었다. 그 둘은 섹스를 했다. 그런 뒤 남자 과학자가 여자 쪽을 보며 말했다. "당신한테는 아주 좋았어. 내 느낌은 어땠지?"

자기 경시와 자긍심의 결여는 중독적인 수행의존증을 일으키기도 한다. 영성생활에 병적으로 의존하는 경우가 흔하게 발생한다. 때때로 수련자들은 영성수련을 하면서 중독성 약물을 사용하기도 한다. 가령 알코올에 중독된 성직자도 있고 명상과 각성제 사이를 왔다 갔다 하는 수행자들도 있다. 이들은 자신의 병적인 생활 태도를 정당화하기 위해 신비스런 용어들을 주절대곤 한다. 가끔은 영성 그 자체에 중독되는 경우도 있다.

한계와 경계선 긋기

이미 우리는 일부 명상가들이 어떻게 황홀경에 빠져 현실에서 도피하는지 살펴보았다. 간호사로 일하는 어느 여성이 있었다. 그녀는 온 생활을 영성수련에 쏟아 붓는 남자와 결혼했다. 그 남편은 '깨달음을 얻고' 나서 남들을 지도하고 싶어 했다. 남편은 수시로 수련회에 참가하고, 틈틈이 명상 서적을 읽고, 각성제를 흡입하고, 동료들과 영적인 대화를 나눴다. 그러는 동안 그녀는 줄곧 남편 대신 생계를 꾸려나갔다. 그녀도 언젠가는 아이들을 낳고 오순도순 살고 싶었지만, 남편을 수행에서 멀어지게 하는 일에 죄책감을 느꼈다.

오랫동안 그 여성은 남편을 뒷바라지하고 지켜주면서 그것이 정신적으로 올바른 일이라 생각했다. 가끔 자기도 모르게 울화가 치밀기도 했지만 과감히 털어놓을 용기가 없었다. 그녀는 '안 돼' 하고 말할 방법을 몰랐다. 마침내 그 여성이 나를 찾아왔다. 내가 솔직히 털어놓으라고 하자 그녀는 억눌렀던 감정들을 왈칵 쏟아냈다. 결국 그녀는 남편을 집에서 몰아내게 되었다. 남편은 얼마간 명상센터에서 지낸 뒤 초라한 자신을 깨닫고, 집으로 돌아가 직장을 구했다. 그리고는 드디어 자신의 영적 삶에 아내, 가정, 그리고 미래의 아이들까지 포함시키기 시작했다.

붓다가 곡예사와 나눈 대화에서 보듯이, 우리가 진정한 자비의 영역 밖으로 벗어날 때 거짓 안도감이나 어리석은 동정에 빠지게 된다. 병적이거나 지나치게 이상적인 아량은 모두 자신에 대한 깊은 배려를 잃어버린 이런 실수에서 비롯된다. 우리의 자기존재감이 낮을 때는 일정한 한계를 정하거나 경계선을 긋거나 자신의 욕구를 존중할 수 없다. 이 경우 겉으로는 자비로워 보이는 도움도 의존심, 두려움, 불안감 등과 뒤섞이게 된다. 성숙한 사랑과 건강한 자비는 의존이 아닌 상호신뢰에서 나오고, 남들뿐 아니라 자신에 대한 깊은 배려에서 태어난다. 원숙한 사람들은 '좋아'라고도 하고 '안 돼'라고도 말한다. 그들은 자식을 지혜롭게 기르는 부모처럼 한계를 정할 때와 '안 돼'라고 말할 때를 안다. 지혜로운 부모는 자식을 사랑하고 그들에게 헌신하지만, 아이들이 스스로 배워야 할 것은 그것대로 존중하기도 한다. 가끔은 단호한 "안 돼"나 "할 수 없어" 혹은 "허락할 수 없어. 그것은 내 능력 밖이야"라는 말이 가장 자비로울 수 있다.

한계와 경계선 정하기, 의존과 어설픈 애정에서 탈피하기, 상호존중에 근거한 사랑 키우기, 자신의 욕구를 존중하면서 남에게 베풀기, 이 모든 것들이 건강한 자아의 계발에 필수적인 자부심과 자기인식을 풍성하게 키워줄 수 있다. 어떤 수련자들은 한동안 베풀기를 중단한 채 경계선 긋기부터 배워야 한다. 반면 베풀기에 너무 서투르다고 느끼는 수련자들은 아무거나 편하게 느껴지는 행위를 찾아 자그마한 아량 베풀기부터 시작하는 것이 좋다. 베풀기에 서투른 사람이 내놓는 일시적 선물도 그 나름대로 고귀할 수 있다. 우리는 자신과 남들의 욕구에 모두 부응하는 지혜로운 아량을 키워낼 수 있다.

붓다는 마음챙김에 관한 가르침에서 우리 행동을 자극하는 마음상태들에 세심한 주의를 기울이라고 하셨다. 우리가 항상 선한 일만 원하리라는 생각은 너무 순진한 착각이다. 우리는 귀를 쫑긋 세우고 마음에 집착이 일어날 때, 두려움이 생길 때, 의존심이 솟아날 때를 알아내야 한다. 그렇게 찬찬히 들어보면 의존과 사랑을 구분해낼 수 있다. 마찬가지로 우리는 마음이 열릴 때, 집착에서 벗어날 때, 상호존중과 배려가 나타날 때를 구별할 수 있다. 이런 분별에 근거할 때 우리 행동은 지혜롭고 자비로워질 수 있다.

지혜로운 행위와 의존적 행동을 구별하는 데는 어린 시절에 대한 이해가 필요하다. 우리 가족의 욕구 충족은 어떻게 이뤄졌는지, 어떤 한계가 있었는지, 불안은 어떻게 처리했는지 되돌아보라. 우리가 그것들을 제대로 이해하기 전까지는 영성생활 속에 과거 행동들을 되풀이하게 된다. '열두 단계'에는 참가자들이 모여 다른 회원의 개인적 이야기를 들어주는 시간이 있다. 이같이 자기 가족 이야기를 진솔하게 털어놓는 일은 건강함과 의존성, 존중과 두려움을 구별하여 지혜롭고 진정한 자비심을 발견하는 훌륭한 수련과정이 될 수 있다.

자기 가족의 행동양상을 이해하는 것도 수행의 일부가 될 수 있다. 어느 명상수련회에서 집단 상담을 할 때의 일이다. 짐*Jim*이라는 수련생이 있었는데, 그는 도무지 인간관계에 대한 강박관념을 떨치지 못했다. 짐은 낮에는 음식 매점에서 일하고 밤에는 AIDS 봉사단체에서 활동했다. 그는 캘리포니아 주 샌타크루즈 산맥 속에서 연인인 다른 남자와 함께 살고 있었다. 짐은 항상 고객과 손님들을 염려하고, 자기 없이 연인이 어떻게 지내는지 걱정하며 지냈다. 짐은 열흘간의 명상생활이 이기적 행동은 아닐까 하고 우려했다. 나는 그의 가족에 관해 물어봤다. 짐이 어릴 때 아버지는 어머니와 짐의 세 동생을 버리고 떠나버렸다. 그 뒤로 아버지를 본 적이 없다. 어머니는 술에 찌든 채 쉼 없이 일하며 가족을 부양했다. 다섯 살 때부터 짐은 집안일을 돕고 엄마 기분을 풀어주려 노력했다. 짐은 평생 마음을 졸이며 책임과 죄책감 속에 살았다. 그는 힘겨운 상황을 꾸려가느라 너무나 지쳐 있었다.

자기 이야기를 털어놓으며 짐은 자신이 불쌍해 눈물을 펑펑 쏟았다. 그는 남들에 비해 자기 인생이 너무도 서글펐다. 듣고 있던 사람들도 모두 울었다. 나는 그에게 자신을 몇 살로 느끼는지 물었다. '다섯 살'이라고 했다. 나는 그 안의 다섯 살짜리 아이를 불러내 그 애의 이야기를 들을 수 있는지 물었다. 남들뿐 아니라 자신에 대한 연민도 찾아보라고 했다. 짐은 그렇게 했고, 시간이 가면서 서서히 자기 인생, 명상, 인간관계, 그리고 자기 일을 향한 애정의 마음이 자라났다. 그러자 모든 상황이 나아졌다.

흔히 명상수련에서는 자신에 대한 연민을 소홀히 다룬다. 수련회 지도를 시작한 처음 몇 년간, 나는 주기적으로 엄청난 괴로움에 시달렸다. 서너 차례의 수련회를 연이어 이끌고, 수백 번의 개인 면담을 하고 나면, 점점 녹초가 되면서 수련생과 동료들을 보기만 해도 짜증이 났다. 급기야 탈진한 기분이 들면서 더 이상 수련생의 넋두리 따위는 듣고 싶지도 않은 지경에 이르렀다. 그러던 중 두좀 린포체(Dujom Rinpoche : 티베트 불교 4대 종파 중 하나인 '닝마파'의 지도자를 린포체라 한다 - 옮긴이)를 만나 수행에 관한 가르침과 조언을 구할 기회가 있었다. 나는 그분에게 그 괴로움을 말씀드렸다. 그분은 고명한 탄트라 스승이므로 내게 특별한 영적 심상과 만트라를 알려주실 거라 믿었다. 그것들을 이용해 내 주위를 환하게 밝히고, 신성한 경문을 암송하면서, 너무 많은 수련생과 그들의 문제들을 상대하며 느끼는 피로감을 단번에 날려버리리라 다짐했다. 린포체는 내가 어떻게 수행하고 가르치는지 꼬치꼬치 물으셨다. 그러더니 "좋아요, 그대를 도울 수 있겠네요"라고 하셨다. 나는 그분의 고매한 탄트라 가르침을 기다렸다. 그런데 그분의 말씀은 이거였다. "수련회 참가 시간을 줄이고 휴식을 더 많이 취하세요." 아, 분명 이것이 가장 고매한 가르침이리라.

우선 자비의 밑바탕은 자신을 향한 감수성을 키움으로 해서 형성된다. 진정한 자비는 건강한 자아 관념과 자기가 누구인지에 대한 인식에서 생겨난다. 자기인식은 남들에 대한 올바른 인식과 더불어 자기 자신의 능력과 두려움, 자신의 감정과 고귀함까지 인식하는 것이다. 진정한 자비는 결코 두려움이나 동정에서 생겨나지 않는다. 모든 생명체 하나하나의 존엄, 고귀함, 평안을 바탕으로 생겨나는 마음의 깊숙한 공감이 바로 자비심이다. 자비는 우리가 마주치는 괴로움과 고통에 대한 자연스런 반응이다. 자비는 너무도 거대한 상실과 고통의 경험 앞에서 일어나는 우리의 상호 공감과 자연스런 일체감이다. 우리에게 열림과 치유가 이뤄졌을 때 우리 마음은 자연스레 우리가 접촉하는 모든 것의 치유를 추구한다. 우리 자신에 대한 자비는 분노를 용서로, 증오를 우정으로, 두려움을 만물에 대한 존중으로 변환시키는 거대한 힘을 일으킨다. 자비는 우리로 하여금 진실하고 참된 방식으로 우리 주변의 슬픔에 우리의 온정, 감수성, 그리고 열린 마음을 확대하도록 만든다.

자비가 어떤 때는 행동으로 이어지고, 어떤 때는 그렇지 않을 것이다. 자비의 일어남은 문제를 해결하기 위함이 아니다. 하지만 행동이 필요할 때 행동을 불러내는 근원은 항상 자비심이다. 진정한 자비는 만물을 포용하고, 만물을 어루만지고, 만물과 연결되는 마음의 담대한 능력을 알게 될 때 일어난다. 초 트룽파는 이를 가리켜 '슬픔을 향한 영적 전사(戰士)의 여린 마음'이라 불렀다. 그분은 이렇게 말씀하셨다.

▓ 그대가 자기 마음을 일깨울 때, 놀랍게도 마음이 텅 비어 있음을 발견한다. 그대는 바깥 공간을 바라보고 있음을 알게 된다. 그대는 무엇인가? 그대는 누구인가? 그대의 마음은 어디 있는가? 만일 제대로 바라본다면 확실하거나 또렷한 것은 아무것도 없을 것이다. …그대가 깨우친 마음을 찾아봐도, 아무리 앞가슴을 더듬으며 느껴보려 해도, 연약함 외에는 아무것도 없다. 그저 쓰라리고 아린 느낌뿐이다. 그래서 그대가 바깥세상을 향해 눈을 열면 거대한 슬픔을 보게 된다. 이 슬픔은 그대가 학대받아서 생긴 것이 아니다. 누군가 그대를 모욕했거나 좌절시켰기 때문에 슬픈 것이 아니다. 그보다 이 슬픔의 파도는 무조건적으로 몰려온다. 이 슬픔은 그대의 마음이 활짝 열려 훤히 드러났기 때문에 일어나는 것이다. 그것이 순수한 원래 마음이다. 심지어 모기 한 마리가 내려앉는다 해도 너무나 가련해하는 마음이다. …바로 이것이 온 세상을 치유할 능력을 지닌 전사의 여린 마음이다.

측은한 마음의 힘, 진정한 연민의 힘, 우리가 마주치는 고통을 변환시킬 이 힘은 오묘한 것이다.

최근에 나는 아이를 가질 수 없는 어느 부부의 기사를 읽게 되었다. 그 부부는 아이를 입양하기로 결심하고 가난한 나라의 아이를 찾았다. 그것이 더 큰 봉사가 되리라 여긴 것이다. 그들은 인도에서 생후 2개월 된 아름다운 사내 아기를 입양했다. 그런데 입양 첫 해에 아기 몸에 심각한 문제가 있음이 드러났다. 우선 아기는 전혀 듣지를 못했고 평생 귀머거리로 살아야 함이 밝혀졌다. 두 번째로 아기에게 뇌성마비 증세가 있었다. 이 질환은 지능에는 영향을 주지 않지만 신체장애를 일으키는 병이다. 그 부부는 의사소통을 위해 아기에게 수화를 가르쳤다. 그리고 아기가 걸을 만한 시기가 되었을 때 마음껏 돌아다니라고 소형 휠체어를 마련해주었다. 그런 뒤 그들은 장애아를 입양한 부모들의 지원 단체를 만들었다. 거기다 그 부부는 자기 아들이 외톨이로 지낼까 걱정되어 정말로 놀라운 일을 추진했다. 인도에 편지를 보내 아이 하나를 더 입양하겠다고 한 것이다. 그것도 귀먹은 아이로! 이 기사와 함께 신문에 두 아이의 사진이 실려 있었다. 환하게 웃으며 서로 껴안고 있는 사진이었다. 이것이 당신의 일이라고 상상해보라. 아기를 입양했는데 귀머거리에다 장애아임을 알게 되었다. 과연 그 상황에 자기연민이나 두려움 없이 반응할 수 있겠는가? 거기다 이렇게 말하면서? "저는 이런 아이를 기르고 있어요. 똑같은 아이를 하나 더 보내주세요."

담대한 자비는 우리를 곧장 인생의 갈등과 고통 속으로 인도한다. 담대한 자비는 인생의 필연적인 고통과 배움을 얻으려면 고통과 맞서야 함을 안다. 가끔은 고통 그 자체의 불길과 우리 행동의 결과들만이 우리를 더 깊은 깨달음과 만물에 대한 자애, 그리고 자유로 이끌 수 있다.

내가 아잔 차 스님의 사원에서 정식으로 출가하겠다고 했을 때, 그분은 이렇게 말씀하셨다. "네가 고통을 두려워하지 않는다면 환영하겠다!" 위대한 스승의 역할은 제자가 고통 앞에서 배움을 얻도록 돕는 것이다. 이 담대한 자비의 힘은 온화한 만큼 혹독할 수 있다. 텔레비전에서 방영되는 자연 다큐멘터리를 보면 이 혹독함을 여실히 확인할 수 있다. 어미 사자와 어미 늑대는 일정 기간 동안은 새끼들을 위해 어떤 희생도 마다하지 않는다. 그들을 보호하기 위해 무엇이든 한다. 하지만 어떤 시기가 되면 새끼들을 위해 아무것도 하려 하지 않는다. 어미들은 멀찍이 달아나거나 새끼들을 팽개치거나 굴 밖으로 쫓아버린다. 어미 새는 일정 시점이 됐을 때 새끼 새들을 둥지에서 떨어뜨린다. 새끼들이 "난 날지 못해요" 하고 아무리 울부짖어도 어미 새는 인정사정없다. "상관없어. 너는 날기를 배워야 해. 오늘이 그날이야."

때때로 우리 자신과 남들을 향한 자비는 우리에게 노련하게 한계와 경계선을 긋도록 요구한다. '안 돼' 하고 하면서도 상대방을 우리 마음에서 몰아내지는 않는 것이다. 인도에서 수행하던 어느 여성 동료가 있었다. 어느 날 밤 그녀는 캘커타*Calcutta*의 어두컴컴한 거리를 지나고 있었다. 기차역으로 가는 길이었다. 여러 달 동안 그녀는 통찰명상에다 자애와 연민의 수행을 해오고 있었다. 그날 밤도 그녀는 동료와 함께 명상센터로 가는 길이었다. 그런데 그녀의 릭샤(인도의 전통 인력거 – 옮긴이)에 별안간 웬 남자가 뛰어들더니 그녀를 밀쳐내려 하는 것이었다. 그녀와 동료는 가까스로 괴한을 떨쳐냈다. 그리고는 공포에 질린 채 서둘러 기차역으로 달렸다. 나중에 그녀는 자기 스승에게 그 사건을 이야기했다. 그러자 스승은 놀란 표정으로 이렇게 말하는 것이었다. "오, 세상에. 마음속의 모든 자애와 연민을 담아, 우산으로 그자 머리통을 후려쳐버리지 그랬어."

역설적인 인생 속에서 우리의 자비는 우리에게 '예'를 주문할 때도 있고 '안 돼'를 요구할 때도 있다. 이 둘은 정반대로 보일지 모르지만 실제로는 그렇지 않다. 둘 다 우리 자신을 포함한 만물에 대한 존중의 표현일 수 있다. 나와 함께 국제 불교도 모임을 주관했던 어느 여성이 있었다. 그녀가 생일 선물로 근사한 새를 받았는데, 커다란 아량을 보이기 위해 그것을 남에게 줘버렸다. 그리고는 우울하고 심란한 기분에 빠졌다. 그녀의 모습이 어느 티베트 라마의 눈에 띄었다. 라마는 그 여성에게 다가가 무슨 일이냐고 물었다. 그녀는 친구를 기쁘게 해주려고 그 멋진 선물을 양보했지만 그 행동을 후회하고 있었다. 그것을 자신이 맘껏 누릴 새도 없이 줘버렸기 때문이었다. 상황을 알게 된 라마는 그녀를 바라보며 이렇게 말했다. "당장 가서 돌려받으세요. 그리고 마음이 내키기 않으면 절대 주지 마세요." 두 사람은 활짝 웃었고 그 웃음은 큰 위안을 주었다. 그 여성은 가서 선물을 돌려받았고, 그녀의 하루는 한결 밝아졌다.

자비심 수행에는 아무런 공식도 없다. 위대한 영성수련법들이 항상 그렇 듯이, 자비심을 기를 때도 우리는 자기 행동의 동기를 잘 듣고 살피고 이해 한 다음, 정말로 어떤 행동이 필요할지 스스로 물어야 한다. 자비는 갖가지 상황에 따라 낭창하게 휘어지는 대나무의 유연성을 드러낸다. 어떤 때는 한계선도 긋지만 동시에 유연하기도 한 것이 자비이다.

자비는 인생이 사랑, 기쁨, 고통 등 온갖 삶의 역설들로 어수선한 우리 마음 을 유유히 지나가게 한다. 우리 안의 자비가 열릴 때 비로소 우리는 전쟁을 끝 내고, 환경을 치유하고, 빈민을 돌보고, AIDS 환자를 보살피고, 열대우림을 구하기 위해 우리가 할 수 있는 모든 것을 하게 된다. 거기다 진정한 자비는 자 신을 사랑하고, 자기 욕구를 배려하고, 자신의 한계와 진짜 능력을 존중한다.

심지어 붓다도 그런 한계에 부딪치셨다. 붓다의 호칭 중 하나가 '가르침 을 구하는 이들의 스승(天人師)'이다. 대개 붓다는 주위 사람들에게 엄청난 은혜를 베푸셨지만, 항상 그런 것만은 아니었다. 한번은 이런 일이 있었다. 승가(僧伽)가 형성되고 비구와 비구니들이 지켜야 할 계율들이 확립되었을 때, 숲속의 한 사원에서 극심한 다툼과 불화가 일어났다. 어떤 비구들이 다 른 수도승들을 계율 위반으로 비난했고, 비난 받은 이들은 사실을 부인하 면서 상대방이 무고로 계율을 어겼다며 맞받아쳤다.

그들 앞에 나타나신 붓다는 모두 서로에게 사과하라고 말씀하셨다. 그러 나 그들은 붓다의 제자였음에도 붓다의 권고를 듣지 않았다. 붓다는 온갖 방법으로 그들을 순종시키려 했지만 아무 소용이 없었다. 결국 붓다는 그들 스스로 해결하도록 버려두셨다. 그리고는 제멋대로인 비구들을 떠나 먼 숲 속으로 가셨다. 거기서 동물들에 둘러싸여 생활하며 고요히 우기(雨期) 안거 (安居)에 들어가셨다. 붓다는 할 수 있는 일만 하고 그 이상은 손을 떼셨다.

진정한 자비와 지혜가 일어날 때, 우리는 남들뿐 아니라 자신까지 존중 하고 사랑하며 찬양하고 포용하게 된다. '나를 제외한' 만물을 향해 끊임없이 자비를 베풀어야 한다는 관념에 매달리는 것이 아니라 나 자신을 포함한 만물에 대한 자비를 발견한다. 이때 자아와 타인의 구별은 녹아 없어진다. 그러면 찬란하게 떠오르는 태양처럼 거대한 아량과 자비심이 솟아나고 우리는 그것이 우리의 참 본성임을 알게 된다. 자기 아이들을 덮친 자동차를 번쩍 들어 올린 어느 부모의 사진에서 보듯이, 어떤 순간에 우리는 사랑의 힘이 우리 앞에 놓인 물리적 현실보다 훨씬 위대함을 발견한다. 그런 자비심이 솟아나올 때, 우리 몸은 은혜로 넘쳐나 다른 어떤 수단으로도 얻을 수 없는 부드러움과 담대함을 얻는다.

내가 존경하는 어느 여인이 있다. 그녀는 가진 돈도 없이 혼자서 온 열성을 쏟아 네 아이를 길러냈다. 그녀는 항상 최선을 다하고 있는 것 같았다. 그러다 그 위대한 어머니의 자비로운 에너지가 지극히 숭고하게 솟아난 사건이 있었다. 열네 살이던 막내딸이 사고를 당해 식물인간이 된 것이다. 딸은 말할 수도 움직일 수도 없었다. 의사들은 그 아이가 다시 움직일 가능성은 거의 없다고 말했다. 하지만 엄마는 딸의 의식이 아직도 살아 있음을 알았다. 여느 어머니들처럼 그녀도 자기 딸이 회복될 수 있을 거라고 마음 깊이 확신했다. 그녀는 병실에서 딸을 돌보기 시작했다. 1년간 병실에서 지낸 뒤 퇴원해서 2년 동안 집에서 거의 하루도 빠짐없이 딸을 극진히 보살폈다. 딸의 팔을 들었다 내렸다, 올렸다 놓았다, 물체를 눈앞에서 흔들고, 앞뒤로 움직이는 등 온갖 동작들을 수없이 반복했다. 그러자 기적이 일어났다. 딸의 손과 눈동자가 움직이기 시작한 것이다. 다시 3년 후 소녀는 다시 학교에 다닐 정도로 회복됐다. 지금 완전히 성장한 그 막내딸은 로스쿨을 마치고 결혼을 앞두고 있다. 이같은 지극한 사랑은 억지로 생기는 것이 아니다. 우리가 온전히 통일되고 심오하게 비어 있을 때 충만하게 차오르는 것이다. 그때 비로소 우리 마음은 저절로 움직인다. 마치 신의 음악에 맞춰 너울너울 춤추듯이.

슬픔을 자비로 바꾸는 명상

인간의 마음은 생의 슬픔을 수용하고 거대한 자비의 물결로 변화시키는 놀라운 능력을 갖고 있다. 이것이 붓다, 예수, 테레사 수녀, 그리고 대자대비(大慈大悲)의 관세음보살 같은 분들의 탁월한 능력이다. 그분들은 세상의 온갖 고통 앞에 그 부드럽고 은혜로운 마음의 힘을 선언하셨다. 우리 자신의 마음이 열리고 허울을 벗을 때, 이 자비의 강물이 내면에서 일어나기 시작한다. 자비심은 남의 고통과 고난이 우리 마음에 와 닿을 때 솟아난다.

우리가 이 자비심을 키워내기 위해서는 마음의 불길로 슬픔을 잠재우고 연민을 키우는 전통 명상법을 수련해볼 수 있다.

모아지고 차분한 기분으로 고요히 정좌하라. 부드럽게 호흡하며, 당신의 몸, 심장박동, 당신 안의 생명력을 느껴보라. 당신이 자기 생명을 어떻게 간직하고 있는지, 당신의 슬픔 앞에서 스스로를 어떻게 지키는지 느껴보라. 잠시 동안 당신이 진심으로 사랑하는 절친한 사람들을 생각하라. 그들과 그들에 대한 당신의 애정을 떠올리라. 자신이 그것들을 마음속에 어떻게 간직하고 있는지 바라보라. 그리고 그들의 슬픔, 그들이 이 생(生)에서 겪는 고통의 크기를 알아차리라. 자신의 마음이 자연스레 열리는 과정을 느끼면서, 그들을 향해 평안을 빌고, 위로를 보내고, 그들의 고통을 공감하고, 자비심으로 그 고통을 맞이하라.

이것이 마음의 자연스런 반응이다. 이런 반응과 더불어 그들의 평안을 바라면서 이런 경구를 암송하기 시작하라. "그대가 고통과 슬픔에서 벗어나기를, 그대가 평화롭기를…." 그러면서 그들을 당신의 자비로운 마음속에 수용하라. 이런 식으로 한동안 이 경구들을 계속 암송하라.

자신과 가까운 사람을 향한 깊은 애정을 느껴본 뒤에는 차례차례 이 자비심을 자신이 아는 다른 사람들로 확대할 수 있다. 차츰 당신의 자비심을 넓혀 가까운 이웃, 먼 곳의 사람들, 마침내는 만물의 형제자매들로 확대할 수 있다. 모든 존재의 아름다움이 얼마나 자신을 기쁘게 하는지, 어느 한 존재의 고통도 얼마나 자신을 통곡하게 하는지 느껴보라. 모든 인생과 생명체와 진심어린 일체감을 느끼면서, 그 느낌이 그들의 슬픔과 어떻게 반응하는지 어떻게 슬픔을 자비로 감싸는지 음미하라.

이제 당신의 마음이 세상의 슬픔을 바꾸는 요술 상자가 되게 하라. 마치 숨을 마음의 안팎으로 들락날락할 수 있는 듯이 당신의 마음속에서 호흡을 느껴보라. 마음의 온화함을 느끼면서, 숨 쉴 때마다 고통을 빨아들이고 자비를 내뿜는다고 상상하라. 모든 생명들의 슬픔을 빨아들이기 시작하라. 숨을 들이쉴 때마다 그들의 슬픔이 당신의 마음을 건드려 자비로 변하게 하라. 숨을 내쉴 때마다 모든 생명들의 평안을 빌고, 그들에게 당신의 애정과 은혜로운 마음을 내뿜으라.

그렇게 호흡하면서 당신의 마음을 정화(淨化)의 불길로 상상하기 시작하라. 그 불길이 세상의 고통들을 태워 찬란하고 온화한 자비로 변화시킨다고 상상하라. 이것은 상당한 수련이 필요한 고도의 명상법이다. 자신을 온화하게 가다듬으라. 마음의 불길이 당신의 가슴 속에서 고요히 타오르게 하라. 굶주린 사람들의 슬픔을 빨아들이라. 전쟁에 신음하는 사람들의 아픔을 빨아들이라. 무지(無智)의 서글픔을 빨아들이라. 숨을 내쉴 때마다, 온 세상의 생물들을 상상하고 자비로운 치유의 향유(香油)를 내뿜으라. 가만히 들이쉴 때마다 자꾸자꾸 모든 생명들의 슬픔이 당신의 마음에 와 닿게 하라. 숨을 내쉴 때마다 자꾸자꾸 자비로운 치유와 은혜를 멀리멀리 내보내라. 온 세상의 어머니처럼 이 세상을 당신의 마음에 끌어당기면서, 숨을 들이쉴 때마다 모든 존재를 받아들여 마음으로 어루만지고, 내쉴 때마다 모든 존재를 자비로 감싸 안으라.

얼마가 지난 후, 고요히 앉아 자신의 호흡과 마음을 평온히 가라앉히라. 당신은 이 세상 한복판에 놓인 자비의 중심이다.

16. 혼자 갈 수 없다면 스승을 찾아 그를 따르라

어떤 스승은 악당이나 불한당 같아서
제자들을 골탕 먹이고 놀라게 한다.

앞서 말했듯이 영성(靈性)의 성장에는
스승이나 영적 안내자와의 관계가 아주 중요한 시기가 있다. 당신이 스승
아래서 수행해왔든 아니면 스승을 찾고 있는 중이든 간에, 이 핵심적인 관
계를 곰곰이 생각해볼 필요가 있다. 자기 길을 독립적으로 헤쳐나가는 자
세도 중요하지만, 카우보이나 개척시대 정신은 영성생활에 접근하는 적절
한 태도가 아니다. 우리는 이미 명상 중에 일어나는 심오한 치유의 과정을
살펴보았다. 필연적으로 나타나는 장애들, 망상의 상태들에 대처하는 기법
들, 차크라와 에너지 체계의 강렬한 열림, '암흑의 밤'의 영역들과 죽음-
재탄생의 경험, 그리고 영성생활의 여러 순환… 과연 우리가 이런 영역들
에 들어가 혼자서 자기 앞길을 찾아낼 수 있을까? 우리가 엄청난 변화의 순
간이나 임사체험 속에서 삶에 대한 자연스런 각성을 경험할 때도 있지만,
그런 경우에도 스승이나 체계적인 수행의 뒷받침이 없다면 그 고통스럽거

나 황홀한 경험과 통찰들은 대부분 그냥 사라져버린다.

명상 서적과 여러 문헌들에 나온 지침이나 설명도만 가지고는 충분치 않다. 우리는 영성생활이 우리를 어디로 이끌지 모른다. 영적인 삶은 항상 우리를 험난하고 생소한 곳으로 들이민다. 혼자서 수행하려는 사람들은 거의 필연적으로 혼란에 빠지게 되고, 노련한 스승 아래서 수행하는 사람들에 비해 깊은 영적 세계에 도달하기 어렵다.

미지의 영역에서 가장 심오한 진리를 캐내는 것이 영성수련의 기본 목표이다. 흔히 새로운 무언가가 열리는 순간은 우리가 가장 거대한 괴로움의 한복판에서 내면적으로 가장 극심한 혼란에 시달릴 때이다. 우리가 가장 쉽게 인생의 신비에 다가가는 통로는 자신의 가장 약한 부분이다. 스스로 자신 있고 명확히 아는 영역들은 우리를 생의 신비에서 멀어지게 하기 쉽다. 자신의 자아를 넘어선 미지의 영역으로 들어갈 때 안내자 없이 혼자 가려는 것은 신발을 잡고 자기 몸을 들어올리려 하는 행동과 다름없다.

신비주의 시인 루미는 우리에게 이런 이야기를 들려준다.

어떤 남자가 덫으로 새 한 마리를 잡았다.

새가 말한다. "어르신, 어르신은 살아오면서 수많은 소와 양을 드셨지만 아직도 배가 고프십니다. 제 뼈 위에 붙은 하찮은 살점 역시 드셔봤자 마찬가지예요. 만일 저를 놓아주시면, 어르신께 세 가지 지혜를 드리겠습니다. 하나는 어르신 손바닥 위에 서서 말할게요. 또 하나는 저 지붕 위에서 말하고요. 그리고 마지막은 저 나뭇가지 위에서 말하겠습니다."

남자는 흥미를 느꼈다. 그래서 새를 꺼내 손바닥에 서게 했다.

"첫째 지혜, 헛소리를 믿지 말라. 누가 말하더라도."

새는 푸르르 날아 지붕 위에 사뿐히 앉았다.

"둘째 지혜 , 지나간 일에 슬퍼하지 말라. 이미 끝난 일이다.

결코 과거의 일을 아쉬워 말라."

"그런데 말예요." 새는 계속 재잘댔다. "내 몸속에 구리 동전 열 개만큼 무거운 커다란

진주가 들어 있어요. 당신과 당신 아이들의 재산이 될 거였지요. 하지만 이제 당신은

놓쳤어요. 당신은 세상에서 가장 큰 진주의 주인이 될 뻔 했어요. 하지만 당신 몫이 아

니었나 봐요."

그 말을 듣자 남자는 꼭 아이 낳는 여인처럼 엉엉 울기 시작했다.

그러자 새가 말했다. "내가 방금 말하지 않았나요?

'지나간 일에 슬퍼하지 말라.' 또 '헛소리를 믿지 말라.'

이 작은 몸이 구리 동전 열 개의 무게를 지탱할 수 있겠어요?

그렇게 무거운 진주를 어떻게 몸에 담고 있겠어요?"

그 말에 남자는 제정신을 차렸다.

"네 말이 맞다. 세 번째 지혜를 말해다오."

"좋아요. 처음 두 가지 지혜를 제대로 알아들었군요!"

그러면서 새는 마지막 지혜를 말했다.

"멍청하거나 잠에 빠진 사람에게 조언을 주지 말라. 모래밭에 씨앗을 뿌리지 말라."

이 이야기에서 루미는 함정에 빠지기가 얼마나 쉬운지 보여주고 있다.

훌륭한 조언을 받을 때에도 우리는 그것을 무시하거나 잘못 이해하기 쉽

다. 우리를 옭아매는 상처들, 켜켜이 쌓인 두려움과 집착의 껍질들, 일어나

는 자기망상과 무기력의 약점들, 이런 암초들이 수두룩하다. 이것들은 모든 수행자들에게 나타난다. 스스로 지적이고 유능하다고 믿는 사람일수록, 산길을 올라갈 때는 헉헉거리고 내려올 때는 곤두박질을 친다.

레이 브래드버리(Ray Bradbury : 미국 공상과학소설 작가. SF적 환상을 분방하게 전개하여 에드거 앨런 포를 잇는 환상문학의 대가로 평가받고 있다 - 옮긴이)는 이렇게 꼬집는다. "당신이 인생에서 맨 처음 배우는 것은 자신이 바보라는 사실이다. 그리고 마지막 배우는 것 역시 여전히 바보라는 것이다. 가끔 나는 모든 것을 이해했다고 생각한다. 그러다 나중에야 제정신을 차린다."

스승을 만난다는 것

우리의 세속적인 교육은 명상에 별 도움을 주지 못한다. 내가 보스턴에 있을 때 일이다. 새 요양원의 원장이 된 어느 의사가 있었는데 영적 세계에 꽤 밝은 사람이었다. 그가 요양원 전 직원을 상대로 수련회를 열어달라고 내게 요청했다. 수련회를 시작해 집중적인 좌선과 행선에 들어간 지 4일째 되던 날, 그 의사가 나를 찾아와 면담을 신청했다. 그는 온통 겁에 질려 있었다. 심장에 극심한 통증이 생기더니 어깨를 관통해 퍼져나갔기 때문이다. 통증이 격렬할 동안은 자신의 두려움을 상대하기가 한층 더 어렵다고 했다. 증상들을 종합해볼 때 그의 상태는 영락없는 심장발작이었다. 그가 내게 묻고자 한 것은 앰뷸런스를 불러야 할지, 아니면 병원에 데려다줄 사람이 있는지뿐이었다. 나는 그에게 갖가지 예리한 질문들을 던졌다. 몸의 감각들이 어떤지, 에너지의 흐름이 어땠는지, 마음은 어떤 상태인지… 찬찬히 들은 뒤, 나는 그에게 사실 그 증상은 심장 차크라가 열리는 신호라고 말해줬다. 흔히 이 경우 정서적이고 영적인 열림뿐 아니라 심장을 둘러싼 갑옷이 벗겨지면서 신체적 해방과 근육 통증도 일어난다. 나 자신도 그 현상을 경험했고 이전에 여러 차례 목격한 적도 있었다. 그러면서 나는 이렇게 말했다. "게다가 선생님은 영성을 추구하는 새로운 요양원을 세우셨잖아요, 그렇죠? 어쩌면 이 수련회가 정말로 선생님의 죽음과 맞서볼 좋은 기회일지도 모르겠네요. 그 증상이 정말 심장발작이라면 말입니다." 물론 나는 심장병이 아님을 확신하고 있었다. "죽음과 그 과정에 대해 배우려고 여기 오신 거 아닌가요? 명상센터보다 죽기에 더 좋은 곳이 어디 있겠어요?" 그리고는 그에게 다시 명상하도록 시켰다. 만일 지도사가 없었다면 그는 자기 체험에 계속 혼란스러워 하다가 틀림없이 병원으로 달려갔을 것이다(물론 만일 당신에게 이런 심각한 통증이 일어나는데, 스승이 옆에 없는 상황이라면 정말로 병원에 가봐야 한다).

영성의 성장과정은 무질서한 것이 아니다. 따라서 우리가 길을 잃고 헤맬 때 수천 년의 지혜를 간직한 스승이나 안내자가 우리 여행을 이해하고 도와줄 수 있다. 그러나 우리가 스승이 필요하다고 느낄 때에도 어떻게 찾아야 할지 혼란을 겪기 쉽다. 우리 문화에는 수행 스승이나 구루, 혹은 안내자를 찾고 배움을 얻을 방법에 관한 적절한 모델이 거의 없다. 옛날의 훌륭했던 도제(徒弟) 전통은 이미 사라졌고, 우리 시대 교육의 대부분은 몰개성적인 대규모 기관에서 행해지거나 점점 더 비디오나 컴퓨터에 의존해가고 있다. 그래도 우리 모두는 구루나 선사의 이야기들을 들은 바 있다. 우리가 처음 그런 분들과의 관계를 생각할 때는 흔히 그 가르침의 실체를 과정하거나 왜곡한다. 어떤 수행자들은 수행 스승에 대해 지나치게 과도한 기대를 품고는, 모르는 것이 없고 전지전능한 신 같은 스승을 찾으려 한다. 그리고 많은 수행 공동체가 그런 황당한 관념을 부추긴다. 그런 곳의 수행자들은 마치 자기 스승이 못하는 일이 없는 것처럼 이렇게 떠벌린다. "나의 스승님이 내가 이 일을 하게 도우셨어요." "우리 법사님이 이런 생각을 일으켜 내게 교훈을 주셨지요." "나의 지도사님이 신통력으로 내가 지금 경험하는 이 상황을 만드셨습니다."

“우리 선사께서 그 일을 하고 계시지요.” “우리 구루는 모든 것을 이끌고 모든 일을 주관하십니다.” “스승님이 머지않아 내게 깨달음을 주실 거예요.”….

이와는 정반대로 스승을 무시하는 시각도 있다. 의심이 많고 도무지 남을 존경하거나 받들 줄 모르는 수행자들이 있는데, 그들은 누군가가 자기보다 실제로 더 많은 것을 알고 있다는 사실을 받아들이지 않는다. 그런 사람들은 누군가에게 가르침 받는 것을 꺼려한다. 그들은 거짓 구루나 형편없는 스승들의 이야기들을 듣고는, 스승은 아무 필요 없고 믿을 만한 길은 어디에도 없다고 생각한다. 흔히 이런 태도는 권위적 인물들과의 관계가 원만하지 못할 때 생겨나고, 다양한 역할들을 편안히 소화하지 못하는 현상으로 나타난다. 이런 태도를 가진 사람들은 제자일 때는 배우는 능력이 부족하고 스승일 때는 불편한 상황을 일으킨다. 이런 문제가 없을지라도, 우리는 스승과 함께 무엇을 할지 어떻게 처신해야 할지 몰라 매우 어색하고 두려운 느낌을 가지기 쉽다. 결국 다른 인간관계에서 겪는 모든 어려움들이 우리와 스승과의 관계에서도 일어날 것이다. 신뢰의 문제(너무 쉽사리 믿거나 도무지 믿지 못하는 경우)부터 경계선 설정, 두려움, 의혹, 그리고 욕구의 문제에 이르기까지.

수행자들이 스승과의 관계에서 겪는 대다수 어려움들의 밑에는 깊은 열망이 깔려 있다. 절대적이고 전적으로 사랑받으며 인정받고 싶은 열망이 바로 그것이다. 우리 중 이런 식으로 대우받은 사람은 거의 없을 것이다. 게다가 우리에게는 두려움까지 도사리고 있다. 과거의 상실과 좌절에서 비롯된 고통들이 그대로 남아 우리에게 혼돈과 두려움을 안기기 때문이다. 이런 두려움 때문에 우리는 자아를 내면의 강렬한 열망에서 보호해줄 스승의 역할을 과소평가하기도 하고, 반대로 스승을 과장하고 이상화해 우리에게 상처나 실망감을 주지 않을 가장 완벽한 스승만을 찾아 헤매기도 한다. 하지만 우리에게 정말로 필요한 것은 사랑하고 사랑 받는 법을 배우는 것이다. 스승과 제자의 관계에서 핵심은 바로 이 사랑이다. 스승의 가르침은 사랑의 그릇 속에서만 우리에게 전해질 수 있다.

최고의 스승들은 이 점을 알고 우리에게 자신을 사랑하고 신뢰하는 법을 가르칠 것이다. 그분들은 진리를 사랑하는 법, 인생을 사랑하는 법을 가르칠 것이다. 그런 스승들은 하나의 본보기가 되어 우리에게 참되고 두려움 없는 관계를 알려줄 수 있다. 노련한 스승과의 관계는, 짧은 만남이든 평생의 친교든 간에 흔히 지극히 친밀하고 소중한 정신적 교류가 된다. 진정한 스승과 참된 가르침은 우리 마음을 깨달음으로 이끄는 성스러운 진리의 그릇이다.

앞서 소개한 스즈키 선사를 그의 제자 트루디 딕슨*Trudy Dixon*은 이렇게 묘사했다. "그분은 그저 자신의 존재만으로도 제자들에게 거울이 되신다. 그분과 함께 있을 때, 우리는 그분으로부터 아무런 칭찬이나 비판의 말씀이 없어도 자신의 강점과 약점을 느낀다. 그분이 계실 때 우리는 자신의 본래 얼굴을 보게 되고, 그때 만나는 낯설음이 바로 우리 자신의 참 본성이다."

누가 어떻게 스승을 찾는지 묻는다면, 나의 가장 솔직한 대답은 그것이 신비로운 과정이라는 것이다. 그저 우연히 만나거나 소문을 듣거나 어떤 예상치 못한 경로로 스승에게 이끌리는 경우가 대부분이다. 사진을 보거나 책을 읽거나 친구에게서 이야기를 듣고 스승을 만나는 경우도 많다. 우리는 영감을 일으키고, 광대한 가능성을 제시하고, 우리의 마음을 건드리거나 어떤 열망이나 통찰을 일깨우는 계기를 만나게 된다. 그런 영감은 우리를 강렬하고 신비롭게, 아니면 억지로라도 어떤 스승이나 수행 공동체의 영역으로 끌어당긴다. 우리는 여러 명상센터를 찾아가고, 그곳의 가르침을 따라하고, 강연회나 법회에 참여할 수 있다. 이런 과정들을 통해 우리는 자신을 끌어들이는 어떤 스승을 발견한다. 요즘에는 수많은 불교, 힌두교, 기독교, 유대교 수행센터들을 알려주는 안내 책자들도 나와 있다. 이런 자료들도 스승을 찾는 우리에게 도움을 줄 수 있다.

　　동료 수행자나 구도자들이 자기 스승들을 만난 과정을 들어보면 경이롭고 신기한 이야기들이 수두룩하다. 내가 아는 어떤 사람은 인도 부다가야의 대사원에 있는 붓다의 보리수 아래서 LSD(강한 환각작용을 일으키는 합성물질. 부작용이 심해 미국에서 1965년부터 유통이 금지됐음 - 옮긴이)를 복용하려 했다고 한다. 그곳으로 가던 중 그는 경이로운 스승과 '우연히 마주쳐' LSD를 던져버리고 10년 동안 그분 밑에서 수행했다. 또 어떤 남자는 그저 전화번호부의 'Z'자 아래서 'Zen(禪 : 선)'이란 단어를 보게 되었다. 그래서 전화를 걸었고, 지역 선(禪)센터 지도사와 대화하고 싶다고 했다가 스승을 만났다. 내가 아는 어떤 중년의 여인은 어느 회의에 참석했는데, 지금의 스승이 자기한테 걸어와 이렇게 말했다고 한다. "그대가 내 제자가 되시오." 또 이런 기묘한 이야기도 있다. 영성생활에 대해 캄캄한 미국인 젊은이가 있었는데, 그가 아파서 병원에 입원했다고 한다. 그때 꿈속에 티베트 라마가 나타났다. 2년 뒤 그 젊은이는 네팔을 여행했고, 거기서 꿈에 보았던 바로 그 라마를 만났다. 그분은 빙그레 웃으며 이렇게 말했다고 한다. "그대를 기다리고 있었네."

　　영적 스승의 유형은 각양각색이다. 불교에서는 두 가지 상반된 유형의 스승이 있는데, 구루*guru*와 구도의 동료(spiritual friend)가 그것이다. 구도의 동료는 산스크리트어에서 비롯된 명칭으로, 구도의 여정에서 우리가 다른 사람으로부터 얻는 우정 어린 안내와 도움을 내포한 말이다. 이런 역할을 좋아하는 스승들이 있는데, 그분들은 헌신, 복종, 전통적인 사제 관계로 인한 불필요한 방해를 원치 않는다. 숲속명상의 위대한 선승 붓다다사 빅쿠(Buddhadasa Bhikkhu : 1906~1933, 20세에 출가하여 'Suan Mokkh(자유의 정원)'을 창설하고 숲속명상을 일으킨 큰스님 - 옮긴이)는 제자들이 자신에게 절하는 것을 원치 않았다고 한다. 스님이나 스승을 만날 때는 절을 올리는 것이 전통이었지만 그분은 예외였다. 대신 그분은 제자들이 다가와 자기 옆에 앉게 하고 그들을 '구도의 동료'로 대우했다. 그분은 제자들과 진심어

린 대화와 질문을 주고받았고, 제자들이 자기 자신과 자신의 통찰을 존중
하도록 격려했다.

이와 정반대 유형의 스승이 전통적인 구루이다. 구루에는 불교 고승, 라
마, 선사, 힌두 스승, 그리고 구루의 역할을 통해 자기 가르침을 전하는 하
시디즘(Hasidism : 18세기초 폴란드에서 일어난 유대교 신비주의 종파. 하시드는 헤브
라이어로 '경건한 자'를 뜻함—옮긴이)과 이슬람 수피교 스승들이 있다. 구루는
위대하고 지혜로운 스승으로서 영성수련을 이끌고, 우리를 특별한 가르침
으로 인도하고, 우리의 자발적인 복종을 일으키는 영적 안내자이다. 우리
가 구루를 대할 때는 대화나 질문보다는 주로 경청하고 순종하게 된다. 가
끔 우리는 구루를 인간의 형체를 한 신이나 완전히 깨치고 모든 행동이 오
묘한 깨달음의 성자로 숭배하도록 요구받는다. 구루를 대할 때 우리는 복
종의 과정을 경험한다. 우리는 구루의 영기를 부여받아 무아와 열림에 도
달하는 수단으로서 자기중심적 자세에서 벗어나는 복종을 배운다.

구루와 구도의 동료라는 양 극단 사이에 온갖 유형의 스승들이 존재한
다. 스승들은 자신이 깨달음에 이른 방법과 자기 개성을 결합시켜 가르침
을 전한다. 붓다는 어느 방문객과의 유명한 대화에서 자신의 숲속 사원에
모여 있는 스승과 수행자들을 이렇게 소개하셨다. "의문이 많은 수행자들
은 저기 가장 지혜로운 제자, 사리뿟따*Sariputta*와 모여 있고, 사원 계율
의 수련을 원하는 수행자들은 저기 비구 생활의 대가인 우빨리*Upali*와 함
께 있소. 신통력 계발에 이끌리는 이들은 탁월한 영매(靈媒)인 목갈라나
Moggallana 주위에 몰려 있고, 자연스레 집중과 삼매에 이끌리는 나머지
수행자들은 저쪽 마하까싸빠*Mahakassapa*와 같이 있다오."

9장에서 우리는 신비적 환상, 황홀경, 강렬한 초월적 상태 등을 강조하
는 전통과 스승들을 다루었다. 또 일상의 한가운데에서 신성(神性)을 불러
일으키려는 교파들도 보았다. 어떤 가르침들은 신체의 수련에 초점을 맞추

는데, 하타 요가와 쿤달리니 요가 혹은 수피교 호흡수련 전통이 그런 경우다. 행동을 중시하는 가르침들도 있는데, 이 경우는 헌신적 봉사를 통해 자비와 신성을 불러일으키려 한다. 한편 명상이나 기도, 통찰과 집중을 통하여 곧바로 마음과 정신을 열거나 변환시키려 하는 수행 전통도 있다. 또 어떤 전통들은 강렬한 초월적 상태, 우리가 누구이고 의식과 생명 그 자체의 본질은 무엇인지에 대한 깊은 탐구를 강조한다. 그 외에 복종의 길, 신앙의 길, 그리고 신과 우주를 향해 "내 의지가 아니라 당신의 뜻으로!"를 외치며 매 순간 소(小)자아의 삶을 버리는 길 등이 있다.

그런데 상당히 놀라운 점은 이런 다양한 영적 가르침들이 각 전통에 따라 뚜렷이 구별되지 않는다는 사실이다. 우리는 각 전통 내에서도 상반된 가르침을 강조하는 스승들을 만나게 된다. 선불교에는 배려와 헌신을 중시하는 선사들이 있는가 하면, 혹독한 수련과 치열한 탐구를 요구하는 선사들도 있다. 하타 요가(Hatha yoga : 육체의 움직임과 자각을 통한 명상으로 건강과 삼매에 이르려는 요가. 산스크리트어로 Ha는 '양', Tha는 '음'을 의미하므로 음양요가라고도 한다 - 옮긴이)에서도 엄격한 신체적 순수를 주장하는 요기도 있고, 요가란 그저 몸을 통해 이뤄지는 신성한 알아차림의 수단일 뿐이라고 가르치는 요기도 있다.

어떤 스승은 악당이나 불한당 같아서 제자들을 골탕 먹이고 놀라게 한다. 제자들의 잘못을 낱낱이 지적해 자아와 자만심을 조금씩 깎아내리려 하는 감독관형 스승도 있다. 또 주로 존중과 격려를 통해 가르침을 주면서 제자의 장점을 길러주는 스승도 한다. 그런가 하면 꼭 교수처럼 강연하는 스승도 있고, 자신의 사랑과 자비로 우리를 녹여 활짝 열리게 하는 스승도 있으며, 세상 만물 속에서 유머와 우주를 보여주는 스승들도 있다.

스승은 자신이 가르치는 수행 전통의 대가이자 모범이 되어야 한다. 동시에 자기를 찾아오는 다양한 수행자들에 맞추기 위해 온갖 가르침들을 충분히 이해하고 있는 것도 중요하다. 그렇지 않으면 수행자를 괴로움에 빠뜨릴 수도 있다. 인도에서 위대한 쿤달리니 요기 아래서 진지하게 수련하려는 어느 수행자가 있었다. 그런데 스승은 그에게 격하고 흥분되고 산만한 수행만을 시켰다. 절망감에 싸인 그 수행자는 어느 유명한 티베트 라마에게 무엇이 잘못됐는지 물었다. 깊이 있는 대화를 나눈 뒤 라마는 이렇게 답했다. "간단한 문제요. 그대 스승이 잘못된 수행법을 가르친 거요." 수행자는 화들짝 놀라며 이렇게 말했다. "하지만 스승님은 이 수행법만이 유일한 길이라 했어요!"

이미 스승을 따르고 있는 사람일 경우, 자신을 그 스승과 그의 특별한 수행법으로 이끈 점이 무엇인지 되짚어보는 일도 필요할 것이다. 우리는 어떤 기대를 안고 왔고 그 결과는 어떻게 드러났나? 우리가 얻은 것은 무엇이고, 실망스런 점은 무엇인가? 아직도 계속 가르침을 받을 것인가?

만일 당신이 새 스승을 찾고 있다면, 스승이 어떤 가르침을 주는지 솔직하게 물어봐야 한다. 이 스승은 수행의 길을 어떻게 바라보고, 수행의 목표는 무엇인가? 수행법은 어떤 형태인가? 제자들을 어떻게 지도하나? 이 스승과 긴 시간을 보내도 괜찮을까? 정말 그에게 직접 지도를 받게 될까? 이 스승은 제자가 구도 여정의 험준한 산맥들을 넘는 데 어떤 도움을 줄까? 스승을 둘러싼 공동체는 어떤 관념을 가졌나? 그리고는 자신에게도 물음을 던져야 한다. 이런 질문이 건강하고 적절한 것인가? 어떤 각오가 필요한가? 어떤 형태의 관계를 기대하나? 얼마나 많은 시간이 필요할까? 어떤 대가를 치르게 될까?

스승을 구할 때 우리는 자기 마음의 소리를 듣고 자신을 정직하게 바라봐야 한다. 내가 진실로 찾는 것은 무엇인가? 이 스승과 수행법이 내가 찾는 것인가? 무엇이 나를 이 스승으로 이끄나? 이 스승과 수행법이 내 기질에 맞고 내게 유용할까, 아니면 오히려 내 두려움과 불안을 심화시킬까? 나는 오랫동안 숨어 지낸 소심한 사람인데, 이 수행이 나를 대규모 공동체와 어울리도록 도와줄까, 아니면 두려움을 일으켜 나를 더욱 움츠러들게 만들까? 나에게 엄격한 선사의 계율이나 올곧은 좌선 자세를 강요하는 죽비 같은 것이 필요할까, 아니면 어릴 적에 학대받고 매 맞으며 자랐으니, 혹독한 수행은 오히려 나에 대한 고통스럽고 부정적인 관념을 악화시키기만 할까? 지금은 내 영성생활의 순환에서 어떤 시기일까? 침묵수행과 헌신적 봉사, 명상과 탐구 중 어느 쪽일까?

우리가 항상 이런 질문들에 답할 수는 없지만, 이런 문제들을 고민함으로써 가장 서투르고 어설픈 실수는 얼마쯤 피할 수 있다. 우리가 수행을 시작할 때는 일정 기간 시행착오를 거치는 경우가 대부분이다. 그 기간은 한 달, 한두 차례의 수련회, 심지어 일 년이 될 수도 있다. 아무리 오래 걸리더라도 스승에 대한 개념, 스승과 자신 및 다른 수행자들과의 관계, 그리고 수행법에 대한 느낌을 얻는 것이 중요하다.

새 스승을 찾든 기존 스승을 되돌아보든, 우리는 자신의 스승이 지닌 지혜와 고결함에 신뢰와 존경을 느껴야 한다. 영성생활과 개인생활에서의 성숙함, 즉 신체적, 세속적, 정서적, 그리고 신비적인 면들이 조화를 이룬 스승을 찾으라. 유머를 갖춘 스승을 찾으라. 엄격한 계율주의자라 할지라도 자기 존재 안에 기쁨, 여유, 사랑을 담고 있어야 한다. 결혼 상대자를 고를 때처럼 스승을 선택할 때도 자기 내면의 생각을 깊이 들여다봐야 하고, 상황이 옳다 싶으면 과감히 뛰어드는 적극성도 필요하다.

우리와 스승과의 관계는 세월이 지나면서 변해갈 것이다. 머지않아 우리 스승은 많은 역할을 해줄지 모른다. 은사이자 성직자, 고해 신부이자 안내자, 정신적 산파이자 비평가, 찬란한 성인의 모범이자 거울…. 우리는 훌륭한 스승에게서 용기, 확신, 강인함, 명철함 등을 얻을 수 있다. 우리는 스승의 지도, 에너지, 사랑을 활용하여 자신을 일깨우고 분발시킬 수 있다. 내가 아는 두 할머니 지도법사들이 있는데, 그분들과의 수련은 내게 크나큰 은혜였다. 그분들의 가르침에는 고매한 사랑과 기쁨이 넘쳐흘렀고, 그분들과 같이 있으면 즐거움이 내 위에 쏟아져 온 세포를 가득 채우는 듯했다. 그분들이 포근히 안아주면 며칠 동안 행복감이 가시지 않았다. 두 분 모두 손자와 제자들을 거느린 채 온갖 슬픔과 환희로 가득한 오랜 인생을 사셨다. 가르침을 줄 때는 혹독하고 단호했지만, 그분들의 태도에는 지혜와 이해심이 넘쳤다.

내게 가르침을 준 또 다른 스승은 기발한 발상으로 가득했다. 그분은 항상 놀랍고 때로는 충격적인 시선으로 사물을 바라보았다. 그 스승은 진실한 삶을 위해 필요할 경우 사람의 인생을 과감히 뒤엎어놓는 일도 마다하지 않았다. 그분의 온 삶은 붓다의 마음과 정신으로 깨달음을 얻는 데 쏠려 있었고, 주위 모든 이들에게도 능력을 불어넣어 그들이 진실로 의문을 품고 변화하며 깨달음을 얻도록 도왔다.

우리가 어느 스승을 선택하면 그 전통과 수행 계보(系譜)까지 받아들이는 것임을 명심하라. 수행 계보는 고대의 지혜를 나르는 수레이다. 모든 위대한 전통들에서 샤먼, 치유자, 요기, 신비주의 교파의 지혜로운 여성들, 위대한 랍비, 사막의 신부들은 모두 자기 전통의 계보 속에서 활동한다. 전통과 계보는 수많은 세대에 걸쳐 발견되고 축적된 지혜와 수행법들을 보존하는 신성한 그릇이다. 계보는 깨달음의 빛을 한 세대에서 다음 세대로 전해주는 일정한 형식이다. 계보는 공식 경전, 고대의 시가(詩歌), 종교의식, 명상 기법, 교리 설화 등을 간직하고 있고, 이 모두가 우리 마음과 정신을 일깨우는 도구가 된다. 노련한 스승들은 어떤 계보의 수행법이나 종교의식을 이용하여 신성한 공간을 창조한다. 그 공간은 경건함과 지혜를 일깨우고 우리 의식이 일상의 한계를 초월하도록 돕는다.

스승을 선택할 때, 우리는 당시의 유명한 계보에 이끌리고 그 계보의 세계관, 시야, 가능성과 한계를 받아들이게 된다. 모든 전통과 계보는 가능성과 한계를 동시에 지니고 있다. 가장 지혜로운 전통들의 고매한 가르침들은 자기 교도들이 그 전통 자체의 한계를 인식하고 그것을 뛰어넘도록 인도한다. 모든 형식을 넘어 수행자 자신 안에 있는 신성을 발견하도록 이끄는 것이다. 따라서 구루를 섬기는 수행자는 결국 자기 안에서 구루를 보아야 하고, 선불교의 공안과 씨름하는 수행자는 일체의 의문과 대답을 뛰어넘어야만 한다.

스승을 찾는 일처럼 계보나 수행법을 선택하는 일도 어떤 영성의 흐름에 이끌리거나 매료되는 신비로운 과정이다. 이때도 역시 자기 자신을 믿고, 그 공동체의 품격, 즐거움, 성숙함 등을 살펴보라. 대체로 나는 수련생들에게 '유명 브랜드'를 선택하도록 권한다. 수백 수천 년 동안 유지돼온 수행 전통들은 여러 세대에 걸쳐 스승과 수행자들의 지혜로운 마음에 의해 다듬어진 교리, 계율, 통찰 등을 갖추고 있다.

우리가 어느 스승 아래로 들어가려 할 때, 그분이 그 전통이나 계보에서 차지하는 위치를 살펴볼지도 모른다. 다른 수행 스승들은 그분을 어떻게 보나? 자기 전통 내에서 권한을 어느 정도 가졌고 존경을 받고 있나? 혹시 이렇게 비교하는 것이 '영성 슈퍼마켓'에서 쇼핑하는 듯한 느낌이 들지도 모르지만, 안타깝게도 어떤 면에서는 그것이 사실이다. 하지만 이것은 우리 마음에 드는 색깔이나 구미에 맞는 자동차를 고르는 일이 아니다. 우리의 직관과 영적 열망을 따라갈 진실하고 참된 길을 찾는 일이다. 우리가 만나는 사람들과 자기 자신을 관심, 정직, 애정을 가지고 충실히 대할 때, 필연적으로 훌륭한 결과가 나타난다.

스승이 하는 일이란 단지

일단 우리가 어느 스승을 따르기로 했으면, 그분과 함께 수행하는 최선의 방법은 무엇일까? 시작은 쉽지 않을 것이다. 우리는 생소한 관습과 수행법, 낯선 언어, 새 기도와 경문, 그리고 새로운 시각 등을 만날 것이다. 새 공동체에 들어갈 때의 서먹함도 이겨내야 한다. 그런데 이런 난관들만으로는 충분치 않은 걸까? 우리는 종종 혹독한 신고식을 치러야 한다. 어떤 선불교 사찰에서는 수행자가 입문을 허락받으려면 정문 밖에(일본의 어떤 곳에서는 눈밭 위에) 앉아, 꼼작 않고 하루 종일, 혹은 며칠씩 벌을 서야만 한다. 이런 통과의례는 가르침을 구하는 수행자의 진정한 자세를 시험하는 것이다. 대다수 수행 전통에는 초심자의 입교를 기념하는 최초 수련회, 예식, 절차 등이 있다. 흔히 우리는 영적 가르침을 받는 대가로 그에 합당한 자격이 있는지 입증해야 한다.

스승과 함께 수행할 때 필요한 가장 중요한 요소가 두 가지 있다. 하나는 상식이고 또 하나는 우리의 단호한 결의이다. 우리가 상식을 지니고 있으면 스승이나 수행법을 지나치게 이상화하지 않고 자신을 속이거나 자신의 합리적 판단을 무시하지도 않는다. 상식은 자신에 대한 존중이고 상황을 명확히 보는 합당한 기준이다.

어떤 유형의 수행법을 따르든 스승과 수행할 때 필요한 두 번째 열쇠는 단호한 결의이다. 이것은 스승이 최고의 제자들에게서 찾는 황금이다. 결의에 차 있을 때 우리는 온 힘을 기울여 가르침과 계율을 따르고 필연적으로 마주치는 난관과 혼란을 돌파한다. 우리가 진지하고 단호한 결의를 지닌 채 노련한 스승의 안내를 받으면, 기쁨을 만나든 난관에 부딪치든 그 모두가 우리 앞길을 밝히는 등불이 된다.

스승 아래서 영성의 성장을 이뤄갈 때 우리와 스승과의 관계도 동시에 발전한다. 이 관계 역시 우리의 결의를 요구한다. 그 관계 속에서 우리는 스승, 수행법, 그리고 우리 자신을 더욱 깊이 신뢰하게 된다. 우리는 끊임없이 그 관계를 발전시키고, 그 안에 머물고, 거기에 전념하고, 온 마음과 에너지를 기울여 수행법과 스승을 따르도록 요구받는다. 우리는 필요하다고 느끼는 것은 무엇이든 물어보고, 최선을 다해 시도해보고, 몇 년간 맹렬히 수행한 뒤 성과가 어떤지 스스로 판단할 수 있다.

달라이 라마는 5년, 10년, 20년이 지난 뒤에 결과를 봐야 우리 수행의 성과를 알 수 있다고 했다. 아마 이것은 그분이 달라이 라마로서 열 네 번의 생애를 사신 뒤였기에 할 수 있는 말이었을 것이다(현재의 달라이 라마는 14대째이고 모두 과거 달라이 라마의 환생으로 보고 있다 - 옮긴이). 물라 나스루딘 역시 같은 생각이었다. 자기 아들이 완전히 도를 깨쳤다고 자랑스레 떠벌리는 어느 여인에게 나스루딘은 이렇게 말했다. "부인, 틀림없이 신께서 아드님에게 더 큰 과제를 주실 겁니다!" 진정한 영적 성장을 이루는 터전은 우리의 인내와 결의이다.

어떻게 해야 스승과의 관계에서 가장 큰 소득을 얻게 될까? 아시아의 전통적인 수행 문화에서는 수행자들이 적절한 행동방식을 알고 있다. 절하는 법, 존경의 표현, 무엇을 드리고 무엇을 받아야 할지 등등. 그들은 또 스승 또는 구루에게 물을 가장 세련된 질문은 어떤 것인지, 스승에게서 정확히 어떤 안내를 받아야 할지도 안다. 수행 전통의 일반 규칙들이 갖춰져 있는 문화들과는 달리, 현대 서구사회에서는 수행자들이 스승에게서 무엇을 기대해야 할지 모른다. 따라서 수행 공동체에 들어갈 때는 최선의 행동요령이 무엇인지 스승이나 선배 수행자에게 직접 물어볼 필요가 있다. 스승과 제자 간의 정상적 접촉 형식은 어떤 것인지, 스승은 어떻게 만날 수 있는지, 어려움을 겪을 때 어떻게 해야 할지도 물어보라. 우리가 스승에게서 소득을 얻으려면 그 스승의 가장 유명한 수련 방식은 어떤 것인지, 스승과 언제 어디에서 대화해야 할지도 알아야 한다. 그래야 스승이 우리의 개인적 진로를 안내할 수 있다. 우리는 자신이 스승의 지도를 받을 만하도록 만들어야 한다. 스승의 응답을 얻어 우리를 옭아매거나 위축시키는 지점에서 도움을 얻고, 우리가 균형을 잃었을 때 균형감을 회복해야 한다.

제자들의 균형을 회복시키는 능력이 노련한 스승의 자질 중 하나이다. 나의 숲속 사원 스승이신 아잔 차 스님은 자신이 스승으로서 한 일이 대부분 그것이라고 말한다. 어느 날 내가 스승님께 물었다. 왜 스승님은 제자들마다 다르고 계절마다 바뀌는 그토록 모순된 지시들을 내리시냐고. 그분의 지시들은 일관성도 방향성도 없어 보였고, 내게는 사실 깨달음도 일어나지 않는 듯했다. 아잔 차 스님은 껄껄 웃으며 말하셨다. "수행의 길은 그런 것이 아니다. 내가 가르치는 길은 이런 것이야. 나는 내가 잘 아는 길을 내려다보는데, 그 길은 컴컴하거나 안개가 자욱하니라. 그런데 내 앞에 있는 제자 놈이 오른편에 있는 시궁창으로 떨어지거나 오른쪽 옆길로 빠져 헤매게 생겼거든. 그래 내가 그놈한테 소리치는 거야. '왼쪽으로 가. 왼쪽으로.' 그런데 얼마 뒤 그 놈이나 다른 놈이 그 어두운 길을 따라가다가, 이번에는 왼편에 있는 시궁창에 떨어지거나 왼쪽 옆길로 빠지게 생겼거든. 그래 내가 이번에는 이렇게 외치는 거야. '오른쪽으로 가. 오른쪽으로.' 그놈들이 길에서 벗어날 때마다 깨우쳐주는 거지. 어떤 면에서는 그게 내가 하는 전부니라."

영성수련에서 노련한 안내자는 우리를 일깨우고 열리도록 돕는다. 지혜로운 스승은 제자의 장점과 지혜를 이끌어낸다. 그런 스승은 자애롭게 우리 안의 가장 힘겨운 난관을 끄집어내고, 우리에게 까다로운 과제를 부과하고, 충분한 애정으로 우리의 위대함을 일깨워줄 수 있다.

아잔 차 스님은 수시로 제자들에게 힘겨운 과제를 던지셨다. 전통적인 고행, 엄청난 극기 수련, 우리가 좋아하든 말든 허구한 날 되풀이되는 지루한 작업 등이었다. 그러고 나서 스승님은 사원 주위를 어슬렁거리고 다니셨다. 그러다 누군가 쩔쩔매고 있는 것 같으면, 슬며시 다가가 이렇게 물으셨다. "오늘 일이 힘드냐?" 제자가 아니라고 답하면 스승님은 이렇게 말하신다. "그래, 그럼 좋은 하루 되거라." 만일 힘들다고 말하면 스승님은 이러신다. "글쎄, 그게 누구 탓인지 모르겠구나." 그러고는 싱글거리며 멀어져간다. 또 이렇게 말씀할 때도 있다. "아이고, 이 근처에서 누가 집착에 시달리는지 궁금하네." 그리고는 사라져간다. 아잔 차 스님은 끊임없이 우리가 자기 내면의 경험을 이해하도록 유도하고, 우리가 얼마나 엉클어져 있는지, 자유를 얻으려면 얼마나 많이 배워야 하는지 깨닫도록 이끄셨다.

훌륭한 스승은 자신의 존재만으로도 깨달음의 정신을 일깨운다. 아잔 차 스님은 태국의 정글과 숲속에 있는 60여 곳의 사원에서 30년 넘게 승려들을 지도하신 분이다. 내가 그분과 함께한 세월 중 가장 훈훈하고 감동어린 기억 중 하나는 제자들이 괴로움을 겪을 때 함께해준 그분의 모습이었다. 우리가 밤새 쉬지 않고 좌선할 때 그분도 우리 옆에 앉아 계셨다. 우리가 숲속 오솔길을 청소할 때는 대나무 빗자루를 어떻게 만들고 어찌하면 비질이 아름다운 명상이 되는지 가르쳐주셨다. 우리가 휴일 예불을 준비하느라 온 사원 경내를 청소할 때도 그분은 함께 계셨다. 동굴 사원이 있는 외딴 숲속의 산꼭대기에 어느 부유한 후원자의 시주금으로 거대한 선원(禪院)을 지은 일이 있는데, 아잔 차 스님은 그곳까지 와서 승려들이 선원으로 이르는 새 길을 내는 작업을 함께 해주셨다. 어느 추운 겨울, 태국에서 가장 추운 지역에 갔을 때 일이다. 나는 스승님과 여러 승려들과 함께 맨발로 10km 가까운 숲속 길을 걸었다. 근처의 가난한 마을에서 초라한 공양 음식을 받으러 간 길이었다. 정말 살벌하게 추웠다. 영하를 넘나드는 기온이었다. 이빨이 덜덜 떨리고, 내 대머리는 얼음덩이 같았다. 나는 매서운 칼바람을 조금이라도 막아보려고 무명천으로 된 승복 아래 수건까지 두르고 있었다. 마을에 다다랐을 때, 스승님이 나를 보며 싱긋 웃으며 물으셨다. "춥지?" "예, 얼어 죽겠어요. 도저히 더 이상은 못 참겠어요." 그분은 내게 미소 지으며 말하셨다. "그래, 정말 무지 춥구나. 무지무지하게 추워." 나는 그분이 곁에 계신 것이 너무나 고마웠다.

똑같은 기분을 어느 연로한 임제종 선사와 수행할 때도 느꼈다. 나는 엄격한 일주일 참선수련에 수없이 참가했는데, 아침 일찍부터 밤늦게까지 꼼짝 않고 앉아 공안과 씨름하는 수행이었다. 쉴 시간은 경행과 공양을 위한 짧은 시간뿐이었다. 처음에 나는 선사가 우리와 함께 좌선하지 않는 것이 실망스러웠다. 하지만 나중에 그 이유를 알았다. 선사는 선방 밖의 다른 방에 앉아 매일 50명의 우리 수행자 중 4~5명과 면담을 하고 계셨다. 그분은 하루 2백 번 이상의 면담을 소화했지만, 내가 그분을 볼 때면 그 기간 중 어느 때의 나보다 더 차분하고 청정했다. 그분은 정말 우리와 함께 계셨다.

이런 식의 가르침과 지원을 받을 때, 우리는 영성생활의 상당 부분이 우리의 베푸는 능력이 성장하는 과정임을 깨닫게 된다. 어떤 수행이나 스승을 따르든 간에 공동체에 참여하는 지혜로운 자세는 우리가 '무엇을 줄 수 있는지'의 시각으로 바라보는 것이다. 영성생활에서 결국 우리를 행복하게 하는 것은 우리가 얻는 것이 아니라 주는 것이다. 우리가 공동체에 무엇을 줄 수 있느냐, 우리가 무엇을 아낌없이 내줄 수 있느냐이다. 우리가 과거의 시선, 두려움, 자기 한계, 오랜 세월 쌓여온 장벽 등을 떨쳐버릴 때, 그리고 어린애의 마음으로 다시 태어나 근원적이고 새로운 존재방식을 발견할 때, 우리는 자신을 아낌없이 내주게 된다. 우리의 에너지와 창의성과 마음이 온전해질 때 우리는 공동체에 자신을 베풀게 된다.

모두가 자신을 아낌없이 내줄 때 그 공동체에는 거대한 기쁨이 차오른다. 서구 전통에도 그런 경우가 없지 않다. 시골의 '반-레이징(barn-raising : 아미쉬 공동체에서 내려오는 상부상조의 전통으로 공동체의 교도들이 함께 모여 어느 교도의 barn(헛간이나 창고)을 하루 만에 지어주는 풍습-옮긴이)' 정신, 수백 명의 목소리가 어우러진 〈메시아〉 합창의 아름다움, 드높은 목표를 향해 단결하는 모습 등등. 자기 마음을 내주고 봉사하는 자세는 수행 공동체를 경이롭고 충만하게 하는 주요 요소이다. 이런 주고받는 마음, 신성의 존중은 성스러운 이름 아래 함께 모인 사람들을 일컫는 사트상satsang 혹은 승가(僧伽)의 정신을 창조한다. 수행 공동체는 그저 사람들이 종교의 이름 아래 모인다고 형성되는 것이 아니다. 수행자들이 신성의 깨달음을 구하고자 정직, 존경, 자애로 함께 모였을 때 세워지는 것이다. 진정한 수행 공동체는 우리가 진리와 자비를 바탕으로 대화할 수 있을 때 생겨난다. 이런 수행 공동체 개념은 구도의 여정에서 우리를 치유하고 변환시키는 경이로운 힘을 발휘한다.

우리가 수행 공동체에 참여할 생각으로 자신이 무엇을 내줄 수 있고 공동체가 그 일원을 어떻게 지도하는지 알고 싶을 때는 고참 수행자들을 살펴봐야 한다. 수행자들은 이 공동체에서 어떻게 성장하나? 그들은 존중받고, 고도의 수행을 수련하며, 봉사하거나 지도할 기회를 얻고 있나? 스승처럼 구도의 길을 성취할 방법이 있나? 오래된 수행자들은 만족스럽고 지혜로운가?

당신은 내가 스승이나 수행 공동체를 말하면서 권능이나 기적 따위가 아닌 기쁨, 지혜, 자비 등을 강조한다는 것을 알았을 것이다. 사실 어떤 탁월한 스승 아래서는 우리가 환상을 보고, 몸에서 깨어나는 에너지와 황홀경을 느끼고, 심지어 한동안 초월적 의식을 경험하는 경우도 있다. 이런 능력이 진정한 것이라면 유용할 수도 있지만, 어떻게 사용하느냐에 따라서는 중독증이나 혼란을 일으킬 수도 있다. 이런 특이한 능력은 반드시 필요한 것이 아니다. 이런 능력이 오용될 때 일어나는 문제들은 나중에 자세히 소개하겠지만, 그 문제들 외에도 명심해야 할 더 중요한 사실이 하나 있다. 어느 누구도 우리를 저절로 깨우쳐주지는 못한다는 사실이다. 누구도 우리를 그냥 성숙시킬 수 없고, 아무도 우리 대신 놓아버리지 못하며, 어떤 이도 우리 수행을 대신해줄 수 없다. 스승들은 우리에게 진정한 길을 알려주고 일깨우며 건드리고 심지어 건네줄 수도 있지만, 무엇보다 스승의 역할은 우리의 깨달음이 일어날 성스러운 공간을 창조해주는 것이다.

80세의 스위스 여성인 어느 명상 지도자가 있었다. 내가 함께 수행한 것을 영광으로 느끼는 그 지도법사는 진정한 스승은 자유롭고 안온한 수행

환경을 창조해야 한다고 말했다. 그 환경은 시간이 시작된 이래로 마음과 정신이 열망해온 열림과 개화의 공간을 말한다. 그런 신성한 공간을 창조하고, 신뢰감을 전달하며, 우리의 낡은 부분을 없애고 새로운 부분이 태어나날 수 있도록 넉넉한 자비의 그릇이 돼주는 능력, 그것이 스승의 탁월한 재능이다. 이 능력을 통해 우리는 한 수행 계보의 유서 깊은 지혜뿐 아니라 우리의 '진아'를 발견하게 된다. 스승이 지닌 가장 위대하고 단순한 힘은 그들 자신의 자유와 기쁨이 창조하는 수행 환경에 있다.

몇 년 전 나는 인도의 연로한 힌두 구루를 찾아간 일이 있었다. 그 구루는 지혜로웠고 행복한 영적 에너지로 가득했다. 그분은 나에게 온갖 질문을 던져, 내가 몹시 고민하고 명상하며 복종하고 깊숙이 신뢰하도록 만들었다. 하지만 그 구루의 가장 탁월한 점은 우리에게 지극히 사랑받는 느낌을 전해준 것이었다. 아무것도 돌려받기를 원치 않는 사람, 우리로부터 티끌만치도 바라는 것이 없는 사람에게서 받는 절대적 사랑이었다. 그분에게는 아무런 집착도, 제자들에 대한 요구도, 심지어 우리의 깨달음에 대한 기대조차도 없었다. 그저 우리가 마주치는 모든 것에서 진리와 열림을 이끌어내는 청정하고 행복한 공간이 돼줄 뿐이었다. 그런 사랑을 받는 것은 놀라운 경험이었다. 내 온몸, 마음, 그리고 정신이 광대한 열림과 평화의 공간에 다다른 느낌이었다.

제자가 자기 가르침의 실체와 알맹이를 진정으로 이해했다고 느끼면 그 구루는 제자를 집으로 돌려보냈다. 그 기간은 사람에 따라 몇 주도 되고 몇 달도 됐다. "돌아가서 이 깨우침을 일상에 활용하라. 계속 구루와 함께 머물 필요가 조금도 없느니라."

스승 옆에 머물며 수행하는 것만큼이나 중요한 것이 적당한 시기에 떠날 줄 아는 것이다. 떠나는 이유는 거기서 우리가 배울 것을 다 배웠기 때문일 수도 있고, 여건상 그곳이 우리에게 부적합한 곳이 되었거나 잘못된 순환과정에 들어섰기 때문일 수도 있을 것이다. 또 흔히 우리는 스승이 줄 수 있는 것보다 더 많거나 더 새로운 가르침을 원하곤 한다.

우리가 스승을 섬기고 결연한 수행을 하겠다고 맹세했더라도 평생 그분의 길을 따라야 하는 것은 아니다. 우리는 장기간에 걸쳐 스승이나 수행법을 고르고, 수행 공동체에 가입하고, 그 길이 우리에게 어떤 도움이 될지 살펴야 한다. 스승과 공동체가 우리에게 충직의 맹세, 수도 서원(誓願), 평생의 복종을 요구할지라도 영원한 영적 서약을 할 필요는 없다. 설혹 영원한 서약을 했더라도 바꿀 수 있어야 한다. 그렇다. 우리는 꾸준하고 결연히 수행해야 한다. 하지만 진정한 영적 서약은 어떤 상황이 벌어지더라도 자신의 고귀함, 깨달음, 그리고 자비를 추구해가는 것이다.

내가 아는 서구의 최고 스승들 대부분이 처음 수련 기간을 끝마친 뒤 수많은 다른 명상가들과 함께 폭넓게 공부했다. 만일 우리가 진지한 맹세를 했다면 한 스승에서 다른 스승으로 옮겨가기가 어려울 수 있다. 나를 찾아오는 많은 수행자들이 영적 서약에 얽매인 느낌을 갖고 있었다. 그들은 평생의 수도 서약을 요구하는 고명한 티베트 라마 아래서 수행한 경우도 있고, 특정한 교단에 평생 입문하거나 어떤 전통을 영원히 따르겠다고 맹세한 경우도 있었다. 하지만 그런 서약들이 그들의 영성수련을 가로막고 있는 듯한 시점에 이른 경우가 많았다. 우리는 깊이 있는 대화를 통해 그들이 무턱대고 자기 맹세에서 벗어나려는 것은 아님을 확인하곤 했다. 함께 고민한 결과 그런 서약에서 얻는 노련한 지원이 이제는 정말로 필요 없거나 그들의 인생 여건이 바뀌어서 과거의 맹세가 더 이상 그들의 영적 성장에 유용하지 않음이 드러날 경우가 있었다. 그럴 경우 나는 그들을 자기 라마나 스승에게 돌려보내 영적 서약을 해소하는 의식을 받으라고 했다. 그러고 나면 그들은 자신의 영성생활이 요구하는 길로 나아갈 수 있었다.

평생의 서약을 하는 수행 전통들에서도 개인의 행복을 중시하여 그 서약

들을 주기적으로 검토하고 새롭게 해야 한다. 어떤 불교 교단에서는 수도
승들에게 처음 5년 동안만 한 사승(師僧) 밑에서 수행하도록 요구한다. 그
런 뒤 얼마쯤 그 교단에 대한 이해가 생겨나면 다른 스승들을 찾아가 깨달
음과 수행의 폭을 넓히도록 권한다.

결국 스승의 진정한 존재 의미는 우리를 이끌어 근원적인 마음의 자유를
발견하게 해주는 것이다. 모든 영적 가르침의 목적이 이것이다. 모든 지혜
로운 스승들은 우리가 우리 안의 불성(佛性), 즉 모든 생명 한가운데서 자유
롭고 해방되며 기쁨에 찬 본성을 찾도록 돕는 탁월한 능력을 지녔다.

우리가 어떤 스승과 한 달을 머물든, 일 년 혹은 십 년을 머물든 간에, 우
리를 자유로 이끄는 진정한 정신적 은사, 지도자, 그리고 안내자를 만나는
것은 커다란 축복이다. 우리는 무엇이 가능한지 일깨워주는 그분들의 존재
를 통해 축복을 받는다. 우리는 그분들의 직접적 지도를 통해 축복을 받는
다. 우리는 그분들이 전해주는 계율과 수행법을 통해 축복을 받는다. 그분
들이 우리에게 정신적 수양을 쌓는 방법을 가르칠 때, 그리고 우리 역시 그
분들의 경지에 이르도록 적절한 인내력을 기를 때, 우리는 그분들의 그 기
술을 통해 축복을 받는다. 우리가 내면의 상처와 대면할 때 영감을 불어넣
고 마음속으로 지극히 보듬어주는 그분들의 심오한 사랑을 통하여 우리는
축복을 받는다.

우리가 신뢰하고 존경할 만한 노련한 스승이나 수행 계보를 찾았을 때,
그것은 우리 마음과 구도의 길을 찬란히 비추는 횃불이 된다. 그 횃불은 우
리가 자신에게 맞는 진정하고 영원한 길을 발견하고 그 광명을 온 세상으
로 가져나갈 기회를 선사한다.

17. 심리요법과 명상수행

현대 심리치료의 최고 요법은 집단명상의 과정과 상당히 유사하다. 심리치료사는 환자와 함께 앉아 환자 혼자서는 건드릴 수 없는 자아의 깊숙한 부분들을 세심히 들여다본다.

불교의 가르침이 중국, 일본, 티베트 같은 새로운 나라로 들어갈 때마다 그 나라의 고유문화, 토속종교와 만나면서 심대한 변화를 겪었다. 이런 만남들을 통해 선(禪)과 탄트라 같은 새로운 수행 형태가 개발되었다. 이런 과정이 현재 서구에서도 진행되고 있다. 서구인의 '내면 수행법' 중에서 불교를 비롯한 모든 현대의 영성생활에 가장 커다란 영향을 미치고 있는 것은 서구 심리학의 치료요법이다. 서구에서 구도의 여정을 걷는 수많은 수행자와 지도법사들이 심리요법의 필요성이나 유용성을 발견하고 자신의 영성생활에서 그 도움을 받았다. 아직 심리요법을 시도해보지 않은 사람들도 아마 앞으로 그 효과를 확인하게 될 것이다.

서구 심리요법은 전통적인 영성수련이나 명상과는 어떤 점이 다를까? 앞서 우리는 서구의 수행자들이 가족의 붕괴, 어릴 적 충격, 현대사회의 혼란 등에서 비롯된 깊숙한 상처들로부터 얼마나 큰 고통을 받고 있는지 살

퍼보았다. 심리치료는 치유의 필요성, 건강한 자아 관념의 회복과 창조, 두려움과 칸막이 제거 등의 문제에 직접적이고 효과적으로 접근하고, 세상을 헤쳐나가는 창조적이고 자애로우며 충만한 방법을 추구한다.

우리는 이런 문제들이 영성생활과 분리될 수 없음을 인식했다. 영성수련은 정신의 집을 깔끔이 정돈한 다음 니르바나(Nirvana : 涅槃)를 향해 돌진하는 달음박질이 아니다. 우리의 몸과 마음과 정신이 열릴 때, 우리가 마주치는 새로운 껍질들이 하나씩 벗겨지면서 더 거대한 자유와 자비뿐 아니라 더욱 깊고 미묘한 껍질들에 싸인 뿌리 깊은 망상까지 드러나게 된다. 우리의 명상수행은 반드시 깊은 개인적 성찰과 병행하여 이뤄져야 한다. 서구의 명상수행이 인정해야 할 점은 우리의 영적 삶에서 드러나는 깊숙한 문제들 대부분이 명상만으로는 치유될 수 없다는 사실이다. 어릴 적 상처, 중독, 애정결핍, 성적 학대 같은 문제들은 노련한 치유자의 친밀하고 의식적이며 지속적인 도움이 있어야만 해결될 수 있다. 대규모 수행 공동체의 구루, 라마, 지도법사들은 우리를 친절히 안내해 그런 치유과정을 거치도록 도와줄 여유가 거의 없다. 게다가 많은 수행 스승들이 이 분야에 서투르다. 일부 스승들은 자기 자신의 문제조차 제대로 처리하지 못한다.

반면 현대 심리치료의 최고 요법은 집단명상의 과정과 상당히 유사하다. 심리치료사는 환자와 함께 앉아 환자 혼자서는 건드릴 수 없는 자아의 깊숙한 부분들을 세심히 들여다본다. 심리요법은 많은 명상수행법들의 심오한 몰입 이상으로 깊은 탐구와 발견을 유도한다. 이 공동 치료법에서 심리치료사는 환자의 말을 경청하고 공감하며 느끼면서 환자가 자신의 고통, 혼돈, 괴로움의 뿌리들에 더 깊숙한 주의를 기울이도록 인도할 수 있다. 나도 이 심리치료로 큰 효과를 보았다. 뛰어난 심리치료사들의 도움으로 여러 해의 명상으로도 도저히 처리되지 않던 내 마음과 정신의 여러 응어리들을 이해하고 치유할 수 있었다.

일상적인 문제들을 수행에 포함시켜야 하는 이유

미얀마의 가장 고명한 명상 대가인 마하시 사야도(Mahasi Sayadaw : 현대 미얀마의 대장로(大長老) 가운데 한 분. 이른바 마하시 스타일의 위빠사나 수행법을 전 세계로 전파했음 - 옮긴이)조차도 서구 수행자들이 이 새로운 문제들과 맞서 싸워야 함을 인정했다. 마하시 사야도가 처음 미국에서 가르침을 전할 때, 수많은 수행자들이 아시아인인 자신에게는 생소한 온갖 문제들로 고통 받고 있는 모습을 보고 충격을 받았다. 마하시 사야도는 그 문제를 일컬어 '심리학적 고통'이라 했다. 달라이 라마 역시 서구 심리학자들과의 대화에서, 얼마나 많은 서구인들이 수행 중에 마주치는 가족과의 갈등, 자기비하, 상처 등에 괴로워하는지 모른다며 놀라움을 표시했다. 이것들은 반드시 처리해야 할 문제들이다.

진지한 기도나 명상만 해나가면 자신의 삶을 충분히 변화시킬 수 있을 거라는 믿음이 퍼져 있다. 이런 잘못된 믿음이 스승과 수행자들에게 서구 심리학의 유용한 면을 활용하지 못하도록 줄곧 방해해왔다. 안타깝게도 동서양의 수많은 수행자들은 자신에게 괴로움이 일어나는 이유가 자신이 충분한 수행을 쌓지 않았거나 가르침들을 제대로 따르지 않았기 때문이라고 생각한다.

두 번째의 잘못된 믿음은 훌륭한 스승들은 구도 여정의 모든 문제를 반드시 스스로 처리해야 하고 바깥에 도움을 청하는 일은 나약함이나 실패의 표시라는 생각이다. 이런 생각은 일부 수행 공동체들을 위험에 빠뜨릴 수 있다. 서구 심리학 같은 외부 요법에 의지하는 것을 자기들 수행법이나 스승이 모든 해답을 줄 수 없음을 인정하는 것으로 느끼기 때문이다. 치유의 장소에 대한 혼란도 일어나는데 그것은 잘못된 관념에서 비롯된다. '영적인' 곳과 '세속적인' 곳은 별개의 영역이고, 영적인 것은 더 '고상'하고 세속적인 것은 어떻든 더 '저급'하다는 관념 말이다. 우리는 명상 중에 '영적인' 차원에서 겪는 경험이 마치 마법처럼 존재의 모든 부분들을 변화시킬 권능을 지녔다고 배웠을지 모른다. 그래서 우리가 불교 수행에서 커다란 '깨달음'을 얻거나 기독교나 힌두교의 헌신적 수행 속에서 신성한 은혜나 통일성을 체험했을 경우, 그것으로 우리의 통찰이 변하고, 마음이 치유되고, 우리 삶의 가장 깊숙한 진리와 조화를 이루기에 충분하리라고 생각한다.

이런 착각에 빠지는 이유는 그런 경험을 하는 동안 우리가 거대한 조화로움을 느끼고, 그 황홀감의 메아리가 상당 기간 우리 주위를 맴돌기 때문이다. 하지만 우리의 구도 여정에서 그런 경험은 그저 성공의 한 발자국일 뿐이다. 필연적으로 그런 경험은 흐물흐물 사라진다. 우리는 각각의 새로운 통찰을 삶 속에 충실히 통합시키는 법을 배워야 한다. 이 과정에는 더 고상하거나 더 저급한 차원도 없고, 다른 것보다 더 신성한 영역도 없다. 그저 온갖 위축감, 두려움, 헛된 동일시 등이 우리에게 고통을 일으키더라도 그것들을 담담히 맞이하면서 거기서 깨달음과 자유를 발견할 뿐이다.

사실 우리의 개인적 문제들을 처리하는 일은 영성수련에서 예외적인 과제가 아니라 필수 코스에 해당한다. 매년 우리 명상센터의 3개월짜리 수련회에 참여하는 수련생의 절반 이상이 전통적인 통찰명상을 제대로 실행하지 못한다. 켜켜이 쌓인 온갖 슬픔, 두려움, 상처들, 그리고 과거 성장기에 응어리진 아픔들이 머릿속을 가득 채우기 때문이다. 어떤 수행 전통에서든 서구의 가장 성공적인 구도자들까지도 이런 문제에 부딪친다. 한동안 치열한 명상과 깊은 통찰을 경험한 뒤에는 자기 인생의 온갖 그늘진 구석들에서 고통스런 기억, 두려움, 무의식 등과 다시 마주친다. 우리는 명상 속에서 깨달음과 평화를 경험할지 모른다. 그러나 우리가 일상의 상황으로 돌아오거나 가족을 만나거나 누군가와 사랑에 빠질 경우, 갑자기 옛날의 고통, 신경증, 집착, 그리고 망상들이 예전처럼 강렬하게 일어날 수 있다. 우리는 이런 일상의 문제들을 수행의 길에 포함시킬 방법을 찾아야 한다.

최근에 어느 대규모 힌두 공동체의 유명한 서구인 스승이 고참 수행자 두

명에게 수행지도 책임을 맡긴 일이 있었다. 그런데 곧바로 엄청난 분란과 갈등이 일어났다. 고참 수행자 한 명이 권한을 남용하기 시작하고, 다른 한 명은 냉담하고 무신경한 태도를 취한 것이다. 스승은 수행자들과 열띤 대화를 나눴다. 그런데 대화 도중 그런 문제를 가진 사람이 그 고참 수행자들만이 아님이 밝혀졌다. 많은 충직한 수행자들이 머뭇거리며 하는 말이 스승 자신도 비록 권한을 남용하지는 않았어도 몹시 냉담하고 무신경하며 거리감 있게 행동했다는 것이다. 그 스승은 30년간 수행을 지도한 74세의 아주 근엄한 명상가였지만, 자기 삶의 그 문제를 처리하기 위해 심리치료를 받기로 결심했다.

수십 년간 동양 수행법들을 서구에 적용해본 결과, 이제 우리는 수행에 개인적 문제들을 포함시키지 않은 결과를 아주 뚜렷이 확인하기 시작했다. 이 내용은 다음 18장에서 다룰 것이다. 때때로 아주 참담한 결과를 가져오는 이 문제가 어떻게 스승과 공동체의 관계 속에서 일어나는지 상세히 살펴볼 예정이다. 흔히 개인적 삶의 문제들은 우리의 가장 큰 고통과 신경증, 가장 깊은 집착과 거대한 망상의 근원이다. 때문에 우리는 그것들을 두려워하고, 명상수행 중에 무의식적으로 그것들과의 대면을 회피한다. 어떤 수행자들은 아슈람이나 사원(불교든 기독교든)을 떠났을 때 엄청난 실망감에 휩싸인다. 10년 혹은 15년을 수행했건만 여전히 자기 인생을 제대로 마주하지 못하고, 자신을 짓누르고 엉클어뜨렸던 고통의 뿌리들과 근원적 두려움들을 감당하지 못하기 때문이다.

노련한 심리치료사는 특정한 요법과 수단들을 이용하여 우리 인생의 가장 고통스런 부분들을 처리할 수 있다. 그들은 서구문화에서 상당한 고통을 일으키는 공통된 행동양상, 특별한 발달과정, 그리고 병적인 자기방어 등에 관한 전문지식을 우리의 문제나 괴로움에 활용할 수 있다. 그들은 그런 문제들의 바탕에 깔린 가족 관계, 그릇된 믿음, 가슴 아픈 내력, 그리고 헛된 동일시 등에 익숙하기 때문에, 인생의 모든 괴로움의 근원들에 초점을 맞춘 편안한 정기 치료모임을 통해 그 문제들을 해소할 수 있다. 심리치료가 영성수 련 참여자들을 도운 사례는 한두 가지가 아니다. 몇 가지를 소개해보겠다.

여러 해 동안 수행 공동체에 머물렀던 어느 명상수련자가 있었다. 그는 공동체 바깥에서 생계를 꾸려갈 수 있을지 확신이 없었고, 돈에 관해 두려 움과 혼란을 느끼면서 돈을 속되고 위험한 것으로 보고 있었다. 그러던 중 동료 수련자 상당수가 직장과 가정으로 돌아가자 그는 도움이 필요함을 깨 달았다. 처음에 그는 공동체에 머물러야 할지 그곳을 떠나 직업훈련을 받 아야 할지 의논하러 상담을 신청했다. 하지만 상담이 진행되면서 그는 자 기 삶에 대한 더 깊은 두려움, 불안, 후회 등과 대면하게 되었다. 심리치료 를 해보니 그의 인생이 냉혹한 사업가였던 자기 아버지에 대한 반발로 온 통 얼룩져 있음이 드러났다. 그는 자신이 평생 돈과 세속적 성공을 회피해 왔음을 발견했고 어떻게 그 현실도피가 영성생활로 위장돼 있었는지 보게 되었다. 그런 상태가 오랜 세월 이어져왔다. 마침내 그 두려움과 반발을 마 주보게 된 그는 자신에게 숨어 있는 많은 재능과 여러 선택의 길이 있음을 알게 되었다. 그는 공동체를 나왔고, 미술학교에 들어가 마침내 성공한 디 자이너가 되었다. 그는 아직도 명상수행을 하면서 과거에 다니던 수행 공 동체의 이사회에서 활동하고 있다. 거기서 그는 이제 과거의 불안을 떨치 고 새로운 활력으로 수행하고 있다.

인도와 일본을 돌아다니며 10년간 명상수행을 한 다른 수련자가 있었 다. 그는 갖가지 고통스런 인간관계에 시달리다 심리치료를 해보기로 결심 했다. 그의 치료는 어린 시절 학대, 성적 두려움과 충동, 그리고 깊은 수치 심과 분노를 녹여내는 기나긴 과정이었다. 명상수행을 하던 시기에는 그런 문제들을 적절히 회피했었지만 그가 친밀한 인간관계를 맺으려 할 때마다 그 문제들이 벌떼처럼 달려들었다. 그는 자기 인생의 엄청나게 많은 부분 이, 심지어 명상수행마저도 어린 시절 학대에 대한 반발이었음을 깨달았다. 심리치료를 받으며 그는 사랑을 향한 깊은 갈망, 자신의 수치심, 그리고 혼란스런 성욕에 초점을 맞추기 시작했다. 그가 친밀한 관계 속에서 이뤄지는 심리요법을 신뢰하기까지는 오랜 탐색과정이 필요했다. 그는 방황을 멈췄고, 아직도 친밀한 인간관계를 배워나가는 과정이지만, 이제는 성인 시기의 그 어느 때보다 행복하고 충실한 삶을 살고 있다.

세 번째 수련자는 명상수행을 해나가는 도중에 심리치료를 받은 경우이다. 그 여성은 아주 어린 시절부터 명상을 해왔고, 명상의 평온함과 수행 공동체의 안온한 분위기를 무척 좋아하는 열렬한 수련생이었다. 그렇지만 다소 소극적이고 불안정하며 내성적인 면도 있었다. 그녀가 수행지도사가 되고 싶다고 했을 때, 지도법사는 그녀에게 먼저 상당한 개인적 성숙을 이뤄야 한다고 말했다. 지도법사는 그녀가 명상 공동체 밖에서 원만한 생활을 유지해야 한다고 말하며, 그 공동체 내의 존경받는 여성 심리치료사에게 가서 자신의 소심함과 내면의 불안정을 탐구해보라고 시켰다. 심리치료를 시작한 직후 그녀가 입양아였다는 사실이 드러났다. 그녀는 자신의 영적인 삶에서 그 점을 무시해왔지만 그것이 그녀에게 소극적 정체성을 갖게 한 핵심 요인이었다. 그녀가 어린 시절의 응어리를 마주보았을 때 무력감, 슬픔, 혼란 등이 물밀듯 밀어닥쳤다. 결국 두 살 때 자신을 입양한 양부모에게 사실을 확인하기 시작했고, 오랜 수소문 끝에 친엄마를 찾을 수 있었다. 쓰라리고 눈물어린 모녀 상봉을 거치며 그녀의 새 인생이 시작되었다. 그녀는 착실한 딸이자 명상수련자였던 자신을 깨닫고 또다시 가정을 잃어서는 안 된다고 마음을 다잡았다. 이제 그녀는 지속적인 심리치료와 명상을 병행하며 처음으로 자신만의 길과 목소리를 찾기 시작했다. 자신의 과거 정체성이 해방되고 인생에서 새롭고 거대한 자유의 공간이 열리면서, 그녀는 언젠가는 훌륭한 명상지도사가 될 수 있는 진정한 성숙과 개화(開花)의 과정을 시작했다.

우리가 정서적 삶의 기초가 되는 발달 과제들을 완수하지 못했거나 부모와 가족들과의 관계에서 아직도 괴로운 응어리를 간직하고 있을 때, 우리의 영성수련은 큰 진전을 이룰 수 없다. 이런 문제들을 처리하지 않고서는 명상에 집중할 수 없고, 우리가 명상 중에 얻은 성과를 남들과의 상호관계에 적용할 수도 없음을 느끼게 될 것이다.

우리의 위축감과 병적인 주체 관념이 어린 시절에 뿌리를 두었든 아니면 더 먼 전생의 까르마(業)에서 비롯되었든 간에, 그것들과 맞서 싸우지 않으면 끊임없이 되풀이하여 우리 인생과 우리 자식들의 인생에 출몰할 것이다. 시간이 약이라는 말이 항상 사실은 아니다. 오히려 계속 우리가 무시한다면 그것들은 시간이 흐르면서 더욱 깊게 뿌리를 내릴 것이다.

우리의 알아차림은 인생의 한 부분에서 다른 부분으로 저절로 진전되지 않는다. 때문에 마음속 칸막이들은 우리의 두려움, 상처, 방어본능이 가장 극심한 영역 속에 고스란히 남아 있다. 이런 이유로 다례(茶禮)를 올리는 고매한 선사들이 여전히 혼란과 미숙한 인간관계에 시달리고, 자기 몸을 빛으로 해체시킬 정도의 요기들이 장터에 나왔을 때는 지혜를 잃고 허둥대는 모습을 보이는 것이다.

심리요법과 명상수행을 비교할 때, 모든 기법들은 그저 배움을 위한 도구일 뿐 결코 그 자체로 목적이 아님을 명심해야 한다. 명상과 기도가 세심한 주의와 균형, 탐구, 복종, 그리고 놓아버리기의 수행 능력들을 길러주듯, 온갖 심리 기법들도 노련한 안내자의 세심한 지도를 통해 우리 인생의 여러 문제들에 특별히 적용될 수 있다. 우리는 이것을 심리치료라 부를 수 있다. 우리는 우리 영성생활이 심리치료의 도움을 받아야 할 때를 인식할 수 있어야 한다. 깊이 있는 명상에 노련한 스승이 필요하듯, 가끔은 우리의 구도 여정에도 노련한 심리치료사가 필요하다. 오직 인생 전체에 대한 심오한 탐구만이 우리에게 충분히 사랑하고 자유롭게 살아갈 능력을 가져다줄 수 있다.

정신분석학의 창시자인 프로이트는 자기 연구의 목적이 오로지 사람들이 사랑하는 법과 이 세상에서 의미 있게 활동하는 법을 알려주는 것이라고 했다. 시인 릴케Rilke는 그것을 이런 식으로 표현했다. "한 인간이 다른 인간을 사랑하는 일, 그것은 아마 세상에서 가장 어려운 과제일 것이다. … 다른 모든 행위는 그저 그것의 준비과정일 뿐이다." 만일 우리의 명상수행이 우리를 지혜롭게 행동하고 사랑하며 일하고 우리의 온 인생과 연결되도록 해주지 못한다면, 그때는 다른 수행 형태들도 활용하여 우리 문제들을 치유해야 한다.

마지막 사례는 깊이 있는 영성생활과 심리치료가 어떻게 조화될 수 있는지 보여주는 경우이다. 이혼한 뒤 혼자서 일곱 살짜리 아들을 키우는 여성 수련자가 있었다. 그녀는 자신이 너무 일에 얽매여 있고 사는 것이 우울하다고 말했다. 명상수행을 통해 그녀는 상실과 놓아버리기에 대한 통찰과 상당한 평온을 얻었지만, 나는 그녀에게 심리요법을 병행하도록 권했다.

심리치료에 들어가자, 그녀는 곧바로 자신의 결혼과 이혼이 얼마나 자기 어린 시절과 흡사한지 실감해야 했다. 그녀의 남편은 아들이 네 살 때 자신을 떠났는데, 그녀의 아버지 역시 자신이 세 살 때 집을 나갔다. 심리치료 속에서 그녀는 깊은 호흡을 이용해 자신의 몸과 감정들을 열었다. 그녀가 호흡하며 주의를 기울이자 깊숙한 두려움, 슬픔, 그리고 버림받은 감정들이 차례차례 떠올랐다. 명상 속에서는 결코 마주할 수 없었던 강렬한 감정들이었다. 심리치료사의 도움을 받아 몇 달에 걸쳐 신뢰감을 배우고 자신의 감정들을 개방하자, 어느 순간 그녀는 아버지에게 버림받은 고통의 한복판에 서 있었다. 세 살 때의 자기 모습이 보였다. 자신이 현관 계단 위에 서 있는데, 아버지가 매몰차게 돌아서더니 그녀의 인생에서 걸어나가버렸다. 그리고 영영 돌아오지 않았다. 버림받음에서 비롯된 고통은 거대한 돌덩이가 되어 그녀를 짓눌렀다.

그녀는 자기가 이 버려진 아픔을 어떻게 지니고 살았는지 놀이터에서, 대학 교정에서, 결혼생활에서 얼마나 수없이 되풀이해왔는지 보게 되었다. 세 살 때의 그 순간에 얻은 결론은 이거였다. '나는 보기 싫은 아이야.' 심리치료사는 그녀에게 심호흡을 시키며 모든 감정을 느껴보라고 했다. 그러고는 그녀가 준비됐을 때 아버지를 찬찬히 바라보도록 이끌었다. 그녀가 생각하기에 아버지는 자신을 사랑하지 않기 때문에 떠나버린 사람이었다. 그런데 자세히 들여다보자 두려움과 고통에 휩싸인 남자가 보였다. 이 깊숙한 상태에서 심리치료사는 그녀에게 아버지의 몸속에 들어간 상상을 해보라고 했다. 그 느낌이 어땠을까? 그녀는 한 남자의 어마어마한 슬픔과 절박감을 느꼈다. 참혹한 결혼에 갇혀 있는 불행한 남자. 자기 인생을 찾아 도망친 남자…

그럼 왜 돌아보며 작별인사도 하지 않았지? 그대를 사랑하지 않아서 아닐까? "아니야!" 그녀는 소리치며 왈칵 울음을 터뜨렸다. "아니야, 아버지는 나를 너무나 사랑했어! 그저 나를 바라볼 수 없었던 거야!" 그러자 치료사는 그녀에게 그 장면의 모든 상황을 느껴보라고 했다. 그러면서 이런저런 방법으로 더 깊은 상상을 유도했다.

마침내 심리치료사는 그녀에게 세 살짜리 자아로 돌아가 깊숙한 질문을 던지도록 했다. 그대가 보기 싫은 아이라서 버림받았다는 평생의 믿음이 진실일까? 그녀는 그것이 슬픔에 빠진 세 살짜리 아이가 꾸며낸 이야기임을 보았다. "그대가 어떤 한 엄마와 아빠의 딸이라는 것이 무엇을 뜻하지요?" 치료사가 물었다. 그녀는 이 생각이 창조해낸 하나의 형체를 보았다. "이것이 당신인가요? 이것이 당신의 진짜 모습인가요?" 이 물음에 놀라운 공간이 열렸다. 그녀는 자신의 마음이 어떻게 자기 부모님과 다른 모든 것들을 짊어지고, 어떻게 마음속 의식이 그 모두를 떠받치고 있는지 보았다. 그녀는 호흡과 놓아버리기를 계속하며 마음과 정신을 열고, 자신의 유한한 주체를 넘어서 영원하고 순수한 알아차림과 평화로 다가갔다.

몇 달에 걸친 그녀의 치료과정은 자신이 형성한 자기 정체성과 다른 가능성들에 집중되었다. 이 과정을 통해 그녀의 우울증은 점차 나아졌고, 그녀는 자녀양육과 직장생활에서 새로운 활력을 얻었다. 동시에 그녀의 명상도 상당히 깊어졌다. 몇 년 뒤 그녀는 어느 명상수행자를 만나 인생에서 처음으로 건강한 인간관계를 가꾸기 시작했다.

심리요법과 명상수행은 함께 행해져야 한다

이런 이야기를 들었을 때 우리는 다음과 같은 의문을 품을 수 있다. 명상과 정신치료가 똑같은 것인가요? 심리요법도 영성수련에서 약속하는 통찰과 자유를 줄 수 있나요? 우리가 이 물음에 답하려면 명상의 종류가 가지가지듯이 심리치료 요법에도 수많은 종류가 있음을 알아야 한다. 어떤 수행자들은 낡고 그릇된 관념 때문에 심리치료를 멀리할지도 모른다. 이런 이들의 상상 속에는 일 년 내내 매주 모여 소파에 드러누운 채 자유연상이나 하고, 어릴 적 이야기나 되풀이해 주절대는 따분한 장면들이 떠오를지 모른다. 아니면 정신분석가의 유도로 과거의 원한과 분노를 끄집어내 발산하는 어수선한 광경을 그릴지도 모른다. 이들은 심리치료가 고작 '타이태닉 갑판 위에 간이의자 배열하기(타이태닉은 1912년 영국에서 미국 뉴욕을 향해 항해하던 중 침몰한 호화여객선 – 옮긴이)'일 뿐일 거라고 생각한다. 인생의 문제들을 조절해줄 수는 있어도, 결코 우리의 초라하고 유한한 정체성을 넘어 자유로 인도할 수는 없다고 보는 것이다.

항상 그저 그런 치료요법과 돌팔이 치료사들은 있기 마련이다. 반면 뛰어난 심리요법들은 상당히 훌륭한 효과를 발휘한다. 동서양의 심리학은 모두 두려움, 탐욕, 공격성, 망상 등을 유지하는 무의식의 힘과 과거의 조건형성을 인정하고 있다. 훌륭한 치료요법은 우리의 근원적인 두려움과 집착, 수치심과 충동, 그리고 경직성을 상대하여 그것들에서 해방시킬 방도를 내놓는다. 그것들 모두 우리의 거짓 주체의 일부이다. 이런 문제들의 뿌리를 처리하는 효과적인 기법들로는 심적 상상, 역할극, 털어놓기, 예술활동, 꿈의 분석, 신체요법 등이 있다. 능숙한 심리치료사는 어린 시절의 온갖 발달양상들을 이해하고, 건강한 자아 구조의 형성에 필요한 요소를 파악하며, 도덕관념, 자아수용, 그리고 자기존재감을 계발하는 과정을 이끌어낸다.

전통적인 영성수련법들과 마찬가지로 융 치료법, 라이히 치료법, 종합심리요법, 초개인 심리학, 그리고 갖가지 호흡법과 신체요법 등은 저마다 의식을 열고 사고와 언어 영역 아래의 자아를 탐구하는 전문적 기법들을 갖고 있다. 이런 치료과정들이 심리치료사와의 의식적이고 친밀한 관계와 어우러질 때, 환자의 과거 심리양상과 두려움들이 밝혀지고 집착에서 벗어난 안정감, 사랑, 신뢰의 영역 속에서 치유가 이뤄진다. 이런 관계 속에서 해방감과 자아에 관한 더욱 선명한 이해력이 생겨나고, 영적 삶의 진실이 개인의 영적 수행 속에 나타날 수 있다. 당연히 노련하고 지혜로운 심리치료사를 만나는 것이 중요하다. 만일 붓다가 당신의 치료사라면 더 바랄 것이 없을 것이다. 심리치료사를 고르는 일은 스승을 선택할 때와 똑같은 세심한 주의를 요구한다.

심리치료사는 노련함뿐 아니라 위엄과 자애의 느낌도 풍겨야 한다. 치료사가 환자의 특정한 영성수련에 참여할 필요까지는 없지만, 영성생활을 존중하고 심리요법과 명상수행 모두의 바탕을 이루는 주의, 자비, 용서의 원칙들을 함께하는 것은 아주 중요하다. 결국 치유의 원천은 특별한 치료법이 아니라 충실한 이해와 자비 속에 형성되는 진심어린 관계이다. 이런 식으로 우리 마음과 정신을 어루만지면 한계의 치유와 신성의 이해에 이르는 심오한 통로가 열릴 수 있다.

평생 우리를 비판하는 사람들만 만나오던 우리가 우리를 조금도 비판하지 않는 사람의 눈을 들여다보고 있으면 그 자체만으로도 놀라운 치유력이 일어날 수 있다. 저명한 명상 지도자 람 다스는 자신이 가끔씩 실행하는 심리치료 과정에 이 방법을 활용한다. 그는 앉아서 환자의 가슴에 자기 손을 얹고 세 시간이고 다섯 시간이고 그대로 있는다. 환자의 눈을 들여다보며 마음의 귀로 환자에게 필요한 열림이 무엇인지 듣고는 그 너머의 섬세한 침묵에 귀를 기울인다. 이런 식으로 상대방을 만지고 그에 의해 만져지다 보면 우리의 갖가지 관계들에 관한 새로운 개념이 형성될 수 있다. 이 과정에서 우리는 자신의 이야기를 털어놓고 평소의 두려움과 한계들을 느끼고 우리 몸과 마음의 위축된 정체성을 이해할 수 있다. 그러면 우리는 옆에 있는 사람과 함께 그것이 진짜 나 자신인지 탐구할 수 있다. 훌륭한 심리치료 과정에서는 명상수행 속에서 나타나는 무아(無我)와 탈(脫)집착의 깊은 깨달음을 발견할 수 있다.

그렇다면 우리가 온갖 고통과 망상들을 떨쳐낼 해법으로 심리요법에 의지해야 한다는 말일까? 결코 그렇지 않다. 명상과 마찬가지로 심리치료 역시 성공할 때도 있고 실패할 때도 있다. 치료 성과는 우리의 상태, 준비상황, 마음가짐에 따라 달라진다. 심리치료사의 기술에 따라서도 좌우된다. 우리 인생의 적당한 시기에 적절한 방법으로 행해졌느냐에 따라서도 변한다. 그리고 심리치료의 결과가 '성공적'일 경우에도, 명상 중에 일어나는 깊은 열림과 마찬가지로 대개 그 치유 성과는 단편적이고 그저 평생에 걸친 열림의 과정에서 첫걸음일 뿐이다. 이런 치유과정의 진정한 해법은 명상도 심리요법도 아니다. 우리의 의식이다. 명상수행에서 얻어진 통찰만으로는 우리 구도 여정의 지름길을 찾는 데 충분치 않듯이, 심리치료의 성과들도 마찬가지다.

많은 수련생들이 오랜 심리치료 과정을 거친 뒤 명상센터를 찾아온다. 그들은 명상 속에서 심리치료에서는 얻을 수 없는 고요함, 깊은 깨달음, 그리고 자유를 추구한다. 반대로 많은 명상수행자들 역시 몇 년간 명상을 수련한 뒤로는 심리요법의 필요성을 느끼고 그것을 시도한다.

중요한 것은 통일성에 이르려는 우리의 결의, 우리 존재의 구석구석을 열어젖히려는 당찬 의지이다. 어쩌면 우리는 이런 이해를 바탕으로 동서양 심리학의 강점과 도구들을 노련하게 활용할 수 있을지 모른다. 이를 통해 21세기 현대사회에서 영성생활을 해나가며 우리 마음의 모든 그늘진 공간을 해방시킬 수 있을지 모른다.

18. 벌거벗은 임금님의 함정

불성(佛性)에 관한 한, 죄인이나 성인이나 아무 차이가 없다. … 깨달음을 얻었다면 그 사람은 부처요, 헛된 상념에 빠졌다면 그 사람은 범인(凡人)일 뿐이다.
 ─ 중국 선종(禪宗) 6대 조사 혜능(慧能, 638~713)

영성생활의 지향점과 위험에 관한 어떤 이야기도 괴팍한 스승들과 광신적 숭배의 문제를 빼놓고는 말할 수 없다. 서구인이든 동양인이든 간에 TV 복음전도사, 목사, 영성 치유사, 그리고 수행 스승들이 종교의 본분을 저버리고 수행 공동체를 멋대로 이용한 이야기들은 수없이 많다. 나 역시 수행 공동체의 지도자로서 스승들의 비행으로 인해 고통 받는 수많은 수련자들을 만났다. 나는 선사, 스와미, 라마, 지도법사, 기독교 성직자, 수녀, 그 외 갖가지 스승들에 대한 온갖 이야기들을 들었다.

철학자 윌리엄 제임스는 종교의 탄생을 자기중심적인 인간의 역사에 기념비적인 사건이라고 했다. 소설가 마크 트웨인은 종교를 사람들이 진실이라 믿고 싶고 그렇게 믿으려 하는 대상이라고 말했다. 수행자들의 허황된 믿음이 스승의 개인적인 문제들과 결합할 때 옛날이야기 '벌거벗은 임금님'에 나오는 희한한 상황이 연출될 수 있다. 아무도 실제로 벌어지는 일을 말하고 싶어하지 않기 때문에 스승들의 비행은 끝없이 이어진다. 영성수련이 우리에게 자기 인생의 무의식 영역을 상대하도록 요구하듯이, 우리는 수행 공동체 전체의 무의식과 우리가 따르는 스승들의 무의식 역시 알아차려야 한다. 그렇지 않으면 우리는 마음과 함께하는 길이 아닌 헛된 망상을 따라가게 될 것이다. 그럴 경우 결국 우리는 영적 고통, 인간적 난파, 그리고 조각난 마음속에서 나뒹굴게 될 것이다.

묵조선(默照禪)의 대가 도겐(道元) 선사(1200~1253, 일본 가마쿠라 시대의 선승. 선(禪)을 조동종(曹洞宗)의 형식으로 일본에 소개했고 좌선과 철학적 사색을 결합시켰다 - 옮긴이)는 "선사의 일생은 끊임없는 실수의 연속이다"라고 했다. 그러면서 그 실수들에서 어떻게 진정한 배움을 얻느냐가 영성생활의 핵심이라고 지적했다. 도겐 선사의 말에는 스승들이 자기 공동체를 잘못 이끌어 중대하고 고통스런 실수들을 저지르는 경우가 다반사라는 뜻이 내포되어 있다. 이런 실수들은 엄청난 슬픔과 고통을 일으킨다. 수행 스승들의 역할이 제자들의 마음과 평안을 지켜주고 자비로써 그들의 깨우침을 인도하는 것이기 때문이다.

스승들의 문제는 그들의 공동체와 거의 분리될 수 없다. 수행 공동체는 그 스승들의 행동과 가치를 반영하고 스승의 문제들에 가담하기도 하기 때문이다. 영성수련에서 수행 공동체는 지극히 중요하다. 수행 공동체 생활이 우리 수행의 일부로 자리 잡을 경우에만 우리 마음과 영성생활이 통합되고 온전해질 수 있다.

대개 처리되지 못한 공동체의 문제들은 너무나 고통스런 상황을 일으킨다. 그것에 맞서 문제를 해결하려면 우리의 모든 수행법, 고도의 감수성, 자비심, 그리고 진리를 향한 투철한 결의를 총동원해야 할 것이다. 또 개인적 수행에서 사용한 모든 원리들을 고스란히 적용해야 할 것이다. 악마에 명명하기, 주의력으로 치유하기, 칸막이 제거하기, 집요한 방문객 찾아내기, 그리고 깨달음의 마음속에서 변환의 씨앗 발견하기….

물론 모든 수행 공동체가 악습에 시달리는 것은 아니다. 스승과 수행자들이 진정으로 청정한 공동체를 만들려는 의지가 있다면, 지혜롭고 통합된 다르마(法)의 가르침이 우리의 앞길을 밝혀줄 수 있다. 바람직한 방법을 발견하기 위해서는 우리에게 일어나는 문제들을 정직하게 바라봐야 한다. 맨 처음 시작은 그것들을 명확히 하는 것이다.

수행 공동체를 무너뜨리는 네 가지 악습

스승과 공동체들을 가장 쉽게 곤경에 빠뜨리는 네 가지 핵심 문제가 있다. 그 첫째가 '권능 남용'이다. 이 문제는 모든 권한이 한 스승에 집중돼 있고 수행자들에게 어떤 결과가 나타나든 스승의 생각을 맹신하는 공동체에서 아주 흔하게 발생한다. 이 경우 결국은 스승의 권위가 사랑의 가르침을 대신하게 된다. 때때로 스승들은 자기 멋대로 제자들의 인생을 조종하려 한다. 결혼이나 이혼을 결정하고, 생활 방식을 정해주고, 심지어 자기 말을 따르지 않는 제자들을 학대하기까지 한다. 권능 남용은 스승의 세력 확대와 자기과시 그리고 전반적인 계급체계 형성으로 이어질 수 있다. 그 속에서 누구는 총애 받고 누구는 홀대받으며, 어떤 제자는 '구원'받고 다른 제자는 버림받는다. 비밀 파벌, 위협, 공포, 그리고 종속관계와 정신적 독재 체제가 형성된다.

이런 권능 남용에 분파주의가 뒤섞이면 자만심, 광신적 숭배, 과대망상 등이 생겨나 '우리 편 아니면 적'이라는 식의 고립주의로 빠져들 수 있다. 최악의 경우 이런 집단은 무기를 들고 서로 의심하며 생존투쟁의 상황으로 돌입할 수도 있다. 나는 이같은 권능 남용이 만연한 어느 공동체에 간 적이 있었다. 자식들까지 데리고 거기 들어가 사는 친구들을 만나러 간 것이었다. 그곳 스승은 영적 능력이 탁월하기로 유명한 사람이었다. 수천 명의 수련자들이 그를 찬양하고 경애하며 외경심을 갖기까지 했다. 출가하여 평생 독신으로 수행한 연로한 그 요기의 덕성은 의심의 여지가 없었다. 그의 권위 역시 마찬가지였다. 그 요기의 주위에 여러 대규모 아슈람이 생겨났고 맹신적인 계급체계도 형성되었다. 수련자들은 스승에 가까워질수록 내집단(內集團)으로 들어가고, 많은 돈을 모으며 영적 후광을 얻었다. 몇 년이 지나자 온갖 소문들이 떠돌기 시작했다. 스승과 핵심 측근들에게 젊은 여자들을 바쳤다거나, 은행에 비밀계좌를 만들고, 마약에 총기까지 거래한다는 등등. 스승을 철석 같이 믿었던 내 친구들은 대다수 수련생들처럼 그런 소문에 코웃음을 쳤다. 저런 위대한 스승에게 어떻게 그런 일이 사실일 수 있겠나? 그러다 친구의 십대 딸이 직접 온갖 소문을 낱낱이 전했다. 그때서야 친구들은 자신이 얼마나 끔찍한 처지에 놓여 있는지 깨닫고, 그 즉시 그 공동체를 영원히 떠났다. 하지만 온갖 사실들이 폭로된 오늘날까지도 수많은 맹신자들이 여전히 그 요기와 머무르고 있다. 그들은 마치 아무 일도 없었다는 듯 그런 문제들을 거론조차 하지 않는다. 그 살벌한 소문들에는 온갖 악행의 요소들이 담겨 있지만, 그 문제의 핵심에는 권능 남용이 있다.

권능 남용처럼 수행 공동체를 곤경에 빠뜨리는 두 번째 문제는 '돈'이다. 고매한 가르침에 접한 사람들은 인생관의 엄청난 변화를 겪게 되고, 가진 것을 아낌없이 바치고 싶어 한다. 따라서 수행 공동체에 엄청난 돈이 쌓이게 된다. 만일 스승들이 단순한 생활을 유지하면서 엄청난 풍요에 익숙지 않다면 금전의 순진한 오용이 이뤄질 수 있고, 만일 그들의 욕심이 커진다면 금전의 의도적 오용 현상이 나타날 수 있다. 내가 아는 어느 아시아인 승려가 있는데, 그는 미국의 풍요로움에 압도당해버렸다. 그 승려는 돈을 요구하기 시작했고 최고급 승용차와 최상의 시설만을 원했다. 동양 수행 공동체의 어떤 스승들은 자신을 지나치게 높이 평가하면서 자기 교단의 기금이나 재산을 함부로 사용한다. 또 어떤 TV 전도사들은 그보다 더 제멋대로 행동하기도 한다. 최악의 경우, 동서양을 막론하고 영적 가르침이 막대한 돈벌이 수단으로 이용돼왔다. 타락한 성직자들은 비밀 은행계좌를 만들고, 사치스런 생활을 하며, 신도들의 돈을 부정하게 써버렸다.

수행 공동체들을 혼란시키는 세 번째 문제는 '성(性)적 비행'이다. 성적 비행은 우리 문화 도처에 만연된 악습인데 수행 공동체도 예외가 아니다. 스승이 자신의 위치를 악용하여 그 교단의 가르침이나 서약과는 모순되게 위선적이거나 은밀한 성적 행위를 일삼는 경우가 있다. 성적 착취, 간통, 성폭행 등 온갖 추잡한 행위로 수행자들의 신체적·정서적 건강을 위태롭게 하는 것이다. 내가 이런 사례를 접한 것은 한두 번이 아니다. 명상지도 시간에 성적 친밀함을 요구하는 선사도 있었고("와서 내 무릎 위에 앉아요"), 비밀 하렘('출입을 금하는 처소'라는 뜻의 아랍어로 이슬람 사회에서 부인들이 거처하는 방을 말함 — 옮긴이)을 만들어놓은 스와미도 있었다. 내가 아는 어느 인도 스승은 아주 엄격한 종파 출신이었는데, 자기 교단에서는 독신주의가 절대 원칙이었다. 하지만 그는 결국 수많은 기혼 여신도들과 은밀한 관계를 맺고 말았다. 이와 똑같은 일을 저지른 라마, 선사, 스와미, 구루 등이 수두룩하다. 그들은 결국 수련자들의 인생과 자기 공동체까지 파멸시키고 말았다.

때때로 '탄트라' 혹은 특별 가르침의 명목으로 은밀한 성적 접촉이 이뤄지는 경우도 있다. 최악의 경우는 미성년 아동 성학대도 벌어지고 수련생에게 AIDS를 옮기는 경우까지 있다. 모두 너무나 쉽게 은근한 성행위가 진지한 가르침과 뒤섞이곤 한다. 최근 사망한 어느 통찰명상 지도법사가 있는데, 그는 어떤 수련회 기간 동안 명상 면담을 줄곧 알몸으로 하곤 했다. 그는 자신의 '진정한 가르침의 선물'을 아주 당혹스런 성행위와 결합시켰다.

스승과 수행 공동체를 무너뜨리는 네 번째 문제는 '알코올이나 마약 중

독'이다. 이런 행위는 어떤 때는 은밀하게, 어떤 때는 공개적으로 진행된다
(선(禪)불교의 역사에는 유명한 술고래 시인과 선사들이 있었다). 공개적으
로 음주를 권장하는 공동체들이 수두룩하다. 스승이 알코올 중독자인 경우
많은 수련생들도 그 뒤를 따르게 된다. 어떤 불교와 힌두교 공동체들은 중
독 문제를 자체적으로 처리하기 위해 금주동맹(AA)에 가입해야만 했다. 사
례가 많지는 않지만 가끔은 마약 중독 역시 스승과 공동체들 사이에 문젯
거리로 등장한다. 최악의 경우는 비밀스런 알코올 중독과 마약 중독에다
권능 남용과 성적 비행까지 합쳐질 때도 있다.

수행 공동체에 들어가는 수행자들은 자신이 이런 난관들에 부딪칠 줄은
상상도 못한다. 이상, 환상, 희망에 들뜬 수행자들은 수행의 한편에 도사린
이런 그늘진 구석들을 보지 못한다. 그러나 최근 신문기사, 언론들의 보도,
우리 시대의 흐름 등으로 인해 점점 수행자들도 이런 문제들을 알게 되었
고 그것들에 대처하기 시작했다. 권능, 돈, 섹스, 알코올, 그리고 교만한 자
아는 모든 인간의 난관들이다. 영적 스승이라고 이 문제들에서 예외일 수
있겠는가? 물론 많은 명상 스승들은 자신의 본분을 충실히 지키면서 덕행
과 자비의 본보기가 되고 있다. 그러나 위의 문제들이 만연해 있는 것이 현
실이므로 이 문제들이 어떻게 왜 일어나는지 알아두는 것은 중요하다. 그
래야 미래에 더욱 온전한 수행 공동체를 건설할 수 있다.

왜 문제들이 일어날까

대개 이런 문제들은 영성이 우리 자신의 인간성을 무시하거나 부정하는
경우에 일어난다. 아시아나 미국의 사원이나 아슈람에서 정진하는 대다수
스승과 구루의 수행은 신비스런 내면의 수련을 위주로 한다. 권능과 그 오

용 가능성 같은 까다로운 문제들은 거의 건드리지 않는다. 스승들은 별안간 행정가, 관리자, 안내자, 절친한 친구 등의 역할을 맡게 되고, 그 과정에서 엄청난 책임과 권한을 떠맡는다. 하지만 많은 영성 체계와 수행법들은 성욕, 금전, 권능에 얽힌 인간적 문제들을 신성하다고 여기는 영역에서 명백히 제외시켜놓았다. 이런 칸막이 세우기는 특정 분야(명상수련, 공안수행, 기도, 탐구, 축원, 탁월한 자애명상 등)에서는 깨치고 노련하더라도 개인생활의 대부분 영역에서는 미숙한 스승들을 배출할 수 있다.

또 수행자들은 우리가 전에 다뤘던 내용도 기억해야 한다. 각성과 그에 따른 신비적 환영과 깨우침들은 여러 수준이 있다는 사실이다. 각성은 심오한 경험과 여러 차례의 통합적 경험이 어우러진 하나의 과정이다. 초기 열림의 경험이 아무리 강렬하다 해도 우리 개인생활의 많은 상황들은 필연적으로 그대로 남게 된다. 신비적 환영이나 황홀한 '깨달음', 사토리, 혹은 각성의 경험은 단지 심오한 영성수련의 시발점일 뿐이다. 하지만 이 최초 경험이 너무도 강렬해서 수많은 수행자들이 그 경험만을 바탕으로 수행지도를 시작한다. 이런 단편적인 경험들은 쉽사리 과대망상과 자만심을 일으킬 수 있다. 대다수 스승들은(스스로 인식하든 못하든 간에) 그저 일부만 깨우치고 약간의 깨달음만 얻었을 뿐이다. 불교 교리에는 각성의 여러 단계들이 소개돼 있는데, 깨우침이 먼저 이뤄지고 훨씬 뒤에 인격이 성장한다고 돼 있다. 따라서 처음 각성의 경험을 한 뒤 우리가 각성에 대한 영감을 전하고 참된 가르침을 줄 수는 있지만, 우리의 가장 깊숙한 욕망, 난폭성, 두려움, 그리고 이기심의 뿌리를 변환시키려면 훨씬 깊은 수행이 필요할 것이다.

이 점을 가장 극명하게 드러내는 문제가 바로 성욕이다. 성욕의 힘은 거대하다. 성욕은 모든 인간을 생겨나게 했고, 모든 생명을 관통하는 창조력이다. 그런데 이런 성욕을 영성생활의 대부분에서 제외시킴으로써 참혹한 결과가 빚어졌다.

　몇 년 전 나는 〈요가 저널*Yoga Journal*〉에 기고문을 하나 발표했다. 수행 공동체의 성 문제에 관한 인식과 개방성을 높이려는 바람으로 '구루의 성생활'이라는 기사를 썼다. 나는 53명의 선사, 라마, 스와미, 그리고 고참 수행자들을 만나 그들의 성생활과 여러 스승들의 성적 관계에 대한 이야기를 나눴다. 내가 발견한 사실은 아주 단순했다. 그 행위는 새도 하고 벌도 하며 대다수 구루 역시 한다는 것이었다. 우리 문화의 여느 집단과 다름없이 그들의 성적 취향도 각양각색이었다. 이성애, 양성애, 동성애, 성욕도착, 노출증, 일부일처, 일부다처…. 독신으로 행복하게 지내는 스승들도 있고, 독신을 지키지만 괴로워하는 수행자도 있었다. 결혼해서 한 여인과 사는 이들도 있고 여러 관계를 은밀히 지속하는 이들도 있었다. 문란한 성생활을 하면서 그것을 숨기는 수도자도 있고, 그런 생활을 떳떳이 드러내는 이도 있었다. 온전하고 책임 있는 성적 관계를 자기 영성생활의 일부로 만든 구도자들이 있는 반면, 대다수 수행자들의 자기 성욕에 대한 깨달음이나 의식 수준은 주변의 보통 사람들과 거의 다를 바가 없었다. 이들 스승 대다수의 '깨달음'은 자신의 성욕을 건드리지 못한 상태였다.

　예로부터 아시아에서는 도덕적 계율과 서약을 통해 수행 스승과 수도승들의 성적 방종과 갖가지 비행을 막아왔다. 일본, 티베트, 인도, 태국 등지에서는 종교 공동체의 모든 일원들이 도둑질, 거짓말, 음행(淫行), 지나친 음주 등을 금하는 계율을 이해하고 따르고 있다. 어떤 계율들은 완화되거나 수정되는 경우도 있지만(가령 중국과 일본에서는 음주가 용인되기도 한다), 스승들의 행동에 관한 몇몇 엄격한 문화적 규범들은 모두가 인식하고 있다. 모든 공동체들이 그런 규범을 지키는데, 가령 스승이나 수행자들 앞에서는 성적 관심을 일으키지 않도록 점잖은 옷을 입는다거나, 알코올이나 권능의 사용에 있어 누구나 적절한 한계를 지키는 것이 그런 예이다.

　그런데 현대 서구사회에서는 흔히 이런 규칙들이 무시된다. TV 전도사도 동양의 수행 스승들도 돈, 권능, 섹스 등에 관한 명확한 행동규범을 갖고 있지 않다. 우리 사회는 아무런 명확한 기준 없이 스승들에게 돈을 갖다 바치거나 엄청난 권한을 맡기고 있다. 서구사회에서 알코올이나 마약은 거의 아무런 도덕적 거리낌 없이 멋대로 사용된다. 과거의 수도원 계율 같은 뚜렷한 제약이 없는 상황에서 스승들이 술을 얼마만큼 마셔야 할지 말할 수 있는 사람이 누가 있겠는가? 전통적 계율과 서약에 전혀 얽매이지 않은 영성수련은 스승과 수행자 모두를 타락시킬 수 있다. 수행 공동체들은 스승과 수행자 모두의 장기적인 이득을 위해 명확한 계율을 세울 필요가 있다.

성욕, 권능, 돈, 중독성 물질의 유혹은 엄청난 것이다. 45세의 한 미얀마 선사가 있었다. 내가 그분을 남부 캘리포니아에서 열린 대규모 불교 수련회에 모시고 왔는데, 그 선사는 미국인들의 옷차림을 보고 충격을 받았다. 그때가 미국에서 가진 그분의 첫 수련회였는데, 폭염이 몰아닥쳐 대다수 수련생들의 복장이 티셔츠와 반바지 차림이었다. 그 스님은 열네 살에 출가한 이후 긴 치마와 긴팔 블라우스 차림이 아닌 여성들은 본 적이 없었다. 그분에게 그곳 광경은 마치 스트립쇼 같았다. 여러 날 동안 그 스님은 선방에 있을 때나 면담 중일 때나 제대로 눈도 들지 못했다. 결국 흔들림 속에서도 그럭저럭 마음을 다잡았지만, 그 광경은 여전히 그분의 평정심에 엄청난 시련이었다.

망상을 일으키는 전이와 투사

스승과 수행 공동체가 겪는 난관을 제대로 이해하기 위해서는 정신적 관계들에서 작용하는 강렬한 이상화와 투사의 힘을 인식할 필요가 있다. 서구 심리학에서 '감정전이(感情轉移)'라 부르는 아주 강렬한 무의식적 심리현상이 있다. 전이는 우리가 과거의 어떤 중요한 사람(대개는 우리 부모님)의 특징을 남자건 여자건 어떤 권위적 인물로 옮기거나 투사(投射)하는 현상을 말한다. 우리는 마치 어린 아이처럼 권위적 인물들을 절대 선(善) 혹은 절대 악(惡)으로 보는 경향이 있다. 인간 존재가 얼마나 복합적일 수 있는지 이해하지 못했을 경우의 미숙한 심리현상이다. 우리는 그들이 우리의 모든 문제를 해결해주리라 기대하거나, 그들이 부모님처럼 우리를 심판할까봐 두려워한다. 또 우리 부모님에게서 얻고 싶었던 것을 그들에게 바라기도 한다.

사람들은 자기 스승들에게 엄청나게 많은 이미지를 투사한다. 좋게 봐서 이 현상은 사랑하기와 비슷하다. 우리는 정신적 스승들과 '사랑에 빠진다.' 우리는 사랑, 완벽한 선(善), 그리고 완전한 정의를 구할 공간을 찾는다. 너무나 강렬히 열망할 때, 우리는 그것을 다른 사람에게 투사한다. 영성 낭만주의에 빠졌을 때, 우리는 스승들을 그들의 인간적 실체가 아니라 우리가 원하는 대상으로 상상한다. 가족과 학교에서 의심하지 말고 권위에 복종하도록 교육받은 사람들일수록 이런 경향은 더욱 두드러진다.

수행 공동체에서는 전이현상이 거의 다뤄지지 않지만 심리학과 정신치료 과정에서는 중요하게 취급된다. 정신치료를 받는 환자들은 결국 전이를 통해 치료사와 주변 세계와의 현실적인 관계를 회복한다. 이런 전이와 이상화는 수행자들뿐 아니라 스승들에게도 지대한 영향을 미친다. 이 현상들은 비현실적 분위기를 조성하고 흔히 스승을 고립시킨다. 스승이 불안정하거나 외로울 때 제자들의 투사 작용은 그 불안한 감정을 증폭시킨다. 수행자들이 스승을 완벽한 성인으로 바라볼 경우 스승 역시 비슷한 망상에 빠질 수 있다.

스승은 열광적인 숭배자들에 둘러싸이지만 동료는 하나도 없을 수 있다. 터놓고 진실한 대화를 나눌 상대는 아무도 없는 것이다. 개인생활은 거의 없고 항상 공동체의 영적 고민들을 해결하느라 골몰하기 쉽다. 흔히 스승들은 엄마, 아빠, 고해 신부, 치유자, 행정가, 상담자 등 모든 역할을 도맡아 한다. 스승들이 얼마나 힘겹게 자기 역할 속에 갇혀 있는지 이해하는 사람은 거의 없다. 특히 수행 스승이 하나뿐인 공동체에서는 그 정도가 더욱 심하다. 전이 과정은 이런 고립을 심화시키면서 스승의 비행을 유발하는 핵심 요인 중 하나이다. 얼마쯤 지나면 스승 안의 억눌리고 쌓인 욕구와 갈등이 떠오르고 그것은 공동체를 불길 속으로 몰아넣는다.

품행이 온화한 중년의 기혼 남자가 있었다. 그는 인도에서 어느 구루를 모셨는데, 그 구루가 제자들에게 그를 따르라고 명하면서 별안간 스승의 역할을 떠맡게 되었다. 처음에 그는 훌륭한 지도력과 겸손함으로 수련자들을 이끌었다. 하지만 점점 많은 수련자들이 몰려들면서 자기 역할에 휩쓸려 들어갔다. 그는 불안감에 휩싸여 있지도 않은 초능력을 과시하려 애썼고 여성 신도들과의 성적 접촉을 통해 위안을 구했다. 그는 그 행위들을 자신의 '고매한 가르침'이라며 정당화했다. 전이현상의 늪에 빠진 것이다.

가끔 전이의 문제는 수행 공동체를 찾아오는 수련자들의 속성 때문에 한층 더 심각해진다. 우리는 이미 외롭고 상처받은 사람들이 얼마나 자주 명상센터를 찾아드는지 보았다. 사람들은 가족을 찾아서, 사랑을 찾아서, 가져본 적이 없는 좋은 엄마 아빠를 찾아서 명상센터를 찾아온다. 그들은 험난한 세상살이에 지쳐 치유를 구하고 우정과 지원을 구한다. 그들은 수행 공동체가 그토록 갈망하던 훌륭한 가족이 돼주기를 바란다. 그들의 영성수련이 미해결된 가족 문제와 그 고통을 처리해주지 못할 때 그들의 결핍감은 계속 커져간다. 이런 어수룩하고 절박한 사람들이 무수히 모여 명상센터에서 함께 지내다 보면, 과거의 고통스런 가족관계를 쉽사리 다시 형성하게 된다. 그들은 자신도 모르게 두려움, 분노, 우울 등을 새로운 '영적' 형태로 재생산하곤 한다. 마가렛 미드(Margaret Mead : 미국의 문화인류학자. 오세아니아의 원시 종족들을 통한 문화 양상의 연구로 유명함 - 옮긴이)는 이렇게 말했다. "아무리 많은 공동체를 창조해낸다 해도, 항상 되살아나는 것은 우리 가족이다."

심지어 수행자들이 공동체의 문제들을 알게 됐을 경우에도 그 문제들에 맞서거나 그곳을 떠나려 하지 않을 때가 많다. 또다시 자기 '가족'을 잃고 싶지 않기 때문이다. 그것은 마치 학대받는 아이가 난폭한 부모에게 다시 돌아가려 하는 것과 다름없다. 소속감은 그토록 중요한 것이다.

하지만 만일 어떤 공동체의 구성원들이 스스로 의존성, 불안, 그 외 여러 위협적 문제들을 처리할 수 없을 경우는 더욱 심각한 의존성, 위선, 그리고 고립적 결과가 나타난다. 진정한 수행 공동체는 이런 난관들을 인정하고 제대로 대처해야 한다. 분명히 거의 모든 공동체가 얼마쯤의 난관과 문제들을 안고 있을 것이다. 일반적 문제들을 지닌 곳도 있고, 스승이 비행을 저지르는 곳도 있을 것이다. 비록 대다수 스승들이 부도덕하지는 않다 하더라도, 신격화, 자기도취, 칸막이 세우기, 스승 역할과 욕구의 혼동 등이 일어날 경우에는 언제든 심각한 학대와 착취 현상이 나타날 수 있다.

스승 공동체 문제를 다루는 해법

솔직한 의문 제기

스승과 공동체 모두 그릇된 행태에 책임이 있으므로 둘 다 문제해결에 참여해야 한다. 이 난관을 극복하는 열쇠는 올바른 인식이고, 그 첫 번째 단계는 '솔직한 의문 제기'이다. 여기 몇 가지 물음들을 소개한다. 위대함이나 영성 낭만주의 같은 망상들이 심각한 문제들을 가리고 있을 때 그것들을 돌파하기에 요긴한 물음들이다.

■ 수행 공동체에서 당신은 자신의 도덕적 관념이나 존엄성에 위배되는 행위를 요구받는가? 구루와 그 주위 사람들에 대해 공동체의 이중 기준이 존재하는가? 비밀이나 이상

한 소문들이 있는가? 핵심 인사들이 성, 돈, 권한 등을 오용하는가? 그들이 주로 당신의 돈을 요구하는가? 혹시 당신의 몸을 요구하는가? 당신이 옛날 친구들과 어울리는 것을 허용하지 않는가? 종속된 느낌이 드는가? 뭔가에 중독돼 있는가? 수행과정이 경직돼 있는가?(이것은 중대한 위험신호이다) 공동체에 무겁고 음산한 분위기가 감도는가? 그들이 당신에게 스스로 판단하지 못하게 하면서 맹목적 믿음을 요구하는가? 진정한 사랑과는 관련 없는 듯한 어떤 심각한 일이 진행되고 있는가? 자유에 이르는 수행보다 일방적 지시와 공동체의 결속을 더 중시하는가? 편협한 느낌이 있는가? 가장 오래된 고참 수행자를 봤을 때, 행복하고 성숙해 보이는가? 수행자들이 수련과정을 마치고 나서 남을 지도하고 자기 가르침을 전할 자리가 있는가, 아니면 항상 제자와 어린 아이의 역할에 머무르는가?

그 공동체가 분파주의나 차별을 바탕으로 하는지, 또는 근본주의 종교의 색채는 없는지 세심히 바라보라. 이런 노력은 우리가 그 공동체나 스승과 사랑에 빠져 있을 경우는 힘겨울지 모른다. 우리는 자신이 선택받은 자, 행운아, 세상의 다른 사람들보다 훨씬 고매한 것에 근접한 사람이라는 관념에 홀려 있을지도 모른다. 하지만 이런 착각은 필연적으로 고립, 중독, 진정한 지혜와 자비의 상실을 불러온다.

수행자들이 '유일한 진리의 길'이라며 열광적으로 외쳐댈 경우, 그것은 대개 남들에게 인정받지 못한 불안감의 표시이다. 흔히 그 밑바탕에는 거대한 무의식적 두려움이나 의혹이 깔려 있다. 페르시아 성녀 라비아St. Rabia에 얽힌 일화가 있다. 어느 날 라비아가 몸져누워 있는데 친구들이 문병을 왔다. 그들은 세상 모든 것들을 험담하면서 자신들이 얼마나 신성한지 떠벌리기 시작했다. 라비아는 그 모습에 웃음이 나와 이렇게 말했다. "너희들은 이 세상에 정말 관심이 많은 모양이구나. 그렇지 않다면 그렇게 열심히 떠들어대지는 않을 거야. 물건을 부수려면 먼저 그것을 사야 되지 않겠니?" 이 세상에서 오직 소수의 선택된 사람들만이 깨달음을 얻거나 해방에 이를 거라는 주장은 결코 진실이 아니다. 깨달음은 모든 존재, 온 생명체의 타고난 권리이다. 진리의 길은 절대 하나만이 아니다.

우리는 각자 스스로 권위자가 되어야 한다. 오직 이때, 이럴 경우에만 자유에 도달할 수 있다. 붓다가 혼돈에 빠진 칼라마족 주민들에게 하신 권고를 기억하라. 우리는 남들의 시각이 아니라 스스로의 눈으로 자기 삶을 바라봐야 한다. 그러면서 그 수행의 길이 분명히 유익할 경우에만 따라야 한다. 우리는 자애로운 마음으로 물어야 한다. 나는 더 고립되거나 추하거나 헤매거나 중독돼 가고 있나? 내 고통이 더 커지고 있나? 아니면 내 안에 청정함과 자유가 성장하고 있나? 스스로 무엇이 진실인지 판단할 능력, 자비와 아량을 베풀 능력이 커지고 있나?

이 물음들에 답하면서 우리는 이런 의문 제기보다 한층 더 힘겨운 일을 해나가야 한다. 자신에게도 공동체에도 진실을 말하는 것이다. 공동체 안에서 진실을 말하는 것은 공동체를 깨어 있게 하는 일임을 명심하라. 이때 악마에 명명하기와 자비심과 명철함으로 솔직하게 말하기가 매우 중요하다. 이것 없이는 어떤 문제도 근본적으로 해결할 수 없다. 우리는 스승과 대화하며 그들이 난관을 이해하고 그것을 바로잡을 생각이 있는지 확인해야 한다. 끔찍한 행동을 볼 때는 멈추라고 요구해야 한다.

나는 이런 마음 자세로 몇 년 전 우리 공동체의 이사회를 대표해 아시아로 날아간 적이 있다. 우리의 고위 지도법사 한 명이 미국에서 성적 비행을 저지른 혐의가 있었는데, 그에 대해 아무런 반응을 보이지 않아서 직접 조사하러 간 것이었다. 우리는 그에게 우리 공동체와 스승들에게 솔직하게 말해달라고 요구했다. 해명하고 사죄하고 자신의 윤리 기준을 재확인하여 다시 우리 공동체에 들어오라고 했다.

어떤 공동체들에서는 구루나 라마, 선사나 신부를 조사하는 일은 속되거나 불경한 일로 여기고, 공동체의 진로를 의문시하는 일은 망상과 미숙함의 표시로 간주한다. 하지만 우리는 기꺼이 우리 공동체에 물어야 한다. "우리가 얼마만큼 길을 잃고 집착하며 중독돼 있나요? 어느 정도 성과를 얻었고 깨어나며 열려 있나요?" 혼란스런 믿음의 암초들, 수행과 스승에 관한 일체의 허상들, 그릇된 행위들, 모호한 윤리 규정 등을 반드시 짚고 넘어가야 한다. 진실한 마음으로 공동체의 번영에 대해 솔직하고 공개적으로 말할 때 놀라운 결과가 나타난다. 그것이 치유와 전환이다. 정직하고 자애롭게 악마에 명명할 때 망상을 퇴치할 힘이 솟아난다.

이 문제들을 상대하는 일은 너무나 괴롭고 위험하기 때문에 흔히 상황을 어설프게 다루기 쉽다. 비난, 두려움, 의심으로 가득 찬 비밀 모임이나 분노의 표출은 아무에게도 이롭지 않다. 모두를 위한 관심과 자비의 정신이 중요하다. 공동체가 이 점을 배우는 데는 상당한 시간이 필요할지 모른다. 진정한 이해와 신뢰를 회복하려면 대개 외부에서 지혜로운 원로를 모셔다가 안정된 모임을 이끄는 것이 필요하다. 만일 스승이 얼마쯤 열린 마음을 지녔다면, 점차 스승과 공동체가 함께 성숙해갈 것이다.

이를 위해 스승들은 자기 안에 도사린 문제의 뿌리를 처리할 수 있어야 한다. 그것이 과거의 상처든 문화적 갈등이든 고립감, 중독, 자신의 과대망상 등 무엇이든 간에 반드시 해결해야 한다. 어떤 공동체에서는 지도법사들이 결국 금주동맹(AA)에 참여하거나 심리 상담을 받기도 했다. 또 어떤 곳에서는 스승의 고립 상태를 해소하기 위해 의사결정 위원회가 설립되었다.

앞서 말했듯이 스승과 공동체의 난관들을 상대하는 데는 우리가 명상 중에 익혔던 그 기본원칙들이 필요하다. 우리는 반복해서 그 난관들에 명명하기를 하고, 집요한 문제들의 뿌리를 발견하고, 모두를 짓누르는 두려움을 인식해야 한다. 우리는 자신과 모든 당사자들에 깊은 자비심을 가지고 상황을 정직하게 바라봐야 한다. 그러면 그 난관들 속에서도 수행의 깨우침을 얻을 것이다.

장점 취하기

　스승들의 인간성과 복잡한 내면을 상대할 때 염두에 두면 도움 될 원칙들이 몇 가지 더 있다. 그 중 하나가 이른바 장점 취하기이다.

　나의 첫 스승이신 아잔 차 스님은 흠잡을 데 없는 분이었다. 점잖게 행동하고 품위 있으며 탁월한 통찰력과 자애로운 성품을 지닌, 모든 면에서 모범적인 구루셨다. 그분과의 공부를 마친 뒤 나는 어느 유명한 미얀마 선사와 함께 1년간 장기 수련에 들어갔다. 그런데 그 선사는 추접하고 괴팍한 노인네였다. 그는 개한테 돌멩이를 던지고, 미얀마 시가를 뻐끔거리고, 아침 내내 신문을 뒤적거리면서 가장 예쁜 젊은 여승과 노닥거리기 일쑤였다.

　그러나 개인 면담을 할 때 그 선사는 아주 뛰어난 스승이었다. 그는 수천 명의 승려들을 수련시킨 터라 내면의 수양에는 노련한 안내자였다. 하지만 그의 다른 행동들을 봤을 때는 한심하기 짝이 없었다. 나는 속으로 생각했다. "저 사람이 득도하기는 틀렸어." 몇 주 동안 상당한 혼란을 겪은 뒤 나는 그가 훌륭한 명상지도사이긴 하지만 모범적 스승과는 거리가 멀다는 결론을 내렸다. 내게 이로운 점을 받아들이면 됐지 모든 면을 통째로 수용할 필요는 없다는 것을 깨달았다. 나는 그 사람을 모방할 필요가 없었다. 그러자 그가 약간 좋아지기 시작했다. 지금 나는 그 선사를 애정과 감사의 마음으로 추억하고 있다. 나는 그 선사처럼 되고 싶지는 않지만, 그가 내게 준 많은 경이로운 가르침에는 감사하고 있다.

후광효과 인식하기

　장점 취하기를 하기 위해서는 지혜로운 관계의 두 번째 원칙인 후광(後光)효과(halo effect)를 인식하고 그것에 말려들지 않을 필요가 있다. 후광효과란 어떤 명상 대가 혹은 영적 지도자가 어느 한 분야에서 뛰어날 경우 다른 모든 분야에서도 훌륭할 거라고 착각하는 현상을 말한다. 만일 그들이 내면 통찰에 밝을 경우 자녀양육이나 심지어 차량 수리에도 훤할 거라고 믿어버리는 식이다. 이런 착각은 수행 공동체에서 허구한 날 보게 된다.

어느 어수룩한 부부가 자기 스승인 고명한 티베트 라마에게 출산에 관해 조언을 구했다. 그 라마는 독신 수행자였고 사원에서 자란 터라 사실 그 문제에 대해서는 캄캄했다. 하지만 라마는 티베트 산속 민담을 바탕으로 그들에게 도움말을 건넸다. 부부는 그 조언에 따라 산속 오두막에서 분만을 시도하다 끔찍한 결과를 당했다. 산모와 아기 둘 다 죽을 뻔했던 것이다.

어느 카리스마 넘치는 인도 구루를 섬긴 또 다른 수행자가 있었다. 구루의 충만한 사랑과 가르침은 그 수행자에게 엄청난 기쁨과 평화를 안겼다. 그 수행자는 게이였는데, 십 년 넘게 파트너와 충실하고 애정 어린 관계를 이루며 살고 있었다. 그러던 어느 날 구루가 모든 동성연애는 지옥 불에 떨어질 끔찍한 죄악이라고 하는 것이었다. 그 수행자의 인생은 파탄 지경에 이르렀다. 파트너와의 관계는 산산이 부서졌고, 은밀한 죄책감과 어린 시절 내내 그를 괴롭혔던 자기혐오가 되살아났다. 결국 그 수행자는 외부의 도움을 통해 자신을 추스렸다. 그 구루가 자기에게 통찰력과 명상의 경이로운 가르침을 주었을지는 몰라도 동성애에 대해서는 완전히 무지하다는 사실을 알게 되었다. 그 점을 깨달은 후에야 그는 그토록 소중히 여겨온 가르침과 자신의 인생을 한결같은 자애심으로 보듬을 수 있었다.

우리는 인생 어느 한쪽의 지혜가 다른 쪽에도 저절로 지혜를 주는 것은 아님을 수없이 확인하게 된다. 어떤 스승 어떤 수행법도 그 나름의 강점과 약점을 지니고 있다.

능력과 지혜 구분하기

영성생활에서 황금과 고철을 제대로 구별해내려면 스승의 능력과 지혜를 구분해야 한다. 능력에는 초능력, 특별한 심령 에너지, 수행자에게 환상 일으키기, 단순한 카리스마 등이 있다. 능력은 뛰어나지만 지혜는 보잘 것 없는 스승들이 수두룩하다. 반면 사랑과 열린 마음 외에는 별다른 능력이 없으면서도 지혜로운 사람들도 많다. 속아 넘어가지 말라. 때때로 이 두 자질이 어우러진 지혜롭고 능력 있는 스승이 있지만, 대개는 그렇지 못하다. 능력 있는 스승이 지혜롭고 자애로울 수도 있지만 그렇지 못할 수도 있다. 능력과 지혜는 전혀 별개의 것이다. 스승이 다르마(法), 신성, 진리를 펼칠 때 그 혜택은 모두에게 미칠 수 있지만, 비상한 능력을 자신을 위해 사용할 때 그것은 문제의 근원이 된다.

명확한 윤리지침 마련하기

지혜로운 수행 공동체를 유지하기 위한 가장 중요한 원칙은 모두가 지킬 명확한 윤리지침을 확립하는 것이다. 훌륭한 수행 전통들은 각기 제 나름의 계율을 갖고 있다. 문제는 그 계율들이 인정받고 존중되고 지켜지는가 하는 것이다. 어느 선사가 내게 하는 말이 수행자들이 계율을 지키는 것은 아주 중요하지만, 물론 선사들은 '자유롭기' 때문에 그것들에 얽매일 필요가 없다고 했다. 여러분은 나중에 그 공동체가 어떤 상황에 빠졌는지 상상이 갈 것이다.

만일 당신의 공동체에 아직 스승과 수행자들이 지킬 윤리지침이 없다면, 그 문제를 제기하고 그것을 마련해야 한다. 필요하면 존경받는 원로나 공동체의 지혜로운 동료들에게 도움을 구하라. 우리 통찰명상 공동체에는 스승이나 수행자들이 공히 지켜야 할 규율로서 불교 오계(五戒)에 근거한 정식 윤리지침이 마련돼 있다. 거기에는 흔히 발생하는 스승의 비행들을 언급하고, 금전, 성(性), 중독성 약물의 오용을 통해 남에게 해악을 끼치지 못하도록 하는 규정이 담겨 있다. 또 윤리위원회를 두도록 했고 수행자나 스승에 관련된 문제들을 처리하는 방법도 명시했다. 참고삼아 윤리지침 샘플을 이 책 부록에 실어놓았다.

전통 불교 사원들에서는 계율 위반을 처리하는 일이 하나의 치유과정, 회복과 화해의 과정으로 다루어졌다. 어떤 때는 참회와 공동체에 대한 사죄가 필요했고, 어떤 때는 서원(誓願)을 새로 해야 했다. 일정 기간의 회개와 반성을 요구할 때도 있었다. 윤리지침을 마련할 때는 비행을 처리하는 확실한 과정, 진실을 고백할 장소, 윤리 기준을 꾸준하고 자애롭게 지탱해갈 절차 등을 담아야 한다. 정기적인 모임을 만들고, 규율 감독관, 효과적인 의사소통을 위한 통로와 제도도 마련해야 한다.

내가 '벌거벗은 임금님'의 실상을 드러내려 하면서 이 문제들이 단순하거나 쉽사리 처리될 것처럼 이야기했다면, 분명히 말하는데 결코 그렇지 않다! 이 문제들은 공동체 생활에서 가장 고통스럽고 험난한 난관이 될 것이다. 이 문제들을 해결하는 데는 관련된 모든 사람들의 엄청난 인내와 지혜가 필요하다. 오직 이런 자세를 통해서만 진정한 치유가 이뤄질 것이다.

용서와 포용

우리가 공동체, 스승, 그리고 자신의 온갖 문제들과 씨름할 때 필연적으로 일정한 용서 조치를 취하게 된다. 이때의 용서는 고통을 일으킨 수행자, 공동체 일원, 혹은 스승의 행위를 묵인하는 것이 아니다. 우리가 진실을 공개하지 않거나 미래의 비행을 방지할 강력한 조치를 취하지 않는다는 뜻도 아니다. 여기서의 용서는 우리가 누군가를 우리 마음 밖으로 몰아내지 않는다는 의미이다. 용서의 눈으로 바라볼 때, 우리는 우리 모두 잘못을 저질렀고 남에게 고통을 일으킨 죄인임을 깨닫는다. 그 누구도 예외가 없다. 우리가 자기 마음을 들여다보고 용서할 수 없는 죄악을 보았을 때, 잘못을 저지른 사람은 우리와 완전히 다른 인간처럼 믿는 자신을 발견한다. 하지만 그들의 혼란, 두려움, 고통이 정말로 우리 자신의 그것들과 다를까?

몇 년 전 우리 불교 공동체가 상당히 고통스런 시기를 거쳤다. 어느 지도 법사가 금욕 수련 기간 동안 한 수련생과 성적 관계를 맺은 것이다. 우리는 분노와 당혹감 속에 연이어 대책회의를 열었다. 우리는 어떻게 이런 일이 일어났는지, 이 문제를 어떻게 처리해야 할지 전전긍긍했다. 이 중대한 문제를 고민할 때마다 분노에 찬 아우성들이 터져나왔다. 그러다 가장 심각했던 회의 도중에 누군가 일어나 지극히 자애로운 태도로 이런 질문을 던졌다. "이 방 안에 있는 우리 중에 성(性)과 관련해서 바보짓 안 해본 사람이 과연 있습니까?" 좌중에 폭소가 터졌다. 우리 모두 마찬가지라는 사실을 깨달았다. 그 시점부터 우리는 비난의 화살들을 거두고 그 고통스런 상황에 관련된 모든 사람들을 위한 지혜롭고 자비로운 방안을 찾기 시작했다.

최후의 선택 – 공동체 떠나기

우리가 이해와 용서의 마음으로 이런 문제들에 대처하려 안간힘을 쓰더라도, 때로는 우리가 마주치는 상황들이 너무나 혹독해서 떠나는 것만이 최선의 방법일 경우가 있다. 어떤 스승과 공동체들은 너무나 거대하고, 자기도 모르게 이중적인데다 두려움에 빠져 있어서, 자신의 난관들에 맞설 의지도 능력도 없는 경우가 있다. 구제불능일 정도로 착취와 학대의 악습에 찌든 병적인 집단들도 있다. 어떤 때는 우리가 참여한 직후 위험신호가 감지되기도 한다. 또 어떤 때는 나중에 심각한 문제가 일어나고 그곳 스승과 공동체의 완강한 반발에 부딪친 뒤에야 우리가 떠나야 함을 깨닫기도 한다. 토머스 머튼은 다음과 같이 경고한다.

■ 세상에서 가장 위험한 사람은 자기만을 믿는 명상가다. 그는 자신만의 시각을 믿는다. 그는 자기 내면의 목소리에만 복종할 뿐 남들의 말에는 신경 쓰지 않는다. 그는 자기 마음을 신의 의지와 동일시한다. … 만일 이런 사람이 자기 과대망상의 광포한 힘을 다른 사람들에게 옮겨놓고 자신이 정말 성인이라는 인상을 심어줄 경우, 그는 한 도시나 하나의 교단, 심지어 한 국가를 통째로 파멸시킬 수 있다. 이 세계는 온통 이같은 몽상가들이 남겨놓은 깊숙한 상처 자국투성이다.

우리가 괴로움에 휩싸인 수행 공동체를 떠날 때, 또는 스승과 공동체가 자기 문제들의 해결에 등을 돌릴 때, 우리는 어마어마한 고통을 경험한다. 영성수련 도중에 우리 마음은 온갖 고통들에 시달리지만, 이런 상황의 배신감은 가장 견디기 힘든 고통에 해당한다.

우리가 신뢰하는 스승이나 사랑하는 공동체가 위선적이고 위협적인 정체를 드러낼 경우 많은 수행자들은 가장 심각한 상실감과 분노를 느낀다. 우리는 마치 다시 어린 아이가 되어 부모의 이혼이나 죽음, 혹은 최초의 배신이나 악행을 경험한 듯한 충격에 휩싸인다. 스승이나 공동체에 의해 이런 극심한 좌절감을 맛볼 경우 우리는 자신에게 이렇게 물을지 모른다. "이런 상실의 고통 앞에 나 자신이 몇 살로 느껴지지?" 흔히 우리는 아주 어린 애처럼 깨닫게 될 것이다. 그리고 우리의 격한 감정들이 단순히 그 상황 때문만이 아니라 과거의 해묵은 응어리에서 비롯됐음을 깨닫게 될 것이다.

어쩌면 그 감정은 우리 인생에서 수차례 되풀이된 학대받고 버림받은 고통
의 일부일지 모른다. 또 어쩌면 우리는 과거에 자신을 포기하고서 나중에
구원되기를 바랐는지도 모른다. 만일 그렇다면 우리는 자신에게 몇 가지
힘겨운 질문들을 끊임없이 던져야 한다. 무엇이 나를 이곳으로 이끌었나?
무슨 일이 벌어질지 예상하지 못했나? 어떻게 내가 이런 참혹한 지경에 빠
졌나?

 '환멸'은 수행의 길에서 중요한 요소이다. 환멸은 맹렬한 불길이 이글거
리는 관문이고, 각성, 홀로서기, 그리고 우리가 늘 마주치는 놓아버리기의
가장 순수한 스승 중 하나이다. 환멸 느끼기는 우리의 헛된 희망, 상상, 기
대를 벗겨내는 일이다. 하지만 환멸이 우리의 눈을 열 동안, 그에 따른 고
통은 우리 마음을 닫아버리는 경우가 허다하다. 환멸을 느낄 때 가장 큰 과
제는 우리 눈을 열어둔 채로 계속 위대한 자비의 마음을 붙들고 있는 것이
다. 우리 마음이 내면 수행의 '암흑의 밤' 속에서 열리든, 아니면 수행 공동
체의 곤경 속 '암흑의 밤'에서 열리든 간에, 우리는 이 경험을 이용하여 더
깊은 의식과 더 지혜로운 사랑을 배울 수 있다.

 수행 공동체의 배신과 상실로부터 치유되는 과정은 아주 오랜 기간이 걸
릴 수 있다. 분노와 슬픔 뒤에 마음속에 거대한 공허감이 밀려온다. 마치
우리 몸의 한 부분이 떨어져나간 듯한 느낌이다. 그러나 이 공허감은 스승
이나 동료들의 배신 때문만은 아니다. 공허감은 우리가 스스로를 배신했을
때부터 줄곧 우리 곁에 있어왔다. 결국 우리는 다시 우리 자신과 마주 서서
바깥에서 채우려 했던 자신의 구멍들을 느껴야 한다. 우리는 자기 자신의
불성(佛性)을 찾고 이 난관들 속에서 우리가 정말로 배워야 할 교훈을 발견
해야 한다.

 참으로 힘겹기는 해도, 어떤 이들에게는 환멸과 곤경이 진정한 자신으로
돌아가기 위한 가장 절실한 관문이다. 내 말은 우리가 학대받기를 원해야

한다는 뜻이 아니다. 지혜로운 수행자가 되기 위해서는 가끔 서투른 혹은 그릇된 스승도 필요하다는 말이다. 설사 수행자들이 자신의 신념을 잃었다고 느낄지라도, 우리는 결코 우리 신념을 잃을 수 없다. 그저 잠시 신념을 내주었을 뿐이다. 우리는 "나는 내 마음을 잃었어"라고 말한다. 우리는 잠시 마음을 내주었지만, 마음은 우리의 신념이나 영원한 진리처럼 항상 여기 우리와 함께 있다. 진리는 붓다나 어떤 성인의 전유물이 아니다. 아잔 차 스님은 늘 이렇게 말씀하셨다. "다르마, '진리의 길'은 지하수와 같느니라. 언제든 우리가 파기만 하면 그 자리에서 솟아나느니라."

스승과 수행 공동체와의 관계에서 겪는 혹독한 시련은 우리가 처음에 지녔던 환상을 지혜와 자비심으로 바꿔줄 수 있다. 우리는 완벽함의 추구를 버리고 지혜와 사랑을 향해 나아갈 것이다. 그럴 때 우리는 스즈키 선사의 이 놀라운 말을 이해하게 될지 모른다. "엄밀히 말해서 '깨달은 사람' 같은 것은 존재하지 않는다. 오직 '깨달은 행동'만이 있을 뿐이다." 해탈(解脫)은 결코 소유될 수 없는 것이다. 따라서 누군가 '나는 깨달은 자'라고 생각한다면 그것은 모순이다. 지혜, 자비, 그리고 깨달음에는 결코 완성이 없다. 그것들은 흘러간 물일 뿐이다. 만일 그것들이 여기 우리 자신과 우리 공동체 내에 살아 있지 못하다면, 우리의 과제는 명백하다. 지금 여기서 앞에 놓여 있는 것은 무엇이든 가져다가, 우리 마음속에서 그것들까지 지혜와 자비로 바꿔놓는 것이다.

수행의 그늘 돌아보기

모든 공동체에 그늘진 구석이 있듯이, 모든 가르침 역시 그늘진 영역, 즉 그 가르침들이 지혜롭게 밝혀주지 못하는 인생의 일면들이 있다. 또 모든 가르침의 형태들은 '숨은 적', 즉 그 가르침이 아주 쉽사리 오해되거나 오용될 소지를 안고 있다. 잠시 시간을 내서 자신이 선택한 수행법의 장점과 한계를 돌아볼 필요가 있다. 그런 다음 그것들이 자신의 영성생활에서 어느 정도의 문제를 일으키는지 생각해보라. 다음은 당신이 직면할 수 있는 여러 수행법의 그늘들이다.

통찰명상을 비롯한 여러 불교 수행법들은 수행자를 은둔생활로 이끌거나 세상과 온갖 두려움에서 도피하도록 유도할 수 있다. 선(禪)과 불이일원론 베단타에서 가르치는 공(空)은 허무감을 일으키거나 세상에서 유리되고 허황된 상태로 이끌 수 있다. 이 세상의 삶을 한낱 꿈으로 보거나 고매한 세계를 중시하는 이상적이고 내세적인 가르침들은 모두 자기만족, 초(超)도덕, 냉담 속의 삶으로 유도하기 쉽다. 하타 요가 같은 신체 수련법들은 마음의 깨달음보다는 몸의 완전성만을 추구하게 할 수 있다. 쿤달리니 요가는 수행자들을 체험 중독자로 만들어 진정한 해탈보다는 몸과 마음의 황홀한 흥분을 쫓게 만들 수 있다. 크리슈나무르티 같은 명상가들은 어떠한 수련이나 수행법도 필요 없다고 가르치는데, 이런 가르침은 사람들이 영성생활을 심오한 내면의 경험 없이 그저 이성으로만 접근하게 할 수 있다.

엄청난 탐구를 위주로 하는 수행법들도 마찬가지일 수 있다. 엄격한 잣대로 순수한 것과 불결한 것을 가르는 도덕론적 수행법들은 열등감을 심화하거나 경직성과 독선주의로 이끌 수 있다. 탄트라 수행법들은 욕망을 실행하면서도 유사 수행법이라고 주장할 구실이 될 수 있다. 헌신적 수도생활은 총명함과 분별 있는 지혜를 약화시킬 수 있다. 능력이 탁월한 구루들은 우리 혼자서는 전진할 수 없다는 열등감을 심어줄 수 있다. 그리고 수피 댄스 같은 환희와 찬양의 수행법들은 수행자들이 인생의 필연적인 상실과 슬픔을 이해하지 못하게 만들 수 있다. 고통을 강조하는 수행법들은 인생의 기쁨을 놓치게 할 수 있다.

이런 수행의 그늘들을 짚어보면서, 자신의 구도 여정과 수행 전통을 돌아보라. 그것의 강점과 약점, 그것의 혜택과 오용 가능성을 생각해보라. 자신이 얽매여 있는 곳이 어디이고 자신에게 더 필요한 것이 무엇인지 바라보라.

하지만 이 수행법들 자체에는 아무런 잘못도 없다는 점을 기억하라. 그것들은 그저 열림과 각성을 위한 도구일 뿐이다. 각 수행법들은 노련하게 이용될 수도 있고 자기도 모르게 오용될 수도 있다. 자신의 영적 삶이 성숙해감에 따라, 당신은 자신의 수행에 책임을 지고 자신이 어디에 얽혀들어 있는지 모든 영역에서 자신에게 자유를 일깨워줄 것이 무엇일지 지혜롭게 숙고할 수 있다.

19. 까르마:
마음은 우리의 정원

마음은 우리의 정원이다. 우리 행동 하나
하나에는 의도가 담겨 있고 그것은 정원
에 심어진 씨앗과 같다.

우리는 밤이나 낮이나, 혼자서나 집단
으로나, 신나는 상황이든 험악한 곤경 속에서든 행동을 하도록 요구받는다.
우리는 어떻게 내면의 깨우침을 실행으로 옮길 수 있을까? 우리 행동이 지혜
로운지를 어떻게 알 수 있을까? 지혜로운 행동의 열쇠는 '까르마karma'라
고도 하는 '업(業)'을 이해하는 것이다.

'까르마(業)'는 일상어가 되어 허구한 날 접하는 말이 되었다. 우리는 흔
히 이렇게 말한다. "그건 그 사람의 업보(業報)야.""그는 자기 업을 받을
거야." 나는 심지어 라디오 광고에서도 까르마라는 말을 들었다. 어느 자동
차 판매상이 지난 시즌 캘리포니아 주 버클리에서 낮은 가격으로 차를 팔았
는데 그렇게 하는 것이 자신 까르마였다는 것이다. '어서 와서 이 좋은 가격
을 즐기세요. 이것이 당신의 까르마입니다.' 어느 지방 신문에는 더 좋은 업
을 쌓고 다음 생에 더 큰 돈을 벌게 해준다는 15.95달러짜리 서비스 광고가

등장했다. '다음 생에 환생 보장(재산이나 당신의 돈을 확실히 돌려드림)' 우리 문화에서 까르마(業)라는 말과 그 개념이 이 정도로 흔한 것이 되었다.

업(業)은 모든 생명을 관통하여 나타난다

《화엄경華嚴經》은 이 우주의 수천 가지 영역들을 지배하는 근본 법칙들을 설파한 불교 경전이다. 쾌락의 영역과 고통의 영역, 불의 영역, 물의 영역, 금속, 구름, 심지어 꽃의 영역까지 설하고 있다. 화엄경의 가르침에 따르면, 모든 우주는 똑같은 법칙으로 움직인다. 이 각각의 영역들에서 우리가 망고 씨앗을 심으면 망고나무를 얻고, 사과 씨앗을 심으면 사과나무를 얻는다. 이 법칙은 창조 현상이 일어나는 이 세계의 모든 영역들을 철저히 지배한다.

업(業)의 법칙은 모든 생명을 관통하여 반복해서 나타나는 인과(因果)적 현상을 설명한다. 업은 어떤 것도 혼자서 일어나지 않음을 의미한다. 모든 경험은 그에 선행하는 조건에 의해서 생겨난다. 따라서 우리 인생은 상호 연관된 연속적 과정이다. 불가(佛家)에서는 이 법칙만 깨달아도 이 세상에서 지혜롭게 살기에 충분하다고 말한다.

업은 각양각색의 차원으로 존재한다. 업의 순환법칙은 은하들의 중력 같은 우주의 거대한 존재형태부터 인간의 선택이 매 순간의 마음상태를 결정하는 지극히 미소하고 세밀한 부분까지 지배한다. 가령 물질적 생명의 차원에서 오크나무를 볼 때, 우리는 '오크나무'가 생명의 여러 단계들로 이루어져 있음을 알 수 있다. 어느 단계에서 오크나무는 작은 도토리 열매로 존재한다. 그 도토리는 다음 단계에서 묘목이 되었다가, 그 다음 단계에 가면 커다란 나무가 된다. 그리고 또 다른 단계에 이르면 성장한 오크나무 가지에 푸른 도토리가 자라난다. 엄밀히 말하면 일정한 '오크나무'라는 것은 존재하지 않는다. 오직 어떤 요소들이 업의 순환법칙에 따라 바뀌는 오크의 변화양상이 있을 뿐이다. 수없이 반복해서 도토리를 묘목으로, 묘목을 커다란 나무로 변화시키는 물, 광물질, 그리고 햇빛의 특별한 조합이 있을 뿐이다.

우리 마음의 흐름과 습성 역시 도토리와 오크나무처럼 끊임없이 되풀이되는 업의 인과적 현상이다. 붓다는 이 점을 설파하며 이렇게 물으셨다. "둘 중에 어느 것이 더 크다고 보는가? 세상에서 가장 높은 산, 아니면 그대가 자신의 업에 따라 온갖 영역 속에서 수없이 많은 생애를 살면서 남긴 해골들의 무더기? 형제여, 세상 최고의 산보다도 그 해골 무더기가 더 거대한 것이니라."

우리는 끝없이 되풀이 되는 인과적 현상들의 바다 속에서 살고 있건만 그 과정을 좀체 알아채지 못한다. 우리가 인생을 살며 업의 작용을 가장 뚜렷이 이해하게 되는 경우는 일상생활 속에서 원인과 결과의 과정을 보거나 자기 마음의 반복적 변화양상이 자기 행동에 미치는 영향을 느낄 때이다. 가령 특정한 시대의 특정한 문화 속에서 태어난 사람은 특정한 행동양상을 익히게 된다. 만일 우리가 고요한 낚시터 문화 속에서 태어나 자란다면 침묵을 배운다. 만일 우리가 자기표현이 풍부한 지중해 문화에서 자란다면 우렁찬 목소리와 커다란 몸동작으로 감정을 표출할 것이다. 사회적 업(부모, 학교, 언어적 조건들)은 우리 의식의 사고양상을 창조하고, 그것이 우리가 현실을 경험하고 자신을 표현하는 방법을 결정한다.

흔히 이런 행동양상과 습성들은 우리의 의식적인 노력보다 훨씬 더 강한 영향을 미친다. 주변 상황이 어떻든 우리의 현재 모습을 형성하는 것은 과거 습관들이다. 노인 전용 아파트에 계신 나의 할머니를 찾아간 일이 있었다. 대다수 입주자들에게 그곳 생활은 지극히 적막하고 따분했다. 무슨 일이든 일어나는 유일한 장소는 로비였는데, 심심한 사람들은 로비에 나와 들어오고 나가는 사람들을 지켜보곤 했다. 로비에는 두 무리의 사람들이 있었다. 한 무리는 날마다 거기 앉아서 노는 사람들이었다. 그들은 카드놀이도 하고, 지나는 사람들에게 일일이 인사말을 건네기도 했다. 그들은 서로서로 그리고 주변 상황과 유쾌하고 다정한 관계를 형성하고 있었다. 로비의 한 구석을 차지한 또 하나의 무리는 투덜대기 좋아하는 불평꾼들이었다. 그들은 정문을 들어서는 모든 사람에게서 시빗거리를 찾았다. 그들은 방문객들과 어울려 이렇게 툴툴거렸다. "오늘 나온 그 끔찍한 음식 먹어봤수?" "게시판에 뭐라고 쓰였는지 봤나?" "우리 임대료를 가지고 무슨 짓을 하는지 소문 들었어?" "지난번에 우리 아들이 와서 뭐라 했는지 아슈?" 이들은 인생과의 주된 관계가 온통 불만투성이인 사람들이었다. 두 무리는 각기 자신들이 긴 세월 동안 살아온 행동양상을 그대로 되풀이하고 있었다.

오랜 기간 되풀이된 상황과 정신적 태도는 우리가 '성격'이라 부르는 것의 조건이 된다. 라마 트룽파 린포체는 다음 생에서 우리가 무엇으로 태어날지 알려달라는 물음에 이런 농담을 건넸다. "그대의 나쁜 습관으로." 우리의 성격은 과거의 원인들에 의해 형성된다. 때로는 이 관계가 명확히 보이기도 하지만, 대부분 까마득히 먼 과거에서 비롯된 습관들은 알아채기 어렵다.

불교 심리학에서는 우리의 성격을 결정하는 인과적 조건을 정신의 자연적 성향과 무의식적 힘에 따라 세 가지 유형으로 나눈다. 첫째는 욕구(欲求)형으로 이 유형의 마음상태는 주로 만족을 모르는 탐욕이나 갈망과 연관된다. 둘째는 혐오(嫌惡)형으로 이 유형의 가장 흔한 마음상태인 비판, 반감, 회피, 증오 등을 통해 세상을 밀쳐내려는 것이다. 마지막은 혼돈(混沌)형으로 이 유형의 기본적 마음상태는 무기력, 망상, 그리고 단절이다. 상황 앞에서 어찌할 바를 모르고 헤매는 상태이다.

자신이 방에 들어설 때 대개 어떻게 행동하는지 관찰함으로써 자신에게 어떤 유형이 지배적인지 알 수 있다. 만일 인과적 조건이 욕구와 갈망에 지배되는 욕구형이라면, 방을 둘러보며 어떤 점이 좋은지 무엇을 얻을 수 있을지 찾을 것이다. 애착이 가는 대상을 찾고, 아름다운 것을 바라볼 것이다. 당신은 근사한 꽃꽂이를 감상하고, 특정한 사람들의 옷차림을 좋아하고, 어떤 사람의 성적 매력을 느끼거나 사람들이 남의 시선을 자극하려 한다고 생각할 것이다. 만일 당신이 혐오형이라면, 방에 들어갔을 때 자신이 원하는 것을 찾기보다 먼저 나쁜 점을 집어낼 것이다. "너무 시끄러워. 벽지가 별로네. 사람들 옷차림이 저게 뭐야. 전부 다 영 맘에 안 들어." 만일 당신이 혼돈형이라면, 방에 들어와서 주위를 둘러보고 어찌할 바를 몰라 헤맬 것이다. "여기서 무슨 일이 있지? 어떻게 행동해야 하나? 무슨 일을 해야지?"

이런 인과적 조건형성은 실제로 아주 강력한 과정이다. 이것이 확대되면서 사회 전체를 전쟁으로 몰아넣고, 인종주의를 형성하고, 우리 주변의 수많은 인생들을 파멸시키는 원동력이 된다. 우리가 처음 자기 안에서 욕구와 혐오, 탐욕과 증오의 힘과 마주칠 때는 그것들이 별로 해롭지 않은, 약간의 갈망이나 반감, 다소의 혼돈으로만 여겨질지 모른다. 하지만 자신의 인과적 조건을 관찰하면 사실은 두려움, 탐욕, 회피의 힘들이 너무나 강렬해서 그것들이 우리 성격의 상당 부분을 지배한다는 것을 알게 된다. 이런 힘들의 관찰을 통하여 우리는 업이 어떻게 작용하는지 볼 수 있다.

우리가 명상 중에 자신의 성격을 찬찬히 들여다보기 시작할 때, 흔히 자신의 과거 습관과 방어수단들을 제거하고 싶은 충동이 생긴다. 처음에 대다수 사람들은 자신의 성격이 까다롭고 불쾌하고 심지어 혐오스럽다는 것을 발견한다. 인간의 몸을 바라볼 때도 똑같은 일이 벌어질 수 있다. 적당한 나이의 몸을 얼마쯤 떨어진 거리에서, 적절한 조명 아래서 바라보면 아름다워 보인다. 하지만 가까이 들여다볼수록 온갖 결점들이 드러난다. 그 결점들에 놀라 우리는 다이어트, 조깅, 피부 관리, 체조, 그리고 휴가까지 얻어 신체단련에 몰두한다. 하지만 이런 노력들이 효과가 있을지는 몰라도, 우리는 여전히 기본적으로 타고난 몸에서 벗어날 수 없다. 성격을 변화시키기는 몸의 변화보다 한층 더 어렵다. 하지만 영성생활의 목적은 자신의 성격을 제거하는 것이 아니다. 성격의 일부는 원래부터 타고났고 일부는 우리 삶과 문화 속에서 형성되는데, 어느 것이든 우리는 성격을 없앨 수 없다. 이 세상에 존재하는 우리 모두는 몸과 성격을 지니고 있다.

우리의 과제는 바로 이 몸과 마음을 이해하고 그 한가운데서 깨달음을 얻는 것이다. 업의 순환양상을 이해하는 것이 깨달음의 한 부분이다. 만일 업을 인식하지 못하면 우리 인생은 그저 끊임없이 과거의 습관을 따라 맴돌 것이다. 하지만 만일 우리가 깨어날 수 있다면 인생의 온갖 상황들에 반응할 방법을 의식적으로 선택할 수 있다. 우리의 의식적 반응은 미래의 업을 만들어낸다. 우리는 외부 상황을 변화시킬 수도 못 시킬 수도 있지만, 알아차림을 통하여 언제나 내면의 태도를 바꿀 수는 있고, 이것만으로도 인생을 변환시키기에 충분하다. 외부 상황이 최악일 경우에도 우리는 두려움과 증오로 인생을 맞설 것인지, 아니면 자비와 이해심으로 맞을 것인지 선택할 수 있다.

인생을 변화시키는 일은 항상 우리 마음속에서 이뤄진다. 인생에서 업의 순환법칙을 이해하려면 업에 두 가지 별개의 측면이 있음을 알아야 한다. 전생의 결과로 쌓여진 업과 현재 행동에 의해 미래를 결정하는 업이 그것이다. 우리는 과거 행위의 결과를 지금 받는다. 이것은 우리가 변화시킬 수 없는 업이다. 하지만 현재의 우리 행동을 통하여 우리는 새로운 업을 생성한다. 우리는 미래의 결과를 낳을 업의 씨앗을 지금 뿌린다. 산스크리트어로 까르마*karma*(業)라는 단어는 대개 위빠까*vipaka*(報)와 합쳐져, karma vipaka(업보, 業報)라는 말로 쓰인다. karma는 '행위'를 뜻하고 vipaka는 그에 따른 '결과'를 의미한다.

우리는 매 순간의 경험을 상대할 때 노련한(개인) 수단이나 미숙한(무의식적인) 수단을 사용한다. 탐욕, 혐오, 그리고 혼돈 같은 미숙한 반응들은 모두 필연적으로 더욱 괴롭고 고통스런 업을 생성한다. 반면 알아차림, 사랑, 열림을 바탕으로 한 노련한 반응들은 틀림없이 우리를 평안과 행복으로 이끈다. 노련한 반응을 통하여 우리는 자신의 인생을 변환시킬 새로운 행동양상을 형성할 수 있다. 탐욕, 혐오, 망상 등에서 비롯된 격한 행동일지라도 그 안에 노련한 반응의 씨앗을 품고 있다. 쾌락을 향한 욕구는 우리 주변의 사회와 세계에 아름다움을 가져올 자연스럽고 자비로운 행동으로 변할 수 있다. 비판과 혐오의 성질도 알아차림을 통하여 이른바 분별(分別)의 지혜로 변환될 수 있다. 분별의 지혜는 자비를 바탕으로 한 명철함으로, 세상의 모든 망상들을 환히 꿰뚫어보고 명료한 진리를 이용하여 세상을 돕고 치유하는 지혜를 말한다. 인생에서 단절되려는 습성과 혼돈까지도 지혜롭고 광활한 평정심, 평화와 이해심으로 만물을 포용하는 자비로운 균형감으로 전환될 수 있다.

예로부터 불교에서 업(業)은 흔히 죽음과 재탄생의 가르침 속에 등장했다. 붓다는 자신의 '대각(大覺)의 밤'에 일어난 통찰에 대해 말씀한 바 있다. 그때 붓다는 몰입 속에서 헤아릴 수 없이 많은 자신의 전생과, 다른 온갖 존재들의 과거를 보셨다. 그 모두가 과거 행위들에 의한 업보에 따라 죽고 태어나기를 끝없이 반복했다. 그러나 우리는 업을 이해하기 위해 붓다 같은 통찰로 바라볼 필요는 없다. 붓다가 설하신 바로 그 업보의 법칙이 매 순간 우리의 삶 속에 나타난다. 우리는 죽음과 탄생의 과정을 매일 만날 수 있다. 날마다 우리는 마치 새로운 인생인 듯한 생소한 상황과 경험들 속으로 들어간다. 사실 이 현상은 매 순간 일어난다. 우리는 매 순간 죽고 다음 순간 다시 태어난다.

죽음의 순간 또는 모든 변화의 순간에 내생(來生)을 결정하는 네 종류의 업이 있다고 한다. 무거운 업(Garuka Kamma), 가까운 업(Asanna Kamma), 습관적 업(Acinna Kamma), 누적된 업(Katatta Kamma)이 그것이다. 각각은 그 뒤엣것보다 더 우선적 과보(果報)를 불러오는 위력을 지녔다. 예로부터 이 내용을 설명할 때는 우리에서 풀려나 밭으로 들어가는 소떼의 이미지가 이용되었다. 무거운 업은 마치 황소와 같다. 이 업은 우리가 행한 가장 선하거나 악한 행위에서 비롯되는 힘이다. 만일 황소가 거기 있고 우리의 문이 열리면 그 황소는 항상 맨 먼저 뛰쳐나간다. 가까운 업은 문에 가장 가까이 있는 황소다. 이 업은 변화의 순간에 존재한 마음의 상태를 뜻한다. 문이 열렸는데 앞서의 난폭한 황소가 없으면, 문에서 가장 가까이 있는 소가 뛰어나간다. 만일 문 근처에 아무런 소가 없을 경우는 습관적 업이 활동한다. 이것은 우리의 일상적 습관의 힘이다. 아무런 강한 마음상태도 존재하지 않을 경우 대개 습관적으로 아무나 먼저 가는 소가 문을 빠져나가는 것이다. 끝으로 강하게 작용하는 습관마저 없을 경우는 누적된 업이 작용한다. 만일 변화의 순간에 아무런 힘도 존재하지 않는다면 우리의 다음 생은 과거의 조건들이 아무렇게나 얽혀 쌓인 결과로 나타날 것이다.

또 각각의 행위(혹은 탄생)가 일어날 때, 그것을 지탱하는 힘도 있고 결국 소멸시키는 힘도 존재한다. 이러한 업력(業力)들은 정원의 이미지로 설명된다. 정원에 심어진 씨앗은 새로운 탄생을 일으키는 재생(再生)업에 해당한다. 그리고 그 씨앗에 비료와 물을 주고 나무로 키우는 힘은 유지(維持)업이라 불린다. 그러다 괴로움들이 일어나면 상쇄(相殺)업이 작용하는데, 이 상황은 가뭄으로 설명할 수 있다. 우리가 알맞은 씨앗을 심고 아무리 비료를 주더라도 물이 없으면 말라 죽고 만다. 마지막으로 파괴(破壞)업이 있는데, 이 업은 불길이나 땅 속 들쥐처럼 나무를 불사르거나 모든 것을 끝장내는 힘이다.

이같은 업은 모든 영역, 일체의 창조적 상황에 존재하는 생명의 본질이다. 하나의 조건이 다른 조건을 일으키지만, 그 모두가 끊임없이 변화한다. 외부 상황의 업은 찰싹거리는 말 꼬리 같이 수시로 변한다. 우리는 누구나 난데없이 엄청난 행운을 만날 수도 있고 별안간 죽음을 맞을 수도 있다.

업의 결과인 업보(業報)는 우리의 행동에서 비롯되지만 그 원인이 꼭 행동만은 아니다. 우리가 어떤 의도를 가지고 행동에 옮길 때 업을 생성하게 된다. 따라서 업의 생성을 이해하는 또 다른 열쇠는 의도(意圖 : intention)를 파악하는 것이다. 마음은 우리의 정원이다. 우리 행동 하나하나에는 의도가 담겨 있고 그것은 정원에 심어진 씨앗과 같다. 우리가 쌓은 업의 결과는 그 씨앗들의 결실이다.

가령 우리가 예리한 칼을 들고 누군가를 벨 때, 만일 그 의도가 상대를 해치는 것이라면 우리는 살인자가 될 것이다. 이 경우는 어떤 업보를 낳는다. 하지만 거의 똑같은 행동으로 칼을 들고 사람을 베더라도, 우리가 외과의사일 경우에는 그 의도가 병을 치유하고 생명을 구하는 것이다. 동일한 행위라도 그 목적이나 의도에 따라 끔찍한 폭력이 될 수도 있고 자비로운 선행이 될 수도 있다.

우리는 하루하루의 생활에서 업을 생성하는 '의도'의 힘을 연구할 수 있다. 먼저 하루 종일 온갖 문제에 대응하여 일어나는 수많은 행동들에 주의를 기울여보라. 우리는 자기도 모르게 괴로운 상황들을 무시하거나 성마르고 격하게 반응할지 모른다. 자기 태도를 옹호하거나 지키려 할지도 모른다. 이 모든 경우에 우리 마음의 의도는 탐욕, 혐오, 혹은 망상에 얽매여 있을 것이다. 이때 우리는 미래에 그에 상응하는 결과를 가져오는 고통의 업을 쌓고 있는 것이다.

인생에서 이런 괴로운 상황들을 만날 때 우리가 이해하고 배우며 놓아버리고 조화를 구하면서 평화를 이루려는 욕구를 일으킨다면, 우리는 색다른 의도를 지닌 채 말하고 행동하게 될 것이다. 행동이나 말이 거의 비슷할지라도 우리 의도가 평화나 조화를 추구하는 것이라면 완전히 다른 업보가 생성될 것이다. 이 점은 가까운 사업관계나 인간관계 속에서 쉽게 확인할 수 있다. 흔히 우리가 회사 동료나 친구에게 똑같은 말을 하더라도 전혀 다른 반응이 나온다. 말의 의도가 "나는 당신을 좋아하고 당신이 지금 상황을 이해했으면 좋겠어"일 경우는 우호적인 반응이 나오지만, 같은 말도 나무람, 자기방어, 비난의 의도를 깔고, "당신 도대체 왜 이래?"의 느낌으로 할 경우는 대화가 완전히 엉뚱한 방향으로 흘러 한바탕 싸움이 벌어지기 십상이다.

심리학자 조든*Jordan*과 마거릿 폴*Margaret Paul*은 자신들의 책《당신에게 사랑받기 위해 나를 포기해야 하나*Do I Have to Give Up Me to Be Loved by You*》에서 짤막한 두 가지 대화를 통해 이 사실을 보여주고 있다.

■ 대화 1

짐 : (퉁명스럽고 다소 딱딱한 목소리로)대체 왜 그래?

메리 : 아무것도 아니에요.

그러자 짐은 TV앞에 털썩 앉아 아무 말도 안 한다. 두 사람의 거리감은 한층 더 깊어진다.

■ 대화 2

짐 : (진심으로 부드럽고 궁금한 태도로)당신 언짢아 보이는데, 무슨 일이야?

메리 : (아직 닫히고 굳은 마음으로)아무것도 아니에요.

짐 : 이봐, 여보. 나는 이런 분위기 싫어. 정말 질색이란 말이야. 내가 당신한테 뭐 잘못한 거 있나?

메리 : (화나고 따지는 어조로)그래요. 어째서 샘과 애니한테 우리가 토요일에 같이 갈 거라고 했죠? 당신은 내 의사는 묻지도 않았고 그 이야기를 해주지도 않았어요.

짐 : 여보. 나는 이 문제에 대해 이야기는 하고 싶지만, 당신이 그렇게 짜증내는 건 이해가 안 돼. 이 문제에 대해 잠시 얘기 좀 할까?

메리 : 좋아요. 얘기 좀 해야 할 것 같네요.

우리가 각각의 상황을 대하는 의도나 태도가 우리가 생성하는 업의 종류를 결정한다. 하루하루 매 순간 우리는 마음속 의도를 바탕으로 업이 생성되는 양상을 볼 수 있다. 주의를 기울이면 자신의 의도와 마음상태를 더욱 확실히 알아차릴 수 있게 된다. 우리의 의도와 마음상태는 상황에 대한 우리의 반응인 행동이나 말에 실리게 되는데, 대체로 우리는 그것을 의식하지 못한다.

예를 들어 담배를 끊기로 결심한 경우를 보자. 우리가 금연을 하다 보면 어느 순간 흡연 욕구가 일어날 것이다. 우리는 무심코 주머니에 손을 넣어 담배를 꺼내서, 불을 붙이고 맛나게 빨아들일지 모른다. 그러다 별안간 흠칫 놀란다. "아차, 금연 중이지." 자신도 모르게 우리는 습관적인 동작으로 담배갑을 꺼내 담배를 피운다. 웬만해선 우리의 행동양상을 바꾸거나 새로운 업의 조건들을 생성하기 어렵다. 우리가 바짝 깨인 상태로 행동의 시작에 주의를 기울일 때만 가능한 일이다. 그렇지 않을 경우 이미 상황은 벌어진 뒤다. 옛날 속담에 이런 말이 있지 않은가. "소 잃고 외양간 고친다."

우리는 날마다 업의 씨앗을 뿌리고 있다

명상을 통한 알아차림 능력의 계발은 우리를 충분히 깨어 있거나 주의하게 하여 하루 종일 자신의 마음과 의도를 인식하도록 해준다. 우리는 두려움, 갈망, 혼돈, 질투, 분노 등 온갖 마음상태들을 알아차릴 수 있다. 우리는 용서나 사랑이나 아량이 언제 행동으로 이어지는지 알 수 있다. 자기의 마음이 어떤 상태인지 알게 되면, 우리가 따를 행동이나 조건, 즉 우리가 생성하는 업의 종류를 선택할 수 있게 된다.

당신의 생활 속에서 이런 종류의 알아차림을 시도해보라. 자신의 말을 가다듬어보라. 아주 사소한 내용을 말할 때도 자신의 마음상태와 의도에 세심한 주의를 기울이며 바라보라. 당신의 의도는 자신을 지키고 움켜쥐고 방어하는 것인가? 아니면 관심, 자비, 사랑으로 마음을 여는 것인가? 일단 자기 의도를 바라보면, 그로 인한 자신의 반응을 알게 된다. 그것이 괴로운 반응일지라도 잠시 동안 반복해서 바람직한 의도와 함께 머물라. 그러면서 그것이 어떤 반응을 일으키는지 지켜보라.

만일 당신의 의도가 험악하거나 난폭하다면, 그것을 바꾸려 애쓰면서 잠시 무슨 일이 일어나는지 보라. 처음에는 과거의 방어적 태도에서 비롯된 결과들만 경험할지 모른다. 그래도 당신의 선량한 의도를 유지하면서 결국 그것이 어떤 반응들을 끌어내는지 지켜보라. 업이 어떻게 작용하는지 이해하려면 자신의 가장 개인적인 관계나 단순한 상호작용들을 바라보기만 하면 된다. 어느 특별한 관계나 특정한 장소를 골라 거기서 시도하라. 당신의 마음이 열리고 자애로울 때만 반응하려고 노력하라. 그런 마음이 일어나지 않을 때는 기다리면서 괴로운 감정들이 지나가도록 놔두라. 붓다의 말씀처럼 당신의 말과 행동이 부드럽고 자애로운 의도로, 적당한 시점에, 유익하게 일어나도록 하라. 온화하고 자애로운 의도를 길러낼 때, 당신은 그 의도를 주유소, 슈퍼마켓, 직장, 거리 등 어디서나 끌어낼 수 있다. 우리가 끄집어내는 의도가 우리의 행동양상을 일으킨다.

우리가 자신의 의도와 행동을 더 확실히 알아차리게 되면 업은 더욱 또렷이 모습을 드러낸다. 업과(業果, 업에 의한 결과로서 '업보'와 같은 말－옮긴이)가 한층 더 신속히 나타나는 듯이 보이는데, 아마 우리가 그것을 바라보고 있기 때문일 것이다. 세심한 주의를 기울일 때, 우리 행위가 온화하든 험악하든 간에 그 결과를 더욱 빨리 실감하게 된다. 이 인과법칙을 연구하면 우리나 남들이 탐욕, 증오, 편견, 비판, 혹은 망상에 사로잡혀 행동할 때는 언제나 고통스런 결과가 나타남을 또렷이 보게 될 것이다. 우리는 또 우리를 괴롭힌 사람들 역시 필연적으로 스스로 고통을 생성하고 있음을 보기 시작한다. 우리는 더욱더 세심한 주의를 기울이게 되고 인과 법칙을 깊이 관찰할수록 자기 마음의 정돈된 상태와 어수선한 상태를 곧바로 알게 된다.

업을 세심히 바라보면 마음의 의도가 어떻게 인생을 형성하는지 알 수 있다. 업보의 법칙을 가장 간단히 설명해달라는 요청을 받았을 때, 저명한

위빠사나 지도법사인 루스 데니슨(Ruth Denison : 최초로 여성들만의 명상수련
회를 이끈 미국의 여성 통찰명상 지도법사 – 옮긴이)은 이렇게 답했다. "까르마는
우리가 어떤 것에서도 벗어날 수 없음을 뜻합니다." 우리는 날마다 업의 씨
앗을 뿌리고 있다. 우리가 업에 어떤 영향을 미칠 수 있는 곳은 오직 한군
데뿐이고, 그곳은 바로 우리 행위의 의도이다. 사실 온 세상에서 우리가 변
화시킬 수 있는 업은 오직 하나뿐이다. 바로 자기 자신의 업이다. 하지만
우리가 자기 마음을 상대하면 그 영향은 온 세상에 미친다. 만일 우리가 자
기 마음속 업의 매듭을 풀어낼 수 있으면 필연적으로 남의 업도 치유하게
된다. 우리 모두가 서로 엮여 있기 때문이다. 과거에 전쟁포로였던 어느 노
병이 같이 포로가 됐던 전우를 찾아가서 이렇게 물었다. "이제는 자네를 감
금했던 그들을 용서했나?" 전우가 답했다. "아니, 안 했어. 결코 못해." 그
러자 노병은 이렇게 말했다. "그렇다면 자네는 아직도 그들의 포로일세."
　　몇 년 전 나와 아내가 인도를 여행하고 있을 때 일이다. 아내가 아주 고통
스런 환상에 시달렸다. 형제 하나가 죽어가는 환상이었다. 처음에 나는 그것
이 아내의 명상 속에서 일어난 죽음 – 재탄생 과정의 일부라고 여겼다. 다음
날 아내는 두 번째 환상을 보았다. 그 형제가 인디언 두 명과 함께 영혼의 안
내자로 나타나 아내를 돕고 인도하는 환상이었다. 그런데 일주일쯤 후 전보
한 통이 우리가 머물던 라지스탄 주 아부 산의 아슈람에 날아들었다. 애통하
게도 아내의 형제가 실제로 사망했다는 소식이었다. 아내가 환상 속에 본 그
런 모습으로! 게다가 그 전보는 아내가 환상을 본 그날 발송된 것이었다. 어떻
게 아내는 지구 반대편에 있으면서 형제의 죽음을 볼 수 있었을까? 아마도 우
리 모두가 연결돼 있기 때문일 것이다. 우리는 서로 엮여 있기 때문에 하나의
마음이 변하면 다른 모든 이의 마음에, 그리고 온 세계의 업에 영향을 미친다.
　　몇 해 전에 내가 지도하던 수련회의 참가자 중에 어린 시절의 성폭행으
로 인한 참혹한 고통과 씨름하던 수련생이 있었다. 그 여성은 여러 해 동안

치를 떨고 우울해하며 괴로워했다. 그녀는 그 상처들을 치유하기 위해 오랫동안 심리치료와 명상수련을 했다. 그러다 마침내 그 수련회에서 자신을 폭행한 자를 용서하는 순간에 이르렀다. 그녀는 진정한 용서와 함께 눈물을 펑펑 쏟았다. 그자의 행위는 결코 용서할 수 없었지만, 자기 마음속에 더 이상 그 원한과 증오를 지니고 싶지 않았기 때문이었다.

그녀는 수련회를 마치고 집으로 돌아갔다. 그런데 우편함에 편지 한 통이 꽂혀 있었다. 놀랍게도 자신을 폭행한 그자가 보낸 편지였다. 그녀는 15년 동안 그자의 소식을 들은 적이 없었다. 성폭행 사건의 경우 대다수 가해자들은 용서를 해줘도 끝까지 자기 행동을 뉘우치지 않는다. 그런데 묘하게도 이 남자는 심경의 변화를 일으켰다. 그는 이렇게 썼다. "왠지 모르게 이 편지를 써야 될 것 같았소. 이번 주에 자꾸만 댁의 생각이 떠올랐소. 나는 댁에게 엄청난 상처와 고통을 주었다는 것을 아오. 나 역시 끔직한 고통에 시달렸소. 나는 그저 댁의 용서를 구하고 싶소. 입이 열 개라도 할 말이 없소." 그녀는 편지에 찍힌 발송 날짜를 보았다. 자신이 용서의 눈물을 쏟았던 바로 그날이었다.

유명한 힌두교 설화가 있다. 크리슈나(Krishna : 인도의 여러 신 중 최고의 신이고 힌두교 비슈누 신의 8번째 화현(化現)으로 숭배받는 신이다. 크리슈나의 뜻은 '먹구름처럼 어두운'이다 – 옮긴이) 신을 섬기는 두 왕국에 관한 이야기다. 하늘에서 내려다보던 크리슈나 신이 두 왕국을 찾아가 자기 이름 아래 어떻게 다스려지고 있는지 보기로 했다. 크리슈나 신은 지상에 내려와 한쪽 왕국의 궁전에 이르렀다. 그 나라 왕은 사악하고 잔인하며 탐욕스럽고 샘 많은 인물로 알려져 있었다. 크리슈나 신은 찬란한 천상의 빛에 싸여 궁전에 나타났다. 왕은 신에게 경배한 뒤 이렇게 말했다. "크리슈나 신이시여. 정말 오셨나이까." 크리슈나 신이 말했다. "그렇다. 내가 그대에게 과제를 하나 주겠노라. 그대의 왕국 곳곳을 돌아다니며 정말로 선량한 사람을 찾을 수 있으면 내게 데려오라." 그러자 왕은 나가서 전국을 샅샅이 뒤졌다. 고위 카스트와 하급 카스트, 성직자와 농부, 장인과 질병 치료사 등 온갖 사람들을 만났다. 마침내 왕은 궁전으로 돌아와 크리슈나 신을 기다렸다. 크리슈나 신이 나타나자 왕은 절을 올리고 이렇게 말했다. "신이시여. 제가 말씀대로 했나이다. 제 왕국을 방방곡곡 뒤졌사오나, 정말로 선량한 사람은 한 명도 찾지 못했나이다. 개중에는 상당한 선행을 한 사람도 더러 있었지만, 제가 제대로 알아보면 그들의 가장 착한 행위조차 이기심, 사리사욕, 음모, 혹은 망상에 싸여 있었나이다. 선량한 사람은 단 하나도 찾을 수 없었나이다."

그러자 크리슈나 신은 다른 왕국으로 갔다. 탐마라차*Dhammaraja*라는 유명한 여왕이 다스리던 나라였는데, 이 여왕은 자애롭고 우아하며 인자하고 관대하기로 소문난 인물이었다. 크리슈나 신은 여기서도 과제를 내렸다. "그대는 그대의 왕국 곳곳을 돌아다니며 정말로 사악한 사람을 찾으면 내게 데려오라." 그래서 여왕은 전국을 샅샅이 뒤지며 고위 카스트와 하층 카스트, 농부, 목수, 유모, 성직자 등 온갖 사람들을 만났다. 오랜 수소문을 마치고 궁전으로 돌아온 여왕 앞에 크리슈나 신이 다시 나타났다. 여왕은 예를 갖추고 말했다. "신이시여. 말씀하신 대로 했사오나, 분부를 받들지는 못했나이다. 제 왕국 곳곳을 구석구석 뒤졌고, 사악하게 행동하고 범죄를 일삼으며 고통을 일으키는 수많은 사람들을 만났나이다. 하지만 제가 꼼꼼히 살펴봤을 때, 그저 잘못 이끌린 사람들이었을 뿐, 정말로 사악한 사람은 하나도 없었나이다. 그들의 행동은 언제나 두려움, 망상, 오해에서 비롯된 것이었나이다."

두 왕국 모두에서 백성들의 성품은 통치자의 정신에 지배되었다. 그리고 통치자들이 만난 것은 자기 마음의 그림자였다. 우리가 주의를 기울이고 자신의 마음을 이해하고 지혜와 자비의 마음으로 현명하게 반응하면, 우리의 노력으로 온 세상에 평화를 부를 수 있다. 우리는 자신의 창조적 행위를 통해 인생에 은혜로운 외부 환경을 일으킬 수 있다. 하지만 우리에게 일어나는 엄청난 일들의 대부분, 즉 우리가 태어난 장소, 죽는 시기, 인생과 주위 세계를 휩쓸고 지나는 거대한 회오리들은 아득한 옛날부터 쌓여온 어마어마한 까르마(業)의 결과이다. 이 결과를 우리는 바꿀 수가 없다. 그것들은 마치 광풍과 폭풍우처럼 우리를 스쳐간다. 우리가 확신할 수 있는 유일한 일기예보는 날씨의 조건들이 끊임없이 변한다는 것뿐이다.

우리가 까르마를 이해하려 할 때 이 간단한 물음에 답해야 한다. 우리는 이 변화무쌍한 조건들과 어떤 관계를 맺어야 하나? 우리가 창조하는 우주의 형태, 우리가 심는 씨앗, 우리가 마음의 정원에서 길러내는 나무들이 우리의 미래를 창조한다. 위대한 게송(偈頌 : 불법(佛法)을 외우기 쉽게 게구(偈句)의 형식으로 나타낸 것 – 옮긴이)들을 모은 《법구경法句經》의 첫머리에서 붓다는 이런 가르침을 설하신다.

■ 모든 것은 마음이 다스리고

마음에서 나와 마음으로 이루어진다

악한 마음을 가지고

말하거나 행하면

괴로움이 따르리라

수레바퀴가 소 발자국을 따르듯이.

모든 것은 마음이 다스리고

마음에서 나와 마음으로 이루어진다

선한 마음을 가지고

말하거나 행하면

행복이 따르리니

마치 그림자가 그 모양을 따르듯이.

　　결국 우리는 이 세상에서 아무것도 소유하지 못한다. 심지어 우리의 몸마저도. 그러나 우리는 자신의 의도를 통하여 마음과 정신의 흐름을 형성하거나 그 방향을 바꿀 수 있다. 우리는 마음에 씨앗을 심어 이 세계를 형성할 왕국의 종류를 결정할 수 있다. 그 씨앗에 따라 왕국은 사악하고 무자비할 수도 선량하고 자비로울 수도 있다. 우리는 순간순간 자신의 의도를 알아차리는 것만으로도 휘황찬란한 정원을 가꿀 수 있고, 편협한 성격과 유한한 인생을 훌쩍 뛰어넘어 평안과 행복을 창조할 수 있다.

　　위빠사나 지도법사 실비아 부어스타인Sylvia Boorstein은 이 사실을 보여주는 어느 훌륭한 친구의 이야기를 들려준다. 여러 해 동안 미국정신의학협회의 회장으로 활동한 어느 유명한 의사가 있었다. 그는 신사에다 품위 있고 다정하기로 소문나 있었고, 인생의 모든 면에 기쁨이 충만한 사람이었다. 그는 언제나 환자와 동료들을 깊은 존경심으로 대했다. 현업에서 은퇴하고 늙어가면서 그는 치매 증세를 보이기 시작했다. 기억력이 떨어지고 사람을 잘 알아보지도 못하게 되었다. 그래도 그는 아내의 보살핌을 받으며 자기 집에서 지냈다. 정신과 의사인 실비아의 남편은 그 의사의 오랜 친구였다. 어느 날 저녁 실비아 부부는 그 의사에게서 저녁식사 초대를 받았다. 한동안 서로 못 만난 차였기에 실비아 부부는 그의 상태가 나아졌는지 궁금했다. 그들은 와인 한 병을 들고 현관 앞에 도착해 벨을 눌렀다. 그 의사가 문을 열었다. 그런데 그는 실비아 부부를 멍한 눈으로 바라봤다. 오랜 세월 절친한 친구였건만 그 의사는 그들을 조금도 알아보지 못했다. 그러다 그는 환한 웃음을 지으며 말했다. "누구신지는 모르겠지만, 하여튼 어서 들어오세요. 즐겁게 지내다 가시지요." 그리고는 평생 지녀온 그 인자한 태도로 그 부부를 대했다.

　　우리 마음을 통해 생성되는 까르마(業)의 순환현상은 시공의 한계를 초월한다. 모든 상황 앞에서 자비와 지혜의 마음을 일깨우는 것이 바로 붓다의 길이다. 우리가 자기 안의 붓다를 일깨울 때 온 세상에 자비와 깨달음을 불어넣을 광대한 정신의 힘이 일어난다. 마하트마 간디는 이 힘을 가리켜 '영혼의 힘(Soul Force)'이라 불렀다. 이 힘은 과감한 행동이 필요할 때 용기를 일으킨다. 이 힘은 거대한 사랑과 용서를 불러오고, 진리까지 외치고 지켜낸다. 어떤 상황에서든 지혜와 자유를 일으키고 이곳 지상에 생명력 넘치는 정신의 왕국을 불러오는 것도 바로 이 힘이다.

간디에게 이 정신은 항상 자기 마음과 이어져 있었다. 간디는 세상 만물에 자비의 축복을 나눔으로써 항상 열린 마음으로 세상의 소리를 듣고 기꺼이 그에 반응했다.

■ 나는 편협함을 넘어 언제나 사소한 구실이라도 있으면 최악의 적들과도 협력하고자 하는 간절한 열망을 지녔다. 내게 있어 이 불완전한 인간은 끊임없이 신의 은총을 구하고, 늘 다르마(法)를 갈망한다. 구제 받지 못할 사람은 아무도 없다.

만일 우리가 우리 적들의 은밀한 내면을 들여다볼 수 있다면, 그들 각자의 인생에 쌓인 슬픔과 고통을 발견할 것이다. 그러면 모든 적대감이 녹아내릴 것이다.

─ 롱펠로*Longfellow*

용서를 위한 명상

용서는 영성생활의 가장 위대한 선물 중 하나이다. 용서는 우리를 과거의 슬픔에서 풀려나게 한다. 용서의 마음은 자연스럽게 일어날 수도 있지만 의도적으로 계발할 수도 있다. 앞쪽에서 소개한 자애명상과 자비수행처럼 용서의 마음을 길러낼 체계적인 전통 수행법이 있다. 용서는 여러 집중적인 명상의 준비단계가 되고, 마음을 누그러뜨리고 장벽을 없애 우리를 자애와 연민으로 이끄는 통로가 된다. 수없이 수련을 되풀이함으로써 우리는 용서의 마음을 우리 삶 속에 불어넣을 수 있다.

용서 수행법에 들어가기에 앞서 용서가 무엇을 뜻하는지부터 알아야 한다. 용서는 결코 해로운 행위를 정당화거나 묵인하는 것이 아니다. 당신은 용서를 베풀면서 이렇게 말할 수 있다. "나는 다시는 이런 행위가 일어나도록 두지 않을 거야." 당신은 생명을 바쳐서라도 더 이상 당하지 않겠다고 결심할 수도 있다. 용서를 할 때 당신에게 위해를 가한 자들을 찾아내거나 그들과 대화할 필요도 없다. 그들을 다시는 만나지 않아도 상관없다.

용서는 그저 마음의 행위이다. 그토록 오랜 세월 당신을 짓눌러온 고통, 분노, 적개심을 내려놓는 몸짓이다. 용서는 자기 마음의 평온이고, 당신이 상대방의 악행에 아무리 큰 고통을 겪었고 아무리 격한 분노가 치솟더라도, 그를 당신 마음에서 완전히 몰아내지는 않겠다는 다짐이다. 우리 모두는 상처받았고, 마찬가지로 우리 역시 가끔은 자신과 남들에게 상처를 주었다.

대다수 사람들에게 용서는 하나의 과정이다. 상처가 깊을 경우, 용서의 작업은 여러 해가 걸릴 수 있다. 그 과정은 많은 단계를 거칠 것이다. 슬픔, 분노, 비통함, 두려움, 그리고 혼란 등등. 그리고는 마침내 당신이 자기 안의 고통을 담담하게 느끼게 될 때, 커다란 위안이 오고, 마음의 해방이 찾아올 것이다. 당신은 용서가 근본적으로 자신을 위한 것이고, 과거의 고통을 더 이상 짊어지지 않는 길임을 알게 될 것이다. 당신에게 해악을 끼친 사람의 운명은, 그가 살았든 죽었든, 당신이 마음속에 지닌 그 괴로움만큼 중요하지 않다. 그 용서가 당신 자신에 대한 것이고, 자신의 죄책감과 당신이 자신과 남들에게 끼친 해악에 대한 것일지라도 그 과정은 한결같다. 당신은 더 이상 그 돌덩이를 지닐 수 없음을 깨달을 것이다.

이제 정식으로 용서명상을 시작해보자. 편안히 정좌하고 눈을 지그시 감은 채, 몸과 호흡을 자연스럽고 느긋하게 하라. 몸과 마음의 긴장을 풀라. 가만히 호흡하며 자기 마음속으로 들어가면서, 당신이 용서하지 못하거나 자신과 남들을 용서하지 못해서 지니고 있는 모든 장벽과 응어리들을 느껴보라. 마음을 닫고 있으면서 겪은 고통을 떠올리라. 잠시 동안 가만히 마음속에 호흡을 불어넣은 뒤, 용서를 구하고 베푸는 과정을 시작하라. 아래 경구를 암송하면서 용서의 마음을 열기 시작하라. 계속 되풀이 하면서 이 경구, 그 이미지, 감정들을 더욱 깊어지게 하라.

남들에게 구하는 용서 – "나는 내 고통, 두려움, 분노, 혼돈으로 인해, 알게 모르게 남들을 해치거나 상처 주고, 배반하거나 내버리고, 고통을 일으킨 경우가 수없이 많습니다." 당신이 남들에게 상처 준 수많은 행동들을 기억하고 떠올리라. 당신이 자신의 두려움과 혼돈 때문에 일으켰던 고통을 보고 느끼라. 자신의 슬픔과 후회를 느끼고, 마침내 당신이 그 돌덩이를 내려놓고 용서를 청할 수 있는지 알아보라. 그래도 자신의 마음을 짓누르고 있는 기억들을 떠올리라. 그리고 하나마다 이렇게 반복하라. "나는 당신의 용서를 구합니다. 나는 당신의 용서를 구합니다…."

자신에 대한 용서 – 자신의 소중한 몸과 인생을 느껴보라. "나는 생각이나 말이나 행동을 통해 알게 모르게 나 자신을 배반하고 해치고 내버린 경우가 수없이 많습니다." 당신이 자신을 해치거나 상처 준 행동들을 찬찬히 바라보라. 그것들을 생각하고 기억하며 생생히 떠올리라. 그 모든 행동에서 비롯된 슬픔을 느끼고, 그들 하나하나에 용서를 베풂으로써 그 괴로움을 떨쳐낼 수 있음을 깨달으라. 그런 뒤 스스로에게 말하라. "나는 내 고통, 두려움, 분노, 혼돈으로 인해 행동이나 거부를 통하여 나 자신에게 수많은 상처를 주었습니다. 이제 나는 그 모든 행위에 대해 완전하고 진심어린 용서를 베풉니다. 나 자신을 용서합니다. 나 자신을 용서합니다…."

당신을 해치거나 상처 준 사람들에 대한 용서 – "나는 생각, 말, 행동을 통하여 알게 모르게 남들에게서 다치고 상처 받고 학대받으며 버림받은 경우가 수없이 많습니다." 그것들을 생각하고 기억하며 생생히 떠올리라. 그 과거에서 비롯된 슬픔을 느끼고, 만일 준비가 됐으면 용서를 베풂으로써 당신이 그 바윗덩이에서 해방될 수 있음을 깨달으라. 이제 스스로에게 말하라. "사람들은 고통, 두려움, 분노, 혼돈으로 인해, 온갖 방법으로 나를 해치고 상처를 주었습니다. 나는 이제 그 괴로움을 알기에, 내가 준비된 정도까지 그들에게 용서를 베풉니다. 나는 이 고통을 마음속에 너무 오래 담아왔습니다. 그렇기 때문에 나는 나를 다치게 한 그들에게 용서를 베풉니다. 나는 그들을 용서합니다…."

가만히 이 세 방향의 용서를 되풀이하라. 당신의 마음에서 해방감을 느낄 때까지 계속하라. 아마 어떤 엄청난 고통에 대해서는 해방감은커녕 오히려 마음속에 무거움, 고민, 분노만이 일어날 것이다. 그것을 살며시 어루만지라. 그것에도 역시 당신의 용서를 건네라. 용서는 강요될 수 없다. 억지로 되지 않는다. 그저 계속해서 수행하고, 이 경구와 이미지들이 차츰 저절로 우러나도록 하라. 머지않아 당신은 용서명상을 자기 수행의 규칙적인 일부로 만들 수 있을 것이다. 과거를 놓아버리고 지혜로운 자애심으로 한 순간 한 순간 당신의 마음을 열어나갈 수 있을 것이다.

20. 수행 범위 확대하기

당신의 주변이 경건한 사원이라고 가정
해보라. 당신은 그 사원을 어떻게 대할
것인가? 거기서 당신의 영적 과제는 무
엇이겠는가?

모든 영성수련은 관계의 문제이다. 자신과의 관계, 남들과의 관계, 인생의 온갖 상황들과의 관계. 우리는 지혜, 자비, 아량의 마음과 연결될 수도 있고, 두려움, 공격성, 망상에 사로잡혀 생명을 대할 수도 있다. 좋든 싫든 우리는 언제나 관계 속에 놓여 있고, 항상 서로 연결되어 있다.

지금까지 내용들은 치유, 수련, 그리고 영성생활의 순환과 가능성들에 관한 이해를 통해 우리 내면의 자아와 지혜로운 관계를 맺는 데 초점을 맞췄다. 인생의 모든 면에서 영성수련을 구현하는 것은 아주 중요하기 때문에 아마 이런 책이 하나 더 나올 수도 있을 것이다. 거기에는 올바른 삶, 온전한 성(性) 같은 전통적 수행 주제뿐 아니라 결혼과 가족생활, 정치, 경제, 공동체, 예술 등에 관한 수행들까지 상세히 담게 될 것이다. 하지만 이 책에서도 이미 우리는 이들 각 분야를 이해하고 깨어난 삶을 사는 데 필요한 주요 원리들을 다루었다.

정치, 결혼, 사업 등의 지혜로운 관계를 지배하는 법칙들도 내면생활의 법칙들과 동일하다. 이런 분야들에서도 단호한 결의와 꾸준함, 즉 '자리 잡고 정좌하기'의 능력이 필요하다. 그 각각의 관계들에서 우리는 낯익은 악마나 유혹들과 마주칠 것이고, 또다시 그것들에 명명하기를 하면서 괴로움들과 한바탕 춤을 춰야 할 것이다. 각 분야에는 저마다 순환과정이 있을 것이고, 그 각각에서 우리는 자신에게 충실하는 법을 배워야 할 것이다.

우리가 수행을 확대하기 위해서는 의식적으로 모든 행위에 각성과 자애의 정신을 불어넣을 수 있어야 한다. 20세기의 대표적 지식인인 천재 물리학자 앨버트 아인슈타인은 영성생활을 이렇게 설명했다.

인간은 우리가 '우주'라 부르는 통일체의 일부이고, 시간과 공간 속에 놓여 있는 한 부분이다. 인간은 마치 나머지 세계와 별개의 존재인 듯이 자기 자신과 생각과 감정들을 체험하지만, 그것은 자기 의식의 시각적 착각 같은 것이다. 이 착각은 우리를 가두는 일종의 감옥으로서, 우리를 가장 가까운 몇몇 사람을 향한 개인적 욕구와 애정에 얽매이게 한다. 우리의 과제는 이 감옥에서 풀려나 자유를 얻는 것이다. 이를 위해서는 이해와 자비에 대한 우리의 범위를 확대하여 모든 생명체와 지극히 아름다운 온 자연을 포용해야 한다.

실제로 영성수련을 확대하는 일은 우리 마음을 확대하고, 통찰과 자비의 범위를 넓혀 차츰 인생 전부를 아우르는 과정이다. 지상의 여기에 인간의 형체로 태어나 올해, 오늘, 이 순간을 살아가는 것, 이 자체가 우리의 영성수련이다.

과거에 동양의 영성수련은 주로 사원과 사찰에서 비구와 비구니들을 통해 이루어졌다. 서구에서도 수백 년 동안 묵상 수도가 행해졌고 그 장소는 주로 유럽의 수도원들이었다. 현대에 이르러 수도원과 사찰은 확대되어 온 세계 자체가 되었다. 우리 대다수는 출가하여 비구나 비구니로 살지는 않지만 재가(在家)수행자로서 참되고 심오한 영성생활을 추구한다. 이것은 우리가 있는 곳이 우리의 사원이고, 여기 일상 속에서도 자신의 수행에 정진할 수 있음을 깨달을 때 가능해진다.

인도 서해안의 도시 봄베이*Bombay*에 계시는 나의 옛날 스승은 우리를 이런 식으로 가르치곤 했다. 그 구루는 제자들이 충분히 오래 머물며 만물의 한가운데서 자유로워지는 방법과 생명과 사랑에 대한 진정한 깨달음을 얻도록 이끌었다. 그리고 이렇게 말하며 제자들을 집으로 돌려보냈다. "가서 옆집 여자애와 결혼해라. 자신의 사회에서 직장을 얻고, 너의 수행처럼 인생을 살아라." 반대편에 있는 동부 도시 캘커타에서는 테레사 수녀가 빈민봉사에 참여한 수많은 자원봉사자들을 집으로 보내며 이렇게 말씀하셨다. "이제 인도의 빈민들 속에서 예수님을 만나보셨으니 집으로 돌아가세요. 가서 자기 가족 안에서, 거리에서, 이웃들 속에서 그분께 봉사하세요."

전통 불교 교리에서는 우리 모두가 태초 이래로 수없이 많은 생(生)을 온갖 형체로 다시 태어나 살아왔다고 가르친다. 그런 관점에 따라 우리는 한 생에서 다른 생으로 옮겨가며 엄마, 아빠, 형, 언니 등 온갖 생애를 살아가는 중이라고 배운다. 따라서 우리는 만나는 사람마다 마치 우리의 사랑하는 자식, 부모, 조부모처럼 대해야 한다. 불교 국가들에서는 대개 모든 사람에게 친척의 경칭을 붙여 부른다. 대통령 아저씨, 시장 아주머니, 장군 아저씨, 선생님 할아버지…. 우리 모두가 한 가족인 것이다.

이 일체성은 통일된 마음의 고요함 속에서 아주 뚜렷이 느낄 수 있다. 정신이 고요하고 마음이 열릴 때, 세계는 우리와 하나가 된다. 시애틀 추장(Chief Seattle : 인디언 추장. 1854년에 부족을 설득해 미국 정부에 인디언 땅을 넘기는 어려운 결정을 이끌었다. 시애틀 시의 명칭은 그의 이름을 딴 것이다 - 옮긴이)은 자기 부족의 땅을 넘기면서 미국인 선조들에게 이 일체성을 일깨웠다.

■ 이 대지는 우리 어머니다. 대지에 속한 모든 것은 대지의 아들과 딸들의 것이다. 우리는 이것을 안다. 한 가족을 묶어주는 혈통처럼 만물은 모두 연결돼 있다. 만물은 하나로 이어져 있다. 이 대지에 속한 모든 것은 대지의 아들과 딸들의 것이다. 우리는 생명의 그물을 짜지 않았고, 단지 그 속의 한 가닥일 뿐이다. 우리가 그 그물에 무엇을 하든 그것은 우리 자신에게 하는 것이다.

마음이 하나로 연결될 때 우리가 만나는 모든 것이 수행의 일부가 된다. 정좌하고 명상 속의 절대적 고요에 빠져 있든 일상 속에서 활동하든 아무런 차이가 없다. 그 둘은 들숨과 날숨 같은 우리 인생의 떨어질 수 없는 양면이다. 선(禪) 전통은 이 점을 명확히 이야기한다.

■ 수행 중에 할 일은 오직 두 가지뿐이다.
정좌하거나 마당을 쓰는 것이다.
그 마당이 얼마나 넓은지는 조금도 중요치 않다.

우리는 시간을 내 고요히 앉아서, 마음을 열고 깨달음을 구한다. 그리고 세상이라는 마당에 그 깨달음을 펼친다. 때때로 우리는 먼저 자신의 상처를 치유하고 내면의 평안에 이르러야 한다. 하지만 결국은 자연스런 봉사의 마음과 세상에 베풀고픈 열망을 느끼게 된다. 이 봉사의 마음은 세상의 모든 잘못을 고쳐놓겠다는 고매한 이상에 근거할 필요가 없다. 우리가 자기 내면의 마당을 어루만졌을 때, 우리가 만지는 모든 것에 은혜가 일어난다. 시인 린 파크*Lynn Park*는 이 점을 훌륭히 표현하고 있다.

■ 시간을 내 기도를 올리라.
기도는 마당으로 난 문의 경첩을 푸는 미끈한 윤활유,

이제 문은 스르르 활짝 열리리.

그대가 언제라도 마당에 갈 수 있도록.

자신의 축복을 생각하라.

그대의 뼈를 부순 이 돌들이

그대 사랑의 제단에 받침돌이 되리니.

그대의 고향은 저 마당.

그 향기를 담아 그대 안에 감춘 채, 도시로 들어가라.

별안간 그대의 적들이 씨앗 봉지를 사다가

무릎을 꿇고

길가 흙바닥에 꽃들을 심으리.

그들은 그대를 친구라 부르며

자기들 사이로 지나가게 하리라.

"저 사람 누구야?" 하고 누가 물으면 이리 말하리.

"오, 우리의 소중한 친구야.

아득한 옛날, 시간이 있기 전부터."

그들이 이런 말을 내놓으리.

자신의 이익에 매달려 그대를 짓밟았을 그들이.

가진 것을 죄다 내주라.

그대의 근심도, 두려움도, 인색함도.

하지만 마당만은 내줘선 안 되리. 결코 그대의 마당만은.

우리가 자신의 마당을 넓힐 때, 감사, 사랑, 자비로 가득 찬 마음이 자연스레 드러나 우리 행동으로 나타난다. 이런 감정들은 살아 있는 모든 것이 우리의 한 가족임을 느낄 때 일어난다. 우리는 주변의 세계에서 신체와 정신의 자양분을 흡수한다. 이것은 들숨에 해당한다. 우리는 저마다 어떤 재능을 갖고 태어났으므로, 그 재능을 활용하여 이 세상, 우리 공동체, 가족, 그리고 친구들에게 사랑을 베풀 때 행복감이 일어난다. 이것은 날숨에 해당한다. 우리가 촘촘한 그물망 속에서 성장할 때, 자연스레 우리 안에서 세계시민의 고결함과 책임감이 성장한다.

여기가 바로 훌륭한 사원이다

우리가 수행의 범위를 확대할 때 시간이 충분치 않음을 느낄지 모른다. 정신없는 속도로 돌아가는 일상생활은 계속해서 더욱 빨라져만 간다. 심지어 텔레비전 광고의 전략이 '섹스'에서 '시간 절약'으로 바뀌고 있을 정도이다. 우리에게 수행의 범위를 확대할 충분한 시간이 있을까? 아잔 차 스님에게 불평을 늘어놓던 수행자를 기억하라. 그 수행자는 사원에서 시키는 쓸데없는 잡일이 너무 많아서 수행할 시간이 없다며 투덜거렸다. 마당 쓸기, 청소, 방문객 맞기, 건물 짓기, 독경… 그때 아잔 차 스님은 이렇게 나무라셨다. "알아차릴 시간이 부족했더냐?" 우리가 생활 속에서 하는 모든 행동이 깨달음의 기회가 된다.

우리는 지금 이곳에서 우리가 두려워하거나 집착하거나 빠져들었거나 현혹된 지점들을 볼 수 있다. 바로 이 순간 우리는 각성, 자유, 충만한 존재의 가능성을 볼 수 있다. 우리는 어느 곳에서나 영성수련을 할 수 있다. 직장에서, 수행 공동체에서, 그리고 집에서. 때때로 사람들은 가정생활 속에서 수행하는 일이 얼마나 어려운지 아느냐고 투덜거린다. 독신일 때 사람들은 장기간 침묵수련에 참여하거나 산속에서 수행하거나 외국 사원들을 여행할 수 있다. 그러고는 마음속으로 그런 장소와 분위기를 신성 그 자체와 혼동한다. 그러나 신성은 언제나 여기 우리 앞에 있다. 가족생활과 아이들도 하나의 훌륭한 사원이다. 아이들은 우리의 탁월한 스승이 될 수 있다. 아이들은 우리에게 헌신과 무아를 가르치고, 우리를 끊임없이 현재의 순간으로 끌어들인다. 우리가 아슈람이나 사원에 있을 때 구루가 우리한테 아침 일찍 일어나 명상하라고 시킬 경우 항상 달가운 마음이 들지는 않을 것이다. 어느 아침에는 잠자리에서 뒹굴며 '다른 날 하면 되지' 하는 생각으로 도로 잠에 빠져들지도 모른다. 그러나 우리 아이들이 한밤중에 일어나 아프다고 칭얼댈 때에는 아무런 선택도 망설임도 없다. 그 즉시 우리의 자애로운 관심이 일어난다.

가족은 수없이 반복해서 우리의 온 마음과 정성을 요구한다. 우리가 사찰이나 명상센터에서 밀려드는 피곤함, 불안, 권태 등과 마주할 때, 구루나 지도법사가 우리에게 요구하는 것도 바로 그것이다. 집에서 괴로움들에 맞서는 일과 명상수련 중에 마주하는 일에는 아무런 차이가 없다. 영성생활은 상황이 절박할수록 더욱 깊어진다. 우리 아이들은 필연적으로 사고나 질병에 시달린다. 비극적인 일이 터지기도 한다. 이런 상황들은 우리의 한결같은 사랑과 지혜를 요구한다. 이를 통해 우리는 수행의 핵심에 다다르고 진정한 영적 힘을 발견한다.

많은 문화권에서 아이를 지혜롭고 건강하게 키우는 일을 성스런 행위로 여긴다. 아이들은 공동체의 핵심으로서 항상 소중히 다뤄진다. 건강한 아이들은 저마다 장래의 레오나르도 다 빈치, 누레예프(Nureyev : 구 소련의 무용가 - 옮긴이), 클라라 바톤(Clara Barton : 미국 적십자사 초대 대표를 지낸 간호사 - 옮긴이) 등 인류에 탁월한 공헌을 할 인물로 간주된다. 우리 아이들이 바로 우리의 명상이다. 자녀양육보다 돈벌이를 중시하는 사회에서 아이들이 아동보호소나 텔레비전에 의해 키워질 때, 우리는 불만투성이고 상처 받고, 빈곤한 세대들을 형성할 뿐이다. 자녀양육과 친밀한 인간관계라는 까다로운 영역으로 수행을 확대하는 열쇠는 자신의 호흡을 따라가며 우리 마음을 수천 번이고 불러올 때 사용했던 바로 그 인내와 끈기를 계발하는 것이다. 소중한 것치고 하룻밤 사이에 성장하는 것은 없다. 우리 아이들도, 서로 사랑하는 우리 마음의 능력도 마찬가지다. 나는 태국과 발리에서 안식년 휴가를 보내던 중 어느 가족에게서 자애로운 존중의 위대한 힘을 보았다. 나의 딸 캐롤라인은 어느 훌륭한 무용 선생 아래서 두 달간 발리 댄스를 배웠다. 캐롤라인이 교습 과정을 마쳤을 때 그 선생은 자신의 집이기도 한 무용 학교에서 고별 공연을 열어 줬다. 우리가 공연장에 도착했을 때, 사람들이 무대를 설치하고 음악을 준비하고 캐롤라인에게 몸단장을 시키고 있었다. 그들은 집중 시간이 5분 정도밖에 안 되는 여섯 살짜리 아이에게 아주 오랫동안 몸치장을 시켰다. 먼저 아이에게 비단 사롱(말레이 군도 원주민들의 허리 두르개 - 옮긴이)을 두르고, 허리에 아름다운 체인을 감았다. 그런 뒤 아이의 가슴에 자수 비단을 열다섯 번이나 둘렀다. 황금 완장과 팔찌도 채웠다. 아이의 머리도 매만지고 그 위에 황금빛 꽃을 꽂았다. 그러고는 여섯 살짜리 아이는 꿈도 못 꿀 화장까지 시켰다.

그 동안 나는 조바심을 달래며 옆에 앉아 있었다. 뿌듯한 마음에 사진을 찍고 싶어 안달하는 전형적인 아버지였다. "언제 다 끝나는 거야? 공연은 언제 시작하지?" 30분, 40분…. 끝으로 무용 선생의 부인이 다가오더니 자신의금목걸이를 풀어 딸의 목에 감아주었다. 딸은 기뻐 어쩔 줄 몰랐다.

마침내 몸치장이 끝났을 때, 나는 그 놀라운 광경에 입이 벌어졌다. 발리에서는 아이들을 사회의 일원으로서 대단히 정중하게 대한다. 무용수가 여섯 살이든 스물여섯 살이든 한 예술가로서 똑같은 존경과 예우를 받는다. 그저 관객만이 아닌 신을 위해 공연하는 무용수인 것이다. 예술가로서의 극진한 대우에 고무되어 캐롤라인은 근사한 무용을 펼쳐보였다. 아이가 그런 존경을 받았을 때 어떤 느낌이었을지 상상해보라. 붓다가 인내, 배려,

자비심을 길러 수십만 번의 전생을 거치며 자신의 마음을 닦으셨듯이, 우리도 가족과 소중한 관계들 속에서 우리 마음을 성숙시킬 수 있다.

영성수련은 괴로움들이 일어날 때 인생에서 도피하는 방편이 돼서는 안 된다. 어떤 종류의 명상수행도 우리가 괴로움에 부딪칠 때마다 수련을 중단하면 별 진전을 이룰 수 없다. 수행을 지탱하는 것은 헌신하는 능력이다. 결혼 같은 애정 관계에서 헌신은 성공의 보증수표다. 헌신은 사랑이 비즈니스현장의 안전협정 같은 것이 아님을 뜻한다. "당신이 너무 많이 변하지 않는다면, 당신이 나를 멀리하지 않는다면 당신 곁에 있을게." 헌신은 깨어 있는 관계로 함께 머무는 것이다. 서로 사랑 속에 성장하도록 돕겠다는 각오를 가지고 상대방 마음의 열림을 존중하고 보살피는 것이다.

자녀양육과 사랑의 관계 속에서, 우리는 필연적으로 명상 중에 만나는 장애와 똑같은 장애에 부딪치게 된다. 우리는 다른 장소에서 다른 누군가와 함께 있었으면 하고 바랄 것이다. 혐오, 비판, 공포의 감정도 느낄 것이다. 따분하고 냉담한 시기도 거치고, 서로에게 불안감을 느끼고 의혹도 경험할 것이다. 우리는 이 익숙한 악마들에 명명하기를 하면서 그것들을 수행 정신으로 상대할 수 있다. 우리는 그 악마들 밑에 깔린 두려움의 실체를 인식하고, 배우자와 더불어 그 괴로움들로 사랑을 심화할 기회로 만들 수 있다.

다르마를 품고 세상 속으로

인생의 온갖 변화들을 경험하고 연이어 닥쳐오는 괴로움들 속에서 균형을 유지할 수 있게 되면서, 우리는 깨어남과 자유의 진정한 의미를 발견한다. 우리가 추구할 더 훌륭한 사원은 무엇일까? 우리는 똑같은 원칙들을 가정생활에서 지역사회 활동으로, 정치, 경제, 세계 평화, 그리고 빈민봉사로까지 확대할 수 있다. 이 모든 영역들은 우리에게 붓다의 품성을 요구한다. 우리는 우리 지역의 투표소에 붓다를 불러올 수 있을까? 붓다 같은 의연함으로 국회의원들에게 편지를 보낼 수 있을까? 굶주린 이들을 먹이는 일에 참여할 수 있을까? 붓다처럼 걸으며 평화나 정의, 환경에 관한 염려를 표출할 수 있을까? 이런 문제들 앞에 우리가 발휘할 가장 큰 능력은 지혜와 광대한 마음이다. 이것이 없으면 이런 문제들은 영원히 지속된다. 이것을 가지면 우리는 세상을 변화시킬 수 있다.

나는 최초의 베트남전 반대 시위에 참여했었다. 당시 시위자들은 정치인과 군 장성들을 향해 군인들이 전투에서 드러내는 것과 똑같은 폭력과 증오를 쏟아냈다. 우리는 그저 전쟁을 재생산하고 있었다. 하지만 나는 증오의 표출 없이도, '우리'와 '그들'의 편 가르기 없이도, 바리케이드를 치고, 강력한 정치 구호를 외치고, 우리 마음과 몸을 정의를 위해 바칠 수 있다고 믿었다. 민권운동가 마틴 루터 킹 목사는 우리에게 결코 사람들을 우리의 적으로 만들려는 유혹에 굴복해서는 안 된다고 부르짖었다. "정의를 향해 전진할 때, 위엄과 규율을 지니고 나아갑시다. 오직 사랑의 무기만을 사용합시다."

저명한 작가인 어느 친구는 걸프 전쟁(Persian Gulf War)의 대규모 참상에 참담한 고통을 느꼈다. 그녀는 가능한 한 개인적이고 직접적인 방법으로 저항하고자 했다. 그래서 명상수행을 도시 한복판의 광장에 나가 하기로 했다. 매일 정오가 되면, 그녀는 비가 오나 눈이 오나 땡볕이 내리쬐나 광장에 고요히 앉아 명상에 들어갔다. 옆에 걸프 전쟁의 평화를 요구하는 푯말을 세운 채. 어떤 날은 사람들이 환호를 보냈고, 어떤 날은 함께 앉아 명상했고, 어떤 날은 그녀 혼자였다. 어느 경우든 그녀는 하루도 빠짐없이 그 광장에서 자기가 원하는 평화를 줄기차게 요구했다.

현재 어느 선사는 참선과 비폭력의 원칙 아래 수천 명의 환경운동가와 정치 활동가들을 수련시키고 있다. 그분은 수련자들에게 필연적으로 일어나는 갈등과 악마들을 상대하는 법과 평화와 존엄으로 세상을 변화시키는 방법을 가르치고 있다. 또 다른 경건한 평화 운동가는 유럽의 핵무기를 관장하는 장군과 만난 중요한 자리에서 이런 말로 대화를 시작했다. "모든 유럽인의 생명을 책임지고 계시니 참으로 어려움이 크시겠군요." 이러한 상호 존중의 느낌으로 시작함으로써 그 대화는 아주 순조롭게 이어졌다.

우리는 일체의 중생을 구제하겠다고 서원한 보살의 지혜와 전 인류의 존엄성을 지니고 정치의 영역으로 들어갈 수 있다. 우리가 모든 영역을 구도의 사원, 신성한 진리를 발견할 거룩한 성소로 여길 때, 우리는 거리에서도, 지역 공동체에서도 영성수련을 해나갈 수 있다. 당신의 주변이 경건한 사원이라고 가정해보라. 당신은 그 사원을 어떻게 대할 것인가? 거기서 당신의 영적 과제는 무엇이겠는가? 당신은 지푸라기 하나만 보여도 집어 들고, 돌덩이를 보면 행여 남들이 다칠세라 길가로 치울 것이다. 정결하고 성스러운 길을 따라 다니고, 차를 타는 일도 거의 없을 것이다. 이웃을 만나면 사원 안에서 형제자매들을 대할 때처럼 항상 온화한 미소를 건넬 것이다. 아마 당신은 병자나 빈민을 위한 구호활동도 펼칠 것이다.

이런 일이 쉽다고 말할 사람은 아무도 없다. 명상수행의 참선 못지않게 명상을 통한 행동도 어려운 일이다. 우리가 가족의 공간이나 정치 무대로 들어가 심오한 자비심으로 행동하는 법을 배우는 데는 몇 년의 수행이 필요할지도 모른다. 자비의 끈을 놓지 않으려면 특별한 의식적 노력이 필요하다. 하지만 신성과 진리는 여느 곳과 다름없이 바로 이곳에도 존재한다.

처음에 우리는 복잡하기 그지없는 이 세계에 혼란을 느낄지 모른다. 혼자 명상할 때 우리는 자신의 고통만을 마주한다. 하지만 가정이나 세상 속에서 활동할 때는 모든 생명과 뒤얽힌 고통들과도 맞서야 한다. 수억 명의 우리 형제자매들이 거대한 불의와 참담한 빈곤 속에 허덕이고 있다. 때때로 그 모든 불의와 슬픔은 너무나 거대해서 우리 능력으로는 도저히 맞설 수 없을 듯이 보인다. 하지만 우리 안의 무언가는 알고 있다. 이 고통 역시 영성생활의 일부이고 우리가 그것을 자신의 고통으로 삼고 대응할 수 있다는 사실을. 정말로 그럴 수 있다! 우리 중 누구도 폭압, 상실, 슬픔, 죽음 등을 피해갈 수 없다. 우리 모두는 이 지구 환경의 파괴 혹은 구제에 하나로 묶여 있다.

오늘날 세계의 문제들은 기본적으로 정신의 위기라는 사실을 명심해야 한다. 이 위기는 인간의 편협한 시각에서 비롯된 것이다. 서로에 대한 일체감의 상실, 공동체의 상실, 그리고 가장 근원적으로는 우리의 정신적 가치의 상실이 부른 결과이다.

근본적 원인들을 처리하지 않은 채 정치·경제적 변화만으로는 결코 우리의 고통을 충분히 해소하지 못한다. 지구상 최악의 문제들(전쟁, 빈곤, 생태 파괴 등)은 인간의 마음속 탐욕, 증오, 편견, 망상, 그리고 두려움에서 생겨난 것이다. 우리가 우리 수행의 범위를 확대하고 주위 세계의 슬픔과 마주하기 위해서는 우리 안의 이 세력들과 맞서야 한다. 아인슈타인은 인간을 일컬어 '핵무기에는 거인, 윤리에는 유아'라 했다. 우리가 자신의 탐욕, 증오, 망상을 뛰어넘어 연민, 선량, 이해심을 발견할 경우에만 우리 주변의 세계에 자유가 살아날 수 있다.

광대하게 열린 마음은 우리에게 세계와 정면으로 맞설 힘을 주고, 슬픔의 뿌리와 우리의 역할을 이해하게 한다. 드와이트 아이젠하워(Dwight Eisenhower : 미국의 34대 대통령. 2차 세계대전 당시 서유럽 주둔 연합군 최고사령관을 역임했음-옮긴이) 대통령은 이 책임에 대해 이렇게 역설했다.

■ 총 한 자루를 만들 때, 전함 한 척이 진수될 때, 로켓 한 발이 발사될 때마다 결국은 굶주리고 헐벗은 사람들의 가진 것을 빼앗게 된다. 무기에 파묻힌 이 세계는 돈만 낭비하고 있는 것이 아니다. 노동자의 땀방울, 과학자의 천재성, 아이들의 희망까지 내버리고 있는

것이다. 이것은 결단코 진정한 의미의 생명의 길이 아니다. … 철의 십자가에 인류를 매다는 짓이다.

　이런 짓을 하고 있는 것이 바로 우리 사회다. 현대사회 속의 우리는 저마다 이 세계의 딜레마를 심화시키고 있음을 인정해야 한다. 우리가 이 지구의 고통에 대처할 수 있는 분야는 수없이 많다. 우리는 온갖 무대에서 각자 할 수 있는 일을 찾아 경제, 교육, 정부, 봉사 그리고 국제 분쟁에 자비와 지혜를 불어넣어야 한다. 우리는 이 모든 노력을 바탕으로 마음의 힘을 발견하여 진실과 자비로 불의에 맞서야 한다.

　우리 세계에는 두 가지 근원적 힘이 있다. 하나는 증오의 힘으로, 이 힘은 '죽이기'를 겁내지 않는 사람들에게서 나온다. 다른 하나는 더욱 강력한 사랑의 힘으로, 이 힘은 '죽기'를 겁내지 않는 사람들에게서 솟아난다. 이 힘은 대영제국에 맞선 간디의 행진을 지탱한 힘이고, 뉴욕 거리의 빈민들을 쉼 없이 보살핀 도로시 데이(Dorothy Day : 사회 운동에 헌신한 기독교 복음주의자. 뉴욕 맨해튼에서 자선 활동을 펼치며 봉사의 삶을 살았다 - 옮긴이)의 힘이다. 이 심원한 마음의 힘은 모든 상황에서 인간을 회복하고 구원하는 생명의 힘이다.

　이 세상에 자비와 자유를 일깨우는 일은 쉬운 일이 아니다. 우리는 자신의 원칙에 따라 살기보다는 원칙을 위해 싸울 일이 더 많은 이 거짓의 시대에 정직해야 한다. 우리는 도(道), 다르마(法), 우주의 법칙들을 쉽게 망각하는 이 시대에 깨어 있어야 한다. 지금은 물질주의, 소유에 대한 집착, 방종, 그리고 군사적 안보가 인간 행위의 올바른 기준이라고 떠들어대는 시대이다. 그러나 이런 길들은 다르마가 아니다. 그것들은 시간을 초월한 인간의 조화와 행복의 법칙을 따르지 않는다. 우리는 혼자서도 이 점을 이해할 수 있다. 우리는 자신 안에서 진리와 자비에 근거한 영원무궁한 생명의 법칙을 찾아내 행동으로 옮겨야 한다.

깨어 있는 몸가짐-오계

　자비와 깨달음을 확대하려면 우리 행위가 올바른 몸가짐을 위한 고대의 계율들과 조화를 이루어야 한다. 그런 계율들은 온전한 영성수련의 토대가 된다. 모든 상황에서 계율을 따르고 지켜가는 것은 그 자체로도 만물의 자유로 향하는 수행이 된다. 나는 이런 계율의 위대함을 일깨우는 가장 뚜렷한 사례 하나를 캄보디아 난민 캠프에서 보았다. 나는 친구이자 스승이었던 마하고사난다(Mahaghosananda : 1924~, 캄보디아의 큰 스님. 킬링필드로 알려진 대학살 시기에 평화와 화해의 행진 '담마예트라'를 이끌었다. 1994년 이후 노벨평화상 후보로 추천되고 있다-옮긴이)와 함께 그곳에 있었는데, 그분은 살아남은 몇 안 되는 탁월한 캄보디아 스님 중 한 분이었다. 당시 마하고사난다 스님은 크메르루즈 공산 세력의 황량한 난민 캠프에 불교 사원을 열었다. 거기에는 총부리에 밀려 공산주의자가 된 5만 명의 마을 주민들이 있었는데, 파괴된 고향을 떠나 태국 국경의 난민 캠프들로 몰려든 사람들이었다. 이 캠프에 있는 은밀한 크메르루즈 추종자들은 사원에 가는 사람은 누구든지 죽이겠다고 위협했다. 하지만 사원이 개창된 날 2만 명 이상의 군중이 먼지 날리는 광장에 몰려들어 예불을 올렸다. 그들은 가족들을 잃고 살아남은 비통한 사람들이었다. 조카 둘을 데리고 있는 삼촌도 있고, 셋 중 한 아이만 살린 엄마도 있었다. 학교는 불탔고, 마을은 파괴됐고, 가족들이 살해되거나 실종되지 않은 집이 거의 없었다. 나는 그토록 거대한 고통을 겪은 사람들에게 스님이 무슨 말씀을 할지 궁금했다.

　마하고사난다 스님은 천여 년 동안 주민들에게 전해 내려온 전통 경문으로 예불의식을 시작했다. 그 경문들은 8년 동안 입 밖에 낼 수 없었고 사찰들은 모두 파괴되었지만 이 세상 누구보다도 거대한 슬픔과 참상을 겪은 그 사람들의 마음에 고스란히 남아 있었다. 스님은 붓다의 핵심 게송들 중 하나를 낭송하기 시작했다. 먼저 빨리어(Pali : 고대 인도의 통속어로서 불교 경전을 기록한 언어 – 옮긴이)로, 다음에는 캄보디아어로 자꾸자꾸 되풀이해 읊었다.

■ 증오는 결코 증오로 풀 수 없고

　증오를 버릴 때만이 증오가 풀리리니

　이것이 영원히 변치 않는 진리니라.

스님이 이 경문을 반복해서 독송하자 수천 명이 따라서 읊조렸다. 그들은 경문을 암송하며 흐느껴 울었다. 놀라운 광경이었다. 그 경문의 진리가 그들의 절절한 슬픔보다도 훨씬 더 거대함을 확인하는 순간이었다.

모든 위대한 수행 전통들은 지혜롭고 참된 행위를 위한 기본원칙들을 가르친다. 덕행, 윤리, 도덕적 행위, 계율 등 명칭이 무엇이든 간에 그것들은 남에게 해악을 끼치지 않으면서 살아가기 위한 기본지침이다. 그 지침들은 세상에 건강함과 광명을 가져온다. 모든 인간에게는 덕행, 고귀함, 마음의 올곧음에서 기쁨을 느끼는 능력이 있다. 우리가 서로를 배려하며 다른 존재를 해치지 않고 살아갈 때 자유와 행복이 일어난다.

불교 수행에서는 말이나 행동으로 남에게 해악을 끼치지 않기 위한 최소한의 약속으로 다섯 가지 기본 계율을 요구한다. 이 계율을 '오계(五戒)'라 하는데, 수행자들은 이것을 반복해서 읊조리며 자신의 결의를 일깨운다. 오계는 다음과 같다.

■ 나는 살아 있는 존재를 해치거나 죽이지 않겠습니다.

　나는 내 것이 아닌 것을 훔치거나 취하지 않겠습니다.

　나는 음행(淫行)으로 해악을 일으키지 않겠습니다.

　나는 거짓말, 그릇된 언사, 험담, 비방 등을 하지 않겠습니다.

나는 알코올이나 마약 같이 부주의나 정신 혼란을 일으키는 중독물질에 빠지지 않겠
습니다.

덕행을 실천할 때 그 위력은 엄청나다. 우리가 이 계율들을 무시하고 살
때, 우리 삶은 들짐승의 삶과 다름없다고 한다. 이 계율을 안 지키면 다른
모든 영성수련이 헛일이 된다. 거짓말과 도둑질로 하루를 보낸 뒤 정좌하
고 명상에 들어간다고 생각해보라. 반면 모든 사람이 한 가지 계율만이라
도 제대로 지킨다면 세상이 얼마나 달라질지 상상해보라. 살인하지 않기,
거짓말 안 하기, 도둑질 안 하기…. 진정 우리는 새로운 세계 질서를 창조
할 것이다.

이 단순한 가르침들이 우리가 수행을 실천하고 깨달음과 자비의 범위를
주변 세계로 확대하는 하나의 완벽한 길이 된다. 계율을 지키는 것은 우리
의 관심과 배려를 단련하는 것이다. 남들을 해치지 않으려면 관심과 배려
가 필요하다. 계율은 우리가 길을 잃으려 할 때, 두려움과 망상이 우리를
흔들어 다른 생명에게 위해를 가하도록 부추길 때 우리에게 명확한 위험신
호를 보낸다. 불제자들은 오계만이 아니라 수백 가지 수련 계율을 따른다.
그 계율들을 지킴으로써 모든 말씨, 예법, 몸가짐에서 세심한 마음챙김이
일어난다.

이 기본적 계율들은 소극적 금기가 아니다. 이것들은 우리 인생의 자비
로운 마음에 대한 적극적 표현일 수 있다. '죽이지 않기'는 생명에 대한 외
경심을 일으켜 우리와 함께 살아 숨 쉬는 모든 존재를 보호하려는 애정으
로 발전할 수 있다. '훔치지 않기'는 지혜로운 생태학의 토대가 될 수 있다.
이 계율은 우리가 지구의 유한한 자원을 존중하면서 우리의 축복들을 온
세상과 나누는 참된 생활 태도를 길러줄 수 있다. 이런 정신에서 자연스럽
고 치유적인 단순한 삶이 이뤄진다. '거짓말 않기'를 통해서는 자비, 이해,

정의를 외치는 우리의 목소리를 키울 수 있다. '음행 삼가기' 계율은 우리의 가장 친밀한 관계들이 사랑, 기쁨, 다정함의 표현이 되도록 해준다. '중독성 물질 오용하지 않기'를 통해서는 모든 상황에서 지극히 명료하고 깬 상태로 살아가는 정신을 키울 수 있다.

처음에는 계율들이 수행의 족쇄다. 하지만 나중에는 필수품이 되었다가, 결국에는 기쁨이 된다. 우리 마음이 깨어 있을 때, 계율들은 자연스럽게 세상 속의 우리 길을 밝혀준다. 이를 일컬어 '광덕(光德)'이라 한다. 진리를 말하는 사람, 아무리 큰 괴로움 속에서도 언제나 만물에 대한 자비심으로 행동하는 사람에게서 뿜어져 나오는 광채는 주위 사방을 밝힌다. 향수보다 더 진한 광덕의 향기는 신들에게까지 올라간다. 저명한 심리학자 빅터 프랭클(Victor Frankl : 오스트리아의 정신분석학자. 2차 세계대전 중 유대인이라는 이유로 아우슈비츠로 끌려가 전 가족을 잃고 간신히 살아남았다 – 옮긴이)은 이 힘을 이렇게 이야기한다.

■ 포로수용소에서 살아남은 우리들은 너무나 생생히 기억한다. 가스실로 걸어 들어가던 사람들이 절망에 빠진 동료들을 위로하고 자기들의 마지막 빵 조각을 건네주던 모습을. 그런 이들이 소수였을지는 몰라도 그들은 인간정신의 위대함을 확인시킨 증인들이었다. 우리 모두는 자기 안에 이 정신을 담고 있다. 때로는 묻혀 있고, 때로는 확연히 드러난다. 이 광채와 아량과 평화는 세상에 내놓을 우리의 가장 위대한 선물이다. 수행 범위를 확대할 때, 우리는 동그라미의 중심이 된다. 연못에 던져진 돌멩이는 서서히 바닥으로 가라앉지만 그 파문은 잔잔히 퍼져 연못가를 살포시 어루만진다. 이렇듯 그 동그라미의 중심인 우리는 자기 안에서 평화를 이룬 뒤 우리 앞에 어떤 변화가 몰려오더라도 남들에게 우리의 평화를 불어넣는다. 스즈키 선사는 이렇게 말한다. "변화의 한복판에서 절대적 평정을 발견하는 것, 그것이 곧 니르바나(涅槃)이다."

생명에 대한 외경

수행의 범위를 확대할 때, 우리는 매 순간, 한 사람 한 사람, 각각의 만남을 경험할 때마다 생명 존중의 기술을 터득한다. 이것은 이상적 행위가 아니라 지극히 실제적인 수행이다. 시인 윌리엄 블레이크는 이렇게 말했다.

만일 선(善)한 일을 하고자 한다면 아주 사소한 일에서 행해야 한다.

'만인을 위한 선'은 위선자, 불한당, 아첨꾼들의 핑계일 뿐이다.

영성생활을 하는 데는 고매한 이상이나 고상한 사고가 필요치 않다. 우리 호흡, 우리 아이들, 주변의 나무들, 그리고 우리 모두가 서로 얽혀 있는 이 지구에 자애롭고 온화한 주의를 기울이면 된다.

붓다를 따르는 승려들은 나무 하나 풀 한 포기도 베지 못하도록 돼 있었다. 그들의 불살생(不殺生)과 외경(畏敬)의 정신은 더욱 확대되어 주위의 모든 생명체를 포함하게 되었다. 현대에 이르러 아시아의 숲들은 아마존의 열대우림처럼 급속히 파괴되고 있다. 이러다가는 숲속 사원이나 숲속의 수도승을 위한 숲이 남아나지 않겠다는 위기감이 퍼졌다. 그래서 일부 스님들이 마을 주민들과 함께 숲으로 들어가 가장 오래되고 거대한 나무에 사원에서 가져온 승복을 두르고 끈으로 묶었다. 그러고는 마치 그 나무가 정식 불제자인 것처럼 수계식(受戒式 : 불가의 계를 받는 의식 – 옮긴이)을 거행했다. 태국과 미얀마 사람들은 이런 수계식에 대단한 경외심을 갖고 그 나무들을 살려두고 숲 전체를 보존하려 한다. 이런 형태의 반복적 관심과 배려가 우리의 영성수련이 된다. 우리가 만나는 모든 존재가 우리 삼촌, 고모, 우리의 아들과 딸임을 깨달을 때, 우리 마음은 자애로움과 너그러움으로 넘쳐난다.

너그러움과 배려의 열쇠는 어떤 상황에 대한 우리의 고정관념을 뛰어넘어 진지하게 경청하는 마음이다. 간디의 말처럼 "우리는 고집을 벗어나 우리 앞의 진리를 추구해야 한다." 이 원칙을 따르는 현대의 어느 평화운동이 있는데, 이름하여 '자비경청 프로젝트(The Compassionate Listening Project)'가 그것이다. 미국인과 유럽인들이 세운 이 단체는 관심, 배려, 깊은 자비심을 가지고 괴로운 상황들의 모든 면을 들여다보려고 노력한다. 최근에 이 단체는 세상에서 가장 소외된 사람들의 이야기를 듣기 위해 여러 팀을 파견했다. 한 팀은 북아프리카 리비아로 가서, 리비아군 장교들과 무아마르 카다피(Muammar Qaddafi : 리비아의 국가원수. 1969년 군사 쿠데타로 정권을 잡은 뒤 반(反)민주 독자노선을 걷고 있다 – 옮긴이)를 추종하는 사람들의 주장을 열린 마음으로 경청했다. 이것은 그들의 시각에서 그 상황을 이해하려는 노력이었다. 다른 팀은 중남미 니카라과로 가서 농민들과 콘트라(Contra : 니카라과에서 혁명으로 탄생한 산디니스타 정권에 대항한 반혁명 게릴라 – 옮긴이) 무장 반군들의 이야기를 들었다. 그들 각자의 시각, 그들의 고통과 괴로움, 울분을 세심히 들었다. 또 다른 팀은 중동으로 파견되어 레바논의 여러 정파들이 주장하는 소리에 귀를 기울였다.

우리가 사원에 있을 때처럼 상대방이 마치 우리 스승인 듯이 그 말에 주의를 기울여보라. 이렇게 서로의 말을 소중하고 신성하게 여기면 갖가지 엄청난 가능성의 문들이 열린다. 심지어 기적도 일어날 수 있다. 이 세상에서 가장 참되게 행동하려면, 우리가 소(小)자아 관념, 자신의 유한한 정체성, 자기 희망이나 두려움에서 벗어나야 한다. 우리는 더욱 거대한 가능성에 귀를 기울이고 우리 안의 끈기 있고 자비로운 붓다를 일깨워 가장 고결한 의도를 바탕으로 행동해야 한다. 우리는 자신보다 더 거대한 것과 연결될 줄 알아야 한다. 그것이 도(道)든, 신(神)이든, 다르마(法)든, 자연의 법칙이든 상관없다. 거기에는 우리가 경청할 심오한 진리의 강물이 흐르고 있다. 우리가 그 진리를 귀담아 듣고 그에 따라 움직일 때, 어떤 상황 앞에서도 올곧게 행동할 수 있다.

이런 '경청하기'의 위대한 힘을 보여준 최고의 사건 중 하나가 간디 사후에 인도에서 일어났다. 간디가 암살당한 뒤 간디를 따르던 모든 단체들은 혼란에 빠졌다. 인도 독립 후 1~2년 동안 수많은 간디의 숭배자들은 전국적인 회의를 열고 간디의 활동을 가장 훌륭히 승계할 방법을 모색했다. 그들은 원로이자 간디의 최측근 제자이고 외견상 후계자였던 비노바 바베(Vinoba Bhave : 1895~1982, 인도의 유명한 사회개혁가로서 토지헌납운동(부단 야즈나)의 창시자 - 옮긴이)를 설득하여 자기들 단체의 지도자로 삼으려 했다. 하지만 바베는 "우리는 과거를 되살릴 수 없소"라는 말로 거부했다. 그래도 간청이 끊이질 않자 바베는 마침내 그 단체를 이끌기로 동의하면서 한 가지 조건을 걸었다. 자기가 살던 고장에서 그 단체의 본부가 있는 곳까지 걸어서 여행하며 인도 곳곳을 충분히 둘러본 다음 6개월 뒤에 그 자리를 맡겠다고 한 것이다.

바베는 걸어서 이 마을 저 마을을 찾아다니기 시작했다. 그는 간디가 그랬던 것처럼 마을에 머물 때마다 주민회의를 소집했다. 바베는 주민들의 말을 귀담아 듣고 때때로 그들에게 조언도 건넸다. 당연히 바베는 인도 전역에 널려 있는 지극히 가난한 마을들을 찾아다녔다. 그러던 중 어느 마을의 주민들이 먹을 것이 없어 굶어죽겠다며 곤경을 하소연했다. 바베가 물었다. "왜 직접 작물을 재배하지 않나요?" 대다수가 불가촉천민(인도의 엄격한 카스트 제도에서 최하층 계급 - 옮긴이)이었던 그들은 이렇게 말했다. "우리도 직접 작물을 키우려 합니다. 다만 땅이 없어서 못하지요." 곰곰이 생각하던 바베는 자신이 델리Delhi에 돌아가면 네루 수상에게 말해서 극빈자에게 토지를 나눠주는 법안을 통과시키도록 해보겠다고 약속했다.

온 마을 사람들은 잠에 빠졌지만 바베는 잠들 수 없었다. 그 문제와 씨름하며 그날 밤을 뜬 눈으로 새웠다. 아침이 됐을 때 그는 주민들을 모아놓고 이렇게 말했다. "나는 정부를 아주 잘 압니다. 몇 년 후에 내가 정부를 설득해 토지공여 법안을 통과시킬 수 있다 해도 여러분은 땅을 구경도 못할 겁니다. 먼저 수많은 주와 각 지방에 분배되고, 지역 유지와 마을 원로들이 차지할 겁니다. 토지가 여러분에게 내려올 때 쯤 되면 정부 관리들이 모두 제 몫을 챙겨버려 남는 땅은 하나도 없을 겁니다."솔직하면서도 서글픈 바베의 고백이었다.

그러자 어느 부유한 지주가 벌떡 일어나서 말했다. "나한테 땅이 있습니다. 이 사람들이 얼마나 필요합니까?" 총 열여섯 가구였고 한 가구 당 5에이커가 필요했으므로 바베는 이렇게 말했다. "80에이커요." 간디와 바베의 정신에 깊은 감명을 받은 그 남자는 그 자리에서 80에이커를 내놓았다. 하지만 바베는 이렇게 말했다. "아니요. 받을 수 없습니다. 먼저 집에 가서 댁의 땅을 상속받을 아내와 자식들과 의논해보십시오." 그 지주는 돌아가서 가족의 동의를 얻은 후 이렇게 말했다. "예, 우리는 땅 80에이커를 내놓기로 했습니다." 그날 아침 80에이커의 땅이 가장 가난한 주민들에게 나누어졌다.

다음 날 바베는 또 다른 가난한 마을에 들어갔다. 그곳에서도 땅이 없어 굶주림에 시달리는 최하층 카스트 주민들의 비참한 이야기가 들려왔다. 마을회의에서 바베는 앞 마을의 이야기를 들려주었다. 그러자 그의 이야기에 또 다른 부유한 지주가 감동했다. 그 지주는 110에이커를 절박한 처지의 스물두 가정에 나눠주겠다고 했다. 또다시 지주는 가족의 동의를 받으러 돌아가야 했고, 그날 중으로 그 땅은 가난한 주민들에게 분배되었다.

바베는 차례차례 마을을 찾아다니며 마을회의를 열고 이 과정을 되풀이했다. 그 활동은 몇 달 후 전국위원회가 소집될 때까지 계속되었다. 그는 그 도보 여행을 통해 2,200에이커 이상의 땅을 모아 극빈자 가정들에 나눠주었다. 위원회에 나간 바베는 거기서 또 이 이야기를 들려주었고, 그로 인해 수많은 사람들이 그에게 동참하면서 인도의 거대한 토지헌납운동이 시작되었다. 그 뒤 14년 동안 비노바 바베와 그에게 감동 받은 수천 명의 사람들은 인도의 모든 주, 지방, 시골들을 샅샅이 누비고 다녔다. 그들은 정부의 어떤 도움이나 복잡한 행정절차 없이 천만 에이커가 넘는 땅을 모아 가장 비참하고 궁핍한 시골 주민들에게 나누어주었다.

이 위대한 성과의 시작은 '경청하기'의 정신, 진리를 향한 열정, 그리고 한 사람의 자비로운 마음이었다. 이것들이 그 뿌리 깊은 고통에 거대한 변화를 몰고 온 것이다. 이런 식으로 살기 위해서는 용기와 단순함이 필요하다. 솔직하게 귀 기울이고 세상을 있는 그대로 마주하는 용기, 그리고 인생이 우리에게 요구하는 것을 명료한 눈과 마음으로 바라보는 단순함이 요구된다.

이런 용기를 가질 때 우리는 전에 그 길을 걸은 사람은 하나도 없음을 깨닫게 된다. 우리가 따를 만한 정확한 계획이나 모델은 존재하지 않는다. 심지어 가장 위대한 인물들도 마찬가지다. 우리는 모두 미지의 길, 지도에도 표시되지 않은 강물을 따라 나아간다. 눈과 마음을 열고 전진하는 데는 엄청난 용기가 필요하다. 깊은 자비심으로 바라볼 때, 우리는 우리 인생을 수없이 변화시켜야 할지 모른다. 우리의 아둔한 구석을 내버리거나 우리의 자비심을 새로운 방식으로 주변 세계로 확대해야 할지 모른다.

이런 식으로 '마음과 함께하는 길'을 가는 것을 일컬어 '보살행(菩薩行)'이라 한다. '보살'을 뜻하는 산스크리트어 'Bodhisattva'는 두 어근으로 되어 있다. 'Bodhi'는 '깨달음을 구하는'의 뜻이고 sattva는 '사람'을 의미한다. 결국 보살은 '깨달음을 구하는 자'로서, 일체의 중생을 자유와 평안으로 이끌겠다고 서원한 사람이다. 보살은 붓다처럼 모든 상황 속에서 자비와 깨달음의 고결한 능력을 펼치는 사람이다. 태양이 서쪽에서 뜬다고 해도, 세상이 거꾸로 뒤집힌다 해도 보살은 오직 한 길만을 걷는다고 한다. 보살의 길은 가장 거대한 괴로움 앞에서도 자비와 깨달음의 정신을 살려내는 것이다. 수행의 범위를 확대할 때, 우리는 세상의 고통을 지켜보는 우리 마음의 능력을 발견하고, 광대해지는 마음을 경험하면서 자비심으로 모든 생명과 하나가 된다.

우리 안의 보살은 알고 있다. 진정한 사랑은 저항할 수 없고 억누를 수도 없으며 그것이 건드리는 것은 무엇이든 변화시킨다는 것을. 놀랍게도 보살 행은 거창하거나 이상적인 삶이 아니다. 그저 모든 상황에 사랑, 열림, 자유의 마음을 일으키는 것이다. 그럴 경우 바로 우리 자신이 주변 세계에 변화를 일으킨다.

어느 기자가 마하트마 간디에게 인도 국민에게 보내는 메시지가 무어냐고 물었다. 막 출발하려는 기차 위에서 간디는 종이 한 장에 이렇게 휘갈겨 썼다. "내 삶이 곧 나의 메시지요." 즉, 우리의 수행 범위를 확대하는 일은 우리 삶을 우리의 메시지가 되게 하는 것이다.

봉사에 대한 명상

조용한 시간을 택하라. 편안히 정좌하고, 긴장을 풀되 정신을 일깨우라. 앉아 있는 몸을 느끼고 자기 호흡의 가냘픈 움직임을 감지하라. 정신을 맑게 하고 마음을 부드럽게 하라. 인간의 온 생명을 지탱해주는 은혜로운 선물과 축복들을 되돌아보라. 빗물, 대지의 식물들, 따사로운 햇볕…. 수많은 은인들을 떠올려보라. 농부, 부모님, 노동자, 치료사, 우편배달부, 선생님, 그리고 우리 주위의 모든 사람들…. 주위 세계를 느껴보면서 그 문제들까지 알아차리라. 그 속의 사람, 동물, 그리고 환경의 온갖 요구들…. 뭔가 베풀고 싶은 마음속의 움직임을 느껴보라. 자신만이 가진 선물을 세상에 내줄 때 일어날 기쁨을 떠올리라.

이제 준비가 됐으면 자신에게 아래의 질문들을 던져보라. 하나씩 던진 뒤 잠시 멈춰 대답을 구하면서, 자신의 가장 깊숙한 자비와 지혜로부터 반응이 일게 하라.

지금부터 5년 동안 당신이 가장 원하는 활동을 한다고 상상하라. 당신이 하고 싶은 모든 일을 하고, 가장 진심어린 방법으로 베풀고 싶은 모든 것을 내준다고 상상하라. 당신의 가장 커다란 행복의 근원은 무엇인가? 세상에 가장 큰 축복이 되리라 여기며 당신이 행한 일은 무엇인가? 가장 만족을 느끼며 세상에 내줄 수 있는 것은 무엇인가? 그것을 세상에 베풀기 위해 버려야 할 것은 무엇인가? 세상에 그런 기여를 하기 위해 자신과 남들 안에서 인식해야 할 강점과 능력들은 무엇인가? 이 기여와 봉사를 시작하기 위해 오늘 당신의 인생에서 무엇을 해야 할 것인가? 왜 시작하지 못하는가?

세상에 평화를 부르는 불살생의 계율

모든 위대한 수행 전통들은 영성생활이 우리의 말이나 행위에서 분리될 수 없다는 선언으로서 윤리적 행위에 관한 지침을 두고 있다. 덕행과 불살생(不殺生)을 향한 확고한 맹세는 조화롭고 자애로운 삶을 위한 토대이다. 처음에 당신은 이런 도덕률을 따르는 것이 자신과 남들을 지키는 수단으로 생각될 것이다. 하지만 수행과 성찰이 깊어지면서 각각의 진실하고 고귀한 덕성의 영역들이 명상 그 자체로 통합되는 과정을 겪게 될 것이다. 그와 함께 깨달음이 일어나고 내면적 자유의 씨앗이 뿌려질 것이다. 당신이 각 덕성들을 계발할 때, 그것은 자연스런 선물이 되고, 당신 안에 다른 모든 존재를 향한 배려의 마음이 일어날 것이다.

불교 수행에서 덕성과 고결함을 확립할 한 가지 방법은 엄숙하게 '오계(五戒)'를 서약하는 것이다. 이 서약은 자신을 일깨우고 결의를 다지기 위해 정기적으로 되풀이할 수 있다. 오계를 서약하기 위해 일정한 명상 장소에 조용하되 깨인 상태로 정좌하라. 만일 제단이 있다면 촛불을 켜거나 향을 피우거나 꽃을 놓아두는 것도 좋다. 그리고 몸을 편안히 하고 마음을 열라. 준비가 되면 다음 계율들을 암송하라.

■ 나는 살아 있는 존재를 해치거나 죽이지 않겠습니다.

나는 내 것이 아닌 것을 훔치거나 취하지 않겠습니다.

나는 음행을 통해 해악을 일으키지 않겠습니다.

나는 거짓말, 그릇된 언사, 험담, 비방 등을 하지 않겠습니다.

나는 알코올이나 마약 같이 부주의나 정신 혼란을 일으키는

중독물질을 오용하지 않겠습니다.

각 계율을 암송하면서 자신의 마음속 의도를 느껴보라. 그것이 당신에게 전해 주는 힘과 평안함, 그리고 만물을 향한 자비심을 느끼라. 그 뒤 수행 중 어느 시기에 혹시 이 계율들을 가지고 더 깊은 수련을 하고 싶으면 이렇게 해보라. 자신의 덕성과 마음챙김을 키우고 강화하려면 오계 중 하나를 골라 집중적으로 가다듬으라. 그 계율을 한 주일 동안 세심히 상대하라. 그런 뒤 결과를 음미하고 다른 계율을 골라 다음 한 주 동안 상대하라. 여기 각 계율을 상대할 때 이용할 방법들을 소개한다.

■ 1. 살생하지 않기 — 생명에 대한 외경. 한 주일 동안 생각이나 말이나 행동으로 어떠한 생명체도 고의적으로 해치지 않겠다고 다짐하라. 특히 자신이 소홀히해온 주위의 모든 생명들(사람, 동물, 심지어 식물들까지)을 알아차리고 그들에 대한 배려와 외경심까지 키워나가라.

■ 2. 도둑질 하지 않기 — 물질적인 대상에 대한 주의. 한 주일 동안 소비를 최소화하기로 다짐하라. 자동차 운행도 줄이고, 지출도 줄이고, 각각의 신체적 행위를 할 때 세심한 주의와 관심을 기울이라. 그런 뒤 한 주일간 행하는 모든 행동에 마음속에서 자연스레 우러나는 아량의 마음을 담겠다고 다짐하라.

■ 3. 그릇된 말 하지 않기 – 마음에서 우러나는 말. 한 주일 동안(좋게든 나쁘게든) 잡담을 지껄이거나 당신과 함께 있지 않은 누군가(일체의 제삼자)에 대해 수군거리는 일을 삼가기로 다짐하라.

■ 4. 음행(淫行) 하지 않기 – 올바른 성 의식. 한 주일 동안 당신의 의식 속에 성적 감정과 상념이 얼마나 자주 일어나는지 세심히 관찰하기로 다짐하라. 성적 상념이 떠오를 때마다 어떤 마음상태가 일어나는지 바라보라. 사랑, 긴장, 충동, 상심, 외로움, 소통의 열망, 탐욕, 쾌락, 난폭성 등등.

■ 5. 중독성 물질 멀리하기 – 한 주일 혹은 한 달 동안 일체의 술이나 중독성 물질(와인, 증류주, 마리화나, 담배, 그리고 카페인까지)을 멀리하기로 다짐하라. 그것들을 사용하고픈 충동을 관찰하고, 그 충동들이 일어날 때 마음과 정신에 어떤 변화가 생기는지 알아차리라.

4부

마음의 혁명

21. 성숙한 영성의 열 가지 특성

사람이 영적으로 성숙하면 역설적인 현실에 평온해지고, 인생의 모호함, 그 온갖 모습과 내재적 갈등 앞에 더욱 담담해진다.

나무에 매달린 과실은 충실히 익었을 때 저절로 떨어진다. 영성생활의 적당한 시기가 되면 우리 마음도 과실처럼 성숙하고 달콤해지기 시작한다. 수행은 자신을 찾고 계발하며 향상시키려는 어설픈 안간힘에서 벗어나 신비로움 속에 차분히 내려앉는다. 물질에 대한 의존에서 놓여나 마음의 평온에 머무른다. 영성수련 초기에 가족과의 관계와 부모님이 다니던 기독교 원리주의 교회 때문에 엄청난 시련을 겪은 젊은 여인이 있었는데, 그녀는 이렇게 말했다. "부모님은 내가 불제자일 때는 나를 증오해요. 하지만 내가 붓다일 때는 사랑해요."

영적 성숙은 존재에 관한 경직되고 이상화된 관념을 버리고 우리 생에서 유연함과 기쁨을 발견하는 것이다. 영성이 성숙해지면 마음에 자애로움이 일어나고, 우리의 움직임에 자연스레 평안과 자비가 우러난다. 노자(老子)는 이 경지를 이렇게 찬양했다.

■ 도(道)를 터득한 사람은 아무런 위험 없이 원하는 곳은 어디든 갈 수 있다. 그는 거대한 고통의 한가운데서도 우주적 조화를 얻는다. 자기 마음 안에서 평화를 찾았기 때문이다.

미국에 동양의 영성이 유행하기 시작한 시기는 1960년대와 70년대였다. 초창기의 영성수련은 허황되고 공상적이었다. 사람들은 영성을 이용하여 '드높이 올라가서' 의식의 비상한 상태를 경험하고자 했다. 제대로 따르기만 하면 우리를 완전한 깨달음으로 이끌고 세상을 변화시킬 완벽한 구루와 경이로운 가르침들이 있다고 믿었다. 당시는 초 트룽파 린포체가 '정신적 물질숭배주의'라 부른 흉내내기와 자아도취가 만연했다. 사람들은 수행 전통들의 예식, 복장, 철학 등을 이용하여 일상에서 탈출하고 더욱 고상한 존재가 되고자 했다.

하지만 몇 년이 지나자 환상이 깨졌다. 고매한 상태는 영원히 지속되지 않고 영성은 일상을 벗어난 채 고양되고 휘황찬란한 경지에서 발견되는 것이 아님이 분명해졌다. 대다수 사람들은 의식의 변환에는 애초 생각보다 훨씬 더 험난한 수련이 필요함을 깨닫게 되었다. 구도의 여정은 우리에게 주는 것보다 훨씬 더 많은 것을 요구함을 알기 시작했다. 사람들은 수행에 관한 허황된 관념에서 깨어나기 시작했고, 영성은 자신의 현실, 원래의 가족, 주변 사회 속의 우리 모습을 정직하고 담대하게 마주보도록 요구한다는 사실을 깨달았다. 사람들은 개인적으로 혹은 공동체 속에서 수행하며 지혜가 커지고 미몽에서 깨어났고, 그를 통해 영성생활이나 수행 공동체가 세상에서 탈출할 우리의 도피처나 구원 수단일 거라는 헛된 관념을 버리기 시작했다.

많은 사람들에게 이런 변화는 더욱 원만하고 지혜로운 영성수련의 토대가 되었다. 그들은 영성생활에 올바른 관계, 적절한 생활, 올곧은 말, 그리고 윤리적 몸가짐을 포함시켰다. 이런 영성생활을 위해서는 '칸막이 세우기'를 끝내야 했다. 우리가 그늘 속으로 밀어넣거나 회피하려 한 모든 것들을 결국은 영성생활에 포함시켜야 하고 아무것도 남겨둬선 안 된다는 사실을 이해하게 되었다. 영성은 우리가 추구하는 고매한 이상이 아니라 현재의 우리 안에 있었다. 구도의 여정은 인도나 티베트, 마추픽추(페루 중남부 안데스 산맥에 있는 고대 잉카 제국의 요새 도시 - 옮긴이)로 떠나는 것이 아니라 집으로 돌아오는 것이었다!

이런 종류의 영성에는 기쁨과 고결함이 넘친다. 평범함과 깨어남이 어우러져 있다. 이런 영성은 우리를 생의 경이로움 속에 놓이게 한다. 이 성숙한 영성은 우리를 성스러운 광채로 충만하게 한다. 성숙한 영성이 드러내는 특성들은 다음과 같다.

1. 첫째는 비(非)이상주의이다. 성숙한 마음은 완벽주의를 추구하지 않는다. 그 마음은 정신의 이상보다는 우리 존재의 자비 속에 놓여 있다. 비이상주의적 영성은 완벽한 세계를 추구하지 않고, 우리 자신, 우리 몸, 우리 성품의 완전성을 바라지 않는다. 이 영성은 바깥 세계에 있는 어떤 특별한 존재의 거대하고 순수한 이미지를 바탕으로 스승이나 깨달음에 대한 허황된 관념을 형성하지 않는다. 따라서 이런 영성은 영성생활에서 무언가를 얻어내려 하기보다 오직 사랑과 자유만을 추구한다.

완전성을 추구하다 좌절한 이야기로 수피교 바보성자 물라 나스루딘의 일화가 있다. 어느 날 나스루딘이 시장에 나갔다가 결혼을 앞둔 옛날 친구를 만났다. 그 친구가 나스루딘에게 결혼을 생각해본 적이 없느냐고 물었다. 나스루딘은 자기도 몇 년 전에 결혼을 하려 했다고 하면서 이상적 여성을 찾아다닌 이야기를 들려주었다. 처음에 나스루딘은 시리아의 다마스쿠스를 돌아다녔다. 거기서 그는 완벽하게 우아하고 아름다운 여인을 만났다. 하지만 영적 깊이가 없음을 발견했다. 다시 그는 여기저기 헤매다 멀리

이란의 이스파한에 이르렀다. 거기서 그는 매우 영적이면서도 세상 속에서 평화롭고 아름답기까지 한 여인을 만났다. 하지만 안타깝게도 그들은 대화가 잘 통하지 않았다. "마침내 이집트 카이로에서 찾아냈지." 나스루딘이 말했다. "그녀는 이상적인 여인이었어. 영적이고 우아하며 아름다우면서 세상에서 평화를 얻은, 모든 면에서 완벽한 여인이었네." "그럼. 자네, 그녀와 결혼했나?" 친구의 이 물음에 나스루딘은 이렇게 답했다. "아니, 불행히도 그녀는 완벽한 남자를 찾고 있었네."

성숙한 영성은 완전성의 추구나 허황된 순수 관념을 통해서는 길러지지 않는다. 그저 놓아버리고 사랑하며 만물에 마음을 여는 능력에서 자라난다. 헛된 이상을 버릴 때, 마음은 우리가 만나는 고통과 불완전한 현실을 자비의 길로 변환시킬 수 있다. 이런 비이상주의적 수행은 무지와 두려움의 행위에까지 신성의 빛을 비추고, 우리가 모든 존재의 신비에 경탄하도록 이끌 수 있다. 이 속에는 아무런 비판이나 저항감도 없다. 세상의 완벽함이 아니라 모든 존재를 향한 사랑의 완전함을 추구하기 때문이다. 이것을 토머스 머튼은 이런 식으로 표현한다.

■ 그러자 나는 마치 별안간 그들 마음의 은밀한 아름다움, 죄악도 욕망도 도달할 수 없는 심오함, 저마다 신의 총애를 받는 성인들을 보는 것 같았다. 그들이 자신의 진짜 모습을 볼 수 있다면 얼마나 좋을까. 우리가 서로를 그런 식으로 볼 수만 있다면 전쟁도, 증오도, 참상도 모두 사라지련만…. 그럴 경우 가장 큰 문제는 우리가 털썩 엎드러져 서로를 숭배하려 드는 상황이리라.

2. 성숙한 영성의 두 번째 특성은 자애(慈愛)이다. 이 특성은 우리가 저지른 어리석은 짓이나 우리 안에 남아 있는 두려움에 대해서 죄책감, 비난, 수치심이 아니라 자아수용의 태도를 가질 때 일어난다. 성숙한 영성은 마

음의 열림에는 자애의 온화한 햇볕이 필요함을 이해한다. 영성과 종교는 자칫하다가는 앨런 와츠의 이른바 '엄격한 의무'로 빠져들기 쉽다. 시인 메리 올리버(Mary Oliver : 자연 세계의 아름다움을 찬미하는 시로 유명한 미국 시인 – 옮긴이)는 이렇게 노래한다.

■ 당신은 착해질 필요 없어요.

　무릎걸음으로 나아갈 필요도 없어요.

　머나먼 사막 길을 회개하며 기어갈 필요도 없어요.

　그저 당신 몸이라는 온순한 동물이 원하는 대로

　사랑하도록 두기만 하면 돼요….

충실한 자아수용 속에서 자애로운 깨달음이 성장한다. 어느 선사는 화가 난 적이 없느냐는 질문을 받고 이렇게 답했다. "물론 나도 화가 나지요. 하지만 화를 내다가도 잠시 후 자신에게 이럽니다. '이래봤자 무슨 소용이야?' 그리고는 그놈을 놓아버리지요." 이 자아수용이 영성수련의 절반 이상을 차지한다. 우리는 연민의 마음으로 우리가 밀쳐내고 잘라내고 격리시켰던 자신의 많은 부분을 어루만져야 한다. 성숙한 영성은 우리의 깊은 감사와 용서의 능력이 우러난 결과이다. 선(禪) 시인 에드워드 에스페 브라운*Edward Espe Brown*은 자신의 책 《타사야라 명상 조리법*The Tassajara Recipe Book*》(Tassajara는 미국 캘리포니아 주의 산중에 세워진 참선 선원 – 옮긴이)에서 이렇게 속삭인다.

■ 어느 순간이든, 이 식사를 준비하다가도,

　우리는 3만 피트 상공의 구름이 되어

　곧바로 무참하게 떨어질 수 있지.

　나뭇잎, 고사리, 양떼들 위로.

보이는 모든 것의 끝이라네.

그래도 우리는 음식을 만들지.
수천 가지 소중한 꿈을 식탁 위에 차리고,
가깝고 사랑스런 이들에게
자양분과 위안을 베풀지.

이렇게 요리를 하면서, 살며시 작별을 고하네.
언제나 나는 우겨댔지, 잘못은 당신한테만 있다고.
이 마지막 순간에 내 눈이 열리고
그대에게 내 마음을 전하네.
그토록 오랜 세월 거부했던
애정과 용서를 가득 담아서.

더 이상 내일이 없다면
대체 우리가
서로 다퉈서 무엇 하리.

3. 영적 성숙의 세 번째 특성은 인내심(忍耐心)이다. 인내심은 우리가 다르마(法)나 도(道)와 조화된 삶을 살도록 해준다. 장자(莊子)는 이렇게 말했다.

예로부터 진정한 도인은
도(道)와 다툴 마음을 품지 않나니
도인은 애써 도를 좇지 아니하고
그저 도의 나아감을 도울 뿐이네.

그리스인 조르바는 인내에 대한 자신의 교훈을 이렇게 이야기한다.

■ 어느 날 아침이었다. 나는 한 나무의 껍질 속에서 고치를 하나 발견했다. 나비가 고치에 구멍을 내고 막 세상으로 나오려 하고 있었다. 나는 잠시 기다렸다. 하지만 아무리 기다려도 나오지 않자 조바심이 났다. 나는 몸을 숙여 고치에 따스한 숨을 불어넣었다. 최대한 빨리 훈훈하게 만들었다. 그러자 예정보다 빠르게 내 눈앞에서 기적이 펼쳐지기 시작했다. 고치가 열리고, 나비가 꼬물꼬물 기어 나오기 시작했다. 그런데 헉! 평생 그 참혹한 광경은 잊을 수가 없다. 날개들이 뒤로 접혀 쪼글쪼글 구겨진 그 몰골이란…. 가련한 나비는 온몸을 파르르 떨며 날개를 펼치려 버둥거렸다. 나는 몸을 숙이고 숨을 불어넣어 도우려 했다. 헛수고였다. 나비는 천천히 깨고 나왔어야 했다. 햇볕 아래서 서서히 날개를 펼쳤어야 했다. 이제는 너무 늦었다. 내가 불어넣은 숨이 온통 찌부러진 그 나비를 너무 일찍 끌어내버렸다. 나비는 필사적으로 버둥질 쳤다. 하지만 잠시 뒤 죽고 말았다. 내 손바닥 위에서.

성숙한 영성은 각성의 과정에 수많은 계절과 순환들이 필요함을 이해한다. 우리가 마음속에 '자리 잡고 정좌'해서 생의 모든 부분에 마음을 열기 위해서는 지극히 진지한 결의가 필요하다.

진정한 인내는 이득이나 욕심을 추구하지 않고 어떤 성취를 바라지도 않는다. 인내는 우리가 시간을 초월한 진리에 열리도록 해준다. 아인슈타인은 시간의 상대성을 이런 식으로 설명했다. "당신이 미녀와 함께 있으면 두 시간이 일 분 같을 겁니다. 하지만 만일 뜨거운 난로 위에 앉아 있다면 일 분이 두 시간 같을 거예요. 이것이 상대성이지요." 붓다가 백대겁(百大劫 : 붓다가 깨달음을 얻겠노라 발심하고 수행하여 성불하기까지 걸린 시간 - 옮긴이)의 세월 동안 수십만 번의 전생을 거치며 수행하신 과정을 설하실 때, 깨달음을 얻는 데 무한한 시간이 걸린다고 말씀하지 않았다. 깨달음은 시간을 초월한다고 하셨을 뿐이다. 깨달음은 몇 주, 몇 년, 몇 생의 문제가 아니다. 바로 이 순간의 신비 속에 펼쳐지는 사랑과 인내의 문제이다.

스즈키 선사는 이렇게 말한다. "인내(patience)라는 용어에는 문제가 있다. 그 말에는 우리가 앞으로 다가올 더 좋은 어떤 것을 기다린다는 의미가 담겨 있기 때문이다. 인내보다 더 적절한 단어는 '성실(constancy)'이다. 성실은 매 순간 진리를 추구하고 찰라마다 깨달음을 발견하는 능력이다." 이 말은 우리가 추구하는 것은 지금의 우리 자신이고 진리는 항상 여기 있다는 것을 뜻한다. 위대한 인도 스승 라마나 마하르시는 임종에 이르렀을 때 흐느끼는 제자들을 보고 이렇게 말했다, "너희는 내가 다른 데로 간다고 생각하느냐?" 영성의 성숙은 우리를 항상 있어왔고 앞으로도 늘 함께 있을 바로 이곳의 진리 속에 머물게 한다.

4. 성숙한 영성의 네 번째 특성은 즉시성(卽時性)이다. 영적 깨달음은 지금 여기 우리 인생 속에서 발견된다. 선(禪) 전통에는 '황홀경 뒤에 빨래질'이라는 말이 있다. 영적 성숙은 초월적일 뿐 아니라 내재(內在)적으로 나타난다. 성숙한 영성은 우리의 행동 하나하나마다 신성(神性)이 빛을 발하기를 추구한다. 초월적 상태, 정신의 비상한 체험, 의식의 거대한 열림은 가치 있는 것이지만 그 자체가 중요한 것은 아니다. 오직 그것들이 우리를 현실 세계로 되돌려 지혜를 일깨우고 우리 자비의 능력을 심화시킬 경우에만 의미를 지닌다. 아잔 차 스님은 이렇게 말씀하신다. "심지어 비상한 체험들도 지금 여기 이 순간으로 이어지지 않으면 아무런 쓸모가 없다. 그저 내버려야 할 잡동사니일 뿐이야." 고매한 의식 상태들은 우리의 시야를 맑게 하고, 몸과 마음을 열어주고, 시간을 초월한 현재로 돌아오는 통로가 될 때만이 그 가치를 지닌다. 카비르의 말처럼 우리가 추구하는 것은 무엇이든 '그때 발견되면 지금도 발견된다.'

성숙한 영성은 바로 지금 우리가 '우리의 말을 인도하도록(walk our

talk)'하고, 가장 깊은 깨달음을 표출하여 행동하고 말하고 서로 어루만지게 만든다. 그러면 우리는 더욱 생기 있고 충만해진다. 이런 성숙한 영성은 우리 몸의 소리를 들으면서, 기쁨의 몸이든 슬픔의 몸이든 그 모두를 사랑한다. 그것은 또 마음의 소리를 들으면서, 슬픔을 공감하는 마음의 능력을 사랑한다. 이런 즉시성은 자비와 깨달음의 진정한 원천이다. 붓다의 말씀이다. "오직 우리 자신의 몸 안, 마음과 정신에서만 굴레와 고통을 발견할 수 있느니라. 오직 여기서만 우리는 진정한 자유를 찾을 수 있느니라."

5. 영적 성숙의 다섯 번째 특성은 통합되고 개인적인 신성의 관념이다. '통합적'이라는 말은 우리 인생에 신성한 것과 그렇지 못한 것을 분리하는 칸막이를 만들지 않는다는 뜻이고, '개인적'이라는 말은 우리 자신의 말과 행위를 통해 영성을 추구한다는 의미이다. 그렇지 않을 경우 영성은 아무런 가치도 지니지 못한다. 통합되고 개인적인 영성수련은 우리의 일, 사랑, 가족, 그리고 사회 활동 모두를 포함한다. 이것은 개인적인 것과 우주적인 것이 한데 얽혀 있고, 영성생활의 우주적 진리는 오직 각 개인의 구체적 상황 속에서만 살아날 수 있음을 뜻한다. 우리가 사는 모습이 우리의 영성생활이다. 어느 지혜로운 수행자가 말했듯이, "만일 당신이 어느 선사의 참모습을 알고 싶다면, 그 배우자에게 물어보라."

통합된 영성은 만일 우리가 이 세상에 빛과 자비를 펼치고 싶다면 우리 자신의 생활에서 시작해야 함을 이해한다. 우리가 겪은 어떠한 경험이나 신봉하는 어떠한 철학보다도 우리의 삶이 더욱 참된 영성수련이다. 수행에 관한 이런 개인적 접근은 우리로 하여금 삶의 미소한 개별성과 거대한 우주성 모두를 존중하면서 인생을 탄생과 죽음의 덧없는 춤사위로 바라보게 한다. 또 우리의 몸, 우리 가족, 우리 공동체, 그리고 우리에게 주어진 저마다의 과거, 기쁨, 슬픔들을 소중히 여기도록 만든다. 이런 식으로 우리의 개인적 각성은 다른 모든 생명체에 영향을 미친다.

아마존 밀림에는 900종에 이르는 말벌들이 있다. 그 말벌들은 각기 다른 종과 다른 모양의 무화과나무에 가루받이를 해준다. 그 무화과나무들은 열대우림의 온갖 작은 동물들을 키우는 영양분의 원천이 되고, 또 그 동물들은 표범, 원숭이, 멧돼지 등이 생존하기 위한 먹이가 된다. 이처럼 수많은 말벌들이 다른 동물들의 먹이사슬을 지탱해준다. 마찬가지로 세상의 모든 사람에게는 독특한 역할이 있다. 영성생활은 결코 흉내내기로는 이뤄질 수 없다. 남자든 여자든 우리의 특별한 재능과 노력을 통하여 이 세상에서 빛을 발해야 한다. 이것이 더없이 귀중한 진주이다. 우리가 자신의 독특한 운명을 소중히 여길 때, 우리의 가장 개인적인 삶이 새로운 불성의 표현으로 빛날 수 있다.

6. 성숙한 영성의 여섯 번째 특성은 의구심(疑懼心)이다. 이것은 한 가지 철학을 맹신하거나 어떤 위대한 스승 혹은 유력한 전통을 맹목적으로 추종하는 것이 아니라 의문을 품고 우리 스스로 판단해야 함을 의미한다. 이런 의구심을 일컬어 붓다는 택법각지(擇法覺支 : Dhamma-vicaya)라 하셨는데, 스스로 법을 고찰하여 진리를 탐구하는 자세를 뜻한다. 남들의 지혜를 추종하거나 무조건 모방하는 것이 아니라 참된 길이 무엇인지 적극적으로 찾는 것이다. 현대미술의 거장 피카소에게 한번은 이런 일이 있었다. 어떤 사람이 그에게 사물을 실제 모습대로 그려야 되지 않겠냐고 말했다. 사실적인 그림을 요구한 것이다. 피카소가 열심히 설명했지만 그 사람은 이해하지 못하고 지갑에서 자기 아내 사진을 꺼내며 이러는 것이었다. "보세요, 이게 제 아내의 실제 모습입니다." 그러자 피카소는 물끄러미 바라보다가 이렇게 말했다. "부인이 좀 작네요, 그렇죠? 거기다 납작하고요." 피카소처럼 우리는 자기 눈으로 사물을 봐야 한다. 영적으로 성숙할 때 우리는 엄청난 자율성을 발견한다. 권위에

대한 복종이 아니라 우리도 붓다처럼 될 수 있고, 깨달음을 얻을 수 있다는 확신에 근거한 자율성이다. 성숙한 영성은 지극히 민주적인 특성을 지닌다. 모든 사람들이 스스로 신성과 해탈의 진리를 발견할 수 있다고 보기 때문이다.

이런 의구심은 열린 자세를 뜻하는 선(禪)의 '무지(無知)'의 마음뿐 아니라 그릇된 것과 옳은 것을 가려내고 배움을 향해 눈을 여는 '분별의 지혜'도 생기게 한다. 열린 자세를 가질 때 우리는 항상 배움을 얻는다.

우리의 의구심은 우리가 여러 수행 전통의 위대한 지혜를 활용하게 하고, 스승들에게 가르침을 얻고 수행 공동체에 가입하면서도 자신과 연결을 놓치지 않게 한다. 또 자신의 고결함과 깨달음에 대한 엄청난 자긍심을 지닌 채 진리를 보거나 말할 수 있게 한다. 이런 탐구의 자세는 자신에 대한 확신을 약화시킬지 모르지만, 우리가 자신에게 더욱 정직하게 만들 수 있다. 그리고 그 과정에서 우리의 영성수련은 흥미진진하고 생기로 충만하게 된다. 달라이 라마는 현재의 망명생활이 어떠냐는 질문을 받았을 때 이렇게 답했다. "가끔 내가 역대 달라이 라마 중 가장 곤경에 처해 있다는 생각을 합니다. 하지만 물론 가장 흥미로운 상황이기도 하지요."

7. 성숙한 영성의 일곱 번째 특성은 유연성(柔軟性)이다. 영적 성숙은 우리를 마치 낭창한 대나무처럼 바람을 타고 너울대게 한다. 우리는 우리의 깨우친 마음으로 세상을 상대하면서 주변의 변화무쌍한 상황들을 존중하게 된다. 영적으로 성숙한 사람은 고도의 깨어 있기와 놓아버리기 기술을 터득한다. 유연성을 지닌 이들은 구도 여정에 한 가지 수행법이나 하나의 수행 전통만 있는 것이 아니고 수많은 길이 있음을 안다. 또 이들은 영성생활이란 어느 특정 철학이나 신앙, 혹은 가르침을 고집하는 것이 아니고, 다른 사람이나 다른 신념에 대항하는 완고한 이념운동도 아님을 이해한다. 영적 유연성은 모든 수행의 수레가 자유를 향해 강물을 건너는 사람들의

뗏목임을 이해하는 마음의 여유로움이다.

붓다는 초기 설법을 펼치실 때 뗏목과 강기슭을 혼동하거나 경직된 시각에 얽매이는 태도를 경계하셨다. 붓다는 이렇게 말씀하셨다. "아무런 생각도 고집하지 않는 현자에게 갈등을 일으킬 것이 도대체 무엇이 있겠느냐?" 붓다는 제자들에게 오만을 버리고 자유를 구하라 하시며, 특정한 철학이나 시각에 빠진 사람들이 세상을 어슬렁거리며 사람들을 미혹시킨다고 질타하셨다. 마음의 유연성은 영성수련에 유머를 가져온다. 유연성을 지닌 마음은 깨달음에 이르는 수단이 수만 가지가 있으며, 체계적인 수행 전통을 따를 시기도 있고 즉석에서 특이하고 신기한 수행법을 시도해볼 시기도 있음을 안다.

자칭 고등학교 농구 코치인 론 존스라는 사람이 있었다. 그는 '샌프란시스코 특수 장애인 센터'의 농구팀을 맡게 되면서 유연성의 교훈을 얻게 되었다. 존스 코치는 자신의 팀을 대단한 팀으로 만들 각오였다. 그런데 첫날 훈련에 나온 선수가 고작 네 명뿐이었다. 게다가 그 중 하나는 휠체어를 타고 있었다. 이 난감한 상황은 어느 흑인 여자 선수 덕분에 해소되었다. 180cm가 넘는 장신의 그 선수는 남자 화장실에서 나와 성큼성큼 걸어오더니 농구팀에 들어오겠다고 했다. 그렇지만 존스 코치는 첫날 훈련 계획을 포기해야 했다. 선수 다섯을 코트 한쪽에 한 방향으로 정렬시키는 데만도 꼬박 45분이 걸렸기 때문이다. 하지만 그가 자기 욕심을 포기했을 때 그 농구팀은 성장하기 시작했다. 툭 하면 한 팀에 다섯이 아니라 일곱, 심지어 열두 명까지 우글대기 일쑤였지만, 그래도 그들은 훈련을 하고, 치어리더도 생기고, 핫도그 간식도 등장했다. 어떤 때는 경기를 하다 말고 음악을 틀고는 모든 사람을 불러내 춤판을 벌이기도 했다. 결국 그 팀은 경기를 백만 점 이상의 점수 차로 이긴 역사상 최초의 농구팀이 되었다. 물론 그 점수는 점수기록을 맡은 학생 하나가 신기록 만드는 재미로 스코어보드의 점

수 버튼을 마구 눌러댄 결과였다.

　가벼이 오고, 가벼이 가라. 이런 유연함에는 거대한 자유가 있다. 아잔 차 스님은 자신을 고요히 서 있는 나무라고 하셨다. 열매가 달리고, 새들이 날아와 둥지를 틀고, 바람에 산들거리는 나무. 유연함의 다르마(法)는 즐겁고 평화롭다.

　8. 영적 성숙의 여덟 번째 특성은 정반대 수용하기이다. 이것은 인생의 모순들을 우리 마음에 받아들이는 능력을 말한다. 어릴 적에 우리는 부모님이 우리가 원하는 대로 해줄 때는 온통 좋은 사람, 우리 욕구를 누르고 우리 뜻대로 해주지 않을 때는 온통 나쁜 사람으로 보았다. 그 뒤 의식이 발전함에 따라 마침내 부모님을 제대로 보면서 같은 사람 안에 선과 악, 사랑과 분노, 아량과 공포가 동시에 존재함을 이해하게 되었다. 이와 비슷한 상황이 수행과정에서도 일어난다. 우리는 더 이상 완전한 부모, 완벽하게 지혜로운 스승이나 구루를 찾지 않고, 가해자와 희생자를 구분하면서 절대악(惡)의 반대로서 절대 선(善)을 찾으려 하지도 않는다. 우리는 그 각각이 정반대의 속성도 지녔음을 이해하기 시작한다.

　자기 가족에게서 학대 받으며 살아온 어느 여성이 있었다. 그녀는 영성 수련의 초반 상당 기간을 그 고통의 치유에 매달렸다. 치유과정의 하나로 그 여성은 다른 가정폭력 피해자들의 상담자 역할을 맡았고, 마침내는 학대 행위의 가해자들까지 상대하기 시작했다. 거의 다 남성이던 가해자 집단과 상담하던 첫 해, 그녀에게 무엇이 옳고 무엇이 그른지, 용납될 수 없는 것은 무엇이고 죄인은 누구인지 등은 지극히 명확했다. 하지만 상담이 진행되면서 가해자들의 이야기를 찬찬히 들었을 때, 그들 역시 거의 다 어릴 적에 학대받고 자란 피해자임을 알게 되었다. 당시 그녀는 40, 50, 60대의 남자들과 한 방에 앉아 있었지만, 사실상 그 방안은 학대받은 어린 아이들로 가득했다. 더욱 놀랍게도, 그들 중 상당수는 자기 어머니한테서 학대받은 사람들이었고, 더 깊숙한 이야기로 들어가보니, 그 어머니는 또 할아버지나 다른 가족들에게 학대받았음이 드러났다. 비극적인 학대의 악순환이 세대에서 세대로 줄줄이 이어진 것이다. 그녀는 어떻게 해야 했을까? 이제 누구를 탓해야 한단 말인가? 그녀가 할 수 있는 말이라곤 이것뿐이었다. "안 돼!" 온 힘을 다해 부르짖었다. "더 이상 계속돼선 안 돼!" 그런 뒤 그녀는 자비의 마음으로 그들 모두를 포용할 수밖에 없었다. 학대자이면서 동시에 희생자인 그들을.

사람이 영적으로 성숙하면 역설적인 현실에 평온하고, 인생의 모호함, 그 온갖 모습과 내재적 갈등 앞에 더욱 담담해진다. 성숙한 사람은 생의 아이러니, 비유, 그리고 유머에 관한 감각을 얻고, 아름다우면서도 포악스런 만물을 마음의 은혜로움으로 포용하는 능력을 갖게 된다.

이런 생(生)의 역설은 항상 우리 앞에 있다. 어느 선사의 유명한 이야기가 있다. 문하생 하나가 선사에게 물었다. "스승님, 깨달음이 무언지 말씀해주십시오." 그들은 소나무 숲 사이를 걷고 있었으므로 선사는 나무를 가리키며 이렇게 말했다. "봐라. 저 소나무 정말 크지 않느냐?" 제자가 대답했다. "크네요." 그러자 선사는 다른 나무를 가리키며 말했다. "저 나무는 어떠냐. 정말 작지 않느냐?" "작네요." 제자가 그리 답하자, 선사는 이렇게 말했다. "그래, 그것이 깨달음이니라."

생의 정반대 모습들을 수용할 때, 우리는 자신의 탄생과 죽음, 기쁨과 고통이 별개의 것이 아님을 알게 된다. 우리는 공(空)과 색(色) 양 쪽 모두에 담긴 신성을 수용하면서, 수피교의 이 격언을 이해하게 된다. "알라 신을 찬양하라. 하지만 낙타도 말뚝에 묶어라." 영성수련이 성숙해지면 우리는 수행의 정반대 요소들을 우리 마음의 춤사위 속에 받아들이게 된다. 스승의 필요성과 자기 수행을 스스로 밀고가야 할 책임, 의식의 초월적 상태와 그것들을 개인적 삶에 통합시키는 문제, 인과적 조건을 형성하는 까르마(業)의 힘과 완전한 자유를 향한 인간의 능력…. 우리는 이 모두를 여유와 유머로 수용하고, 그들과 더불어 평화로이 머물게 된다.

9. 성숙한 영성의 그 다음 특성은 열린 관계(關係)이다. 우리는 항상 어떤 관계들 속에 놓여 있다. 우리가 만물에 대한 지혜롭고 자비로운 관계를 발견해야 모든 존재를 수용할 능력을 얻게 된다. 우리는 인생에서 일어나는 대다수 사건들을 통제할 수 없지만, 반면 그 경험들과의 관계는 선택할 수 있다. 성숙한 영성은 관계 속에 놓인 삶을 수용한다. 우리는 생의 모든 대상들과 관계를 이루려는 적극적 자세를 통해 만물을 신성하게 여기는 자애로운 수행 정신을 얻는다. 우리의 가족, 성(性), 공동체, 지구 생태, 정치, 금전 등 이 모든 존재와 맺는 우리의 관계와 행위가 도(道)와 다르마(法)의 표현이 된다. 설거지의 비유를 즐겨 쓰는 틱낫한 스님은 이렇게 묻는다. "그대는 잔이나 그릇을 씻을 때, 마치 갓 태어난 아기 붓다님을 목욕시키듯이 할 수 있나요?" 우리 행동 하나하나에 의미가 담기면, 우리의 모든 만남이 영성생활 전체와 긴밀히 연결된다. 마찬가지로 수행이 깊어지면 괴로움과 문제들을 대하는 우리의 태도에도 배려와 자비심이 담긴다. 성숙한 영성은 우리 인간 공동체와 상호연관성을 존중한다. 영성생활에서는 아무것도 제외될 수 없다.

10. 성숙한 영성의 마지막 특성은 평범성(平凡性)이다. 일부 수행 전통에서 각성 후 수행(post-enlightenment practice)이라 부르는 이 평범성의 경지는 고매한 의식 상태에 도달하고 나서 그 부작용들이 사라진 뒤에 나타난다. 불이일원론의 대가인 힌두 구루 니사르가닷따가 질문 하나를 받았다. 그의 의식과 주위 여러 구도자들의 의식이 어떻게 다르냐는 물음이었다. 그는 빙그레 웃으며 자신은 더 이상 자기를 구도자로 여기지 않는다고 말했다. 그렇

다. 니사르가닷따는 명상하면서 아침밥을 기다리고, 점심식사를 고대하고, 배고픔도 느끼고, 어쩌면 남들처럼 조바심을 낼지도 모른다. 하지만 그 모든 행위 밑에는 바다 같은 평화와 깨달음이 깔려 있다. 그는 자기 인생의 덧없는 조건들에 조금도 얽매이거나 연연해하지 않는다. 그렇기 때문에 니사르가닷따는 주위의 구도자들과 달리 무슨 일이 일어나든 지극히 평온하다.

평범성은 생의 신비가 저절로 드러나는 지금 이 순간의 단순한 마음상태이다. 헨리 데이빗 소로(Henry David Thoreau : 19세기 미국의 실천적 철학자이자 시인-옮긴이)는 우리에게 "새 옷을 사게 만드는 어떤 행위도 조심하라"고 충고한다. 소로는 우리가 일상의 경이로움에 눈 뜨는 길은 단순성에 있다고 말한다. 우리는 온갖 삼라만상을 창조하는 의식의 능력을 존중하면서도, 지금 이곳에 있는 것에 관심을 기울이는 평범성을 중시한다. 평범함의 신비는 일상적인 호흡과 걷기의 신비이고, 나무들의 신비이며, 우리 곁의 누군가를 사랑할 때의 신비이다. 평범성을 깨우친 영성은 신비적 상태에 도달하거나 비상한 능력을 얻고자 하지 않는다. 뭔가 특별한 것이 되려 하지도 않고, 그저 마음을 비운 채 귀를 기울인다.

월트 휘트먼(Walt Whitman : 19세기 미국 시인. 예언적이면서 보편성을 지닌 시들을 발표했다-옮긴이)은 이 평범성의 위대함을 이렇게 찬양한다.

나는 믿네. 풀잎 하나가 저 별들의 운행에 버금가는

오묘한 신비임을….

저 무성한 검은 딸기가 하늘의 거실을

장식하리라는 것을….

그리고 쥐 한 마리가 수천억 무신론자를 쓰러뜨리고도 남을

거대한 기적임을.

영성수련의 평범성은 신뢰를 터득한 마음, 인생의 선물에 대한 감사에서 생겨난다. 꾸밈이나 거짓 없이 자기 자신이 될 때 우리는 우주 속에 평온히 내려앉는다. 이런 평범함 속에는 높음도 낮음도, 붙잡을 것도 갈망할 것도 없다. 그저 세상의 기쁨과 고통에 대한 깨달음과 열린 사랑이 있을 뿐이다. 이런 평범한 사랑과 깨달음은 모든 상황 앞에 잔잔하고 평화로운 마음을 불러온다. 그것은 우리의 구원이 평범함 속에 있다는 발견이다. 도(道)의 강물은 바위들 사이를 요리저리 지나고 조금씩 바위를 깎아내며 흐른다. 그리고 점점 더 낮은 데로 내려가 결국에는 바다로 돌아간다. 이런 평범함 이 우리에게 평안을 가져온다.

평범함 속에 위대한 힘이 있고, 영적 성숙 속에 거대한 능력이 있다. 여기에서 우리 자신을 고치는 치유력이 자연스레 생겨나고, 우리의 분별력과 자비심 역시 자연스레 주위의 세계로 펼쳐진다. 존경 받는 일본의 선 시인 료칸은 자기 생활을 이런 평범함의 정신으로 채워 다른 사람들을 변화시켰 다. 료칸은 남에게 설교하거나 사람을 꾸짖은 적이 한 번도 없다고 한다. 한번은 료칸의 동생이 그에게 자기 집에 와서 망나니 아들을 혼내 달라고 부탁했다. 그래서 료칸은 동생 집으로 갔다. 하지만 조카에게 한 마디 훈계 도 하지 않았다. 그는 밤새 그곳에 머물다가 아침에 떠날 채비를 했다. 그 문제아 소년이 료칸의 짚신 끈을 묶었다. 그때 소년은 뭔가 떨어지는 것을 느꼈다. 뜨거운 눈물방울이었다. 소년은 얼굴을 들어 자신을 내려다보는 료칸을 바라보았다. 소년의 눈에도 눈물이 차올랐다. 료칸은 그 집을 나섰 고 그 뒤 조카는 새사람이 되었다.

영적인 성숙과 더불어 열리고 용서하고 놓아버리는 우리의 능력이 거대 하게 성장한다. 이 과정에서 우리의 갈등이 저절로 해소되고, 우리의 발버 둥이 자연히 멈추며, 우리의 괴로움이 스르르 사라지고, 여유롭고 기쁨에 찬 평온이 찾아온다.

노자의 《도덕경道德經》에는 이렇게 적혀 있다.

내가 줄 가르침은 세 가지뿐이니,

단순함, 인내, 자비가 그것이라.

이 셋은 가장 소중한 보물이니,

단순한 행동, 단순한 생각 속에

존재의 근원에 이르는 길이 있고,

친구와 적에게 한결같이 인내할 때

사물의 흐름에 조화되며,

자신을 향해 자비로울 때

세상 만물과 화해하리.

이처럼 지혜로운 사람은 도(道) 안에 머물며

만물의 본(本)이 되나라.

도인은 자신을 드러내지 않으니

사람들이 그의 빛을 보고,

도인은 내세우는 것이 없으니

사람들이 그의 말을 믿네.

도인은 자신이 누군지 모르니

사람들이 그 안에서 자신을 보고,

도인은 마음속에 정한 바가 없으니

만사에 막힘이 없다네.

22. 위대한 노래에 귀를 기울이면

영성수련은 마음의 혁명이다. 이 혁명은 우리가 개인적인 정체성, 문화, 그리고 종교의 밖으로 걸어나와 거대한 신비, 생의 위대한 음악을 더욱 생생히 체험하도록 만든다.

영성의 성숙은 우리에게 어마어마한 가능성의 문을 열어준다. 우리 앞에 수만 가지 것들이 매혹적인 마력을 흘리며 새롭고 생생한 모습으로 다가온다. 우리의 생각과 느낌들은 온갖 화려한 색채를 향해 열린다. 우리는 생의 아름다움도 슬픔도 더욱 깊숙이 체험한다. 우리는 새로운 눈으로 세상을 보면서 위대한 생의 노래를 듣게 된다.

가만히 들어보면 그 위대한 노래는 우리 각자의 인생을 통해 흘러나온다. 독일 작가 헤르만 헤세의 소설 《싯다르타 *Siddhartha*》 속의 싯다르타 (석가모니 부처님이 대각을 얻기 전 이름 – 옮긴이)는 마침내 강가에 앉아 그 노래에 귀를 기울인다.

■ 이제 싯다르타는 골똘히 들으며, 깊숙이 몰입하여, 지극히 빈 상태로 모든 것을 받아들였다. 그는 이제 자신이 경청하는 기술을 철저히 터득했음을 느꼈다. 전에도 자주 이 모

든 소리들, 강물 속에서 아우성치는 수많은 목소리들을 들었지만, 오늘 이 소리들은 상당히 달랐다. 싯다르타는 더 이상 그 갖가지 소리들(쾌활한 말소리와 구슬픈 울먹임, 앳된 재잘거림과 굵직한 음성들)을 구별할 수 없었다. 그 소리들은 서로 뒤엉켜 와글거렸다. 주절대는 사람들의 탄식, 현자들의 껄껄거림, 분노의 절규, 그리고 죽어가는 사람들의 신음소리들. 그 모두가 수천 가지 형태로 서로 겹치고 맞물리고 뒤얽혔다. 그리고 무수한 말소리들, 수많은 안간힘들, 온갖 넋두리들, 애절한 슬픔들, 짜릿한 쾌락들, 그 모든 것들이 한데 어우러져 사건들의 강물을 이루고 생의 음악이 되었다. 싯다르타가 이 강물의 소리, 수만 가지 목소리의 노래에 깊숙이 빠져들었을 때, 그저 슬픔이나 웃음소리에만 몰두하지 않았을 때, 자기 영혼을 어느 한 목소리에만 얽어매고 그 속에 말려들지 않았을 때, 그리고 그 모든 것, 전체, 통일체의 소리를 들었을 때, 그 수천 가지 목소리의 위대한 노래는 하나의 말로 변했다. 절대성!

이 위대한 노래를 듣지 못할 때, 우리는 하찮은 가능성 안에 갇힌 채, 자신에게 주어지는 통속적인 신화를 통해서만 세계를 보게 된다. 우리 문화의 빈곤한 신화와 노래들이 도처에서 울려 퍼지고 있다. 세상의 물건들이 행복을 갖다 준다고 외치는 물질주의와 소유만능의 신화, 극심한 고립을 자초하는 경쟁과 개인주의 신화. 조셉 캠벨이 "사다리를 다 올라보니 엉뚱한 담벼락만 나오더라"고 말한 그 허무하기 그지없는 성공과 성취의 신화, 영원한 청춘의 허상을 생산하고 그 이미지들을 우리 실체인 양 선전하는 불로불사의 신화 등등. 이것들은 탐욕과 분리의 신화이다. 우리 문화의 온갖 이야기들은 우리들에게 잠자코 숨죽인 채, 계속 청년으로 남아 있고, 소유물에 집착하고, 짜릿한 경험을 찾아 그것을 필름 속에 잡아놓으라고 시킨다. 하찮은 노랫소리나 웅얼거리면서.

우리가 어느 특정 상태를 고집하거나, 어떤 이미지를 유지하거나, 일정한 경험에 매달리려 할 때마다 우리의 개인생활, 직장생활, 영성생활은 어려움에 빠진다. 스즈키 선사는 불교의 모든 가르침을 종합하여 이 간단한 말로 표현했다. "그대로인 것은 아무것도 없다." 우리가 과거의 것을 되풀이하려 할 때 열림, 개화(開花), 펼침, 모험 같은 생의 참된 관념을 잃게 된다. 우리 몸의 모든 분자는 7년마다 새 것으로 바뀐다. 밤하늘의 은하수는 천만 년에 한 번씩 '페리스 휠(놀이공원에 있는 회전식 관람차 – 옮긴이)'처럼 회전한다. 계절도 변하고, 그와 함께 우리 몸도 변한다. 모든 것이 호흡하고, 그 호흡과 움직임 속에서 우리 모두는 서로 연결돼 있다. 이런 상호연관은 우리에게 엄청난 가능성을 부여한다. 영성생활은 우리를 주위 사방에서 울리는 장엄한 음악 소리를 향해 열어놓을 수 있다. 그러면서 우리가 자신의 관념이나 계획이나 우리 문화의 옹색한 신화가 울려대는 편협한 음악에만 빠지지 않도록 해준다. 이를 통해 우리는 생의 신비에 다다를 수 있다.

여러 해 동안 불교 수련에 심취해 있던 어느 수행 동료가 있었다. 그는 마음의 본질을 연구하여 정신치료와 심리학에서 모두 박사학위를 따낸 사람이었다. 게다가 그는 여러 해 동안 무당들의 신들림 의식도 탐구하고, 기독교의 수도생활과 여러 신비적 전통들을 체험하기도 했다. 세계의 위대한 종교들을 죄다 알아야겠다고 작정한 그는 여러 권으로 된《세계 종교 백과사전》을 처음부터 끝까지 읽기 시작했다. 그 책에는 세계 주요 종교들의 가르침이 상세히 담겨 있었고, 수백 년 동안 수십억의 종교인들이 신봉한 신앙체계가 들어 있었다. 중남미 아스텍족, 호주 원주민 애버리진, 아프리카 줄루족, 시베리아 샤먼, 중동 바빌로니아인 등의 고대 종교들뿐 아니라 유대교의 하시디즘, 일본 신도, 불교의 10대 종파, 십여 가지 기독교 유파, 그 외 수백 가지 종교들이 망라되어 있었다. 그 신앙체계들은 저마다 선과 악, 인간의 본성에 대한 설득력 있는 교리를 갖고 있었다. 각각 그럴듯한 세계 창조 신화를 지닌 채 신, 영혼, 신성, 그리고 그에 도달하는 방법들을 펼치고 있었다.

나는 그에게 그 독서를 통해 무엇을 배웠는지 물었다. 그러자 그가 경외감을 보이며 하는 말이 자신에게 엄청난 감동을 준 것은 그 종교들이 아니라고 했다. 그것들을 통해 뿜어져 나오는 광채라는 것이다. 그는 모든 위대한 종교들이 그저 말과 개념들의 집합체라는 사실을 깨달았다. 그것들은 마치 거대한 생명의 신비 앞에 드리워진 커튼 같았다. 그 종교들은 온갖 인간 집단들이 미지의 안개에 싸인 채 끝없이 들려오는 생의 노래 앞에서 그것을 해석하고 이해하며 안도감을 얻기 위해 찾아낸 방법들이었다.

우리는 이 신비를 어떻게 이해해야 할까? 깨어 있는 시각으로 볼 때, 생(生)은 나무들의 성장, 별들의 운행, 계절의 순환, 각양각색의 인생들이 빚어내는 온갖 변화양상들의 유희이다. 이런 각각의 변화양상들을 노래 혹은 이야기라 부를 수 있다. 시인 뮤리엘 러카이저*Muriel Rukeyser*는 "우주는 원자가 아니라 이야기로 이루어졌다"고 했다. 이런 기본적 양상들, 이야기들, 모든 생명을 창조해내는 우주의 원형(原型)들은 우리가 고요하고 몰입하며 깨어 있어야만 볼 수 있고 들을 수 있다.

위대한 노래 속의 우리의 노래

우리의 시야가 열리면 우리는 심오한 질문을 던지게 된다. 이 생에서 우리에게 주어진 변화양상이나 이야기는 무엇일까? 우리가 이번에 받은 '개별적' 존재형태는 무엇일까? 우리가 물려받은 신화와 이야기들은 무엇이고, 그 신비 앞에서 우리는 어떤 이야기를 따라가야 할까?

우리의 종교는 유물론이나 마르크시즘일까? 희망의 종교일까, 운명론의 종교일까? 고립적일까, 아니면 상호의존적일까? 우리 종교는 자애의 종교일까, 혹독한 심판의 종교일까? 우리가 따르고 있는 믿음은 죄악과 투쟁의 종교일까, 아니면 고통과 구원의 종교, 혹은 은혜의 종교일까? 우리가 따르는 이야기에서 구원의 근원은 무엇일까?

우리는 우리 이야기의 창조에 참여한다. 우리는 전사, 여신, 영원한 청년, 위대한 엄마, 왕이나 여왕, 주인이나 노예, 혹은 신의 종 등 갖가지 개인적 신화들을 만들어낼 수 있다. 우리 인생의 이야기는 풍요와 빈곤, 내면과 외향 어느 쪽일까? 우리는 희생자, 잃어버린 영혼, 고통 받는 인간, 돌아온 탕아, 일벌레, 정복자, 명상가, 교육자, 아니면 현자 중에 누구일까?

이 모든 이야기들 속에서 우리는 선택하고 선택받는다. 인생의 갖가지 상황들은 우리에게 어떤 동기, 성취할 과제, 맞서야 할 난관, 그리고 얻을 교훈을 던져준다. 우리는 이것들을 우리의 이야기, 우리 노래로 만든다. 세심히 귀 기울이면, 우리는 자신이 어떤 역할을 선택했는지, 생의 신비 앞에서 어떻게 우리 정체성을 창조했는지 들을 수 있다. 하지만 우리는 물어야 한다. 이것이 정말 우리의 참 모습일까?

영성수련은 마음의 혁명이다. 이 혁명은 우리가 개인적인 정체성, 문화, 그리고 종교의 밖으로 걸어나와 거대한 신비, 생의 위대한 음악을 더욱 생생히 체험하도록 만든다. 명상의 목적은 우리를 바로 지금 이곳을 향해 열어놓는 것이다. 앨런 와츠는 이렇게 말한다.

■ 우리가 명상을 하는 데는 특별한 이유도 목적도 없다고 말할 수 있다. 이런 점에서 명상은 우리가 하는 다른 대다수 일들과 다르다. 다만 음악 만들기나 춤추기는 비슷할지 모른다. 우리가 음악을 만들 때, 그 목적은 어떤 도달점, 가령 작곡의 완료에 이르는 것이 아니다. 만일 그것이 음악의 목적이라면 틀림없이 가장 빠른 작곡가가 최고 음악가가 될 것이다. 또 춤을 출 때는 여행을 떠날 때처럼 무대의 어떤 지점에 도달하는 것이 목표가 아니다. 음악을 연주할 때 연주 그 자체가 핵심이듯이 춤출 때는 춤 자체가 핵심이다. 명상도 이와 같다. 명상은 인생의 핵심에 도달하는 길이 항상 지금 이 순간에 있음을 발견하는

행위이다.

생의 신비는 항상 여기 우리 주변에 있다. 이 위대한 노래에는 씨줄과 날줄처럼 기쁨과 슬픔이 뒤얽혀 있다. 탄생과 죽음의 산맥과 계곡 사이에서 우리는 온갖 목소리와 수많은 가능성과 마주친다. 영성수련은 우리 인생의 꼭대기에 더 많은 희망을 쌓으라고 하지 않는다. 영성수련은 진심으로 우리에게 깨어 있으라고, 인생을 정면으로 마주하라고 요구한다. 그렇게 할 때 우리의 눈과 귀가 열린다. 한국의 숭산 스님은 붓다가 깨달음을 얻은 인도의 성지를 찾았을 때 이렇게 노래했다.

일찍이 위대한 이가 이 보리수 아래 앉아 있었네.

그분은 동녘의 별을 보았고, 깨달음을 얻었네.

그분은 절대적으로 자신의 눈을 믿었고,

자신의 귀, 코, 혀, 몸, 그리고

자신의 마음을 믿었네.

푸르른 창공, 누르스름한 대지

그렇게 그분은 진리에 눈을 떴고

탄생과 죽음을 넘어선 대(大)자유에 도달했네.

불교 수행은 우리에게 인간의 가장 위대한 가능성 하나를 열어준다. 바로 각성의 가능성이다. 그 속에서 우리는 싯다르타가 그랬듯이 그 온갖 노래를 들어야 한다. 우리는 이것이 얼마나 어려운 일인지 실감할 것이다. 우리는 인생의 고통에서 자신을 보호하기 위해 매달려왔던 온갖 이야기들과 마주칠 것이다. 우리는 슬픔과 두려움의 이야기들, 인생의 필연적인 고난과 슬픔 앞에 움츠러든 위축된 자아 관념과 마주설 것이다. 자기 자신과 만물의 너무나 덧없는 본질에 상실과 공허감이 밀려올 것이다. 수행 중 어느 때는 모든 창조물이 답답하고 고통스런 이야기를 쏟아낼 것이다. 일시적이고 고통으로 가득 찬, 견딜 수 없이 가련한 생의 이야기…. 우리는 그 괴로움과 흥망성쇠에서 벗어나기를 열망할지 모른다. 그러나 이런 자각은 우리 깨달음의 첫걸음일 뿐이다.

위대한 각성의 이야기의 두 번째 걸음은 상실이나 고통이 아니라 그 위대한 노래 안에서 우리 노래의 조화를 발견하는 것이다. 우리는 생의 신비 앞에서 평화와 자유를 발견할 수 있다. 이 조화로움에 눈뜰 때, 우리는 각각의 괴로움 속에 감춰진 보물을 찾게 된다. 인생의 필연적인 상실과 덧없음, 바로 그 불안정 속에 거대한 창조력이 감추어져 있다. 그 변화의 과정 속에서 온갖 새로운 형상과 탄생, 신선한 가능성, 참신한 예술 표현, 음악, 그리고 무수한 생명체들이 일어난다. 그토록 풍요롭고 무한한 창조성이 존재하는 것은 오직 만물이 변화하고 있기 때문이다.

이 세상의 고통, 슬픔, 괴로움 속에 숨겨진 보물은 바로 자비이다. 자비는 슬픔에 대한 마음의 반응이다. 우리 모두는 생의 아름다움과 눈물의 바다를 함께 느낀다. 생의 슬픔은 우리 각자의 마음의 일부이고 우리를 서로 묶어주는 일체감의 일부이다. 이 슬픔으로부터 모든 생명을 어루만지는 부드러움, 연민, 그리고 만물을 포용하는 자애가 일어난다.

티베트인들에게는 예로부터 내려오는 수행법이 있다. 자신을 수천 개의 손과 자애로운 마음을 가진 무한한 자비의 보살로 변화시키는 수련이다. 관세음보살이라고 하는 이 자비의 보살은 손을 뻗어 슬픔을 치유하고 살아 있는 모든 생명을 어루만진다. 결국 중요한 것은 이 세상의 슬픔만이 아니라 그에 반응하는 우리의 마음이다.

만물의 공(空 : 영원하거나 고정된 어떠한 자아도 없이 만물이 일어나고 사라지는 마법 같이 신비로운 상태)속에 비(非)개별성의 선물이 감추어져 있다. 어느 과학자의 계산에 따르면 오늘 우리가 깊이 들이쉬는 숨 속에 율리우스 카이

사르(Julius Caesar : BC 100~BC 44, 로마의 장군이자 정치가. 갈리아를 정복하고 내전에서 승리해 딕타토르(독재관)가 되어 일련의 개혁을 추진하다 귀족들에게 암살당했다. 영어권 이름은 '줄리어스 시저'-옮긴이)가 죽으면서 몰아 쉰 호흡의 분자가 들었을 확률이 99%라 한다. 우리 신체는 만물과 하나이고 우리 마음과 행위 역시 마찬가지다. 우리의 생명은 환경, 인류, 모든 존재의 흐름에 얽힌 우리의 관계들과 별개일 수 없다.

영성수련은 세상에서 가장 위대한 이야기를 발견하게 해준다. 우리가 모든 것이면서 또한 아무것도 아니라는 사실이다. 우리는 세상 만물이 창조성과 자비심 속에 서로 연결돼 있음을 느끼고 붓다처럼 그 한가운데에 내려앉을 수 있다. 만물은 모두 우리 자신의 일부이고, 동시에 우리는 그들의 어느 것도 아니면서 그들을 넘어선다.

시인 엘리엇은 이런 단순하면서도 오묘한 기도문을 만들었다. "우리를 근심하게 하고 또한 근심하지 않게 하소서." 이 간단한 문구에서 엘리엇은 매 순간이 곧바로 위대한 노래 속으로 녹아들 것을 알면서도 그것들을 소중히 여길 수 있음을 노래했다. 우리는 인생의 꽃이 만발할 때마다 그것을 탐욕 없는 열린 마음으로 수용할 수 있다. 우리는 만물과 더불어 일어나고 사라질 수밖에 없는 위대한 노래 가락 하나하나를 존중할 수 있다.

깨우친 사람과 어리석은 사람의 차이는 그저 유한한 이야기에 집착하느냐 하지 않느냐의 차이이다. 붓다는 이렇게 말씀한다. "미몽에서 깨지 못한 사람은 자신의 생각과 감정, 몸, 지각과 의식을 부여잡고, 그것들을 나머지 세계와 분리된 확고한 실체로 여긴다. 하지만 깨인 사람은 똑같은 생각과 감정, 몸, 지각, 의식을 가지면서도 그것들을 붙잡거나 간직하거나 자기 자신으로 착각하지 않는다."

CHAPTER 22

인생의 이야기들에 집착하지 않을 때

우리가 우리 인생의 이야기들에 집착하지 않을 때, 우리 본래의 것이든 우리가 선택한 것이든 그 모든 이야기들을 보살행(菩薩行)으로 변화시킬 놀라운 가능성이 열리게 된다. 우리는 이미 보살을 설명한 바 있다. 보살은 모든 세계, 모든 영역 속의 현상을 받아들이고 그를 통해 무량한 자비심을 키워 통일되고 자유로운 마음을 일깨우는 구도자이다. 보살은 거대한 서원(誓願)을 세우고 수천만 가지의 물상과 상황들 안으로 들어가 온갖 신비로운 이야기들 속에서 일체의 중생을 구제하려는 존재이다.

어느 위대한 불교 고승은 이렇게 말했다.

우주가 지속되는 한, 살아 있는 존재들이 남아 있는 한,

나 역시 모든 형상 속에 스며들어 내 마음으로 세상의 고통을 소멸시키리라.

이 말은 자신에 대해 거창하고 과장된 환상을 창조하라는 뜻이 아니다. 세상을 구원할 개별 존재로서의 '우리' 혹은 '소(小)자아'를 말하는 것도 아니다. 이 말은 우리가 어떤 다른 곳에 있다는 관념을 내버리라는 뜻이다. 우리는 기꺼이 지금 이곳에 머물고, 생의 온갖 상황 속으로 들어가고, 모든 곳에서 정의, 자비, 인내, 그리고 덕성을 발견하고자 한다.

보살이 따라야 할 예정된 이야기 같은 것은 없다. 보살의 삶은 우리 안의 불성을 일깨워 자신의 삶을 통해 빛을 뿜어내도록 하는 것이다. 불교 역사는 보살의 마음이 세상에 어떻게 표현될 수 있는지 보이는 수많은 설화들로 가득하다. 보살은 도처에 존재한다. 나의 스승들 중 한 분은 여러 해 동안 동굴 속에 기거하며 조용히 세상을 향해 자비의 빛을 뿜어내셨다. 또 아주 부유한 사업가이면서 전 세계의 명상수련원에서 수만 명의 수련생들을 가르친 사람

도 있다. 그의 스승은 미얀마 정부의 고위 각료였는데, 그분은 자기 부서 공무원들을 모아놓고 매일 아침 명상을 지도했다. 오늘날 가장 위대한 불교 선사이자 요기 중 하나인 여성 수행자가 있었는데, 그녀는 인도 캘커타에서 딸과 손자들과 더불어 아주 평범한 생활을 하면서 자기 원룸 아파트에서 가르침을 전했다. 그녀는 그곳을 찾아오는 사람들에게 놀라운 축복을 베풀었다. 또 죽어가는 이들에게 평안을 준 간호사도 있고, 어린이들에게 명상을 가르친 수행지도사도 있었다. 엄격한 사람도 있고, 장난스러운 이도 있고, 숲속에서 수행하는 사람도 있고, 사원이나 아슈람에서 수련하는 이도 있었다. 평범한 직장과 가족을 가진 채 거대 도시 한복판에서 명상하는 이들도 있었다.

이들 모두의 행동에 지혜와 자비의 마음이 넘쳐흘렀다. 그들은 자신과 만물을 연결하는 불성을 바탕으로 행동했다. 그들은 자신의 개인적 이야기에 집착하지 않고 온 세상과 연결된 삶을 살았다. 최근에 붉은 가사를 걸친 티베트 라마 몇 분이 미국 뉴멕시코에 오신 일이 있다. 그때 한 수련생이 라마들 모두를 열기구에 태워주겠다고 제안했다. 그런데 아침에 현장에 나가보니 라마들이 탈 자리가 하나밖에 없었다. 그 상황을 취재하던 어느 기자가 기구에 못 탄 라마들에게 실망스럽지 않느냐고 물었다. "아니요." 그분들은 싱글거리며 말을 이었다. "저 라마가 타시니 우리가 탄 것이나 같지요." 보살에게는 모든 존재의 행복이 곧 자신의 기쁨이다.

보살의 마음을 통해 우리의 정체성은 소(小)자아 관념에서 벗어나고, "나는 한심한 인간이야" "나도 그게 필요해" "화가 치밀어" "난 이걸 갖고 싶어" 같은 편협한 이야기들을 떨쳐낸다. 이런 빈곤한 관념들이 떨어져나갈 때 인생을 지배하거나 소유하려 하지 않는 신념의 토대가 형성된다. 우리가 모든 존재의 신비에 눈뜰 때 거대한 행복과 만족감이 일어난다. 우리 마음은 더욱 투명해지고, 우리 주위의 이야기들은 순수해진다.

우리는 부모님, 주변 사회, 학교, 은사, 그리고 언론매체들을 통해 온갖 이야기들을 듣는다. 우리는 흔히 그 안의 교훈을 이해하지 못한 채 그것들에 빠져들고 집착하고 미숙하게 환상을 좇는다. 그러면서 우리는 고통이 일어남을 보게 된다. 결국 우리는 싯다르타처럼 골똘히 경청하게 된다. 특정한 이야기에 얽매이지 않고, 희생자만도 가해자만도 아니며, 영성 숭배자만도 유물론자만도 아닌 채, 우리는 호흡 하나가 어떻게 전체 춤사위에 영향을 미치는지, 또 전체 춤이 어떻게 우리의 호흡 하나하나를 변화시키는지 경청하고 깨달을 수 있다. 우리는 편협한 이야기에서 빠져 나와, 슬픔의 신화를 구원의 이야기로, 괴로움의 신화를 자비와 용서의 승리로 전환시킬 가능성을 발견한다.

깨어난 마음은 위대한 불교 현자 붓다고사가 내놓은 이 핵심적 물음에 답할 수 있다. "누가 이 세상의 실타래를 풀어낼 수 있을까?" 우리는 기적을 발견한다. 마음과 정신의 모든 창조물을 변화시킬 기적을.

보살행의 목적은 세상의 슬픔과 혼돈을 풀어내는 것이다. 자신의 자비심을 발견하면 슬픔을 해소할 수 있고, 지혜에 눈뜨면 망상을 떨쳐낼 수 있다. 만일 이런 변화가 세상에 어떤 의미를 줄지 의아한 사람이 있다면, 마거릿 미드의 이 말을 명심하기 바란다. "깨어난 사람 몇 명이서 세상을 어떻게 바꾸겠냐고 의심하지 마세요. 실제로 세상은 오직 그런 사람들을 통해 변해왔답니다."

우리가 자기 인생의 고통스런 이야기들이 창조되는 근원을 알게 될 때 그 해결법도 터득할 수 있다. 커트 보네거트(Kurt Vonnegut : 미국 소설가. 2차 세계대전 중 독일군 포로가 되어 죽을 고비를 넘겼는데, 그 극한 체험을 바탕으로 탁월한 SF 걸작들을 발표했다 ― 옮긴이)의 소설 《제5 도살장*Slaughter House ― Five*》에 보면, 어느 날 밤 우연히 2차 세계대전 영화를 거꾸로 보았을 때 어떤 장면이 펼쳐지는지 묘사돼 있다.

■ 온통 구멍투성이인 미군 비행기들이 부상자와 시신들을 실은 채 영국의 한 비행장에서 후진으로 날아올랐다. 프랑스 상공에서 독일 전투기 몇 대가 그들을 향해 거꾸로 날아

왔고, 몇몇 폭격기와 조종사들이 총탄과 포탄 조각들을 빨아들였다. 그들은 지상의 파손된 미군 폭격기들에 대해서도 똑같은 상황을 연출했고, 그 폭격기들도 후진으로 날아올라 편대에 합류했다.

미군 비행 편대는 화염에 휩싸인 어느 독일 도시 상공을 후진으로 날았다. 폭격기들은 폭탄창을 열고, 기적 같은 자력으로 불길들을 쪼그라뜨린 뒤, 그것들을 금속 원통들 속으로 거둬들이고는, 그 원통들을 비행기의 뱃속으로 끌어올렸다. 그 원통들은 선반에 가지런히 쟁여졌다. …그래도 여전히 부상당한 미군이 몇 명 있었고 폭격기 몇 대는 파손돼 있었다. 하지만 또다시 프랑스 쪽에서 독일 전투기들이 나타나자, 모든 것과 모든 사람이 새것처럼 말끔하게 변했다.

폭격기들이 기지로 돌아갔을 때, 그 금속 원통들은 선반에서 내려져 미국으로 반송되었다. 미국의 공장들은 밤낮 없이 돌아가며, 그 원통들을 해체한 후 위험한 내용물을 분리해 광물질로 만들었다. 애처롭게도 그 작업을 한 사람은 주로 여성들이었다. 그리고는 그 광물들은 먼 곳에 있는 전문가들에게 보내졌다. 그들의 일은 그 광물들을 땅 속에 묻고 교묘히 감추어, 그것들이 다시는 누구도 해치지 못하게 하는 것이었다.

정신이 창조해낸 슬픔들은 해결될 수 있다. 우리는 자신의 슬픔들을 내보내고 모든 이야기들 너머에 있는 그 위대한 노래, 시간을 초월한 다르마를 향해 열릴 수 있다. 우리는 자신의 역할에 충실하면서 인생을 헤쳐 나갈 수 있고, 그러면서도 만물의 한가운데서 자유로울 수 있다. 우리 생의 이야기들이 더 이상 우리를 눈멀게 하지 않을 때, 우리는 그것들 안에서 더 거대한 무언가를 발견한다. 우리는 세상의 물질, 남성성과 여성성, 부모 시기와 어린 시절, 지구의 중력과 사계절의 변천 등 이 모든 것들의 한계 바로 그 안에서 우리가 그토록 찾아 헤맸던 자유와 조화를 발견한다. 우리 개인적 삶은 거대한 신비의 표현이다. 우리는 그 신비로운 움직임의 중심, 모든 세계의 한복판에 내려앉을 수 있다.

CHAPTER 22

평정 되찾기

평정은 경이로운 품성으로, 마음이 광대하고 균형 잡힌 상태이다. 평정심은 명상 수행과 더불어 자연히 성장하게 되지만, 우리가 자애와 연민을 키울 때와 똑같은 체계적인 방법을 통해 길러낼 수도 있다. 우리가 인생을 통제할 수 없다는 사실을 인식할 때, 온 생명의 한가운데서 마음의 균형을 유지할 가능성을 보게 된다. 어느 유명한 '평온을 구하는 기도'는 다음과 같다. "내가 바꿀 수 없는 것을 받아들이는 평온함, 내가 바꿀 수 있는 것을 바꿀 용기, 그리고 그 둘을 구별할 지혜를 주소서." 이 지혜는 일체 중생이 자기 까르마(業)의 계승자이고, 그들이 저마다 자기 행동에 따라 그 과보(果報)를 받게 됨을 인식한다. 우리는 남들을 깊이 사랑하고 도움을 줄 수는 있지만, 결국은 그들 스스로 깨우쳐야 하고, 그들이 해탈에 이를 근원은 바로 그들 자신이어야 한다. 평정은 깨어난 정신과 자애로운 마음이 합쳐진 상태이다.

평정심을 기르려면 먼저 편안한 자세로 앉아 지그시 눈을 감으라. 당신의 호흡에 가만히 주의를 기울이고 당신의 몸과 마음을 고요히 가라앉히라. 그리고는 균형과 평정에 이를 때 얻어지는 마음의 이점을 숙고하기 시작하라. 주변 세계에 평화로운 마음을 베푸는 것이 얼마나 큰 선물일지 느껴보라. 내면의 평온과 균형감을 느껴보라. 그러고는 이런 경구를 암송하기 시작하라. "내가 균형 잡히고 평화로워지기를." 창조된 모든 것들은 일어났다 사라지는 것임을 인정하라. 기쁨도, 슬픔도, 즐거운 일도, 사람도, 건물과 동물도, 국가도, 심지어 온 문명까지도…. 그 한복판에 자신을 내려놓으라. "내가 모든 자연의 일어남과 사라짐을 평정과 균형으로 바라보게 되기를. 내가 열리고 균형 잡히고 평화로워지기를." 모든 존재가 자신의 과보를 받게 되고, 그들의 생은 자신이 만들어낸 행위와 조건들에 따라 일어났다 사라지는 것임을 인정하라. "내가 세상 속에서 자비와 평정심을 발휘하기를. 내게 균형과 평정과 평화가 오기를."

23. 세상의 모든것과 친밀해지기

얼마나 근사한 모습인가! 세상을 헤치고 나가며, 우리가 만나는 모든 것에 축복을 베푸는 것은….

일본 묵조선의 창시자 도겐 선사는 이렇게 선언했다. "깨달음을 얻는 것은 만물과 친밀해지는 것이다." 우리가 숨 쉬는 공기, 우리를 휘감고 지나는 바람, 우리가 밟고 다니는 대지, 주변 사람들, 일상생활의 가장 친근한 물건들, 이들이 모두 우리 미몽(迷夢)의 자리이거나 각성의 장소이다. 나의 어느 캄보디아 스승은 이렇게 말했다. "영성수련은 음식 먹기와 같다. 어디서 먹을지, 무엇을 먹을지, 어떻게 먹을지의 문제이다. 흔히 우리는 남들을 잡아먹으려 하면서 그들이 우리를 먹게 두지는 않는다. 붓다는 이 처참한 고통을 보고 통곡을 하신다." 결국 우리는 이 세계를 먹고 먹히는 아수라장으로 만들 수도 있고 서로서로 음식을 먹여주는 은혜의 세상으로 만들 수도 있다.

우리는 구도 여행을 시작하면서 우리가 하려는 일의 대부분이 사랑하고 사랑 받으려는 몸부림임을 알았다. 우리는 이 책을 이런 물음으로 시작했다.

"나는 충분히 사랑하며 살았나?" 어쩌면 친밀함에 대한 깨달음은 다름 아닌 사랑일지도 모른다. 하지만 사랑은 신비로운 것이다. 그것은 과연 우리가 할 수 있는 일일까? 샌프란시스코 선원(San Francisco Zen Center)에서 운영하는 요양원 시설에 어느 할머니가 입원해 있었다. 생애 말년을 집 없이 떠돌며 길거리에서 지내던 할머니였다. 할머니가 그 요양원으로 들어와 보살핌을 받게 됐을 때 그곳 참선 공동체의 영성생활에 호기심을 갖게 되었다. 할머니는 비록 죽어가고 있었지만 각성과 자비의 가르침을 실행하기로 결심했다. 어느 날 아침 요양원 원장이 할머니를 찾아왔다. 할머니는 난감해하며 원장에게 이렇게 물었다. "나는 놓아버리기와 사랑하기에 관한 얘기들을 줄곧 생각했다오. 정말 중요한 것 같소. 그런데 어느 걸 먼저 해야 할지 알 수가 없어요. 놓아버리기인가, 사랑하긴가?" 어쩌면 그 둘은 같은 것일지도 모른다.

사랑은 정말 신비로운 것이다. 우리는 그것이 무엇인지 모르면서도 그것이 있을 때는 실감한다. 우리가 사랑을 찾으려면 그것이 어디 있는지부터 물어야 한다. 사랑은 오직 여기 이 순간에만 있다. 과거의 사랑은 단순한 추억이고 미래의 사랑은 환상일 뿐이다. 우리가 사랑을 발견하고 친밀함과 깨달음을 얻을 곳은 오직 하나, 바로 현재뿐이다. 우리가 과거와 미래의 상념들에 빠져 살 때, 모든 것이 아득하거나 다급하거나 미흡하게 여겨진다. 우리가 나무 한 그루, 저 하늘, 아이 하나, 우리의 연인 등을 진실로 사랑할 수 있는 유일한 공간은 바로 지금 이곳이다. 에밀리 디킨슨(Emily Dickinson : '뉴잉글랜드의 신비주의자'로 불린 19세기 미국의 서정시인 - 옮긴이)는 이렇게 말한다. "처음으로 가까운 친구가 죽기 전까지는, 우리는 황홀한 행복이 사람과 무관하다고 생각한다. 하지만 그때서야 친구들이 우리가 그것을 마시도록 도와준 잔이었음을 깨닫는다. 아직 알지도 못하는 그것을." 우리는 오직 시간을 초월한 현재와의 친밀함 속에서만 깨어날 수 있다. 이 친밀함이 우리를 서로 이어주고 서로에게 속하게 하며, 그 소속감 속에서 우리는 사랑을 경험한다. 친밀함 속에서 우리는 자신의 단절감, 위축감, 자신에 대한 협소한 관념을 뛰어넘는다.

무엇이 우리의 친밀함을 방해하는지, 무엇이 우리를 사랑에서 떼어놓는지 들여다보면, 그것은 항상 기대, 희망, 상념, 환상 같은 것들임을 발견하게 된다. 우리의 깨어남을 방해하는 것이 이런 헛된 소망들이다. 깨달음은 멀리 있지 않다. 가까이, 지극히 가까이 있다. 불교 경전에는 이렇게 쓰여 있다. "깨달음은 새로 발견되는 무엇이 아니다. 항상 있어왔던 것이다. 무슨 조언을 구하거나 남의 말을 따를 필요도 없다. 바로 지금 여기서 자기 안의 그 목소리를 들어보라. 그대의 몸과 마음이 맑아지고 만물의 통일성을 깨치게 될 것이다. 이런 가르침이 너무 단순하다고 해서 설마 그럴까 하고 의심하지 말라. 만일 자신이 놓인 그곳에서 진리를 찾을 수 없다면, 대체 어디서 발견할 수 있겠는가?"

위대한 영적 가르침들 속에는 각성에 대한 용어와 사랑의 표현들이 무수히 많다. 깨어난 행위로서의 사랑도 있고, 침묵에 의한 깨달음도 있으며, 진심어린 이해로서의 사랑도 있다. 물질의 온갖 영역들에서의 자유, 모든 물상을 뛰어넘는 자유로서의 각성도 있다. 불교에서 깨달음은 본능적인 것이라고 말한다. 탐욕, 증오, 그리고 무명(無明)의 손아귀에서 마음이 풀려날 때 자연스레 뿜어져 나오는 빛이 깨달음이다. 마음이 이런 세력들에서 놓여날 때 진정한 친밀함과 사랑이 밀려온다. 만물 한가운데에 깨달음이 있고, 모든 존재를 어루만지고 포용할 사랑이 있으며, 선뜻 모든 영역들로 들어설 수 있는 담대함과 자유가 있다. 이를 통해 우리는 인생에서 도망치는 것이 아니라 그 한복판에 자리 잡는다. 이를 통해 우리는 만물과의 친밀함을 얻는다.

동(東)아프리카에는 아기가 태어나기 전부터 진정한 친밀함을 길러내는 부족이 있다. 그 부족에서는 여느 부족 문화와는 달리 아기의 탄생 시점을 출산일로 보지 않는다. 심지어 수태 시점으로도 여기지 않는다. 그 부족에게 아기의 탄생 시점은 아기가 처음으로 엄마의 마음속에 떠오른 순간이다. 아기를 수태해야겠다는 마음이 생기면, 엄마는 어느 나무 아래에 가서 혼자 조용히 앉는다. 그리고는 가만히 귀를 기울인다. 그러면 임신하고자 하는 아기의 노랫소리가 들려온다. 그 노래를 들은 엄마는 마을로 돌아와 예비 아빠에게 그것을 가르친다. 그들은 사랑을 나누는 중에 함께 그 노래를 부르며 아기를 불러들인다. 아기가 수태되면 엄마는 뱃속의 아기에게 그 노래를 속삭인다. 그러고는 그것을 마을의 할머니와 산파들에게 가르친다. 출산과정 내내 그리고 경이로운 탄생의 순간에도 아기는 그 노래에 휩싸인다. 아기의 탄생 뒤 온 마을 주민들이 그 새 생명의 노래를 배우고 아기가 넘어질 때나 다칠 때나 항상 그것을 불러준다. 그 노래는 승리의 순간, 부족 의식, 그리고 성년식에서도 불려진다. 그 노래는 아이가 성장하여 결혼할 때는 축가가 되고, 생을 마감할 때는 사랑하는 이들이 침대 옆에서 불러주는 마지막 송가가 된다.

이런 이야기를 들으면 그런 친밀함을 향한 열망이 일어난다. 지극히 포근하게 감싸고 보듬어주는 친밀함. 이런 경청하는 마음집중이 명상과 진정한 영성생활의 핵심이다. 마음챙김으로 알아차리며 집중하는 것, 그 자체가 심오한 친밀함의 행위이다. 우리 생의 행위 하나하나가 이런 가능성, 자기 호흡의 신비, 자기 몸의 어루만짐, 주위 사람들의 움직임과 목소리를 담고 있다. 이 단순한 마음집중이 영성수련의 시작이면서 동시에 극치이다.

친밀함을 얻는 우리의 능력은 깊은 관심, 참된 것이 드러나게 하고 그것을 발견하려는 마음집중에서 생겨난다. 친밀감은 어느 순간에나 일어날 수 있다. 그것은 헌신의 행위이고 아무것도 밀쳐내지 않는 온화한 태도이다. 내가 불교 결혼식을 주례할 때는 이 친밀함의 특성을 강조한다. 우리가 자기 자신과 연결되고 주변 사람들을 존중할 때 어떻게 친밀함이 커지는지 말해준다. 나는 신랑 신부에게 친밀함의 만트라를 가르친다. 그들이 서로에게서 무엇을 얻고자 하든, 미래에 대해 어떤 상상을 하든, 그들이 마주치기 싫어하는 것이 무엇이든지 간에 그 만트라의 가르침은 오직 하나 뿐이다. "이것도, 이것도…."

친밀함 익히기는 쉬운 일이 아니다. 별개의 문화 속에 자라고, 저마다 상처와 갈망을 지닌 우리들이 마음을 모으고 상대를 존중하기는 쉽지 않다. 명상 중에 차근차근 호흡을 따라가고 발걸음을 옮기는 것처럼, 친밀함은 조금씩 익혀가는 것이다. 그러려면 우리가 서로를 밀쳐내는 온갖 조건과 두려움들을 내려놓아야 한다. 이런 장벽과 두려움, 과거의 고통스런 기억들은 우리가 서로에게 다가갈 때, 지금 이 순간의 신비에 가까워질 때 거세게 일어난다. 우리는 수없이 망설임과 머뭇거림, 주저하는 마음을 느낄 것이다. 하지만 이 역시 우리의 친밀한 주의집중을 통하여 어루만질 수 있다. 그러고 나서 자기 자신을 놓아버릴 수 있는 시점이 되면, 마음을 열고, 여기에 머물고 깨어나 온전히 집중하라. 우리의 깨달음을 위해 수없이 반복해서 세상이 자기 모습을 드러낼 때, 우리가 할 일은 그것을 맞이하는 것뿐이다.

페르시아 시인 루미는 이렇게 속삭인다.

오늘도 여느 날과 다름없이,
우리는 텅 빈 마음으로 겁에 질려 잠을 깨네.
서재 문을 열어 책을 펼치지 말라.
덜시머(금속 현을 때려 소리 내는 옛날 악기 - 옮긴이)도 내려놓으라.

우리 행동이 우리가 사랑하는 그 아름다움이 되게 하라.
무릎 꿇고 대지에 입 맞추는 몸짓은 수백 가지가 있나니.

우리가 대지에 입 맞추려 할 때마다 우리 앞에 있는 한 사람 한 사람과 하루하루가 얼마나 독특한 것인지 깨달아야 한다. 지금의 그 모습들은 두 번 다시 볼 수 없다. 친밀함 속에서 우리는 만물을 빛나게 하는 아름다움과 우아함을 발견한다. 인생은 너무나 덧없는 것이기에 그것들은 더욱더 귀중하다. 또 다시 루미가 속삭인다. 이번에는 슬픔하고만 같이 있지 말라고 한다.

■ 그대가 꽃밭에 들어갈 때
　가시를 보는가, 꽃을 보는가?
　장미와 재스민과 더 많은 시간을 보내라.

내면에서 마음집중 능력이 성장함에 따라 우리는 만물 속에서 마음의 평온을 발견한다. 인도의 어느 위대한 스승은 제자들이 괴로움을 호소하거나 명상에 어려움을 겪거나 직장이나 인간관계에 힘들어할 때마다 이 점을 일깨워줬다. 그 스승은 아주 다정하게 경청하고 나서 미소 띤 얼굴로 이렇게 말했다. "네가 그것들을 즐기기 바란다." 이와 똑같은 맥락으로 미국 수필가 화이트*E. B. White*는 이렇게 말했다. "이 세상을 항해하는 데는 두 가지 길이 있다. 하나는 인생을 개선하는 것이고 다른 하나는 인생을 즐기는 것이다." 그런데 인생에는 개선과 즐기기가 모두 필요하다. 흔히 우리는 영적 자각을 추구할 때 즐기기를 소홀히 하기 쉽다. 진정한 기쁨을 발견하려면 우리 슬픔을 통과하여 온 생(生)을 우리 마음 안으로 받아들여야 한다. 그럴 때 심오하고 진정한 환희가 일어난다.

작가 앙드레 지드는 이렇게 썼다. "환희는 희귀한 것임을 알라. 슬픔보다 더 어렵고도 아름다운 것이다. 일단 그대가 너무나 중요한 이 사실을 발견했다면, 이제 도덕적 의무감으로 환희를 껴안아야 한다."

우리가 만물과 친밀해질 때, 바로 자신의 몸 안에서 평온, 행복, 통일성을 발견한다. 우리는 우리와 주변의 모든 생명이 여기 있도록 결정되었고, 저 나무들과 태양과 회전하는 지구와 다름없이 바로 이곳에 속해 있음을 깨닫는다. 그러면 치유, 열림, 그리고 은혜가 나타난다. 만물의 조화로움이 마치 노리치의 줄리안(Julian of Norwich : 중세 말의 여성 영성 저술가. 영국 노리치에서 명상으로 심오한 신학적 질문을 던지며 수도생활을 했음-옮긴이)의 지혜처럼 우리에게 일어난다. 줄리안은 지극히 아름답게 선언했다. "모든 것이 평화로워지리라. 세상 만물이 평화로워지리라." 우리는 이 친밀함 속에서 우리가 만나는 모든 것을 어루만지는 심오한 통일감과 소속감을 발견한다.

내가 처음 태국의 숲속에서 승려로서 수행했을 때가 벌써 25여 년 전이다. 그때 우리는 사원을 들어가고 나올 때마다 세 번씩 절해야 했다. 절하기는 내게 새로운 경험이었다. 나는 식당, 스승님들의 요사채, 숙사에 드나들 때도 절을 해야 했다. 거기다 선배 되는 스님을 마주쳤을 때도 세 번 무릎 꿇고 절하는 것이 바른 예법이라고 배웠다. 갓 입문했기 때문에 만나는 승려 누구한테나 절해야 한다는 뜻이었다. 처음에는 이것이 고역이었다. 내가 존경하고 받드는 스님들에게 절하기는 수월했지만, 가끔은 무식하거나 교만하거나 형편없다고 여기는 승려들한테도 나는 무릎 꿇고 절해야 했다. 그저 나보다 한두 달 먼저 입문했다는 이유만으로 그런 인사들한테 절을 올리자니 속이 부글거렸다. 그렇지만 나는 사원에서도, 내 숙사에서도, 마주치는 어떤 승려한테도 계속 절을 올렸다. 얼마가 지나자 그렇게 비판하는 마음이 고통스럽고 그것이 나를 어떻게 고립시키는지 느끼게 되었다. 그래서 스님들에게서 저마다 아름답거나 고귀하거나 가치 있는 면을 찾기 시작했다. 그러자 절하기가 즐거워지기 시작했다. 나는 모든 스님, 사원, 형제자매들, 심지어 나무와 바위들한테도 절을 올리곤 했다. 결국 절하기는 하나의 아름다운 존재방식이 되었다.

우리가 자기 자신과 친밀해지면 주위의 모든 것에 절을 올리고 축복할 수 있다. 아일랜드 시인 예이츠는 자기 문학의 정체성과 짝사랑 때문에 여러 해 동안 괴로움 속에 방황했다. 그러다 50세가 되어 런던의 어느 커피숍에 앉아 있을 때 갑자기 번쩍이는 광채를 만났다. 그는 가장 중요한 것은 우리가 축복하고 축복받을 수 있다는 사실임을 깨달았다.

■ 나의 50해가 오고 가던 그때,

　나는 혼자 외로이 앉아 있었지.

　인파로 북적이던 런던의 어느 커피숍

　펼쳐진 책, 텅 빈 잔을

　대리석 탁자 위에 놓고서.

　가게와 거리를 골똘히 바라보던 그 순간

　별안간 내 몸이 불타올랐네!

　20분쯤이었을까, 그 행복감,

　그것이 너무나 거대하게 다가왔네.

　내가 축복받고, 또 축복할 수 있다는 사실이.

우리 앞에 나타나는 것이 무엇이든 축복하는 능력, 그것을 발견하는 것이 바로 만물과 친밀해지는 깨달음이다. 그것은 아무 이유 없는 자유와 행복이고, 매 순간의 만남 하나하나에 우리가 베푸는 선물이다.

티베트 선사 칼루 린포체가 80세 때 미국 보스턴을 방문한 적이 있다. 그분이 '뉴잉글랜드 수족관'을 들르게 되었는데, 그곳은 형형색색의 바다 생물들로 가득한 곳이었다. 칼루 린포체는 그 온갖 경이로운 생명체들을 즐거이 바라보았다. 그런데 그분이 모든 수조를 떠나기 전에 유리벽을 아주 가볍게 톡톡 두드리는 것이었다. 두드리지 말라는 영어 표지판이 있었지만 칼루 린포체는 영어를 몰랐다. 그러고 나서 그분은 성스런 만트라를 암송했다. "옴 마니 반메 훔(일체 중생을 구원한다는 뜻을 담은 자비의 진언(眞言) - 옮긴이)" 그러면서 한 번 더 수조를 들여다보고 다음 수조로 옮겨가는 것이었다. 얼마 뒤 어느 수도승이 린포체에게 물었다. "스승님, 수조를 그렇게 두드리면서 무얼 하시는 겁니까?" 그러자 린포체는 빙그레 웃으면 말했다. "저 안에 생물들의 관심을 끌려고 두드린 거지. 저들 역시 해방되기를 축원한 거야."

얼마나 근사한 모습인가! 세상을 헤치고 나가며, 우리가 만나는 모든 것에 축복을 베푸는 것이다. 존중하고 축원하며 관심 있게 들어주고, 마음으로 환영하는 것은 참으로 고귀한 행동이다. 이것은 결코 거창하거나 대단한 행위가 아니다. 바로 이 순간 가장 직접적이고 친밀하게 이뤄지는 행위이다.

생애 말년에 이른 또 다른 위대한 티베트 스승인 카르마파 성하(聖下)는 시킴(Sikkim : 히말라야 산맥 동부에 자리 잡은 인도의 한 주 – 옮긴이)에 있는 궁전 같은 사원의 어느 우아한 접견실에서 미국 손님 몇 명을 맞이했다. 카르마파는 수십만 명을 거느린 종단 카규파의 영적 지도자였다. 그분은 몸이 편찮았지만, 일부러 시간을 내 가능한 많은 방문객들을 자애롭게 맞아주고 있었다. 접견을 마친 우리 친구들은 그분이 엄청나게 온화하고 너그러운 분임을 알게 되었다. 카르마파는 그들과 대화하고 격려하며 축복해주셨다. 친구들은 경이로운 느낌을 받았다. 그곳을 떠날 때 친구 하나는 이렇게 말했다. "꼭 내 가장 가까운 친구와 얘기한 것 같았어." 카르마파에게는 각각의 방문객이 자신의 가장 절친한 친구였다. 그분은 매 순간 자기 앞에 있는 대상을 보살피고 축복하는 데만 온 정성을 쏟았다.

영성생활의 모든 것이 성취되는 곳은 바로 매 순간의 친밀함 속이다. 다른 곳에서 붓다를 찾지 말라. 어느 하시드 랍비는 이렇게 말한다. "내가 스승님께 가는 것은 지혜의 말씀을 들으러 가는 게 아닙니다. 그분이 구두끈을 어떻게 묶고 푸시는지 보러 가는 거지요."

몇 년 전 나는 아내와 언론계 친구 두 명과 더불어 어느 라디오 방송 프로그램 제작을 위해 달라이 라마를 인터뷰한 적이 있었다. 카르마파처럼 달라이 라마 역시 엄청나게 바쁜 분이었다. 영적 지도자면서 티베트 망명

정부의 수반이기도 했기 때문이다. 하지만 달라이 라마는 인자하게 우리를 맞이하고 직접 차까지 대접해주셨다. 그분은 끈기 있게 우리의 모든 질문에 답해주었고, 특히 영성과 사회적 책임에 대한 가르침을 자세히 들려주었다. 그런 뒤 우리에게 해줄 일이 더 없냐고 물었다. 우리는 "없습니다"라고 말했다. 그러자 그분은 "내 사진을 찍어야 되지 않나요?" 하고 물었다. "아, 그래야죠!" 우리는 깜빡 잊고 있었다. 카메라를 여러 대 갖고 갔지만 인터뷰에 흠뻑 빠져 까맣게 잊은 것이다. 달라이 라마는 자기 수행원에게 카메라를 건네주고 우리 모두 같이 찍자고 했다. 그분은 일어서서 우리에게 팔을 둘렀다. 양쪽에 두 명씩이 섰다. 우리 모두 얼굴에 함박웃음을 지은 채 포즈를 취했다. 사진을 찍고 난 뒤 달라이 라마는 내 손을 잡으며 나를 바라보셨다. 그분은 내가 불교 지도법사임을 알았고 매사추세츠 주에 있는 우리 명상센터 중 한 곳에 들러 법회를 여신 적도 있었다. 나는 그분이 수행지도가 어떻게 돼가는지 물을 줄 알았다. "사업은 어떤가요?" 같은 물음. 결국 우리는 같은 일을 하는 사람들이니까. 하지만 아니었다. 그분은 내 손을 꼬옥 쥐면서 나를 찬찬히 보다가 말하셨다. "너무 여위었네요. 더 많이 드셔야겠어요!" 이것이 달라이 라마의 축원이었다.

마음과 함께하는 길, 깨달음을 구하는 삶을 살려면, 우리 역시 괴로운 것이든 아름다운 것이든 우리 앞에 나타나는 모든 것을 어루만져야 한다. 그러면서 거대한 친밀감으로 그것에 우리 존재, 우리 마음을 베풀어야 한다. 우리가 참된 길을 추구해나가면 수많은 경이로움과 만날 것이다. 그러면 마치 잃어버린 소 한 마리를 찾아 과감히 숲속으로 들어갔다가 소 대신 자신의 참 본성을 발견했다는 위대한 보살처럼, 우리는 행복을 베푸는 손을 가지고 세상으로 돌아올 수 있다. "나는 와인 병과 지팡이를 들고 시장으로 들어간다. 나는 가게와 군중들 속으로 들어가고, 내가 바라보는 모든 사람은 깨달음을 얻는다."

나는 이 책과 이 안에 있는 깨어남, 자비, 그리고 친밀함의 수행이 당신의 인생에 축복을 가져오길 바란다. 또 당신이 축복 같은 고요, 축복 같은 깨달음, 축복 같은 용서를 얻고, 당신 역시 자신의 마음과 손을 열어 주위의 모든 생명에 축복을 베풀기를 기원한다.

선 시인 바쇼(芭蕉 : Basho, 1644~1694, 일본의 전통 시 하이쿠(俳句)의 대가. ─ 옮긴이)의 이 노래처럼.

■ 사원의 종이 멈췄네.

그래도 종소리는 은은히 울려나오네.

저 꽃들에서.

감사의 글

이 책을 아내 리아나*Liana*에게 바친다. 나는 리아나의 사랑, 지혜, 깊이 있는 질문, 진심어린 지원, 그리고 우리 결혼생활의 축복을 통하여 너무나 많은 것을 얻었다. A. H. Almaas로 알려진 하미드 알리*Hameed Ali*에게도 감사를 표한다. 인생, 사랑, 신성(神性)을 심원하게 아우르는 그의 가르침에 깊이 감사한다. 놀라운 깨우침을 주신 이분들께도 고마움을 표한다. 아잔 차 스님, 달라이 라마, 마하시 사야도, 붓다다사 빅쿠, 초 트룽파, 마하 고사난다, 우바킨. 그리고 우리 시대의 수많은 담대한 스승들께 고마움을 전한다.

이블린 스위니*Evelyn Sweeney*가 아니었다면 이 책이 세상에 나오지 못했을 것입니다. 고참 수행자였던 이블린은 편집자이자 동료 겸 조수로서 이 책의 원고 작성에 하나에서 열까지 도움을 주었습니다. 73세의 나이에도 정력적인 활동가인 이블린은 우리 공동체의 대들보로서 이 책과 다른 위빠사나 지도법사들의 책 여러 권을 출간하는 데 활력의 원천이 돼주었습니다. 고마워요, 이블린. 그대가 베풀어준 다르마(法)가 그대에게 수많은 축복과 행복으로 돌아가기를 기원합니다.

나는 또 제인 허슈필드*Jane Hirshfield*의 수정 같은 명석함과 심오한 다르마의 지혜에도 고마움을 표합니다. 시인이자 작가인 제인은 다르마에 대한 혜안을 가진 수행자로서 엄청난 도움을 주었습니다. 이 책 각 장(章)의 구성과 내용 하나하나에 핵심 편집자이자 조언자인 제인의 노력이 배어 있습니다.

바버라 게이츠*Barbara Gates*에게도 감사드립니다. 작가이자 편집자이고 다르마의 수행 동료인 바버라 역시 이 원고에 크나큰 도움을 주었습니다. 그녀는 이 책의 초고를 샅샅이 검토해서 무성한 수풀 같던 나의 다르마 이야기들을 깔끔하고 정돈된 정원으로 다듬어주었습니다. 바버라에게 깊은 감사를 전합니다.

이 책은 1986년 영성치유 네트워크(Spiritual Emergency Network)에서 행한 강연을 바탕으로 시작되었습니다. 영성치유 네트워크는 심리학자와 영성 상담자들의 단체로서, 강렬한 영적 체험을 겪은 뒤 서구 문화에서 제대로 이해받지 못하고 자주 정신병자로 오해받는 사람들을 돕기 위한 모임입니다. 이 단체의 활동에 깊은 존경을 표합니다.

나의 다르마의 상당 부분은 여러 해에 걸쳐 동료들을 지도하는 과정에서 얻어졌음을 인정하고자 합니다. 특히 스탄*Stan*과 크리스티나 그로프*Christina Grof*뿐 아니라 좋은 친구들인 조지프 골드슈타인*Joseph Goldstein*, 새런 샐츠버그*Sharon Salzberg*, 스티븐 러빈*Stephen Levine*에게 엄청난 도움을 받았습니다. 이 책의 일부 내용에 중요한 영감을 전해준 그들에게도 감사드립니다.

이뿐 아니라 나는 아시아, 유럽, 북미의 수많은 위대한 스승들의 은혜를 입었습니다. 그분들에게 가늠할 길 없는 고마움을 전합니다. 또한 여러 해 동안 내게 특별한 가르침을 준 수많은 동료와 수련생들 모두에게 감사를 표합니다. 이 책에 담긴 그들의 이야기는 모두 실화입니다. 하지만 개인 사생활 보호를 위해 이름과 세부사항들은 변경했습니다.

끝으로 Bantam Books 출판사의 레슬리 메레디스*Leslie Meredith*께 감사드리고 싶습니다. 레슬리는 훌륭한 편집자이고 박식한 독서가로서 이 책의 출간 전 과정을 지원해준 좋은 친구였습니다.

– 잭 콘필드

1992년 캘리포니아 주의 스피릿록 명상센터에서

감사의 글

옮긴이의 글

붓다는 기원전 623년에 탄생하여 29세에 구도의 길을 떠났고 35세에 대각을 성취하셨다. 그 뒤 당신을 따르는 구도자들을 모아 승가(僧伽)를 이루고 45년간 가르침을 전하시다 기원전 543년에 열반의 세계로 돌아가셨다. 붓다가 입멸하신 지 3개월 후 까싸빠 존자의 주도로 500명의 비구들이 모여 붓다의 교법을 정리하였는데 이것을 제1차 결집(結集)이라 부른다. 그리고 붓다 당시부터 불멸 후 100년까지의 초기 불교를 '근본불교'라 한다.

불멸 후 백여 년이 지나자 초기 승가의 계율을 자유롭게 해석하는 비구들이 생겨 10가지 계율 문제로 승가 내에 갈등이 생겼다. 그 대립을 정리하기 위해 700명의 장로들이 모여 제2차 결집을 행하였다. 이때 정통적 입장을 고수하던 보수파 장로들의 '상좌부(上座部)'에 대항해 진보파 비구들이 '대중부(大衆部)'를 형성하면서 승가 최초의 분열이 일어났다. 그 후 100여년이 지나

자 상좌부와 대중부가 각기 더욱 분열하여 20개 부파로 나누어졌는데 이 시기의 불교를 '부파불교'라 한다. 기원전 3세기경 불교를 숭상하던 아소카 Asoka 왕이 다양한 부파들의 난립과 이설을 정리할 필요를 느껴 1천명의 승려를 선출하여 결집을 행하였다. 이것이 제3차 결집이다. 이때에 비로소 구전(口傳)되어 오던 붓다의 말씀이 문자화되면서 경(經)·율(律)·논(論) 삼장(三藏)이 성립되었다. 그리고 상좌부가 정통으로 인정되어 내외에 천명되었다.

그런데 아소카 왕 때 불교가 융성하고 승려의 사회적 지위가 높아지자 또 다른 문제가 발생했다. 붓다 당시에는 탁발을 하며 살던 승려들이 이 무렵에는 왕이나 대신들로부터 값진 보시를 받게 되면서 대중에서 멀어지고 귀족화한 것이다. 이러자 기원전 1세기경 일부 뜻있는 승려들이 근본불교로의 복귀운동을 일으켰다. 이 새로운 불교는 자기들을 '대승(大乘)'이라 하고 기존 교단을 '소승(小乘)'이라 칭했다. 그러므로 대승불교는 소승불교의 잘못을 반성하고 붓다 본래의 정신으로 세상을 구제하고자 한 불교개혁운동이라 하겠다. 반면 소승 쪽에서는 자신들을 깎아내린 '소승'이란 명칭을 거부했을 뿐 아니라 자신들이 정통파임을 자처하였다.

기원 후 4세기 초 굽타 왕조가 일어나면서 인도 민족종교인 브라만교가 부흥하였고 6세기경 브라만교와 인도 민간신앙이 결합하여 힌두교가 성립되었다. 이러자 불교의 일파인 '밀교(密敎)'가 생겨났는데, 밀교는 대승불교 교리에 힌두교의 주술과 기도의식을 받아들인 불교였다.

불교의 전파는 기원전 3세기부터 천년 넘는 기간에 걸쳐 크게 두 갈래로 나누어져 진행되었다. 북인도에서 중국, 한국, 일본 등지로 전파된 불교를 '북방불교'라 하고, 스리랑카, 미얀마, 라오스 등 동남아시아로 전해진 불교를 '남방불교'라 한다. 북방불교는 범어(梵語)계 대승경전을 근본으로 했고, 남방불교는 빨리어 소승경전을 주된 이론체계로 삼았다.

이 북방 대승불교, 남방 상좌부불교, 그리고 티베트 불교가 현재 세계

3대 불교권을 형성하고 있다. 그리고 불교 역사의 흐름은 이렇게 근본불교, 부파불교, 대승불교, 밀교, 그리고 선불교로 이어져왔다.

그런데 불교에서 고도의 몰입 단계에 이르는 수행에는 두 가지가 있다. 하나는 '사마타'로서 이것은 어떤 표상을 중심으로 정신이 오롯이 모아져 지극히 집중된 상태이다. 그러나 이런 고도의 집중만으로는 근본 번뇌들을 분쇄할 수 없다. 왜냐 면 사마타 상태에서는 탐(貪), 진(瞋), 치(痴)가 잠복돼 있을 뿐이므로 사마타에서 나오면 번뇌가 되살아나기 때문이다. 따라서 강력한 지혜(般若)를 계발하여 그 힘 으로 잡념의 뿌리를 뽑아내야 일체의 번뇌를 멸절시킬 수 있다. 그 수행이 바로 '위빠사나'이다. 위빠사나는 지극히 몰입되고 깨인 정신으로 다르마(法)를 통찰 하는 수행이다. 싯다르타가 대각을 성취해 마침내 붓다가 되는 과정에서 행한 수 행이 위빠사나이다. 붓다의 모든 가르침은 위빠사나와 밀접히 연관되어 있다.

이 책은 남방불교 상좌부의 위빠사나 수행을 소개하는 안내서이다. 작가 잭 콘필드는 서구에 동양의 명상 세계를 소개한 미국의 핵심적 위빠사나 지도법사이다. 잭은 1960년대 동남아시아와 인도를 여행하다 태국에서 승 려가 되어 6년간 명상수행에 정진했다. 태국의 선사 아잔 차 스님, '주부들 의 수호성자'로 불리던 인도의 디파 마*Dipa Ma* 법사 등 수많은 스승들에 게서 다르마를 전수받은 잭은 1972년에 미국으로 돌아와 1975년에 조지프 골드슈타인, 새런 셀츠버그와 함께 매사추세츠 주에 통찰명상수행원(IMS) 을 설립하였다. 그 후 잭은 미국과 캐나다는 물론 세계 곳곳에서 명상수련 회를 이끌며 위빠사나 수행을 보급하였고, 그 결과 상좌부불교의 위빠사나 전통이 미국 재가불교 수행의 큰 흐름으로 자리 잡았다.

잭 콘필드는 다수의 명상서를 저술했다. 잭은 서구의 워낙 저명한 지도법 사인지라 국내에도 소개된 서적이 적지 않다. 최근에도 잭의 책《After the Ecstasy, the Laundry》가《깨달음 이후 빨랫감》이라는 제목으로 출간된 바 있다. 하지만 잭 콘필드의 여러 명상서 중 가장 체계적이고 깊이 있는 명상 안내서는 이 책이라고 말한다. 잭 콘필드의 이 대표작이 이제야 번역돼 나오니 때늦은 감이 없지 않다. 대개 잭 콘필드의 수행서들은 불교 전문출판사에서 출간되었지만 이 책은 '한언 출판사'를 통해 독자를 만나게 되었다.

역자는 불교 신자가 아니다. 하지만 어릴 적에 석가모니 부처님의 일대기를 읽고 크나큰 감명을 받은 후로 크리슈나무르티 등의 명상서적을 즐겨 읽었다. 그래서 처음에 이 책의 번역 제안을 받았을 때 반가운 마음으로 작업에 임했다. 하지만 막상 번역에 들어가 보니 흔한 말로 '장난'이 아니었다. 2500년이 넘는 광대한 불교 세계가 치밀하고 심오하게 펼쳐져 있었기 때문이다. 게다가 아직 국내의 불교용어가 체계적으로 정리돼 있지 않았고 위빠사나에 관한 용어도 통일돼 있지 않아서 번역에 상당한 어려움을 겪었다. 그래서 최근에 '마음챙김'이라는 화두로 발표된 위빠사나 학술논문들을 참조하며 작업해나갔다. 그리고 1차 번역이 끝난 뒤에는 정통 위빠사나 수행서 여러 권을 검토해 전문용어를 바로 잡는 퇴고 과정을 거쳤다. 여러 차례의 검토를 통해 웬만큼 충실한 역서가 되었다고 믿지만 그래도 부실한 점이 발견된다면 그 모든 허물은 당연히 역자의 몫일 수밖에 없다. 독자 여러분의 질정을 구하고자 한다.

번역상 또 하나의 어려웠던 점은 갖가지 불교 이론 외에도 동서양의 온갖 종교, 사상, 수행 전통들이 등장한 것이었다. 이 책에는 서구 심리학의 저명한 학자들뿐 아니라 도교의 노자와 장자, 신비주의와 선불교의 유명한 시인들, 그리고 각종 수도자에 이르기까지 수많은 명상 대가들의 인용문과 일화들이 등장한다. 작가의 다방면에 걸친 방대한 독서량에 혀를 내두를 정도였다.

하지만 이 책에는 탁월한 장점이 있다. 온갖 심원한 내용이 담겨 있으면서도 너무나 재미있고 술술 읽힌다는 점이다. 작가는 수행자들이 겪는 지극히 현실적인 에피소드들을 통해 명상수행이 어떻게 우리 일상과 조화되고 현대생활 속에 적용될 수 있는지 효과적으로 보여주고 있다. 심오한 세계를 이토록 흥미롭게 전달해낸 작가의 재주에 감탄을 금할 길 없다.

애초 두 달 반 정도면 되겠거니 하고 시작한 번역 작업이 세 달을 넘겨 100일이 돼서야 완료되었다. 그래서 역자는 이 작업을 100일 기도라 부르게 되었다. 모두 끝내고 나니 100일 동안 동굴에 들어 앉아 가부좌를 틀고 참선 기도를 하고 난 느낌이다. 때로는 힘에 부쳐 허우적대며 헤매기도 했지만 마침내 종착지에 이르렀을 때의 감회는 청량한 한줄기 서풍과 같았다.

인생은 도대체 왜 이리 고통스러울까? 장밋빛으로만 보였던 어릴 적 꿈들이 나이가 들수록 육중한 바윗돌로 변해가는 이유는 무엇일까? 그 무거운 짐을 내려놓고 바람처럼 자유로워질 수는 없을까? 내 소유물, 나의 젊음, 소중한 사람들, 애타게 움켜쥐고 싶은 모든 것들이 마치 손바닥 사이로 빠져나가는 모래알처럼 스르르 사라져간다. 결국은 빈 손바닥 뿐. 그리고 마침내는 그 손마저 스러지는데….

너무도 덧없고 서글픈 이 생(生)의 본질을 이미 2500여 년 전에 치열하게 고민하신 분이 있었다. 그리고 그 분의 가르침을 좇는 수많은 구도자들이 생겨났다. 그분들의 혹독하고 맹렬한 삶은 어떤 모습일까? 구도 여정의 앞에는 어떤 약속과 위험들이 놓여 있을까? 역자는 이 책을 번역하면서 생에 대한 새로운 시야를 얻었다. 그래서 될수록 많은 분들이 이 책을 펼쳐 진리와 해방의 여정을 떠났으면 한다.

모쪼록 이 여행길을 걷는 모든 분들이 생의 진정한 통찰과 대(大)자유를 얻기 바라면서….

2006년 여름 북한산 기슭 범골에서

부록1
통찰명상 지도법사 윤리강령

미국과 유럽의 통찰명상 지도법사들은 1975년 이후 정기적인 모임을 가졌다. 그 후 오랜 만남을 통해 우리는 스승으로서 지녀야 할 책임과 그러한 역할이 요구하는 자세를 인식하게 되었다. 아시아에서는 지도법사가 불교 스님들이고 그분들의 행동은 비구 227계와 엄격한 아시아식 전통에 의해 통제되고 있다. 오늘날 서구에는 재가수행자들이 이끄는 대규모 불교 공동체가 세워져 있다.

우리 모두는 영성생활이 우리와 주변 생명과의 깨어 있고 사려 깊은 관계를 바탕으로 이루어짐을 인식한다. 우리는 사원의 계율과 아시아식 관습이 없다면 명확한 서구식 행동지침이 있어야 함을 인정한다. 이런 이해를 바탕으로, 그리고 우리 자신과 수행 공동체 전체의 장기적 발전을 위해서, 우리 지도법사들은 우리가 오랫동안 가르쳐온 불교의 기본적 수련 계율인 오계(五戒)를 지켜가기로 맹세한다. 나아가 이 맹세를 이끌어낸 논의를 통하여, 우리는 역사 속의 이 특별한 시기와 특이한 문화적 환경 속에서 다르마(法)의 스승이라는 역할에 적합하도록 계율들을 다듬었다. 서구의 통찰명상 스승인 우리는 다음 사항들을 우리의 윤리지침으로 확정하였다.

(1) 우리는 살생을 금하는 계율을 지키기로 서약한다

이 계율을 서약하면서 우리는 만물의 상호관계와 온 생명의 소중함을 인정한다. 우리는 모든 행동에서 비폭력과 불살생(不殺生)에 관한 우리의 깨달음을 심화하기로 맹세한다. 우리는 낙태, 안락사, 해충박멸 같은 까다로운 문제들에서 이 계율이 갖는 의미를 이해하려 노력할 것이다. 우리가 채식주의자일 수도 있고 아닐 수 있지만, 우리 모두는 생명에 대한 경외심을 바탕으로 이 계율을 지키도록 온힘을 기울인다.

(2) 우리는 도둑질을 금하는 계율을 지키기로 서약한다

우리는 자기 것이 아닌 것을 취하지 않고 남의 소유물을 존중하기로 맹세한다. 우리는 지구의 모든 자원을 이용함에 있어 깨인 의식으로 사려 깊은 생태학적 태도를 취하기로 맹세한다. 또 우리는 금전 문제에 정직하고 다르마(法) 사업에 쓰일 자금을 부적절하게 사용하지 않기로 맹세한다. 우리는 수련생을 빈부에 따라 편애함 없이 공평하게 가르침을 전하기로 맹세한다.

(3) 우리는 그릇된 언사를 금하는 계율을 지키기로 서약한다

우리는 우리 공동체 내에서 참되고 유용한 내용을 말하고 헛된 공론을 멀리하기로 맹세한다. 우리는 분별 있고 명확한 의사소통 능력을 기르고, 자애와 정직을 바탕으로 대화하는 품성을 키우기로 맹세한다.

(4) 우리는 음행(淫行)을 금하는 계율을 지키기로 서약한다

우리는 성(性)행위를 통해 남에게 해악을 끼치지 않고 성적 학대나 간통을 하지 않기로 맹세한다. 독신 서약을 한 지도법사들은 그 맹서를 지키며 살고, 결혼한 지도법사들은 자신의 약속을 지키면서 간통을 삼가야 한다. 모든 지도법사들은 가르침을 전하는 자신의 위치와 권위를 남용하여 수련생과 성적 관계

를 맺는 일이 없기로 맹세한다.

우리 공동체의 독신 지도법사 상당수가 과거 수련생과의 관계를 발전시켜 결혼에까지 이르렀으므로, 우리는 그런 건전한 관계는 있을 수 있음을 인정한다. 그러나 거기에는 상당한 주의와 조심성이 필요하다. 이 경우에 우리는 다음 지침들이 지극히 중요하다는 데 동의한다.

(a) 스승과 제자 사이의 성적 관계는 절대로 용납되지 않는다.

(b) 수련회나 공식 지도 기간 중에는 장래에 스승 – 제자 간의 애정이나 성적 관계로 발전할 만한 어떤 행위도 허용되지 않는다.

(c) 만일 오랜 기간에 걸쳐 독신 지도법사와 과거 수련생 사이에 진지하고 헌신적인 관계가 발전한다면, 그 수련생은 반드시 다른 지도법사의 가르침을 받아야 한다. 그런 관계는 자제력과 조심성을 바탕으로 이뤄져야 하고, 어떤 경우에도 수련회 직후에 심각한 관계로 발전해선 안 된다. 진지한 관계를 이루려면 그들 간에 마지막 공식 수행지도가 있은 지 최소한 3개월이 지나야 하고, 양자 간에 스승 – 제자 관계가 끝났다는 명확한 이해가 있어야 한다. 아울러 어느 쪽에도 해악을 끼치지 않는 관계로 들어간다는 엄정한 책임의식이 있어야 한다.

(5) 우리는 부주의나 정신 혼란을 일으키는 중독물질을 금하는 계율을 지키기로 서약한다

약물남용이 엄청난 고통의 원인이 된다는 사실은 명백하다. 우리는 수련회 기간이나 수행원 경내에서 절대로 중독성 물질을 사용하지 않기로 맹세한다. 또 우리는 어떤 경우든 중독물질을 오용하거나 남용하지 않기로 맹세한다. 아울러 만일 어떤 지도법사에게 마약이나 알코올 중독 문제가 있을 경우, 공동체가 즉시 그 문제를 처리하기로 다짐한다.

윤리위원회

이미 2500여 년 전 붓다는 바라제목차(波羅提木叉 : Patimokkha, 계본(戒本)이라고도 하는데 원어는 '묶는 것'이라는 뜻으로, 불교사원에서 수행하는 비구와 비구니의 생활을 규제하는 227개의 계율을 말한다. 상좌부 전통을 계승한 남방불교에서 통용되는 규율이다 - 옮긴이) 속에 비구와 비구니들이 계율을 어겼을 때 따라야 할 명확한 절차를 확립해놓으셨다. 사소한 범계(犯戒)일 경우는 공개 사죄, 비행 인정, 계 다시받기 등을 행한다. 심각한 위반일 경우는 20인으로 구성된 장로회의가 소집되어 비행의 경중을 논하고 징벌 기간과 복권에 필요한 고행을 정한다. 두 번째로 소집된 장로회의에서는 징벌을 마친 파계자를 복권시킬지 결정하게 된다. 아주 중대한 계율을 범한 비구나 비구니는 영원히 종단에서 추방된다.

불교 사원의 장로들이 회의를 소집하여 각종 문제와 비행들을 처리하듯이, 우리도 우리 공동체 내에 위원회를 설치하여 그런 난제들을 해결할 필요를 인식한다. 우리는 각 지구에 상설 윤리위원회를 설치하기로 합의한다. 위원회는 고결한 품성으로 널리 존경받는 다음 4인으로 구성한다.

(1)지도법사 (지도법사들이 선출)　　(2) 이사회 임원 (이사회에서 선출)

(3)간부 직원 (직원들이 선출)　　　(4) 공동체 일반 회원 (이사회에서 선출)

만일 어떤 지도법사의 행위가 윤리적 문제를 일으킬 경우 이런 절차로 처리한다.

(1) 공동체의 관련 당사자들이 직접 그 지도법사를 찾아가 해당 문제를 논의하고 해결을 시도해야 한다.

(2) 만일 이 방법으로 적절히 해결되지 않거나 사안이 중대할 경우는 공동체 회원들이 그 사건을 윤리위원회에 상정해야 한다. 윤리위원회 상정은 통찰명상수행원(IMS) 사무국들을 통해 이뤄질 수 있다.

(3) 윤리위원회는 해당 지도법사와 관련 당사자들을 함께 혹은 별도로 면담하여 해당 사안을 처리하거나 해결하고, 만일 추가 해결책이 필요할 경우는 적절한 조치를 결정한다.

(4) 만일 문제가 우리 단체에서 수행지도를 중지시켜야 할 정도의 중대 사안이라면 윤리위원회는 통찰명상 지도법사 총회와 협의하여 공동으로 최선의 해결책을 결정한다.

(5) 윤리위원회는 지도법사 총회와 협의하여 승가(僧家) 종단의 계율을 바탕으로 윤리 문제들에 대처하는 기본지침들을 마련한다. 이 지침들은 수행 공동체에 널리 공표한다.

나아가 윤리위원회는 지도법사 총회와 협의하여 임직원과 이사회가 우리 기관의 책임을 제대로 완수하는 데 필요한 윤리지침도 권고할 것이다. 이런 지침들을 마련하고 더욱 발전시킴에 있어, 우리는 우리 온 공동체를 포용하고 지원하여 윤리적 생활을 지속적으로 점검하고 가다듬어 가기를 희망한다. 우리는 윤리위원회를 불량한 스승이나 수련생들을 찾아내 징벌하는 일종의 도덕집행 기관으로 만들려 하지 않는다. 우리 모두는 함께 청정한 수행 환경을 창조할 책임을 진다. 우리는 이런 환경을 조성하는 일에 모든 수련생과 임직원들이 참여하길 바라고 어떤 감정이나 관심도 모두 함께 공유할 수 있기를 기대한다.

우리는 결국 윤리위원회에 회부되는 사안이 별로 없기를 원하고, 있더라도 쉽게 해결되기를 기대한다. 스승으로서 따르고 지켜야 할 기본적인 불교 계율과 우리의 서약을 명확히 함으로써, 우리는 덕행의 삶과 만물의 해탈을 기원하고 있다. 예로부터 계율들을 암송한 뒤 읊는 이 경문처럼.

■ 불살생의 오계는 우리 행복의 수레.

우리의 행운을 부르는 수레, 만물의 해탈을 이끄는 수레.

우리의 덕(德)이 사방으로 뻗치기를….

부록2
책 속의 보물들

다음은 각 장(章)에서 다룬 주제에 더욱 밝은 빛을 던져줄 훌륭한 관련 서적들이다.

1장 – 나는 충분히 사랑하며 살았나?

《다음 세계*Life After Life*》 Raymond Moody 지음

《인간의 의미 탐구*Man´s Search for Meaning*》 Victor E. Frankl 지음

《영혼의 이야기, 마음의 이야기*Stories of the Spirit, Stories of the Heart*》 Christna

Feldman·Jack Kornfield 지음

2장 – 전쟁 끝내기

《간디의 발자국을 따라서*in the Footsteps of Gandhi*》 Catherine Ingrim 지음

《한 걸음마다 평화*Peace is Every Step*》 Thich Nhat Hanh 지음

3장 – 자리 잡고 정좌하기

《자유의 신화*The Myth of Freedom*》 Chogyam Trungpa 지음

《고요한 숲속의 연못*A Still Forest Pool*》 Jack Kornfield·Paul Breiter 지음

《선심초심*Zen Mind, Beginner´s Mind*》 Shunryu Suzuki Rosi 지음

4장 – 치유는 어떻게 일어나는가?

《삶의 재난을 이기는 지혜*Full Catastrophe Living*》John Kabat–Zin 지음

《생명과 죽음의 치유*Healing into Life and Death*》Stephen Levine 지음

《마음의 유산 : 어린 시절의 경험과 영성*Legacy of the Heart : The Spiritual Advantages of a Painful Childhood*》Wayne Muller 지음

5장 – 강아지 길들이기

《통찰 체험*The Experience of Insight*》Joseph Goldstein 지음

《불교 선사의 삶*Living Buddhist Masters*》Jack Kornfield 지음

6장 – 지푸라기를 황금으로

《정신적 물질숭배주의 돌파하기*Cutting Through Spiritual Materialism*》Chogyam Trungpa 지음

《인간의 그늘에 대한 작은 성찰*A Little Book on the Human Shadow*》Robert Bly 지음

7장 – 악마에 이름 붙이기

《지혜의 마음을 찾아서*Seeking the Heart of Wisdom*》Joseph Goldstein·Jack Kornfield 지음

《전환과 치유*Transformation and Healing*》Thich Nhat Hanh 지음

8장 – 괴로움의 파도와 집요한 방문객

《우아한 베풀기*Grace Unfolding*》Greg Johanson·Ron Kurtz 지음

《지극히 소중한 진주*The Pearl Beyond Price*》A. H. Almaas 지음

《공(空)*The Void*》A. H. Almaas 지음

9장 – 정신의 롤러코스터

《영적 위기*Spiritual Emergency*》Stan·Christina Grof 지음

《자아를 찾는 폭풍 같은 몸부림*The Stormy Search for the Self*》Stan·Christina Grof 지음

《호랑이 동굴*The Tiger's Cave*》Trevor Leggett 지음

10장 – 자아의 확대와 해체

《두뇌를 넘어서*Beyond the Brain*》Stan Grof 지음

《정화의 길*The Path of Purification*》Buddhagosa 지음(Wisdom Publications 출판)

《통찰의 진전*The Progress of Insight*》Mahasi Sayadaw 지음

11장 – 붓다를 찾아서

《앎의 자유*Freedom of the Known*》J. Krishnamurti 지음

《간화선의 가르침*The Zen Teachings of Rinzai*》Irmgard Schloegl 엮음

12장 – 계절과 순환 맞이하기

《어린 시절과 사회*Childhood and Society*》Eric Erickson 지음

《인생의 사계절*Seasons of a Man's Life*》William Levinson 지음

13장 – 칸막이 허물어뜨리기

《그늘 만나기*Meeting the Shadow*》Connie Zweig· Jeremiah Abrams 지음

《마음챙김의 기적*The Miracle of Mindfulness*》Thich Nhat Hanh 지음

14장 – 무아냐, 진아냐

《장자(莊子)*Chuang Tzu*》Thomas Merton 지음

《내가 그것이다*I am That*》Nisargadatta Maharaj 지음

《황벽선사의 가르침*The Teachings of Huang Po*》John Blofeld 엮음

20장 – 수행 범위 확대하기

《어떻게 도와드릴까요?*How Can I Help?*》 Ram Dass and Paul Gorman 지음

《자비의 길*The Path of Compassion*》 Fred P. Eppsteiner 지음

《살아남기 : 인간 생존의 심리학*Staying Alive : Psychology of Human Survival*》 Roger Walsh 지음

《연인 같은 세계, 자아 같은 세계*World as Lover, World as Self*》 Joanna Macy 지음

21장 – 성숙한 영성의 열 가지 특성

《영혼의 보살핌*Care of the Soul*》 Thomas Moore 지음

《생의 충만을 향하여*Toward the Fullness of Life*》 Arnaud Desjardin 지음

22장 – 위대한 노래에 귀를 기울이면

《영원한 철학*The Perennial Philosophy*》 Aldous Huxley 지음

《신화의 힘*The Power of Myth*》 Joseph Campbell 지음

23장 – 세상의 모든 것과 친밀해지기

《충만한 기도의 마음*Gratefulness, The Heart of Prayer*》 David Stendl – Rast 지음

《작은 것이 아름답다*Small is Beautiful*》 E. F. Schumacher 지음

《야성의 수행*The Practice of the Wild*》 Gary Snyder 지음

■ 깨어난 마음의 시집

《깨달은 마음*The Enlightened Heart*》 Stephen Mitchell 지음

《카비르 시집*The Kabir Book*》 Robert Bly 엮음

《가사 한 벌, 발우 하나*One Robe, One Bowl*》 Ryo Kan 지음, John Stevens 엮음

《열려진 비밀*Open Secret*》 Rumi 지음, Coleman Barks 엮음

《릴케 시선*Selected Poems of Rilke*》 Robert Bly 엮음

부록3
용어해설

본문에 나오는 용어를 알파벳 순으로 정리한 것입니다

bodhisattva(보살 : 菩薩) – 1)깨달음의 길을 걸어가는 이 2)부처가 되도록 정해진 사람 3)일체의 중생을 구제하겠다고 서원하고 자신의 열반을 연기한 각자(覺者).

Buddha nature(불성 : 佛性) – 모든 존재의 안에 깃들어 있는 찬란하고 순수한 붓다의 마음. 우리의 참 본성.

chakra(차크라) – 신체의 여러 곳에 존재하는 정신적·영적 에너지의 구심점.

deva(데바) – 인도에서 신(神)을 의미하는 말로, 천신 혹은 신령.

dharma(다르마 : 法) – 1)궁극적 진리, 실체, 우주의 법칙 2)이런 진리들을 드러내는 붓다의 가르침 3)모든 신체적·정신적 요소들 4)우리의 운명이나 구도의 길.

jhana(자아나 : 禪定) – 명상 몰입의 상태, 명상의 집중을 통해 생겨난 오묘한 의식 상태.

karma(까르마 : 業) – 우주적인 인과의 법칙. 각 행위 밑에 깔린 의도에 따라 장래에 좋거나 나쁜 결과를 불러옴.

kensho(켄쇼) – 사토리. 강렬한 각성 혹은 깨달음의 순간.

koan(공안 : 公案) – 화두(話頭)라고도 하는데, 선불교, 특히 임제종(臨濟宗)에서 참선을 시작하는 수행자에게 던지는 간결하고도 역설적인 물음.

kriya(끄리야) - 산스크리트어로 '행위, 작용' 등의 의미로서, 명상 중 축적된 에너지가 몸에서 방출될 때 일어나는 자동적인 움직임이나 소리를 말함.

lama(라마) - 티베트의 고명한 승려, 선사, 혹은 현자.

maha mudra(마하 무드라) - maha는 대(大), mudra는 인(印)이라는 뜻으로, 대개 두 가지 의미를 지닌다. 1)우주의 각성된 의식 2)이 우주의 의식을 깨닫기 위한 수행.

makyo(마쿄) - 망상-, 명상 중에 일어나는 헛된 환상이나 이미지.

mantra(만트라) - 단음절로 된 기도어로서 진언(眞言)이라고도 함.

nirvana(니르바나 : 涅槃) - 말 그대로의 뜻은 '불의 소멸'로서, 고통의 멈춤, 최고의 평화, 절대적인 상태를 의미한다.

nondual(불이일원론 : 不二一元論) - 만물의 근원적인 일체성이나 통일성을 주장하는 힌두 철학 체계와 가르침. 비이원론(非二元論)이라고도 함.

pseudo - nirvana(가(假) 열반) - 니르바나로 착각할 수 있는 명상 초기의 황홀한 단계.

Rinzai school(임제종 : 臨濟宗) - 중국 당나라 때 선사 임제의현(臨濟義玄)을 개조로 일어난 선불교의 한 종파로서 공안과 치열한 수련을 통해 깊은 자각과 깨달음에 이르고자 하는 전통이다.

samadhi(사마디 : 三昧) - 1)집중 2)고도의 몰입 상태 3)(힌두교)깨달음.

samsara(삼사라 : 輪廻) - 끊임없이 되풀이 되는 탄생과 죽음의 반복. 우주 만물의 순환.

sangha(상가 : 僧伽) - 1)수행 공동체 2)비구와 비구니로 이루어진 불교 종단 3)일정 수준의 각성에 이르러 성자의 계위에 들어간 모든 사람들.

sankara(상카라) - 1)몸과 정신의 조건화된 흐름 2)의도를 중심으로 일어나는 능동적 정신현상의 총체.

satori(사토리) - 켄쇼. 강렬한 각성 혹은 깨달음의 순간.

satsang(사트상) - 설교, 혹은 '진리를 추구하는 사람들의 모임'을 뜻하는 말로 흔히 수행 공동체를 말함.

shikan - taza(지관타좌 : 只管打坐) - '그냥 앉아 있기(just sitting)'를 추구하는 묵조선의 수

행법. 어떤 목표도 없이 오직 몰입하는 명상수행.

soto school(묵조선 : 默照禪) – 아무 목표 없이 '그냥 앉아 있기'를 강조하는 선불교 종파. '묵'은 침묵의 좌선(坐禪)을, '조'는 지혜로써 본래의 마음을 비추어봄을 뜻한다. 바로 지금 우리의 참 본성을 자각하고자 하는 수행 전통.

sufi(수피교) – 이슬람 신비주의 전통.

tantra(탄트라) – 힌두교와 불교의 여러 종파에서 행해지는 밀교적 수행법을 다룬 다양한 경전. 격정과 폭력성을 곧바로 영적 자각으로 전환시키는 수행법을 일컫기도 한다.

Tao(도 : 道) – 우주의 법칙, 모든 생명에 흐르는 힘, 자연의 질서.

Theravada Buddhism(상좌부불교) – '테라와다 *Theravada*'는 '장로들의 가르침'이라는 뜻. 상좌부불교는 현재까지 남아 있는 유일한 초기 부파불교의 일파로서 인도와 동남아시아의 수행 전통으로 이어지고 있다.

transpersonal(초(超)개인적인) – 개인적 한계를 넘어선 인간 경험의 정신적 차원들을 말함.

vipasyana(위빠사나) – 통찰명상. 원래 '지혜'를 뜻하는 말로서 마음챙김을 통한 명상수행을 뜻함.

yoga(요가) – 힌두교의 수행 체계로서 갖가지 형태로 실행되는 영성수련임. '몸의 요가' 인 하타 요가, '마음의 요가'인 라자 요가, '헌신적 봉사의 요가'인 까르마 요가 등 수많은 종류가 있음.

yogi(요기) – 고행이나 영성수련을 실행하는 수행자.

지은이 _ **잭 콘필드** *Jack Kornfield*

태국, 미얀마, 인도에서 승려로 수행한 뒤 1974년부터 세계 곳곳에서 명상수행을 지도했다. 그는 상좌부불교 수행을 서구에 소개한 핵심 지도법사 중 한 사람으로, 수년 동안 동양의 위대한 영적 가르침을 서구사회와 서구 수행자들에게 소개하고 활성화하는 데 심혈을 기울였다. 그는 임상 심리학 박사이고, 통찰명상수행원(Insight Meditation Society)과 스피릿록 명상센터(Spirit Rock Center)의 설립자이다.

저서로는 《지혜의 마음을 찾아서 *Seeking the Heart of Wisdom*》, 《고요한 숲 속의 연못 *A Still Forest Pool*》, 《영혼의 이야기, 마음의 이야기 *Stories of the Spirit, Stories of the Heart*》, 《붓다의 가르침 *Teachings of Buddha*》, 《깨달음 이후 빨랫감 *After the Ecstasy, the Laundry*》등이 있다.

옮긴이 _ 이현철

경북 포항에서 태어났다. 연세대학교를 졸업했고, 2003년 사단법인 한국번역가협회(KST) 주최 '제13회 국제신인번역장려상'을 수상했다. 휘슬러 큐리어스 시리즈 《스페인》, 《이탈리아》, 《벨기에》, 《헝가리》 편과 《맞벌이 부부의 경제학》(한언, 2006) 등 다수의 역서를 냈다. 현재 전문번역가로 활동하고 있다.